图林荟萃

泉州市图书馆学会优秀论文汇编（1989—2022年）

泉州市图书馆学会　编

北京工业大学出版社

图书在版编目（CIP）数据

图林荟萃：泉州市图书馆学会优秀论文汇编：1989—2022 年 / 泉州市图书馆学会编 . —北京：北京工业大学出版社，2023. 5

ISBN 978-7-5639-8563-0

Ⅰ . ①图… Ⅱ . ①泉… Ⅲ . ①图书馆学 – 文集 Ⅳ . ① G250-53

中国国家版本馆 CIP 数据核字 (2023) 第 064961 号

图林荟萃——泉州市图书馆学会优秀论文汇编（1989—2022 年）

TULIN HUICUI——QUANZHOUSHI TUSHUGUAN XUEHUI YOUXIU LUNWEN HUIBIAN (1989—2022 NIAN)

编　　者：泉州市图书馆学会
特约策划：陈黎明
责任编辑：杜一诗　孙　勃
封面设计：陈志鹏
出版发行：北京工业大学出版社
（北京市朝阳区平乐园 100 号　邮编：100124）
010-67391722（传真）　bgdcbs@sina.com
经销单位：全国各地新华书店
承印单位：三河市元兴印务有限公司
开　　本：710 毫米 ×1000 毫米　1/16
印　　张：32.5
字　　数：560 千字
版　　次：2023 年 5 月第 1 版
印　　次：2023 年 5 月第 1 次印刷
标准书号：ISBN 978-7-5639-8563-0
定　　价：58.00 元

序 言

2022年，是泉州市图书馆学会成立33周年，又恰逢泉州市图书馆学会召开第二十届学术年会。会员们在各自平凡的岗位上坚守着，几年、几十年如一日地从事着平凡的工作，致力于图书馆实践和理论研究，撰写并发表了大量的专业学术论文，取得了丰硕的学术成果。及时总结、提炼图书馆建设过程中每一个阶段的发展成果，具有十分重要的理论和现实意义。市学会出版此书正当其时，很有必要。

本书按照文章的内容属性分设四个专题。第一部分为文献资源篇，分设馆藏资源、数字馆藏、特色资源；第二部分为图书馆服务篇，分设服务体系、阅读服务、阅读推广、参考咨询服务；第三部分为管理篇，分设资源组织、质量管理、人力资源管理；第四部分为图书馆文化篇，具体包括图书馆物质文化、精神文化、制度文化和行为文化等方面，文章探讨了图书馆建筑空间建设、图书馆发展与创新、学习型图书馆创建、图书馆史以及图书馆借阅权制度等方面。所收录的论文基本上涵盖了图书馆工作的方方面面，丰富新颖，又不失深刻，是图书馆工作的理论和实践经验相结合的结晶与升华，在一定程度上代表了每一个发展时期泉州图书馆人的实践能力和理论水准，已经成为一种历史性的纪念。

相信本书能起到推动泉州市图书馆事业继续繁荣发展的作用。

福建省图书馆学会副理事长　许兆恺

2022年6月7日

目录

第一篇　文献资源

第二篇　图书馆服务

第三篇　管理

第四篇　图书馆文化

第一篇

文献资源

第一章

馆藏资源

基于文献学术力影响的图书馆馆藏资源建设与优化策略

惠安县图书馆 薛佩伟

摘 要 当前，图书馆长期关注服务内容，在馆藏资源建设方面如何制定适应数字化环境、适应图情学发展的馆藏建设策略，成为图书馆迫切需要解决的问题。本文介绍了我国图书馆文献学术力影响评价现状，分析了图书馆馆藏文献学术力影响相关因素，研究了图书馆馆藏文献学术力影响评价指标体系的构建，以及基于文献学术力影响的图书馆馆藏资源建设与优化策略。图书馆有必要重视馆藏文献被引用数据，并在强有力的大数据的支持下，探索适应新环境的馆藏资源优化策略，进一步提高图书馆的学科服务水平。

关键词 文献；学术力影响；图书馆；馆藏资源

图书馆是社会信息服务中心，是重要的图情学研究实践机构。馆藏资源建设作为图书馆的基础，也是图书馆信息服务、科研的有力支持。随着数字化技术的发展与移动终端的普及，电子图书迅速增多，学术类文献在图书馆所占的比例逐渐减少，全民阅读呈现碎片化、数字化的特点。当前，图书馆长期关注服务内容，在馆藏资源建设方面的基础设施落后，读者参与度不高，对馆藏资源的利用率有限。如何制定适应数字化环境、适应图情学发展的馆藏建设策略，成为图书馆迫切需要解决的问题。一本图书或一篇文献，在出版、流通到利用的整个周期中蕴含着丰富的数据，而图书馆文献的下载、文献被引用情况等数据，也是图书馆分析其学术力影响，掌握用户兴趣偏好，进而优化馆藏资源建设的突破口。因此，图书馆有必要重视馆藏文献被引用数据，即对馆藏文献进行学术力影响评价，清楚地掌握不同学术成果的使用情况，在强有力的大数据的支持下，探索适应新环境的馆藏资源优化策略，进一步提高图书馆的学科服务水平。

一、我国图书馆文献学术力影响评价的研究现状

1. 学术力影响的含义

学术力影响是判断文献使用价值的重要指标，其包含创新性、理论影响、社会应用价值等内容。它通过测度文献引用频率、下载次数等数据，体现该文献在某个时期，或者在某个学科研究领域的影响程度。一篇文献的学术力影响，在一定程度上反映了对应期刊的学术水平，也是期刊运营者关注的重点。当前期刊种类的增多，电子期刊的迅速发展，使得学术力影响评价标准变得更为复杂，也增加了更多的评价指标。研究学术文献的学术力影响，必然涉及创新研究、科学技术、项目成果等内容。探索在网络环境下与学术文献相适应的评价模式，对其学术力影响进行客观评价，是促进学术成果转化、拓展科研管理范围的必要途径。

2. 学术力影响的评价工具

馆藏文献学术力影响的深度与广度，与其内容是否被读者认可、是否被多次引用、是否能够产生社会价值有关。同行评议、科学引文等方式，都可以表达对学术文献的认可，并且促使该文献在科学评价活动中被广泛传播。但是由于受到评议人员自身学术倾向、学术素养与知识结构的限制，很难保障同行评议的公正与公平性。这就需要应用引文分析工具，将科学计量理论引入图书馆文献学术力影响评价中,对文献的质量进行定量评议,保障可操作性与客观性。引文分析工具融合了归纳、演绎、对比等逻辑方法，基于不同文献的相互引证关系，将论文、作者等作为研究对象，全面分析其引用数据，进而揭示数据内在规律，属于可靠的文献评价方法。

3. 图书馆文献学术力影响评价现状

对图书馆文献学术力影响的评价，就是采用特定的方法或标准，对馆藏文献引用情况、内在规律与学科发展趋势等，进行全面、客观的评价分析，掌握馆藏文献的学术质量情况。研究表明，文献的被引用频次，直接反映了期刊的学术竞争力。目前我国图书馆界对于文献影响力评价的主要研究对象为期刊论文，对于其他类型文献的相关研究较少，不同图书馆高引用文献的数量差异也较大。随着近年来图书馆界对馆藏文献学术影响关注度的提高，文献评价范围逐渐拓展，也产生了不少基于客观数据的学术力影响评价成果。例如，读秀科技发布的各类图书被引用情况报告、中国社科研究中心发布的社科类图书学术影响力报告等。

二、图书馆馆藏文献学术力影响的相关因素分析

文献学术力影响评价是以期刊为基础的，涉及多方面的内容，不仅需要分析下载次数、引用频率、影响因子等指标，也需要综合分析期刊的影响力，通过对期刊的审读与质量分析判断文献的优劣，需要图书馆员、读者、作者等的共同参与。

1. 内容质量

对图书馆文献质量的评价，需要耗费大量的时间与精力，必须多方组织整合数据，保障评价的准确性。若想深入研究文献学术力影响评价工作，就需要掌握文献内容质量评价方法，对于与文献内容相关的因素，如文献质量控制方法、传播途径、研究资助基金等级等，要保障获取数据的权威性、全面性和准确性，关注获取数据的格式问题。对于文献内容的评议，可以将其定义为质量评价，需要分析内容的时效性、权威性、准确性，分析其研究方向是否具有新颖性，分析读者的研究角度是否独特，等等，进而判断其社会应用价值。在时效性方面，限定了文献出版周期，要求不出现发表迟滞等问题；在准确性方面，要求文献数据来源真实，内容评价客观、有深度，不掺杂个人情感；在权威性方面，则要求作者具有一定的社会影响力、引文来源正规可靠等。

2. 期刊影响因子

期刊影响因子能够在一定程度上反映文献的学术力影响，也直接反映了文献的引文关系，在期刊综合评价体系中，该因素占有很大的权重。它属于宏观评价指标，能够从侧面反映期刊质量，但无法完全代替文献质量评价方法，更无法代替对文献学术力影响的评价。期刊影响因子受到学科类别、统计方法、源数据库等差异的影响，而编辑加工与引用行为的不当，也会影响到最终评价结果。由于文献学术力影响评价本身复杂而烦琐，目前图书馆界还缺乏完善、可操作的评价体系，很难对不同类型的学术文献进行综合评价并全面掌握文献的学术影响情况。要想在有限的时间内获得相对准确的结果，不仅需要借助期刊影响因子、下载率等指标，也需要考虑基金论文比、年化指标等因素，并依靠社会评价进行检验。

3. 下载引用频次

馆藏文献的下载次数越多，表明关注它的人数越多，其传播范围越广，也反映了其学术力影响越大。当前电子期刊迅速增多，与传统期刊相比，其质量评价方法更加复杂，研究者不仅需要分析电子期刊的被借阅次数，更需要统计其在线浏览量、下载率等数据，进而准确掌握其学术力影响价值。文献的被引用频次也是

定量评价指标，能够反映文献的被关注程度，体现文献在学术交流中的利用价值，进而体现其学术力影响。对于一篇文献而言，其较高的下载、引用频次，体现了较高的影响力，也反映了期刊的综合质量较高。一般而言，被引用较多的文献，多为学科领域的研究热点，或者其内容具有前瞻性，具有极高的参考价值。相反，若某文献的引用频次较低，则表明其对应期刊的学术水平不高，或其缺乏学术力影响。

三、图书馆馆藏文献学术力影响评价指标体系的构建

图书馆对馆藏文献进行学术力影响评价，要结合馆藏建设实际，依据不同文献类型的差异，选择能够进行量化的多个互为补充的评价指标，构建多层次学术力影响评价指标体系，从而为馆藏资源建设提供指导。

1. 数据获取方法

在对文献学术力影响进行研究的过程中，准确的数据来源是前提，其获取途径包括问卷调查、系统监测、人工统计等，然后借助各类数据统计软件，对数据进行综合分析。Excel VBA 作为易于操作的编程语言，可用于开发相关应用程序，也可用于存储各类统计数据，并且对原始数据进行整合处理，方便后续更新、访问与利用。对于学科文献数据的搜集整合，需要根据学科特点，结合图书馆学科建设目标，选择合适的数据获取渠道。图书馆可以选择开放存取网站，如读秀知识库、中国引文数据库等，从中直接查询所需的数据，进行计算，也可以从图书馆编目数据中获取固有字段，然后借助对应的数据统计工具进行分析，并建立对应的学术力影响评估模型，对不同类型、不同学科的文献进行影响力排序。

2. 基本评价原则

图书馆中不同类型与学科的文献资源，具有不同的特点，难以采用统一标准对其进行评价分析。为此，在学术力影响评价过程中，图书馆应该结合不同学科特色，采用分类、分学科的评价方法，对馆藏文献进行科学评价。由于互联网环境下图书馆数字化资源迅速增多，对馆藏文献的统计分析，不再局限于纸质图书的借阅量，也需要结合文献资源的数据特征，结合数字出版趋势，设计全新的学术评价模式。对文献学术力的评价应该客观，尽量选择定量评价指标，通过数据统计计算，实现对大规模文件的高效分析。而在评价指标选择方面，应该注重多维性，即从多个侧面进行学术力分析，并集成多维度评价结果，保障结果的精确性。

3. 评价指标体系

通过对不同类型文献学术力评价指标的筛选，遵循文献基本评价原则，结合数字资源传播方式，图书馆可以将评价指标分为动态与静态两类，从文献学术质量、文献学术水平、文献发表影响力三个维度，构建对应的评价指标体系，如图1-1所示。对文献学术力影响的评价，需以客观数据的定量分析为基准，将部分定性指标转化为定量指标，然后考虑不同指标的可操作性、易用性与适用性，对各个指标进行标准化处理，保障不同指标的可比性，明确对应的权值，以实现对文献质量的科学评价。本次研究根据相关指标的属性以及不同维度数据来源的差异，可以提炼出9个重点评价指标，包括内容质量、被引次数等，进而从不同的角度表现文献的学术力影响。

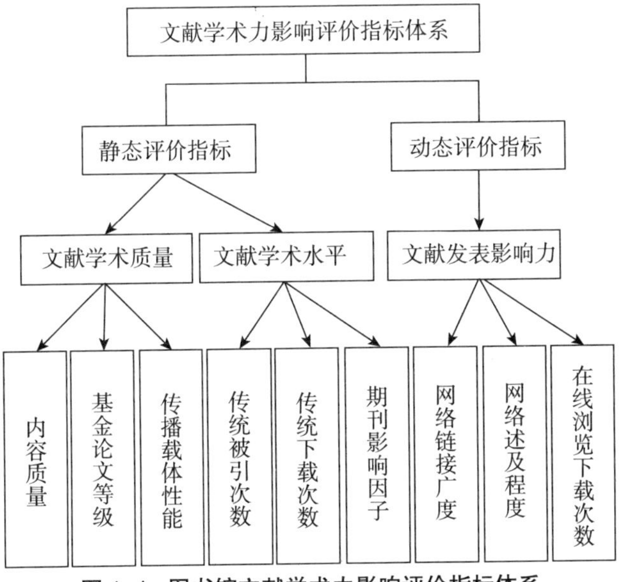

图1-1 图书馆文献学术力影响评价指标体系

四、基于文献学术力影响的图书馆馆藏资源建设与优化策略

根据我国图书馆文献学术力影响评价现状，可知很多图书馆缺乏对文献质量的重视，重“全”轻“专”，导致馆藏资源毫无特色，很难提升学术力影响。为此，图书馆可以采用以下策略，对馆藏资源建设进行优化，进一步提高馆藏文献的利用率与社会价值。

1. 加强文献在网页上的揭示

用户对文献的引用情况，与用户的情感认知和信息需求有关，也与文献、信息环境等客体因素有关，如图 1-2 所示。该图构建了用户文献下载决策模型。根据该模型，图书馆需要从宏观环境、文献质量等方面进行优化，以引导用户行为，提高馆藏资源利用率。对于已经具备一定存储规模的图书馆而言，要想提高馆藏学术力影响，还需要加强 OPAC 对文献的揭示与网页导航，让用户在快速获取信息的过程中强化感知体验。如在官方网站上根据文献分类标准，设计对应的学科、主题、数据库导航标签，方便用户获取期刊链接，进而揭示与期刊对应的文献信息。对文献的揭示应该保证准确性、全面性，设计不同文献的对应链接，满足不同用户的需求。目前，随着网络数据库的普及，很多数据库均具备期刊揭示功能，如 CSA 数据库中设置了对应的源文件链接，方便图书馆对数字化资源进行二次揭示，促进文献的广泛传播。读者在获取相关文献摘要后，只需要在线单击对应的链接，就可以进入图书馆 OPAC 中获取详细信息，进而提高文献的被引率。

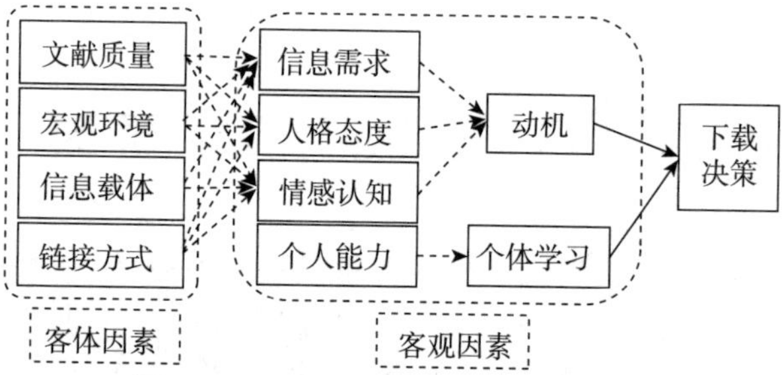

图 1-2 图书馆用户文献下载决策模型

2. 获取更多学科前沿文献

在不改变图书馆馆藏结构的基础上，提高馆藏文献学术力影响的有效方法，就是结合学科建设目标，围绕优势学科精心规划，获取更多前沿学科文献，体现馆藏资源特色。图书馆员可以充分利用各类学术数据库，或者通过整合互联网资源，分析馆藏资源覆盖的学科领域，围绕学科服务目标，筛选反映前沿学科趋势或热点内容的文献，并在此基础上制定馆藏建设方案。通过合理的文献筛选计划，优先选择高质量的期刊或图书，并通过官方网站、电子邮件等方式，向广大读者宣传推广这些信息资源，吸引更多的用户检索与利用。目前我国的大型数据库正在探索全新的数字出版模式，如中国知网客户端推出了文献定制、行业情报推送等功能，为图书馆员获取学科前沿信息提供了便利，有助于提高馆藏资源建设效率。

3. 建立特色机构知识库

从我国图书馆馆藏资源的建设情况来看，其大多是独立制定规划，或者仅在官方网站设置资源获取链接，还无法真正实现开放共享，也没有结合自身特色建设开放存取数据库。这样不仅降低了图书馆资源的流通率，也使得很多学术成果无法得到高效利用，无法发挥应有的社会价值。为此，图书馆可以根据自身特色，建立开放存取机构知识库，在整合本馆优质资源的基础上，对不同类型的文献进行综合评价，如学术论文、研究报告等，明确这些资源的学术力影响，进而为广大用户提供服务。不同类型机构知识库的互通共享，不仅发挥了图书馆的公益性服务功能，也可以鼓励更多科研人员参与，鼓励他们踊跃贡献自己的学术研究成果，促进馆藏资源的补充与更新，进一步提升图书馆的学术力影响。

五、结语

在数字化资源日益增多的背景下，无论文献出版的形态如何变化，图书馆都需要重视对文献学术力影响的评价。这不仅是提升其学术影响力、促进数字环境下有效学术交流的要求，也反映了一个国家科研成果的应用情况。因此，图书馆需要建立完善的学术力影响评价指标体系，不断优化馆藏资源建设流程，更好地发挥馆藏资源的利用价值。

参考文献

[1] 温丽君．论数字化时代高校图书馆纸本文献资源建设 [J]. 中国中医药图书情报杂志，2015（06）：27–29.

[2] 刘慧．图书馆馆藏资源建设评估研究 [J]. 农业图书情报学刊，2015（02）：26–31.

[3] 韩小亚，王黎，徐变云．图书馆资源建设学科化实施模式研究 [J]. 图书馆学研究，2016（02）：40–43.

[4] 陈慧香，邵波，张译文．国内外机构知识库联盟的现状分析与策略研究 [J]. 图书馆学研究，2016（16）：11–16.

[5] 冯丽．“五大发展理念”在高校图书馆工作中的应用 [J]. 合作经济与科技，2017（09）：122–123.

[6] 陈婷婷．高校图书馆传承传统文化的作用与实现途径 [J]. 内蒙古科技与经济，

2017（08）：115-116.

[7] 隆毅 . 高校图书馆虚拟社区网络空间安全保障体系的构筑研究 [J]. 农业图书情报学刊，2017（05）：89-92.

[8] 赵晓瑞，王焕景 . 大数据环境下高校图书馆管理与服务研究 [J]. 山东商业职业技术学院学报，2017（02）：27-29.

本文发表于《河南图书馆学刊》2018 年，第 3 期

作者简介：薛佩伟，男，副研究馆员，惠安县图书馆工作人员。

论高校图书馆文献资源采集信息公开

泉州师范学院图书馆 高树庆

摘　要　高校图书馆文献资源采集的信息公开是高校信息公开的重要组成部分，其有利于保障读者的知情权、参与权、表达权和监督权，提升图书馆的正面形象，提高图书馆采访工作的透明度。高校图书馆要明确文献资源采集信息公开的范围、内容、程序和形式，建立健全高校图书馆信息公开制度，完善信息披露和监督机制，拓宽信息公开渠道，将信息公开情况与图书馆领导和相关采访人员的绩效考核挂钩，从而保障文献资源采集信息的公开化、透明化。

关键词　高校图书馆；文献资源采集；信息公开

2010 年“两会”期间，全国政协委员、复旦大学图书馆馆长葛剑雄抨击了一部分高校图书馆在采购图书时收受回扣的现象，并“裸晒”了 2009 年复旦大学图书馆的经费开支，赢得了众多赞誉。近年来，随着高校扩招步伐的加大，高校腐败案件频繁发生。究其原因，除了管理制度建设滞后、教育机制不健全、预防机制不完善之外，由信息不公开导致的监督机制滞后也是一个重要原因。《高等学校信息公开办法》(以下简称《公开办法》)于 2010 年 9 月开始施行，其中明确规定：“高等学校必须公布有关财务，资产与财务管理制度，学校经费来源，年度经费预算决算方案，财政性资金，受捐赠财产的使用与管理情况，仪器、设备、图书、药品等物资设备采购和重大基建工程的招投标等的信息。”高校图书馆文献资源采集属于学校物资采购范畴的一部分，当然要遵照《公开办法》的要求，及时、规范地公开采集信息，接受本校师生和社会大众的监督，防止暗箱操作，消除腐败因子，以此提高图书馆文献资源采购行为的透明度。

一、文献资源采集信息公开的必要性

1. 保障读者的知情权、参与权、表达权和监督权

知情权是公民的一项政治权利，在法律许可范围内，图书馆有义务为读者提

供与本馆相关的文献资源采集信息。然而，图书馆相关人员要么由于在文献资源采集过程中存在腐败行为或者担心被读者挑剔，抱着多一事不如少一事的态度，不主动公开文献资源采集信息；要么敷衍了事，仅公开采集制度、采购流程等，而没有真正公开读者比较关心的实质性内容，如图书馆每年的采购经费额度、经费的使用情况、具体的文献资源采集目录信息、采购的折扣率等。这些均导致读者对图书馆管理产生质疑并渐渐失去信任，同时也严重影响读者的相关权益。因此，图书馆应该充分认识为读者服务的重要性，切实保障读者获取文献资源采集信息的权利，杜绝一切人为设置的障碍与隐瞒采购信息的行为。

2. 有效遏制腐败，提升图书馆正面形象

一方面，高校图书馆必须根据《中华人民共和国政府采购法》和《中华人民共和国政府信息公开条例》的规定，遵照公开、公平、公正的采购精神，合理、规范地公开文献资源采购信息，让读者行使监督权，避免采购过程中的暗箱操作，防止发生收受回扣等腐败行为；另一方面，图书馆公开文献资源采集信息也是在为采购人员“证明清白”，提升图书馆的正面形象。如今不少读者对图书馆的文献资源采购环节有误解，认为其中存在工作人员和供应商的权利交易。因此，只有公开文献资源采集信息、让更多的读者了解文献资源采集的实际情况，才能消除这一误解。其实目前很多高校图书馆都采取实洋付款（实洋 = 图书实际定价 × 折扣率）的方式，并非以实际定价付款，减少了图书馆收受回扣的可能性。由此可见，高校图书馆公开文献资源采集信息，也是对自身的一种宣传，应把握这种消除负面形象的有利时机。

3. 是提高高校图书馆文献采访质量的“催化剂”，有利于馆藏建设

高校图书馆公开文献资源采集信息，一方面可以将图书馆工作置于读者的监督下，加强采访人员的工作责任感，调动采访人员的积极性和创新性，使其变压力为动力，提高工作效率，严格控制好文献资源的采购质量；另一方面，能够规避采访人员的知识局限性，使其通过更多的图书荐购渠道及时与师生沟通，从而让读者真正参与到文献采购工作中，发挥读者的主观能动性。例如，让读者对需要补充的专业文献资源或者文献资源采集方面存在的不足提出有效的建议，采访人员据此修正采购计划，提高文献采购的合理性，从而提高文献资源建设的质量。

二、文献资源采集信息公开的范围和内容

1. 文献资源采集信息公开的范围

高校图书馆采集的文献资源一般包括：纸质图书与报刊、电子资源以及各种视听文献和缩微文献等，而通常采取的采集方式则包括购买、呈缴、交换、捐赠、征集、复制等。根据《公开办法》第 2 条的规定，对于高校部门提供社会公共服务过程中产生、制作、获取的以一定形式记录、保存的信息，都应当按照有关法律法规和该办法的规定公开。这就要求高校图书馆在明确信息公开范围的基础上，将通过各种渠道采集、以实体或者虚拟的形式保存的馆藏文献资源最大限度地提供给本校师生使用。然而，《公开办法》第 10 条第 4 款中对“学校规定的不予公开的信息可以不公开”的规定，笔者认为有待商榷，因为这相当于高校可以自行决定不公开的信息，不利于扩大信息公开的范围、提高信息公开的透明度。

2. 文献资源采集信息公开的主要内容

（1）图书馆文献资源采集和验收的制度、原则、工作细则及流程，包括采购的文献资源类型，文献资产的登记、入账等财务管理制度，图书馆具体采购决策形成的过程，采购小组人员构成。

（2）年度采购经费的来源、预算、分配比例和开支情况财务公开是目前高校中比较敏感的话题，图书馆的采购经费主要来源于高校的财政拨款，偶尔也会接受一些社会捐助。图书馆应该建立健全财务手续，由图书馆馆长在年度文献资源建设预算报告提交之前，组织文献采访人员对文献资源的采购原则和需求进行分析，提出初步的文献采集经费预算方案，并经会议研究讨论后形成文献资源采集经费预算报告，报请分管校领导审核。应在学校相关部门审核并批准后，将文献资源采集经费预算报告及时向本校师生公开。在文献资源采集经费使用分配方面，图书馆应建立采购满意度评价体系，多听取本校师生的建议，使他们充分发挥参与权，并合理分配图书、报刊及数据库的采购经费比例，使采购更具针对性，从而提高采购经费的使用效益。尤其是在每年的年初，图书馆应该公布上一年各类文献资源采集经费的开支情况、采购数量及馆藏总量，以便全校师生对其进行监督。

（3）文献资源采集的招投标信息包括采购方式，招标小组成员构成，投标邀请书，招标项目内容与要求，投标注意事项，开标、评标与定标过程，中标结果公示，等等。首先，在文献资源采集过程中图书馆会向学校申请公开招标、邀请招标、竞争性谈判、询价采购或单一来源采购等方式，这些申请理由均应该向师生公开；其次，

图书馆应严格履行专家论证，按照《中华人民共和国政府采购法》规定的程序来执行，把需要通过政府招投标方式（如单一来源谈判方式）采购的文献资源信息——“单一来源采购标准预告”公开发布在政府指定的官方媒体上，公告期为5—7个工作日，以征集潜在的供应商；再次，把整个谈判的过程、监督情况和谈判结果如实地公布，让本校师生和供应商都能详细地了解。有效的监督约束机制能够确保文献资源采集的成交价格合理、过程公开公平，同时还能保证采购工作的规范化运行。

（4）文献采购的折扣率、结算方式（实洋或码洋）及每批采购的文献资源目录。对于图书采购，图书馆应公开每种图书的书名、作者、出版者、出版时间、单价及复本数，尽量使读者从“新书通报”中大致了解该书的主要信息和采购的合理性，同时控制复本数，防止某些腐败的采购行为；对于报刊采购，图书馆应按照专业公开所订购的每种报刊的刊名，让师生清楚本专业报刊的订购情况和需要补缺的期刊；对于数据库采购，需要先公开数据库的名称、内容范围和价格，征求本校师生的意见，并按照试用调查报告进行采购，防止浪费采购经费。对于批量采购的文献资源或者采购金额较大的文献资源，图书馆更要注重其采购信息的公开。

（5）接收捐赠文献的使用与管理情况。目前多数高校图书馆都通过接收个人、单位组织及社会团体的捐赠增加馆藏，但是普遍对于捐赠文献的使用和管理比较随意，没有严格统一的管理制度，也没有规范的公开行为。这导致捐赠者不清楚所赠书刊的处理情况，严重损害了他们的监督权，从而降低了捐赠者的热情。对此，图书馆可以在其网站主页上设置“文献捐赠”栏目，公开捐赠清单（包括接收日期、捐赠者姓名、赠书书名、赠书数量、捐赠者联系方式及赠书的处理情况），让更多师生和社会大众了解并予以监督，从而提高他们的捐赠积极性。同时，图书馆也应该完善关于捐赠文献的管理制度，派专人负责赠书事务，做好赠书的接收、登记、加工及统计工作，并建立赠书回执制度。对于赠书量较大的个人或单位，图书馆可以考虑举办赠书仪式，设立专架或专门的捐赠文献阅览室陈列赠书，对赠书实行科学管理，公开给读者借阅，以此提高捐赠文献的利用率。

此外，图书馆还应该公开文献资源采集部门的名称、负责人、办公地址、办公时间、联系电话和电子邮箱等有效信息，以便师生查询使用。

三、文献资源采集信息公开的程序和形式

根据《公开办法》的规定，信息公开可以分为主动公开和依申请公开。图书

馆主动公开的文献资源采集信息应该通过学校网页、图书馆主页、图书馆宣传公告栏、图书馆电子屏幕、图书馆导报等方式进行公开。随着网络信息化发展，网络宣传具有明显的优势，因此采用电子文档的形式在学校网页或图书馆主页上发布文献资源采集信息，是文献资源采集信息公开的主渠道。图书馆可以在其主页上设置“文献资源采集信息公开”栏目，及时发布和更新相关的采购信息（如各类文献资源采集的开始与截止时间、读者参与图书荐购的渠道、新书通报目录），从而让读者及时了解和进行监督。此外，对于图书馆主动公开的文献资源采集信息，参照《公开办法》的规定，应当自该信息形成或者变更之日起 20 个工作日内向读者公开，并及时更新，保证公开的时效性。

对于依申请公开的文献资源采集信息，读者必须通过一定的方式，向图书馆信息公开办公室提出申请。信息公开办公室收到申请后，应当当场登记，并根据下列几种情况在规定期限内给予答复：属于公开范围的信息，应告知申请人获得该信息的方式和途径；属于免予公开范围的信息，应当告知申请人不予公开；不属于图书馆掌握范围的信息，应当将信息状况告知申请人；申请公开而不存在的信息，应当告知申请人；申请公开但内容不明确的信息，应告知申请人更改或补充申请。如此一来，图书馆通过认真、及时地处理读者信息公开申请，能够有效避免读者对图书馆管理服务的信任危机。

四、关于文献资源采集信息公开的建议

1. 建立健全高校图书馆信息公开制度，完善信息披露和监督机制

首先，图书馆应该建立健全管理制度，并配合高校的信息公开制度设立图书馆信息公开工作机构，以专门负责主动公开和依申请公开的文献资源采集信息的审核工作，对于读者比较关心或容易造成读者误解的采购信息（如经费使用和管理情况、具体采购目录等），可在审核后发布在网站上，并上报学校信息公开办公室存档；其次，根据《公开办法》中的保障和救济措施，完善师生知情权救济制度；再次，解决图书馆领导权力过大、过于集中的问题，加强对文献资源采集信息公开的有效监督，设立专门的监督小组，监督小组成员应该包括教师代表、学生代表和其他职能部门的代表。

2. 拓宽信息公开渠道

一方面，为了消除读者对于文献资源采集的信息不对称，图书馆应该多开展

文献资源利用交流会，或者通过发放读者调查表的方式听取师生意见，了解读者的需求，满足其对文献资源采集的知情权与参与权。当读者质疑某些图书、期刊或数据库采购的必要性时，图书馆采访人员应该给出令人满意的答复。另一方面，图书馆应搭建高效、畅通的信息发布平台。网络是图书馆公开信息和读者参与图书馆管理的重要载体，图书馆可以通过主页的信息公开专栏集中、全面和及时地面向学生、教师和社会发布文献资源采集信息，并设置在线答疑、意见投诉箱等辅助渠道，以此推动读者的有序参与。

3. 将信息公开情况与图书馆领导和相关采访人员的绩效考核挂钩

由于图书馆文献资源采集信息公开会增加相关人员的工作量，因此为了调动其信息公开的积极性，图书馆可以采取与领导和相关人员年终绩效考核挂钩的形式加以激励。文献采访人员应强化信息服务意识，不能只追求形式上的公开，而没有合理的说明或解释。对于那些不公开、假公开、读者投诉不回复的情况，图书馆必须运用行政问责机制追究有关领导和相关人员的责任。奖惩分明的制度化方式可以切实保障文献资源采集信息的有效公开。

4. 明确信息公开范围

政府信息公开的理念是“以公开为原则，不公开为例外”，按照《公开办法》第 10 条规定执行，对于涉及国家秘密、商业秘密、个人隐私、法律、法规和规章以及学校规定的不予公开的其他信息，则应该采取保密原则。在涉及图书馆文献资源采集的招标信息时，对于未公布的采购信息、供应商的登记资料、采购的计划、投标供应商名单、评标专家资料、评标过程、供应商的投标、报价文件、尚未公示的评审结果、采购文件档案等，应该注意合理保密。这就要求图书馆严格界定相关信息的公开属性，避免由于不合理定性而损害读者的知情权。

综上所述，文献资源采集信息的公开化、透明化是高校图书馆文献资源建设的重要组成部分，是高校图书馆必须长期履行的一项重要职责。只有不断深化、完善文献资源采集信息的公开工作，才能推进文献资源采集决策制度化、程序化、民主化、科学化，最终实现高校图书馆的规范化管理。

参考文献

[1] 葛剑雄教授谈为何“裸晒”复旦大学图书馆开支 [EB/OL].（2011-03-16）

[2011-10-25]. http：//www.chinanews.com/cul/2011/03-16/2910930.shtml.

[2] 教育部就发布《高等学校信息公开办法》答记者问 [EB/OL]，（2010-05-10）[2011-10-25]. http：//politics.people.com.cn/GB/ 11566889.html.

[3] 建议图书馆资源采访业务半公开 [EB/OL]，（2009-12-27）[2011-10-27]. http：//www.chinalibs.net/bbs/showtopic-53375. aspx.

[4] 中华人民共和国政府采购法 [EB/OL].[2011-10-25].http：//www.people.com.cn/GB/jinji/20020629/764316.html.

[5] 中华人民共和国合同法 [EB/OL].[2011-10-25].http：//www.law-lib.com/law/law_view.asp？id=475.

[6] 李云江 . 关于高校图书馆赠书管理的探讨 [J]. 长春师范学院学报：自然科学版，2010（5）：153-155.

[7] 高等学校信息公开办法 [EB/OL]，（2010-05-11）[2011-11-03]. http：//www.gov.cn/flfg/2010-05-11/content_1603696.htm.

[8] 李扬 . 试论高校财务信息公开 [J]. 佳木斯教育学院学报，2011（2）：419-422.

[9] 我市将全面推行网上办事公开 [EB/OL].（2011-09-13）[2011-11-03]. http：//bbs.mnrc.com.cn/detail-35344.html

[10] 采购信息保密实施细则应尽快出台 [EB/OL].（2010-07-14）[2011-11-03]，http：//www.caigou2003.com/theory/operation/20100714/operation_7132.html.

本文发表于《图书馆建设》2012 年，第 4 期

作者简介：高树庆，男，副研究馆员，任职于泉州师范学院图书馆。

第二章

数字馆藏

浅议新世纪图书馆信息资源

华侨大学图书馆　李　凡

摘　要　现代信息技术的发展和广泛应用冲击着图书馆信息资源体系。新的信息时代，网络信息资源等虚拟馆藏异军突起，与传统的文献信息资源共同构筑图书馆信息资源大厦。

关键词　图书馆；信息资源；网络环境；文献资源

一、信息资源的含义和网络环境下图书馆信息资源的内容

对于信息资源内涵和构成等的研究，国内外学者众说纷纭、莫衷一是。本文更多地倾向于吴慰慈、高波对其的论述："信息资源是经过人类采集、开发并组织的各种媒介信息的有机集合，也就是说信息资源既包括制品型的文献资源，也包括非制品型的电子信息资源。"显然，网络环境下图书馆信息资源已扩展为包括传统文献资源、电子出版物和网络信息资源等多种媒体在内的、涵盖范围较广的各类信息资源。本文将之归纳总结为表 2-1。

表 2-1　网络环境下图书馆信息资源

<table>
<tr><td rowspan="8">图书馆信息资源</td><td rowspan="3">传统文献资源</td><td>印刷型</td><td colspan="2">图书、期刊、报纸、档案、标准、图谱、研究报告、会议资料、学位论文、专利说明书、产品说明书等</td></tr>
<tr><td>缩微型</td><td colspan="2">缩微胶卷、缩微平片、缩微卡片等</td></tr>
<tr><td>视听型</td><td colspan="2">唱片、录音带、录像带、胶片、幻灯片、电影胶卷等</td></tr>
<tr><td rowspan="5">电子信息资源</td><td>单行版电子出版物</td><td colspan="2">磁带、磁盘、光盘、芯片型电子出版物、CD-ROM、CD、LD 等</td></tr>
<tr><td rowspan="4">网络信息资源</td><td>一次文献</td><td>联机 / 网络全文数据库、电子期刊、电子书、电子报纸等</td></tr>
<tr><td>二次文献</td><td>图书馆馆藏目录数据库（OPAC）、商业性联机 / 网络书目数据库</td></tr>
<tr><td>三次文献</td><td>各种类型的网上电子参考工具书</td></tr>
<tr><td>零次文献</td><td>电子论坛及各种国际组织、政府机构、学术团体、教育机构、企业 / 商业部门等单位在网上发布的信息</td></tr>
</table>

在这里，图书馆信息资源已突破了传统的资源范畴，扩展、延伸为一个内容更为丰富、形式更为多样的新型图书馆馆藏体系。图书馆馆藏发生了结构性变化，在传统的物理/现实馆藏（传统文献资源、磁盘、磁带、光盘等图书馆可以实实在在拥有的信息资源）的基础上注入了新的生命力——网络信息资源（联机/网络数据库及其他网络信息资源等图书馆通过网络租用或免费得来的只能进行信息存取而不能拥有的逻辑意义上的资源），即现在人们广泛谈及的虚拟馆藏，它使图书馆在信息服务中拥有更为完善、坚实的后盾，为图书馆更好地满足用户不断提高的信息需求奠定了物质基础。

二、各种信息资源的特点及其在信息资源体系中的地位和作用

1. 各种信息资源特点分析比较

从表2-2可知，各类信息资源各有优缺点，谁也无法替代谁，互补协作。它们相依并存，共同构建图书馆资源体系大厦，在图书馆信息服务中发挥各自不同的优势，满足用户不同的信息需求。

表2-2　图书馆各种信息资源的特点

信息资源	特点分析	
	优点	不足
传统印刷型文献资源	历史悠久、成熟定型；数量庞大，流通广泛；可长期保存和随时、反复使用；符合读者的阅读习惯，满足研究工作需要；可携带性好，易获取；方便用户经济使用；是知识和信息获取的最直接途径	出版周期长，需不断更新，内容时效性差；占用空间大；信息存储密度低，信息量小；检索不方便；文献传递受地域和时间限制
电子出版物	信息存储密度高，信息量大；占用空间小；可实时、远程、全天候和快速检索；信息可靠性、共享性较强；通过检索式的构造达到较高的查全率和查准率	系统依赖性强，使用不便；安全可靠性低；信息显示效果欠佳；易损伤、毁坏；各数据库制作缺乏统一标准；易导致信息垄断
其他网络信息资源	类型繁多；时效性特别强；检索较便利；超文本链接；多媒体，多语种；分布式存储，越国界传输；成本低；交互式反馈机制，便于信息的交流	信息无序、分散；内容准确性、可靠性较低，深度、广度较低；查全、查准率较低，检索结果难以控制

2. 各类信息资源在图书馆信息资源体系中的地位

1）传统文献资源

纸张以其自身长期以来仍在持续改进的优异特性，在人类知识、信息积累、流传、创造活动中存在了2000多年，它是伴随着人类文明成长起来的。绝大部分

的人类文化知识遗产仍是以图书等的形式保存的。读者熟悉其格式，对其使用非常熟练，有着丰富的阅读经验。在《未来图书馆：梦想、疯狂与现实》一书中，克劳福特和戈曼指出“阅读对于个人和社会而言都极为重要，而纸张印刷物是阅读和获取知识的最佳形式”；他们还从光线效果、分辨能力、速度和理解、可利用性、超文本和线性文本等多个角度比较了图书与显示屏（display），从而证实“印本图书是最好的阅读工具”。可见，即使电子出版物带来了新的阅读方式，但其仍然无法对传统阅读方式造成根本上的冲击。许多发达国家尽管拥有先进的电子化网络条件，也没有因此忽视藏书建设。作为世界上最大的图书馆——美国国会图书馆，其始终致力于收集国家级文献，发展所有领域的、丰富并有代表性的馆藏。据报道，该馆每天要收到 31000 件资料，其中的 7000 件将成为永久性的馆藏。美国匹兹堡大学图书情报学院的副教授科克斯（R.F.Cox）写道：“对于我们大多数人来说，图书、杂志和报纸是我们生命中无法回避的宝贵的组成部分。”“按我的理解，印本图书，4 个世纪以来最有效地传播信息和知识的方法和人工制品，将在 21 世纪这个不断进化的信息时代继续扮演同样的角色。当我在因特网上漫游时，我依然会读书；当我在万维网上加载电子文本时，我依然会写书；当我浏览电子图书馆的目录时，我依然会逛书店。”而 1999 年的查尔斯顿会议更是以“我们图书馆员为何还买书”这样一个讲述图书的话题作为会议主题。

因此，传统文献是图书馆信息资源中最基本、最现实的馆藏，是满足读者信息需求的最直接、最基础和提供服务形式最经济（传统文献中的主体印刷型文献无须借助任何设备）的资源。它在可预见的将来仍是图书馆信息资源中最为重要的一部分。

2）电子出版物

电子出版物是随着信息技术和网络技术的发展而出现的新型信息媒体。广义上说，它泛指一切以电子方式或机读方式生产和发行的出版物，出版物中的文字和图像信息以数字方式存储在磁带、磁盘、光盘等介质上，通过计算机输出设备或电信网络传送，最后在视频显示终端上被人阅读。它包括单行版电子出版物（CD-ROM 等）和网络出版物（指经过网络出版商组织加工并出版发行的网络信息资源，它属于正式出版物，是图书馆等信息机构通过租用或购买其网络使用权而在逻辑意义上拥有的重要馆藏，如联机 / 网络数据库）。电子出版物极大地改变了信息和知识的记录和传播模式，改进了信息提供、信息种类以及文献和信息的获取方式，更由于电子出版物具有传统出版物所不可比拟的优越性能，早期的国内外学者甚至宣称它将取代图书等印刷文献，图书馆将“消亡”。虽然这种论调在经过多年的理性思考后已普遍被人们否定，但电子出版物已在图书馆信息资源体系中占据越来越重要的地位的事实却摆在人们面前。其中，网络电子出版物，特别是网络数据库，因其强大的异地信息存取和检索功能以及低成本 / 信息量比受到各大图书馆和用户的青睐，成为图书馆重要的馆藏资源，是图书馆传统文献资源的重要补充和网络环境下图书馆进行信息服务、资源共享和馆际协作的基础。而单行版的电子出版物，如光盘版电子书、光盘数据库等，由于图书馆可以实实在地拥有它们，使用时用户无须支付联网通信费等优点，其在计算机网络还不发达的地区同样占有一席之地。清华大学图书馆主页上“馆舍与馆藏”栏目公布的馆藏与资源中就包括了多媒体光盘 400 余种、光盘数据库 30 余种、中外文期刊 2000 余种、国内外联机数据库近 600 个以及 CERNET（中国教育和科研计算机网）网上数据库与出版物。香港科技大学在谈及他们的期刊种类时这样说：“订购期刊 2200 种，通过网络得到的期刊文献 34500 种。”北京大学图书馆同样提供了大量的电子资源。其中校园数据库检索服务中有联机检索英文光盘数据库 14 种、中文光盘 5 种；国内外联机数据库分别为 11 种和 19 种；中文电子学术报刊（“中国期刊网”，收有 6000 余种国内期刊的题录及 3500 种期刊的全文）；电子图书（超星中文电子图书、文渊阁四库全书电子版）。而图书馆局域网数据库检索服务（单机检索光盘数据库）除一些较早的数据库之外，还有英文光盘 22 种、中文光盘 14 种。

可见，电子出版物已是图书馆信息资源体系中的重要一员。而且随着图书馆的电子化和网络化发展，具有资源共享功能的电子出版物在馆藏中的比例还将不断提高，从而在今后很长一段时间里，形成与传统出版物互补、共存的局面。

3）其他网络信息资源

用户在学习、生活、工作、科研中需要各种各样的信息，除了要了解深入、经典的科学理论外，还要掌握全面、专业的学科知识和最新的科研动态、科研成果；有时，还需要某些具体的事实和数据来解决问题和进行科研论证。因特网上所提供的各种有关学科信息、会议信息、公司及政府信息，以及电子论坛、电子邮件等非正式出版的网络信息资源，可以给用户提供具有很强时效性的事实和数据以及某些信息的线索，是用户及时、快速查找相关专业信息，了解政府的政策法规，掌握市场信息，以及阅读新闻、娱乐等的有效途径。这是图书馆传统信息资源，甚至电子出版物难以做到、做好的。然而只有对这类离散、高度变动的网上信息加以有效开发和有序化组织，才能使之真正成为图书馆信息资源，供用户使用。然而，由于因特网的开放性，信息的发布随意性大，信息质量参差不齐，网站的建立也缺乏监督机构的有效管理，因此，对网络信息的鉴别和选择就显得非常重要，对其权威性、精确性、时效性、收录范围等方面进行评估，是图书馆为用户提供这些资源的基础。

目前，越来越多的人们，特别是中青年网民热衷于足不出户地全天候进行网上信息查询。然而，面对海量的网络信息，网民们往往无从下手，或者只得到一堆与所需信息不相关的检索结果。在这种情况下，图书馆有必要、也有义务利用自己特有的信息采集、分类、编目等信息组织加工能力，对网上庞大的各类信息进行去粗取精、择优淘劣，按照用户对不同信息的需求，分门别类地加以有序化组织并建立相关信息库，以向用户提供这一越来越普及的信息获取途径。对全国 107 所大学图书馆网站的调查显示，有 69 所图书馆集中了网络综合信息（网络相关综合性资源及站点的集成，如教学科研机构、搜索引擎及热门站点等），占 75%。如清华大学图书馆的“网络导航”中收集了国内外网上图书馆、国内主要网络站点、国内外主要大学列表等 15 类网站。提供网络学科专业信息资源（根据本校专业设置，集中有关专业资源及网站，如专业学术机构等）的图书馆有 34 所，占 37%，如复旦大学图书馆的“学科导航”，按类收集了 10 大学科网站。

综上所述，各种信息资源因其所具有的特性（优势），在图书馆信息资源体系中发挥着各自特殊的作用，满足着不同用户和不同信息需求。然而，也正因为各种信息资源不可避免地有着某些不足，而这些不足中有些正是其他信息资源的优势。所以，谁也无法真正地取代谁，它们只能互为补充，相依相存。

参考文献

[1] 高波，吴慰慈．从文献资源建设到信息资源建设 [J]. 中国图书馆学报，2000（5）．

[2]Walt Crawford，Michel Corman. Future Libraries： dreams，madness and reality. Chicago： American Library Association，1995.

[3] 美国国会图书馆年度报告，1996-1997 年度，

[4]R. F. Cox. Taking Sides on the Future of the Book. American Libraries，

1997，28（2）：52–55.

本文发表于《图书馆论坛》2001年，第4期

作者简介：李凡，男，副研究馆员，华侨大学图书馆副馆长。

“云馆配”模式的多维比较和优化研究

泉州师范学院图书馆 **赵慧真**

摘 要 特殊时期催生了“云馆配”，吸引了众多馆社商积极参与，线上图书采选从个别化转变成大众化。“云馆配”常态化成了业界共同的呼声，但目前尚无一个能全面满足馆社商需求的完善的云平台。文章从资源发现、采选功能、后台管理三个方面入手，对五大“云馆配”平台进行比较分析，指出“云馆配”虽具有现采会所不具备的优势，但仍存在诸多问题。提出对现有的图书采访云平台进行优化，打造一个功能齐全、界面友好、图书品种齐全、检索功能强大、智能程度高，能一站式满足馆社商需求的云平台，为“云馆配”常态化提供必要的技术支撑。

关键词 “云馆配”；现采会；图书采访云平台

2020年各地的春季馆配会（又称图采会），因疫情而迅速转到线上。各平台商或馆配商模拟现场图书采购馆配会的场景，将原本单纯的线上图书采选平台，改造升级成具有“个性化定制书目”“智能推荐”“直播荐书”“荐购排行”“销售榜单”等模块的综合性网站，实现线下馆配云端化，“云馆配”应运而生。

“云馆配”将传统的图书行业与“云服务”“大数据”相结合，为出版社、图书供货商、图书馆、读者搭建云上平台，在云平台上实现图书展示、采选、交易。中国书刊发行业协会理事长艾立民指出：“全国馆配商联盟提出利用新技术和大数据平台举办线上馆配会的设想和方案，我认为这是一项创新，也是一次馆配交易方式和经营模式转型的大胆探索与实践。”全新的“云馆配”模式不仅是特殊事态下馆配行业的自救，也是书业在互联网时代势必要迎接的变革与突围，亦是图书馆采访工作顺应数字化、网络化趋势的必然革新。“云馆配”模式对未来产生哪些影响，馆社商应如何主动适应这种新的采购模式？“云馆配”能否常态化，能否保持强盛生命力？这一系列问题，值得业界和馆界深思。

一、我国图书馆“云馆配”概况

我国“云馆配”一词最早出现于 2020 年春，是相对于传统的线下现场馆配会（以下简称现采会）而言的。“云馆配”主要依托图书采访云平台来实现，实际上，我国线上图书采访云平台早在 2016 年起陆续推出，比较有影响力的如湖北三新文化传媒有限公司的“田田网”、浙江新华集团的“芸台购”、北京人天的“阿法购”等。然而，因馆社商各方利益平衡问题、网络安全问题，以及图书馆采访习惯等问题，这些图书采访云平台一直没有得到广泛应用，只有一小部分图书馆利用云平台进行线上图书采选。

2020 年春，特殊事态催生了“云馆配”，线下馆配会转到线上，馆配商、平台商积极筹划，出版社主动加入，吸引了众多图书馆的参与，使线上图书采选从个别化转变为大众化。继 3 月 18 日广东新华 2020 年春季线上馆配会开幕后，2020 全国春季网上馆配订货会、2020 全国馆配商联盟春季图采会、图书馆云馆配采访工作研讨会、第十六届春季全国地方版线上图书博览会、浙江省首届“云馆配”图书展示会等纷纷上线。采购上“云”，线上交易，据公开数据显示，线上馆配会的多项指标远高于线下馆配会（见表 2-3）。

表 2-3　2020 年春季主要五场“云馆配”情况表

云馆配会	时间	主办单位	平台支撑	参展出版社	参展高校馆和公共馆	访问情况（万次）	展出品种	可供书目	成交情况
2020 全国春季网上馆配订货会	3.25–5.31	山东中教产业和北京百万庄图书大厦	全国馆配区域联盟网上馆配会服务平台（简称“网上馆配会服务平台”）	423 家	1465 家	PV：116.4 IPV：10.8	6 万种新书	79 万种	4776 万元
2020 全国馆配商联盟春季图采会	3.30–4.3	全国馆配商联盟	畅想之星阿法购纸电一体采选平台（简称“阿法购”）	492 家	2435 家	PV：175 IPV：6.7 UV：7.5	20.58 万种新书	161 万种	1.69 亿元
图书馆云馆配采访工作研讨会	4.2	河南图书馆	云晟文创图书馆智能采访管理系统“图书馆网上采访平台”（简称“云晟文创”）	580 家	500 家	PV：24 IPV：0.44 UV: 0.46	13.7 万种新书	240 万种	

续表

云馆配会	时间	主办单位	平台支撑	参展出版社	参展高校馆和公共馆	访问情况（万次）	展出品种	可供书目	成交情况
第十六届春季全国地方版图书博览会	4.6—10	湖北三新文化传媒有限公司	田田网	476 家	2651 家	PV：4.2 IPV：1.2 UV：1	21 万种新书	212 万种	903.15 万元
浙江省首届“云馆配”图书展示会	4.20—24	浙江省新华书店集团	芸台购	493 家	1700 多家	PV：60 IPV：2.8 UV：4	15 万种新书	258 万种	1.6 亿元

注：（1）PV 为网站页面访问次数；IPV 为 IP 访问数；UV 为访客数。（2）“图书馆云馆配采访工作研讨会”活动对象主要是成员馆，为保证会议质量限制了参会馆数量；“云晟文创”访问数据为 4 月份的统计数据，该平台为非图书供应商的第三方付费平台，在云馆配活动期间无直接成交金额。

线上馆配会（云馆配）和线下馆配会（现采会）相比，二者各有优势。线下馆配会场面热烈，现场感强，馆社商面对面直接交流沟通，采访员看样订货直接下单，这些都是参会者在线上馆配会无法体验到的。当然，“云馆配”也有现采会所不具备的优势，如成本低、品种全、产品新、时间不限、常态选书、选书模式灵活、智能程度高、线上活动丰富等。

“云馆配”节约了馆社商的成本，包括时间成本、费用成本、精力成本。馆配商和出版社节约场地租金，安排人员免于承担大量的接待工作。参会人员可免除舟车劳顿、旅途奔波之苦，节省了差旅食宿等开支。因不受时间、空间的限制，“云馆配”参展图书的品种数量、参会图书馆及人员数量都是现采会所不能及的。现采会因受场地限制，通常只展示近两年的新书，而“云馆配”展出图书包括新书、现货、期货等，品种数可高达二三百万。除了采访员参会，“云馆配”也为学科馆员和读者采选荐购提供了平台，用户参与面之广，远超现采会。“云馆配”不仅解决了图书馆和出版社之间出版信息不对称以及最新、热点、重点图书不能及时被图书馆和读者所获知等问题，还支持馆藏查重、全员选书、单本荐购、批量采购、纸电同步等，提高了读者的参与度和采访员的采书效率及质量，使图书馆的采书更加需求化、精准化、终端化、专业化。

二、“云馆配”模式的比较研究

本文作者借 2020 年春季“云馆配”推出之际，组织泉州师范学院图书馆采编部工作人员，深入参与体验，从资源发现、采选功能、后台管理等入手，对五大“云馆配”平台进行全面比较分析。

1. 资源发现

为方便用户查找图书，“云馆配”提供多种发现图书的渠道，如主页上的分类展区、推荐展区等，还设置分类导航，提供简单检索、高级检索等功能，进一步提高采选效率（见表 2-4）。

表 2-4“云馆配”资源发现

大项	细项	网上馆配会服务平台	阿法购	云晟文创	田田网	芸台购
资源展示	专业出版社	√	√		√	√
	重点出版社	√	√			√
	地方出版社	√			√	
	推荐出版社	√		√	√	√
	出版社榜单		√		√	
	新书推荐	√	√		√	√
	热门推荐	√		√	√	√
	名家推荐				√	√
	荐购排行	√	√		√	√
	纸电同步专区	√	√		√	√
	其他	拟出版书目	销售榜单	中文书目 外文书目 专题推荐	特色推荐 荐购之星	
资源导航	中图分类	4 级	3 级	4 级	1 级	3 级
	学科分类	无	3 级	3 级	3 级	2 级
	出版社	有	有	无	有	有
资源搜索（高级组合检索）	基本关键词	√	√	√	√	√
	中图分类		多选	单选	多选	单选
	学科分类		多选	单选	多选	单选
	出版时间		√	√	√	√
	价格区间		√	√	√	√
	装帧		多选		单选	
图书详情	封面	√	√	√	√	√
	基本书目	√	√	√	√	√
	内容简介	√	√	√	√	√
	编目推荐	√	√			√
	作者简介	√				√
	读者对象	√	√	√		

续表

大项	细项	网上馆配会服务平台	阿法购	云晟文创	田田网	芸台购
图书详情	目录	√	√			√
	核心标识		√			√
	荐购次数		√		√	√
	试读	√	√	√	√	√

1）资源展示

各种“云馆配”在资源展示上主体相似，但各有千秋，各具特色。出版社展区大多有专业出版社、重点出版社、推荐出版社等。图书推荐展区则侧重于对新书、热门书的推荐。

“网上馆配会服务平台”根据客户采选习惯的不同，设计了多种采选通道，并以四大采选推广专区、五大特色服务模块、六大荐购目录模式，助力服务图书馆员、高校教师、个人读者采选好书。“田田网”则为不同类型的图书馆提供相应的选书入口（如公共馆选书入口、高校馆选书入口），智能推送适选图书，提高采访效率。“芸台购”通过还原线下馆配会现场，以重点特装馆、出版集团（浙江出版集团、中国出版集团、上海世纪集团等）矩阵及五大类目主题馆（科技、社科、少儿、教育、文艺）布局。相比之下，“云晟文创”在资源展示上较为简单，但其外文图书单列，且专题推荐书目紧跟时事热点，如红色阅读专题。各“云馆配”还利用线上平台的优势，推出图书推荐视频，如“芸台购”推出了25场各具特色的名社名家荐书视频，主题涵盖“国学经典”“新书推荐”“行业寄语”等内容，名社名家通过视频更直观地分享读书心得，传颂优秀文化，共推馆藏经典。

2）资源导航

各“云馆配”的资源导航主要包括中图分类、学科分类、出版社三个方面。中图分类按22大类，学科分类按教育部13个学科，出版社按拼音排序。用户可通过分类导航栏切换选择一种分类方式，进行图书查找，通过中图分类和学科分类可任意选择一级、二级或三级分类项，进行精细化查找。

“阿法购”“芸台购”三种资源导航都具备，“网上馆配会服务平台”无学科分类，“云晟文创”无出版社目录。各“云馆配”的中图分类和学科分类大多达到3级，“网上馆配会服务平台”和“云晟文创”达到4级，为用户提供更精细的分类级别。“田田网”公共馆和高校馆的资源导航有所区别，除了中图分类一样，公共馆资源导航提供大众分类（二级），高校馆则提供学科分类（三级），更符合用户类型，更具针对性、科学性、合理性。

3）资源搜索

为了帮助用户快速、精准查找图书，“云馆配”平台提供简单检索和高级检索，将搜索结果按照综合的权重排序显示在页面中，用户可根据需要按页面中的其他条件进行再次排序或进一步筛选。简单检索一般包括ISBN、书名、责任者、出版社四个基本关键词，用户可任选其一；高级检索则与之区别较大，其精准程度和智能程度不一样。

“网上馆配会服务平台”在资源搜索方面相对较弱，简单检索只提供书名和ISBN这2个关键词，高级检索只有4个基本关键词。与其他平台高级检索中4个基本关键词可以任意组合不同，“云晟文创”只能任选其一，与其他条件进行组合。“阿法购”“田田网”的高级检索功能较强，且组合条件中图法和学科分类等可同时多选，可为不同采访员快速筛选出相应类别的书目，提高采选效率。

4）图书详情

与现采会采访员直接接触实体书不同，“云馆配”平台是通过图片和文字的形式对一本书的外表、内容进行展现和描述。因此，图书信息详略关系到采访员和读者对图书了解的详细程度。云平台对大多数图书的封面、基本书目信息（书名、责任者、出版社、出版时间、ISBN、价格、分类号、装帧、开本、页数等）、内容简介有保证，但其他图书信息并不完整，尤其是“云晟文创”“田田网”，图书信息比较简单。尽管几个平台都提供了图书试读，但因平台纸电同步数量问题，只有“阿法购”可试读图书较多，图书信息较为详尽，能更好地帮助采访员和读者快速判断、精准采选。

在馆配会期间，“芸台购”平台上的图书信息最为全面详细，除了封面、基本书目、内容简介、编目推荐等信息，还可试读、试听、试看（名家推荐图书的小视频），能全面满足用户的各种感观体验。书名前还有100家核心出版机构推荐的重点图书标志，有助于用户快速选择高质量的图书，提高采购效率和采购质量。

2. 采选功能

“云馆配”平台通常包括两部分，一部分是读者荐购图书和采访员采选图书的服务平台，另一部分是专门为图书馆采访员专业批量选书的服务平台。因读者和采访员的身份、目的、任务不一样，平台提供采选功能和操作界面也有所不同。

1）荐购平台

读者参与采选图书的方式主要包括读者荐购（普通读者单本荐购、院系老师和学科馆员批量荐购）、读者线上 PDA 自主采购、读者线下 PDA 自主采购。同时具有以上这些功能的云平台有“网上馆配会服务平台”和“芸台购”。

读者荐购是这几个云平台都具备的功能，但实现方式有所差别。有的平台在云馆配期间，未开通读者身份认证功能，图书馆只能设置几个账号，分配给部分读者或院系学科馆员参与荐购，读者参与度低，且一个账号多人使用，不利于后期的统计分析。在读者荐购处理情况反馈方面，“田田网”“云晟文创”不能自定义反馈信息，“网上馆配会服务平台”“阿法购”“芸台购”既能批量快速反馈，也可自定义单本反馈，更具人性化和个性化。

读者线上 PDA 模式，相当于“你挑书，我买单”，读者在网上自主选书下单，图书馆图书寄到读者手中，由图书馆统一结账，读者阅读完后再将图书还到图书馆。几个云平台都有读者线上 PDA 功能，但它们在实现的途径、用户类型和数量上却差别较大。读者可在“网上馆配会服务平台”上选“在线邮寄”的方式借阅图书，“云晟文创”通过和京东合作来实现业务，“田田网”在天猫和京东上有自己的专营书店，“芸台购”和“阿法购”本身就有电商平台，尤其是“芸台购”（芸悦读），目前合作用户的数量最多，且以高校馆为主。

读者线下 PDA 模式，是读者可以在平台上查找图书，再到线下实体店取书的新模式。通过“网上馆配会服务平台”图书馆，读者可直接到中教图书配送中心（科技类图书发行现采基地）或网上馆配会指定合作的其他现采场所挑选所需图书，由现采场所工作人员在“网上馆配会荐购选采服务平台”输入借阅人信息和图书信息进行登记，并选择“现场取书”的方式借阅图书。“芸台购”用户可到与图书馆有合作关系的实体书店里借购图书。

2）采访平台

采访平台是专业服务于图书馆采编人员的网络服务平台，其充分利用大数据技术与思维，运用权重算法，向图书馆采编人员提供科学、高效、实用的智能采访服务。

“网上馆配会服务平台”为图书馆采编人员提供 4 种模式浏览采访下载数据：联盟汇总数据下载、采访数据下载（ISO 格式）、采访数据下载（EXCEL 格式）、出版社汇总下载。“田田网”采访数据包括在版书目和征订书目，智能采选程度相对较好。“芸台购”的采访数据包括平台书目和书商书目，平台智能程度较低。“阿法购”的读者荐购和采访员采选都在一个平台上实现，智能程度相对较高。

相比之下，河南图书馆的“云晟文创”图书馆智能采访管理系统的书目检索功能最强。“云晟文创”高级检索组合字段：中图法（达到四级分类，较精准，其他平台通常只到三级）、学科、主题词、出版社（按出版社类型、地区归类，可多选）、关键字、书名 / 责任者、出版时间范围、单价范围、书目上传时间范围、装帧方式（可多选）、开本（可多选）等，还提供其他云平台所欠缺的书目过滤功能，如排除分类（中图法）、删除图书项（高职、少儿、教材、教辅等，可自定义）。采访员通过这些详细的检索字段，可根据需要自主组合，有助于采访员在浩如烟海的书目中快速精准地采选图书。

3）纸电同步

几大平台都号称纸电同步，但各平台电子书的数量、来源和荐购采选操作方式的差别较大（见表 2-5）。“云晟文创”的图书试读页来自于“可知”，目前尚未提供电子书采选功能。“芸台购”纸电采访同一平台，但入口不同，操作不便，电子图书数量较少，信息简单，书目检索功能单一，算不上真正意义上的纸电同步。“田田网”电子书也主要来自“可知”，电子书为单独入口，实际上是纸电分开采选。“网上馆配会服务平台”“阿法购”纸电同步同时满足纸质书荐购采选、电子书荐购采选和纸电同步荐购采选等个性化的荐购采选需求，但前者拥有的电子书数量少，“阿法购”的电子书数量多，操作方便，可实现真正意义上的纸电同步，使荐购采选更加多样化、精准化，优化馆藏结构，提升了馆藏质量，提高了文献利用率。

表 2-5　图书采访云平台纸电同步比较

云平台	数量（种）	来源	入口	采选方式
网上馆配会服务平台	2.5 万	自有	纸电统一入口	纸质书荐购选采、电子书荐购选采和纸电同步荐购选采
畅想之星“阿法购”	32 万	自有	纸电统一入口	纸质书荐购选采、电子书荐购选采和纸电同步荐购选采
云晟文创	10 万	可知	平台尚未对接	无电子书选采
田田网	10 万	可知	纸电不同入口	纸质书荐购选采、电子书荐购选采
	0.7 万	自有		
芸台购	4 万	自有	纸电不同入口	纸质书荐购选采、电子书荐购选采

注：统计时间截止到 2020 年 6 月

3. 后台管理

图书采访云平台的后台管理主要包括订单管理、人员权限设置、采购原则设置、统计分析等。

1）订单管理

订单管理包括对采访订单、读者荐购、读者自主采购书单进行审核，以保证图书采购质量，几个云平台这方面的功能没有太多差别。

2）权限设置

权限设置包括采访人员和学科馆员权限设置。“云晟文创”在权限设置方面比较详细全面，其他平台只有采访员个人信息登记，无具体权限可选，没有明确限定职能。“云晟文创”采访人员权限设置包括采访员角色命名、类型设定，并对不同角色类型赋予相应的权限，不同采访员职能清晰、分工明确。还可根据采访员和学科馆员身份，设置中图分类与学科对应，将同一个书单自动分发给相应的采访员或院系学科馆员，不仅提高采购效率，而且有利于图书采购的专业性和学术性。

3）采购原则设置

采购原则设置主要是针对读者荐购、读者线上线下 PDA 自主采购的权限和规则设置，以对读者采购行为进行控制，避免读者采购的盲目性、无序性，保证本馆图书采购的系统性、完整性、科学性。读者荐购原则，通常是以文字说明的方式，提示读者哪些图书不符合本馆藏书要求，不宜荐购。读者线上线下 PDA 采购规则设置，主要从几个方面进行权限控制，包括某个时间段的 PDA 采购量控制、读者对象选择、出版社和出版时间选择、中图法与学科分类法类别选择、单个读者采购总金额、种数、单本金额控制、角色选择等控制方式。

4）统计分析

相比之下，“网上馆配会服务平台”“阿法购”的统计分析功能较弱，而其他云平台各有优势。

“田田网”包括书单构成分析和书商评价体系。书单构成分析是从出版时间、中图分类、学科分类、出版社、码洋等几个方面进行分析统计，以饼状图、柱状图、列表方式展示统计结果。书商评价体系是从书单采纳率、书商满足率、书商到货率三个方面对书商的供货服务情况进行客观评价，有助于图书馆选择信誉高、供货能力强的优质供应商。

“云晟文创”具有强大的统计分析功能，包括订单统计分析和馆藏统计分析两大类，统计数据以列表和可视化图表的方式呈现，直观明了。“云晟文创”利用大数据分析为图书馆文献资源建设提供决策参考依据，统计分析途径齐全，有学科类别占比、价格区间统计、重点出版社书目占比，以及中标馆配商的书目分配统计等功能。馆藏统计分析功能让图书馆对馆藏结构一目了然，尤其是馆藏专业统计分析功能，更是其他平台所不具备的，能有效缓解工作人员的专业认证统计压力。采访员可根据本校学科专业的课程设置，定制一套与中图法的对应关系，使原本烦琐复杂的专业馆藏统计智能化、自动化。

“芸台购”包括荐购统计、芸悦读订购统计、学科馆员选书统计、图书订购统计。荐购统计可按读者个人荐购统计、院系荐购统计、学科荐购统计。这些统计数据有助于图书馆举办读者荐购活动，推出个人荐购排行榜、院系荐购排行榜，奖励和调动读者的参与热情。

综上所述，几大“云馆配”平台总体功能相似，但各有侧重。“田田网”在京东、天猫上有图书专营书店，但图书品种少，且不适合高校馆；“云晟文创”主要致力于纸质图书的智能采选；“网上馆配会服务平台” “芸台购”在读者线上线下 PDA 模式中都具有优势；“阿法购”功能较为齐全，在纸电同步方面的优势最明显。从用户体验来看，“阿法购”和“网上馆配会服务平台”页面以及操作方式类似于图书电商平台，用户熟悉感强，易接受，采选体验良好。“云晟文创”采访平台书目齐全，智能程度高，检索功能强大，能有效提高采访效率，但无库存信息，影响到书率，且平台操作较为复杂，界面友好程度尚需提高。“浙江省首届‘云馆配’图书展示会”（芸台购）带给用户很强的现场感，在视觉效果上高度还原线下现场订购体验，提供线上客服功能，平台界面友好，操作简单易学，给用户带来良好的采选体验。

三、“云馆配”常态化存在的问题

2020 年全国各地春季“云馆配”努力打造出专业化、场景化、互动化的馆配图书采选新模式，吸引了众多馆社商参与，达到了预期的效果，“云馆配”常态化成了业界共同的呼声。“云馆配”虽然具有现场图采会所不具备的优势，但要常态化还存在诸多问题。

1. 平台界面不一，操作有别

目前国内图书采选云平台有图书馆开发的，有配馆商开发的，还有软件技术商开发的，各个平台界面不一，操作有别。通过以上分析，我们可以看出几大平台各有特点，各具优势，但单一平台无法全面满足用户需求，而多平台同时使用，馆员和读者需要熟悉各种界面，对于馆员而言，不利于使用，对读者来说，不利于推广。用户希望有一个集纸电同步荐购采选并存且能满足图书馆各方面所需的一体化的统一平台，而不是目前要面对的有这么多功能、界面，以及在实现模式上都差不多的云平台。

2. 馆藏查重不便

图书馆自动化管理系统和云馆配平台对接存在三方面问题：一是对接平台的安全性问题；二是异构系统技术问题和数据兼容问题；三是图书馆自动化管理系统开放接口需另付费的问题。平台对接不畅，造成云平台数据无法与馆藏数据查重，这是目前图书馆使用“云馆配”平台面临的最大问题。无论是将馆藏导入平台，还是将平台所采的图书导入图书馆系统来进行查重和发订，都增加了采购工作的流程和难度。

3. 新书发布不及时

平台新书发布有三种模式：一种是通过 EDI（电子数据交换技术）对接，可实现平台新书发布与出版社适时同步；第二种是书目模板对接，同步时间为 15 天；最后一种是馆配商根据出版社提供的样书整理书目数据上传，同步时间为 30 天。因跨平台、跨系统间的 EDI 数据交换，格式严格、成本高、难度大，目前只有一小部分大出版社可实现，因此平台适时同步新书的数量少。再因出版社的书目字段不全，或书目标准与平台有异，通常需经处理后才能上传，由此造成平台新书的发布滞后。

4. 图书信息不齐全

综上所述，除了封面、基本书目信息和内容简介，几大云平台上很多图书的信息并不完整，尤其是作者简介、编辑推荐、重点图书标识、用户评论等缺失，可试读图书的数量少，残缺不全的图书信息，对用户准确选择图书无法真正起到作用。“芸台购”在浙江省首届“云馆配”图书展示会期间，图书信息最齐全，用户体验感最强，但在馆配会结束后，平台上的图书信息与其他平台相差无几。据悉，在云馆配时期该平台要保证如此详细的图书信息，需要耗费巨大的人力财力，在平台经费无以为继的情况下，难以更新维护信息。

5. 智能程度有待提高

（1）选书入口。“云馆配”会期间，平台根据不同图书馆类型提供相应入口，有针对性地智能推送适选图书，而“云馆配”会结束后，不少平台不再分选书入口。

（2）相关图书推送。虽然几个平台都有相关图书推送的功能，但除了“网上馆配会服务平台”推送的相关图书较为精准，其他平台所推送的图书与读者所选择的图书相关度并不高，甚至根本不相关。

（3）图书推荐。图书推荐包括新书推荐、热门书推荐、网络榜单推荐、专题推荐等，很多平台更新不及时或无图书信息。

四、“云馆配”常态化的优化策略

当前，“云馆配”能否常态化，能否得到大多数图书馆、出版社和馆配商的认可、接受和参与，与提供技术支撑的云平台关系很大。只有功能齐全、操作简易、界面友好、图书品种齐全、检索功能强大、智能程度高、采选体验良好的平台才能吸引用户，留住用户。然而，目前尚无一个既功能齐全，又使用广泛的图书采选云平台。可见，“云馆配”常态化的关键在于云平台的优化。

1. 平台统一，功能齐全

图书馆、读者、出版社、馆配商等，可在同一平台上选择相应的入口登录，实现各自的功能需求。统一平台可有效解决目前多平台及多界面使用的不便、多平台数据无法交互、查重数据停滞和操作程序烦琐等问题。

理想的“云馆配”平台应该是为出版社、书店、馆配商、图书馆、读者在平台上搭起直通桥梁，提供资源整合、信息推送、新书发布、图书销售、读者借阅和图书馆采购等服务。可同时满足读者线上线下 PDA、读者单本荐购、学科馆员批量采选荐购、采访员智能采选、纸电同步采购等功能。“一站式”的选购模式可为读者、采访人员提供更好的订购体验，提高选采效率，有助于馆藏质量的提升。

2. 平台无缝对接，数据交互通畅

平台对接困难是目前阻碍“云平台”推广的一大技术问题，数据无法直接上传、整合、交互，给上中下游用户都带来了极大的不便。出版社与平台无缝对接，通过 EDI 对接可实现出版社可供书目数据与“云馆配”平台书目数据的同步，解决图书馆书目信息不对称、不全面、不及时等问题，为馆配服务到书率的提高提供了有效保障。图书馆与平台对接，实现数据直接交互，馆藏查重便捷，提高采访效率。平台对接还能实现图书馆之间共享图书采访数据，彼此互相借鉴，有效提高馆藏质量。馆配商与平台对接，可以在平台上发布自己的书目信息，展现自己的供货实力和供货特色，提高自己的竞争力。实体书店与平台对接，发布书店图书信息，接受读者预订，通过系统定位功能，为读者推荐最近的书店。总之，各方平台的无缝对接，可以打通彼此之间的壁垒，数据交互沟通无障碍，操作便捷，互惠互利，形成共赢的局面。

3. 完善图书信息，助力精准采选

现场图采会采访员直接接触的是图书实体，更为直观，“云馆配”若想在这方面扭转劣势，就必须在展示图书信息时尽可能地详细全面，甚至要带给用户实体书所无法提供的感观体验。综上所述，“云馆配”图书信息除了封面、基本书目信息等，还有编辑推荐、重点图书标志、读者评论、荐购次数等，除了可试读，还要有试听、名家推荐小视频等。“云馆配”可通过对图书社区、电子商务、社交平台、电子书数据库等数据源的信息进行融合，丰富有助于用户决策的信息，从而大幅提升用户决策的效率和效果。

对采访员来说，详细的图书信息能帮助他们在采选图书时更快速、更精准地进行判断。馆社应积极呼吁提升 CIP 数据的规范性，丰富 CIP 数据内容，倡议相关机构尽快修订 CIP 的国家标准。CIP 数据应含出版社类型、出版类型、重点图书、获奖图书、作者单位、国家级人才工程、适读人群、教育部学科代码、编辑推荐等字段。

4. 强化书目筛选功能，提高采选效率

云平台图书品种齐全是基础，是前提，但采选的最终目的是快捷、准确地发现读者需要的、有价值的图书。强大的书目检索功能能有效提高图书采购效率和图书采购质量，减轻采访员的工作压力。高级检索组合字段应尽可能齐全，让采访员在自主组合检索时，有更多、更灵活的选择。中图分类、学科分类、出版社等可单选，也可多选，以便将书目分配给不同的采访员。学科专业对应中图分类，可自主设置，满足不同类型图书馆的采选需求。可自主设置书目过滤功能，将与本馆采访原则不符的书目直接删除，提高采购效率。

5. 加强智能程度，优化精准推送服务

有效利用大数据分析功能，根据不同图书馆和读者类型，推荐相应的出版社和书目，给用户智能化、个性化的良好使用体验。尤其是能够让高校用户根据学校教学科研需求和学科专业设置，通过智能设置，推送相关的重点出版社和重点图书，帮助采访员高效采选高质量的图书。加强平台智能化大数据分析能力，根据读者的浏览历史、荐购情况，智能推荐相关图书，帮助读者找好书，促进阅读推广。加强新书推荐和网络榜单推荐，尤其是要能根据时事热点智能设置专题图书推荐，提高资源的可获取性，激发平台读者的阅读热情。

6. 提升读者参与度，满足个性化需求

自 PDA 理念在我国推广后，读者参与荐购采选越来越受到重视。如何长期吸引读者，激发读者的参与热情，除上述应优化的问题外，平台还应能全方位满足网络时代读者多样化、个性化的需求，让读者根据自己的阅读习惯、需求缓急，自由选择图书的获得方式。

线上 PDA：与当当、京东等电商平台上的网购体验类似，读者选书下单，图书被直邮到家。通常是针对读者比较急需，不想出门，或附近无合作的实体书店的情况。

线下 PDA：读者到实体书店选书，平台既可帮助读者实时了解合作书店的架上图书信息，又可根据读者所在位置推荐所需图书来自最近的哪个书店。类似于大众点评，是一种线上线下结合的智能推荐模式。适合有急需，且喜欢到实体书店买书的读者。

线上荐购：读者不急需，通过荐购的方式，建议图书馆收藏，希望能与其他读者分享，或在自己需要的时候能随时获取。

纸电同步：数字阅读、电子阅读已形成趋势，纸电同步可同时满足不同读者的不同阅读需求。电子书不仅获取迅速，可作为纸质书的有效补充，还可帮助用户更快速、准确地选择纸质图书。

反馈及时：想留住读者，还需要向读者及时反馈所荐、所采图书的状态和处理结果。对于审核未通过的图书，系统应提供批量自动反馈信息，并有单本自定义反馈功能。在平台上设置“读者荐购排行榜”“最佳荐购达人”之类的功能板块，对促进读者参与采书可以起到积极作用。

线上线下相结合的馆采将主流化、常态化，专业采访员集中采购和读者参与采选将构成未来馆藏图书采购的主要方式。疫情后，馆配会将是线上馆配会（云馆配）和线下馆配会（现采会）相结合的模式，从而构成二者优势互补的局面。“云馆配”应包括两种模式：一是模拟现场版，配合线下馆配会的开展，利用平台优势助推现采会；二是常态通用版，即不刻意强调模拟现场图采会的模式，主要是日常读者荐购和采访员采购使用的图书采访云平台。“云馆配”常态化将给图书采访工作带来真正意义上的变革，图书采购的“需求论”和“价值论”将同时得以实现。

参考文献

[1] 书香在云端——广东新华2020年春季线上馆配会[EB/OL].（2020-04-24）[2020-05-15]. http：//www.gdxh.com.cn/news/3075.

[2] 夜雨.春季图采会首试“云采购”[N]. 中国出版传媒商报，2020-03-27（1）.

[3] 网上馆配会服务平台介绍[EB/OL].[2020-05-26].http：//www.wsgph.com/about.asp.

[4] 助力图书馆采选好书 2020全国春季网上馆配订货会开幕[EB/OL].（2020-03-25）[2020-05-30].http://www.xinhuanet.com/book/2020/03/25/c-138916292.htm.

[5] 浙江省新华书店集团.浙江省首届“云馆配”图书展示会今日开幕[EB/OL].（2020-03-25）[2020-05-30]. https：//zj.zjol.com.cn/red_boat.html？id=100719686.

[6] 蔡迎春.后疫情时代图书馆“云馆配”的实践与思考.[N]. 图书馆报，2020-05-15（5）.

[7] 赵慧真.“互联网+”背景下读者主导图书采访云平台构建[J]. 图书馆工作与研究，2019（02）：62-66.

[8] 童旺宇.OPAC系统中面向用户决策的图书信息多源融合[J]. 图书馆工作与研究，2017（06）：93-100.

[9] 馆配市场正酝酿一场巨变！[EB/OL].（2020-04-07）[2020-06-10]. http：//www.zxhsd.com/hyzx/2020/04/07/.shtml.

本文发表于《图书馆工作与研究》2020年，第12期

作者简介：赵慧真，女，副研究馆员，任职于泉州师范学院图书馆。

面向高校重点学科建设及地方产业发展的特色数据库建设实践

——以泉州运动鞋类信息数据库为例

泉州师范学院图书馆　庄云勇

摘　要　泉州运动鞋类信息数据库依托泉州师范学院的学科专业优势与泉州市的地方产业优势而建，旨在为学校的重点学科建设和地方的经济发展提供可资利用与参考的信息服务平台。文章重点分析了该特色库的建设必要性，详细探讨了其建设流程，包括平台选取、资源建设、信息组织、专题服务等。文章指出，特色库建设能否获得持续发展，关键在于能否及时更新内容，并积极向相关学科与企业推广服务。

关键词　特色库；学科服务；运动鞋；地方产业

一、引言

网络信息时代，图书馆要发展，必然要大力加强数字化建设。专题特色数据库是数字图书馆的重要组成部分，也是图书馆开展学科服务与知识服务的重要平台，对图书馆的数字化进程具有重大的现实意义。越来越多的图书馆将特色数据库建设当作本馆数字化建设的重要项目。尤其是在高校图书馆，已经涌现出大量的高水平的特色数据库，为学校的重点学科建设与地方经济产业的发展提供了优质的专题性信息服务，既实现了信息的良性互动循环，也促进了产学研的进一步结合。

运动鞋产业是泉州地区的支柱产业之一，而鞋类造型设计专业则是泉州师范学院（以下简称“我校”）的特色学科专业。泉州师范学院图书馆之所以下大力气建设泉州运动鞋类信息数据库，就是要在充分利用本校的学科优势和泉州地区的地方产业优势的基础上，对运动鞋这个专题的各类信息资源进行专业性、深层次的采集、分析、加工、组织、存储、开发及利用。建立为运动鞋相关专业及运动鞋产业提供深层次服务的专业性数字文献信息资源服务平台。这个平台集企业信息、专业研究文献资源、本校师生成果、运动鞋为一体，是高校与科研院所之间的学术交流平台，也是相关企业进行产品发布、技术服务和对外宣传的窗口和媒介，为教学、科研、产品开发等系列活动提供强大的信息支撑。

二、泉州运动鞋类信息数据库建设的需求分析

特色库的建设不能只为了建设而建设，其目的在于利用。建设专题特色数据库是为了“用户有其数据库”，为了“节省用户的时间”，真正发挥图书馆为教学科研和地方经济服务的职能。确定用户群，分析用户的需求，是建设特色库的前提。

1. 学科专业发展需要

高校是重要的学术科研基地，具有显著的学科特色与优势。为配合学科在以知识利用和传播为特征的信息社会中发展进步的需要，图书馆作为高校文献资源的聚集地，在信息服务上应深入拓展，积极为学科服务，特别是为重点、特色学科建立专题数据库，为学科的发展提供具有针对性的、深层次的信息服务。泉州师院美术设计学院的“鞋类造型设计”专业是与泉州地方支柱产业——运动鞋业紧密相关的特色专业，致力于培养鞋类设计、研究、教育、开发等方面的专业高级人才。学科专业的发展需要充足的文献信息资源作为支撑，然而截至目前，国内有关鞋类信息数据库如较大型“中国鞋都图书馆”建设的“鞋样图片特色数据库”、成都的鞋业电子图书馆，都以皮鞋和休闲鞋为主，运动鞋则较少涉及；文献类型以鞋样图片和设计手稿为主，其他研究类型的文献均未收录。我校的鞋类造型设计专业主要方向是运动鞋设计，培养的人才要适应行业需求，因此不仅需要掌握专业设计技术，还要掌握与鞋有关的各种理论知识，了解运动鞋行业发展状况、市场需求、流行趋势等，这样设计出来的产品才能迎合用户的喜好，因此建立一个以运动鞋为研究对象的综合信息数据库迫在眉睫。图书馆应充分利用学科优势，结合图书馆丰富的文献资源和信息技术力量，以“学科服务”为目标，全面汇集整合与运动鞋相关的各类信息，开展深入的知识挖掘，实现资源导航，建设泉州运动鞋类信息数据库。

2. 地方运动鞋产业发展需要

中国是世界上最大的运动鞋生产和制造基地，泉州晋江市陈埭镇则是全国最大的运动鞋制造基地。陈埭镇拥有各类鞋业企业3000多家，13家鞋业上市公司，以生产运动鞋和休闲鞋为主，年产量占全国的40%、世界的20%，诞生了安踏、361°、德尔惠、乔丹等28枚中国驰名商标、6项中国名牌产品，被誉为“中国鞋

都”。陈埭制鞋业的发展，带动了与之配套的相关工业的发展，形成了集鞋产品、鞋类原辅材料、鞋业机械及相关产品贸易集散地。但这些块状经济以民营企业、中小企业及家庭作坊为主体，大多属于劳动密集型、产品附加值低的低层次产业，主要根据国际买家拿来的设计好的“鞋样”进行制作，企业缺乏自主知识产权、科技人才、设计人才和管理人才。为提升传统产业的永续生命力，企业需要依靠科技创新和文化创意两方面，实现由“晋江制造”向“晋江智造”的转变，从依靠劳力向依靠智力转变。在知识经济时代，技术创新决定着企业的竞争力和生存发展空间，技术创新的主体——人，需要不断地更新升级自己的知识和技能。要提高劳动者素质，就要为他们提供更多相关的学习与交流的信息平台。然而由于受到规模和资金制约，缺乏信息意识，大部分的民营企业并没有设立专门的信息部门，缺乏信息搜集、分析、加工和开发能力，这往往造成企业的决策缺乏前瞻性，在市场竞争中抗风险能力差，发展不具有可持续性。因此，在不需要太多投入的情况下，及时得到实用有效的信息服务，是这些企业家们目前最渴望的。图书馆利用自身的资源优势和技术优势建立运动鞋类信息数据库，面向企业积极开展服务推广，必将使特色数据库成为企业实施知识管理的理想工具和环境，推动企业技术创新和可持续发展。

三、泉州运动鞋类信息数据库的建设流程

特色库的建设流程包括平台的搭建、框架构建、信息采集、数据挖掘、加工处理、组织存储、发布利用等环节（见图2-1）。图书馆将收集来的各类资源和信息进行数字化处理后，按照相关标准和规则，结合运动鞋行业、学科特点和用户需求，对信息资源进行最有效的整合，形成运动鞋综合信息资源库。

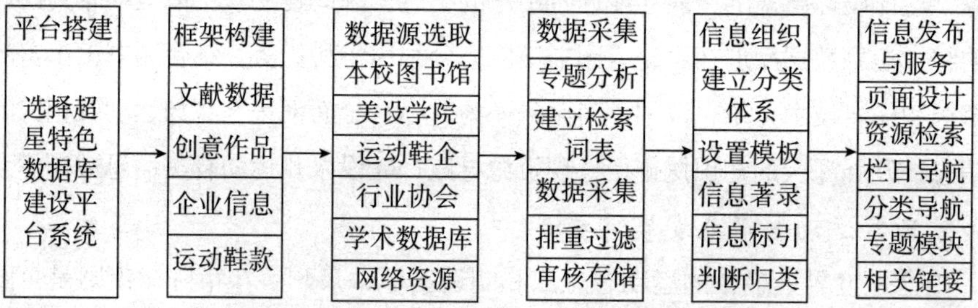

图2-1　泉州运动鞋类信息数据库建设流程

1.特色库平台搭建

特色数据库的建设需要一定的软件系统平台为依托，图书馆擅长资源收集整

理，可将重心放在资源建设和信息服务上，系统平台可选择第三方开发的较为成熟的软件。选择什么样的建库平台关系到专题特色库系统的数据规范性、加工便利性、服务专业性和资源可持续成长性。选择合适的软件系统平台是建设特色库的良好开端，为后期的资源建设和信息服务打下坚实的基础。泉州运动鞋类信息数据库采用了超星特色数据库平台，该平台成熟且功能齐全（见图 2-2），宁波数字图书馆的十六个特色库也是采用这个平台建设的，取得了良好的效果。该平台提供商本身具有大批量文献资源和数据的加工处理能力，包括各种文献的数字化加工、元数据下载、全文数据下载、数据字段规范、全文数据格式统一等。

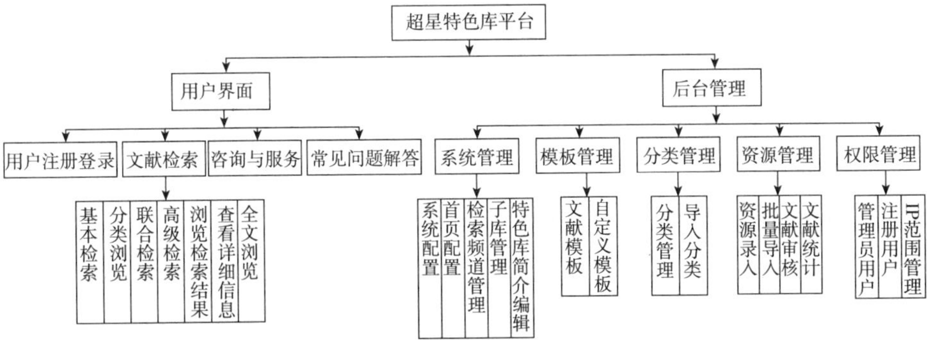

图 2-2　超星特色库平台功能图示

平台配套软件有扫描工具、编目工具、格式转换工具、数据迁移软件、网络数据采集工具等。

数据采集方面：支持实时采集监控网站内容、挖掘抽取数据商数据库的数据、加工灰色文献、规范图书馆自身数据、师生作品和课件等内容的储存及添加等。

数据加工标准方面：采用国际标准的元数据规范，所有的数据在规范后格式统一，便于统一检索、统一显示。

信息发布方面：页面信息的发布展示效果良好，系统的友好性和功能性较强，以统一认证、统一高效检索、快速方便为目的，通过对转换平台、资源传输平台、资源检索发布平台的有机结合，实现特色资源优化、高效、准确、即时的发布。

2. 特色库框架构建

我们请教了学校运动鞋设计专业的教师；多次深入晋江陈埭镇制鞋企业，包括大型企业如安踏、特步等，以及一些中小型企业和家庭小作坊；参观了中国（晋江）鞋博会；走访泉州鞋业协会，通过与行业专家交流、咨询和沟通，根据学科专业的特点和用户需求，构建了数据库的整体框架。运动鞋类信息数据库主要包括文献数据库、创意作品库（本校师生成果展）、企业信息库、运动鞋款（图片库）四个子库。根据每个子库的性质、功能和资源的内容、类型进行细分，形成一个脉络清晰的框架，让用户对数据库的基本结构和内容一目了然（见图 2-3）。

⊟资源导航	⊟文献数据	⊟创意作品	⊟企业信息	⊟运动鞋款
⊞文献数据	⊞图书	⊞毕业论文	⊞运动鞋企名录	⊞球类运动鞋
⊞创意作品	⊞期刊	⊞毕业设计获奖作品	⊞上市鞋企资讯	⊞田径运动鞋
⊞企业信息	⊞报纸	⊞学术成果	⊞行业市场研究	⊞户外运动鞋
⊞运动鞋款	⊞学位论文	⊞课件考察报告		⊞休闲运动鞋
	⊞专利			⊞冰/雪鞋
	⊞标准			
	⊞文档			

图 2-3　泉州运动鞋类信息数据库框架示意图

3. 数据源选取

数据是数据库的核心，关系到数据库的质量。在选择数据源时，要考虑到数据的完整性、权威性、时效性、一致性、准确性等方面，确定合理的收集范围，数据源类型和信息的载体形式，全面收集与运动鞋相关信息资源。数据来源主要有：本校图书馆和美术设计学院资料室现有的各种文献资料、美术设计学院鞋类设计专业学生毕业论文、设计手稿和教师课件及学术成果、采集与运动鞋相关的资料并数字化、来自本地运动鞋企和鞋协的资料信息、综合数据库、学术数据库、专题数据库、网络电子资源等。文献类型有图书、期刊、报纸、学位论文、专利、标准、文档、资讯、图片等。在资源的选取上，不管是文献类型还是学科范围，几乎涵盖了运动鞋及相关学科的方方面面。

4. 数据采集加工

数据采集是建设特色库的重要部分，如何快速、准确、全面地搜集与学科相关的资源，需要有一个良好的检索策略。检索策略包括分析检索需求、建立检索词表、确定检索表达式和选择检索途径。良好的检索策略需要对专业进行充分的了解、分析和研究。本校美术设计学院有在运动鞋设计方面的专业教师；泉州运动鞋品牌在国内享有盛名，这里有很多专业人士，通过跟这些专家沟通、交流、咨询，了解、分析用户的需求。明确检索需求后，就要对课题的具体内容进行主题分析，这是正确选用检索词和逻辑算符的关键，它将决定检索策略的质量并影响检索效果。掌握运动鞋方面的相关知识和专业术语，在专家的帮助指导下建立一个准确完整的检索词表，形成检索式，能够正确反映和全面囊括运动鞋及相关学科的信息。根据已制定的检索策略，从选定的数据源中采集相关的信息资源，然后进行排序、去重、审核、过滤后，存储到对应的子库中。

5. 信息组织

信息组织是建设特色库另一重要环节，包括信息的描述、揭示和有序化。信息专题组织是根据特色库中的栏目或主题，将采集过来的资源进行有序化的细分与重组，形成相应的特色资源数据集并进行发布。运动鞋类信息数据库包括四个子库，根据各子库的性质和功能，进行进一步的划分、组织、整理，形成各子库的数据分类体系。在进行专题信息组织时，既要考虑到运动鞋这个特定学科的特点，也要考虑到行业用户的需要。合理有效的信息组织才能充分地体现特色库的意义和作用，如文献数据库根据文献类型划分出图书、期刊、报纸、学位论文、专利、标准、文档等。对于不同的文献类型，可根据文献对学科描述的角度和深度的不同，分别进行细分，如图书文献分为理论与研究、企业与品牌、广告与策划、设计与制作、鞋材与鞋料、选购与护理、市场与营销。报纸文献分为中国运动鞋产业、福建省运动鞋产业、泉州鞋运动产业、泉州鞋企、他山之石，在这五个类目下还可根据需要再细分（见图 2-4）。

- 文献数据
  - 图书
    - 理论与研究
    - 企业与品牌
    - 广告与策划
    - 设计与制作
    - 鞋材与鞋料
    - 选购与护理
    - 市场与营销
  - 期刊
  - 报纸
    - 中国运动鞋产业
    - 福建省运动鞋产业
    - 泉州运动鞋产业
    - 泉州鞋企
      - 安踏
      - 特步
      - 匹克
      - 361°
      - 鸿星尔克
      - 其他
    - 他山之石
  - 学位论文
  - 专利
  - 标准
  - 文档

图 2-4 文献数据子库图书 / 报纸分类体系结构图

6. 数据著录标引

著录和标引就是对资源的外部特征和内容特征进行描述和揭示，是信息组织的核心工作。为了快速、高效、规范地处理信息资源，我们选用了超星特色库平台。该平台根据不同的文献类型提供相应的不同的模板，数据库管理员可以编辑模板名称、编辑模板字段、删除模板和添加模板，还可以根据需要新增自定义模板，能够满足各种文献类型著录的需要。我们根据采集过来的资源类型，严格按照各类文献著录原则和标准，对模板进行相应的编辑修改，使各著录项的设置能够正确、全面地反映资源特征。在著录数据的时候应注意表明来源：一是为了使数据可靠；二是保护知识产权的需要，以免引起版权方面的纠纷。标引结果的好坏直接影响数据库的质量，决定数据库的检索效率，数据资源的标引和元数据存储应由专业的标引人员负责，遵照 DC 标准操作，保证标引的标准性、规范性和一致性。

7. 信息发布和服务

专题服务是利用专题特色库平台为用户提供全面、专业的资源服务。特色库的主页，不管是美术设计还是页面布局，都应具有独创性和鲜明性，能够体现出特色库的专题特点，使用户在视觉上产生直观深刻的认识；另外，要为用户提供全面实用的资源发现、获取和利用服务。我们请了专业的页面设计人员，设计了运动鞋信息数据库发布界面，并在主页上滚动展示运动鞋最新款式和经典款式，突显特色库的学科特色。信息发布上，每个子库具有特定的发布界面，根据不同的资源类型，实现不同的展现方式，有文本数据库界面、图片库界面、视频库界面等模板。特色库针对不同的用户群需求提供了资源检索、分类导航、栏目导航、专辑模块和友情链接，为用户提供全面的检索方式和途径。数据库支持全文检索、字段检索、简单检索、高级检索、跨库检索、二次检索等功能。信息服务的用户分为两种：普通用户和 VIP 用户。IP 内用户都是 VIP 用户，即本校的师生，这类用户以科研、教学、学习为目的，可以检索、浏览和下载特色库的资源，还可以享受向管理员咨询问题等服务；IP 外是普通用户，指的是非本校的科研人员及运动鞋企有关人员，仅能浏览数据题录信息，不能浏览或下载全文，若要下载、打印资源，必须申请开通 VIP 权限，或通过文献传递的方式获取资源。用户权限的设定，要在保证充分利用共享资源的基础上，兼顾知识产权保护，避免陷入版权问题的纠纷中。

8. 数据更新

建设特色库是一个复杂艰辛的过程，需要投入大量的人力、物力、时间，为了避免建成之后就停滞不前，加强数据的更新尤为重要。数据库建成后，需要在原有的基础上不断地更新、补充、完善。特色数据库的维护更新是保证其生命力之所在，应安排专门人员收集数据库在使用过程中的反馈信息，定期对数据库内容进行更新、追加，关注系统的运行状况。不同的资源类型，更新的速度是不一样的，因此要设置相应的更新时间，比如图书、学位论文、本校学生毕业论文、毕业设计可以按年更新；期刊、专利按月更新；报纸按周更新；教师科研成果、课件、学生获奖作品可根据实际情况及时更新；企业资讯、运动鞋流行趋势、最新鞋款等前沿、热点问题的动态信息库，则尽可能实时更新。在进行常规的数据更新工作时，除了由专门的管理员负责外，还要加强与运动鞋方面的专家及用户沟通交流，及时把握学科行业发展动态，掌握最新资讯，不断充实特色库，让特色库充满活力，体现价值。

四、泉州运动鞋类信息数据库的服务推广

泉州运动鞋类信息数据库不仅是学术资源集散地，同时也为教师、学生、科研工作者、产品开发、设计人员和企业管理者等提供了专业化的交流平台，为科研一线研究、学习和个性化教学过程提供一站式服务。

1. 为运动鞋相关专业提供个性化学科服务

泉州运动鞋类信息数据库为相关学科的教师、学生、科研人员提供了内容丰富、形式多样的信息资源，对拓展教师学术视野、深化专业教学效果、提高学生学习兴趣具有积极作用，为科研人员借鉴国内外同行的技术思路，引领学术创新提供情报支持。文献数据库包含各类具有学术性、高质量的学科研究成果，能够满足本校相关专业的教学、科研、学习需求。企业信息库收集了泉州运动鞋制造、生产、销售、鞋材、鞋料、鞋机等企业的基本信息，对学生就业具有指导意义。行业资讯与市场研究专栏主要包括运动鞋流行趋势、品牌运作、市场销售、行业状况等信息，为我校有关专业教学科研及学生的创作设计指引方向。创意作品库即本校师生成果展，将学生的毕业论文、毕业设计、获奖作品，教师的课件、学术成果进行汇集、整理、存储、展示。让企业对本校的专业实力、学生的创作能力有所了解，为企业挑选人才、学生就业提供了交流的平台。运动鞋款图片库搜集展示了流行、经典、品牌主打产品等图片，为学生的设计创作带来灵感。图书馆与专业教师联手合作，加强特色库的宣传、推介、培训力度，为学校运动鞋及相关专业的发展提供个性化的学科服务。

2. 为企业科技创新和行业发展服务

再好的资源也要得到利用才能充分发挥其价值，运动鞋信息数据库除了为本校特色学科专业服务外，还要满足运动鞋企的文献资源需求，为推动地方产业的发展提供信息支撑。如果没有服务推广，不能将特色数据库服务主动推送给用户，也许特色数据库就会被浩如烟海的网络资源所淹没，被用户所忽略，体现不了特色数据库建设的目的和价值，前期投入的巨大人力、物力和时间，将被白白耗费。如果没有加强和企业合作，在信息日新月异的时代里，特色库脱离了根基，资源的新颖性、权威性和有效性得不到保证，特色库将失去生命和活力。积极向企业推广服务，不仅使数据库资源得以更新，价值得以体现，也将使企业在知识经济的时代里，能够得到有价值的信息，在技术创新上更具有竞争力。图书馆应该通过各种渠道加强对企业的推广服务：一方面是加强和企业的沟通联系，了解企业的发展需求，直接主动地提供信息咨询和文献传递服务；另一方面是与行业协会携手，共同推广，企业数量多，图书馆能力有限，而行业协会相当于企业的组织，与企业交往频繁，具有号召力和影响力，借助行业协会推广数据库服务既水到渠成，又事半功倍；利用校企合作的契机，搭建数据库推广平台。为响应泉州市政府的号召，为高校教育发展开辟新道路，泉州师院成立了校企合作中心，统筹、协调、指导各二级学院开展校企合作的工作。目前学校的人文学院、工商学院和美术设计学院等与泉州多家运动品牌建立了校企合作关系，这些学院与运动鞋企的关系密切，也是数据库推广服务的有效渠道。为企业培训员工是高校在校企合作中的一个重要项目，在组织企业培训时，要让企业逐步认识到信息服务与知识服务对企业和个人发展的作用，介绍推广运动鞋信息数据库的存在和影响，引导企业主动利用特色数据库资源和服务。

学科优势和地方产业优势是建设特色库的有力支撑，特色库的建设又是为产、学、研结合提供强有力的信息平台。泉州运动鞋类信息数据库的建成，将在更广的范围内为企业用户、科研人员、高校教师与学生提供方便、快捷、高效的检索方式，提供优质丰富的信息资源，为本校重点学科、特色专业和地方支柱产业发展服务。

参考文献

[1] 梁淑玲. 专题库立项与学科服务之关系研究 [J]. 图书馆工作与研究，2012（5）：116.

[2] 曾娜，陈巍，李文兰. 面向学科服务的高校图书馆重点学科特色资源数据

库建设探析 [J]. 现代情报，2012，32（6）：75-78.

[3] 陈埭镇 [EB/OL].[2013-4-25] . http：//baike.baidu.com/view/982724.htm.

[4] 朱如龙，邢玎，张云霞，等 . 宁波市数字图书馆机电塑料模具特色库建设实践与探索 [J]. 图书情报工作，2009，53（23）：86-90.

[5] 福建晋江："制造业基地"变身"智造名城" [EB/OL].[2013-4-25]. http：//news.xinhuanet.com/fortune/2013-03/25/c_115153017.htm.

[6] 吴玉，刘苏宁，王玉香 . 基于地方民营企业情报需求的高校图书馆智库服务 [J]. 情报科学，2013，31（2）：72-77.

[7] 胡朝明，刘茜 . 高校图书馆纺织服装特色资源库建设现状分析 [J]. 图书馆工作与研究，2010（2）：67-70.

[8] 李玲 . 高校图书馆专题特色数据库建设的质量控制研究 [J]. 图书馆工作与研究，2012（7）：119-122.

[9] 王伟赟 . 基于元数据仓储的专题特色库建设实践——以铜陵学院青铜文化特色库为例 [J]. 情报理论与实践，2012，35（9）：109-119.

[10] 庄云勇 . 校企合作下泉州运动鞋类信息数据库的建设 [J]. 图书馆学研究，2012（12）：38-43.

[11] 王毅蓉 . 发挥区域优势 服务水利行业——析谈浙江水利资源特色数据库的建设 [J]. 图书馆工作与研究，2012（3）：64-67.

[12] 张云霞 . 面向企业的图书馆特色数据库服务推广 [J]. 图书情报工作，2011（5）：95-99.

本文发表于《图书馆理论与实践》2014 年，第 4 期

作者简介：庄云勇，男，副研究馆员，任职于泉州师范学院图书馆。

美国高校图书馆参与开放教育资源建设实践研究

——以开放式教科书计划为例

黎明职业大学图书馆　陈秀菊

摘　要　开放式教科书是开放教育资源（OER）的重要组成部分。美国的开放教科书计划由于高校图书馆牵头领导建设、政府重视和投入、采用激励计划、注重教科书教学评估等措施，为国内高校图书馆参与OER建设提供了重要启示。国内高校图书馆要做好OER的建设工作，可以从主动牵头或领导OER建设、争取政府政策和资金支持、专项培养馆员的OER专业意识和协助做好OER的评估四个方面着力。

关键词　OER 开放式教科书；高校图书馆；启示

一、前言

近年来，开放教育资源（OER）一直是政府和学界在探索并努力实践的一个课题。“开放教育资源”一词是2002年的一次联合国教科文组织会议上首次提出的，当时是指关于开放课件对发展中国家高等教育的影响。目前，联合国教科文组织将OER定义为免费、开放的提供给社会公众的任何形式的教育材料、技术和资源，或在公共领域带有开放许可的任何类型的教育材料。OER的范围从教科书到课程材料、教学大纲、讲义、作业、测试、内容模块、音频、视频和动画。OER现在包括交互式多媒体和模块化学习，而不仅仅是具有开放许可的简单在线教科书。开放式教科书是指具有开放式许可证的教科书，任何人都可以免费使用和更改它。开放式教科书是OER大规模运动的一部分。

教科书价格的上涨是当今高等教育面临的最紧迫的问题之一。开放和免费的教育资源被认为是解决教科书费用支出的一个可行性方案。Karen Okamoto认为开放存取教科书（OAT）和开放教育资源（OER）是被誉为昂贵的印刷教科书的廉价替代品。Reed 等认为图书馆支持 OER 及 OAT 建设对图书馆来说是机遇，也是挑战，因为其影响了图书馆订阅内容的使用，图书馆需要重新考虑分配馆藏资源。纽约大学图书馆从 2014 年开始拨出专项资金以鼓励使用 OER 和图书馆资源来重新设计课程，倡议零教材成本课程，既节省了学生成本，又改进了教学方法，还提高了图书馆员的技能。Mandi Goodsett 等通过研究发现克利夫兰州立大学的 Michael Schwartz 图书馆在开放教科书运动中发挥着关键作用并提供了专业知识服务。可见，美国高校图书馆在 OER 和 OAT 建设中，在管理公开许可材料和其他免费教育材料、对馆藏资源重新配置以优化馆藏生态系统、学科馆员主动提供专业知识服务以协助教师适应和采用新的课程设计等方面的有效做法，值得国内高校图书馆学习与借鉴。2020 年初，突如其来的疫情，让全国人民都处于“停摆”状态，其间，教育部要求停课不停学，使得在线教学带来的教学模式变革将会是今后一段时间的新常态，高校图书馆在为应对紧急事态冲击所采取的措施中，可沉淀一些思考。本研究试图以美国教科书计划为切入点，总结美国高校图书馆的实践和经验，并提出策略建议，以期为国内高校图书馆 OER 建设提供一定的借鉴参考价值，为国内高校图书馆进行 OER 研究提供新角度，从而丰富该领域的理论。

二、国内高校图书馆 OER 服务现状

1. 国内 OER 建设现状

对于国内的 OER 建设，2003 年成立的中国开放教育资源联合体是 OER，同年，教育部启动的国家精品课程工程也是 OER，2011 年以后分别启动了精品开放课程工程、慕课、微课等，这些也是 OER。2016 年全国教育工作会议明确提出要“以开放发展拓展教育资源”，中国国家自然科学基金委员会、中国科学院等都要求其受资助项目科研论文必须开放获取。《推进共建“一带一路”教育行动》也明确了进一步推进“一带一路”优质教育资源的共享。如今，我国开放教育资源的发展已经逐步形成了以国外开放课程的翻译与应用、国家精品课程建设、开放大学创建及其资源平台的建设等为主导的立体式发展趋势。

基于 OER 越来越受到教育界关注，很多高校图书馆开始纷纷探求 OER 的建设问题，如清华大学图书馆、汕头大学图书馆、上海交通大学图书馆等，并努力将其服务嵌入学校教学、学习和学术研究中。在国际图联 2019 开放教育周报告《开放教育资源与图书馆》的影响下，国内高校图书馆进一步探索如何在支持 OER 建

设与发展中发挥关键作用，主要包括与学术机构、大学、出版社、新闻媒体、学术期刊社等多方合作问题。

2. 国内高校 OER 中电子教科书建设服务现状

高校教科书的费用是一个越来越大的支出。在决定什么时候上什么课时，学生经常被迫考虑书籍的费用。昂贵教科书的替代方法是开发和使用 OER。电子教科书要开放许可后方可称为开放式教科书。目前国内电子教科书主要有国家教育资源公共服务平台和教育部组织的 22 个在线课程平台，前者是由政府提供的 OA 资源平台，涵盖教材、课程、资源，后者为高校在线教学服务提供了选择，涵盖课程 2.4 万余门，覆盖本科 12 个学科门类、高职 18 个专业大类。

教育部为防止病毒在校园蔓延，实施停课不停学的线上教学要求，更让各界意识到 OER 建设的重要性，特别是 OER 的重要组成部分——电子教科书的重要性。国家教育资源公共服务平台全部免费使用，教育部组织 22 个在线课程平台免费开放在线课程 2.4 万余门。各个学术出版机构 OER 服务在防控期间突显其开放性与人文关怀，如 Springer Nature 现免费提供 500 余本关键教科书的访问权限，其中英文教科书 409 种，教科书涵盖诸多学科。清华大学图书馆密切配合教务处、研究生院开展电子教参服务工作，组织人力加紧提供或制作电子教参，为全校“停课不停学”做好保障，并专门整理电子图书资源及远程使用指南，供读者按需选用。上海交通大学图书馆则建设了电子教参服务平台“智慧泛在课堂”。

防控期间，尽管众多数据库商、出版商、互联网公司纷纷推出了限时免费访问的学术资源，但是，对于需求量巨大的电子教科书，由于开放许可问题未解决，绝大多数的高校学生无法拥有访问权限。由此可见，我国部分高校图书馆在开放电子教科书建设中发挥了一定的作用，但其本身还未参与深入的开发建设。

三、美国高校图书馆开放式教科书计划实践分析

据针对 2015 年的劳工局消费者价格指数（CPI）的分析发现，教科书的价格从 1977 年到 2015 年上涨了 1041%，是同期通货膨胀率（308%）的三倍以上。对 CPI 数据进行的独立分析发现，在同一时期的教科书价格的涨幅甚至超过了大学学费的总成本的涨幅。美国公共研究利益集团（PIRG）的报告更是指出高昂的教科书价格会阻碍学生购买所需的课程材料，并对他们的学术体验产生负面影响。高校图书馆的馆藏资源中配置着可满足学生借阅的一定数量的纸质教科书，高昂的教科

书价格会占用大量的图书馆经费。图书馆也一直在寻找传统教科书的替代品。

1. 高校图书馆牵头或领导 OER 建设

美国的许多高校图书馆牵头或领导着名为“负担得起的课程内容计划”的 OER 建设。Kazakoff-Lane 认为高校图书馆在知识产权、保护、教学和技术方面的经验，特别适合在 OER 推广中发挥核心作用。图书馆牵头或合作激励计划的著名例子有 Emory 开放教育计划，明尼苏达大学的负担得起的内容合作伙伴关系，以及俄亥俄州大学的 Alt-Textbook Initiative。另外，纽约大学一直在试行开放式教科书计划，华盛顿大学专项拨款让教师提供公开教科书，坦普尔大学举办研讨会让教师对使用公开教育资源方面提供指导，罗格斯大学实施“公开和平价教科书”（OAT）计划以帮助学生减轻由昂贵课程教材产生的经济负担。

目前，明尼苏达大学的开放教科书图书馆免费提供公开许可的教科书，其开放式教科书是已资助、出版和许可免费使用、改编和分发的教科书。这些书已经由许多学院和大学的教师进行了审查，以评估其质量。这些书籍可以免费下载，也可以低成本印刷。在美国，高等教育的可及性和可负担性是一个日益突出和重要的问题。受到广泛关注的因素之一是所需课程材料的成本和获取途径。而高校图书馆通过 OER 提供高质量低成本的公开许可教科书给学生和教师，把自己置于一个有利地位并同时发挥他们的收藏和职责，通过与机构和财团的合作建设，图书馆还可以在当地社区内，以与传统和新兴角色和服务相适应的方式，在开放和负担得起的教育计划中发挥领导作用。

2. 用激励计划采用和创建 OER

美国高校图书馆对创建 OER 和负担得起的课程主要采用教师激励计划。如马萨诸塞州阿默斯特大学的开放教育计划（OEI）是采用大学图书馆管理的最杰出的教职员工激励计划。该计划于 2011 年开始向教师颁发 1000 美元的奖励，以鼓励他们采用开放式教科书，该计划在成立的四年中，平均每年约有 1600 名学生注册 OEI 课程，累计节省了超过 1000000 美元。罗格斯大学图书馆在开放和经济的教科书（OAT）计划中提供 500—1000 美元的奖励给全职和兼职的教师，在项目的两年时间里，图书馆奖励了 57 名教师、58 门课程，该项目同一时期为罗格斯大学的学生节省了 200 多万美元，影响了 9000 多名学生。而且通过评估发现，罗格斯大学的学生们高水平使用 OER 课程教材后，估计他们一学期每人花费 100—300 美元课本费，比全国平均水平低 1000 美元。加州大学洛杉矶分校（UCLA）图书馆管理实行类似的教师激励计划，即“负担得起的教科书计划”。采用教师激励计划，既可以让学生获得低成本甚至零成本的教科书，又可以让教师受到奖励，还可以让教师参与课程的重新设计以获得成就感，这让教师非常愿意接受并主动宣传推广 OER。由此可见，激励教师采用 OER 降低教科书成本以增加高等教育的获得和负担能力，是美国高校图书馆发展 OER 的一个主要策略。

3. 政府重视和投入促进 OER 发展

从 2012 年开始，美国在全国高等教育报告中，以不同的主题报告持续发布 OER 建设和发展情况，报告中体现出在政府的重视下，开放教科书建设逐年取得良好成效，促进了 OER 的快速发展，如《不断发展的课程：2012 年美国高等教育中的开放教育资源》提到 OER 在高等教育中的作用，并首次向机构学术领导者询问了有关 OER 的知识。《公开课本：2015—2016 年美国高等教育的开放教育资源》报告表明教师对 OER 的认识由前一年的 20% 上升到 25%，但是只有 5.3% 的课程使用了开放式教科书。《打开教科书：2017 年美国高等教育中的开放教育资源》报告中指出 OER 在美国高等教育中的作用显示出逐年稳定的提高，还解决了教师的材料成本问题。《释放教科书：2018 年美国高等教育中的开放教育资源》报告中指出对 OER 的认识稳步增长，还明确指出课程材料的高昂费用对学生入学有负面影响、教职员工对商业出版商频繁更新价格等问题感到不满等。《拐点：2019 年美国高等教育中的教育资源》提到课程材料分配和选择的模型处于拐点。从连续多年的高等教育报告中，可以看出政府越来越重视开放教科书计划的开展情况，同时大力促进 OER 发展：教师对数字资料的接受程度越来越高，学生也越来越接受数字资料，各行各系统都越来越担心学生的资料成本，商业出版商引入了 “包容性访问”新模式。

开放教育运动得到美国政府的认可，国会在 2018 财年综合拨款法案中包括一项 500 万美元的开放教科书资助计划。这标志着美国国会为解决高昂的大学课本费用，对开放式教育资源进行首次重大投资，并强调教科书是高等教育的一个重要负担。政府的重视和资金投入为 OER 建设提供了一个可持续性的生态系统。

4. 做好 OER 相关评估工作

美国高校图书馆协助做好 OER 相关评估工作，不仅让 OER 得到广泛宣传和推广，还促进了教师和学生更了解和接受图书馆。Lily Todorinova 等通过总结 400 多份对罗格斯大学用于评估教科书负担能力计划的学生问卷的回答，发现学生关心课本的成本，喜欢开放和负担得起的课程内容，一致支持继续 OAT 项目。Lily Todorinova 等的调查提供了罗格斯大学在教材负担能力方面的努力概况，以及学生们对重新设计过的、负担得起的课程的真实看法。这份问卷评估表明 OAT 这样的项目对学生的重要性，并强调了高昂的教材成本所带来的问题，还强调了重新设计的课程材料让学生在获取、阅读、记笔记和协作方面得到了更好的体验。调查还发现学生可能不知道图书馆的资源和服务可以帮助他们省钱。因此，图书馆需要通过寻找方法展示给学生并和学生积极交流，以让学生了解和熟悉图书馆对 OAT 建设的贡献，图书馆应当将教育、教学和学生宣传等领域定位为校园合作伙伴。

美国高校图书馆还利用其专业优势，以提供参考咨询服务方式，如提供 OER 评估工具手册、量表等，协助引导教师对 OER 进行评估。休斯顿社区大学图书馆就在其网站上提供了有关 OER 评估的工具手册，包括相关评估量表的培训材料、培训视频短片以及其他评价工具等。图书馆员一方面可以利用教育学和信息素养方面的专业知识来评估新材料的课程，还可以从资金角度衡量 OER 采用情况、学生作业表现、学生满意度等对 OER 进行评估。高校图书馆做好 OER 的相关评估工作，有助于促进 OER 的质量及有效性提升，使之良性发展。

四、美国高校图书馆开放式教科书计划实践的启示

1. 高校图书馆在 OER 建设中要起主导作用

美国的开放教科书图书馆由明尼苏达大学图书馆牵头建设，罗格斯大学图书馆领导开放和可负担的教科书（OAT）计划，加州大学洛杉矶分校（UCLA）图书馆管理着“负担得起的教科书计划”。这些计划都是由高校图书馆牵头或领导的，并取得了较大的成绩。国内高校图书馆可以借鉴该做法，由图书馆主动牵头，利用其丰富资源和专业馆员的优势，与校内各部门及社会机构合作，进行 OER 建设，特别是利用电子教科书建设，率先为学生减轻经济负担，帮助学生取得成就，以体现大学图书馆的作用。

2. 高校图书馆 OER 建设要有政策和资金的支持

开放教科书相关服务已经成为美国高校图书馆学科服务的重要内容之一。从美国的全国高等教育报告中可以看出美国近年来一直致力于开放教科书的相关服务，并取得了较大的发展与成绩，美国国会在 2018 财年综合拨款法案对开放式教科书专项拨款，这些都表明 OER 建设需要有政府政策强有力的支持。国内教育部

在2003年开展精品课程建设，2012年升级为精品资源共享课，被评为“国家级精品资源共享课”还可以获得专项资金支持。2016年《教育部关于办好开放大学的意见》中提出向社会最大限度地开放教育资源，但目前没有出台专门支持OER建设的政策性文件。因此，高校图书馆OER建设需要有政策和资金的支持，才能激励和促进教师和学生去采用和推广OER，才能更好地推进OER建设。

3. 高校图书馆应专项培养馆员的OER专业意识

美国高校图书馆利用诸如每年10月的开放获取周或每年3月的开放教育周之类的全国性活动，以高校图书馆馆员的OER专业意识举办各种宣传活动、研讨会、培训会，让师生了解、接受开放教科书，提供OER专业服务。圣何塞州立大学图书馆馆员主动跟校内其他部门合作，研究出版OER的学科指南，为师生提供包括视频、教科书、试卷、学习模块等资源服务。尚未具备内部专业知识来举办此类活动的图书馆则通过让馆员获得国家认可的培训计划来培养OER专业意识，如加入OTN网络的图书馆不仅可以得到本地托管的开发计划，在该计划中，教师将获得少量酬金，以查看开放教科书库中的教科书。此外，成员机构还可以指定OTN专业馆员，该馆员可以参加OTN举办的各类研讨会并接受额外培训，以增强与OER和负担得起的课程内容相关的本地专业发展机会。据不完全统计，超过600所美国高校图书馆提供了相关的开放教科书替代服务，这对高校图书馆馆员的OER专业意识提出了较高要求。特别是当传统教科书出版受到质疑，同时电子教科书逐步进入教学领域并受到欢迎之际，国内高校图书馆馆员更应该以此为契机，意识到OER的重要性，主动参与其建设并积极宣传OER。

4. 高校图书馆应以评估为手段促进OER建设良性发展

美国的开放式教科书计划在实施阶段就设立了相应的评估标准和评估系统，这有助于教师和学生利用评估工具进行教科书评估，以此促进开放式教科书质量的提升。美国高校图书馆还主动宣传推广甚至培训如何使用评估工具手册，然后收集教师教学的反馈、学生学习的反馈等，通过对OER的利用效果进行评估，循环改进OER项目。国内高校图书馆应该借鉴美国高校图书馆协助做好教科书评估的做法，通过向师生宣传推广如何利用评估工具、评估手册等方法，对OER进行管理与评估，从而促进OER提升质量。这样师生可以更了解及使用开放教育资源，也能更轻松地管理开放教育资源，从而更愿意接受利用OER。

五、结语

OER 建设是国际高等教育的一大趋势。当前国内高校图书馆对于 OER 的建设和服务尚处于起步阶段，需要深入探索如何进一步开展 OER 建设以提供更好的服务。美国高校图书馆在 OER 建设中的实践，特别是开放式教科书计划中的实践经验，对国内高校图书馆参与 OER 建设具有重要的借鉴作用。防控常态化下，“云端”重塑教育形态，大学需要突破地域空间的限制和传统的活动边界，充分利用网络实现线上线下教育的深度融合，以更加开放包容的姿态提供更广泛、更优质的教育。高校图书馆也应该重新思考如何充分发挥图书馆的担当和使命，为学校师生建设更加“开源”的平台。因此国内高校图书馆可取他山之石，从主动牵头或领导 OER 建设、争取政府政策和资金支持、专项培养馆员的 OER 专业意识和协助做好 OER 的评估四个方面着力，做好 OER 建设工作。

参考文献

[1]Open Educational Resources.[EB/OL].[2020-03-15]. https：//en.unesco.org/themes/knowledge-societies/oer.

[2]Karen Okamoto. Making Higher Education More Affordable，One Course Reading at a Time： Academic Libraries as Key Advocates for Open Access Textbooks and Educational Resources[J]. Public Services Quarterly，2013，9（4）.

[3]Jason B. Reed，Benjamin Jahre. Reviewing the Current State of Library Support for Open Educational Resources[J]. Routledge，2019，44（232-243）.

[4]Stacy Katz. Leveraging Library Expertise in Support of Institutional Goals： A Case Study of an Open Educational Resources Initiative[J]. Routledge，2019，25（2-4）.

[5]Mandi Goodsett，Barbara Loomis，Marsha Miles. Leading campus OER initiatives through library - faculty collaboration[J].College &amp；Undergraduate Libraries，2016，23（3）.

[6]CORE 简介 - 中国开放教育资源联合体 .[EB/OL].[2020-03-15]. http：//www.core.org.cn/cn/coredes.html.

[7] 张勇强 . 国内高校开放教育资源建设现状概述 [J]. 财富时代，2020（03）：60.

[8] 以开放发展拓展教育资源——四论牢固树立新的教育发展理念 .[EB/OL].[2020-03-15].http：//www.moe.gov.cn/jyb_xwfb/.

[9] 教外 [2016]46 号文件．教育部关于印发《推进共建“一带一路”教育行动》的通知 [Z].

[10] 董艳，杜国，徐唱，等．国内开放教育资源平台建设的现状与发展 [J]. 中国电化教育，2017（11）：36–42.

[11] 教育部组织 22 个在线课程平台免费开放在线课程 2.4 万余门 .[EB/OL].[2020–03–15]. https：//www.caigou.com.cn/news.

[12]Springer Nature 面向全球免费提供 500 余本关键教科书访问权限．[EB/OL].[2020–03–15].https：//www.wxnmh.com/thread–6763101.htm.

[13] 清华大学图书馆疫情防控期间图书馆电子教参服务 .[EB/OL].[2020–03–15]. http：//lib.tsinghua.edu.cn/ment/7876.

[14] 上海交通大学图书馆电子教参服务（智慧泛在课堂）.[EB/OL].[2020–03–15].http：//www.lib.sjtu.edu.cn/f/content/detail.shtml？ id=6073&lang=zh–cn.

[15]Bell S. Start a textbook revolution，continued： Librarians lead the way with open educational resources[J]. Library Issues，2015（5）：1–4.

[16]Bureau of Labor Statistics（2016）.Consumer price index： CPI databases [EB/OL].[2020–03–15].http：//www.bls.gov/cpi/data.htm.

[17]Kazakoff–Lane. Environmental Scan and Assessment of OERs，MOOCs and Libraries [EB/OL]. [2020–03–15].http：//www.ala.org/acrl/sites/ala.org.acrl/files/content/publications/whitepapers/Environmental%20Scan%20and%20Assessment.pdf.

[18]Emory U （2016）.About EOEI[EB/OL].[2020–03–15].https：//scholarblogs.emory. edu/eoei/about.

[19]Fischer et al. A multi–institutional study of theimpact of open textbook adoption on the learning outcomes of post–secondary students[J].Journal of Computing in Higher Education，2015（3）：159–172.

[20]2012 Florida student textbook survey[EB/OL].[2020–03–15].http：//www.openaccesstextbooks.org/.

[21] 科学网——馆藏观澜｜大学图书馆引领变革的十种方法 [EB/OL]. [2020–03–15].http：//wap.sciencenet.cn/blog–822310–1134401.html？ mobile=1.

[22]Open Textbook Library.[EB/OL].[2020–03–15]. https：//open.umn.edu/opentextbooks.

[23]Joseph A. Salem. Open Pathways to Student Success： Academic Library Partnerships for Open Educational Resource and Affordable Course Content Creation and Adoption[J]. Journal of Academic Librarianship. 2017，43（1）.

[24]Brad Vogus. Open Educational Resources （OER） and Textbooks: Opportunities for Academic Libraries[J]. Routledge，2019，15（3）.

[25]Open Educational Resources.[EB/OL].[2020-03-15]. https：//www.onlinelearningsurvey.com/oer.html.

[26]Congress Funds $5 Million Open Textbook Grant Program in 2018 Spending Bill[EB/OL].[2020-03-15].https：//sparcopen.org/news/2018/open-textbooks-fy18/.

[27]Lily Todorinova，Zara T. Wilkinson. Closing the loop： Students，academic libraries，and textbook affordability[J]. Elsevier Inc，2019，45（3）.

[28]Open Educational Resources （OER）： Evaluate[EB/OL].[2020-03-15]. http：//library.hccs.edu/oer/evaluate.

[29] 张立新，周秀霞 . 美国高校图书馆开放教育资源服务状况研究 [J]. 图书馆建设，2018（06）：67-73.

[30] 鞠红耘 . 图书馆开放教育资源建设与服务策略——国际图联简报《开放教育资源与图书馆》解读与启示 [J]. 图书与情报，2019（02）：92-99.

[31]Open Textbook Network[EB/OL].[2020-03-15].https：//open.umn.edu/otn/.

[32]Ohio University Libraries Joins Open Textbook Network[EB/OL].[2020-03-15].https：//www.library.ohio.edu/2017/08/ohio-university-libraries-joins-open-textbook-network/.

[33] 北大校长：从疫情防控谈未来大学变革发展 [EB/OL]. [2020-06-21].http：//js.people.cn/n2/2020/0621/c359574-34102309.html.

本文发表在《图书馆杂志》2020 年，第 11 期

作者简介：陈秀菊，女，研究馆员，硕士，黎明职业大学图书馆副馆长。

第三章

特色资源

地方多媒体文献资源库建设

——泉州学文献资源数据库建设的思考

泉州师范学院图书馆 高坤育

摘 要 随着科学技术的发展，地方文献资源建设向多媒体化的方向迈进。本文讨论了建设多媒体地方文献数据库的重要作用和具体方法。

关键词 多媒体文献；文献资源开发；特色数据库；数据库建设

近年来，国际上数字图书馆的发展引起了国内有关单位的高度重视。1999 年 2 月，经广泛调研和修改后，国家图书馆再次向文化部递交实施中国数字图书馆工程的建议书，并着手进行工程的可行性研究。计划在工程第一期（2000—2005 年）完成 10 多个主题数字资源库的建设，并提出了“资源共享、联合建设、优势互补、互惠互利、自愿参加”的原则，为各文献资源拥有单位提供了更多的学习、交流机会。地方高校图书馆要突出地方特色，树立地方品牌意识，努力为地方的经济建设和社会发展服务，大力加强地方文献资源建设。1999 年 4 月在本校科研处的支持下，作者主持的校级科研项目“泉州学文献资料数据库”获得批准。1999 年 5 月，运用自主开发基于 DEPHI 程序语言与 Access 数据库技术的局域网数据库管理系统，开始建设书目题录型数据库。2000 年 11 月，运用福建省海峡科技信息中心研发的“金纬达网络信息检索系统”（试用版）建立全文数据库、多媒体数据库，在馆内试运行。下面以泉州学文献资源数据库建设为例，谈谈建设地方多媒体数据库的具体方法。

一、科技进步与网络发展，促使地方文献多媒体化

所谓多媒体，我国新闻出版署在 1994 年曾将其定义为：“以数字代码方式将图、声、像等信息存储在磁、光、电介质上，通过计算机或类似设备阅读使用，并可复制发行的大众传播体。”简而言之，电子多媒体就是将文字、图像和声音以数码的方式统一编码，通过电子信息设备进行保存、整理和重现。

当今科学技术突飞猛进、日新月异，光照排技术、缩微技术、影视技术、微电子技术、计算机技术、通信技术、网络技术、多媒体技术等高新技术广泛运用于文献信息的生产、收集、加工、处理、存储和传递等一系列活动，引发文献资源建设的根本性变革。一方面，目前一些图书馆正着手或已部分实现地方文献的电子多媒体化，并把它看作是提高自身品质的重要手段。地方文献收藏单位运用高新技术，将地方文献从印刷型文献转变成缩微文献（如缩微胶卷、胶片）、视听文献（如电影拷贝、电视录像带、录音带、电视直播节目等）、电子文献（如机械可读磁带、软磁盘、交互式光盘等）和网上信息资源。另一方面，电子文献急剧增长，信息网络快速发展，改变了文献信息资源结构。电视文化的极大普及，地方电视台的大量地方信息也已经成了重要的地方文献信息源。今后的地方文献更多的是已经数字化的、表现为电子多媒体方式的各种资料，其主要被保存在网络服务器中各个单位计算机中的存储器上，或被保存在光盘上。相应地，地方文献的整理工作也必须在数字和网络环境下进行。综上所述，地方文献载体呈现出向多媒体化发展的趋势。

二、建设地方多媒体数据库是大势所趋

地方文化资源的内容丰富多彩。泉州属于中国第一批历史文化名城，素有“海上丝绸之路的起点”、“世界宗教博物馆”的美称。以泉州地方历史文化为对象的“泉州学”研究取得举世瞩目的成果。泉州学者们具体地将丰富的历史文化资源分为 16 类来进行研究，它们分别是：泉州地方社会政治制度资源、社会经济形态资源、宗教文化资源、民俗文化资源、历史名人资源、文物古迹资源、风景旅游资源、饮食文化资源、民居文化资源、海外交通文化资源、歌谣资源、音乐资源、舞蹈资源、戏剧资源、名特产品资源、图书文献资源等。图书文献资源是文化知识信息的载体，是一定社会政治经济文化的反映。以上文化资源，大部分都可以在图书文献中得到反映，图书文献资源的开发是文化资源开发的重要内容。但是也有大量的图表、声像资料和实物资源，这部分资源在反映地方特色文化时所呈现的效果，往往是文字无法达到的。地方文献的电子多媒体化有利于加强与读者的沟通，读者可通过因特网远程检索、查阅和下载。地方文献的电子多媒体化还能极大地减少文献资料的破损、遗失、逾期不还等现象。地方文献电子多媒体化扩大了地方文献的传播，有利于研究和利用地方文献的学者们更广泛深入地研究工作。同时，地方文献的广泛传播，有利于扩大对本地域的政治、经济、文化等方面的宣传，对提高地域知名度，

传播地域人文经济起到更积极的作用。

三、地方多媒体文献数据库建库的方法

1. 明确地方文献概念，规范资源建设标准

在地方多媒体数据库建设中，必须首先解决两个问题：一个是概念，一个是标准。明确概念，就解决了资源库的内容范围问题；统一标准，就是规范了资源库建设的形式。关于地方文献概念问题，长期以来存在狭义与广义两种理解。广义的理解是：地方出版物、地方人士著述、地方史料。狭义的理解是：地方史料，即内容上具有地方特征的区域性文献，地方区域性是地方文献的本质特征，历史资料性是地方文献非本质的主要特征。地方文献数据库建设宜从狭义概念做起，先精后广，要依据具体情况和实际需求确定收录范围，内容要包括本地区出版物、本地著述、记载及论及本地区古今情况的各种资料，包括书籍、杂志报纸、手抄本、手稿本、宗谱、图片、碑帖、甲骨、金石、墨迹、声像资料等。再一个就是标准化问题。进行地方文献数据库建设，文献信息标准化是基本条件之一。地方文献数据库建设要依靠众多单位的合作，要提供服务，统一标准便成为十分重要的问题，它直接影响到资源库的制作质量和查询服务效果。没有统一的建库标准，不能上网流通，起不到资源共享的作用。在地方文献数据库建设中，解决“标准”问题，首先，要考虑文献数据处理的技术方法。其次是标准化和规范化的程度。数据库字段包括顺序号、分类号、题名、著者、年月、卷期、页码、主题词或关键词、内容摘要等项，都要严格按照国家有关标准著录。要对数据标引严格把关，对文献要按照《中国图书馆图书资料分类法》进行分类，要依据《汉语主题词表》准确进行主题标引，严格按照标准的 CN—MARC 格式输入、建立规范文档，以利于数据的交换和共享。

2. 选择一个优良的网络数据库管理系统

选择一个使用方便、技术先进、功能完善、运行可靠、容易维护、扩充性强，并在不同的硬件环境和操作系统中都能通用的网络数据库管理系统。在地方文献资源开发中，一家开发，多家使用，共用一个软件系统来建数据库，使数据具有通用性，且数据标准规范，利于实现数据共享。数据库系统要配备完善的索引，包括篇名索引、著者索引、分类索引、主题词或关键词索引、地名索引等。各种索引功能要完备、操作简单，能够提供多途径的文献检索方法。福建省海峡科技信息中心研发的“金纬达网络信息检索系统”，支持多媒体海量数据库秒级检索，是地方文献

数据库建设中比较成熟的网络信息检索系统。

3. 地方文献多媒体化方法

图书馆中现藏有大量的地方文献资料，这是一笔宝贵的文化财富，这些文献资料多媒体化的基本方法有：

（1）对各类文字印刷品，可通过计算机扫描以数码形式的图形文件方式保存到计算机内，并可再由专用软件将其转换成数码形式的文本（TXT）文件；对各种手稿、碑帖等非印刷品、照片、图片等资料，则可以采用电子扫描或转换的方式变换为数码化的图形（BMP、JPEG、GIF 等）文件；缩微复制保存在胶卷上的资料，同样可以通过专用设备转换成计算机中的图形文件或文本文件，保存在光盘或海量存储器上。

（2）对各种音像资料，可以通过《超级解霸 2000》中的“实用工具集”转换工具将其转换成计算机中的声音和影视（AVI、MOV、MPEG 等）文件，高度保真地保存在光盘上，或保存在网络服务器的存储器内。

声音（音碟、磁带）资料的数字化：一般采用计算机中的声卡、光驱和相应的软件来处理。磁带的数字化用录音线将录音机与计算机连接起来，以录音机为音源，声卡为接受端，用 CoolEdit 一类的录音软件把磁带上的声音资料转录到计算机中，形成 WAV 文件，然后再把 WAV 文件压缩为 MP3。CD 音碟资料的数字化处理：MusicMatchJukebox 就可以快速地将 CD 音轨直接转换成 MP3（WAV、RA）。利用《超级解霸 2000》的“实用工具集”中的“MP3 数字 CD 抓轨程序”直接抓取 CD 为 48kHz 高质量 16 位 WAV；《超级解霸 2000》的“实用工具集”中还有一个将 CD 格式直接转换成 MP3 的工具——“MP3 压缩”。这个工具可以很方便地将各种音频格式转换为 MP3。

视频资料的数字化：一般常用带视频捕捉卡的计算机、视频资料播放设备、视频线和相应的视频处理软件（如 Adobe Premiere）组成一套视频数字化设备。数字化原理与声音资料数字化原理类似。视频资料的常用格式有 AVI、MOV、MPEG 等。从视频资料的保存质量来看，目前以 MPEG 为好。声像资料的数字化一般的影音文件格式都是 DAT，要想将它转换成 MPEG4 格式，首先得让它成为 MPEG 家族中的一员。也就是说，要先将 DAT 格式的文件转换成 MPEG1 格式。有许多软件都能完成这一工作。比如 Vcdgear2.0 就是一个支持多种格式、功能非常强大的 VCD 格式转换软件，有了 MPEG 文件，再将它转换成 MPEG4（AVI）

文件，同样需要专门的转换工具，一般选择 VirtualDubl.3D 来进行 MPEG4 的编码压缩。

随着计算机的运算速度越来越快，海量存储器的容量越来越大而价格越来越低，因此在地方文献电子多媒体化的过程中，为了研究考证的需要，可以将古籍文献同时处理为计算机的文本文件和图形文件两种文本，研究者既可以快速阅读文献的内容，也可以调阅图形文件，考证文献的版本、笔迹等。我们可以将经过数字化的视听资料存储在计算机硬盘上的数据库里，在条件允许的情况下，还可通过光盘刻录机把数字化后的视听资料有选择地刻录在 CD-ROM 光盘上，这样，不仅解决了视听资料保存难、图书馆馆舍紧张的问题，而且当计算机上安装了专门的播放软件，如超级解霸 2000、WinDVD 等，就可以替代以往利用视听资料所需的专用设备。在现有地方文献资料实现电子多媒体化后，我们既可以较方便地复制，也可在局域网和因特网实现资源共享，从而迅速扩大地方文献资料的传播面。

参考文献

[1] 张玲，刘学和．关于自建全文数据库的构想 [J]. 情报理论与实践，1999（4）.
[2] 刘王娜，刘玉梅．浅谈高校图书馆学科文献数据库的建设 [J]. 图书馆，2000(1).
[3] 邵晶．加强中国高等教育文献保障系统建设之探讨 [J]. 图书情报知识，2000(1).

本文发表于《情报探索》2002 年，第 4 期

作者简介：高坤育，男，副研究馆员，曾任泉州师范学院图书馆副馆长，现任泉州经贸职业技术学院图书馆馆长、泉州市图书馆学会兼合式党支部书记。

公共图书馆地方人士著述征集工作刍议

晋江市图书馆　曾智良

摘　要　地方人士著述是公共图书馆的特色资源，是形成图书馆馆藏特色的重要工作，也是公共图书馆的馆藏建设的重要组成部分。

关键词　地方人士著述；征集；馆藏建设

地方人士著述是地方文献中一种独具特色的资源。地方人士著述的征集是形成图书馆馆藏特色、扩大图书馆社会影响、提高图书馆知名度的重要方式和手段，它作为公共图书馆地方文献工作的一个重要组成部分，越来越受到各级公共图书馆的重视。本文结合晋江市图书馆地方人士著述征集工作的实践，进行一些初步的探讨。

一、地方人士著述征集工作的对象和内容

1. 关于征集对象的界定

地方人士著述征集工作的对象是“地方人士”，这是不言而喻的。地方文献中“地方”的概念，原则上应以现行的行政区划为准，但在涉及本地区的历史沿革变迁因素和自然因素时，应依据文献用户群的习惯和综合需求，适当放宽界限，将“地方”的概念划定在适当的范围内。

目前，图书馆界对“地方人士”的认识并不一致，有的以籍贯取人，有的按居住年限而定，这种形式判断法虽然简便易行，却不符合地方文献工作的本意和出发点。随着时代的进步、社会的更替和交通的发达，人口在社会上流动的规模、频率和范围日益增大，“籍贯”这个词汇所代表的那种地区的社会和文化的影响已趋减弱，以籍贯取人已无法正确反映地方人士的真实面貌。所以，仅以籍贯来确定一个人是否为地方人士，从而确定其著述是否属于征集范畴，显然失之偏颇，势必造成征集的范围越来越窄。因此，现在对“地方人士”的界定，多采取无论其为本籍还是外籍，均以其对本地的影响程度来确定。

晋江市图书馆在地方人士著述征集工作中，从本地区的实际情况出发，借鉴

一些公共图书馆的经验，把“地方人士”定义为下列四类：其一是土生土长的晋江籍人士；其二是祖籍为晋江，但在外地生活工作的人士，这部分人中包括海内外的华人、华侨及港澳台同胞中的晋江人；其三是祖籍非晋江，但在晋江出生且生活工作的人士；其四是祖籍及出生地均非晋江，但在晋江生活工作过且有一定影响力的人士。第一、二类是传统意义上的本籍人士，第三、四类我们称之为客籍人士。随着社会的发展，人才的流动越来越频繁，客籍人士的数量越来越多，著述越来越丰，影响越来越大。把客籍人士纳入地方人士的范畴，是符合实际的，也是符合公共图书馆地方人士著述征集工作的初衷的。在地方区域范围的确定上，主要以现行的行政区划为准，但也要适当考虑区域历史发展沿革的情况。晋江自唐开元六年（公元718年）置县以来，境域几经变迁，所辖区域逐步缩小，现今的晋江市区域范围与以前的晋江县已不可同日而语，但海外的许多华人、华侨及港澳台同胞在观念上，仍沿袭以前的“大晋江”籍贯。因此，我们在征集工作中对古代人物、海外华人、华侨、港澳台同胞的籍贯，参照以前的建制适当放宽，这有助于文献征集工作的完整性和连续性。

2. 关于征集内容的界定

“地方人士著述”这一被人们接受和普遍采用的提法，已将征集的内容界定在“著述”这一范围内。但这些著述是否属于图书馆地方文献的收录范围，我国图书馆界对此有不同的理解，归纳起来主要有广义和狭义两种。

广义的理解认为：地方文献的收录范围应包括地方史料、地方人士著述和地方出版物三部分。杜定友先生于1957年在南京举办的省市图书馆工作人员进修班上讲授的《地方文献的搜集整理与使用》一文中，就提出了这样的划分方法。按照这种理解，地方人士的所有著述均属地方文献的收录范围。

狭义的理解则认为：在地方人士著述和地方出版物中，凡其内容不具备地域特征者，一般不应收入。按照这种理解，一些图书馆在提出地方文献的收录原则时，除强调地方人士著述和地方出版物的地方特征外，还特别规定：不具备地方特征的地方人士著述和地方出版物，不予收录。

笔者认为，公共图书馆在开展地方人士著述征集工作中，对征集内容的界定，以上面广义的理解为宜，理由如下：

首先，地方人士的著述是一个区域地方文化的重要组成部分，不论其内容具不具备地域特征，从总体上说都体现了地方文化的发展状况和水平。把这些著述纳入收录范围，可以使本地区的文献资源收集保持系统性和完整性，丰富馆藏，形成特色。

其次，林林总总的地方人士著述，涉及古今中外、社会百科、内容广泛、卷帙浩繁，但其中很多是不具备严格意义上的地域特征的，如著名的晋江籍海外华侨作家姚紫，他的小说大多描绘的是椰风蕉雨的异域风情；晋江籍中国科学院院士施教耐、蔡其巩的著述多为自然科学中某学科的论著。这类著述在地方人士著述中占有很大比重，倘若把这部分著述拒之门外，则会有挂一漏万的遗憾，会使征集范围越来越窄，这方面的文献征集工作将逐渐萎缩。

再次，近些年来，全国各地许多公共图书馆纷纷设立地方人士的"名人书库""著作书库""著作陈列厅"等，收录了大量的地方人士著述，在这些著述中，很多也并不具备严格意义上的地域特征。晋江市图书馆设立的"晋江籍作者著述陈列厅"也有类似的情况。如果按上面狭义的理解来衡量，里面的许多著述需剔除，则遗珠散玉在所难免，所谓的"著述陈列厅"也将变得名不副实。事实证明，各地公共图书馆在工作实践中，也大多以广义的理解为准则。

二、地方人士著述征集的方法

地方人士著述历史源远流长，资源丰富广泛，但较繁杂和分散。因此，它作为一种特定主题内容的文献资料，其收集方法在很大程度上不同于图书馆其他文献资料的收集。公共图书馆必须在对本地区文献资源进行调研的基础上，立足于馆情，采取多种形式的征集方法，才能达到事半功倍的效果。晋江市图书馆从 1992 年开始系统地征集晋江籍作者著述，采用了如下几种征集方式：

（1）订购征集。这是一般的图书收集方法。由于地方人士著述不少并非正式出版物，即使是正式出版物的许多已不再版，所以这种方法征集的数量有限。

（2）发函征集。晋江市图书馆自 1992 年开始向社会发放《征集晋江籍作者著述联系函》，至今已向海内外发放了数千份。联系函对征集的目的、意义、对象、范围、组织机构（设立晋江市征集晋江籍作者著述办公室）、联系办法等事项进行了详细说明。可直接寄送联系函给作者本人或其亲友，也可在各种场合分发。发函征集会在社会上产生较大影响，起一种告示的作用，是很好的造势活动，虽然有时是广种薄收，但不失为一种重要的征集方法。

（3）上门征集。这是直接登门拜访作者或其亲友的征集方法。通过与被征集者的直接交谈，既体现了图书馆的诚意，联络了双方感情，又可从中了解到许多相关信息，往往有意外的收获。几年来，晋江市图书馆的征集人员跑遍了晋江市的各乡镇及周边地区，开展上门征集，效果显著。如晋江籍中国台湾作家许希哲回乡探亲时，我馆人员主动登门拜访，许先生大为感动，他不仅寄来了自己的几十册著作，而且把他的数百册藏书捐赠给晋江市图书馆。

（4）委托征集。在海内外300万晋江人中征集晋江籍作者著述，单靠图书馆人员是难以完成的。因此，我馆采取委托各地的同乡会、同学会、联谊会、协会等社团组织帮助征集的办法，依靠他们的人员优势和公关优势，请他们代为宣传，帮助征集。如养正中学是晋江历史悠久的名校，校友遍天下，人才荟萃，著述颇丰，各地的养正中学校友会在我馆的委托下代为征集了许多校友的著述。此外，也可委托个人帮助征集，如上海文汇报的高级记者施宜圆就帮助我馆征集到十几位现居上海的晋江人的著述。我馆征集的晋江籍作者著述中，有很大一部分是靠委托征集而得到的。

此外，我馆还利用报刊、广播、电视、网络等媒介对征集工作广泛宣传，如晋江电视台、《泉州晚报》等均多次报道过我馆的征集工作。通过新闻媒体的宣传报道，提高征集工作的知名度，形成征集的社会氛围，激发社会各界的捐赠热情，使征集工作得以顺利进行。凡是征集到著述资料，我馆都向被征集者颁发荣誉证书，以示表彰。对一些比较贵重的著述资料，采取购买的办法给予一定补偿。如确难捐赠的，则不强求，采用复制的办法收录。

三、地方人士著述资料的开发利用

地方人士著述是重要的地方文献资料，有很高的利用价值。晋江市图书馆通过设立“晋江籍作者著述陈列厅”和编著《晋江当代著述录》，积极开发利用征集来的地方人士著述。

晋江位于福建东南沿海，素以著名侨乡蜚声中外，并以丰厚的文化积淀闻名遐迩，素有“海滨邹鲁”之誉。历朝历代晋江人的足迹遍及海内外，学人众济，著述蔚然。为了弘扬地方文化，展示晋江学人的著述成果，晋江市图书馆于1992年设立晋江市征集晋江籍作者著述办公室，同时向海内外发放征集联系函，并于1993年底设“晋江籍作者著述陈列厅”作为永久性的展览窗口，向社会开放。陈列厅分古代作者和当代作者两部分，展出数百名晋江籍作者的数千种著述，内容涉及社会科学和自然科学的各个学科。陈列厅对晋江籍作者进行了比较系统的介绍，这在晋江尚属首创，因此赢得了海内外有关人士的普遍赞许。开辟陈列厅后，参观者络绎不绝，至今已达数万人次。陈列厅已成为乡土教育和爱国主义教育基地，也是我市的一个独具特色的文明窗口。

1999年初，晋江市政府决定编辑出版“晋江文化丛书”第二辑。因为晋江市图书馆开设的晋江籍作者著述陈列厅在社会上产生了较大的反响，所以编委会提出在陈列厅的基础上进一步征集资料，丰富内容，编一部晋江著述录，由晋江市图书馆负责编写。我馆随即确定编写人员，并研究体例规范及要求。考虑到有关晋江古代作者著述的论著已有多种，而介绍晋江当代作者著述的论著还是空白，因此我馆决定以当代作者著述为范围，并将书名定为《晋江当代著述录》。该书收录了当代海内外晋江人编著并正式出版的各类图书和有一定影响力的论文，相当于古代志书的“典籍志”，但比“典籍志”详细。由于著述者遍及海内外，与之一一联系确非易事，信息难以尽详，加之有的著述者已过世，资料的落实颇费时日，因此编写者虽勤恳努力，但仍延宕3个寒暑，直到2001年12月才编写完毕。《晋江当代著述录》收录了当代晋江籍著述者208人（含客籍），专著1000余部，详列书目、出版单位、出版时间及社会影响，同时简介著述者生平。该书于2002年5月由厦门大学出版社出版发行。该书出版后，我馆即寄赠著述者人手一册，以作留念。在《晋江当代著述录》发行后，其获得社会各界人士的一致赞誉，现已成为晋江市政府馈赠海内外嘉宾的特色礼品。

四、感想和体会

（1）地方人士著述征集工作是一项非常有意义的工作。通过对地方人士著述的征集，可以构筑公共图书馆人无我有的独具特色的藏书体系。尤其是受人员和经费制约的县级图书馆，在文献资源方面无法与省市馆相媲美，更应该重视地方人士的著述征集工作，为特色图书馆的建设打下一定的基础。

（2）地方人士著述征集工作是一项细致、繁杂的长期工作。由于著述者分散，著述形式多种多样，要全面征集是一项耗费心神的工作，必须提供一定的人力物力保证，才能搞好这项工作。地方人士著述是动态的，随着社会的发展，作者越来越多，著述越来越丰，因此地方人士著述的收集需采用持续不断的积累方式，建立一个完整系统的地方人士著述藏书体系，这需要图书馆征集人员长期不懈的努力。

（3）地方人士著述蕴含着很大的社会利用价值。图书馆不应把征集来的地方人士著述束之高阁，而应采取各种方式对其进行开发利用，这才是征集工作的最终目的。目前各地公共图书馆采用建专库、设陈列厅、编目录、撰著述录等方式进行开发利用，这些都是行之有效、值得推广的做法。相信随着这项工作的广泛开展，会有更多富有创意的开发利用方式涌现。

参考文献

[1] 金沛霖等 . 图书馆地方文献工作 [J]. 北京：北京图书馆出版社，2000（11）.
[2] 文化部图书馆司 . 特色图书馆论 [M]. 北京：北京图书馆出版社，1998（10）.
[3] 罗力可，刘雪莱 . 地方人士著述采集理论新探 [J]. 图书馆，2000（1）.
[4] 张尔君 . 公共图书馆收集地方文献的途径和方法 [J]. 图书馆杂志，1998（4）.

本文发表于《福建图书馆理论与实践》2003 年，第 4 期

作者简介：曾智良，男，副研究馆员，曾任晋江市图书馆馆长，现已退休。

泉州地区海上丝绸之路文献整理与利用研究

华侨大学图书馆　王展妮

摘　要　在国家“一带一路”倡议指导下，作为一所创办于古代海上丝绸之路重要起点的高校图书馆，整理泉州地区海上丝绸之路文献的意义非常重大。本文结合华侨大学图书馆“海丝”文献建设实践，对泉州地区海上丝绸之路文献的搜集、整理及开发利用进行研究，旨在提升图书馆自身价值，辅助学校教学科研工作，服务地方社会经济。

关键词　泉州地区；海上丝绸之路；文献整理；开发利用

2013年9月，国家主席习近平在访问中亚四国时，首次提出建设“丝绸之路经济带”；10月，习近平在出访印度尼西亚时，提出建设21世纪“海上丝绸之路”；11月，推进“一带一路”建设出现在十八届三中全会《中共中央关于全面深化改革若干重大问题的决定》中；12月召开的中央经济工作会议中，将“丝绸之路经济带”和“21世纪海上丝绸之路”纳入全年工作任务。泉州是海上丝绸之路的重要港口，早在公元6世纪的南朝，就有与海外交通往来的历史记载。唐代，泉州成为我国对外通商贸易四大港口之一。宋元时期，泉州海外交通更加发达，“千帆竞发刺桐港，百舸争流丝绸路”，成为全国乃至世界最大港口之一。作为一所办在古代海上丝绸之路重要起点的高等学府图书馆，我馆特藏部启动了泉州地区海上丝绸之路文献的搜集与整理工作，以对泉州海上丝路的研究提供珍贵充实的文献资料，为构建“丝绸之路经济带”和“21世纪海上丝绸之路”新战略奠定基础。

一、泉州地区海上丝绸之路文献整理意义及现状

1.泉州地区海上丝绸之路文献整理意义

首先，泉州地区海上丝路文献是研究泉州该专题历史的第一手资料，对其进

行系统搜集、整理和开发，对于泉州海外贸易研究、泉州华侨华人研究以及中外文化交流具有重要的学术价值。泉州相关海上丝路文献既是记载中国海上丝路鼎盛时期的珍贵史料，又是该地区对外贸易与文化交流的历史见证与现实写照。李东华教授将元朝的泉州称为“我国对外海上交通之总吞吐口”，他认为宋元中国对南海交通贸易的中心在泉州。饶宗颐先生曾言：“有可据之史料，尔后有翔实之史书。”因此，文献的搜集和整理是研究海上丝路不可或缺的宝贵史料，具有不可替代的重要学术价值。

其次，海上丝路的文献保护刻不容缓，对其整理本身即属于文化保护举措。文化遗产是历史留给我们的宝贵财富，对于泉州地区海上丝路文献进行全面细致的考察、搜集、整理是我们图书馆人义不容辞的职责，应该尽快启动并加以施行，否则多年以后因各种原因造成这批珍贵史料的损毁消失，将是海上丝绸之路文献整理不可挽回的损失与学者良心的自责。

最后，对泉州海上丝路文献的整理是服务国家“一带一路”倡议，服务泉州社会经济，辅助我校构建海丝研究格局的举措。在党中央“一带一路”倡议指导下，华侨大学作为一所办在古代海上丝绸之路重要起点城市的大学，2014 年新成立了海上丝绸之路研究院，为“一带一路”倡议提供决策咨询。本馆对泉州海上丝绸之路文献的搜集、整理可以直接为其科研提供文献服务。

2. 泉州地区海上丝绸之路文献整理现状

泉州作为联合国教科文组织公认的海上丝路起点，宋元时的“东方第一大港”，拥有丰富的“海上丝绸之路”文献资料。

20 世纪 30 年代，张星烺先生出版《中西交通史料汇编》，该书从中外史籍中辑录了大量有关 17 世纪中叶以前我国与欧洲、亚洲西部、中亚、印度半岛等国家和地区往来关系的资料，以地区和国家分类，按时间先后顺序排列，并对其中的地名和史事等进行了重要的考释。

1959 年，泉州海交馆建立，吴文良先生花 30 余年完成了《泉州宗教石刻》，它是研究泉州中外交通史、宗教史、华侨史、艺术史的珍贵资料。泉州海交馆、泉州文管会于 1959 年至 1964 年编辑出版了《泉州海外交通史料汇编》，辑录有关泉州海上丝绸之路的文献资料和史迹调查，对研究泉州海上丝绸之路有重要的参考价值。

1974 年，泉州湾宋代海船被发掘，中国海外交通史研究会成立，《海交会研究》

杂志刊行，对泉州海外交通史的研究起了重要的推动作用，中国台湾学者李东华教授指出：泉州湾出土宋代海船后，引发了研究泉州海外交通的热潮。

1991 年，联合国教科文组织“海上丝绸之路”综合考察团在泉州全面考察，并举行了“中国与海上丝绸之路”国际学术讨论会，出版《中国与海上丝绸之路》论文集。2002 年中国航海学会及泉州市人民政府合作编纂和出版《泉州港与海上丝绸之路》论文集。

综上所述，前代学者在此方面做了大量的学术贡献，但还有许多艰苦细致的整理工作有待深入挖掘：第一，上述汇编搜集内容大都局限于纸本文献，对于碑刻、石雕、史迹文献涉及较少；第二，上述没有专门整理泉州海上丝路文献的汇编，而《海上丝绸之路：广州文化遗产》一书有文献辑录一卷，专门辑录广州海上丝绸之路文献，值得借鉴；第三，《泉州海外交通史料汇编》距今已有大半个世纪，尚未有通古至今的文献整理成果；第四，前人搜集整理尚有若干遗漏之处，有待补阙。

二、泉州地区海上丝绸之路文献的搜集

1. 搜集范围

本文中的“泉州地区海上丝绸之路文献”，涉及文献广义之内涵，是指记载或内容述及泉州地区海上丝绸之路的全部相关文献。从载体看，不仅包括纸本文献，还包括记录海上丝路的民间族谱、碑刻、史迹等载体。从纵向看，既涵盖记载泉州海上丝路或与之相关的古代历史文献，也包括以泉州海上丝路为研究内容或与之相关的近现代文献资料。从横向看，搜集范围主要是在福建地区，对全国范围及相关海外贸易国家，酌情搜集。

2. 搜集原则

从基础工作入手，对泉州海上丝路文献做系统调查，以“广寻博采，而后无遗迹”为原则，挖掘潜藏于各地的各种与泉州海上丝路相关的文献资料，并进行梳理和分类，使分散无序的海丝文献有序化、整体化，力图揭示出泉州海上丝路相关历史及学术研究的清晰轮廓，为泉州海上丝路的研究提供珍贵充实的文献资料。

3. 搜集方法

基本搜集方法包括：文献考察、有偿采买、与政府合作、田野考察、馆际交换等。主要采用文献考察研究与田野调查取证相结合的方法，对散见于各地的海上丝路文献给予特别的关注，以寻求馆藏的文献和田野调查的文献相互引证。该阶段的工作

内容包括以下两部分。

第一，查阅和搜集本馆已有的海上丝路古文献及近现代学者相关学术论著。这方面，由于本馆地域特点及多年来有意识的积累，馆藏中已有相当数量的文献资料，主要包括正史、方志、古人笔记、其他史书等古籍，其中，泉州各地方志尤为完整、丰富。

第二，对本馆未收录的泉州海上丝路文献资料，包括古籍、族谱、碑刻、史迹等，展开分阶段、全方位的考察与搜集，主要有以下工作：

首先，组建专业的文献采访团队，主要由馆内富有田野考察经验的特藏部工作人员和校内从事相关方向研究的学者与科研人员组成；

其次，走访泉州市、县、区、乡镇的地方志办公室、博物馆、文化局、文联及文物市场，跟踪征集，并广泛搜集民间手稿、族谱等文献；

再次，对于碑刻、史迹等广义的文献资料，要拍照与录影，并进行详细记录，使之纸本文献化；

最后，对每一份文献资料的来源、考察情况做详细记录，力求完备。

三、泉州地区海上丝绸之路文献的整理

1. 整理原则

以最大限度保护、恢复文献原始系统性、完整性，辑录、寻其流传、保存信息为原则。泉州海上丝路文献整理的价值体现重在开发与利用，藏而不用是陈旧退化的观念。

2. 整理内容

1）泉州地区海上丝路历史文献整理

整理的历史文献内容：①史志中的海丝文献，包括正史地理志，方志（福建方志、府志、乡镇村志），其他史书、志书中的海丝文献（诸如杂史、笔记、小说、文集、家谱、碑拓、民间契约、公文档案等）；②书画、地图中的海上丝路资料；③碑刻、史迹（文献化）资料。

编目。按文献类别分为泉州港建制史料、海外交通史料、海外贸易史料、宗教活动史料、文化交流史料、其他类别史料。每一类文献再按时间顺序分类。在此仅举宗教类别一例（见表 3-1）。

表3–1 泉州地区海上丝绸之路宗教活动及其遗迹文献

类别	文献名称
宗教类	九日山的延福寺和翻经石史料
宗教类	宋外僧在泉州创建宝林院史料
宗教类	石湖塔和关锁塔的建造史料
宗教类	泉州开元寺及东西塔有关西洋文化的雕塑品史料
宗教类	唐初伊斯兰教三贤四贤来泉传教史料
宗教类	明郑和下西洋在泉灵山圣墓行香史料
宗教类	泉州圣墓江长贵碑记史料
宗教类	泉州伊斯兰教的清净寺史料
宗教类	元代夏不鲁罕丁来泉州住持伊斯兰教寺史料
宗教类	元至正十三年三山吴鉴重立清净寺碑记史料
宗教类	泉州阿拉伯文碑记史料
宗教类	唐代景教传入泉州及其在泉遗迹史料
宗教类	唐代摩尼教在泉州遗迹史料

辑录。以《泉州海外交通史料汇编》为底本，依据中国历史朝代划分，将不同时期的文献资料对照整理，查漏补缺、订正讹误，编订成册。并对辑录过程中修改或增补内容，附简要论证说明。

2）泉州地区海上丝绸之路近现代文献整理

这是本馆整理工作的重点内容，泉州地区海上丝绸之路近现代文献包括：海上丝路专著、学术论文及学术会议出版物等。拟按6大类专题分类，即泉州港研究、海丝交通、海外贸易、民族宗教、中外文化交流、海丝研究综述。每类再按时间分类，对整理的文献附言简意赅的叙录。

四、泉州地区海上丝绸之路文献开发与利用

1.泉州地区海上丝绸之路文献开发

古人的文献观是以收藏为主，开发利用则在其次，甚至“秘不外传”。随着时代的发展和社会的进步，以数字技术为核心的网络社会，为文献资源的开发提供了新的平台，也为文献工作的发展带来了新的机遇。因此，海丝文献要实现数字化，使无序的海丝信息有序化、数字化。中办发（2004）34号文件《关于加强信息资源开发利用工作的若干意见》中就提道：“支持和鼓励信息资源的公益性开发利用”“增强信息资源的公益性服务能力”“促进信息资源公益性开发利用的有序

发展”。在对泉州地区海丝文献信息的开发过程中，应不断扩大文献源，对于福建海丝文献的征集应“宁滥勿缺”“片言只字巨细无遗”，并不断完善海丝文献资源体系。根据海丝文献开发的深度和难度，可划分为浅层开发、中层开发、深层次开发三个层次。

1）浅层开发——建立海上丝路文献特藏专柜

大学图书馆肩负着文献保护传承和为读者服务的两大任务。在广泛搜集、整理的基础上，专门开辟一个地方文献阅览室或者专柜，用其独具特色的文献资源、先进优质的服务吸引读者来查阅和研究，尤为重要。所以，我馆建立了海上丝绸之路文献特藏专柜，并将其纳入我馆闽台地方文献特藏库范畴内，将搜集到的泉州海上丝路文献先按照专题，再按照时代（古代、近现代）分类上架。集中海上丝绸之路的史料、研究论著等一次文献、二次文献，既能展示出泉州地区海上丝路的文献全貌，又能为广大师生专题研究使用提供便利。

2）中层开发——建立泉州地区海丝学术情报资讯

本项工作主要是对海丝文献做二次文献形式的加工，编纂提要目录，制作海丝相关学术论文的摘要及各种专题研究的综述、述评等，将海丝文献内容做浓缩性或者综述性的揭示。如编撰《泉州地区海上丝绸之路交通研究综述》《泉州地区海上丝绸之路宗教研究综述》等，为读者提供某一文献的研究现状，有利于研究的深入，使读者少走弯路和避免重复劳动。此外，对泉州海上丝路的学术动态制作情报资讯，以全面系统地展示和反映海上丝路研究成果及其水平。

3）深层开发——建立泉州地区海丝文献专题数据库

海丝文献数字化的实施，依赖于专题数据库的建立，必须有一个大型的数据库作为依托与保障，这是信息资源建设工作，需要和相关技术部门合作，更需要和开展海丝文献建设工作的相关单位部门、兄弟图书馆沟通联系，密切协作，竭力达成资源共享，避免重复劳动，按照循序渐进的原则，先建立目录型数据库，再酌情构建全文数据库，将信息集中起来，采用科学的组织形式，并设计一种可供检索的专用软件，以达到检索海丝文献信息的目的，这将为广大用户提供极大的使用便利。

2. 泉州地区海上丝绸之路文献利用

1）加大宣传力度

图书馆特藏工作的意义，不仅在于广泛搜集、妥善保存珍贵文献、专题文献，更要深度挖掘特藏文献的价值，充分发挥其应有的效用。特藏部应采取多种途径和形式加大海丝文献的宣传力度，如利用图书馆宣传栏、宣传单和网络站点等将相关文献向读者进行主动推介；利用开展海上丝绸之路的专题书目、专题书展、专题资料报道等形式，做大做强宣传工作，提升海丝特藏文献的知名度和影响力，吸引师生到馆充分利用，彰显特色优势，促进文献资源的有效利用，从而促进和推动地域文化发展。

2）嵌入式服务教学科研

华侨大学作为一所办在古代海上丝绸之路重要起点城市的大学，2014 年成立了海上丝绸之路研究院，本馆开展海丝文献整理工作，特藏部门应与该研究机构密切合作，以科研工作所需所求作为开展此项工作的风向标，海丝文献馆员应努力提高学术修养，并发挥专业优势，主动嵌入科研队伍，为其研究做好文献咨询工作。只有将文献整理与科学研究相结合，才能更好地为科研提供服务，反过来，学术研究也能促进和推动海丝文献建设实践工作的发展。

五、结语

在信息资源高速发展的知识经济时代，图书馆除了要做好传统文献建设工作，还要立足和选择地方文献资源建设来突出自己的馆藏特色，起到地方文化建设领头羊的作用，为当地的政治、经济、文化等各项事业的建设做出贡献。在国家“一带一路”倡议指导下，应把握有利契机，务实工作，对泉州海上丝绸之路广义之文献进行通古至今的搜集、整理、编目，并利用图书馆文化传播优势，对这些文献进行合理开发，为其研究使用提供最大便利。以特藏建设模式提升图书馆自身价值，辅助学校教学科研工作，服务泉州地方社会经济。

参考文献

[1] 张星烺 . 中西交通史料汇编（1-6）[M]. 北京：中华书局，1977.

[2] 吴文良 . 泉州宗教石刻（增订本）[M]. 北京：科学出版社，2005.

[3] 中国海外交通史研究会，泉州海外交通史博物馆（合编）. 泉州海外交通史料汇编 . 晋江地区印刷厂，1983.

[4] 联合国教科文组织（主编）. 中国与海上丝绸之路 [M]. 福州：福建人民出版社，1991.

[5] 中国航海学会，泉州市人民政府 . 泉州港与海上丝绸之路 [M]. 北京：中国

社会科学出版社，2002.

[6] 中共广州市委宣传部，广州市文化局 . 海上丝绸之路：广州文化遗产 [M]. 文物出版社，2009.

[7] 中共中央办公厅，国务院办公厅 . 关于加强信息资源开发利用工作的若干意见（中办发 [2004]34 号文）[R].2004.

[8] 陈元敏 . 高校图书馆的信息资源开发与利用 [J]. 成都大学学报（社会科学版），1995（4）：59.

[9] 宋蓉 . 开发地方文献资源 服务地域文化建设——以安徽省为例 [J]. 大学图书情报学刊，2013（1）：34-36.

[10] 张静梅，王琪 . 地域文化视野下保山学院图书馆地方文献建设的思考 [J]. 大理学院学报，2013（2）：51-53.

[11] 金文坚 . 论高校图书馆地方文献的收集整理工作 [J]. 现代情报，2006（04）：121-125.

本文发表于《图书馆理论与实践》2015 年，第 7 期

作者简介：王展妮，女，副研究馆员，华侨大学图书馆特藏部副主任。

1840年以来我国海上丝绸之路文献整理成就述论

泉州师范学院图书馆 陈彬强

摘 要 我国海上丝绸之路文献整理从清末民初开始起步，民国年间达到一个高潮，新中国成立后至改革开放前处于停滞阶段，改革开放后迅速繁荣发展，取得一系列重要成果，为“海上丝绸之路学”的进一步深入研究奠定了扎实的文献基础。

关键词 海上丝绸之路；文献整理；成就

一、引言

“海上丝绸之路”概念在中国的出现始于20世纪中后期，通常指1840年之前中国与世界各国通过海洋进行经济文化交流交往的通道，涉及港口、贸易、管理、外交、航海技术、文化传播、民俗交流等诸多方面，是一门跨领域的综合性研究。早在我国先民劈波斩浪、开辟海外交通的漫长岁月中，即已留下灿若星河的文献资料。但这些文献记载显然还停留在“记录”阶段，主要功能是搜集、记录、保存“海上丝绸之路”的相关见闻，未能从中发现有系统性稽考源流、辨识讹误的著述，因而还没有真正进入整理和研究阶段。

鸦片战争之后，以林则徐、徐继畬、魏源等为代表的封建社会知识分子，认识到当时中国社会与西方列强的差距，开始将目光投向西方，研究那些长期以来被视为“外夷”的域外诸国，探寻它们成为世界强国的原因，为清政府寻找“制夷”方略。如林则徐的《四洲志》、魏源的《海国图志》、徐继畬的《瀛寰志略》等，都是在探索“制夷”良策，而所有这些问题的探索都和“海上丝绸之路”有关，标志着“海上丝绸之路学”开始形成并进入实质性研究阶段。这一时期是中国人因西方入侵而被动研究“海上丝绸之路”的开端，林则徐等人可以说是“海上丝绸之路学”的奠基人。而称得上对古代海上丝绸之路文献进行系统性的整理研究并取得令人称道的成果，则是直到清末的丁谦、沈曾植等人才真正开始。本文拟就1840年以来我国海上丝绸之路文献整理成就做一梳理、审视和总结，以期全面呈现中国学者对“海上丝绸之路”学术研究做出的基础性贡献。

二、清末民初的起步阶段

1840 年鸦片战争以后，随着国人视野的逐步打开，越来越多的知识分子将目光投向海外，海上丝绸之路的相关问题受到越来越多学者的关注，逐渐发展出一个专门的学术领域。自 1840 年以来直到民国初年的半个多世纪，可以说是“海上丝绸之路学”形成的重要时代，许多清末学者都实质性地参与了“海上丝绸之路学”的学术建构，在海上丝绸之路的文献整理与研究方面逐步取得令人称道的成果，而其中成果最丰硕、影响最大的当数丁谦和沈曾植。

丁谦（1843—1919 年），字益甫，同治四年（1865 年）举人。丁谦一生博学多才，工于骈文、散文，一生著述甚丰，著有《蓬莱轩地理学丛书》《元马可博罗游记补注》等多部史地著作。《蓬莱轩地理学丛书》是其最重要的学术著作，对后世的学术有较大影响，它系统考证了我国陆海两条丝绸之路的许多重要地理问题，历来被学界称为“天下之奇作”。《蓬莱轩地理学丛书》分上、下两集，共 69 卷，上集考证了《汉书》《后汉书》《宋史》《元史》《明史》等 17 种正史中的地理志和外国传，下集考证了《佛国记》《大唐西域记》《异域录》等 13 种域外地理著作。丁谦一方面承袭“乾嘉学派”的考据方法，对历代正史的地理志和各种地理著作进行系统的考订、校勘、释义，订误了不少地名、人名和航线，贡献颇多。如对婆罗岛的考证，丁谦认为其始载于《梁书》，《隋书》亦作“婆利”，《唐书》则作“婆罗”，《宋史》作“渤泥”，《明史》作“渤尼”，都是据音译而作，无固定用法之故。至于史书所言“自交趾浮海，南过赤土、丹丹，乃至其国”，乃是因为古代航海技术落后，航海活动皆循岸而行，不敢直跨大洋，因此从中国到婆罗岛的航线须沿交趾洋靠海岸一侧南下，经马来半岛转向东行才能到达。其考证结果与现代学者的观点相符，足见丁谦洞察力之敏锐和考证之精详。另一方面，丁谦也注意反思传统史学的不足，尽量搜集、利用域外史地的各种文献资料，扩大研究视野，力图摆脱时代的局限。例如，在对“安息”的考证上，他运用世界史知识正本清源，指出前人将“安息”考订为“亚细亚”是错误的，“安息”实为古波斯地，国名源自其国王“阿赛西”名号的转音，其王世世以“阿赛西”第几为号，汉人误认王名为国名，称为安息。丁谦的考证严谨周密，结果也具有很强的说服力，为时人所叹服。

北大学者陈汉章评价称是书“以实事求是之学课士，多所成就”，其考证水平之高“并非诸儒所可及”，可见其影响之大。

沈曾植（1850—1922 年），字子培，光绪六年（1880 年）进士，精于中国传统学术。他是我国首位对海上丝绸之路文献进行系统校注整理的学者，著有《佛国记注》《诸蕃志注》《岛夷志略广证》等书。沈曾植在校注过程中非常注重对版本的校勘，通过比勘各文献记载来源的异同，纠正讹误，力求接近事实真相。例如，他将《佛国记》与《水经注》《大唐西域记》等书对勘，指出“竺刹斯罗”即《大唐西域记》中的“怛叉始罗”，“希连河”即《水经注》中的“希连禅”；在《诸蕃志注》中，他考订出“三佛齐国”即《唐书》中的“室利佛逝”，“篷丰”即《岛夷志略》中的彭坑，“弼琶啰国”即《新唐书》《酉阳杂俎》中的“拨拔力国”，“弼斯啰国”即“巴紮拉”，等等。据统计，沈曾植根据《岛夷志略》《诸蕃志》《佛国记》《太平寰宇记》《宋史》《职方外纪》《异域录》等考订出的域外地名达近百条，为陆海两条丝绸之路的学术研究做了很多筚路蓝缕的工作，对后学的影响极为深远。

丁谦和沈曾植在继承魏源、徐继畬等人开创“海上丝绸之路学”的基础上，运用传统的学术研究方法，对海上丝绸之路的经典史籍予以校勘、考证、注释，在实践中还创新了“揆地望、度情形、审方向、察远近、核时日、考道途、辨同异、阙疑似”等 8 种文献考证方法，提升了辨误能力，建立了一套相对完善的学术理论方法，使“海上丝绸之路学”逐渐成为一门新的学问。不过，由于丁、沈二人不通外文，也缺乏现代科学知识，在某些考证上难免犯错，最典型的如丁谦认为现代的欧洲人种出自亚洲，系亚洲人分南北两路迁入欧洲所传，以现有常识来看，当然是错误的。但瑕不掩瑜，他们的努力开拓为将“海上丝绸之路学”剥离传统经史之学，引入全新的研究领域做出了诸多贡献，也为后学树立了典范，可以说代表了清末民初“海上丝绸之路”文献整理研究的最高成就。

三、民国年间的辉煌阶段

民国年间，随着国门的进一步打开，欧美学术加速进入中国，“西风东渐”成为一时之盛，中国的传统学术受到巨大冲击，“西学”的影响则日益深化，有些学者踏上欧美的留学之路，开始尝试用西方的学术方法来解答“海上丝绸之路”的相关问题。这一阶段，海上丝绸之路的文献整理工作取得了辉煌成绩，以冯承钧

（1887—1946 年）、张星烺（1888—1951 年）、向达（1900—1966 年）为代表的一批学者，都曾留学或访学于欧美，既受中国传统学术熏陶，又懂外文、通“西学”，他们将西方最新的学术成果应用于海上丝绸之路文献的整理研究，取得了许多至今仍有重要影响的宝贵成果。

1. 翻译考订外国文献

冯承钧在留欧期间与沙畹、伯希和等精于中外交通史研究的汉学家均有来往，深受西方学术思想的熏陶和科学方法的训练，回国后翻译了大量中外交通史名著：沙畹的《西突厥史料》、沙海昂译注的《马可波罗行纪》、伯希和的《西域南海史地考证译丛》、费赖之的《在华耶稣会士列传及书目补编》等，共计 40 种，其中许多都与海上丝绸之路直接相关。冯承钧在翻译西方文献过程中，不仅参考了通行的多个版本，且善于旁征博引，使用大量中文文献予以比证，指出不少原作者的错误，体现了扎实的文献学功底。如他在转译沙海昂法文译注本《马可波罗行纪》过程中，不仅参考、比对了地学本、颇节本、刺木学本、玉尔－科迭本、拜内戴托本等多个不同版本的优劣，还大量引用了《元史》《辍耕录》《文献通考》，以及《伊本・白图泰游记》《波斯行纪》《使臣行纪》等多种中西文献，予以互相比对，考订各种史实，澄清了马可・波罗与《元史》所载元枢密副使孛罗系同一人等多个沿袭已久的错误说法。冯承钧的译本文质相间，注释博洽，考订审慎，在读者当中的影响也最大，是学术界公认的最佳中译本。

另一位早年留欧学者张星烺，其 1930 年编纂出版的巨著《中西交通史料汇编》，全书翻译、辑录的外国文献达 42 种之多，如马黎诺里的《马黎诺里游记》、教皇约汉柯拉的《大可汗国记》、麦锡克的《拔都他印度及中国游记》、刚德赛克齐的《海敦纪行》等，还有相关的通报、地图、考古报告书，很多均属张星烺首次辑录、译介，有些迄今未见新译本，仍是研究人员必备的参考资料。张星烺在汇编过程中，运用“中西史料比勘法”，对所辑录的文献均予以校注考释，既有以中文记载证西文之误，也有以西文记载证汉籍之失，更多的是以中西文献互为补充，从而使其搜考的文献具有很高的学术应用价值。

2. 编纂汇录中国文献

此项工作以张星烺的《中西交通史料汇编》为最佳，其基本上摸清了中国古代海上丝绸之路的文献家底。该书辑录的中文文献达 274 种，“上起遂古，下迄明季，凡朝廷通聘，商贾游客，僧侣教士之记载，东鳞西爪，可以互证者，无不爬罗剔抉”。

不仅全面摘录了中国古代的正史、野史、游记、文集、笔记，甚至将矿石、动植物的记载也录入书中。张星烺认为这些见载于中国古书的异域事物，亦足以证明古代中西方海陆交通之繁盛，可见其所辑资料范围之广，内容之丰富。除此之外，向达的《汉唐间西域及海南诸国地理书辑佚》（第一辑）、《汉唐间西域及海南诸国古地图书叙录》，岑仲勉的《晋宋间外国地理佚书辑略》《唐以前之西域及南蕃地理书》，王庸的《宋明间关于亚洲南方沿海诸国地理之要籍》，许道龄的《南洋书目选录》，所载资料很多都是已佚古地理书的叙录，也具有重要的文献参考价值。

3. 校注整理古代典籍

冯、张、向诸人均是学贯中西的大家，他们在校注、整理中国古代典籍过程中，充分吸收了国外汉学界的最新研究成果，注重用西方实证研究方法来解决相关学术问题，使文献整理工作突破了中国传统考据之学的局限，为“海上丝绸之路学”的现代学术建构奠定了基础。冯承钧在校注《瀛涯胜览》《海录》《星槎胜览》《诸蕃志》过程中，就特别注意运用海外学者的研究成果，认为“须广采东西考订学家研究之成绩，否则终不免管窥蠡测之病”，因此，对众多人名、地名、物产的考释，都尽量做到博采众长、小心求证，力求纠误勘讹，恢复全书原貌。如他在校注《瀛涯胜览》“古里国”的“狠奴儿”中指出：“旧考作 Cananore，对音未合，今从伯希和说以对更北之 Honavar（Honore）。”现代学者的研究结果表明，狠奴儿即今印度马拉巴尔海岸卡利卡特北方的 Honavar，今名霍纳沃尔，冯承钧采信伯希和的观点是正确的。另一部具有重要学术影响的文献校注整理成果是张维华的《明史佛郎机吕宋和兰意大里亚四传注释》。他以中文史料为主，辅以西文载籍为比证，运用“溯源、辑补、比证”的研究方法，对《明史》中的“佛郎机传”“吕宋传”“和兰传”和“意大里亚传”进行系统的考订汇释、比对校勘，澄清了学术界的许多疑点，这部作品被誉为“是中国与西方殖民者早期交往史的开山之作”。

4. 挖掘搜考海内外文献

海上丝绸之路文献的新发现是这一时期取得的另一项重要成就。其中，以向达、阎宗临等人从海外寻访、抄录回的文献最为难得。1935 年，根据北平图书馆与英国博物馆达成的互换馆员协议，向达赴英、德、法等地寻访古籍，共抄回几百万字珍贵的文献史料，其中就有《顺风相送》和《指南正法》两本珍贵的针路簿。《顺风相送》是目前证明中国人最早发现、命名和利用这些岛屿的文献资料，是最有信服力的历史证据。另一本有关海上丝绸之路的重要文献《身见录》，则是阎宗临从梵蒂冈图书馆中抄录回来的。《身见录》成书于1721年，系樊守义奉康熙之命，随同法国传教士艾若瑟循海路出使罗马教廷期间，根据其留欧见闻撰写而成，书稿从未刻印，深藏在梵蒂冈图书馆中。1937年阎宗临在梵蒂冈图书馆中发现了这部手稿，并于1941年公开发表《身见录校注》，使这部极为重要的海上丝绸之路文献得以走进国人的研究视野。与此同时，国内各地也相继发现了不少有关郑和的文献史料。袁嘉谷、李士宣、郑鹤声、萨士武、张星烺等学者分别在云南昆阳、福建长乐和泉州、江苏南京各地发现了《马哈只墓碑》《郑和家谱》《娄东刘家港天妃宫石刻通番事迹记》《天妃灵应之记碑》《郑和行香碑》《静海寺郑和残碑》等深藏在民间的碑刻、家谱文献，为研究郑和的先祖、家世、信仰，以及郑和下西洋事件提供了极为珍贵的史料证据。

尽管民国年间国运危机四伏，但众多从事海上丝绸之路研究的中国学者仍坚持克服困难，绝尽所能地搜集、整理各种文献资料，为子孙后代保留下一份宝贵的文献遗产。在中西学术交融的大环境下，有不少学者走出国门，将西方的海上丝绸之路经典文献译介到中国，他们已逐渐走出中国传统文献考据法的局限，以中外史料合璧互证，在浩如烟海的外国文献中找到与中国文献史料相对应的记载，并吸收最新的研究成果加以考订汇释、比对校勘，取得了中外瞩目的成就，为“海上丝绸之路学”向现代学术转型奠定了扎实的基础。

四、新中国成立至改革开放前的停滞阶段

新中国成立至改革开放前，马克思主义史学逐渐占据中国大陆史学的主流位置，海上丝绸之路学术研究则处于边缘地位，在学术界较少发声，整体处于停滞阶段。但仍有一批学者努力坚持，默默奉献，在海上丝绸之路文献整理的某些领域取得了持续性进展，主要集中在以下两个方面。

1. 编纂出版“中外交通史籍丛刊”

这项工作的发起人是向达，他在20世纪60年代就积极筹划“中外交通史籍丛刊”的文献整理工作，拟将除正史以外的中外交通史著述都加以整理、出版。丛书原计划出版41种，但因“文革”爆发而中止，丛书也只出版了向达整理、校注的《西洋番国志》《郑和航海图》《两种海道针经》三种。直到改革开放后，谢方继续主持该项工作，才得以继续完成向达未竟的事业，至今已出版了20册30多种。这套文献之前大部分都未经过整理、校勘，有的甚至从未刊印过，还有一些有关西

域南海的古地理书，现在已经不存在了，仅存一些片段散见于各类书之中，也把它辑录出来，整理成书。得益于向达当年的大力倡导和亲身实践，这套丛书已成为海上丝绸之路研究的必读文献，至今仍发挥着重要作用。

2. 搜集整理相关考古文献

1949 年之前，海上丝绸之路考古的发掘和研究极为薄弱。新中国成立以后，考古发现有了很大进步，如在广州发现了宋代《重修天庆观记》碑刻，扬州发现了元代两块拉丁文碑刻和四块用中文、阿拉伯文和波斯文书写的伊斯兰教碑刻，其石刻文献都相继得到了整理和研究。而发现石刻数量最多、价值最大、影响最深的当数福建泉州。有赖于泉州地方史研究专家吴文良的毕生搜藏和保护，使得大量有关海上丝绸之路的石刻得以从战火中保存下来，成为 20 世纪中叶最重要的考古发现之一。1957 年，在郑振铎、夏鼐等人的关心、指导下，吴文良将其收藏的石刻以文物照片、文字辑录、补充说明、专题论述相结合的方式予以稽考汇释，以《泉州宗教石刻》为名正式出版，引起了学术界的极大轰动。吴文良所辑录的石刻文献达 200 多种，种类非常丰富，共包含五大类：一是用阿拉伯文书写的伊斯兰教石刻，这类石刻保存数量较多，大约有 90 种；二是用蒙古文、叙利亚文、拉丁文、八思巴文书写的基督教石刻，都有十字架、天使和莲花等图案，20 多种；三是用汉字书写的摩尼教石刻，碑碣中刻有华盖、火焰、莲花、十字架等图案，这一类石刻极其珍稀罕见，仅存寥寥数种；四是用泰米尔文字书写的印度教石刻，此类石刻最多，达 100 多种；五是与宗教无关，但与海上丝绸之路密切相关的九日山祈风石刻、元代大使奉使波斯墓碑石刻，以及元将亦黑迷失在泉州所立的一百二十大寺看经碑记等十几种。1958 年，苏联科学院编纂出版《世界通史》，请求中国提供 100 幅图片，其中就有 15 幅是吴文良提供的。这些碑刻大多是宋元时期外国蕃商通过海上丝绸之路来泉州定居留下的宗教遗迹，为研究当时中国与亚欧非诸国的海外交通提供了极为重要的第一手资料。

五、改革开放后的全面繁荣阶段

1978 年至今，随着我国改革开放进程的持续发展，学术领域百花齐放，海上丝绸之路学术研究也走上了快速发展阶段，很多年轻学者相继加入，老中青三代学者济济一堂，各自根据自己的学术兴趣进行全方位、多角度的探索，而相关文献的发掘、整理也随之进入全面繁荣时期，无论在深度还是广度上都有了显著提高，大大超越了前人。

1. 中文文献的挖掘出新

（1）大量秘藏的档案文献得到公开。随着中国第一历史档案馆和中国国家图书馆、中国台北故宫博物院等权威部门所藏档案文献的陆续公布、整理、编辑和出版，大批官方文书，如诏、诰、起居注、实录、敕书、谕旨、奏本、题本、揭帖、奏折等得以陆续“解密”，极大丰富了一手文献资源。近年来出版的与海上丝绸之路相关的档案文献主要有《清代中琉关系档案》《清代琉球史料汇编：宫中档朱批奏折》《清代中国与东南亚各国关系档案史料汇编》《清代妈祖档案史料汇编》《明清时期澳门问题档案文献汇编》《清代澳门中文档案汇编》《中葡关系档案史料汇编》《粤澳公牍录存》等，将明清时期中国政府与琉球、东南亚的关系，以及妈祖和澳门问题的所有档案文献基本上都辑录出来，促进了相关学术领域的发展。

（2）民间文献的发掘整理全面铺开。以前不受史家重视的谱牒资料、针路簿、碑刻铭文、地图资料等民间文献，也纷纷进入文献搜集、整理范围，取得了重大进展。如陈佳荣主编的《渡海方程辑注》和《中国历代海路针经》，将我国古代航海针路的文献资料都辑录出来，集航海针路之大成，有不少针路簿系首次发现，极其珍贵；朱鉴秋编著的《中外交通古地图集》、蝠池书院编的《中国古代海岛文献地图史料汇编》，收录了大量反映古代中外交通的舆图、航海图、海防图及其他古地图，具有很高的实用价值；郑振满主编的《福建宗教碑铭汇编》，对福建地区的宗教碑刻文献进行系统性的收集和整理，发现了不少涉海碑刻，为古代海路上的中外宗教文化交流提供了新的文献证据。

（3）域外汉籍的寻访取得巨大成效。同属于东亚汉字文化圈的日本、朝鲜、越南等国，历史上与中国关系密切，日本与中国的海上交通历史悠久，朝鲜、越南也都有海路与中国通贡，过去它们以收藏中国的汉文典籍为荣，也留存了大量本国文人用汉文字书写的著作。但当时的中国以天朝上国自居，很少收藏这些国家的典籍，使得现在的国内学者很难获得一手资料，只能通过转引相关论著的文字片段为据，于学术研究极为不利。随着工作和生活条件的改善，越来越多的中国学者得以走出国门，寻访域外汉籍取得了突飞猛进的成绩。近年来出版的东亚地区域外汉籍主要有《日本汉文史籍丛刊》《琉球王国汉文文献集成》《传世汉文琉球文献辑稿》《燕行录全编》《韩国汉文燕行文献选编》《越南汉文燕行文献集成》等，以影印居多，文献种类丰富，既有官方文书，也涉及家谱、诗文集、日记、碑文等民间文献，大多系国内首见，其中包含了大量反映海上丝绸之路的文献史料。

欧美地区的图书馆历史上也搜集、保存了不少汉籍，也是海外访书的重要对象。台湾学者方豪就曾多次走访梵蒂冈图书馆，在台湾影印刊布了一些梵蒂冈藏汉籍。近年来，中国学者赴欧洲访书，整理出版了一些涉及海上丝绸之路的汉籍，如《欧洲所藏雍正乾隆朝天主教文献汇编》《罗马耶稣会档案馆明清天主教文献》《法国国家图书馆明清天主教文献》《大明国图志：罗明坚中国地图集》等，为我们了解欧洲汉籍的馆藏分布，以及明清之际的中西关系研究提供了重要的参考文献。

2. 外文文献的译注整理

改革开放以后，中外学术交流日趋频繁，此前较少接触的外文原始文献，开始逐渐走进中国学者的研究视野，且不再局限于英、法、日等少数几个语种，还有朝鲜文、阿拉伯文、波斯文、突厥文、拉丁文、西班牙文、葡萄牙文等，有些学者将其中一些重要文献翻译成中文，并用中文文献加以考释校注，确保了史料的可靠性，有效补充了我国文献史料之阙。此项工作，以中华书局出版的"中外关系史名著译丛"内容最为丰富。该套译丛收录、翻译了古代阿拉伯、突厥、波斯和欧洲等地作家撰写的有关中国的著述，以及一些中外关系史研究名著，从1982年开始至今，共出版了20余种。其中有不少涉及海上丝绸之路，如《中国漫记》《东印度航海记》《十六世纪中国南部行纪》《中华大帝国史》《道里邦国志》《鄂多立克东游录》《中国印度见闻录》《中国帝国概述》等10来种，均为第一手资料，很多系首次全文译介到国内。该套译丛还收录了《阿拉伯波斯突厥人东方文献辑注》和《希腊拉丁作家远东古文献辑录》两部非常有实用价值的文献史料汇编。前一部书搜集了8世纪至18世纪阿拉伯人、波斯人与突厥人有关西域南海历史、地理、社会、经济的大量原始文献史料，并有许多重要的考订；后一部书则从90多部希腊文和拉丁文著作中辑录了有关远东的记载，时间跨度为从公元前4世纪到公元14世纪，所搜集的文献相当广泛和全面。这套译丛的出版，拓展了国内学术界的研究视野，丰富了史料来源，而中译者在翻译过程中，秉持严谨的治学态度，引用了大量中文文献史料对原著做了精详的考释，使得该套译丛具有很高的学术价值，迄今仍是研究海上丝绸之路不可或缺的重要参考书。

3. 专题文献的搜集编纂

海上丝绸之路文献的特点是散而繁杂，经过千百年积淀，相关文献记载可谓浩如烟海，郑和、妈祖等重要历史人物或历史事件的专题文献，更是散见于各种古籍、档案、文物及民间传说故事中，非常驳杂，搜集、整理工作十分艰巨。近些年来，由于国家相关部门的重视和资金投入，以及研究队伍的持续壮大，使得该项工作迅速取得突破进展。例如，由莆田学院牵头组织编纂的《妈祖文献史料汇编》（排印本）和《妈祖文献整理与研究丛刊》（影印本），已基本将古今中外关于妈祖的小说、戏曲、史志、经书、签诗、碑文、档案和现代学者的研究论著辑录完毕，堪称目前最完备的妈祖文献，其中部分文献尚属首次面世，弥足珍贵。而由郑鹤声、郑一钧主编的《郑和下西洋资料汇编》，自1980年出版后，即受到国内外学界的高度重视，是郑和研究不可或缺的工具书。2005年，原编者之一郑一均先生在原书的基础上补充了大量的中外相关文献史料，出版了增编本，使之成为郑和下西洋资料最权威的汇编本，也是郑和航海乃至明代海外交通史料的集大成者。此外，《中国边疆研究资料文库·海疆文献初编》和《中国海疆文献续编》影印了100多种历代以来有关海防、海军、海运等海疆史料的珍稀古籍，《我国南海诸岛史料汇编》及其续编、《中国南海诸群岛文献汇编》《古代南海地名汇释》《中文古籍中的马来西亚资料汇编》《中国载籍中南亚史料汇编》《中日关系史资料汇编》《中国航海史基础文献汇编》《中国边境史料通编》等，也均是各自专题领域的重要文献整理成果，为研究人员查找、利用相关文献资料提供了极大便利。

4. 二三次文献的开发利用

相较于影印出版和资料汇编，目录、提要、索引、综述等二三次文献的开发进度要慢一些，有待进一步加强。目前尚没有出版过针对整个海上丝绸之路文献的书目提要，但某一具体领域或某个学科的专题文献目录提要则较丰富，如《东南亚古代史中文文献提要》《清代档案中的海难史料目录》《中国涉海图书目录提要》《欧洲所藏部分中文古地图叙录》等。此外，已整理出版的沿海各省地方文献及域外汉籍的书目提要，也为我们提供了一些寻找海上丝绸之路文献的线索，如《浙江文献总目》《江苏地方文献书目》《山东文献书目》《山东文献书目续编》《福建地方文献及闽人著述综录》《福建文献书目》《海南文献总目》《海南地方文献书目提要》《广东文献综录》《广东文献书目知见录》《台湾文献书目解题》《东洋文库汉籍丛书分类目录》《日据时期朝鲜刊刻汉籍文献目录》《越南汉喃文献目录提要》《越南汉喃文献目录提要补遗》《梵蒂冈图书馆所藏汉籍目录》《法兰西学院汉学研究所藏汉籍善本书目提要》《国会图书馆藏中文善本书录》《国会图书馆藏中国方志目录》等，从中按图索骥，或可挖掘出一些尚未公开出版的海上丝绸之路文献史料。索引编制的成果较少，仅见有《海南及南海诸岛史地论著资料索引》《海南文献资料索引》等少数几种。综述性的图书主要有梁二平、郭湘玮的《中国古代海洋文献导读》、龚缨晏主编的《中国“海上丝绸之路”研究百年回顾》、海上丝绸之路研究中心主编的《中国海上丝绸之路研究年鉴》等，对于了解海上丝绸之路文献的来源、种类及其相关学术研究的历史、现状、热点和趋势均有重要价值，是海上丝绸之路研究入门的必备参考书。

六、余论

综观百余年来的成果，不难发现我国的海上丝绸之路文献整理研究，整体上经历了一个从传统学术向现代学术转型的重要历程。以丁谦、沈曾植为代表的清末学者尽管已经“开眼看世界”，开始关注西方，但仍没有走出经史之学的窠臼，其文献整理主要还是遵循诠经读史、文献考据的传统学术研究方法，再加上不通外文，对现代知识所知有限，也无法接触国外学术动态，因此，在考据结果上经常会犯一些常识性错误，具有明显的时代局限性。但其通过对中国古代典籍的考证，来探讨海上丝绸之路相关问题，从而将“海上丝绸之路学”引入一个全新的研究领域，这是他们做出的重要贡献，应该加以肯定。而到了民国年间，随着国门的进一步打开，现代“新学”也因“西风东渐”而逐渐加深了对中国学术界的影响，这一时代背景下成长起来的中国学者，开始接受现代学术思想和研究方法的训练，掌握了基本的科学知识，文献整理工作开始摆脱传统学术束缚，逐渐向现代学术转型。冯承钧、张星烺、向达等一批优秀的中国学者，还精通多门外语，通过海外留学或访学，直接与国外学者展开对话。同时，域外文献也因中外学术交流而得以公开披露，极大地丰富了文献史料来源。新思想、新知识、新方法、新材料的叠加效应，使得“海上丝绸之路学”进入一个繁荣发展阶段，这一时期的海上丝绸之路文献整理研究成果极为丰硕，有些成果达到了世界先进水平，受到国外同行的广泛赞誉。新中国成立初期，“海上丝绸之路学”整体处于边缘位置，中外学术交流也一度中断，这一阶段的相关文献整理研究成果较少。改革开放后，学术界“百花齐放、百家争鸣”，学术思想得到彻底解放，释放出极大活力。近年来，各种学术思潮碰撞交融，中外交流日益频繁，研究方法层出不穷，文献史料推陈出新，研究队伍发展壮大，多种有利因素共同促进了“海上丝绸之路学”现代学术体系的构建和完善。而这一时期的文献整理研究成果，无论从数量还是质量上，都已经实现了跨越式发展，远迈前人，成为学术界的一大热点，这一趋势至今仍在延续。

尽管海上丝绸之路文献整理工作已经取得了长足进展，但这是一项长期、艰苦的基础性工作，目前也只能算是取得良好的开始，未来还有很多工作要做，仍需凝聚各方力量，开展跨学科、跨地域、跨机构的多方合作，达成共识、共同推进。图书馆作为文献收藏和管理机构，是其中不可忽视的重要力量，当前形势下，可以考虑从以下三方面入手，积极参与该项工作：一是利用图书馆馆藏优势，加强谱牒、契约、文书等民间文献的整理与研究，尤其是谱牒资料，各馆近年来都注意收藏，是一座珍贵的文献宝库，亟待挖掘。例如，南宋末年担任泉州市舶司达三十年的阿拉伯人后裔蒲寿庚，其“导元倾宋”致使宋军海战失利而走向覆灭，是宋元政权更迭时期的重要人物，但《宋史》并未为其立传，相关事迹语焉不详。而福建永春《蒲氏族谱》和广东《南海甘蕉蒲氏家谱》，对其生平事迹均有详述，是难得的第一手资料，可极大补充正史记载之不足。类似的谱牒文献还有很多，现大多藏于各图书馆而鲜为人知，需尽快予以发掘和整理出版，以资利用。二是针对海上丝绸之路文献特点，大力开发二三次文献。此项工作是目前文献整理的一大弱点，远远落后于陆上丝绸之路，亟待加强。图书馆可根据研究团队和馆藏文献特色，编写《海上丝绸之路研究文献目录索引》《古代海上丝绸之路文献目录提要》《海上丝绸之路文献叙录》等二三次文献。通过将零散、繁杂的文献进行有序化爬梳整理，读者既可以获得对海上丝绸之路文献的整体认识，也可以根据目录、提要和索引按图索骥，快速找到自己所需的文章，大大节约了文献检索时间。三是联合开发海上丝绸之路文献资源数据库。迄今为止，国内外尚没有一个专门针对海上丝绸之路的文献资源数据库，于学术研究极为不利，而图书馆拥有资源和人才、设备优势，完全可以承担这项基础工作。建议由国家图书馆牵头，各省级馆参与，按照各自馆藏特色分工建设，将现有海上丝绸之路文献资源合并上传，而尚未电子化的纸质文献则予以全文数字化后上传至文献资源库，同时，建立联合文献目录库，方便用户检索。此外，还可通过与博物馆、档案馆等部门合作，将具各自特色的文献、文物和档案资源予以全方位、系统化的优化提升和有机整合，实现数字化共建共享，助力“海上丝绸之路学”研究走上快速发展的道路。

今后，随着频繁中外交流带来的“文献大发现”，以及各方力量的积极参与，海上丝绸之路文献整理工作还将继续保持快步前进，我们期待更多、更新的文献整理成果面世，也期待海上丝绸之路文献资源数据库能够尽快开发、投入使用，以形成强有力支撑，促进海上丝绸之路学术研究的持续繁荣发展。

参考文献

[1] 龚缨晏.20 世纪中国“海上丝绸之路”研究集萃 [M]. 杭州：浙江大学出版社，2011：序 1.

[2] 龚缨晏 . 中国“海上丝绸之路”研究百年回顾 [M]. 杭州：浙江大学出版社，2011：13.

[3] 丁谦 . 蓬莱轩地理学丛书：第 2 册 [M]. 影印本 . 北京：北京图书馆出版社，2008.

[4] 陈佳荣等 . 古代南海地名汇释 [M]. 北京：中华书局，1986：730.

[5] 丁谦 . 蓬莱轩地理学丛书：第 1 册 [M]. 北京：北京图书馆出版社，2008.

[6] 许全胜 . 沈曾植与早期中外史地研究 [C]// 耿昇等 . 多元视野中的中外关系史研究——中国中外关系史学会第六届会员代表大会论文集 . 延边：延边大学出版社，2007：66-78.

[7] 苏继庼 . 岛夷志略校释 [M]. 北京：中华书局，1981：前言，4.

[8] 丁谦 . 蓬莱轩地理学丛书：第 4 册 [M]. 北京：北京图书馆出版社，2008：148.

[9] 马可 · 波罗 . 马可波罗行纪 [M]. 冯承钧，译 . 上海：上海书店出版社，2001：前言，6.

[10] 修采波 . 张星烺与《中西交通史料汇编》[J]. 史学史研究，2000（3）：96-104.

[11] 张星烺 . 中西交通史料汇编：第 1 册 [M]. 北京：中华书局，2003：自序，5.

[12] 修采波，俞晓辉 . 向达对整理中外关系史料的贡献 [J]. 东方论坛：青岛大学学报，2005（4）：56-64.

[13] 冯承钧 . 评《中西交通史料汇编》[M]// 张星烺 . 中西交通史料汇编：第 4 册 . 北京：中华书局，2003：2291.

[14] 冯承钧 . 瀛涯胜览校注 [M]. 北京：中华书局，1955：26.

[15] 万明 . 郑和七下西洋——马欢笔下的“那没黎洋”[J]. 南洋问题研究，2015（1）：79-89.

[16] 陈高华 . 中国海外交通史研究的回顾与展望 [J]. 历史研究，1996（1）：110-124.

[17] 吴文良 . 泉州宗教石刻 [M]. 北京：科学出版社，1957：3-4.

[18] 马丁尼．“海上丝绸之路研究”与吴文良 [J]. 福建论坛（人文社会科学版），1991（1）：54–58.

[19] 许林平，孙晓．近三十年来域外汉籍整理概况述略 [M]// 胡振宇．形象史学研究．北京：人民出版社，2012：231–242.

[20] 荣新江．梵蒂冈所藏汉籍目录两种简介 [M]// 中国中外关系史学会．中西初识．郑州：大象出版社，1999：139–144.

本文发表于《图书馆建设》2018 年，第 6 期

作者简介：陈彬强，男，副研究馆员、硕士，任职于泉州师范学院图书馆。

泉州家谱简论

泉州市图书馆 吴乔生

摘　要　泉州家谱是泉州文化的一种重要的传承性载体，其传统文化巨大的凝聚力与地域文化的辐射力相辅相成，相互依存。研究泉州家谱，对于团结“三胞”、增强民族凝聚力，确实能发挥巨大的作用。

关键词　泉州家谱；族谱

家谱是中国历史文化遗产中极富特色的一种，它是记载一姓世系和重要人物事迹的文献，其中蕴藏着人口学、社会学、民族学、经济史、人物传记、宗族制度以及地方史等方面的丰富资料，并含有大量可供海内外炎黄子孙寻根认祖的线索。它不仅对开展学术研究具有重要价值，而且在满足海外侨胞、台湾同胞的寻根谒祖意愿方面，也能发挥积极作用。

泉州社会历史源远流长，上下越千年，是福建乃至中国传统家庭制度最为兴盛和完善的地区之一。泉州家谱形成一种文化现象，是记载泉州传统社会家庭生活极为重要的文献。它涉及泉州社会的政治、经济、文化、宗教、伦理、道德、风俗、习惯等各个领域，并伴随着大批泉州人向外移居而播迁台湾及海外各地。人们不仅可以借此认识泉州社会的历史，而且可以从中了解泉州与台湾同胞及海外侨胞的源流关系。

编纂家谱是宗族社会的一项重要活动。多姿多彩的泉州家谱文化，是由不断南迁泉州的中原移民逐步孕育出来的。通过翻阅泉州的民间家谱，我们一方面可以感受到泉州传统文化的独特风情，另一方面也感受到泉州居民与中原地区的关系，及与台湾、东南亚等地的源流关系。家谱是记载同宗共祖的血缘集团世系人物和事迹等方面情况的历史图籍，它与方志、正史构成了中华民族历史大厦的三大支柱，是我国珍贵文化遗产的一部分。泉州家谱和泉州地方志一样，是泉州历史文化的积淀，都属于泉州地方文献的范畴，要研究、开发泉州地方文献，就必须研究、开发泉州的家谱资源。本文只为“简论”，意在抛砖引玉。

家谱，亦称族谱、宗谱、家乘、通谱、统谱、世谱、支谱、房谱等，名称各异，其内涵基本相同，只是外延有所区别，现在通常都叫家谱或族谱。家谱有着重要的学术研究和社会利用价值。梁启超认为：“尽集天下之家谱，俾学者分科研究，实不朽之盛业。”著名历史学家顾颉刚说：“我国史籍之富，举世无比……而今我国史学领域尚有待开发的二个‘大金矿’，即地方志和族谱。”近年来，对方志人们较为重视，而族谱研究则较薄弱。泉州家谱是泉州人民一笔宝贵的精神财富和物质财富，应引起我们足够的重视。

一、泉州家谱纂修源流、种类及数量

1. 源流

泉州古为闽越人聚居之地。中原汉民入泉之前，闽族和越族是泉州的土著居民。翻阅泉州家谱，大多数家族在追溯自己祖先的源流时，都清楚地载明自己的根在中原或北方，《泉州府志》云“永嘉二年，中州板荡，衣冠始入闽者八族，林、黄、陈、郑、詹、邱、何、胡是也”。泉州民间家谱大多记载着其祖先就是在这个时期从中原南渡入泉州的。如泉州《杨氏族谱》称“其先权农人，永嘉过江，迁于闽越”，南安《梁氏族谱》称“晋室乱离，梁芳以族随晋渡江……因家南安”。以上说明，从西晋末年起，有大批中原人民徙居泉州。而“家族源流”则多出自光州固始，如晋江龙山《曾氏族谱》云“唐僖宗光启年间，王潮由光州固始入闽，中原士民避难者皆徙以从，曾氏亦随迁于泉”。又如泉州《吴氏宗谱》云“吴氏一支于唐宣宗年间由河南光州固始入闽，择居晋江南门外龟湖象畔，是为新厅之肇祖”。北人南下，中原文化从此浸润泉州大地，融合成海滨邹鲁。

泉州最早的家谱修于何年？笔者认为，泉州家谱始修于唐，以宋、元、明、清而发达。特别是自宋以后，泉州人私修家谱是以宋明理学为其思想理论基础的。因有谱可以为据，在两宋时期，特别是在南宋时期，泉州家谱纂修开始兴旺，如《延陵黄龙吴氏族谱》修于宋，谱载为其写序的有朱熹、文天祥、王十朋、真德秀等名士，其中朱熹于宋庆元三年（1197 年）仲秋写的《吴氏族谱序》云：“熹闻上古言，有叶必有枝，有枝必有根，根不培而枝叶替，源不流而河水涸，是故谱不由鼻修，若有叶而无根，如水之无源也。后稷本轩辕之玄孙，安可捐四世而不载，则是拔本塞源，根本枯矣。然观吴氏之谱，为天下著姓，金枝玉叶之根，又非他姓之可比。”

又如，南宋抗金名将、晋江祥芝刘姓开基祖刘奇派下珍藏的《温陵芝山刘氏大宗世牒》，其扉页有高宗御书“精忠贯日”，有同僚岳飞、名郡守王十朋、理学家朱熹等人先后亲笔题字。进入明朝以后，泉州的修谱之风愈益盛行。明清时期，泉州各家族不仅纷纷修谱，而且还定期续修，不少家族规定“三世一修”，如《温陵芝山刘氏宗谱·凡例》云：“制置公九传以下不用图例，只略仿武荣傅氏义例而曲通之，凡三世为一编。”续修家谱已成为泉州家族组织的一项世代流传的永久性事业。

泉州家族至今保留下来的原谱已不多，至今尚未发现一种宋元时期纂修的原谱牒。现在可见到的泉州家谱百分之九十是清晚期以后的，这与泉州的人文社会环境状况是相吻合的。

2. 种类及数量

泉州目前现存有多少家谱？这是无法回答的问题，只好说存世多少是多少。因为家谱是私修，印数也很少，主要保存在民间，有的家谱还“秘不示人”。经过历代浩劫，水火虫蛀，还有建国后历次政治运动，藏于民间的家谱大量散佚，但还是有些被保存下来，这是一个无法统计的数量。现存于世的泉州家谱，大多是清代、民国年间续修的。

泉州家谱可以是同一始祖分支下，并且聚居在同一地方的家族谱牒，也可以是同一始祖分支，并且迁居外地的各派子孙的谱牒。而在有些地方，同一家族之下的各分支、分房的谱牒，也可称为家谱，如《泉州津头郑氏家谱》。

泉州的族谱种类不少，但称家谱、族谱，则是泉州民间各家族广泛使用的谱牒名称。由于谱牒是宗族制度的产物，是具有血缘关系的男性社会群体成员参与纂修的图籍。家、族、宗不存在本质上的区别，因此，人们在实际使用中，更是不加以区别而通用。

二、泉州家谱的内容、体例及特征

1. 家谱内容

明朝以前泉州家谱散佚无考。明朝以后，一种以尊祖、敬宗、睦族为宗旨，根据理学纲常制定宗规家法，以约束族众的新的家族制度开始形成。“尊祖”必叙修家谱，“敬宗”当建祠堂祭祀，“睦族”需赈济族人。于是修谱建祠，开办义学，耕种义田、族田，管理祠产等家族活动就增多了。家谱的内容自然也逐渐由记载单一的血缘世系，发展到比较全面地记载家族的整体情况，内容愈来愈多，篇幅愈来愈长。这种情况自进入清代以后，尤其突出，其编撰内容大都包括下列各项。

谱序。谱序是每部家谱不可或缺的内容，它包括族人写的和邀请外族人（当时名流）写的序以及跋语等。序跋的内容主要是介绍家族世系渊源、传承关系、修谱缘由和经过以及任事人员等，是熟悉、研究一部家谱的切入点，是了解该家族世系源流的重要资料。由于一次次的续修，序跋就不断增多，这也是很自然的事。

谱例、谱论和目录。谱例又称凡例，常用条文形式，主要阐明族谱纂修原则和体例以及类目安排的理由。谱论一般是摘录前代名人论家谱之重要的语录，也有直接把皇帝的喻民榜、诏刊载在谱前，以告诫族人。目录，又称总目，说明该谱的卷数，每卷的主要内容，但多不注明页码，给检索带来一定困难。谱例和目录是识谱的入门指南，缘径方可探幽。

先世考与像赞。先世考是指该氏族的渊源考。主要考述本姓来源，本族之历史源流及始祖、世派各分支迁徙情况，如《陈埭丁姓族谱》云："我族丁氏，肇基于始祖节斋公，由姑苏行贾入泉，居于桐城之文山里……至硕德公徙，居陈江。"像赞，大部分泉州家谱都收入其姓氏祖先或开基祖先的图像。

恩论录。又称恩荣录，由褒颂、诰勅、赐谕、告身、公文等组成。主要登载历代皇帝和中央、地方政府官员对家族成员封赠、褒奖文字，举凡勅书、诰命、上谕、御制碑文、祭文、赐匾等，无不备载。如《温陵芝山刘氏大宗世牒》有高宗御书"精忠贯日"。

族规、家训。族规、家训内容繁杂。除了各种家法族规家范等传统的宗法内容外，还有财产继承、婚姻纠纷、墓地纠纷、禁盗禁赌、封山禁伐等。有的谱载族规、家训几十条。如晋江弼佐刘氏《族规》云："同姓之亲，俱系祖宗血脉，不许革出；异姓之人，非我族类，不许冒认……"泉州锡兰世氏家族《族训》云："匹偶宜审择也，凡娶妇嫁女务必耕读人家，工商亦可。至如娼优隶卒，虽富甲王侯，莫以论。"

祠堂、墓图、墓志。祠堂（宗祠）是各家族进行祭祀的主要场所。族谱对于各自宗祠的修建历史、建筑规模及地理位置都有详尽记录，还有图示，如泉州开元寺中的檀樾祠，建于唐垂拱年间。《紫云黄氏宗谱》云："黄守恭舍地建开元寺，公既有德于寺，寺中众僧建檀樾祠，以祀公。"墓图绘有墓所在地地名、方位、四至交界；墓志介绍墓主的生平和墓庐建置情况。泉州家谱特别重视墓图，不少家谱都有。

世系图表。世系是各家族血缘的直接表述，是族谱最重要的一环。它是家谱的主体部分。古谱的世系多用文字记载，后来大都以图表的形式出现，图实为表，以五世为一图，下五世格尽另起。称始祖为第一世或第一派祖，以此序列，清晰可考。有的谱分外世纪和内世纪。外世纪从受姓始祖至谱尊始祖（或始迁祖），内世纪则以始祖（或始迁祖）奉为一世祖或一派祖。

传记。家谱中的传记可以包括行状、墓志铭、神道碑以及年谱等多种形式。一般家谱都有先祖礼赞、小传，把本族先祖中有显赫身份的人绘成遗像载诸谱端。还有的列传即为本族名望著世或德行懿范者立传。传记体例分德行、孝友、烈女、仕宦等篇目。

仕宦录。又称科第录、科名志等。登载族内历代及第入仕的族人名单，比较详细的还包括其简要业绩及著述。

族产及其契据文书。族产包括祀田、墓山、山林、义庄、庙产、房屋、店铺等，是家族活动赖以开展的经济支柱。一般族谱都有记载族产的数量、管理的规则、收支账目以及经营租田等情况。

家礼。或称典制，包括冠礼、笄礼、婚礼、祭礼等。有的谱以仪礼统之，含仪文、丧礼图式、器具和祭品的制作，繁文缛节，长篇累牍。族谱中的家礼主要记载祭祖仪式，包括祭品的数量、排设及祭文全部。

艺文录。即收入族人或与家族相关的各种诗文著述等。

昭穆。昭穆之名称，有“行序”“辈序”“字云”（俗称）等。此乃我国社会伦理制度之一。昭穆多用四字、五字或七字为词句，或有对偶落韵而成诗，尽属勉励族裔昌盛发达之嘉言，如晋江《罗山林口柯氏族谱》的柯氏昭穆为：“懋昭懿则，仪表千世，孝子贤孙，遵法秉礼，绍闻依德，家声克振。”

编后记及捐款、领谱名目。编后记是修谱的心得与感想。由编后记可知本部族谱编修之困难及解决之道，是修撰者的经验传承，是后世修谱之借鉴。捐款、领谱书目则是族人捐款修谱及领谱人之总记录。

以上项目是泉州家谱常出现之内容，是修谱人根据情况而设置，并非所有家谱都有相同的内容。

2. 体例

清代以后，泉州家谱的体例虽然多依照宋元“一图一传”谱式，但也有所发展。不仅有表、传，传不仅有小传，还有列传、墓志铭之类；又增加了“图”，如墓图、祠图、人物图；“考”的内容也有所增加，有“世系源流考”；还有“志”，如墓志；“纪”，记本族名人；“记”，记历年发生的本族大事；“录”，如先祖遗训录、嘉言录等。泉州家谱在清代体例渐次完善。民国期间的泉州家谱体例又有所创新。此时家谱列目之详，已为空前绝后。

3. 特征

（1）大宗大姓家谱编修多。纵观泉州家谱，编修及现存最多的是大姓家族，如王、张、李、林、吴、蔡、陈、苏等。这与大姓人丁兴旺有关。

（2）迁泉始祖多来自河南光州固始。现所见泉州家谱，在记述世系源流时，十有八九称始迁祖在唐末、五代来自固始。且多随王潮兄弟入闽居泉，不可否认有的有一定真实性，但牵强附会的也很明显。这是崇尚门第之风气流行的结果，也有为了现实的需要，不惜改换门庭，附会固始祖籍，或大姓之族（如丰州“燕山黄”）。

（3）版刻特征。泉州家谱在清道光、嘉庆以前大都为雕版印刷，字体多宋体，书品大，一般刻印较精。清光绪及民国间，多为石印本。民国以后，大都由书局铅字印刷，质量相对有所提高。另外，民间抄本也存不少。

（4）女子入谱。家谱是封建伦理道德的产物，女子只能附男子入谱，且只记姓，不记名。但民国以后，有的家谱把女子跟男子以同等地位写到家谱里去。

三、社会价值、功能及其利用

1. 泉州家谱的社会价值

首先，泉州是中国传统文化非常浓厚的地方。泉州家谱是泉州文化的一种重要传承性载体，其传统文化巨大的凝聚力与地域文化的辐射力相辅相成，相互依存。它能辐射到台湾地区、东南亚乃至世界各地，也能产生巨大凝聚力，将泉州人的子孙后裔凝聚到祖先的发源地来。这种力量是弘扬民族文化、振奋民族精神的一种动力。它在现代化社会中起着一种积极、进步的作用。这就是泉州家谱文化具有的较高的社会文化价值之所在。

其次，应当明确，植根于封建宗法社会的泉州家谱，其内容有相当一些是封建糟粕。但是，泉州家谱不仅是构成泉州传统文化的一个重要组成部分，而且这部分历史文化遗产有着不可忽视的现实价值。首先是资料价值。泉州家谱中蕴藏着大量人口迁移史、社会学、民族学、民俗学、经济史、家族制度以及有关地方历史和人物的资料，它对于研究泉州家族制度、婚姻制度、经济变化、社会民俗、古代教育、人口迁移（如人口迁播台湾地区）等有着极高的史料价值。

再次，是社会教化价值。族谱中一般都有“家训”“族规”之类的内容，固然有不少封建主义思想，但其中如敬长者、孝父母、尊师长、崇俭朴、戒奢侈、禁赌博等伦理规范，对促进现代精神文明建设也有一定的积极作用，可以借鉴。

最后，为台湾同胞、海外侨胞寻根认祖提供重要根据。丰富多彩的泉州家谱文化，几百年来伴随着历史上一批又一批泉州人徙居台湾，而散布于渡台泉州人社会生活的各个领域，成为台湾家族文化的组成部分，这对台湾同胞和泉台关系都产生着长期而深远的影响。泉州人最早徙居台湾（明代以前称“琉球”，自清代称为台湾），现有文字记载的如：北宋末南宋初的德化县苏姓，据《德化使星坊南市苏氏族谱》序文云：“苏氏分于泉州……台湾，散居各处。”永春《岵山陈氏族谱》、南安《丰州陈氏族谱》中，均记有元代族人迁台（时称“琉球”）之事。族谱对移民史研究有特殊意义，利用族谱研究大陆人民移居台湾史的工作很有意义。1984年，福建人民出版社出版的庄为玑、王连茂在收集100部泉州各姓族谱的基础上，将其中与台湾有关系的资料汇编为的《闽台关系族谱资料选编》一书，就是一件成功的工作。寻根认祖是中华民族具有强大凝聚力、向心力的重要表现。泉州是台湾同胞和海外侨胞的重要祖籍。改革开放以来，台湾同胞不断回来寻根谒祖。族谱则为寻根认祖提供了资料佐证。近年来，泉州各家族的后裔从台湾地区、东南亚等地回到祖地寻根，他们大多到泉州图书馆来查阅族谱资料（我馆族谱资料目录已上传至网络，台胞在台可查到，因此他们回来后又亲自到馆查阅全文）。这生动地说明了族谱对寻根认祖，促进祖国和平统一确实具有其他资料所不能替代的重要作用。

2. 从社会功能上讲，家谱文献有三大主要功能

（1）史料佐证功能。这是家谱文献的主要功能。随着历史的发展，家谱虽然丧失了其现实实用价值，不可能像历史上那样起到它的政治、道德教化功能。但作为家族繁衍活动档案材料的家谱仍然有着巨大的学术史料价值，可供许多相关学科研究利用，可谓史界之瑰宝。

（2）道德教化功能。族谱中宣扬的传统伦理道德规范与现代文明是辩证统一的。现代文明建设必须以传统文化为基础，取其精华，弃其糟粕，以几千年中华文明为依托，现代文明建设之花才会根深叶茂。与当前国家提倡的“以德治国，更要大力提高和宣扬传统伦理道德来教育人民群众”相一致。

（3）寻根认同功能。家谱在历史长河中已经形成独特的文化内涵。它对民族的心理素质价值取向、行为准则都发生着潜移默化的影响。今天，炎黄子孙已经走向世界，但并没有改变他们的民族认同和文化认同。“我们是相同的血缘，共有一个家，黄皮肤的旗帜上写着中华。”家谱在帮助寻根问祖、促进海外联谊、团结“三胞”、增强民族凝聚力方面确实能发挥出巨大的作用。如在 1995 年，据晋江罗山《上郭柯氏东升公房谱》的记载，黎刹的高祖父柯仪南在其世系排列为第十九世，后移居菲律宾，从而查出菲律宾国父扶西・黎刹根在中国。又如 2002 年 7 月 1 日关岛议长安东尼奥・雷耶斯・安平科回到晋江市罗山镇英塘村（原名大梧塘村）寻根谒祖，根据该村“翁氏族谱”的记载，寻到了自己的根在中国晋江。因为 100 多年前，其曾祖父翁悌仰从晋江远涉菲律宾，后又移居关岛，与当地土著成亲，从此在关岛繁衍生息。

四、家谱利用中应注意的问题

我们既要充分肯定家谱的史料价值，确定它在历史文献中的地位，同时，也要认识到在利用家谱史料时，必须严格区别真伪，不可全信亦不可全疑。因为私修的家谱有真有伪，要把家谱放到历史与社会中去认识、去鉴别，才能去伪存真，正确利用。对待泉州家谱，同样应这样。

正因为家谱对开展学术研究有着重要价值，同时对海内外华人寻根认祖、增强民族凝聚力有重要意义，所以，国家档案局、教育部、文化部于 1984 年 11 月 20 日发文《关于协助编好〈中国家谱综合目录〉的通知（国档会字 [1984]7 号）》。经过十余年的努力，《中国家谱综合目录》已于 1997 年由中华书局正式出版。但由于当时受种种客观条件限制，尚有大量家谱未收入。近两年来，上海图书馆主持编撰的《中国家谱总目》正在进行中。这是中国家谱资源开发与利用的又一项重要工作，它的完成将积极推动谱牒学的研究，进一步在海内外华人的寻根认同中发挥作用，意义深远。我们应当积极参与做好这项工作，为中华民族的优秀传统文化贡献一份力量。总之，泉州家谱文化丰富多彩，我们应当进一步挖掘、整理和利用，积极发挥它的重要作用。

本文发表于《福建图书馆理论与实践》2003 年，第 4 期

作者简介：吴乔生，男，研究馆员，曾任泉州市图书馆学会第一、二、三届秘书长，现已退休。

美国佛罗里达大学 Samuel Proctor 口述历史项目研究与启示

泉州师范学院图书馆　张亚宏

摘　要　选择美国佛罗里达大学 Samuel Proctor 口述历史项目为研究对象，利用网络调查法、邮件咨询、文本分析等方法，对其机构组织及人员构成，用户服务及教育职能，研究项目、协作机构及经费来源等方面进行分析，总结出分离式管理、开发社会资本、重视多方合作和灵活服务方式四个方面的特点，提出明确实施主体、构建项目团队，确定采集主题、专家主持为主，鼓励多方协作、加强专业培训，积极宣传推广、吸引公众关注。

关键词　口述历史；佛罗里达大学；Samuel Proctor；口述历史项目

自 1948 年 Allen Nevis 在美国哥伦比亚大学创办口述历史研究中心始，口述历史为图书馆界打开了新视域，口述历史成为 21 世纪以来图书馆关注的新领域。我国学者顺应国际潮流，对口述历史理论进行了积极探索，如冯云就口述历史对图书馆史研究的意义进行了探讨。实践层面，图书馆相继开展口述历史研究，如国家图书馆、汕头大学图书馆、新疆建设兵团党校图书馆等。但总体而言，目前我国图书馆口述历史研究尚处于理论研究初始阶段，研究范围有待进一步拓展，相关研究理论有待进一步深化，国外成功案例介绍缺乏，仅有王子舟、尹培丽于 2013 年对美国班克罗夫特图书馆口述资料采集与收藏工作进行了详细介绍。因此，本文选取美国佛罗里达大学 Samuel Proctor 口述历史项目为研究对象，通过网络调查法、邮件咨询、文本分析法等对其进行分析、总结，以期为我国图书馆开展口述历史实践提供借鉴与参考。

一、Samuel Proctor 口述历史项目概况

Samuel Proctor 口述历史项目（The Samuel Proctor Oral History Program,

SPOHP）是美国佛罗里达大学官方口述历史项目，1967 年由 Samuel Proctor 博士创立，是美国首屈一指的口述历史计划之一。它的主要任务是“收集、保存和促进社会各界人士的生活史”，其建立之初的主要目的在于以佛罗里达州历史为中心，保存佛罗里达及南部地区的经济、社会、政治、宗教及日常生活见证者的口述记录，主要项目集中于美洲原住民、非裔美国人、军人及佛罗里达州的具体历史。目前，SPOHP 的工作主要致力于：①通过书面记录、数字档案和播客的形式，使新出现的成果可以被访问利用；②参与先行研究项目；③主办公共节目；④教导口述历史工艺；⑤传承 Samuel Proctor 博士遗产，发挥社会价值。

作为美国口述历史项目的先行者，SPOHP 经过多年的努力与收集，积累了大量珍贵的口述历史资料。截至 2017 年，Samuel Proctor 口述历史项目进行了将近 7 000 次采访，形成了超过 15 万页的转录材料，这些材料均可以通过 SPOHP Archives 和 Digital Collections at the University of Florida 获取。其成就也受到社会各界关注与认可，获奖无数。2013 年 10 月，SPOHP 被美国口述历史协会（The Oral History Association）授予杰出成就奖；2015 年 8 月，美国档案工作者协会（The Society of American Archivists）授予 SPOHP 2015 年多元奖，以表彰其在档案活动、教育、展览和公共服务领域所取得的杰出成就。

二、机构组织及人员构成

1. 专职工作人员

Samuel Proctor 口述历史项目专职人员岗位主要有项目董事（Program Director）、副董事（Associate Program Director）、办公室主管（Office Manager）、项目协调员（Coordinator）、日常员工（Staff）、研究生助理（Graduate Assistant）、访问学者（Visiting Scholar）。Samuel Proctor 口述历史项目自成立以来，共经历了三任项目董事，分别是创立者 Samuel Proctor 博士、Julian Pleasants 博士及现任的 Paul Ortíz 博士，其职责主要包括募集资金，审核、上报年度项目计划并落实资金，研究解决建设过程中出现的重大问题，寻求各方合作，推广项目成果及优秀经验，等等。副董事由一人担任，主要负责协助项目董事的日常工作及分配、主持参与各子项目。办公室主管的主要职责在于监督所有人力资源、财政 事宜，协助向主要资助组织（包括 The Florida Humanities Council、U.S.National Park Services 和 The National Endowment for the Humanities）提供资金资助。其在项目董事的领导下工作，直接对项目董事负责，并与所有 SPOHP 员工和学生密切合作，以确保他们的学术和专业需求得到满足。SPOHP 目前共有项目协调员 10 名，分别负责数字人文生产、退伍军人历史项目、非裔美国人历史项目、Poarch Creek 项目、佛罗里达州法官计划、LDAP 项目、毕业生实习项目的主持及运行管理工作。日常员工分为普通员工和项目员工两种，其中普通员工负责 SPOHP 的日常工作，项目员工主要负责各具体项目的日常研究与管理工作。研究生助理主要是在读研究生，参与 SPOHP 各项目的研究工作。目前，SPOHP 访问学者主要有两位，分别为常驻访问学者 F í liz Sonmez 博士与访问学者 Jefferey Pufah，其中 F í liz Sonmez 博士的研究领域是国内建筑、室内设计、建筑和口述历史以及现代建筑理论。Jefferey Pufah 的研究方向主要在电影和戏剧指挥与制作方面。

2. 咨询委员会

Samuel Proctor 口述历史项目的咨询委员会主要是由公民、国际知名学者及活动家共同组成的动态小组，每两年进行一次调整。其中，学者是咨询委员会的主要成员，皆有与口述历史、社会学及批判性种族研究相关的跨学科研究背景。目前，SPOHP 咨询委员会由 11 名专家学者组成，其中 7 名学者来自美国高校、1 名学者来自英国高校、1 名为全球青年运动建设项目“Proyecto Algarabia”的共同创始人和项目总监，另有 1 名作家和 1 名律师。SPOHP 咨询委员会的主要职能为：①对 SPOHP 工作规划、重大活动项目进行论证、咨询和指导，对协会课题研究进行规划和设计；②接受协会或其他机构的委托，开展课题研究，提供研究成果；③组织研究项目评审、论证和交流活动；④加强信息交流，提供信息咨询服务，组织编写有关资料和书籍。

3. 杰出校友、实习生及志愿者

SPOHP 常年面向社会公众及学校师生招收志愿者及实习生，其主要工作范围为：①通过书面记录、数字档案和博客的形式，保证收集的资源能够被访问；②参与各研究项目；③主持公共节目；④教导口述历史工艺；⑤宣传、传播 SPOHP。社会公众可通过电话、邮件及现场报名三种方式申请加入 Samuel Proctor 口述历史项目。

另外，Samuel Proctor 口述历史项目每年都会从毕业生、实习生和志愿者当中选出杰出校友，以表彰其在学习工作期间的杰出表现。这些优秀校友的工作有助于进一步进行口述历史研究，并在此期间向公众传播历史。从 2009 年至今，推选出8届共47名SPOHP校友，其中2009年3名，2011年7名，2012年8名，2013年6名，2014年3名，2015年6名，2016年12名，2017年2名。

三、用户服务及教育职能

1. 传统基础服务

传统服务是口述历史项目服务的基石，也是开展口述历史工作的关键点。Samuel Proctor口述历史项目的传统服务大致包含以下三种形式：①口述历史收集服务。SPOHP口述历史的收集主要有两种方式，即主持或参与本地口述历史项目和接受、托管或赠予的口述历史。其中，前一种方式为目前口述历史收集的主要方式，如密西西比自由项目（Mississippi Freedom Project，MFP），后者则是重要的补充。②口述历史资源可获取服务。SPOHP目前拥有美国南部地区数量最大、全美地区前列的口述历史资源，其时间跨度从1950年至今，内容不仅包括口述录音、录像、抄本，还囊括了照片、回忆录、文书档案和其他资料，同时提供了与该口述历史项目相关的资源链接。SPOHP的资源，无论是数字格式还是物理格式，全部向研究学者、学生、记者、家谱学家和公众开放使用。其中，数字格式的资源，用户可以通过佛罗里达大学George A Smathers Libraries网站获取，物理格式资源可通过电话联系SPOHP办公室获取。③研究成果出版传播服务。SPOHP每学期出版一份通讯，内容包括SPOHP最新的公共活动、研究项目、学生及实习生成果等，用户可通过邮件订阅。除此之外，SPOHP还在其网站上宣传依托其收集的口述资源出版的图书与研究论文。

2. 延伸扩展服务

延伸服务的实质就是将传统服务空间拓展到校外公众空间的服务，是从服务馆内、校内显在用户到公共空间潜在用户的服务。面向公共的服务是SPOHP的重要职能，其方式主要有活动、讲座、展览、纪录片、戏剧、音频播客及多媒体平台。延伸服务主要以与其他机构合作的方式开展，主要有：①与博物馆合作，如SPOHP与佛罗里达历史博物馆举行的“A Tale of Three Female Activists: Women in the Civil Rights Movement Panel”活动；②与电台合作，SPOHP每周上午8时在WUBA 88.1 FM讲述各界人士的传奇故事和介绍隐匿在历史中的各地名胜；③与社区合作，如SPOHP与Lincolnville社区开展的“Gator Tales”展览；④与社会团体合作，如SPOHP与性别和妇女研究中心合作开展的Pride

Weekend 活动；⑤与图书馆合作，如 SPOHP 与 Cone Park 图书馆合作开展的 Special Emancipation Day Program。

3. 创客空间服务

为了帮助用户更好地学习与了解 Samuel Proctor 口述历史项目，SPOHP 面向社区团体、学术机构以及其他有兴趣开展口述历史项目的组织，开设以工作坊（workshops）为代表的创客空间服务，服务内容主要包括口述历史实践、方法论及实地工作方法。如口述历史工作坊（Oral History Workshop）主要教授如何开始一项口述历史项目，包含获取口述历史资源的 8 个步骤、采访及获取准确信息技巧实践及如何运用不同的计算机程序与技术收集口述历史资源等。除去本身进行创客空间服务外，SPOHP 还赞助其他机构开展工作坊，如 2017 年 6 月 24 日，SPOHP 赞助了 Harn 博物馆的 The Jacob Lawrence Workshop。

4. 教育研究服务

2017 年 3 月一项针对美国图书馆口述历史用户服务的调查表明，很多口述历史项目都依托口述历史资源开展口述历史教育工作，Samuel Proctor 口述历史项目也不例外。SPOHP 根据“学生”用户的类型，开展不同的教育服务：①在校学生。2013 年 10 月，佛罗里达大学历史系宣布新增口述历史学士和硕士学位（4+1 BA/MA Oral History Degree），现代历史任何领域的学生皆可参加报名，该课程旨在培养学生的口述历史实践，使历史可以广泛访问，并将学者和部门连接到当地社区。除此之外，SPOHP 还向本科生和毕业生提供 3 个学分的口述历史学期学术实习，旨在为学生提供研究、访问、加工、技术和教育推广领域的实践经验。②大学学者。SPOHP 根据大学学者选择的研究项目，为其提供佛罗里达大学专业教师一对一的研究课程。③志愿者。从 2017 年春季学期开始，SPOHP 采用通过项目计划的方式来招募志愿者，即非裔美国人历史项目（the African-American History Project）、美洲的拉美侨民项目（Latina/o Diaspora in the Americas Project）和退伍军人历史（Veterans History Project），凡是感兴趣的志愿者，可浏览每个项目的官方网页，并直接与项目协调员取得联系。所有志愿者都会经过相关的学习、培训，主要包括抄录、录音录像以及对当地和国家档案进行口头历史采访，应用尖端数字人文科技，开发原创项目，生产高质量的研究，等等。④访问学者。SPOHP 与赞助机构合作，为促进新兴口述历史研究，支持访问学者学术研究，为访问学者提供了罗伯特·齐格尔奖学基金（The Robert Zieger

Scholarship Fund）和两年一度的朱利安快乐旅行奖（bi-yearly Julian Pleasants Travel Award）。

四、研究项目、协作机构及经费来源

1. 研究项目及成果

Samuel Proctor 口述历史项目的资源收集工作都以围绕研究项目的方式展开，目前 SPOHP 共有 6 个主要研究项目，分别为：①非裔美国人历史项目（The African-American History Project，AAHP）。该项目通过采访阿拉胡阿县、泛佛罗里达地区及美国南部超过 600 位非裔美国人形成了一份档案资源，内容主要包括佛罗里达黑人在许多方面生活的回忆，是非裔美国人历史收藏的最大公共资源之一。②美洲的拉美侨民项目(Latina/o Diaspora in the Americas Project，LDAP)。该项目成立于 2014 年，包含 100 多个口头历史档案的获奖项目，致力于为美洲的拉美 / 侨民创造空间，分享他们在身份、移民改革、劳动条件、教育和公民权利方面的历史经验。③退伍军人历史（Veterans History Project，VHP）。VHP 是 2000 年 SPOHP 与美国国会图书馆民俗中心合作成立的项目，目前已经收集了超过 300 次的口述历史访谈，主要内容是从美国内战至今的退伍军人的战争回忆。④密西西比自由项目（Mississippi Freedom Project，MFP）。MFP 是 SPOHP 与密西西比州向日葵县民权组织合作建立的一项包含了超过 200 次口述历史采访的获奖项目，其采访对象为参与密西西比三角洲民权运动的退伍军人及著名人士。⑤美洲原住民历史项目（Native American History Project，NAHP）。NAHP 的重点是东南部的部落历史，自 1967 年以来，对 Catawba、Cherokee、Choctaw、Creek、Lumbee、Seminole 和 Pamunkey 等部落的人士进行了数百次采访。⑥佛罗里达同性恋历史项目（Florida Queer History，FQH）。FQH 成立于 2016 年 6 月，致力于突出佛罗里达在上个世纪的奇特经历。该项目旨在为同性恋者提供一种手段来表达和记录他们的性取向和性别认同如何塑造他们的生活。围绕这 6 个主要项目，截至 2017 年，SPOHP 形成了超过 15 万页的转录材料，根据 Native American History、Florida Topical Oral History Collection、Florida Counties、University of Florida Oral History Collections、Mississippi Freedom Project、Miscellaneous Florida 6 个主题进行分类，供用户获取利用。

2. 协作机构

Samuel Proctor 口述历史项目拥有多层次的协作机构，按照协作机构关系及功能，大致可以分为校内机构、公共部门、社会组织、研究联盟与资助机构 4 类。

3. 经费来源

稳定的经费来源是口述历史项目可持续运营的重要保障，Samuel Proctor 口述历史项目的经费来源大致可以分为行政划拨、校内外资助和个人捐赠 3 种方式。经费的主要用途集中于：①维持 SPOHP 的日常管理及运营；②资助 SPOHP 各项目，收集口述历史资源，出版研究成果；③资助其他机构的口述历史项目；④设立专项奖学金，支持用户利用及学习。

五、特点

1. 分离式管理

Samuel Proctor 口述历史项目实行分离式管理，机构管理与项目管理分离。机构管理主要由专职人员负责，主要包括项目董事、副董事、办公室主管、项目协调员、日常员工等。其中项目董事主要负责机构的总体发展规划、制定年度预算、评估、推广宣传等宏观事务。副董事主要负责日常工作分配及管理。办公室主管负责具体办公业务。项目协调员主要负责各不同项目与机构中心间的协调。日常员工则负责具体的日常事宜，如志愿者招募、人力资源、财务等。项目管理则主要由咨询委员会与各项目负责人构成，其中咨询委员会主要负责项目规划设计、各具体项目的论证评审等，各项目负责人则是由各领域专家学者构成，主要负责各项目的指导与具体实践操作。这种分离式管理的体制，可以避免“外行指挥内行”，使工作人员各司其职，发挥各自能力，提高工作质量，促进 SPOHP 良好运作。

2. 开发社会资本

口述历史资料的搜集与整理是一项费时、费力、费钱的工作，Samuel Proctor 口述历史项目为了解决资金困难的问题，采用多种手段，积极开发社会资本。首先，SPOHP 与各种社会基金组织，如 Bob Graham Center for Public Service、The Fairfield Foundation，建立了长期稳定的合作关系。其次，SPOHP 还积极承担其他科研机构与部门的口述历史项目，如承担了美国国会图书馆民俗中心的退伍军人历史项目，利用“他人”资金，丰富自身资源。最后，SPOHP 通过展览、主办公共节目等方式进行社会资助与募捐，并在其官方网站项目位置设立捐助栏目，以吸收社会个人或团体的资金捐赠。灵活多样的开发社会资本方式为 SPOHP 赢得了不菲的收入。

3. 重视多方合作

Samuel Proctor 口述历史项目十分重视与多方机构的协调与合作，其结合不同机构的特点与功能，发挥各自优势，合作开展具体工作。具体表现为：学生教育培养，与校内各院系合作；科研项目开展，与其他科研机构合作；公共服务开展，与以图书馆、博物馆为代表的公共机构合作；社会公益宣传，与社会公共机构合作；资金募集需求，与各基金组织合作。SPOHP 通过与多方机构的合作，平衡满足各方需求，利用合作机构优势资源，达到“双赢”，为用户提供了更多的服务与资源。

4. 灵活服务方式

用户服务路径的固化会直接影响用户的使用体验，制约口述历史资源的利用。Samuel Proctor 口述历史项目拥有多元的服务方式，除去常规的网络数据库及其检索服务、讲座、社交媒体的应用和互动共享服务等，还有主办公共活动、戏剧、手工坊等创新性服务。除此之外，为了促进口述历史资源的利用和科研人员的培养，SPOHP 设立了罗伯特和盖伊·齐格尔社会正义奖学金（Robert and Gay Zieger Social Justice Scholarship Fund），用于教学工作。SPOHP 多元灵活的服务一方面表明，其紧跟时代潮流，服务与时俱进，增加了资源利用乐趣，增强了影响力，另一方面，则体现了其为用户提供优质服务的积极态度和所做的努力。

六、启示

1. 明确实施主体，构建项目团队

在美国，口述历史项目的实施主体多种多样，主要包括高校图书馆或档案机构、社会研究团体、联邦政府所属机构、企业及个人、多主体合作等 5 类。不同类型的实施主体有着自身的“先天优势”，如口述历史资源的采集、数字化及数据库建立、管理等都具有很强的专业性，而图书馆在信息资源的处理加工、组织及管理方面具有大量的经验与技能。因此，选择实施主体模式，明确项目的实施主体对口述历史项目尤为重要。结合 SPOHP 及美国其他口述历史项目的经验，以高等院校为代表的科研机构是目前口述历史项目实施主体的首选。究其原因，高等院校除了有各个专业领域内的专业人才、科研环境等软环境之外，也有口述历史资料收集等流程中需要的器械设备等硬件环境，并且高校内部院系、部门众多，校内可多方合作，发挥各院系及图书馆、档案馆等机构在执行、保存、管理、研究、咨询及技术支持方面的优势。

在明确实施主体的前提下，邀请相关机构内外专家、人员参与，组成项目团队。对研究方法、研究主题、邀约受访者的原则、主持访谈、后期成果整理、建立评估准则等环节进行讨论与分工，明确职责，项目团队的所有成员必须对该计划的目标、范围、构架、内容有清楚的认识。

2. 确定采集主题，专家主持为主

口述历史工作的目的是为了增补既有的文献资料，通过访谈的方式取得资料来填补文字史料的不足，并非所有的口述资料都有价值。因此，确立采集的主题与目标，是口述历史工作的关键。Samuel Proctor 口述历史项目口述历史资料的收集皆是围绕着佛罗里达州及周边地区的非裔美国人、美洲原住民、退伍军人、同性恋人士等主题展开的，收集的口述历史资料质量很高，具有很强的针对性。明确采集主题可以保证口述历史项目目标明确，对于提高资金利用率与口述资料质量，形成资源特色有着重要的作用。

具体项目的操作离不开专家的主持，专家学者对具体领域的深入研究与了解，对确定选题方向、拟定访谈方案、采访人选定等具体工作有很强的把关和指导作用，决定着具体项目的成败与质量的好坏。因此，口述历史工作中的各个项目都应该邀请专家学者来领导，围绕专家搭建项目团队。

3. 鼓励多方协作，加强专业培训

口述历史项目的长期发展，需要大量投入，仅靠单个机构完成口述历史资料的采集与管理工作是不可取的，合作是克服困难，发挥各自优势，形成“双赢”局面，使口述历史工作长期可持续发展的重要途径。应该通过宣传、激励等方式，吸引关注，鼓励多方机构协作。合作机构类型应该包括公共部门、社会组织、社区、科研机构、商业机构等。

一个完整的口述历史项目从规划至完成，有多个不同的环节，项目的形成包括制定项目方案、申请财政资源、组织团队；执行方面包括邀约受访者、安排访谈、记录访谈内容、编整访谈数据；后期工作包括监督项目质量和成效、安排储存和开放数据及宣传推广等。涉及的环节众多，需要不同的专业能力，专业性极强。因此，要对项目团队的相关人员进行专门培训，具体的培训内容应该包括：①口述历史的理论与方法。收集和阅读已出版的口述历史著作，了解现代口述历史的发展，掌握其基本理论和工作方法，如《大家来做口述历史》《如何做好口述历史》等。②采访技巧培训。成功的访问需要技巧，某些访谈技巧是可以通过学习掌握的。培训内容应包括：口述历史的特质、个人记忆的特色、口述历史的对谈原则、访谈礼仪、访谈员角色、记录方法等。③软硬件设备使用培训。口述历史工作中，需要使用多种软硬件设备，如录音笔、摄像设备、视频编辑软件等，这些软硬件设备的使用技巧都需要专业的培训。

4. 积极宣传推广，吸引公众关注

口述历史工作周期长，耗资大，投入多，其成果来之不易，这也意味着口述历史成果展示的重要性。因此，口述历史项目成果的宣传推广就显得尤为重要。由于口述历史资源的形式丰富多样，既有录音、文字，又有视频，其展示方式也可以多种多样，既可以以广播、纪录片的形式播放，又可以以图书的形式出版。图书、报纸、电视、互联网、移动终端都可成为其成果展示的途径。另外，实施主体可以充分利用社交媒体，加强沟通，与用户形成良性互动，并利用大数据挖掘技术，根据用户喜好，进行口述历史资源的推送与共享。戏剧、展览、手工坊等创新性服务方式，也是吸引用户注意力的重要方法。通过积极的宣传推广与展示，可以让公众更容易接触到口述历史，加强公众对口述历史的认知与认同，吸引公众关注，既宣传了自身资源，又传承了文化，还服务了社会。

参考文献

[1] 冯云 . 口述历史对图书馆史研究的意义探讨 [J]. 图书馆建设，2015（10）：99-102.

[2] 周晓燕 . 基于著作权法视角的图书馆口述文献工作探析 [J]. 图书馆建设，2013（4）：4-8.

[3] 冯云 . 我国图书馆口述历史研究综述 [J]. 图书馆工作与研究，2015（2）：21-24.

[4] 王子舟，尹培丽 . 口述资料采集与收藏的先行者——美国班克罗夫特图书馆 [J]. 中国图书馆学报，2013（1）：13-21.

[5]Samuel Proctor Oral History Program Mission[EB/OL].[2017-07-11].http：//oral.history.ufl.edu/welcome/mission/.

[6]Congratulations to Falana McDaniel and the Samuel Proctor Program[EB/OL].[2017-07-11].http：//mccomblegacies.org/2013/10/congratulations/.

[7]Dianna Repp.The Doris Duke American Indian Oral HistoryProgram：Gathering

the “Raw Material of History” [J].Journal of the Southwest，2015（1）：11–28.

[8]Samuel Proctor Oral History Program Staff[EB/OL].[2017–07–13].http：//oral.history.ufl.edu/welcome/staff/.

[9] 胡立耕 . 基于口述历史的图书馆延伸服务 [J]. 图书馆，2015（12）：15–22.

[10]February 27，2015，A Tale of Three Female Activists：Women in the Civil Rights Movement Panel at the Museum of Florida History[EB/OL].[2017–07–13].http：//oral.history.ufl.edu/2015/03/18/civil–rights–museum–of–florida–history/.

[11]Big News：We're On the Air![EB/OL].[2017–07–13].http：//oral.history.ufl.edu/2017/03/15/big–news–were–on–the–air/.

[12]SPOHP in St.Augustine：An oral history collaboration with the Lincolnville Museum and Cultural Center in the historic Lincolnville community in St.Augustine, Florida[EB/OL].[2017–07–13].http：//101.96.10.65/sites.clas.ufl.edu/spohp/wp–content/blogs.dir/61/files/Press–Release–for–St.–Augustine.pdf.

[13]SPOHP FQH Project Documents DC's Pride Weekend[EB/OL].[2017–07–19].http：//oral.history.ufl.edu/2017/07/19/spohpfqh–project–documents–the–equality–march–for–unity–pride/.

[14]SPOHP and Cone Park Library Partner for Special Emancipation Day Program May 20，2015[EB/OL].[2017–07–19].http：//oral.history.ufl.edu/2015/05/20/spohp–and–cone–park–library–partner–for–special–emancipation–day–program/.

[15]Tutorials：Beginning an Oral History Project[EB/OL].[2017–07–20].http：//oral.history.ufl.edu/research/tutorials/.

[16]SPOHP Sponsoring the Jacob Lawrence Workshop[EB/OL].[2017–07–20].http：//oral.history.ufl.edu/2017/06/07/spohp–sponsoring–the–jacob–lawrence–workshop/.

[17] 张一，谢兰玉 . 网络环境下美国图书馆口述历史用户服务研究 [J]. 图书馆建设，2017（3）：66–72，77.

[18]Education and 4+1 BA/MA[EB/OL].[2017–7–21].http：//oral.history.ufl.edu/research/education/.

[19]University Scholars Program[EB/OL].[2017–07–21].http：// oral.history.ufl.edu/research/university–scholars–program/.

[20]Volunteering at the Samuel Proctor Oral History Program[EB/OL].[2017–07–21].http：//oral.history.ufl.edu/research/volunteering/.

[21]Visiting Scholars and Julian Pleasants Award[EB/OL].[2017–07–21].http：//

oral.history.ufl.edu/research/visiting-scholars/.

[22]The African American History Project（AAHP）[EB/OL].[2017-07-24]. http：//oral.history.ufl.edu/projects/aahp/.

[23]Latina/o Diaspora in the Americas Project（LDAP）[EB/OL].[2017-07-24]. http：//oral.history.ufl.edu/projects/latinao-diaspora-in-the-americas-project/.

[24]Veterans History Project[EB/OL].[2017-07-24].http：//oral.history.ufl.edu/projects/vhp/.

[25]Mississippi Freedom Project[EB/OL].[2017-07-24].http：//oral.history.ufl.edu/projects/mfp/.

[26]Native American History Project（NAHP）[EB/OL].[2017-07-24].http：//oral.history.ufl.edu/projects/nahp/.

[27]Florida Queer History（FQH）[EB/OL].[2017-07-24].http：//oral.history.ufl.edu/projects/florida-queer-history-fqh/.

[28]Catalog of Collections[EB/OL].[2017-7-24].http：//oral.history.ufl.edu/collections/.

[29]Community Partners in Research and Education[EB/OL].[2017-07-26].http：//oral.history.ufl.edu/research/community-partners/.

[30] 韦桥明，颜祥林 . 基于网络调查的美国科技口述历史采集项目浅析 [J]. 档案学通讯，2016（4）：50-55.

[31] 李乃冰 . 口述历史——图书馆资源建设的新探索 [J]. 图书馆学研究，2008（9）：76-77，83.

[32] 钟源，吴振寰，刘灿姣 . 数字资源长期保存馆社合作模式调查分析 [J]. 图书情报工作，2014（2）：91-95.

[33] 王惠玲 . 香港经验分享——口述历史档案库的创建兼论图书馆的角色 [J]. 图书馆，2015（12）：10-14.

[34] 陈俊华 . 口述历史——图书馆史研究的新途径 [J]. 大学图书馆学报，2007（4）：17-20，35.

[35] 王兰伟 . 理论与实践——图书馆口述历史工作探索 [J]. 图书馆，2015（12）：27-30.

本文发表于《图书馆》2018 年，第 3 期

作者简介：张亚宏，女，副研究馆员，任职于泉州师范学院图书馆。

第二篇

图书馆服务

第四章

服务体系

“一带一路”图书馆联盟信息资源建设与服务提升研究

泉州师范学院图书馆　吴绮云

摘　要　在阐述构建“一带一路”图书馆联盟的意义、分析“一带一路”图书馆联盟及其信息资源建设现状的基础上，提出建立“一带一路”数字图书馆联盟、开展文献交流与合作、推进全民阅读工程等“一带一路”图书馆联盟信息资源建设与服务提升策略。

关键词　一带一路；图书馆联盟；信息资源建设

一、引言

“一带一路”旨在借用古代丝绸之路的历史符号，高举和平发展的旗帜，积极发展与沿线国家的经济合作伙伴关系，共同打造政治互信、经济融合、文化包容的利益共同体、命运共同体和责任共同体。“一带一路”文化先行，不仅是对古代丝绸之路精神的继承与发扬，更重要的是通过文化交流与传播增强“一带一路”倡议的吸引力，从而促进各领域的合作共赢、互利共荣。“一带一路”图书馆联盟是我国与“一带一路”沿线国家开展文化合作的重点项目，被列为“十三五”期间对外文化工作的重点内容之一。加强“一带一路”图书馆联盟信息资源建设与服务研究，对于深化与“一带一路”沿线国家的信息交流与合作、促进民心相通、铺就文明之路具有重要作用。

二、构建“一带一路”图书馆联盟的意义

两千余年来，伴随丝绸之路、海上丝绸之路的人员和商品交流，技术和文化也在丝路诸国传播，典型的如造纸术及印刷术西传、东亚地区图书贸易等。这种文化交流既有官方的参与，又有商人、僧侣等的助力，一直以来从未因政权更迭、战争冲突等原因而中断，具有很强的生命力，原因在于其物质文化和精神文化交流不

是以单一途径和方式展开的。进入 21 世纪，中国提出的“一带一路”倡议亦注重文化的交流与融合，“一带一路”沿线各国图书馆的文献不仅展示各国的风土人情，而且记录着各国的政治、经济、文化发展脉络，成为全方位认识、了解彼此的重要窗口。图书馆作为公共阅读服务平台，对于弥合异域文化知识鸿沟具有重要作用。图书馆联盟是国家“一带一路”规划建设的五大专业联盟之一，旨在实现知识创新和资源共建共享，是国家间文化交流的桥梁，在“一带一路”建设中占有重要地位。

建立在合作开放和互利共赢基础上的“一带一路”，把中华民族和域外各民族紧密地联系在了一起。图书馆作为传承文明、服务社会的公共文化机构，在促进信息与知识的交流共享方面肩负着重要使命。中国和“一带一路”沿线各国图书馆均拥有丰富的馆藏资源，随着图书馆事业发展步入数字化时期并走向信息共享阶段，“一带一路”沿线各国图书馆交流发展将迎来新的机遇。现代信息技术和网络技术的发展，一方面使图书馆合作共享内容更为丰富，另一方面也为图书馆之间的合作共享创造了更加有利的技术条件。成立“一带一路”图书馆联盟有助于信息资源共建共享，推动文化的传播、融合、创新，进而促进沿线国家政治、经济的顺利合作，形成多方利益共同体，唱响和平发展主旋律。在“一带一路”倡议下，沿线各国图书馆应顺应时代要求、转变服务理念、拓展服务内容、优化服务模式，通过构建图书馆联盟文献资源保障体系实现文献资源共建共享，利用网络多媒体信息技术手段打破地域壁垒，创新服务体系，共同推进文化的繁荣和创新。

三、“一带一路”图书馆联盟及其信息资源建设现状

1.“一带一路”图书馆联盟建设现状

2016 年 12 月，原文化部发布《“一带一路”文化发展行动计划（2016—2020 年）》，明确提出成立“丝绸之路国际图书馆联盟”及“丝绸之路国际博物馆联盟”；优先推动“一带一 路”沿线国家和地区的中国文化中心建设，逐步建立“丝绸之路”文化数据库，打造公共数字文化支撑平台 。

在上述行动计划发布前后，以资源共建共享、互惠互利、平等协商为原则，多国参与的“一带一路”图书馆联盟陆续成立。2014 年，来自埃及、约旦、伊拉克等阿拉伯国家的 10 余名图书馆馆长参加“中国—阿拉伯国家图书馆馆长论坛”，促成并通过了《中国与阿拉伯国家图书馆 2014 北京合作倡议》，这是“一带一路”图书馆联盟的雏形。2016 年，国内“一带一路”沿线城市 10 余家图书馆在深圳

成立“一带一路”图书馆联盟，签署《“一带一路”公共图书馆地区联盟倡议》。2018年5月，孟加拉国、保加利亚、新加坡等24国图书馆参与的“丝绸之路国际图书馆联盟”在成都成立，旨在推进丝绸之路文献资源的共知共建共享。2018年10月，阿尔巴尼亚、捷克、匈牙利等中东欧16国图书馆与中国29家省、市级公共图书馆在杭州成立“中国—中东欧国家图书馆联盟”，在书目数据共享、文献交流互换、人员交流与培训、馆际文化交流等方面展开深入持久的合作。但目前的“一带一路”图书馆联盟建设仍处于起步阶段，联盟组织结构松散，尚未形成较为紧密的交流合作机制，且缺乏稳定的合作平台，离满足“一带一路”沿线国家信息交流与共享需求尚有一定差距。

2.“一带一路”信息资源建设现状

“一带一路”信息资源建设已初具规模。国家信息中心主办的“中国一带一路网”汇集了沿线国家的基本状况及五通（即政策沟通、设施联通、贸易畅通、资金融通、民心相通）发展现状，发布“一带一路”大数据，解读政策环境。社会科学文献出版社推出的“一带一路”专题数据库，设置国别国家库、丝路指数库、政策资讯库等7个子库，以“一带一路”基础资料库、学术理论库、投资指南库为基本定位呈现“一带一路”研究成果。上海社科院发布了“一带一路”大数据库“丝路信息网”，汇集和提供“一带一路”沿线各国及主要城市的各类文献资料，对“一带一路”沿线国家的产业、投资、贸易、金融等进行数据分析，形成动态分析报告。中经网数据有限公司开发“一带一路”统计数据库，专注于沿线各国的特色经济数据统计，涵盖经济、农业等10余个领域；以贸易投资合作为中心，提供中国及其重点省市对沿线各国的进出口数据和对外投资统计数据。北京大学开发的“一带一路数据分析平台”汇集“一带一路”沿线各国的数据与信息，编制反映“一带一路”沿线国家互联互通水平的“五通指数”。

目前相关数据资源主要围绕“一带一路”政策沟通、设施联通、贸易畅通、资金融通、民心相通五大合作重点，力图对接中国与沿线各国的经济发展需求，为政府、科研机构、企业提供决策咨询与研究支持。目前这些资源多为国内现有资源，缺乏与其他国家数据与信息的互联互通，在各国文献交流与展示、文化交汇融合研究等方面尚有所欠缺。

四、“一带一路”图书馆联盟信息资源建设与服务提升策略

1.建立“一带一路”数字图书馆联盟

“一带一路”图书馆联盟成立后，工作重心应放在数字图书馆联盟建设上，聚合各成员图书馆的资源特色和优势，协力组建创新联动的平台和载体，建设跨机构、跨地域的研究团队，整理汇总各馆现有的“一带一路”文献资源及相关研究成果，开发数字图书馆服务，实现“一带一路”文献资源的聚集与整合，推动“一带一路”文化发展和创新。

1）开展联合目录建设

书目信息是文献资源共建共享的基础，建设数字图书馆联盟首先必须建立联合目录，这就需要尽快确定参与合作的文献收藏单位，制定数据资源共享的相关管理政策，通过召开联合目录工作会议制定统一的著录项目和标准，明确收录范围。各国以图书馆的馆藏为基础提供草目，下属分支图书馆进行核对补充，汇集各馆已经拥有的机读目录数据，注明收藏单位，并对这些数据的编目状况和馆藏信息标识情况进行全面分析，对书目数据进行整理、审校、合并，最后编辑汇总。旧书目的回溯整理可与新书编目分开进行，待旧书目回溯完成后再与新书目数据合并，形成联合馆藏目录，从而向读者提供书目检索服务，实现联盟成员馆全覆盖，并为后续的信息共享、联合采购、文献传递等奠定基础。

2）开发数字图书馆服务

在“一带一路”的构想下明确目标、稳步推进，加大“互联网+图书馆”的建设力度，通过互联网科技信息手段推动数字图书馆联盟云平台建设，开发文化日历、文化地图、文献传递、联合参考咨询、活动共办、馆际互借、书展合办、图人直播间、图书馆志愿者交流等功能模块，统筹规划，共建共享，将各联盟成员馆的场馆、资源、人才和服务聚合在一起，打造一个国际化的图书馆资源和服务交流平台，把“一带一路”沿线国家的图书馆“搬到”互联网上，让各国人民足不出户就可以利用图书馆的资源和服务。此外，可依托云平台，通过数字图书馆用户大数据分析用户偏好和需求，推动图书馆联盟优化资源供给，加快联合采购，促进文创产品开发，创新联盟图书馆“用户点单”“按需供给”的服务模式，促进“一带一路”沿线国家之间的文化交流，以文化交流促进文化消费，以文化消费促进文化贸易。

2. 开展文献交流与合作

古代丝绸之路和海上丝绸之路留下了厚重的文化遗产，“一带一路”图书馆联盟应深入挖掘“一带一路”文献遗产，发掘其研究价值，与沿线各国图书馆在出版发行、文献研究、古文献修复、文献资源调查与发掘、文献展览等方面加强交流与合作，开发建设“一带一路”古文献库、“一带一路”研究文献库等数据库 。

1）大力推动中国优秀图书“走出去”

首先，向“一带一路”沿线国家积极推介中国文化品牌，充分发挥历史文化资源优势，建设运营好“丝路书香”等工程，进一步推动中国优秀经典文献、现当代文学作品的海外展销，展现中华文化的魅力。其次，加快推进国家对外文化贸易基地、北京国家数字出版基地和多语种图书出口基地建设，加强与境外文化机构合作翻译中国经典文献，推进“一带一路”文献研究及成果传播。最后，组建专业的文献研究队伍，培训专门的文献资源服务人才，深入探索所在地域的“一带一路”文献遗产特色，将“一带一路”文献资源转化为文化资源，向公众推广“一带一路”文献服务。

2）加快推进联盟成员馆图书交流

要尽快建立联盟成员馆图书交流的常态机制：一是建立经典书目平台。利用图书馆联盟成员馆文献书目信息，实现经典书目共建共享，以供相互借阅、译介、展览时重点参考。二是建立国际书展平台。即建立一个协调、互动的区域书展平台，增强对“一带一路”特别是中东欧、中亚诸国及周边国家的辐射和影响，每年推出一批重点图书，增强中国文化的吸引力。三是发起“一带一路”国际书展，分区域轮流举办，如“一带一路”中东欧书展、“一带一路”中亚书展等。四是建立营销传播平台。建立联结联盟图书馆、实体书店、体验中心、分销网络、数字平台、社交媒体等的融合营销传播平台，拉动图书消费，增强“一带一路”文化影响力。五是鼓励国内图书馆在“一带一路”沿线国家设立分馆，作为图书馆对外合作交流的重要基地，如山西省图书馆在毛里求斯开设首家海外分馆，该馆成为展示山西文化和对外开放的窗口。

3）建设“一带一路”古文献库和研究文献库

以图书馆联盟各成员馆的文献为基础，以“互通、互借、互用”为目标，加强成员馆之间文献的共同开发，全面搜集政治学、经济学、社会学、文学、语言学、历史学等领域的资料，整理反映“一带一路”国家间交往的古文献及其研究文献，编纂出版“一带一路”古文献汇编，并以“一带一路”研究文献库为依托，加大学科服务力度，以“一带一路”相关报道和评论、专家学者针对“一带一路”发表的最新观点、“一带一路”相关学术会议及学术活动、“一带一路”相关研究进展等资源服务于学科建设。

3. 推进“全民阅读”工程

图书馆联盟各成员馆应加强沟通，以联盟成员馆为基地进行多边合作，举办“一带一路”区域性、全国性乃至国际性的全民阅读活动，在全民阅读中引领“一带一路”文化建设，共同建立文献研究与展示、文化引领与宣传的大合作圈，共同推动“一带一路”沿线国家国民素质的提升。

1）依托“一带一路书架”，大力开展阅读推广活动

鼓励联盟各成员馆按国别设立专门的“一带一路书架”，将各国丰富的主题图书介绍给世界，同时也为各国读者提供认识中国的窗口。积极依托“一带一路书架”设立全民阅读大使，通过阅读分享、专题讲座、新书发布、名家签售、读者见面会、读者互动会、绘本故事会、外国友人共话阅读、赠送全民阅读读本等方式在图书馆联盟中大力开展形式多样、内容丰富的阅读推广活动，讲好“一带一路”故事，搭建起中国文化“走出去”、外来文化“走进来”的桥梁，使书香之路越铺越远。

2）借助现代数字技术，大力推进数字阅读

如今的地铁里、公交车上，越来越多的人利用碎片化的时间畅游于手机屏幕的方寸间，享受求知时光。数字阅读真正实现了“随时随地”的阅读，加速了全民阅读时代的来临。“一带一路”图书馆联盟应抓住契机，将中国图书资源内容与“一带一路”沿线国家的本土内容相结合，整合数字图书资源，打造数字阅读 APP，并借助手机制造商，通过软件预置和为“一带一路”沿线国家电信运营商提供数字阅读服务等方式拓展海外市场，倡导数字精品阅读，提升经典阅读量，提高全民阅读的层次和质量，推动全民阅读活动广泛、深入、高质量开展。

3）利用联盟图书资源，做好“一带一路”阅读扶贫工作

“一带一路”沿线有很多发展中国家，其贫困地区儿童的整体课外阅读状况堪忧。中国的儿童课外阅读状况亦不乐观，据统计，七成农村儿童一年阅读的课外读物不足 10 本，更有近两成的儿童没有课外读物。因此，要积极利用联盟图书资源，统筹安排阅读扶贫工作，通过联合举办“全民阅读 · 文化筑梦”活动和开展阅读下乡活动等，积极改善中国和“一带一路”沿线国家贫困地区少年儿童的阅读状况，

促进未成年人养成良好的阅读习惯，不断满足农村留守儿童、城市流动儿童、贫困家庭儿童等弱势群体的基本阅读需求，让更多贫困地区的儿童能够阅读更丰富、更优质的图书，通过阅读学习知识、丰富人生。

五、结语

“一带一路”国家倡议提出以来，图书馆界不断展现出自身的社会责任与文化担当，为“一带一路”倡议提供数据支撑，促进了沿线国家间的沟通与交流。图书馆联盟作为信息资源互联互通的重要媒介，促进了沿线各国文献的交流与展示，推进了各国文化的交汇融合。但是面向“一带一路”的图书馆联盟建设目前只见雏形，管理体制和运行机制尚不成熟，服务内容较为单一。今后应确立更加明确的愿景与目标，打破界限藩篱，确立高效益、互动型伙伴关系，巩固联盟根基，建立“一带一路”沿线国家图书馆的协作通道，保障联盟积极有效运作。

参考文献

[1]“一带一 路”[EB/OL].[2019-03-07].https：//baike.so.com/ doc/7487210-7757266.html.

[2] 隗斌贤 .“一带一路”文化先行 [N]. 浙江日报，2016-03-31（15）.

[3] 段军丽 . 基于多维邻近性的图书馆联盟创新绩效提升策略探讨 [J]. 图书馆工作与研究，2018（8）：35-39.

[4] 郝婕妤 . 中国与阿拉伯国家图书馆实施数字化合作项目“一带一路”倡议下加快推动共知共建与共享 [EB/OL].[2019-01- 08].https：//news.china.com/news100/11038989/20170529/ 30599341.html.

[5] 国家图书馆研究院 . 文化部《“一带一 路”文化发展行动计划》发布 [J]. 国家图书馆学刊，2017（1）：46.

[6] 陈欢欢 . 图书馆服务“一带一路”文化交流战略研究 [J]. 图书馆工作与研究，2017（1）：99-101.

[7] 国家图书馆研究院 . 中国 - 中东欧国家图书馆联盟成立 [J]. 国家图书馆学刊，2018（6）：79.

[8] 中国一带一路网 [EB/OL].[2019-03-07].https：//www.yid- aiyilu.gov.cn/index.htm.

[9] 社会科学文献出版社 . 一带一路数据库 [EB/OL].[2019-01-08]. https：//

www.ydylcn.com/skwx_ydyl/sublibrary？ SiteID=1 & ID=8721.

[10] 澎湃新闻网．上海社科院发布一带一路大数据库，含投资项目等9大专题数据[EB/OL].[2019-01-08].http：// news. 163.com/17/0517/18/CKLKBAN8000187VE.html.

[11] 中国经济信息网．一带一路统计数据库产品简介[EB/OL].[2019-04-15].http：//ydyl.cei.cn/page/Default.aspx.

[12] 北京大学．一带一路数据分析平台[EB/OL].[2019-03-10]. http：//ydyl.pku.edu.cn/.

[13] 张素杰，刘文慧．现代图书馆读者工作[M]. 呼和浩特：内蒙古人民出版社，2008：205-206.

[14] 北京市推进“一带一路”建设工作领导小组关于印发北京市推进共建“一带一路”三年行动计划（2018-2020年）的通知[EB/OL].[2018-11-10].http：//www.beijing.gov.cn/ zhengce/wenjian/192/33/50/438650/1573546/index.html.

[15] 严冰，袁苗苗，赵静．“一带一路”竖起“中国书架”“丝路书香” 散发故事芬芳[N]. 人民日报（海外版），2018-08-23（5）.

[16] 李萍．首个“乡村儿童阅读报告”：七成中西部贫困农村家庭藏书不足十本[EB/OL].[2019-03-10].http：// www.dute- news.com/p/163753.html.

本文发表于《图书馆工作与研究》2019年，第12期

作者简介：吴绮云，女，研究馆员，泉州师范学院图书馆馆长。

对高校图书馆、中学图书馆纳入公共服务体系的思考

——晋江市图书馆共享联盟模式

晋江市图书馆 **郑君平**

摘　要　本文横向比较了高校图书馆、中学图书馆与公共图书馆的优势与不足，以晋江市图书馆共享联盟模式为例，探索如何将三者合并为一，实行共建共享，从而实现图书馆资源利用与社会效益最大化。

关键词　图书馆网络；高校图书馆；中学图书馆；公共图书馆

一、国内外图书馆共享联盟模式分析

1.“书目数据共享协作网络”模式

该模式的产生背景主要基于图书馆自动化集成系统的兴起，比较典型的是广东省。但该模式仍然是公共图书馆与高校图书馆各自为政，一分为二。前者的中心任务在于为各成员馆安装统一的自动化集成系统并联网，成立书目数据中心，开展联机编目服务，后来又在原有的图书馆协作网基础上，升级建设了电子图书馆网络。后者的主要功能是为高校图书馆联机编目与采购、馆际互借、书目数据库建设与管理、联机查询与检索等提供服务，后来又建立起广东省高校文献信息网络系统，实现全广东高校广域网联机编目和书目信息资源共享。

2.“文献资源共建共享协作网”模式

国内的图书馆联盟研究始于1999年，实践则更早些。以上海地区文献信息资源共建共享协作网为例，该协作网始建于1993年11月，联合了上海地区高校、科研、情报和公共图书馆四大系统图书馆，首次打破国内图书馆系统壁垒，实现共建共享。其主要任务是实现各成员馆之间的文献查询、馆际互借、阅览与复制以及针对外文资源的联合采购。6年后，在原有协作网的基础上又实施了“信息平台”“文献采

购协调”与“信息服务与人才培养”等三大举措，扩大了共建共享范围，有效推动上海图书馆协作网与成员馆之间，在文献采购协调、计算机网络、数据建设、馆际文献资源互借、网上资源共享和人才培养上的共建共享进程。

3.“资源联合采购”模式

这种图书馆联盟共建共享的指向非常明确，仅提供较为单一的服务，主要在资源采购与借阅咨询方面，联盟成员馆之间缺少更深层次的共享服务。如“德国公共图书馆采购中心”，是一个公益自助性机构，由公共机构出资兴办，而股份有限公司形式存在，为全德图书馆提供诸如馆藏建设与图书著录、文献装订与修补、图书馆布置等配套服务。服务对象并不限于公共图书馆，还包括学术图书馆与学校图书馆。其优势是基于节约成本考虑，立足于图书馆实际需求，提供高度专业化的产品与服务，有助于各参与馆合理开展工作，寻求更理想的解决方案。孟加拉国际网络科学出版可用性及增强信息研究计划图书馆联盟（BIPC）与肯尼亚图书馆与信息服务联盟（KLISC）等采取的“图书馆联盟电子资源联合采购模式”与之类似，其出发点基于不同系统的图书馆联合体足以对电子资源供应商形成强大的议价能力，从而达到以最低成本采购到优质电子资源，实现资源成本效益最大化。另外一种专题共享服务主要是文献借阅与咨询方面，此类联盟较为少见。如美国阿肯色大学某分校图书馆向当地社区开放，向校外成年读者提供馆内数据库查询和资料外借等有限服务。又如美国旧金山圣何塞市的马丁·路德图书馆，为州立高校图书馆与市立公共图书馆的共同体，但实际上除纸质文献不分彼此外，其他服务各自为政，诸如持证读者分两类、馆员与行政各自为政、电子文献及数据库互不相干等。

4.“联合图书馆”模式

“联合图书馆”的称谓最早可追溯到20世纪30年代的新西兰，当时由地方图书管理部门提供各项支持，以单独兴建、服务各方的联合图书馆形式面世，严格来说是一种学校图书馆与社区公共图书馆共建共享的联合型图书馆。后来南非、加拿大、英国等的联合图书馆均属此列。联合图书馆主要面对的是资源较为匮乏的偏远农村学校或社区，在其难以独立建立一个功能齐全的公共图书馆的情况下，以政府投资为主，统筹优化学校、社区、农村的各种资源搭建起来。联合图书馆既要承担传统图书馆的文献借阅、信息咨询等各项服务职能，又要创新资源提供的方式与载体，满足不同群体的个性化需求。如南非联合图书馆为学校各年级学生制订课外学习计划，马来西亚联合图书馆联网丰富的数字资源以服务农村学校师生。作为一种主要服务农村（社区）与学校的图书馆服务模式，联合图书馆在优化资源配置、践行终身学习与促进城乡文化均衡发展上发挥了不可估量的作用。

二、晋江市三种类型图书馆情况调查

1. 文献资源方面

公共图书馆馆藏资源比较多样化，既有数量可观的纸质文献，尤其是地方文献等特色文献，又有丰富的数字资源，还有形式多样的读者活动资源，不足之处是专业类文献较少。晋江图书馆现有纸质文献 65 万册，其中，地方文献及特色文献近 21600 册，另有数字资源总量 25TB，以及共享全国文化信息资源共享工程国家中心与文化信息资源省分中心的数字资源共 235TB，每年举办读者活动超过 180 场次。

国家对高校图书馆与中学图书馆的文献资源建设均有具体规定，高校图书馆纸质文献与数字资源均较为充裕，但往往以学科建设为依据来设计配置馆藏，以研究型文献为主，专业性文献居多，外文资源也相对丰富。尽管按教育主管部门评定的示范达标，中学图书馆标准为“生均配备图书标准：Ⅰ类初中 40 册、Ⅱ类初中 25 册；Ⅰ类完中 45 册、Ⅱ类完中 30 册；Ⅰ类高中 50 册、Ⅱ类高中 35 册”，但由于资金不到位，多数中学图书馆在馆藏文献建设上求量不求质，普遍存在文献陈旧、复本数多、更新率低以及低折扣书居多等现象。以晋江市中心区域五所中学图书馆与两所民办高校泉州理工职业学院、泉州轻工职业学院的图书馆为例，前者馆藏纸质资源最多的 13 万册，最少不到的 6 万册，且以学科参考读物为主，电子图书最多的 2 万册；后者馆藏纸质资源最多的 40 万册，最少的 22 万册，数据资源则较少。另外，高校图书馆与中学图书馆针对读者开展的活动除配合学校宣传教学工作之外，全年几乎没有。比较三种类型图书馆的文献资源建设情况得出，高校图书馆与公共图书馆馆藏量较大、种类较全，中学图书馆馆藏量少且种类单一。

2. 人力资源方面

高校图书馆与中学图书馆因为学科类别多样化，均有较强的人才与技术优势，尤其高校图书馆也有不少高级职称馆员。在这一方面，公共图书馆的劣势明显。晋江图书馆现有中高级职称 15 人，占总人数的 20%，主要专业方向为地方文献研究、图书馆学、计算机与中文等。晋江市中心区域五所中学与两所民办高校，有专业学科特色比较丰富的教师，只需搭建一个人才人力资源的整合与利用平台，将分散在各公共图书馆、高校与中学的师资、专业技术人员集中起来，分类建档，进行统筹调配与合理利用，必将产生巨大的凝聚力与影响力。既可为晋江区域内各类型图书馆自身事业发展实现资源互补，又可为广大读者提供科研服务、定题研究、咨询辅导、读者讲座等多种深层次服务工作。

3. 经费渠道方面

公立高校图书馆经费较为充足稳定，设备添置更新与文献资源购置基本不存在困难。民办高校图书馆经费普遍较紧张，每年的文献入藏量难以保证，如泉州理工职业学院与泉州轻工职业学院均无专项购书经费。两所学校图书馆每年的文献更新购置经费，以民营企业的拨款及学校的经费存额为依据，或者借学校参与教育部评估之机而获得经费，多则二三百万元，少则三五万元。

公共图书馆经费来源为财政全额拨款，一般有专项文献购置经费，能保证稳定的文献入藏量与更新率，如晋江市图书馆每年专项购书经费为 450 万元，重要文献的购置经费不列入该专项，可另行申请拨款。

中学图书馆经费与民办高校图书馆相似，大多没有专项文献采购经费。因此，其文献更新速度较为缓慢。即便在民营经济非常发达的晋江，占据全市丰富教育教学资源的市中心五所中学图书馆，均没有明确的专项购书经费，每年多则 10 万元，少则 3 万～5 万元，经费用于零星的文献购置。

综上，三种类型图书馆的经费因来源渠道不同，差异颇为悬殊，公共图书馆一般呈现稳中有升的态势，民办高校与中学图书馆则难以保证。

三、晋江市图书馆共享联盟模式的实践

晋江市图书馆共享联盟旨在通过合作与协调，将分散、隶属关系不一的各级公共图书馆、高校图书馆与中学图书馆联合成相对固定、联系紧密的共享型联盟，通过“技术＋管理、整合＋服务”的集群化管理模式，以“统一规划、统一平台、凸显特色、共享资源”的总体要求，实现全市公共图书馆、高校图书馆和中学图书馆文献信息资源共建共享。

1. 互设分馆模式

该模式适用于高校图书馆与公共图书馆之间，即高校图书馆与公共图书馆双方互为分馆。模式的建立基于校地融合理念，且二者之间的文献资源拥有量比较接近，又各有侧重，互为分馆既有利于文献互补共享，又避免资源重复建设。以晋江

市图书馆与泉州理工学院图书馆为例，双方于 2013 年互设分馆，即晋江市图书馆泉州理工学院分馆和泉州理工学院图书馆晋江分馆。其主要特点为：① 双方在技术层面建成数字图书馆门户和服务集成，整合现有的文献资源和服务，达到文献资源共知、共建、共享目的；建立技术联盟，实现技术共同保障；② 双方在服务层面上形成图书馆联合服务模式，将各自的文献资源向对方开放，建立馆藏纸质、电子资源联合目录数据库，实现馆际区域内文献资源“一站式”检索、文献通阅传递服务、图书借阅“一卡通”。同时，对全市读者开放，实现通借通还。在条件允许的情况下，不断提升数字资源的存储、传输服务能力，逐步开展延伸服务，提升文化信息服务能力；③ 双方在充分考虑各自文献资源优势基础上，节约经费开支，优化文献资源配置，合理分工，相互补充，保持特色，提高文献利用率。大部头工具书、外文文献和文献数据库的采购，采取分工采购与集体采购相结合方式，不断扩大文献资源共建规模，逐步建立各有特色的文献资源体系；④ 加强共建共享工程服务队伍建设，提高服务能力。双方积极组织相关专业技术人员参加上级主管部门举办的培训班。高校图书馆充分发挥人才、技术方面优势，定期为公共图书馆提供业务培训及技术指导，协助建立资源数据库，指导自动化管理方案的制订，并帮助解决设施、系统运行中遇到的技术难题；⑤ 高校图书馆可在公共图书馆内设置“德育基地”和“社会实践基地”。在遵守公共图书馆相关管理制度基础上，根据高校图书馆教育教学需要，定期选派志愿者来公共图书馆协助工作，或组织师生在公共图书馆开展社会实践活动。

作为校地合作共建的重点项目，该模式以其巨大的合力，推动全市教育文化事业发展。高校中浓厚的文化氛围有助于培养市民的读书兴趣，促成终身学习习惯的养成，进一步提升全民文化素养；师生则可以通过读书与市民在文化层面上进行交流、加深理解、弘扬地方优秀传统文化。

2. 直接加盟模式

该模式直接将中学图书馆作为公共图书馆的分馆建设。前提条件是既不改变行政隶属，也不改变人事与财政关系，建立连接公共图书馆和中学图书馆的纵向联合服务组织，实现公共图书馆与中学图书馆之间文献信息资源共建共享。2014 年，晋江市图书馆分别与五所条件较好的城区中学图书馆签订分馆建设协议。该模式优势体现在：① 建立统一的图书管理系统和书目数据。图书馆服务联合体借助统一的业务数据库，将各成员馆分散的书目数据、馆藏数据整合到同一平台上共享，并试行统一的编目办法；② 各成员馆共享中心图书馆（即晋江市图书馆）计算机管理软件与硬件设备，文献资源共建共享；③ 建立统一的培训平台，每年举办 1—2 期全市中学图书馆工作人员培训，通过馆际业务交流机制、合作研究、不定期选派馆员等方式，提升馆员的个人素质和服务能力；④ 共同策划举办多领域多层次的读者活动、讲座以及论坛，以提高各自服务范围内文化、教育、人才等资源的利用率；⑤ 在中心图书馆设置中心城区各中学“德育基地”和“社会实践基地”，在遵守中心图书馆相关管理制度基础上，各中学可定期组织师生来中心图书馆开展社会实践活动。

在本模式中，加盟中学图书馆在 Interlib 系统中以分馆形式体现，既有独立的财产标示与财产单独管理，又有独立的整套的采编等功能，与其他图书馆如高校图书馆分馆平级。但基于中学校园安全考虑，本模式中的“通借通还”仅对校内师生开放，不对校外读者开放。

无论是互为分馆模式，还是直接加盟模式，促成全方位的共建共享应解决两个方面问题：其一，建设一个统一的物流配送系统，包括中心调配书库与物品流通平台，用于整合调配各成员馆之间资源，诸如纸质文献、展览展品等，该平台统一交由第三方运营；其二，本模式的建设分两步走，第一步先搭建起高校图书馆与公共图书馆联盟，成熟运作一年后，积累足够丰富的资源共享与实践经验后再实施第二步，即与中学图书馆建立联盟，自动纳入先期与高校图书馆联合建立的共建共享网。

四、进一步推动区域性资源共享联盟建设的建议

无论是国外的图书馆联盟或单一专题服务的联合模式，还是国内的协作网，多止于有限的共享共建，有的甚至仅提供本系统里的共享，不少领域尚未涉足。下一步，如何进一步推动区域性资源共享联盟建设，亟须从以下三方面进行优化与提升，促使区域性公共文化服务体系资源利用与社会效益最大化。

1. 文献资源建设上

应建立一个区域文献资源整合平台。该平台包含一个馆藏文献联合目录数据库与一个图书馆文献资源采购网络。前者要求区域内各种类型图书馆将馆藏目录数据无条件地上传到联合目录数据库，供各类型馆使用，据此优化区域内所有馆藏文献的资源配置，实现馆际间的文献资源检索、文献通阅传递的“一站式”服务。后者由财政部门牵头组织实施，以各类型图书馆为成员单位，按“均衡发展、凸显特

色、各付其资、各取所需”原则，采取分工采购与集体采购相结合方式，逐步建立各具特色的文献资源体系。图书馆文献资源采购网络的建设，既可对资源提供商形成巨大的议价能力，避免文献资源重复建设，又可形成资源建设的特色化与互补性，扩大文献资源的共建共享规模。

2. 专业技术队伍建设上

由主管人事的政府部门如公务员局、编办等牵头，按学科类别、专业背景、学术研究方向、兴趣专长等，对区域内各类图书馆专业技术人员进行分门别类造册登记，建设一个覆盖全区域各类型图书馆专业技术人才库，并建立相应的专业人才数据库，将原本隶属于各类型图书馆的人才汇聚起来，利于管理与发挥人才和技术优势，服务区域内所有读者。与此同时，建立统一的人才培训与调度平台，按“管理上独立、使用上共享”原则，由人事主管部门定期组织人才培训、进修与调配，通过馆际业务交流机制、合作研究、互派馆员等方式，提高专业技术人才服务能力，共建共享专业技术服务队伍建设，实现人才队伍建设模式形式多样化、内容专业化与体系系统化。

3. 服务系统平台建设上

由文化主管部门与教育主管部门共同发起建立图书馆联盟云服务系统。该系统以公共图书馆为中心馆，以各公共图书馆分馆、高校图书馆、中学图书馆等为分馆，整合各种服务模式、服务资源，形成统一的图书馆管理与服务流程管理系统，向区域内读者提供包括“一馆办证，任意馆通借通还”、读者活动资源共享等服务。同时，针对各分馆工作业务特点与技术实力配给相应的分馆权限，保证区域内图书馆服务资源共建共享。另一方面，通过建立文化与教育主管部门的联席会议机制，及时解决区域内图书馆在读者服务过程中出现的问题，消除各类型图书馆在服务上的壁垒与盲区，促使图书馆服务流程的标准化与规范化，实现图书馆服务的均等化、图书馆效益的最大化。

晋江市图书馆共享联盟模式以实现全方位的共建共享为己任，发挥各系统图书馆群体优势，推进图书馆间多项服务和资源共享，为全市各类型读者提供优质、便利和均等化的图书馆服务。实践证明，全方位实现资源共享、优势互补的图书馆联盟模式，既可避免资源的重复建设，又可实现资源利用最大化。该模式运行两年来，市民读者与学校师生借还图书较上两年同期增长 24.3%，共同举办大型读者活动 11 场次，联合采访编目超过 56 万条，取得良好的社会效益，初步形成以晋江市中心图书馆为圆心的“半小时文化生活服务圈”，并将服务延伸辐射到中心城区周边的村、镇社区，对营造全民阅读氛围起到积极推动作用。

参考文献

[1] 沈文柱．最新图书馆信息采编与图书情报实用技术大全［M］．乌鲁木齐：新疆人民出版社，2004：1137-1138.

[2] 沈国琴．德国公共图书馆采购中心（EKZ）简介 [J]. 图书馆论坛，1997（4）：75-77.

[3] 吴进琼．国外图书联盟电子资源联合采购模式解析 [J]. 图书馆学研究，2013（12）：76-78.

[4] 刘正福．旁论杂议：也谈高校图书馆对“外”开放问题 [J]. 图书馆论坛，2014(4)：2-3.

[5] 邓蓉敬．学校社区共建共享联合图书馆——国外农村公共图书服务均等化服务模式与启示 [J]. 图书馆工作与研究，2014（1）：55-56.

本文发表于《图书馆理论与实践》2015 年，第 9 期

作者简介：郑君平，男，研究馆员，晋江市图书馆馆长。

聚力、延伸、创新图书馆发展

——也谈基层图书馆的科学发展

南安市李成智公众图书馆　黄超鹏

摘　要　基层图书馆的科学发展，一方面，要善于凝聚多方力量，不断加强自身建设；另一方面，要敢于打破传统服务方式，结合当地实际，勇于创新，开展延伸服务，发展个性化服务。

关键词　图书馆；创新图书馆；延伸服务；科学发展

新中国成立以来尤其是改革开放以来，我国的公共图书馆事业稳定发展，但距离国际图联标准和西方国家发展状况仍有很大差距。图书馆是一个需要持续投入的机构，但在实际运营中，很多图书馆都面临经费短缺、人员严重不足的问题，这制约着图书馆各项工作的正常开展。这也是公众感到尚不满意的原因。我馆地处农村，始建于1995年，刚开始同样也出现经费短缺、人员严重不足的现象，但经过十几年的不断努力，目前我馆已成为闻名遐迩的国家一级图书馆。下面就基层图书馆在科学发展方面谈谈我们的做法和体会。

一、集聚各方力量，加强自身建设

近几年来，我们想尽一切办法，采取多项措施，集聚各方力量，在各级政府、社会团体的大力支持下，充分调动海外侨胞、社会各方面的积极性，使我馆在原有的基础上更上一个新的台阶。

1. 努力发展新项目，积极争取侨资

长期以来，我们根据本地实际，抓住机遇，想方设法发展新项目，及时把政府的政策优惠，把我们的设想，尤其是创建新项目的意义的详细报告，通过华侨基金会呈报给家乡的海外侨胞。侨胞们大都有爱国、爱乡之心，他们觉得捐资有名目值得，他们看到家乡的文化教育在发展高兴，因此，他们很乐意捐资。几年来，在

各级政府的大力支持下，通过海外华侨的慷慨解囊，我馆加强软硬件建设，先后被授予“全国文化信息共享工程”“全国侨法宣传角”“福建省科普教育基地”等。

2. 开展图书馆宣传活动，积极争取社会捐赠

目前，图书馆推动社会进步和提高人民素质的作用尚未得到更多人的理解，全社会尚未形成广泛的图书馆意识，图书馆的社会影响还不大，知名度还不高，参与社会生活的能力还比较有限，自觉利用图书馆并在生活中觉得离不开图书馆的人还很少。这导致一些人认为图书馆事业发展的快与慢，图书馆工作的好与坏，对社会影响不大。因此，必须加强对图书馆的宣传，使更多的人认识到图书馆在人类生活中的重要作用，形成广泛的图书馆意识。为了提高图书馆在人们心目中的地位，我馆坚持利用每年的图书馆宣传周活动，大力开展图书馆宣传，并以此为契机，向社区各单位、团体、企业以及热心读者分发倡议书，倡议人们都来关心图书馆，为图书馆的发展建言献策、捐款捐物，以此来丰富我馆的设备及藏书。

二、开展延伸服务，提高服务能力

为了提高我馆图书的利用率，我们改变了传统的服务方式，主动地走出去“为书找人”“为人找书”。为社会公众提供多样化、个性化服务，使图书馆的服务广度与深度都得到延伸，提高公共文化服务能力。

1. 增设馆外服务点，为提高服务能力打好基础

一段时间以来，我们不断改变办馆理念，从完成重藏轻用的文献保管者到藏用并重的学习提供者、从图书馆设施到无边界图书馆、从我们到图书馆去到图书馆来到我们中间、从图书本位到读者本位等的转变，将公共图书馆建设成全民终身学习和文化娱乐中心，实现公共图书馆的可持续发展。近几年来，我们不断增设馆外服务点。从机关到企业到农村，从学校到社区到部队，一步一个脚印，所到之处，无不受到广大读者的积极响应。在部队，我们以连部为单位，在连部设立图书角，并指定专人负责管理，图书每月定期在连与连之间交流互换，每季度与我馆外借书库交流互换。在企业，我们取得企业工会的支持，办证工本费由企业统一支付，采用统一办证、统一出借、统一归还的管理办法，深受企业员工的欢迎。在农村，我们帮助村落建立“图书室”。首先，我们选几个示范点，选送部分群众喜爱的图书到村委会，接着，在村委会的配合下，由村财政挤出部分资金购买新书，在此基础上，再发动村民自愿捐书。就这样，一个个乡村图书室就建立起来。在偏僻的山村

学校里，我们建立"流动图书班"。我们以年段为单位，分低、中、高年段，然后在每个年段中选一个班级使之做到人手一册，并让他们在同年段中轮流阅读。到目前为止，馆外服务点达三十几个，这就为提高我馆的服务能力打下良好的基础。

2. 提供个性化服务，提高服务能力

近来，我馆在服务内容上下了不少功夫，为社区的不同群体提供个性化服务。我馆所在的社区读者群大体可分为四类：一是数千名的企业工人。这部分的读者工作时间长，文化素质普遍不高，喜欢阅读中短篇小说、寓言、笑话等娱乐性的书籍。采编部根据这部分读者的实际情况，专门为他们采购一批寓教育于娱乐之中的书籍，并赢得企业工会组织的支持，不定期与他们举行读书、读报有奖竞猜活动。我们的这一行动不仅丰富了广大职工的业余生活，而且使他们在休闲娱乐的同时学到了知识，得到了各家企业的赞扬。二是农村中离退休干部、家庭主妇、农业专业户。这类读者喜读健身、文娱、烹调、实用科技之类的书籍。为了让他们学有所得、学有所用，我们常为他们联系一些退休的老医生、老厨师、农业技术员来馆为他们讲学。由于学用结合、学以致用，他们越学越有兴趣，越学越爱学。就这样，在农村目前也掀起一股读书、评书、用书之风。2007 年，我馆所在社区的蓉中村（我馆的共建单位之一）就被评为全国"文化先导型的社会主义新农村"。三是一千多名驻军官兵。他们来自全国各地，兴趣爱好广泛，在政委、教导员的配合下，以所在营为单位组织若干个兴趣小组，有书画、写作，有文娱、摄影，还有计算机技术等。根据官兵的兴趣爱好，我们为他们不定期地送去相关图书，并联络有关专家、学者为他们讲学、指导，还常在馆内为他们提供交流、活动场所，大大地丰富了官兵的业余文化生活。我馆拥军工作得到有关部门的赞扬和肯定，2006 年 5 月代表福建省送国家民政部参评"'共建学习型军营'先进单位"。四是一万多名的大、中、小学及幼儿园的学生。目前学生心理健康问题已成为教育界乃至全社会的热点、焦点之一，如何有效地对他们开展心理健康教育，在日常的学习和生活中促进他们的心理健康成长与发展，已成为广大教师和学生家长的殷切期望。面对这急迫的形势和教育界人士的呼声，我馆在馆内建立心理咨询室，设立"心理健康教育"图书专柜，免费为广大学生及学生家长服务。五年多来，得到了很多来访者的积极响应，来访已达 3600 多人次。当前，在许多学校里，正掀起一股"读心理健康之书，做心理健康之人"的良好风气。图书馆的这一举措，受到社会、学校、家长及学生的高度评价，为当地的教育发展提供了强有力的精神动力。

为了向读者提供更好的个性化服务，在各级领导、企业家的关心支持下，我们还在部分馆外的流通服务点建立一个个“读书俱乐部”，定期与不定期地举行小型、分散的群众性趣味读书活动，让读者在组织中互相激励、启发、学习，让读者学有所乐，从而大大提高了图书馆的服务能力。

三、打破传统观念，创新图书馆发展

传统图书馆的服务方式只是简单的借借还还、粗浅的口头咨询，事实证明，这样的传统服务观念很难吸引基层图书馆的读者的眼球。根据时代和我社区的特点，根据大众精神文化需求的变化，我们抓住时机，创新图书馆服务形式，经常走出图书馆，结合重大节假日，把我馆的活动与社区的有些重大活动结合起来，开展形式多样的读书活动。通过主动走出去送书进社区开展读书活动，激发他们的读书兴趣，让读者主动来借阅图书，使我馆图书的流通量大大增加，让我馆的图书资源发挥出了更大的社会效益。

众所周之，基层图书馆独立开展活动，经常要受到经费、人员的限制。因此，有些活动往往收不到很好的效果，甚至流于形式。为此，我们经常把活动有机地与社区的重大节假日结合起来。

在学校，我们结合教师节、“五四”青年节、“六一”儿童节等，配合学校组织学生举办读书、征文比赛，以此让学生了解历史，学习先辈精神，增强民族自信心和自豪感，增强责任感和使命感，学会珍惜时间，尊师重教，热爱生命。另外，我们还利用寒暑假，通过教师向学生推荐一批好书，让学生有计划、有针对性、有效地读书。

在部队，我们每年都在春节和建军节前后，根据基层官兵兴趣爱好，特为他们送去一批关于计算机、外语、财务、写作、农机、园林、无线电通信等相关书籍，并联系相关技术人员到部队中帮助他们解答阅读中遇到的问题。

在企业，我们结合“五一”劳动节、中秋节开展趣味读书活动，每逢节日之前，我们都给企业送去大量趣味性书籍，再通过讲幽默故事、讲笑话或围绕对某一本书籍的内容采用知识竞赛、题目抢答等工人喜闻乐见的形式，让广大职工根据自己的兴趣爱好挑选书籍阅读。这种形式的活动深受广大职工的喜爱，因为这些表演是在演绎某一本或某一类书籍的内容，生动活泼，易于接受，职工能从中获得趣味和欢乐。

在农村，我们常利用农村的风俗活动，在群众中开展读书知识问答、猜谜有奖活动，并在活动中分发关于我馆的功能、资源及特色服务的宣传单，在活动场所张贴宣传标语。通过这些宣传，人们能够进一步认识、利用图书馆。开展读书活动，还可以积极引导广大农民群众崇尚科学，破除迷信，移风易俗，抵制腐朽文化，提高思想道德水平和科学文化素质，有助于形成文明健康的生活方式和社会风尚。

功夫不负有心人。经过十几年的努力，如今我馆的办馆条件得到了极大改善，馆内设有报刊阅览室、少儿阅览室、电子阅览室、心理咨询室、外借书库、工具书检索室、报刊资料室、多功能讲演厅等 8 个对外服务窗口。开馆 13 年来，馆藏图书已达 11 万多册，各类办证读者近 9000 人。年接待读者 19 万多人次，流动书刊 20 多万册次。2005 年我馆被文化部评为“国家一级图书馆”，2001、2003、2006、2009 年连续四届被评为“省级文明单位”。其社会效益日渐显著，为我市经济、社会发展提供强有力的精神动力和智力支持，如今已成为我市两个文明建设的重要窗口和阵地。

本文发表于《中国图书馆学会年会论文集：2009 卷》，第 24-26 页

作者简介：黄超鹏，男，副研究馆员，南安市李成智公众图书馆馆长。

试论县级公共图书馆网点整合

石狮市图书馆　曹宝琴

摘　要　文章通过对我国县级公共图书馆目前存在与面临问题的分析，提出在县级公共图书馆实行“总馆—分馆”制的设想，并在此基础上对现行县（市）级公共图书馆网点的整合进行了可行性论证。

关键词　公共图书馆；资源共享；总馆分馆制；社会职能；体制改革

我国的公共图书馆一般是按行政区域设置，由省、市县、区各级政府分别拨给经费、各级文化行政主管部门管理。目前，我国这种按行政区划各自设置的公共图书馆的体制不利于资源共享，不能充分发挥图书馆的作用。西方发达国家以及我国台湾和香港地区，都是实行“总馆—分馆”制。县级公共图书馆是我国公共图书馆的基本单位，是面向广大群众的文献信息中心和社会教育中心。在县（市）行政区内实行“总馆—分馆”制，即在该行政区内设置一个总馆，根据需要和实际条件在各乡镇（街道）、村（社区）设置若干分馆或将原有的各乡镇（街道）、村的图书馆（室）进行整合，应是县级公共图书馆改革和未来发展的趋势。

一、目前在现行管理体制下县级公共图书馆存在与面临的一些问题

1. 网点分布少，难以提供完善的服务

目前我国一般都是在县城（市区）设立县（市）级公共图书馆，再由各乡镇根据经济发展状况设置乡镇图书馆或图书室。服务区域大，网点少，而且县（市）馆和乡镇（村）图书馆（室）分属各级政府管理。由于经济发展水平差异与各级政府对图书馆认知上的不同，各地公共图书馆网点建设上存在很大的差别。总的来说，同发达国家相比差距较大。国际图联颁布的《公共图书馆标准（1973—1977）》指出：每 5 万人应有一所公共图书馆，其通行服务距离是以 4 千米为辐射半径。我国于 1998 年对全国公共图书馆进行了第二次评估，结果表明，至 1998 年年底，

全国共有公共图书馆2731座，平均每46万人拥有一个公共图书馆，平均每一个公共图书馆服务面积达3500平方千米，辐射半径达33.5千米，3453人拥有一个图书馆座位。而英国现有4759所公共图书馆，平均每12269人有一个图书馆（1997）；美国有15946所公共图书馆，平均每1.6万人有一所图书馆；日本有336所公共图书馆，每53563人有一所图书馆。据有关资料显示，在情报信息业比较发达的国家，其信息的90%来源于图书馆。可见，人类对知识的渴求在很大程度上是通过图书馆得到满足的。满足人们对信息知识的需求就是图书馆大众传播的目的。目前在我国尤其是在乡镇，人们对图书馆的作用认识相当不够，据抽样调查资料显示，在农村地区的农民知道电影院的人数几乎占调查人数的100%，知道卡拉OK的约占80%，知道图书馆的仅为30%。而在知道图书馆的被调查者中，知道图书馆不仅可以借书看报看杂志以外，还可以查询有用信息的人则寥寥无几。这种状况与图书馆网点分布少、图书馆的工作与活动没有广泛深入地开展存在着一定的联系，这极大地限制了图书馆为人们提供的服务范围，不利于提高全民图书馆意识，难以充分发挥图书馆的社会职能。要使我国图书馆的建设跟上我国现代化建设的步伐，加快县级公共图书馆的布点建设，应作为我国图书馆建设的一项重要议程。

2. 图书馆由于隶属关系不同，文献资源的共建共享难以协调，造成资源严重浪费

虽然近几年我国沿海一些经济较发达地区乡镇（街道）和社区已开始重视对图书馆的建设，经费投入也不少，但由于图书馆意识尚未广泛深入民心，而且图书馆自身的社会职能也未能充分发挥出来。在一些村镇干部的心中，图书馆多是花架子的应景点缀，有些地方曾高潮迭起创办的乡镇图书馆多是应付上级领导的检查和评估，突击性购书，复本率很高。热闹一阵之后便是一片沉寂，农村图书馆事业的发展伴随着上级要求的节奏而起落，既不平衡也不稳定。这对图书馆事业稳步发展是极其不利的。同时在我国公共图书馆的现行管理体制下，即使同在一个县（市）地区，中心馆与乡镇（街道）和村社区的图书馆（室）的联系也极少，各馆之间缺乏沟通与协调。中心馆与乡镇馆的图书重复购买率达90%以上。从现代计算机网络技术和管理上讲，建立以县级图书馆为中心、乡镇（社区）为支撑点的网络化图书馆，实现资源共建共享是完全可行的。但真正运作起来困难重重，一方面由于乡镇（街道）、村图书馆（室）不归县级图书馆管理，无论从行政上还是从业务上都无法进行统一组织与安排，各馆之间条块分割、各自为营。你买你的书，我买我的

书，凡是热门的大家均一窝蜂地购买，没有一个较合理的订购计划，重复采购的现象十分严重。另一方面，乡镇馆几乎都没有馆藏目录，即使有对图书进行简易编号，大部分也没有按图书标准分类法进行分类，仅凭管理人员的个人喜好和意愿进行分类，据调查，乡镇馆 80% 以上的馆藏目录不符合国家标准。因此，各馆之间既没有特色馆藏也没有统一标准的编目数据，这将成为各馆资源共建共享的一大障碍。

3. 人员素质普遍较低，阻碍图书馆社会职能的充分发挥

近几年，县级图书馆的人员虽然摆脱了“老、弱、病、残”的状况，但工作人员素质偏低的现象仍然普遍存在。乡镇图书馆的人员素质更令人担忧，他们一般很少受过专业培训，学历都较低。现代图书馆不应是古代的藏书楼，而应是信息交流中心和社会教育中心，图书馆管理人员应成为知识的导航员，这就要求图书馆管理人员具备较高的素质，既具备图书馆专业知识，又必须掌握现代信息技术的必备技能——计算机知识和进行国际交流的工具——外语。而县（市）、乡镇（街道）、村（社区）图书馆（室）这方面的人才最为缺少。同时，图书馆工作人员既要求具备广博知识面又要有强烈的事业心和奉献精神。由于图书馆现行的工作状况和社会待遇无法形成吸引人才的环境，优秀人才流失现象严重。而人才是推动事业蓬勃发展的关键因素，人员素质低下将阻碍图书馆社会职能的充分发挥。

4. 图书馆经费短缺，无法充分满足大众对信息文献的需求

图书馆经费短缺在全国属普遍现象。有的县级公共图书馆除发放工作人员工资外，一年内连一本新书都未进过。也就是说，无法保证每年文献信息及时更新，更谈不上成为当地的信息交流中心，民众也就无从认识图书馆所应发挥的作用。即使在经济发达地区，各级政府对图书馆的经费投入比较重视，县级图书馆每年都有专项经费用于购书，近年来乡镇（街道）图书馆（室）也纷纷建立的情况下，由于现行管理体制下各馆投资主体各不相同，也会造成资金分散投入，无法使有限的经费得到最充分的利用。

二、县级图书馆管理体制和网点建设的改革

县级公共图书馆面临的上述问题，从根本上说是我国公共事业的管理体制问题。虽然我国在 2000 年下发了事业单位的改革方针，但并没有谈到公共图书馆的投资主体改革和经费保证等问题。要使我国公共图书馆事业在 21 世纪得到快速发展，方便、快捷地为我国广大群众提供图书文献和情报信息服务，改革现有的投资

体制和管理方法，对现有的服务体系进行整合，是至关重要的。在现有的条件下，引入发达国家和地区的区域性“总馆—分馆” 的公共图书馆管理体系，在经济较为发达的地方试行，依笔者看来，不仅必要，而且可行。县（市）作为我国行政区划的基本单位，在县（市）行政区域内设立“总馆—分馆” 制应作为我国基层公共图书馆建设的基本体系，并在这个管理体制下对现有的县级公共图书馆的服务体系进行整合，对我国基层公共图书馆的建设将有重要的促进作用。即在县（市）文化主管部门的领导下，以县（市）公共图书馆为中心设立总馆，各乡镇（街道）、村（社区）图书馆（室）统一归属总馆管理。由于体制上得到保证，理顺了各馆之间的关系，人力资源和资金都可以得到最佳调配，有利于最大限度地发挥县级公共图书馆的社会职能。

1. 能更充分地发挥知识收藏与大众传播功能

设立“总馆—分馆”制，可以集中全县（市）及各乡镇（街道）、村（社区）的全部购书经费统一采访文献资源，既避免重复采访现象，又可根据本地区调研资料制订本地区文献资料的采访计划与重点；既兼顾公共图书馆综合性藏书结构需求，又可根据环境与条件有目的、有计划地加强特色馆藏的建设。人力资源与经费能得到进一步的保障，可以促使图书馆更好地开展各种形式的知识传播工作，除通过图书文献的阅览与流通来传播知识外，还可定期聘请专家学者开设讲座，讲授各学科最前沿的研究动态，使人们及时掌握和了解世界的最新动态，也可发挥各分馆的作用，在基层普及科学知识，让知识走进千家万户，用科学造福人类。

2. 能更好地开展社会教育

根据美国工程学会调查研究结果表明，一个人大学阶段所学的知识只有 10% 左右在今后工作中用得到，其余均需通过继续教育来完成。图书馆是没有围墙的社会大学，是继续教育的重要阵地。凡是有心学习的人，它均张开双臂欢迎，为每一个公民提供均等的学习机会。实行“总馆—分馆”制，图书馆就可以以自己的文献资源优势和人力资源优势开展不同形式的社会教育，如开设各种培训班（计算机、外语、家政等），开办讲座，讲授农村扶贫致富技术，把社会教育的功能延伸到全县的各个角落，既可收到良好的社会效益，又可创造一定的经济效益。

3. 有利于信息开发和情报服务

采用“总馆—分馆”制可以集中一定的力量专门从事信息开发和情报服务，将图书馆的服务向深层次发展。一来可以由总馆统一对全县公共图书馆的文献进行分编，既提高编目质量，又为全县公共图书馆与市、省、国家图书馆实现文献资源共建共享奠定基础；二来可以开发具有地方特色和本馆馆藏特色的文献信息，为地方经济建设提供咨询服务，改变图书馆仅提供单一的“借借还还”服务的形象，树立起公共图书馆在信息社会中其他任何部门不可替代的地位。“有为才有位”，让人们从内心深处真正认可图书馆的作用，图书馆事业蓬勃发展的时期就即将到来。

三、以“总馆—分馆”制为模式整合现有图书馆的服务网点

实行“总馆—分馆”制为实现全县文献资源共建共享，实现计算机分布式网络管理奠定了坚实的基础。也就是说，群众在全县（市）公共图书馆的任何一个网点（分馆）都可借阅本县（市）内的藏书，甚至足不出户，只要挂个电话给图书馆或在网上预约即可借到想借的图书。相信这将不是一个遥远的梦想。以石狮市图书馆为例，假设实行“总馆—分馆”管理体制，在近期内实现资源共享是确实可行的。

石狮市图书馆于2000年1月开馆。该馆的馆舍由爱国华侨捐资兴建，市委市政府也先后投入近200万元，为图书馆购置20台计算机和图书馆自动化管理软件等办公必备品，为图书馆实现职能化管理奠定坚实的物资基础；同时，政府积极引进图书馆专业管理人才，严把图书馆人员的素质关。不论从硬件上还是从人员素质方面讲，石狮市图书馆的起点均处在一个较高的水平。在人员极端缺少的情况下，石狮市图书馆实行一人多岗、一专多能，确保在较短时间内图书馆的工作全面顺利开展，管理科学化、规范化。先后对外开放了报刊阅览室、电子阅览室、外借部、工具书库等，并开展图书馆意识宣传教育、信息咨询、业务辅导与培训等各项工作。图书馆管理、图书文献采编和流通均实现职能化管理。读者可从该馆自行设计的网页上了解该馆动态和特色馆藏等。这使石狮市图书馆基本上具备管理与协调分馆工作的条件。石狮市在建立该市级公共图书馆之前，已有个人投资建立的读书社，如绿洲读书社等。读书社发挥了公共图书馆的作用，其工作得到国家各级政府的表彰和认可。随着经济的快速发展，各乡镇（街道）、村纷纷建立起图书馆（室），仅2001年政府就计划投资成立10个读书中心。读书社、读书中心、乡镇村图书馆（室）的成立为我市建立三级图书馆网络奠定了良好的基础。但由于投资主体的不同，乡镇村图书馆（室）资源共享困难，而市馆因服务范围的限制，难以对各乡镇提供有效的服务。若能在现有的基础上试行“总馆—分馆”制的改革，对现有各级政府投资兴建的图书馆（室）进行整合，实行统一采购、统一分编，“总馆—分馆”的网

络管理下的流通，将使图书馆的服务上升到一个新的水平。在此基础上采取股份制或其他形式与个人举办的读书社携手联合，一个服务全市的大图书馆、一个大的文献信息流通环境就可以建立起来。

对公共图书馆服务网点的整合，关键是整合各级政府对公共图书馆的管理和经费分拨。事实上目前以县（市）级为一个基本单位建立公共图书馆的管理体系完全可行，可建立在县（市）文化主管部门管理下的公共图书馆基金，各级政府的拨款、个人和单位的捐赠都加入该基金，该基金由文化主管部门监督，市总馆统一计划使用，即可基本实现“总馆—分馆”的管理模式。当然，“总馆—分馆”制的改革必须在一定的环境与条件下才能更加顺利实行。

（1）加快图书馆法制法规建设，明确将设立“总馆—分馆”制纳入图书馆法，使实际运作有坚强的后盾。同时国家明确规定各级政府按一定的财政收入比例拨划公共图书馆的建设基金，使公共图书馆的经费来源有可靠的保证。

（2）加强图书馆的宣传工作，使图书馆意识深入民心。建议由国家文化部社会文化图书馆司牵头，联合广播、电视、报纸各新闻媒体展开关于图书馆的宣传攻势，如在电视黄金时段播放图书馆的公益性广告。

（3）加强图书馆人员的继续教育，提高各级图书馆工作人员的素质，使之适应信息化网络化的要求。

参考文献

[1] 郑一仙．我国公共图书馆文献资源共建共享难点与对策 [M].21 世纪图书馆发展与变革．北京：北京图书馆出版社，2000.

[2] 李明华．信息交流与现代化图书馆系统 [M]. 书目文献出版社，1996.

[3] 徐美元．乡镇图书馆发展模式的探讨 [J]. 图书馆杂志，2000（6）.

[4] 王长青．农村的图书馆意识与图书馆建设 [J]. 图书馆杂志，2000（2）.

[5] 谭祥金．公共图书馆的社区信息服务 [J]. 图书馆论坛，2001（2）

[6] 许玉琴，张元董．加强继续教育，全面提高馆员素质 [M].21 世纪图书馆发展与变革．北京图书馆出版社，2000.

本文发表于《图书馆论坛》2002 年，第 2 期

作者简介：曹宝琴，女，副研究馆员，曾任石狮市图书馆馆长，现任石狮市万祥图书馆馆长。

图书馆馆际网络建设与资源共享

华侨大学图书馆　蔡　聪

摘　要　为适应全球性信息网络的迅速发展，图书馆必须从单一的服务转变到自动化、网络化服务，努力实现人们期待的馆际网络建设与文献资源共享。

关键词　网络建设；资源共享

当今世界，信息已成为与材料和能源并列的三大资源之一。文献资料是信息资源的重要组成部分，图书馆正在从以馆藏为中心逐步向信息服务与转接中心转变，图书馆自动化、网络化是这场变革的必由之路。

目前，就我们国家图书馆的整体现状来看，尚处于较落后的状态。如果将图书馆自动化划分为单项业务、部分业务、全部业务应用计算机这三种水平的话，达到全部业务应用计算机的馆极少，甚至一些号称“图书馆自动化管理集成系统”的软件包也未能包含某几项实用的图书馆业务系统，如果把图书馆自动化系统涉及范围分为馆内、馆际、国际联网三个层次，我国绝大多数图书馆还仅限于馆内。如果将图书馆自动化分为三个阶段：第一，完成馆内业务自动化系统；第二，建立起地区网乃至国家网，实现资源共享；第三，赋予图书馆全新历史使命，那么，显然我国图书馆尚处于第一阶段往第二阶段的过渡时期。同时还应看到尚有相当多的图书馆还在为第一阶段目标而努力。

随着全球性信息网络的迅速发展，中国也逐渐进入了网络建设的高潮时期，“三金工程”紧锣密鼓地开始行动。“中关村教科网”已开了个好头，条件较好的省份也已开始省域网的建设，越来越多的图书馆开始将馆际网的建设放到重要地位。资源共享已不仅仅是愿望，而到了付诸行动的阶段。但由于跨地域的馆际网是一项高科技、协调性的综合性建设项目，我国地域网建设的基础比较薄弱，图书馆界对网际互联整体建设方面缺乏经验。馆际网应如何组织建设？采取什么技术？应包含些什么内容？这些都是值得讨论的问题。本文将从实际建设方面，就馆际网的建设作一简单的探讨。

一、组织与建设原则

1. 组织机构

馆际网工程是一项综合性建设项目，涉及许多技术方面的问题，涉及各成员馆现有软硬件环境、数据存储格式、数据库的组织方式等。为了馆际网的顺利实施，首先，应有一个领导指挥中心和组织机构。“中心”的职能是制定馆际网建设的总体规划，讨论和审定有关工程实施方案，协调各成员馆在网络中的关系及网络建设的经费投入，协调各馆的文献入藏及建库工作，等等。其组成应包括各馆领导和专家委员会负责人。

其次，由于网络建设是一项长期的工程，建设之后还有运行管理、维护和发展的任务，因而必须有一个实体单位来负责，或者说必须由某个馆承担“中心馆”的任务。

2. 建设原则

（1）统一规划，分步实施，制定预期目标和明确的现期目标。

（2）坚持先进性、开放性和标准化，尽量采用先进成熟技术。

（3）在网络建设中，不仅要有合理的分层次组织机构，同时在网络通信、网络资源和管理运行上要有良好的分层设计。

（4）强调服务。由于图书馆的职能是为读者服务，因而馆际网应选择成熟的、用户界面亲切友好、性能可靠的软件，并能利用国内、国际各著名信息网。

二、馆际异地网络互联技术

目前信息高速顺畅的流通已成为当务之急。我国电信部门于 1994 年相继开通了中国分组交换网（CHINAPAC）和中国数据数字网（CHINADDN），大大改善了国内广域网传输方面的信息基础设施，到 1995 年底，公共分组交换数据网将从 21 个直辖市和省会城市扩大到 699 个城市，覆盖全国 90% 的县城。这无疑给图书馆自动化共享网络的建设带来极为有利的条件。

图书馆馆际资源共享网络的连接需要网际之间的互连操作，互连方式一般有中继、网桥和路由器方式，以及最近兴起的交换方式。具体实现不外乎点到点方式（PPP 方式）和交换网络方式（Cloud 方式）。点对点方式是指两个远程结点利用电信部门提供的专用通信线路传输信息，其特点是可以保证宽带固定，但当互连结点增多时，由于线路需要量成倍增长，维护和运行费用会令人望而生畏；另一种方式是交换网方式，对于多个结点之间的远程互连是十分合适的，用户只需将一条线路接入交换网，不必关心交换网内部的情况，结点间的连接对用户透明，相应的维护费用较低，这十分适合我国目前的情况。

交换网连接技术主要采用电路交换、分组交换和信元交换技术，电路交换方式无拥塞和时延的问题，但呼叫建立时间长，不适应局域网的突发特性，误码率也不稳定，从经济考虑用户要为此交纳无数据传输的时间费用，分组交换克服了以上不足；信元交换速度较高，其交换功能在硅片一级实现。目前，此项技术正在不断完善之中，或许将成为明日的选择。

综上所述，目前进行异地网远程互连以采用分组交换为宜。

另外，在中继、网桥和路由器之间也应做出慎重选择。中继方式除了简单易用的优点外，网络性能较低，互连设备和区域有限等因素决定其不适合图书馆较高要求的互连。路由方式价格较高，维护复杂，要求管理人员有较高水平，但其性能高于网桥，需要根据人员素质及经济能力进行综合考虑。

图书馆从内部网到异地网的建设中，不仅要考虑自身，而且眼光要看到更为广泛的国内、国际网络互连的长远发展需要。为此，必须采用统一的网络协议，工业标准 TCP/IP 协议应作为网络的体系结构，以此来保证网络建设的开放性和标准化原则。

三、内容及应用

再好的“路”，没有高性能的“车”也是白费。在图书馆际网的建设中，初始动力和最终目的均是为了实现资源共享，这里所谈的资源构成馆际网的服务内容。资源应包含：书刊联合目录联机检索，文献信息联机检索，馆际互借或原始文件提供，联机或脱机合作采编，并实现采购协调、科研立项或成果查新、电子邮件和 CRENET、CHINANET、INTERNET 资源利用等。在条件允许时，连通远程办公室网，并实现远程用户入网，对分散的用户提供网络服务，使人们在家里就可以访问馆内馆际的信息资源或是访问 INTERNET。

图书馆广域网的建设随着我国“三金”工程的全面展开，已逐渐变为现实。过去由于缺乏现代化通信技术支持，致使资源共享迟迟难以实现。今天，信息高速公路为图书馆与图书馆、图书馆与用户之间架起了“桥梁”，网络上的国内外图书信息查询系统可以使用户不受当地图书馆资源的限制而了解国内外最新情报和发展动态，即时跟踪世界先进水平，除此之外，用户可以享用各种成熟的网络服务及软件，共享包括计算、存储、外围设备、软件库和数据库等。网络提供的多种服务还有：

（1）信息通信服务。实时性的和非实时性的信息交流使国内、国际性教学和科研的学术讨论与交流成为现实，将极大地促进我国的教学科研水平，也会对中国文化的传播起到积极作用。

（2）电子邮件。图书馆与 INTERNET 连通，即可使用户加入到每天约 2500 万发送电子邮件的世界各地的人当中去,可以对共同关心的问题与科学家展开讨论，也可就自己所困扰的问题寻求帮助。

（3）文件传输协议（FTP）。目前在 INTERNET 和 CERNET 中设有公共文件服务器，存放大量的各种信息，任何一个用户都可用匿名 FTP 获得这些信息。所谓的匿名 FTP，是指在访问远程计算机时，不需要账号或口令，就能访问许多文件信息资源。

（4）电子论坛。它使用户可以选择加入自己感兴趣的讨论组。

CERNET 目前正积极开展多种项目的开发工作，主要有：中西文多媒体电子邮件系统；电子论坛和电子新闻系统；网络资源建设，包括学术信息，高校情况介绍，中国政治、经济和文化信息资源，等等。随着这些项目的开发和各方面对网络应用发展的不断支持，相信读者群会从网络上获得更丰富、更有益的信息资源。

网络开通之日，就是图书馆打破传统模式之时。届时，图书馆已不是单纯的书籍收藏所，而是以计算机数据库为中心的四通八达的数据网络，连接着更多的信息资源库，图书馆除保留传统职能外，其主要任务是从事与信息网有关的各项服务，承担各类咨询，为用户提供信息服务，收藏模式也将逐渐向收藏电子出版物、构建数据库方面发展。对读者来说，电子文件及期刊文件的传输将十分便利，书目资料甚至全文在办公室、家里、研究室等凡有联机终端的地方都可随时获取，不一定通过图书馆，这也使得图书馆的形象、功能、定位都将被赋予全新的概念。我们衷心期待着这一天的早日到来。

本文发表于《福建图书馆学刊》1996 年，第 2 期

作者简介：蔡聪，男，高级工程师，曾任华侨大学图书馆副馆长。

借助电子商务技术与经验促进文献资源建设与共享

南安市图书馆　徐春华　黄钢水

摘　要　从现代电子商务的技术与经验入手，结合我国图书馆的性质，分析如何利用现代网络技术和良好的管理模式，促进文献资源共建共享的实现。

关键词　电子商务；图书馆；资源共享

图书馆是社会公益性机构，以往的图书馆馆际协作基本上是由政府行政行为主导的社会公益机构之间的协商行为，文献资源建设和共享很少考虑运作成本与效益问题，也正是这个原因导致文献资源共享未能真正实现。随着信息社会的到来，文献信息资源服务环境出现了许多新的变化：首先是文献资源总量急剧增加，任何个别图书馆都不可能收藏和提供所有的文献资源，文献资源共享成为人们的社会需求之一和社会信息机构的发展方向；其次，网络技术的发展解决了文献资源共享的技术问题，使人们的真实文献需求与虚拟文献需求可以互相转换并得到满足；再次，当信息成为一种重要的商品后，许多商业化的信息服务企业进入现代文献资源保障与服务体系，使图书馆面临着与其他信息服务企业之间竞争的问题。

面对这些挑战，图书馆必须建立一种高效率的、有完善运作机制的文献资源共享系统。通过采用现代网络技术和良好的管理，以较小的成本为本馆、本地区甚至全世界用户提供最大的文献资源保障。这就要求参与文献资源共享系统的各个图书馆有高效率的内部管理机制，图书馆之间也应有一个畅通、高效、运作良好的馆际间资源配置与信息交流体系。

一、资源共享与网络营销的关系

1. 传统图书馆时代资源难以共享的原因

传统图书馆时代也提倡资源共享，但实践中常难以实行。究其原因有四点：

（1）资源共享的信息不灵。传统图书馆时代某种文献存储于哪个馆的信息多未公示出来，因此只能依靠推测来探求文献的存储处，并依靠信件来往来证实，费工费时。

（2）资源共享的通道不便捷。传统图书馆时代信息资源主要是纸质文献，依靠邮政寄达，时日甚长且即使是保价邮寄，也难以保证不丢失。

（3）缺乏资源共享的动力。传统图书馆是国家举办的公益性事业单位，馆与馆之间的文献交流是纯服务性的，即互不收费。这样，文献的交流纯靠图书馆工作人员的工作热情，倘若接办的工作人员一时存在思想或其他问题，则这一次文献交流就很可能泡汤。

（4）缺乏资源共享的法律保障。传统图书馆时代馆与馆之间的文献交流还依靠的是机构之间的互相信任，但若索借单位的经办人员不负责任弄丢了或借阅的读者不经意间丢失，则借出单位难以索赔。

因此，传统图书馆时代虽说名义上存在馆际互借资源共享，但实际上难以实行。

2. 资源共享的基础应是谁投入谁受益

首先，虽说都是国家举办的公益性事业单位，但具体到经费、人员问题则与地方政府有关。有些馆的上级地方政府投入多，有些馆的上级地方政府投入少，因此即使是同级馆也存在不同的规模与不同的藏书量。地方政府经费与人力投入的多少影响着图书馆数据库的建设。

其次，网上信息资源并不都由地方政府或地方政府举办的公益性事业单位建设和拥有，还有许多属投资性企业，因此，谁投入谁受益应该说十分公平。

实际上，谁投入谁受益应是个原则，这不仅仅是网上信息资源使用者尊重提供者劳动的问题，还关系到网上信息资源的提供与使用能否形成良性循环。使用者使用了网上信息资源，交付了使用费，提供者收了费，才能进行新一轮的开发与建设。否则即使是政府举办的公益性事业单位——图书馆，也将因为政府在某阶段投入不足而陷入尴尬局面。

所以说，网上信息资源的建设与享用应形成“投入—产出—流通”的商品生产与流通的关系。

3. 图书馆信息服务的网络营销

既然讨论信息产品的生产与流通关系，就有必要探讨信息服务的网络营销问题。

1）图书馆信息服务网络营销的概念

图书馆信息服务的网络营销指的是图书馆利用网络借助于电子商务的技术与经验向虚拟市场推广、提供信息产品和信息服务以满足虚拟市场用户的信息需求的全过程。

2）信息服务的网络营销功能

一是吸收新用户使用某项服务，二是防止已有的用户离开这项服务，三是刺激用户提问数量的增加。吸收新用户是任何营销的基本任务，同时保持现有的用户并刺激提问，增加产销互动。

3）信息服务网络营销的主要特点

（1）个性化营销

信息服务的网络营销具有互动性，用户可以通过对信息产品和服务提出具体的要求参与产品的服务与决策，从而达成信息供应单位可以针对不同用户的需要提供个性化的信息产品与服务，使用户的潜在需求现实化，实现一对一的直销。

（2）虚拟营销

网络信息服务是以模拟市场为基础的营销，用户无须亲自到信息源查找和购买所需要的信息产品和服务。如果用户想了解某种信息产品，只需在屏幕上点击此信息产品名称，就会看到该信息产品的详细介绍；如果用户选中了某种信息产品通过网上银行付款后，就可以在网上得到该产品。信息服务的网络营销扩大了营销的空间，不受时间限制，可以随时随地地提供全球性的信息营销服务。

（3）低耗高效营销

传统的信息服务营销需要经过多个渠道，投入大量的人力和广告费用以开发市场。而网络营销可以在网上发布产品信息，以很低的成本将信息产品直接传递给用户，提高了信息产品的价格竞争力，拓宽了营销范围。

（4）用户自主型营销

用户根据自己的需要主动上网查寻适合自己的信息产品和服务，可以对同类产品进行比较，选择信息价值高而价格便宜的信息产品。如果网上一时没有适合自己需要的信息产品，用户还可以在网页上填写“信息需求登记表”，信息供应单位（ICP，包括图书馆）可以根据用户的需求制作信息产品，通过网络传递给用户。

二、电子商务的实质

网络时代的文献资源共享活动一般通过互联网将整个社会中的单个图书馆连成整体，并利用互联网和用户建立密切的联系。它必须遵循“谁投入谁受益”的原则，因而存在怎样向使用者收费的问题，因此它与当今方兴未艾的电子商务活动有许多相似之处。为此，在图书馆的文献资源共享体系建设中，研究电子商务的发展过程，借鉴其理论与方法，具有实际意义。电子商务的重要贡献之一，是利用建立在因特网上的高效互动的管理信息传送平台，解决网络化环境下现代企业的组织结构问题，在企业内部进行业务重组，减少管理的中间环节。无论是理论上的分析还是从实际操作中看，电子商务企业的组织较之传统企业都是种更为高效合理更适应网络化要求的组织结构。一些大型电子商务企业如亚马逊、戴尔公司等在设计适用网络化的组织结构方面的成功经验，值得网络时代的图书馆文献资源共享体系建设者仔细研究和借鉴。

电子商务时代，客户存在极大的商品选择空间和余地，而且表现出个性化需求特征。在这种时代背景下，企业只能以客户需求为导向，按多品种小批量组织生产。产品的持续创新是企业最重要的竞争手段，“客户满意度”则是企业发展的最重要指标。企业能否快速响应客户的个性化需求变化，决定了企业在激烈竞争的市场中能否生存和发展。在电子商务时代，企业要实现对客户个性化需求的快速响应，对企业内部资源进行有效的组织和计划是必要的。这就需要企业必须把经营过程中的各有关方面如供应商、制造工厂、分销网络、客户等纳入一个紧密的供应链中，才能有效地安排企业的产、供、销活动，满足企业利用全社会一切资源快速高效地进行生产经营的要求，以期进一步提高效率并在市场上获得竞争优势。因此，过去单一企业间的竞争已转变为企业供应链之间的竞争，供应链管理已成为企业管理最重要的内容。企业资源计划（ERP）系统的开发与应用就是为了满足企业供应链管理的这种需要。

在企业实现商务电子化的同时，商业主体之间交易的两大目标得到显著改善，即交易的便捷性得到了空前提高，交易的成本大大下降。然而，电子商务的发展也出现了一些误区，如没有媒体经验的媒体网站，没有教学经验的远程教育网站（当然传统媒体和学校可以借用网站手段扩展新的业务或增强市场竞争力）。拿旅行网站为例，旅行社设立旅行网站只是商务电子化，不具有传统旅游业经验的旅行网站最终会被旅行社的旅行网站打败。在商品交易领域有 B2（to）C 与 B2B/C 两种交易模型。对于客户没有时间和服务要求的商品类，人们通常认为 B2C 模式是可行的。旅行社的旅行网站也可采用 B2C 模式，但如认为 B2C 就是电子商务的全部就未免有误。诚然 B2C 模式缩短了交易时间，但却忽视了物流周转时间和非批量运输而导致的过高物流成本。只有将社会物流划分为“主干线物流”和“最后一公里物流”才能体现物流的效益原则，即大多数 B2C 电子商务模式都是一种泡沫。B2C 模式只能以 B2B/C 的模式存在，即客户通过网站购物时，制造商必须按地域原则分派自己的零售商通过最后一公里物流商送货，才能达到快捷与低成本双重目标。

三、电子商务对图书馆资源共享体系建设的借鉴意义

1. 物流系统问题

在文献资源共享的情况下，文献资源的传送和获得成为一个迫切需要解决的问题。长期以来，我国文献资源协作网一直未能建立起具实用价值的文献传送物流系统。这个问题对我国文献资源共享体系建立的制约作用十分明显。在传统的图书馆业务中，缺乏有效的物流系统使馆际互借流于形式。而在文献资源共享体系下，文献资源的收藏分工和专业化特点更加明显，用户必然会更多地要求获得多个图书馆的文献信息，也必然会更频繁地通过馆际互借获得所需的文献资源。而且，用户的地域范围也不再局限于本地。没有很好的物流系统，即使有很好的检索途径，用户仍无法方便、快捷和廉价获得所需的文献资源。这个问题对大宗文献（如书籍或期刊）的共享尤为突出。所以，建立高效、廉价的文献资源物流系统就变得非常重要。商务活动的最终目的是销售商品，物流问题是电子商务中一个十分重要的问题，也一度成为电子商务的“瓶颈”。为解决这一瓶颈，电子商务企业进行过多方面的探索。首先是面对五花八门的系统交互，电子商务要解决数据交换问题，开发专用接口或统一数据格式成为人们常用的办法。然而，这还远远不能满足企业的需求。企业要在不同商务平台之间进行对话，也就是进行 B2B 交易。要实现真正的 B2B 商务，不仅涉及企业间的数据交换，更涉及企业间业务操作流程的互适。这种数据和流程的标准化对于图书馆为读者提供服务，对于馆际之间的交流都是十分重要的。

2. 支付手段问题

现代文献资源共享方式与传统文献资源共享方式的显著区别之一，是馆与馆之间的文献资源共享有了资金的支付。在文献资源共享体系引入资金结算机制，表

面上看使文献资源共享体系变得更加难于操作，但由于它能调动起各方文献资源共享的积极性，因此，现代文献资源共享方式比起无偿共享的传统方式更有活力。认可了文献资源共享活动中可以有资金结算，在观念上是一个进步，但是，要真正实行资金结算却不容易。现在我国学术界的读者可以较方便地通过一些商业系统查找到所需文献的篇目，也具备购买部分全文的经济实力，但由于无法支付，得到全文还有一定困难。因此，在文献资源共享体系中建立安全、方便的支付体系，就成了图书馆必须解决的问题。

在电子商务的发展过程中，支付问题也曾经是它的瓶颈之一。在这方面，国内外政府、金融部门和电子商务的支付手段已基本能满足需要。图书馆文献资源共享体系可以在支付问题上借用电子商务业已形成的各种支付手段，根据自身的特点建立合适的支付体系。如果能够与银行联网，实现网上支付，将为读者提供极大的方便。

3. 版权问题

加强公共借阅权的重要措施，是提高保护权利人利益的技术监督水平。世界上许多国家正在研究运用于电子图书馆中的使用费征收装置，被命名为“超流通”的关于在所有作品安装使用费征收装置的若干构想也被提了出来。图书馆还通过同权利人依据契约法签订契约、在购买商品时直接付给版权费、由版权费转发中心付费等方法对权利人进行利益补偿。由于多方面原因，公共借阅权在我国还没受到重视，但是信息技术手段在图书馆普及速度很快，信息化、网络化成为图书馆发展的必然趋势，公共借阅权将是未来图书馆无法回避的课题。所以，应该未雨绸缪，积极开展超前研究。电子商务在网络安全、识别方面的要求很高，所以一开始电子商务的研究者和操作者就在这些方面做了大量的工作，积累了很多经验。现在，电子商务主要采用的安全措施有加密技术、数字签名、因特网电子邮件安全协议、因特网安全协议和安全电子交易规范（SET）等。这些措施有效地保证了电子商务的安全运作，促进了电子商务的飞速发展。所以，在图书馆文献共享体系的建设过程中，我们可以借鉴或直接采用上述合适的安全措施，以有效保护著作权人的利益。

参考文献：

[1] 侯心如 . 信息服务网络营销初探 [J]. 文献信息论坛，2002（1）.

[2] 蔡清卫 . 多媒体技术与数字图书馆建设 [J]. 图书馆工作与研究，2001（2）.
[3] 朱佳鸣 . 试论图书馆信息资源的开发 [J]. 图书馆工作与研究，2001（3）.
[4] 黄颖 . 中国 ISP 开展电子商务的问题和策略探析 [J]. 图书馆，1999（9）.

本文发表于《图书馆建设》2003 年，第 1 期

作者简介：徐春华，女，副研究馆员，原南安市图书馆副馆长，现任厦门市图书馆典藏部主任。

黄钢水，男，副研究馆员，曾任南安市图书馆馆长，现已退休。

城市书房运行管理安全问题之思考

晋江市图书馆　**姚明溪**

摘　要　近年来城市书房作为公共图书馆的一种创新服务模式，为市民提供了普遍均等、便捷亲民的服务，深受市民的喜爱，目前许多城市都在积极建设与推广城市书房。本文通过对城市书房建设及管理现状的研究，分析城市书房运行过程中存在的安全隐忧，如安全责任不清、图书防护漏洞、火灾隐患、秩序混乱等问题，并提出建章立制，实行智能管理、动态管理、多方合作、消防联动、杀菌消毒，建立应急机制等解决对策。

关键词　城市书房；公共图书馆；安全问题

一、引言

公共安全的含义："国际上通常有广义和狭义之分，广义上的公共安全是指不特定多数人的生命、健康、重大公私财产以及社会生产、工作生活安全。它包括整个国家、整个社会和每个公民一切生活方面的安全（从国防安全、环境安全到社会福利保障等），自然也包括免受犯罪侵害的安全。狭义的公共安全主要包括来自自然灾害、治安事故（如交通事故、技术性事故等）和犯罪的侵害三个部分。"近年来，公共安全已成为广大人民十分关心的问题。公共图书馆面向广大人民群众开放，必须做好各方面安全保障工作，城市书房作为公共图书馆一种新型业态，在实践过程中同样面临着安全管理问题，需要引起有关方面的高度重视，避免在这一新的服务领域出现重大安全事故。

二、城市书房建设现状

自 2014 年浙江温州建成首家 24 小时城市书房并意外走红，江苏扬州、广东东莞、河南洛阳、重庆南岸、浙江杭州等地陆续建立城市书房。近两年来，城市书房更是如雨后春笋般在全国各地蓬勃发展起来，截至 2018 年 12 月，全国共有

130多个城市落地推进该项工作，建有城市书房1300余家。2016年12月，晋江市建立福建省首家24小时城市书房并正式对外开放。经过一年多的试运行，城市书房不仅受到市民的青睐与喜爱，也引起晋江市委、市政府的高度重视。2018年，24小时城市书房被晋江市委、市政府列入当年为民办实事项目，由市文化行政部门牵头，相关合作单位紧密配合，严格按照“政府主导、统筹规划、标准统一、服务创新”原则进行建设，又建立10家城市书房，为市民打造功能齐全、温馨舒适、服务创新的阅读新空间。目前，晋江市共建有11家城市书房，总建筑面积1941平方米，馆均藏书量8132册。2019年全市城市书房借还图书70.91万余册次，接待读者61.35万次。在取得这些可喜成绩之余，城市书房运行中也存在着人流密集、空间密闭、消防隐患、公共卫生等安全问题，亟待进一步探讨解决。

二、城市书房存在的安全问题

1. 安全责任不清

目前，各地的城市书房建设基本上由当地文化主管部门牵头建设，委托公共图书馆进行业务管理。其中最大创新点在于以政府为主导，鼓励和吸引社会力量合作共建的模式，实现政府和社会共建、共享、共管，体现了多方位合作理念，为基层公共文化建设走出一条新的道路。但随着城市书房的开放，日常管理中因责任主体不清造成的问题也不断出现，特别是在与企事业单位的合作过程中，由于安全职责不明确，产生不少安全隐患，有关单位甚至互相推诿，对城市书房的安全运行造成较大威胁。

2. 书房秩序混乱

城市书房充分利用信息化技术，实现无人值守免费开放，市民凭身份证、市民卡、读者证皆可入内。这种24小时开放且无人值守的模式，在方便市民使用的同时，也造成一些自律性差的儿童在城市书房内吵闹、攀爬、追逐、打闹，而部分家长安全意识比较淡薄，对孩子的不文明阅读行为未能及时教育制止，有的还在城市书房内用手机外放音乐或高声打电话。这些行为不仅给儿童人身安全埋下隐患，同时也直接影响其他读者的阅读。

3. 图书防护漏洞

城市书房的智能化系统，主要依托人工智能技术、大数据技术、监控技术和RFID技术等，采取24小时无人值守的自助管理模式，迎合了现代人的阅读需求。

由于城市书房主要考虑的是便捷性，在图书、设备、设施等方面的安全考虑有所欠缺。例如大部分城市书房图书检测门高度偏低，图书高于检测门时就检测不到。又如若有读者拿着未办理借书手续的图书紧跟前一个读者过检测门，虽然会发出报警信号，但门禁不会立即启动，仍会执行完前一个读者的出门程序才关门，这种情况也会造成图书丢失。

4. 火灾危险隐患

在图书馆所有安全隐患中，火灾是最大的威胁，城市书房同样如此。城市书房收藏的图书、报刊等纸质文献，配置的书架、阅览桌椅等家具，以及触摸屏、借还书机等电子设备，都属于易燃物品。可以说城市书房最重要的安全工作便是防火。但部分读者缺乏消防意识，有的在城市书房内吸烟并乱扔烟头，有的携带接线插座及充电设备入馆充电，有的冬季携带暖手宝入馆使用，这些都带来火灾隐患，一旦出事，轻则引起小灾，重则酿成大祸，造成重大人员财产损失。

5. 卫生安全堪忧

城市书房装修设计各具特点，注重打造时尚、精致的风格，但大都属于封闭式建筑格局，没有充足的窗户用于通风。同时，城市书房的读者类型较为复杂，管理者无法及时掌握读者的健康状况，如有传染病患者进入城市书房，其携带的病菌会污染阅览桌椅、触摸屏等设备设施，并造成室内空气污染。另外，城市书房图书外借率较高，纸质文献流动性大，容易携带病菌传播，造成公共卫生安全事故。

6. 应急机制缺乏

城市书房建设在我国只有短短 5 年左右的历史，其建设经验、管理实践和管理理论等都有待总结完善。笔者通过调查发现，目前城市书房的应急管理还是一个空白，应急救援存在保障能力不足的问题，特别是在无人值守的管理模式下，一旦发生突发事件，应急救援人员很难及时赶到现场，给应急救援工作带来很大的困难。同时政府部门、合作单位、图书馆、物流维保企业等之间的应急联动机制尚未建立，导致应急救援不能做到协同应对，及时处置。

7. 人员过于密集

城市书房一般位于市区临街一楼及人流量大的地方，面积多在 100—300 平方米，阅览座位 20 ~ 50 个。由于环境整洁舒适、交流便利、使用便捷，因此迅速吸引了众多市民前来借阅，常常座无虚席，特别是在周末或节假日高峰时段，部分城市书房更是人满为患。如晋江市接待人次最多的一个城市书房，最高一天达到

1213 人次，高峰时段同时在馆读者达到 186 人。由于人数过多，容易造成门口堵塞、读者争抢座位，遇到紧急情况时人员不易疏散，存在较大安全隐患。而且人员过于密集，读者的阅读体验感也不佳。

三、城市书房安全问题的解决措施

针对城市书房在安全方面存在的不足，有关各方应积极探索解决问题的思路与对策，采取积极、有效的措施，为读者提供一个安全、放心的阅读环境。

1. 建章立制，明确职责

城市书房管理应建立一套完整的规章制度并严格执行，实行“有章可依，有章必依，执章必严，违章必究”的管理原则，依靠强有力的制度保证城市书房各项工作有序开展。通过制定《城市书房图书借阅制度》《城市书房消防安全管理制度》《读者入馆须知》《城市书房物流维保人员岗位职责及工作要求》《城市书房应急管理办法》《城市书房服务规范》等规章制度，明确合作共建各方的职责，及时制止个别不文明读者损坏偷盗图书、破坏设备设施、抽烟、使用大功率充电器等违规行为。同时，制定城市书房绩效考核制度，年终进行考评，对运行情况良好、管理规范的合作单位给予表彰奖励，对管理较差的合作单位通报整改，整改后仍达不到要求的，将终止与该服务点的合作。

2. 智能管理，加强防护

城市书房的图书是公有财产，应尽可能保护好以供更多读者使用。根据城市书房的特点，其图书检测防盗门不能同图书馆一样设计，而应充分利用智能化技术加强防盗管理，减少图书丢失概率。如通过联动控制系统将门禁刷卡器、RFID 门禁系统及玻璃自动门整合成一个三面封闭、只留中间通道的安全门，每个读者进出城市书房均需在安全门区域接受图书探测，若读者有借阅违规情况时，安全门将无法关闭，同时有声光报警，提醒该读者有图书未办理借出手续。同时，该安全门具备防尾随功能，每次只允许一个人通过，超过人数时自动门无法开启；如检测到有人尾随时，立即开启防尾随功能，自动关闭大门。通过这些功能设计，达到减少图书丢失的目的。

3. 动态管理，适时引流

人群密集场所最怕因拥挤而出现踩踏等危险情况，因而针对部分城市书房特定时间出现人群拥堵的现象，可以采取以下措施：一是根据每个城市书房面积大小、座位数量，合理预设场馆最多可同时容纳在馆人数，设立人流量预警线。二是在每个城市书房安装人流控制系统，实时获取入馆人数，并对即将超警戒线的场馆进行预警，并在“两微一端”（微信、微博及新闻客户端）平台上及时公告，对读者进行分流。三是对每个城市书房人流数据进行统计分析，充分了解哪个城市书房哪个时间段人流量最大。通过大数据分析，图书馆可以预先安排志愿者或其他人员到现场进行引导，避免拥堵。四是加大视频监控力度，如遇到紧急突发情况，及时利用远程控制系统打开城市书房大门疏散读者，避免因拥堵造成安全事故。

4. 多方合作，维护秩序

城市书房实行 24 小时开放且无人值守，现场没有专职工作人员，但并非真的无人管理，而是人员都“隐身”在后面。城市书房的日常工作管理可以采取“多方合作”的模式：一是成立城市书房服务中心，将图书物流、设备维护、后台监控等日常管理工作委托给专业公司，全方位负责城市书房日常管理工作。二是招募志愿者，协助做好图书整理及现场秩序维护，并做好志愿服务记录。三是定时广播提醒，每个城市书房都应设有广播系统，提前录制好温馨提示语音，每天定时播放城市书房注意事项。四是联动管理，通过 24 小时监控中心实时监控城市书房现场情况，发现不文明行为及时通过广播制止；广播制止无效时，值班人员直接和城市书房合作单位相关负责人联系到现场解决问题。五是将城市书房纳入公安巡视及监控网络，作为民警巡逻打卡点，同时在城市书房内安装一键报警系统，有情况及时报警处理。通过多方合作共管，有效解决因“无人值守”而出现的诸多问题，为读者营造良好、安全的阅读环境。

5. 消防联动，消除隐患

《消防法》第二条规定：消防工作贯彻预防为主、防消结合的方针，坚持专门机关与群众相结合的原则，实行防火安全责任制。城市书房现场没有人员值守，消防工作更应坚持“预防为主、防消结合”的方针，采取“属地 + 联动”机制，确保消防安全。一是明确属地单位主体巡查职责，由其派专人负责日常安全巡查；二是设置智能消防系统，每个城市书房都应配备火情自动报警系统、自动灭火系统、排烟系统、逃生系统等，保证突发火情时第一时间对火情进行控制，自动报警系统还能在第一时间发短信通知相关人员，启动应急机制；三是视频与现场联动监控，监控中心人员同样负有消防职责，可利用视频 24 小时实时监控城市书房，发现异样立即告知属地相关人员到现场处置；四是强化消防意识，在城市书房显眼处张贴

《消防安全注意事项》和消防警示标志，并通过微信、微博、网站等媒体平台宣传消防安全知识，明令禁止读者在馆内抽烟、使用大功率电器等违规行为。

6. 杀菌消毒，预防病毒传播

2020 年以来人们更加关注公共卫生安全，城市书房人流量大，空间相对密闭，卫生安全工作不容忽视。为此每天都应做好清洁卫生，可将保洁工作与图书配送或设备维保捆绑委托给服务单位统一负责，确保卫生保洁落实到位。服务单位要定期对城市书房的场馆、设备、家具进行消毒，避免病毒病菌的传播；安装新风系统，定时开启设备换气，保持空气流动；在经费允许的情况下，应配置图书自助杀菌机，让读者能自行给图书消毒；同时加大卫生防疫知识宣传教育，让读者增强自我保护意识，养成良好的生活习惯，将城市书房打造成一个安全、舒适的阅读场所。

7. 应急机制，及时处置

要建立以“城市书房服务中心”为核心的城市书房应急协调联动机制，将政府部门、合作单位、公共图书馆、物流维保企业等组织起来，统筹协调处理突发事件。具体可由当地文化主管部门牵头，定期召开城市书房安全生产工作联席会，按照“谁管理、谁负责”“谁使用、谁负责”原则，责任到人，强化安全防患意识与安全监督职责，清除各种安全隐患，有效防止突发事件的发生；针对有可能发生的各类突发公共事件，科学制定应急管理预案，并定期组织演练，确保在应对和处置突发公共事件时各项工作能高效、有序开展，最大限度地降低人员和财产的损失。

四、结语

城市书房是近年公共图书馆读者服务工作的一个创新，需要有关各方继续深入探索。随着各地城市书房建设的不断发展和相关理论研究的不断深入，在城市书房建设、管理中出现的诸多问题将会逐步得到解决。

参考文献

[1] 林雄弟 . 公共安全问题界定、影响发展趋势和应对策略 [J]. 公共安全，2008（1）：18-22.

[2] 赵斯霞 . 城市书房可持续发展策略研究 [J]. 图书馆研究，2020（2）：22-26.

[3] 胡海荣 . 点一盏灯，暖一座城——温州城市书房创新公共图书馆服务模式

的探索实践 [J]. 图书馆研究与工作，2018（12）：5-8.

[4] 滕伟 . 城市书房运行中存在的问题及对策研究 [J]. 图书馆研究与工作，2020（9）：79-82.

本文发表于《福建图书馆学刊》2021 年，第 4 期

作者简介：姚明溪，男，副研究馆员，晋江市图书馆副馆长。

一馆两制，双效并举

——浅谈图书馆的服务功能

泉州师范学院图书馆 薛 萱

摘 要 本文论述了文献实物馆藏和虚拟网络图书馆的各自功能，提出既要发展文献实物馆藏的功能，又要重视网络化服务的作用，主张“一馆两制，双效并举”。

关键词 文献实物；图书馆；网络

众所周知，作为全面收藏各种文化信息载体、保存人类文化遗产、开发信息资源的图书馆是一所大学的学术殿堂，是信息仓储库。从某种意义上说，图书馆的藏书量能代表一所大学的学术水平。可是，在图书馆建设中，由于现代信息技术的发展、网络的广泛应用，有些人忽视图书馆文献实物收藏，而着力于网络化建设、电子阅览室的服务。诚然，随着信息时代的到来，经济全球化、文化多样化的时代潮流，激荡着大学生寻求知识的热情，科学和人文精神的氛围，激励着大学生探索知识的信心，大学生要求图书馆开展更广泛的网络服务，提供更先进、更准确、更多的信息，但是这并不意味着图书馆要轻视和放松传统的文献收藏。在发展网络化服务的今天，以馆藏为中心的信息服务不仅不应削弱，反而应该加强。正确的做法是“一馆两制，双效并举”，既保持和继承传统的文献实物馆藏方式，同时又发展虚拟图书馆，发挥网络资源的社会性、共享性。

一、文献实物馆藏的优越性

（1）古代经典的中外文献，很多进不了网络，而必须以它的文本原貌进入读者的视野，即使进入网络，原装原貌的作用，也不是电子文本所能代替的，正如有了计算器，但还要加强心算、笔算、珠算一样，两者结构不同，功能不同，各有千秋，互相不能代替。文献资料的育人启智成才功能，自有其特点，是网络所不能代替的。我们姑且不论马克思、列宁、毛泽东这样伟大的人物得益于文献实物的图书馆，而研究古代史、古代文化、文字学、文物学、考古、书法、中医等，哪一个能离开文献实物的馆藏？即便是现代，计算机也并没有在广大农村普及，中小城镇的学生对计算机也比较陌生，更多地还是依靠图书和纸媒获取信息。

（2）孤本、绝版以及每个国家（学校）的秘密信息也不是网络所能包容得了的。正如经济再全球化，各国的商业秘密也不许上网和泄露一样，秘密信息（包括秘密科研成果）也不许上网。

（3）读者的阅读习惯不一样。有的读者喜欢阅读纸本类文献和学术论著，有的读者喜欢在网上阅读。两者的阅读体验不同，产生的阅读效果也不一样。现在仍有很多读者不会操作计算机，当然谈不上网上阅读，而且上网需要经济投入，有些读者力不从心。

（4）读者利用文献实物的方式更多样、更灵活。传统的文献借阅时间较长，时间充裕，读者可集中阅读，也可分散（利用“三上”时间）阅读；阅读地点灵活，可教室可床头，可操场可车船；方式灵活，可坐读可走吟，可背诵可笔记，便于思考，读进去、跳出来，有充分的想象空间。而网上阅读时间长，坐读的形式单一，眼球累；电磁波辐射，有损身体健康；信息五花八门，眼花缭乱，易分散精力，而且信息庞杂，鱼龙混杂、真假难辨；一些垃圾信息、有害信息泛滥，容易对读者造成伤害。

二、图书馆提供网络化服务的必要性

但是，网上阅读毕竟是时代的产物，它也有不可替代的优越性。如传递信息方便、快捷，信息丰富、容量大，很符合年轻人口味；可修改和完善，易于保存和管理；可以减少管理人员，节约成本；和国际接轨，同步发展；等等。因此，双效并举，建立虚拟图书馆，也是刻不容缓的任务。

（1）读者的需要。科学的进步，学科交叉渗透，社会效率的提高，人才市场的国际化、多样化、动态化，使读者危机感增强，他们不再满足于文献线索和索取原文，利用快捷方便、丰富的网络资源可以及时获取国内外动态、系统的综合信息，以充实自己，提高自身竞争力，所以大学生广泛要求图书馆建设网络化服务系统。

（2）图书馆自身发展的需要。信息的数字化和网络化，令人足不出户就可以拥有海量资源，真正做到了“秀才不出门，便知天下事”，图书馆的服务功能弱化，“门前冷落车马稀”，这样便可能造成图书馆发展危机。另一方面，读者在网上遇到解决不了的问题，会到图书馆寻求帮助，这也迫使图书馆进行深层次高质量的信息服务和网络信息资源开发。图书馆要跟上时代步伐，就必须与时俱进，改革现有体制和服务方式。图书馆提供网络化服务迫在眉睫。

（3）图书馆具备开发信息资源的优势。高校图书馆拥有古今中外文献珍品和世界各学科各专业的尖端科研成果，这就具备了建设本馆网络信息系统的资源，有条件实现馆藏资源数据化，建立完整的书目和文献数据以及学位书库、科技成果库、专利文献库。同时，可以有条件地购入国内外数据库及电子出版物，通过因特网营建和全世界图书馆联网的资源共享局面，实现资源信息化、智能化、社会化、国际化。

（4）扩大服务功能。图书馆的专职人员可以通过对网络资源的有效搜集、分析、整理，对其进行深加工，使之变成有序信息，从而提高服务质量。图书馆网络化之后，可以快捷进行信息咨询，可以完整定题解答，可以随时信息跟踪、导航，可以强化信息调研，等等。

文献实物图书馆积淀了深厚的管理和服务的经验，发挥了不可低估的育人、启智、成才的学术作用。但在新形势下，如何更好地提升馆藏水平，提高服务质量，特别是如何以老带新，支援西部贫穷地区的图书馆建设，仍然是一个需要认真研究的课题。新建虚拟图书馆，发挥网络化服务作用，是一个人们关切的话题。这不但需要对图书馆人员进行培训，对读者进行培训，还需要注意网络自身的弱点（如机器故障病毒）和大量投入以改造网络环境、更新硬件设备，有的信息也需要有偿获得，等等。对于刚升格为大学图书馆的中小图书馆来说，实现网络化服务还要假以时日；对已建立起网络化服务的老校图书馆来说，也要不断进行总结，不断完善。

总之，图书馆建设，既要发展文物实物馆藏的功能，又要重视网络化服务功能，两条腿走路，实现“一馆两制，双效并举”，这是笔者的看法。

参考文献

[1] 潘新美．电子出版物与电子化信息服务[J]．现代情报，2002（3）．

[2] 李彦秋．电子阅览室的信息服务[J]．航空教育，2004（1）．

[3] 于丽娜 . 网络时代信息服务的创新思维 [J]. 图书馆学研究，2002（6）.
[4] 罗然 . 浅谈网络环境下图书馆信息服务 [J]. 航空教育，2004（1）.

本文发表于《农业图书情报学刊》2004 年，第 10 期

作者简介：薛萱，女，副研究馆员，曾任职于泉州师范学院图书馆，现已退休。

第五章

阅读服务

网络环境下县级公共图书馆读者服务的创新策略

泉州市鲤城区图书馆 苏艺萍

摘 要 随着我国科学技术的不断创新发展，国家越来越重视现有的县级公共图书馆的读者服务。为了进一步提升图书馆读者服务的质量以及工作人员的工作效率，必须要将信息技术与公共图书馆的读者服务工作紧密结合，利用信息技术提升图书馆的公共服务质量，优化其管理手段。本文主要针对现阶段网络环境下的县级公共图书馆的读者服务进行简要分析，并提出合理化建议。

关键词 网络环境；县级公共图书馆；读者服务创新

一、前言

目前，公共图书馆作为当地居民吸收知识、收集资料、共享文化的场所，在文化建设中起着重要的文化传承作用，可以为社会大众带来便利。传统的图书馆服务工作与现代化的社会发展需求之间的有效结合，可以充分利用网络信息技术的高效性以及专业性，使图书馆的管控服务变得更加有效，对此，必须要根据现阶段的社会实际情况，进一步地改变传统图书馆管理人员的服务理念，创新读者服务技术，促进图书馆的持续进步与发展。

二、网络环境在读者服务中的作用

传统的图书馆服务一般是以书籍管理和书籍借阅为主。在网络环境下，读者对于图书馆内部的信息需求发生了转变，读者服务也应该适应社会的发展趋势，更新工作管理理念，树立读者至上的原则，使单一被动的服务形式转变成主动式的服务，开发新型的服务业务，扩大图书馆服务范围，采用多元化的手段传递信息文献，提升为读者提供信息的能力，满足网络环境下读者的获取需求。

三、县级公共图书馆读者服务的发展问题

1. 工作人员的管理意识较弱

目前图书馆的工作管理人员管理水平较低，专业素养差，且没有相关的科学的服务管理手段，直接导致图书馆的信息化网络化进程较为滞后。很多县级公共图书馆虽然已经配备了相关的基础设施设备，但是存在着电子借阅室的软件使用难题，致使工作人员工作效率低下。公共图书馆的发展历史较短，工作人员招聘困难，工作人员的专业素养不足，与现有的信息技术发展水平不相匹配，很多工作人员的图书馆数字资源建设工作难以达到预期的要求。很多读者在电子阅览室中经常用计算机进行聊天与阅读，电子阅览室中的计算机浪费现象严重，且阻碍了县级公共图书馆读者服务工作的自动化转型发展。

2. 网络资源的开发利用不够

随着互联网技术的不断进步与发展，信息资源也变得更加复杂多样，图书馆管理人员必须从中快速找到所需资源，确保能够有效地理解读者的实际需求，对网络文献资源进行整理和筛选，通过综合性、系统化的检索来满足读者的需求，创新服务理念。由于学科之间交叉渗透性强，读者的信息需求层次过于多样化，管理人员无法根据学科的专业性进行价值信息的筛选，很有可能导致其出现二次研究应用。图书馆传统的服务只是对信息进行加工和整理，无法满足现代化的基本应用需求，导致传统的图书馆人员的配备和知识水平与读者需求无法进行有效匹配。县级图书馆的读者服务基本上采用单一被动式的服务管理方式，缺乏专业性的读者服务制度，仅仅只是规定工作人员必须要对图书借取等普通性的事务进行引导，忽视了人性化的书籍查询搜索以及信息获取等服务，使得整体的服务方式较为单一，难以得到读者的青睐。不仅如此，由于服务方式的被动性，馆内的读者较少，无法形成口碑宣传，这进一步阻碍了县级图书馆的发展。

3. 公共图书馆数字资源共享难度大

在图书馆资源建设中，很多图书馆的数据库权限较少，且高级管理人员不积极引入相应的数据库管理库存，导致图书馆无法从实际发展中感受资源建设的合理性以及吸引读者。不仅如此，公共图书馆的现阶段建设还存在着部分缺陷，区域之间数据库建设不平衡，东部沿海地区的公共图书馆数据库资源建设较先进，基本上都会花费巨额资金引入数据库以及其他资源，方便用户在图书馆内学习和查找资源，

而中西部地区为了节省成本，并进一步加强图书馆的营业利润的获取，只是引入部分资源和花费少量资金进行日常维护，内容单一，种类较少，图书馆的数字资源建设只是空壳。

四、图书馆读者服务工作的对策

1. 增强公共图书馆的书籍资源的馆藏

读者来公共图书馆最主要的目的就是查阅书籍，学习文化知识，因此，图书馆的书籍的多样性和丰富性是吸引读者的重要因素，也是图书馆工作开展的支撑点。县级公共图书馆应积极争取社会各界以及政府的资金以及技术支持，及时有效地对图书馆的馆藏资源进行更新和整理，提高馆内藏书数量、种类以及质量，为读者提供更多的书籍资源，优化读者服务。不仅如此，对基础设施设备的建设以及信息化的应用也是资源有效提升的表现。在符合县级图书馆实际情况的条件下，可以在不同的阅览室内增设监控设备，以保障计算机与书籍的安全，降低不良行为发生的概率。除此之外，还可以开设电子知识竞赛，促使读者利用各种电子信息设备学习更多的知识，加深对知识的理解和巩固，增强对电子信息设备的操作熟练度，优化知识储备。县级图书馆还可以在网上开设相关的资源交流平台，利用各种信息技术加强交流互通，增强人们对县级图书馆的认同感和归属感，从而吸引更多的读者，促进现代化图书馆的变革和创新。

2. 加强对公共图书馆内部人员的培训

社会的不断发展要求公共图书馆必须招聘一些高素质人才进行内部工作管理，并选择优质的网络数据库资源进行日常更新和管理。公共图书馆进行内部人才培训时也要注重提高工作人员的专业素养，及时地对其进行继续教育，使之不断地学习国内外先进的知识体系，对相关人员进行数据库管理。除此之外，还要长期性地组织馆内交流培训和学习，提高业务水平。在进行人员培训时，还应改善现有的培训机制，增强管理人员的内部归属感。

3. 提高图书馆信息书籍的使用效率

县级图书馆由于受到一些客观因素的影响，其内部的资源以及信息配备都十分有限，根本无法满足现代读者的多样性需求。因此，必须要建立起网络信息技术共享平台，与其他县级图书馆之间搭建起合作桥梁，提升信息资源的使用效率，为读者提供丰富的纸质书籍以及优质服务；图书馆网站建设可以向读者展示馆内书籍资料的基本信息及其管理情况，读者能够借助互联网进行书籍查询，且对馆内某些不符合实际情况的地方提出建议，进一步优化图书馆服务；馆内工作人员还可以利用论坛、QQ以及微信等形式，扩大图书馆的服务范围。

五、结束语

综上所述，现阶段国家越来越重视县级图书馆管理服务的创新工作。为促进县级图书馆的读者服务与互联网技术紧密结合，推动读者服务向智能化信息化转变，开展相应的改革工作，必须要提高工作人员的服务积极性以及服务质量，搭建相关平台，提升读者服务质量，创新机制，促进县级图书馆的可持续进步与发展。

参考文献

[1] 牟燕．新技术环境下公共图书馆读者服务创新研究——以长春图书馆为例[J]．图书馆学刊．2017（02）．

[2] 贺庆．新信息环境下高校图书馆读者服务工作的开拓创新实践——以贵州财经大学图书馆为例[J]．贵图学苑．2017（01）．

本文发表于《科教导刊》2020年，第5期

作者简介：苏艺萍，女，副研究馆员，泉州市鲤城区图书馆馆长。

浅谈公共图书馆应如何开展对老年文化的创新服务

华侨大学图书馆 曾惠琼

摘 要 在构建和谐社会的今天，公共图书馆应该肩负新的历史使命，以人为本，关注社会特殊群体，大力开展服务创新。

关键词 公共图书馆；关注老年文化；以人为本；服务创新

我国是世界人口大国，也是老龄人口大国。我国人口老龄化是在综合国力还不强、经济和社会发展的各项任务还十分繁重的情况下到来的，且来势凶猛，而对于许多新问题国家还疏于防范。随着我国人口老龄化的到来，老年文化的现状与发展已逐步引起了全社会的关注。现代老年学研究证明，一个国家的老年文化底蕴丰富与否，将直接影响到整个老年群体的生活质量和健康水平。同时，也与一个国家的社会进步、经济发展有着密切的关系。

截至 2004 年年底，我国的老年人已达 1.4 亿人，超过总人口的 11%，其中上海市最高，达到了 19%，北京达到了 12.7%。随着新中国成立后 50 年代出生高峰的人口进入老年，预计 2015 年我国老年人总数将突破 2 亿。老年人问题已经不仅仅是家庭问题，它已经逐渐演变成为社会问题，将越来越受到社会的广泛关注，成为我国构建和谐社会的重要环节。2006 年 3 月 25 日至 26 日，由中国老龄事业发展基金会老年文化教育委员会主办的“构建和谐社会与创新老年文化工作座谈会”在北京举行。可见，老年文化已成为社会上备受关注的问题。解决老龄问题，实现老龄文化事业与经济社会协调发展，是体现“以人为本”、构建和谐社会的基本任务之一。

图书馆作为面向社会大众提供精神文化产品、娱乐消遣和信息服务的重要阵地，面对日益庞大的老年读者群体，如何做好老年读者的服务创新工作，丰富老年人的精神文化生活，提高老年人的生活质量，发挥图书馆的特有作用，是当前图书馆工作者面临的一项新课题。

“建立和谐社会，达到全社会的和谐发展”，这是党的十六大报告提出的一个新的重要思想。图书馆应肩负新的历史使命，进一步体现人文关怀，转变观念，调整工作思路，重视特殊群体，全方位地加强老年群体的服务工作，大力开展服务创新。

一、我国老年人文化生活状况

这些年来尽管我国老年文化建设已取得了一些可喜的成绩，但城乡老年人的文化生活“贫富”差别现象严重，尤其是广大农村的老年人文化生活严重贫乏。随着我国老龄事业的发展，老年文化的建设也取得了引人瞩目的成绩。据权威机构统计，到 2004 年底，全国各地共创办老年大学或老年学校 2.6 万多所，在校学员达 230 多万人。这些成绩引起了社会的高度评价，正是反映出老年人渴望精神文化生活的“社会效应”。当然，我们也要冷静地思考这么几个问题：一是我国的老年群体庞大，在 1.4 亿的老年人口中，有大约 9000 万的老年人生活在农村，他们中的多数物质生活还很清贫，文化生活较为单调。因为他们眼前的基本目标还是温饱，文化生活的追求还局限在“村头”和“庭院”，甚至还有一个不可否认的事实——城乡老年人的文化生活“贫富不均”。也就是说，在老年文化建立上也有个“扶贫”的问题。二是在城镇之间、地区之间、行业之间，离退休人员的文化生活也存在着明显的不均衡。尤其是近几年随着市场经济的发展，沿海与内地的发展速度不断拉大，老年文化建设的经费来源是否丰裕也成为广大老年人关注的焦点。

二、中国老年文化贫困的原因

造成一部分老年人精神文化贫困的原因较为复杂，包含自身因素、社会因素、经济因素和精神方面的因素。在健康方面，老年人自身条件不足，缺乏“造血”机能。在经济方面，老年人经济收入结构单一，缺乏“输血”渠道。在社会制度方面，他们对传统制度（如家庭制度、社会保障制度）依赖性较强，缺乏“造血”效率。在终身准备方面，老年人传统的养老观念，导致劳动年龄时期的“无偿献血”，造成老年期的“存血”不足。对晚年风险的防范能力较弱，生存安全感下降。社会的急剧变革使原有的社会契约（如养老保障、社会地位等）发生了“兑现危机”。

从目前来看，中国老年文化贫困所面临的主要矛盾有三个方面：一是“少”

与“多”的矛盾。政府对老年群体的文化投入“少”，老年群体对社会服务需求“多”。二是“强”与“弱”的矛盾。老年群体对社会文化救助预期的要求“强”，当前老龄机构在文化设施的综合协调能力和实施能力“弱”。三是“实”与“虚”的矛盾。老年群体对文化服务需求“实”，社会对老年群体在文化“扶贫”的有效救助“虚”。目前社会出现的社会成员收入差距过大的问题，使得老年群体在享受文化服务方面，普遍存在着“相对剥夺感”。

三、公共图书馆为老年文化服务的对策

1. 要呼吁政府加大图书馆等文化设施免费为老年文化服务的投入力度

老年文化最缺乏的资源是文化和知识的资源，社会对文化基础设施的投资是对老年文化最主要的投资。公共图书馆是社会知识保障体系的重要组成部分，但目前公共图书馆经费普遍不足，与老年文化的需求不相适应，在农村地区老年文化更是处于“文化饥渴”之中。政府要像建立社会经济保障制度一样，下大力气建立社会知识保障体系，增加对图书馆等文化基础设施的资金投入。

2. 呼吁社会各界共同关心老年群体

解决老年文化精神生活的问题，需要政府和社会各界的共同努力。对政府来说，要制定有利于特殊群体发展的政策和法律法规，切实保护他们能平等享有受教育和利用公共文化资源的机会。对社会组织来说，无论是公共部门还是私有部门，都要用实际行动来关心、援助老年文化事业，让老年人真正体会到、享受到“老有所成”“老有所为”“老有所乐”的生活乐趣。

四、培养服务意识

公共图书馆作为社会公益性文化事业，是为包括特殊群体在内的所有社会公众服务的，这是图书馆在整个社会的立足之本。知识不应归某一个人或某一个群体所有，而应该是每个人都有平等享有的权利。一个弱势群体享用知识得不到保障的社会，不可能是一个稳定和谐的社会。因此，提供平等服务是公共图书馆职责。图书馆要对馆员进行系统的人文思想教育和职业道德教育，使其在为特殊群体服务的过程中，学会尊重人、善待人，不能对他们有歧视心理。关怀弱者，须从我做起，发扬中华民族的优良传统美德，尊重老人、关爱老人，给老年读者以真挚的爱。坚持以人为本，努力为弥合社会鸿沟添砖加瓦。

绝大多数老年读者以前处于每天有较多人际交往的社会性环境，现在退到狭小的家庭圈子里，生活的内容和节奏都发生了重大的变化，许多人因此产生了烦躁、忧郁情绪。为了接待好老年读者，工作人员必须具备四心：热心、细心、耐心、关心。

1. 热心

来图书馆的老年读者，无论曾从事什么职业，担任什么职务，都是我们服务的对象，对他们应该一视同仁。这些老同志都是在人生的道路上为了事业、为了家庭辛辛苦苦奋斗了几十年，理应得到人们的理解和尊重。因此，每当他们来到图书馆时，馆员必须笑脸相迎，主动热情地打招呼，并积极为他们推荐图书，尽可能满足他们的要求。即使一时不能满足要求，谦虚的态度、热情的问候，也会对他们的心理平衡起到微妙的作用。俗话说“好言一句三冬暖”，这对于接待老年读者来说尤其重要。

2. 细心

在接待老年读者时，馆员特别要做到细心观察。有的老年读者因与外界沟通较少，就会出现这样那样的问题，这就需要我们工作人员在工作中细心观察，及时发现，想方设法给予妥善解决。尤其在查找资料时要认真、细致，要让老年读者充分体验宾至如归的感觉。

3. 耐心

老年读者随着年龄的增长而产生的各种问题是客观存在的，这属于自然规律。因此，接待老年读者要很有耐心。他们大多记忆力衰退，有的问题问过了又问；有的书他们刚借去，又拿回来说已经看过了，要求换一本；有的老年读者脾气急躁，两三下没有找到他要的书，他就说你是懒得去给他找；有的老年读者听力不好，需要我们伴着手势回答他们的问题；还有的老年人皮肤触觉降低，眼角膜与鼻部尤甚，造成自我感知能力下降，会有流鼻涕等现象，这并非是他们不讲卫生，图书馆工作人员要善意地提醒他们。总之，接待老年读者，更要耐心，馆员必须时时告诫自己不要流露出急躁情绪，以免让人感到难堪。

4. 关心

在现代家庭里，儿孙辈不怎么懂得理解老人的心理，认为只要在生活上照顾好老人就可以了，殊不知老人也有对生活、学习的追求。他们童心未泯、孜孜以求，不愿行尸走肉般地生活，他们需要的是关心和鼓励。老年人很希望和别人说说话，谈谈心，特别是丧偶的老人，孤独感和郁闷心情较严重，这种要求也就更迫切。接待这类读者时，和他们拉上一两句家常话，说点儿愉快的事，让他们在心理上得到一种满足。从心理学的角度来看，这种关心是十分有益的。

五、大力开展创新服务活动

1. 开辟老人阅览专室

老年人是社会群体中有着独特心理和生理状态，并由此产生特殊文化生活方式的群体，具有特殊的文化需要和相对固定的阅读范围。开辟老人阅览专室，可以根据老年人的心理、生理特点，在书刊种类、环境设施、服务方式等方面开展有针对性的服务，从而形成老年读者服务的基本阵地。

老年读者的阅读兴趣不尽相同，必须针对老年人的心理、特点、爱好，科学地选购图书、报刊，才能尽可能地满足他们的要求。笔者认为开辟老人阅览专室后，在选购图书、报刊时可以从以下几个方面考虑。

1）心理学方面

必须看到，我国老年群体缺乏一个良好的、健康的心理环境。随着年龄的增长，老年人的机体日趋老化，身体疾病增多，生活环境和生活内容发生改变，应付各种社会生活事件应急能力降低，这些都会导致其心理情绪的变化，产生有碍身心健康的消极心理。如我国部分老年人离退休后，子女又不在身边的孤独感、寂寞感、垂暮感、失落感，均为老年心理健康的不良特征。究其原因，就是没有一个健康的老年心理保健环境，他们在社会角色转型过渡中缺少科学的心理指导。尤其是为数不少的老年人不能从文化上、心理上解决好自身的健康问题。老人阅览专室必须购买一些心理咨询、心理健康、心理指导等方面的心理学书籍。

2）养生医学保健方面

我国多数老年人的养生观念还处于消极、陈旧的状态。由于文化生活的单调、物质生活的清贫，许多老年人情绪低落、养生意识淡薄。他们或暮气十足，或无所事事，把自己归纳为革命时期的“敢死队”、建设时期的“突击队”、老年时期的“等死队”，其情绪消极可见一斑，这对他们的身体健康有百害而无一利。老年阅览专室可以多选购一些有关老年人养生之道的书籍，如医疗保健、运动学、营养学等。

3）道德修养方面

一些老年人由于孤独，缺乏积极的人生观和生活方式，不能正确地认识自身的社会地位和社会价值。这一问题与老年人的文化素质尤为相关。我国老年人在这方面还多停留在消极被动地适应老年生活的阶段。道德修养方面的书籍可以增强老年人的生活信念，有助于树立积极的人生观。如名人传记、文史知识、书法、美术、戏曲、音乐、摄影、艺术鉴赏、棋艺、收藏等。

4）家政休闲方面

一些老年人由于兴趣较广，心态较好，性情乐观，童心未泯，希望退休后好好享受自己的生活。他们往往喜欢看一些家政知识，如烹调、儿童教育、宠物饲养、园艺、花卉、鱼鸟等书籍，以满足自己从事劳动、提高兴趣及发挥专长的需要。

5）报刊方面

很多老年读者在未退休前就喜欢读书看报，特别是一些离退休干部，他们在职时就养成了读书看报、关心政治时事的习惯，有的读者是长年累月固定阅读自己所喜爱的几份报刊。根据老人的阅读特点，老人阅览专室可以以政治时事类报刊为主，一些跟老人生活密切相关的报刊为辅。报纸如《中国老人报》《家庭生活报》《健康报》等，期刊如《家庭医生》《大众保健》《老人天地》等。

老年阅览专室不但可以为老年人提供一个舒适愉快的阅读场所，还可以使他们在长期的接触交谈中，打开冷漠、封闭、孤独的内心世界之门，创造和谐、友善的人际关系，成为挚友，在生活上互相关心、帮助，精神上相互慰藉，真正体会到图书馆的乐趣。

此外，在选择老人阅览专室的地点时，必须考虑到老年人身体因素，二层、朝南、明亮通风的房间最适宜，环境布置要明快典雅。考虑到夏季炎热，室内要配备空调设备，座位以沙发为佳。同时尽量设计无障碍通道，以方便年迈读者出入。有关标示导牌、目录应字大醒目，提供放大镜、老花镜、笔墨、纸、茶水、雨伞、常用药等。

2. 举办扫盲班

我国老年人口文化程度较低，个体文化素质较差，这已直接影响了老年群体的行为健康和生活质量。我国60岁以上的老年人已超过1.4亿，老年人口不仅基数大，而且文盲率也很高。据“中国城乡老年人口状况一次性抽样调查”表明，城乡老年人受教育状况为：没上过学的42.8%，私塾、小学34.5%，初高中（中专）18.5%，大专以上4.2%。城市老年人受教育状况：没上过学的28.4%，私塾、小学33.3%，初高中（中专）30.1%，大专以上8.2%。农村老年人受教育状况：没上过学的57.3%，私塾、小学35.7%，初高中（中专）6.8%，大专以上0.2%。20世纪90年代的相关资料显示，当时我国60岁以上人口中，有大学文化程度的占6.6%，有小学文化程度的占 22.3%，而文盲、半文盲则达到 70.4%，占绝大多数。根据全国老人自身文化素质的现实状况，公共图书馆应加强对老年文化的“补血”工作，与老龄委、老年大学、学校、社区等相关单位配合，对那些文盲半文盲的老人读者名单进行摸底登记造册，定期举办“扫盲班”，并举行考试。这项工作如能长年不懈地开展下去，无疑是对老年文化建设的一大贡献。

3. 开展丰富多彩的读书活动

老年读者在离开工作岗位前，很多人都参加过各种各样的文化活动，退下来后参加原单位的活动少了，社会上提供给老年人的文化活动少之又少，到图书馆看书读报已是老年人最好的文化娱乐活动，也是老年读者到馆率居高不下的原因。对于公共图书馆来说，组织适合老年人的读书活动定会大受欢迎，如老年人保健知识竞赛、老年法律知识问答、老年人征文等，通过良性互动，为老年人创造参与活动的条件和表现自我的机会，既可以激发老年人的读书兴趣，又能够有效地开发利用馆藏资源，进而为老年人建立起交流沟通的良好环境，使之心情舒畅。

4. 举办各种类型的学习班，开展各种文化活动

老年读者中有一部分偏爱艺术，他们年轻的时候曾经是单位的文艺骨干分子，退休后想继续发挥特长。图书馆可以和老年大学、老年活动中心、文化馆配合，举办器乐班、舞蹈班、诗词创作班、书画班，并利用中秋节、重阳节、国庆、春节等节假日与社区合作开展形式多样的文艺活动。如诗歌朗诵、书画比赛和各种形式的文艺活动，让他们展现自己的内心世界和精神面貌。这既是图书馆文化服务活动的延伸，也是图书馆社会效益的延伸。

5. 实行优惠政策，提供特色服务

针对老年读者行动迟缓、视力及记忆力较弱的特点，图书馆在办证上应对其实行优惠，如少交押金、增加单次借阅册数、延长借阅时间等。同时要实行四个“优先”，即优先办证、优先借书、优先阅读报刊、优先为其解答咨询。另外，对于一些子女不在身边、长期身体欠佳或行动不便的老年读者，设置专线咨询电话，可以进行电话续借、提前预约、书刊查询和信息检索等服务。如果有老年人要求上门服务，图书馆员责无旁贷，让无法出门的特殊老年读者在家里同样能读到自己喜欢的书刊，体验生活的温暖。

6. 借鉴学习国外图书馆对老年读者提供的服务

美国图书馆服务的一大特色，就是利用电话为老人提供实用乃至实际的资料

情报，并介绍提供服务的团体或个人地址。除此之外，图书馆还提供一些特别的服务，如给不能外出、不能读写的老人写信，定期慰问，等等。英国图书馆的服务口号是百分之百满足老年读者所需图书的要求，并定期上门服务。开展回忆活动是英国为老年人服务的一大特色，许多老年人通过回忆往事，激发起自己对晚年生活的信心。日本是世界上平均寿命最高的国家，老年人口约占总人口的1/4，老年人口多，其服务比较齐全，国内有一半以上的图书馆都设有专门的老年人服务设施，具体的服务项目有趣味游戏活动、健身、体育活动、志愿者活动、自身修养学习、家庭生活技能学习、社会问题讨论等，对有残疾的老人提供朗读服务，提倡家庭读书会、讲演会，组织老人看投影电视。许多图书馆还专门配备了家庭服务员，上门为那些高龄老人提供朗读、交流等服务。我国公共图书馆在开展老年文化的建设中，应放眼世界，借鉴学习各国图书馆为老年读者提供的健全、优质服务。

老年文化工作是一个涉及面广的系统工程，需要政府文化、教育部门的宏观指导和推动，需要社会各部门的协作以及包括老年人在内的全社会的关注和参与。公共图书馆做好老年文化工作是应有之义，必须坚持以人为本，重视社会特殊群体的文化权益，不断开展服务创新，只有这样才能实现社会公平的兼顾，从而使社会更加和谐。

参考文献

[1] 张恺悌．我国老年文化尚未“脱贫”[N]. 中国文化报，2005-03-31.

[2] 陈建英．公共图书馆需大力加强老年读者服务工作 [J]. 江西图书馆学刊，2005（4）.

[3] 仇宏文．发挥优势做好老年文化工作 [J]. 图书馆建设，2005（增）.

[4] 齐秀兰．浅谈区级图书馆如何为老年读者服务 [J]. 图书馆学刊，2002（2）.

本文发表于《农业图书情报学刊》2006年，第4期

作者简介：曾惠琼，女，副研究馆员，任职于华侨大学图书馆。

第六章

阅读推广

树立良好形象，吸引民众利用图书馆

——访美国公共图书馆印象

泉州市图书馆　许兆恺
福建省图书馆　肖　红

摘　要　美国公共图书馆的经费多少，很大程度上是由纳税民众来决定的，因此，其定位首先是要为纳税人服务。美国的公共图书馆都设有公关部，其任务是大力宣传自己，树立良好形象，鼓励全民阅读，提高本馆的社会地位，在服务中求生存、求发展。

关键词　美国图书馆；社会定位；读者服务；公关工作

根据福建省图书馆与美国俄勒冈州图书馆签订的霍顿馆员交换计划，笔者有幸作为交换馆员于2000年底，对美国俄勒冈州波特兰市的莫特诺马郡图书馆进行为期6周的工作访问。莫特诺马郡图书馆是美国密西西比河西岸最古老的一所公共图书馆，其历史可追溯到1864年，也是俄勒冈州最大的公共图书馆。它包括1个中心馆和15个分馆，藏书近174万册，服务范围覆盖了包括波特兰市在内的3个市、镇，服务人口约65万，占俄勒冈全州总人口数的1/5，是一个很具代表性的公共图书馆。访问期间，我们详细了解了该图书馆的各项工作流程，参观了部分分馆，还参观访问了俄勒冈州塞勒姆市、林肯市及华盛顿郡的几所公共图书馆。美国公共图书馆强大的宣传能力及为市民服务的热情给笔者留下了深刻的印象。

一、美国公共图书馆的定位

美国的公共图书馆是政府开办的非盈利性机构，其所有经费来源于税收及捐赠。以莫特诺马郡图书馆为例，2000年全年总经费4384万美元，其中郡政府拨款约3415. 6万美元，州政府拨款约11万美元，联邦政府拨款17. 76万美元，其他经费来源（包括捐赠、利息、罚款、收费）939.75万美元。从图书馆的经费来源中不难看出，政府拨款占了总经费的绝大多数，而其中地方政府的拨款又起了决定作用。以该郡的情况来看，地方政府拨款中，只有极小一部分由政府的财政收入拨给，绝大多数款项之有无是由该地区全体纳税人投票决定的。每个公民都可投票决定是否要为本地图书馆缴纳特别税，如投票通过，则每个公民都必须另外为图书馆缴纳税金。此项税收归图书馆专款专用，地方政府不得挪作他用。投票每五年举行一次。莫特诺马郡图书馆就是在 1995 年举行的投票中得到了纳税人的支持，该馆经费一下子由原来的每年 2000 多万美元，一跃而到现在的每年 4000 多万美元，购书经费极为充裕。美国公共图书馆的经费来源决定了它的定位，它也必定会尽可能地为每一个纳税人服好务，一切从纳税人的需要出发，图书馆能为纳税人做的，他们都尽力去做好，以争取纳税人的支持。所以，他们工作的首要任务，就是在广大纳税人心目中，树立图书馆的良好形象。

二、做好公关宣传工作，树立良好外部形象

要树立良好形象，宣传工作占有极其重要的地位。图书馆必须通过宣传，让市民了解图书馆，信任图书馆，使用图书馆，从而支持图书馆。故图书馆中设有专门的公共关系部，如莫特诺马郡图书馆的公共关系部共有 9 名员工，其主要职责是向公众宣传图书馆，树立图书馆良好的外部形象。具体工作有：①设计图书馆的各种宣传小册子，由 3 个美工设计师和 2 个印刷技工负责；②图书馆的活动，由一个项目发展专家负责；③负责与传媒接触，回答各方面提出的有关图书馆的问题，发布图书馆的各种信息。由一位专门的图书馆发言人负责；④参与图书馆网站网页的美术设计，也由美工设计师负责。一切关系到图书馆形象的事都有公共关系部人员的参与。此外，公共关系部的经理还为馆长及员工如何与媒体打交道做顾问。由于公共关系部的工作，图书馆能更好地树立和维护自己的良好形象。他们抓住一切机会开展公关活动，拉近图书馆与市民的距离。例如莫特诺马郡中心馆在 1994 年闭馆装修，就抓住这个机会开展了一个“想象搬迁我们的图书馆”（Imagine Moving Our Library）活动。成百的志愿者，从小学生到公司总裁，从家庭主妇到政府官员，都来到图书馆，他们有的用手提，有的用购物袋装，有的用纸箱运，乘坐市公交车将书搬到临时储放点。虽然大部分的搬运工作是由专业工人完成的，但图书馆利用这次机会，又一次让市民感受到图书馆是市民自己的图书馆，图书馆的事是公众的事。该图书馆为节约人员经费，将图书采编方面的许多加工工作都外

包给了公司（如加盖图书馆馆章、包书皮等），但图书馆却拥有自己的美术设计人员、印刷设备、印刷工人，负责印刷部分图书馆的宣传小册子（部分发包给外面公司印刷），足见他们对此项工作的重视。公关部一年的经费达近 50 万美元（包括人员工资），其中印刷费就达 76680 美元。其工作通常有：①编印图书馆举办各种活动的宣传单；②编印如何使用图书馆的宣传材料；③编印推荐图书目录；④印造一些实用性小物品（如书签、磁性小贴片等）。无论你走到哪个图书馆，即使是一个非常小的分馆，在一进门最显眼的地方都会见到放有各种各样印刷精美的宣传小册子，并有西班牙语、日语、汉语等语种的译本，向你介绍图书馆的服务项目、各种服务设施的使用方法，以及政府发放的各种宣传手册，读者可随意领取。

三、做好服务工作，鼓励全民阅读

深入细致地做好每一环节的服务，让市民实实在在地感受图书馆的作用，认可图书馆的服务，信赖图书馆，是图书馆树立形象更重要的一个方面。

1. 做好图书采选，保障图书高流通率

美国的地方公共图书馆的图书采购法是典型的需要论派，馆藏完全依据读者的需要来选择。图书馆的图书采购宗旨是尽可能选购使用率高的图书，满足广大纳税人的需求。只要是读者有需要的，他们就尽量给予满足。故图书馆除收藏图书外，还藏有大量的 CD、录音带、录像带、DVD、乐谱，甚至家庭装饰画。除参考图书外，所有资料均可外借。所采购的图书也大部分为通俗、流行图书，如各种小说、传记、历史、科普，以及烹饪、园艺、婴儿养护等应用性的非小说图书。图书馆各分馆也藏有部分科技图书及参考图书，但一般不超过大学二年级的水平，基本上都在高中水平以下。如收有高中的化学课本，但没有大学的化学专业课本，可能收有家庭使用的电工方面的图书，但没有电学方面的教科书。参考图书则是诸如百科全书、年鉴、字典类的工具书，重点也在文学历史方面，也有些地方法规及历史图书，此外还有一些本地区的地图、电话号码本等。中心馆所藏图书结构与各分馆基本一致，科技图书及参考图书的入藏量较分馆要稍大。参考图书（包括电子资源）占总购书费的 10% 左右，科技图书占总流通图书的 10%，但图书内容深度不超过大学水平。因波特兰市有数所高校,极为专业的图书他们可通过与高校图书馆的馆际互借解决。他们认为公共图书馆的图书应是面向广大市民的阅读需求，图书入藏的目标就是追求最高的使用率。从他们图书使用率的统计数据中，可以看到确实达到了这一目的。

如1999—2000年度的统计数据表明，总藏书100多万册，年流通图书700多万册，图书的平均年流通率达6次/册，特别是CD、CD-ROM、录音带、录像带，其平均年流通率都在10次/册以上，乐谱的年流通率竟达74次/册。由于这么高的流通率，其预约借书就显得非常普遍，相当大一部分图书是通过预约借出的。读者既可到馆预约，也可电话预约，现在还开通了网上预约。在外借大厅出纳台的书架上，满满地排着已被预约的图书。据介绍，预约外借的图书能够占到图书外借总数的三分之一。此外，馆际互借也极为普遍，在订有协议的图书馆之间，馆际互借是免费的，如两馆之间没有协议，则馆际互借收取一定的费用。所有费用及邮费由图书馆支付，只有在邮费超出一定额度时（如10美元），经读者同意，超出部分由读者支付。我们在中心馆甚至看到有一个郡的图书馆还派有专人在中心馆租了几张办公桌位，专门办理他们图书馆与中心馆之间的馆际互借，可见其馆际互借数量是相当大的。此外，值得一提的是，地方公共图书馆中没有我国图书馆中所谓的保存本图书，他们的观念是图书购来就是为使用的，而不是为保存的。这种做法大大提高了图书的流通率。遇到图书损坏或丢失的情况，他们通过图书公司进行图书的补缺。而图书公司则设有绝版书部门，收集绝版书并将其配送给图书馆。如美国的Blackwell图书服务公司每年就为图书馆配售8000多种绝版图书。

2. 鼓励全民阅读，提高图书馆地位

美国图书馆在鼓励市民阅读方面应该说是费了一番心思的。首先，他们着力培养小读者。当孩子还未出世时，图书馆就把他们的母亲请到图书馆来，讲故事给未来的宝宝听，孩子的胎教是从图书馆开始的。图书馆还安排有各年龄段孩子的故事会，由父母带着学龄前儿童到图书馆来听图书馆员讲故事，再小的图书馆都辟有一块儿童区，孩子从小就熟悉图书馆，习惯于到图书馆来找他所需的东西。他们把年轻父母可能感兴趣的图书也摆放在儿童区，这样父母在带孩子来借书的同时，也顺带为自己借些书回家看。对青少年读者的培养各馆更是不遗余力。各分馆有各自的青少年服务部（组），总馆还设有专门的青少年服务协调部门，除统管各分馆的青少年服务部门外，还有专门的馆员负责到各个学校去辅导青少年阅读，为学生办理借书证，并送书上门。较大的图书馆在馆内都设有专门的青少年学习室，将学生的各种学习参考书及课外阅读书集中在一起，学生可在这里查找参考资料、做作业，馆内还配有专门的馆员辅导学生做作业，家长对图书馆极为信赖。随着网络技术的发展，各图书馆还纷纷在网上开设了家庭作业主页，由图书馆员和部分学生家长负责维护，学生有不会的功课，可在线请教、讨论。政府和社会各界对图书馆的这部分工作也给予了极高的评价。在俄勒冈州每年一度的优秀文学图书颁奖大会上，除为本年度俄勒冈州最佳作家颁奖外，还设有一个特别的奖项是颁给图书馆最杰出的为青少年服务的馆员的。

对于成人读者，他们也不放过任何可以鼓励市民阅读的机会。一次，我们在俄勒冈中部的一个旅游度假村的单元房中，意外地在客厅的书架上看到几本《读者文摘》合订本，原以为只是摆设，翻开一看，原来是附近一个小镇的图书馆的馆藏，在书的扉页上写着“欢迎阅读”的字样，并注明“欢迎你带回家去阅读”。据说在这个度假村的任何一套房间里都放有这样的图书。另外，在一个火车站的站台上，我们还看到了一间仅有十几平方米的小小铁路图书馆。在这间由本站提供的房间里，图书馆派一名馆员专门在此为等车的旅客服务，乘客可在等车的空闲内在此借回想看的图书、录音带、录像带，并可在此区域内的任何一家图书馆归还，大大地方便了读者。从这些小处，我们不难看出图书馆是如何不遗余力地培养自己的读者，抓住任何可能的机会，为公民服务，鼓励公民阅读的。

四、吸引市民到馆里来享受服务

“公共图书馆是您自己的图书馆”，美国公共图书馆极力要让市民感受到这一点。图书馆中的许多设施都是为读者免费开放的。如莫特诺马郡中心馆有一间会议室，任何人都可以免费借用这间会议室来举办各种讲座和活动，只有一个要求，那就是这些讲座或活动必须是公开的，面向广大纳税人，任何人都能自由参加。再如，此馆在周末定期举办音乐会、有当地作家参加的作品讨论会、电影观摩与原作比较讨论会等各种活动，全部免费对市民开放，使图书馆成为当地的一个文化中心。图书馆还尽量深入到市民的各种社会活动和生活中去，为市民服务。访美期间，恰逢美国大选。俄勒冈州是邮寄投票，大选期间，每个图书馆就在馆门口设立投票箱，方便市民投票。我们看到许多市民专程开着车到图书馆来投票，有的顺便借几本书再回家。他们就是这样想方设法地为市民服务，把每一个纳税人都吸引到图书馆来，鼓励大家使用图书馆，利用图书馆的服务。在图书馆的一个宣传小册子上，我们看到了这样一句话：“谢谢您使用您的图书馆。”时刻让纳税人感受到公共图书馆就是他们自己的图书馆，读者是图书馆真正的主人。

本文发表于《中国图书馆学报》2001 年，第 6 期

作者简介：许兆恺，男，副研究馆员，曾任泉州市图书馆馆长，现任福州大学晋江科教园图书馆馆长，福建省图书馆学会第七、八、九届副理事长，泉州市图书馆学会第三、四、五届理事长。

肖红，女，硕士，福建省图书馆视听部主任、副研究馆员。

高职院校图书馆与民营企业文化建设

——以黎明职业大学为例

黎明职业大学图书馆 **颜秀春**

摘　要　当前，我国一些民营企业非常重视企业文化建设，企业文化成为企业可持续发展的重要推动力。黎明职业大学所在地泉州市的安踏、特步、七匹狼三家民营企业，在文化建设方面就很有代表性。本文以黎明职业大学为例，对高职院校图书馆的资源优势进行探讨。高职院校图书馆具有丰富的馆藏资源，具有推动民营企业文化建设的媒体融合能力，具有推动民营企业发展的社会服务能力。高职院校图书馆可采取建立民营企业文化研究中心、民营企业文化展示中心、拓展多功能空间融入民营企业文化建设等措施，助推民营企业文化发展。

关键词　高职院校图书馆；民营企业；企业文化；社会服务能力；黎明职业大学

文化自信显示出一个民族、一个国家以及一个政党对自身文化价值的充分肯定和积极践行，并对其文化生命力持有的坚定信心。民营企业的文化自信，主要来自企业自身文化的积淀、传承、创新与发展。学者们对民营企业文化建设的研究文献很多，研究的重点主要是民营企业文化建设的必要性及建设路径等，如张葳认为重视民营企业文化建设，对于民营企业的可持续发展是非常重要的；吴浩强认为民营企业的企业文化强度对其并购后的技术创新效率具有显著的正向作用；李梓轩认为任何一个企业的发展都离不开企业文化的先行，这已是企业实现经济腾飞的必要和先决条件，是每一个成功企业家的共识；刘嘉圣认为我国民营企业在企业文化建设的实践过程中，具有重视家族文化传承、注重企业家精神保留、体现区域文化等特点，并重视以人为本、诚实守信、与时俱进。

学者们对于高职院校图书馆的最新研究主要是如何开展阅读推广、智慧图书馆的建设等，如艾江红对如何做好高校图书馆阅读推广策略进行了探析，王庆从构建数据库、组建视听资源、融合互联网等方面研究了智慧图书馆的建设基础和个性化服务。但将高职院校图书馆与民营企业文化建设结合起来进行研究者很少。新时期如何发挥高职院校图书馆的馆藏优势，助推民营企业文化建设，实现互利共赢，是图书馆从业者需认真思考的问题之一。基于此，本文将探讨高职院校图书馆对民营企业文化建设的助推作用。

一、民营企业文化的建设现状

我国民营企业文化建设不仅是提升民营企业核心竞争力的内在需求，而且是提升民营企业现代化管理水平、培育员工内生动力、打造民营企业品牌形象的需要。当前，我国一些民营企业非常重视企业文化建设，企业文化成为企业可持续发展的重要推动力。但也有一些民营企业为了在激烈的市场竞争中生存，常常把工作重心放在核心技术的研究、人力资源的开发及利用、资金的筹集与管理等方面，对于企业文化建设方面的关注不多，甚至忽略企业文化建设，这导致企业员工对企业的认同度低，公司的盈利能力较差。

以黎明职业大学所在地泉州市为例。泉州市素有“民营特区”之称，是全国民营经济发展较快的城市之一。泉州市的一些中小民营企业在企业文化建设方面取得了一定的成效。安踏、特步、七匹狼三家民营企业在文化建设方面就很有代表性。安踏创建了“永不止步”的企业文化：怀揣梦想，肩负使命，向着美好愿景永不止步。公司将企业文化细分为安踏之道、愿景和使命。安踏较成熟的企业文化让员工明确了公司的经营导向、市场目标、管理激励方法、生存路径以及公司的愿景和使命。特步创建了“让运动与众不同”的企业文化：它向社会公众展示特步运动品牌的“时尚、前卫、个性、自由”，诠释了“特步”的高品位、高追求和强大的创新能力及生命力，赋予了“特步”品牌核心价值。七匹狼把企业文化融入培养优秀员工、品牌经营、产业发展、企业效益、凝聚优秀人才之中。以上三家知名民企通过企业文化的展示塑造了良好社会形象，企业文化的精神内涵得到了企业员工的广泛认同和接受，并转化为员工的群体意识和整体行动，进而推动企业的发展。

二、高职院校图书馆的资源优势

1. 丰富的馆藏资源

高职院校图书馆具有丰富的馆藏资源，如拥有高职教育数字资源、民营企业精神文化资源、地方传统文化资源。这些丰富的馆藏资源是民营企业核心价值观培养的重要源泉。以黎明职业大学图书馆为例，拥有梁披云纪念馆、校史馆、成果馆、巴金赠书特藏室等。主要展示学校第一任董事长梁披云的教育理念、学术思想，第二任董事长、印尼著名实业家、慈善家李尚大先生尊师重教、乐育英才的先进事例，学校的办学历史、办学成效，巴金藏书及其与学校的渊源。

这些丰富的馆藏资源是宣传华侨爱国、爱乡、乐善助学的重要平台，是黎明职业大学师生入校教育的课堂，也是海内外嘉宾、民营企业家莅校的必访之处，也是民营企业学习研究、打造民营企业文化的重要场馆。当前，高职院校图书馆的图书资源、数字资源、人力资源对民营企业文化建设发挥了有效的推动力。

2. 具有推动民营企业文化建设的媒体融合能力

目前，大多数高职院校图书馆已经具有推动民营企业文化建设的媒体融合能力。如黎明职业大学图书馆拥有校园广播台，大量的中外纸质和数字期刊、报纸、图书。场馆里配备了电视、摄影摄像、录音录像等高端设备。在新媒体迅速发展时代，黎明职业大学图书馆的工作内容不但保留了传统的图书采购、流通管理等工作范畴，还充分利用现有的各种媒介载体，把校园广播、电视、报纸等既有共同点，又存在互补性的不同媒体，在内容、宣传等方面进行全面整合，并提供相应的融媒体创新服务。例如，开通了微信公众号、微博、移动图书馆，开展“爱尚图书馆”“南音进校园”“书香黎园”活动，开展“慢阅读——巴金笔下的泉州元素”“巴金与泉州研学体验活动”“巴金与泉州手绘地图比赛”等泉州市科普基地资助项目。在微信平台上专题推出科普微阅读主题“探索外太空”，引领高职师生开展科普阅读，弘扬工匠精神。高职院校图书馆的服务在学校的创新发展、学科建设、精神文化养成等方面做出了重要贡献。

总之，高职院校图书馆已具有助推民营企业文化建设的媒体融合能力。包括相关文化主题活动的策划与组织，数字资源的建设与应用，民营企业文化微课、微视频、宣传片的制作等能力。

3. 具有推动民营企业发展的社会服务能力

近年来，很多高职院校与民营企业都在努力推动校企深度合作，双方在人才培养方案、校内外实训基地建设、双师型教师队伍建设等方面的合作中取得了显著成效。订单班培养、二元制招生、现代学徒制的实施等校企双主体共育人才培养模式应运而生，分层次办学成效显著。黎明职业大学图书馆通过“一对一”学科馆员服务方式，与专业教师走进民营企业，了解民营企业的人才需求规格、岗位需求数量、企业文化建设等情况。同时宣传图书馆近年来服务企业文化建设情况，包括现场办理图书借阅手续、开展读书沙龙活动、展示成熟企业文化等。高职院校图书馆走出校园，服务民营企业的活动使图书馆和民营企业之间的交流合作逐渐增加，并取得双赢的效果。

三、高职院校图书馆助推民营企业文化建设的路径

1. 成立“民营企业文化研究中心”

高职院校图书馆具有文化研究方面的环境优势、服务优势、知识传播优势，为助推民营企业文化建设，可成立“民营企业文化研究中心”，搭建民营企业文化建设与民营经济发展的公共研究平台。借助研究中心平台，高职院校图书馆可组织校内专家与民营企业家共同开展“民营企业文化研究沙龙”，解读有关民营企业经济建设政策、分析民营企业文化保护与传承问题，引导民营企业家深入领会国家及地方政府的政策导向、认清产业发展前景，以推进民营企业文化建设。同时，还可组织民营企业家共同分享民营企业文化建设的先进经验。

2. 建设民营企业文化展示中心

高职院校图书馆可向学校申请专门场地或是重新规划布局图书馆，建设民营企业文化展示中心。同时，申请专项经费用于该中心的建设，建设内容主要是：设立民营企业文化专题书展；选取具有地方特色的民营企业，收集整理并展示其企业简介、发展过程、优秀成果、企业文化等材料，并使其具备知识图谱服务功能。总之，将民营企业文化展示中心打造成为一个可供参观、学习、研讨，宣传民营企业文化建设与发展的重要场所。

另外，还应与当地民营企业合作，定期完善丰富民营企业文化中心内容，形成图书馆特色馆藏资源，使民营企业文化中心既具有图书馆文化内涵又具有民营企业文化特征。同时可将民营企业文化展示中心对外开放，供民营企业、社会人士、师生等查阅。

3. 拓展多功能空间，融入民营企业文化建设

高职院校图书馆拥有大量的家具、设施、设备，并具有与图书馆功能相对应的布局。在民营企业文化建设中，高职院校图书馆可以从契合区域经济社会发展的需求出发，通过创新拓展多功能空间等为民营企业家和民营企业工作者提供高效的精准服务，全力助推民营企业文化的建设。比如，可借助图书馆的阅览室及展板、

书架等设备，举办与民营企业文化相关的大型书画作品展、手工模型展、产品原型展、研发推广作品展等。根据需要灵活调整图书馆阅览室内空间布局，将民营企业的展会需求和学生自习、图书借阅等行为活动融为一体，可丰富图书馆阅览室的民营企业文化元素，让学生提前感知民营企业文化。

在共建共享等理念的引导下，高职院校应推进图书馆与民营企业之间的多方位合作和共建，包括图书馆设施等硬件方面的更新与改造，开展图书馆的民营企业文化数据库资源建设等，以推动民营企业文化的建设。

参考文献

[1] 张葳 . 黑龙江省民营企业文化建设探析 [J]. 边疆经济与文化，2019（6）：4.

[2] 吴浩强 . 产权性质视角的企业文化与并购技术创新效率 [J]. 财经理论研究，2019（7）：94.

[3] 李梓轩 . 民营企业文化建设路径分析 [J]. 广西质量监督导报，2019（4）：23.

[4] 刘嘉圣 . 驱动力、经验与实施策略：论我国民营企业文化建设的实施路径 [J]. 领导科学论坛，2020（3）：88.

[5] 艾江红 . 高校图书馆阅读推广策略分析与研究 [J]. 智库时代，2019（9）：106.

[6] 王庆 . 智慧图书馆的建设基础与个性化服务策略 [J]. 图书馆学刊，2019（9）：74.

本文发表于《黎明职业大学学报》2020 年，第 2 期

作者简介：颜秀春，女，教授，博士，黎明职业大学图书馆馆长。

论图书馆应对学习型社会的举措

惠安县图书馆 邱少阳

摘 要 随着科学技术的迅速发展，人类已进入知识经济时代，跨入学习型社会。本文阐述了图书馆如何根据时代发展的要求来实现自身职能转变和深化图书馆改革，从而最大限度地发挥图书馆在创建学习型社会中的作用。

关键词 图书馆；学习型社会；教育职能

早在 1994 年 11 月于意大利罗马和 1997 年 3 月于加拿大渥太华召开的两次世界终身学习会议上，有识之士就提出“终身学习是 21 世纪的生存概念”的思想。中共十六大报告则明确提出，要建设小康社会，必须提高人的素质，要使全社会“形成全民学习终身学习的学习型社会，促进人的全面发展”。构建学习型社会，可以说在当今世界各国已形成共识，是时代发展的一个必然趋势。而作为“没有围墙的大学”的图书馆，更应根据新形势的要求积极应对，努力为创造学习型社会发挥出应有的作用。

一、转变图书馆职能

1. 强化知识传播功能

图书馆从产生之日起，一直是人类社会的文献集散中心，对文献进行收藏整理、保管、流通、传递和利用。人类的各种知识在转变为文献信息后，都汇集到图书馆来，并一代代积累、传承下来。这既是对人类文化成果的保存，更是一种历时性的文化传播。但在知识经济时代，缩微、图像、声像、数字化等不同的信息载体和相关技术的日益丰富，必将改变目前图书、期刊等印刷型文献为主的收藏格局，使图书馆的收藏载体趋向多样化。同时，计算机及互联网的广泛应用，将使图书馆在管理和流通上实现自动化、网络化，网络将使图书馆之间可以实现资源共享，读者可通过网络接受查询、借阅等服务。这种收藏载体的多样化和管理、流通上的网络化将进一步促进知识信息的贮存和传递，使人类智力成果的交流变得更加方便、更为快捷、更有效率。因此，未来的图书馆将通过收藏载体的变革，进一步强化知识传播功能，成为全社会知识信息传播的中心。

2. 强化社会教育职能

图书馆具有教育对象的全民性、学科知识的综合性、信息传递的实效性、选择知识的自主性和继续学习的持续性等特点，成为人们进行自我教育的重要场所，开展社会教育也就成为图书馆的主要职能。这一职能在知识经济时代不仅不会削弱，相反会进一步凸显，但在重点上将有所改变。知识经济时代，在信息网络逐步普及的情况下，读者对图书馆的利用将主要通过上网实现。如何在浩如烟海的信息中迅速找到自己所需要的信息，将成为能否充分利用图书馆的一个重要条件。因此，图书馆必须拓展它的教育功能，加强对广大读者进行信息检索的基本知识和方法的教育，以及与读者研究课题有关的数据库使用的教育，帮助读者在浩瀚的知识信息中筛选最好的信息源，使用针对性强且质量高的数据库，并帮助读者制定效率高的信息检索策略，及时获得自己所需要的知识信息。

3. 强化信息开发与研究功能

知识经济时代，信息产业与知识产业将成为社会的主导产业。图书馆作为知识信息集散传播的中心，要进一步加强对知识信息的组织管理，而重点又要逐步转变到网上知识信息的组织管理上来。网上信息的无序堆积，严重影响信息资源的开发利用。而且，网上信息并不都是有用或有益的。据专家估计，当前网上毫无用处甚至有害的信息不少于50%，在个别领域甚至达到80%。因此，图书馆应加强对网上信息筛选、组织和整序，帮助读者从知识信息的海洋迅速查出对口的信息资源。同时，图书馆还要借助现代信息技术，加强信息资源的研究开发，探索信息市场的需求规律，针对读者的信息需求运用科学的方法，将获得的信息进行智能化重组，分类提供给各类读者，形成获取、处理、重组、传播知识的良性循环，从而确立图书馆在知识经济时代的信息服务中心地位。

4. 强化文化娱乐功能

当今之世，由于各种现代化工具的应用，人们用于休闲娱乐的时间大为增加。图书馆在充分发挥知识传播、社会教育、情报服务功能的同时，也要以先进的精神文化来占领思想文化阵地，把图书馆建成传播先进文化、建设社会主义精神文明的基地。因此，图书馆在文献收藏中要坚持思想性原则，精选思想健康、格调高雅、知识性强、反映时代潮流的书刊，逐步提高公众文化娱乐的品位和质量，形成正确的文化导向，引导读者在阅读欣赏的同时，潜移默化地提高自己的辨别是非能力，培养良好的思想道德素质。

二、深化图书馆改革

为了适应学习型社会的要求，图书馆必须根据自身职能转变而对其工作做出重大改革，转移工作重心，以更好地发挥自身职能优势，最大限度地实现图书馆的社会价值，这也是图书馆拓展生存空间的必然要求。

1. 实现思想观念的转变

传统的思想观念是以书为本，图书馆的业务活动围绕书而展开。面对学习型社会的要求，图书馆必须在指导思想上实现由以书为本向以人为本的转变。以人为本，就是指图书馆的所有业务工作始终要以为读者服务为中心，树立人本首位、读者第一的思想。图书馆要开放资源、开放存取、开放借阅，充分尊重读者，满足读者的一切合理要求，为读者获取知识信息提供便利。比如，要尽可能扩大开架范围，让读者在书库自由翻阅，尽情地在书海里漫游。指引思想从以书为本到以人为本的转变，意味着图书馆活动进入以读者的需求为调节手段的动态运行机制，实现了从被动服务到主动服务的转变。只有这样，图书馆才能吸引读者，才能增强自己的生存实力。

2. 实现技术手段的变革

传统的图书馆工作主要通过人工实现，如图书采访、编目、流通、检索、查询、行政管理等，都需要手工进行处理，耗时费力不说，效率也不高。随着计算机技术普及，联合目录、联机编目、光盘检索办公系统等进入图书馆，图书馆将逐步实现自动化、数字化、网络化。因此，图书馆要加强对高新科技成果的应用，要采用馆际互借、联机编目、公共查询等软件，完善图书馆自动化管理服务系统，加强网上知识信息资源的处理能力和服务能力。逐步实现采访编目、典藏、流通、检索等主要服务功能的自动化和网络化，实现各图书馆的知识信息资源共享，以便高效优质地为读者提供各种服务。

3. 实现管理机制的变革

传统图书馆管理是以文献、设施等有形物质资源作为中心的管理，馆员只是文献、设施等的“配件”，这种观念使管理者普遍采用“硬管理”的办法，以书为中心，以工作为中心，制定出与之相配套的各种规章制度，来保障工作任务的完成。这就使得图书馆员的工作积极性和创造性难以有效发挥,抑制了图书馆的发展潜力。在信息社会和知识经济时代，图书馆要想站稳脚跟，实现自己的长足发展，就必须在内部管理机制上做好文章。管理不仅要考虑如何满足读者需要，还要考虑如何使图书馆员发挥最大的潜能，要实现由“重物”转到“重人”的管理方法上来。因为图书馆员是图书馆信息资源构成的第一要素。正如列宁所说：“图书馆员是图书馆事业的灵魂。”因此，知识经济时代的图书馆管理要注重馆员的个性化管理，树立以人为本的管理观念，强调人本主义，留住人才、开发人才、发展人才，这样才能促进图书馆事业的发展。

三、为创建学习型社会应采取的举措

1. 图书馆要率先成为学习型组织

首先要努力在图书馆内部营造一种浓烈的学习氛围。只有图书馆的每个干部职工形成“人人是学生，人人是老师”“在工作中学习，在学习中工作”“时时、处处、人人学习”的环境与氛围，率先把图书馆建成学习型组织，它才能在创建学习型社会活动中起到表率作用。

2. 以读书活动促进学习风气的形成

图书馆开展多种形式的主题性读书活动，是在全社会营造良好的学习风气的有效方法。例如20世纪80年代开展的“振兴中华读书活动”、20世纪90年代至今开展的“图书馆服务宣传周活动”和21世纪初开展的“全民读书月活动”等，都在全社会掀起读书热潮，形成了浓厚的学习氛围。在党和国家倡导向“学习型社会”迈进的今天，我们有责任不断创新，努力把社会各个阶层的男女老少都吸引到图书馆来，营造良好的学习环境，组织读者协会和读书兴趣小组，举办读书征文、读书演讲比赛、有奖读书、智力竞赛等活动，尽可能地吸引读者，积极营造良好的学习氛围。例如惠安县图书馆2001年举办的“少年儿童读百本科普图书”征文竞赛活动，2002年举办的“知我惠安，爱我惠安”知识征答竞赛活动，均吸引了广大读者到图书馆看书学习和查阅资料，扩大了图书馆的影响力，有效地壮大了读者队伍。同时，该馆还在一些乡、镇、村建立基层图书流通点，将服务延伸到基层，使远离图书馆的社会成员也能读书看报，促进全社会的学习氛围逐渐形成。

3. 将图书馆办成学习型社会的重要社区

随着我国小康社会的全面建设，国民经济能力进一步增强，各级政府对图书馆建设的投入将增加，我们要在全面推动图书馆事业发展的基础上加强与全民学习、终身学习相关的阵地建设、队伍建设、活动内容建设、网络建设等，真正把图书馆办成创建学习型社会的生力军和重要场所。

参考文献

[1] 严志宏 . 如何应对学习型社会 [J]. 中共山西省委党校学报，2003（1）.
[2] 张晓燕 . 图书馆在创建学习型社会的作用初探 [J]. 黑河学刊，2003（4）.
[3] 杨云芳 . 图书馆与“学习型社会”[J]. 丽水师范专科学校学报，2003（3）.

本文发表于《江西图书馆学刊》2004 年，第 3 期

作者简介：邱少阳，男，副研究馆员，曾任惠安县图书馆馆长，现已离世。

高校图书馆交互式阅读推广体系的构建
——以华侨大学图书馆为例

华侨大学图书馆　刘君霞

摘　要　本文初步分析了大学生人文素养培育的内涵与现状，指出高校图书馆阅读推广活动体系构建的五要素。介绍了华侨大学图书馆如何以人文素养培育为目标，制定长远阅读推广体系构建规划，在专门机构的负责下，与其他部门交互合作，与新技术交互创新，与读者交互互动，与专家交互协同，利用多渠道、多平台宣传交互式推广阅读体系的构建，以期为高校图书馆界的阅读推广工作提供经验。

关键词　人文素养；高校图书馆；阅读推广

目前，我国教育界针对传统教育的弊端提出了“素质教育”的概念，但就现实情况而言，教育方式依然没有根本性的变化，由高考所带来的升学压力使得应试教育依然占主导地位。在生态学研究领域李比希最小因子定律认为：植物的生长发育需要一定种类和一定量的营养物质。如果环境中缺乏其中的某一种，植物就不能生存，如果这种营养物质处于最少量状态，植物的生长量就最少。如今在校大学生更多地是基础课程与专业课程的学习，人文学科课程教育相对不足，特别是理工科学生更是如此。大学生的成长过程中人文素质的教育与培养相对缺乏，由李比希最小因子定律及大学生人文素质教育现状我们可推论，人文素质已成为大学生全面成长的限制性因素，是大学生人格完善的决定性影响因子。人文素养是指人们在人文学科方面所具有的综合品质或达到的发展程度，以及个人成长与发展成为人才的内在品质。人文素养教育包括 4 个层面：人文学科知识教育、人文思想教育、人文方法教育和人文精神教育。人文学科即关于人的价值及其精神表现的学科，一个人的人文素养需要经过有意识的人文教育才能培养出来，不是天生而就的，人文素质的形成主要有赖于后天的人文教育。高校图书馆作为高校的三大教学支柱之一、阅读文化信息中心，理应承担起大学生人文素养培育工作。

阅读是图书馆永恒的主题，阅读也是培育人文素养的主要途径，高校图书馆开展有效的阅读推广工作，激发学生的阅读兴趣，可以弥补高校素质教育的不足，对大学生人文素质教育发挥重要作用。但目前各高校图书馆以培养大学生人文素养为目标的阅读推广工作还没有形成常态，也没有形成一定的完整体系。华侨大学图书馆近几年一直致力于以人文素养培育为目标阅读推广体系的构建，经过几年的努力，“交互式阅读推广体系”从最初的构想到如今的实践已经形成一定的模式，取得一定的成效，各类阅读推广活动深入人心。本文拟对华侨大学图书馆以大学生人文素养培育为目标交互式阅读推广体系经验进行总结分析，探讨高校图书馆在大学生人文素养培养中的作用，构建高校图书馆阅读推广体系可持续发展的模式，推进高校图书馆服务的转型与创新，为高校图书馆阅读推广工作的有效开展提供参考与借鉴。

一、高校图书馆阅读推广体系构建的五要素

图书馆要构建大学生阅读推广体系，其一，要引进阅读推广工作的高素质人才。读书活动指导老师本身要有人文知识背景，具有良好的人文素养，了解哪些人文学科类的经典书籍有助于培育大学生人文素养，对经典书籍有较广泛的认识和较深刻的理解，能够正确指导学生阅读。其二，高校图书馆应尽量利用各种新技术，构建多元阅读平台。其三，高校图书馆需要联合学生社团，以学生社团作为紧密联系广大学生的中介，以便组织更多的大学生参与到读书活动中来。其四，高校图书馆需要和各学院、学校宣传部及学校学生工作部门建立工作合作关系，协作配合共同努力做好读书活动。单靠图书馆无法在学生中广泛开展读书活动。据调查研究发现，一般来说高校图书馆的阅读活动，没有学生社团的参与，缺少学生的积极主动性，没有配备经典阅览室，缺少资源保障，读书活动往往流于形式，无法真正实现高校图书馆大学生人文素质培育目标。其五，学校要给予一定的经费支持，有足够的经费支持读书活动开展。华侨大学在图书馆特设了“大学生人文素养活动”专项经费，此项经费为华侨大学图书馆读书活动的顺利开展实施提供了有力的经济保障。

二、华侨大学图书馆交互式阅读推广体系构建的实践

所谓交互式阅读推广体系，就是图书馆以素质培养为目标，利用自身的设施条件和资源信息等综合性优势，制定长远阅读推广体系构建规划，在专门机构负责

下，与校内其他部门交互合作，与新技术交互创新，与学生互动，与专家交互协同，利用多渠道、多平台宣传推广阅读体系。华侨大学图书围绕以上方面开展了卓有成效的工作，具体主要有以下7个方面。

1. 制定阅读推广体系规划

为了实现交互式阅读推广体系的可持续性，华侨大学图书馆制定了一套完整的阅读推广体系建设规划。提出以读者为中心，以人文素养教育为目标，利用图书馆的资源优势，开展丰富多彩的阅读推广活动，致力于提升大学生的人文素养。此外，华侨大学图书馆将阅读推广活动纳入学校素质教育教学工作与校园文化建设的整体规划中，不断完善工作机制，实现图书馆阅读推广工作的可持续发展。规划以学年为周期设计阅读推广方案，方案包含活动的目的、意义、预期目标、前期准备、活动内容、合作单位、时间、经费预算、活动流程和效果总结及评估。

2. 设置专门的阅读推广机构

阅读推广是以馆员的知识结构和综合能力为依托的，因此要完成此项工作需要建立推广阅读的专门机构。华侨大学图书馆于2013年初成立了文化传播部，专门负责大学生人文素养培育与阅读推广工作，致力于提升高校图书馆的教育培养职能，学校每年配套专项经费10万元，根据实际经费使用情况可追加。部门负责人为我校作家，其作品曾多次在省、市获奖，在文化传播方面有一技之长。文化传播部由馆长直接领导，负责组织图书馆阅读推广工作，研究大学生阅读心理特点，并对其阅读状况、阅读需求以及阅读特点进行深入剖析，制定适合其阅读兴趣的推广方案，努力提高大学生人文素养。其中包括：利用新技术建立多样化的宣传平台，进行多元化的阅读推广活动，建立与相关单位阅读推广交互联络机制，有针对性地与大学生、专家进行各种阅读交流，阅读推广效果总结与评价，等等。

3. 与其他部门交互合作，开展多样化的阅读活动

高校图书馆阅读推广工作要持续发展必须走共建共享的道路，单靠图书馆显然无法深入开展全校性的阅读推广活动，必须建立互动合作的阅读推广模式。为此，华侨大学图书馆积极与校内各部门沟通、协调，如与华文学院、华文教育研究院、学校团委、学生处、宣传部及学院系所属团委、学生会等联合开展阅读推广活动，由图书馆负责场地，部门负责组织学生参与，或图书馆邀请名家，学院安排学生、场地等，通过多样的交互合作，实现大学生人文素质教育的双赢。图书馆联合其他部门组织系列影视沙龙、书画摄影展、英语角、名家讲坛等阅读推广活动，每学期

20 次左右，在学校学生中引起较大反响。此外，图书馆还联合建筑学院、美术学院等学院，组办了大学生写生作品展、国画作品展、摄影作品展、工业设计展、书法作品展等系列展览活动，每学期大致组织 4 场展览，在图书馆营造了浓厚的艺术氛围，使学生在参与及观赏中受到美的熏陶与教育。协办学院也通过活动的反馈，增强了对大学生人文素养培育的信心。在校外，华侨大学图书馆与厦门大学图书馆、厦门市图书馆、厦门市文联等部门建立合作关系，借助校外的资源与力量，合作组织阅读推广工作，丰富了在校大学生的教育资源，扩展了阅读的领域与深度。

4. 与新技术交互创新，利用多元阅读平台

以纸质资源为主体的实体馆藏在当前图书馆资源中仍占有重要的地位，因其便于阅读，符合传统阅读习惯，在学生的教育学习成长中仍具有不可动摇的主导地位，是大学生最重要的阅读对象。但随着网络技术、移动技术等新兴技术的发展，越来越多的图书馆借用新兴技术来开展阅读推广活动，新型多媒介推广崭露头角。华侨大学图书馆充分利用各种新技术进行阅读推广，互动创新多种阅读平台。为了满足我校侨校特色教学科研个性化，我们建立了华侨华人特色文献数据库，采用了移动图书馆，配置了电子读屏机 6 台。通过智能手机或其他阅读器通过网络阅读图书馆的数字文献资源。读者可以通过移动通信设备登录图书馆网页，随时查询、阅读和获取图书馆的资源和服务，如阅读电子图书、查找电子文献资料等。图书馆还运用官方微博、官方微信等新方式吸引习惯网络阅读的读者。利用博客、QQ 群、校园 BBS 论坛等与读者互动，向读者推荐好书、好资源，将阅读心得发布到群中与大家共享。新技术的应用大大促进了图书馆阅读推广工作的效率，提升了图书馆的阅读指导水平，并在虚拟空间开辟了阅读新天地，图书馆与新技术的交互作用成为阅读推广的助力器。

5. 与学生互动，激发阅读兴趣

在阅读推广中，学生的积极参与是关键，图书馆加强与大学生的互动，积极倾听他们的意见，让学生自主组织活动、参与活动，让学生成为阅读的主角。华侨大学图书馆尝试直接管理特色学生社团，如以图书馆为主管部门成立了学生社团组织“初醒文学社”，文学社设立读书部、编辑部、讲堂部、外联部、宣传部等，在图书馆设有专门办公地点。编辑《初醒》大学生原创文学杂志，该杂志由华侨大学图书馆主办，主要依靠初醒文学社的学生进行编辑排版工作，每学期刊发一期，每期主要刊登在校大学生的原创文学作品及读书征文赛的文稿 30 余篇，目前已编辑

出版 8 期，每期面向全校大学生免费发放约 2500 本。尔雅汉服社也是在图书馆指导下成立的学生社团，主要负责组织一些中华传统文化传播类的文化活动。此外，华侨大学图书馆与其他几个学生社团如读书俱乐部、校学生会宣传部（华通社）等学生社团建立了长期的合作关系，支持社团学生组织相关读书、文化活动。充分利用学生的积极主动性及社团对学生的凝聚力，有效开展阅读推广工作。华侨大学图书馆阅读推广活动负责人主编的《人生旅途》校园诗集于 2014 年由海峡文艺出版社出版发行。诗集主要收编了华侨大学在校师生部分诗歌爱好者的诗歌 300 余首，获得著名文学评论家孙绍振教师、谢有顺教授和著名作家杨少衡的推荐，诗集的出版大大激发了大学生阅读写作的兴趣。华侨大学作为一所隶属国务院侨办招收侨生的特色学校，图书馆在组织相关读书活动的时候，特别邀请侨生参加，引导侨生阅读中华优秀传统文化经典书籍，发挥图书馆对侨生的文化培育及熏陶功能。我们每学年组织一期读书征文大赛，面向全校师生征集读后感文稿 300—500 篇，匿名由专家评选出优秀文稿 20 篇，颁发获奖证书及奖金，鼓励在校学生积极投稿。在“初醒讲堂”系列讲座中，鼓励学生就某一个专题做深入研究，走上讲台发表演讲。在活动过程中，都会收集学生的反馈意见，评价总结活动效果。正是这种与大学生的交流互动，对意见的反馈处理，促进了以培养学生人文素养为目标的阅读推广工作的开展。

6. 与专家交互协同，推动经典导读

为让大学生接受经典文化的熏陶和教育，提供人文素养，华侨大学图书馆联系到一些专家学者，包括文学、哲学、经济学等各专业教授、知名作家等来我馆指导阅读举办讲座等。我馆开展的主题读书沙龙活动，首先确立主题、指定阅读经典书籍然后组织读书交流会。读书交流会邀请专业专家给同学们现场解读。两年多来，我们在听取学生反馈意见的基础上开展了系列主题读书沙龙，例如《道德经》读书沙龙、《论语》读书沙龙、《读大学读什么》读书沙龙、《唐诗之美》读书沙龙等。在读书沙龙中，同学们积极发言，与专家互动分享交流读书见解与感悟。对于文化讲座，文化传播部老师首先与学生进行交流沟通、深度访谈，了解学生需要哪方面的文化知识讲座，有针对性目的性邀请相关专家或老师开设讲座。在书目推荐与导读方面，我们通过对文化及经典书籍全面了解、查阅相关文献资料、倾听专家教授的指导意见，确定经典书目，依托读书俱乐部及初醒读书会的学生，通过网络媒体及纸质海报进行宣传，营造了浓厚的校园读书文化氛围。

7. 利用多渠道宣传推广，走可持续发展之路

好的活动无疑离不开推广宣传。图书馆文化传播部运用多种传媒技术进行阅读推广宣传，如图书馆网站主页、馆内校内公告栏、宣传单、横幅、电子屏幕等。新生入学时期，我们特别推出新生阅读书单，使大一新生一入学就确立阅读的目标与方向。为更好地帮助新生读者了解图书馆的各种资源、掌握利用现代化图书馆的各种资源，我们编写印刷《华侨大学图书馆读者手册》，下发到各学院班级，人手一册；做好新生入馆参观、咨询、引导服务工作；开设新生入馆教育培训讲座，安排相关馆员做讲座，讲座通知到各学院，使所有的班级都分别参加新生入馆教育培训讲座。除了对新生进行图书馆使用规则教育，还特别对新生进行数据资源使用及信息文献检索教育，让大一新生刚入学就懂得如何利用图书馆图书文献资源，懂得信息素养的重要性。寒暑假前图书馆都会推出假期阅读书单，指导大学生课外阅读。此外我们组织在校学生参加校外的大型阅读推广活动，比如参加了 2014 年福建省文化厅、教育厅等部门联合主办的“阅读改变心灵，学习成就梦想”八闽书香阅读活动，有 6 名学生分获二、三等奖，作为组织参与活动单位，我们获得了“阅读推广突出贡献奖”。通过评奖，图书馆的阅读推广活动得到广泛关注，引起学校的重视，为阅读推广的可持续发展打下良好基础，创造了良好的外部环境。

三、结语

大学生的人文素养不是天生的，是由后天的教育引导、阅读学习慢慢积淀而来的。阅读是最有效的培养大学生人文素养的方式之一。华侨大学图书馆构建交互式阅读推广体系，通过制定长远规划、设立专职部门，与其他部门、单位、学生、专家互动协同，利用多种新技术手段，充分发挥图书馆的资源优势，整体提升图书馆的人文素质培养功能。从图书馆角度致力于提升学校的素质教育水平，通过读书活动以及经典阅读循序渐进、潜移默化、有针对性地提高大学生的人文素养，取得了良好的实践效果。同时在组织活动的过程中，我们进行思考总结，我馆的阅读推广工作还需要在专职人员配备、经典阅览室、与校内及校外其他资源合作等方面还需完善及进一步改进。

参考文献

[1] 孙琳，肖兰英．当代大学生人文素质现状调查及对策研究 [J]. 学理论，2011（2）：269-270.

[2] 孙儒泳，李博，诸葛阳，等．普通生态学 [M]. 北京：高等教育出版社，1993.

[3] 王忠武．论自然科学、社会科学、人文科学的三位一体关系 [J]. 科学学研究，1999（9）：3-10.

[4] 眭国荣，蓝天．理工高校大学生人文素质教育存在的问题及对策 [J]. 教育理论与实践，2011（2）：9-11.

[5] 石莉．高校图书馆构建全方位多层次立体阅读推广体系探析 [J]. 图书馆界，2014（6）：80-86.

[6] 吴高，韦楠华．我国高校图书馆阅读推广所存在的问题与对策研究 [J]. 图书情报工作，2013（3）：47-51.

本文发表于《图书馆杂志》2016 年，第 4 期

作者简介：刘君霞，女，副研究馆员，华侨大学图书馆文化传播部副主任。

女性阅读视角与女性自我发展

——“她”阅读时代的探讨及图书馆应对

泉州师范学院图书馆 马桂花

摘 要 女性阅读是女性实现自我发展的重要途径。女性在阅读中因自身所处时代不同，造成了阅读视角的不同。本文探讨了中国传统社会与中国当代社会女性阅读视角对女性自我发展的影响，以及图书馆在“她”阅读时代来临时的应对措施。

关键词 女性；阅读；自我发展；图书馆

女性阅读是人类阅读活动的重要部分，随着社会的进步、时代的发展、教育的普及、出版物数量的快速增长以及公共图书馆的出现，女性阅读逐步从争取阅读权利和提高阅读能力向阅读的量和内容上转化，并且日益成为全社会重视的现象，这充分说明女性（她）阅读时代已来临。

女性阅读是女性实现自我发展的一个重要途径。女性在阅读中因自身所处时代不同，造成了阅读视角的不同，不同的阅读视角或成为束缚女性发展的绳索，或成为加速女性发展的助推器。

一、中国传统社会女性阅读视角与女性自我发展

在人类漫长的阅读史中，女性阅读的身影是不能被忽视的。在教育尚未普及的传统社会，广大下层百姓之家的女子是很难享受读书乐趣的，正如李伯重先生所言：“在下层社会里，即使是男子也很少有受教育的机会。”19世纪中叶教会女学产生之前，中国的女性根本没有和男性同等接受学校教育的权利，其受教育的可能性取决于家境优裕与否和家长思想的开明程度，而且家长让她们受教育的目的不是学习知识、开发智力，而是知晓礼法、妇道，成为最符合男权社会要求的淑女贞妇，其受教育的范围也局限于家庭教育的狭小空间。

司马光《家范》云，“女子在家，不可以不读《孝经》《论语》及《诗》《礼》，

略通大义”“管弦歌诗，皆非女子所宜习也”。那么，这些有条件阅读的中上层女性是否按照儒家的理想模式去选择自己的阅读书籍呢？非也！当时女性阅读的广度与深度，远远超过了士大夫的预设模式。从《唐代女性阅读活动浅析》《宋代女性阅读活动初探》和《明清女性阅读活动探析》中可以看出，当时女性阅读的书籍有儒家经典、佛道典籍、女教家训、史书、诗词文选、绘画书法、戏曲小说、医药术数、天文历算等，内容广泛，无所不包。女性的阅读活动虽然对当时的社会有一定的影响，但最重要的影响无非是“相夫教子”而已。

在传统的中国社会，女性被排斥在社会公共生活之外，禁锢于家庭之中，成为家庭的奴隶和男子的附庸。在这一时期有条件阅读的女性虽然可以博览群书，但女性在成长的过程中因女教思想已内化为心理定式，这就影响了女性的阅读视角，从而限制了自我发展，其阅读的终极目标无非是读书明理、助夫旺夫、教育子女和著书立说。她们所做的这一切尽管得到了一些文人名士的肯定，然而能够得到褒奖的女性寥寥无几。有些女性在阅读中，出现了自我意识的觉醒，开始了对自身命运的反思，但也只是在诗文中潜在带有争取权利平等地抒发自己的女性意识，这种女性意识想动摇男权社会无疑是“蚍蜉撼树”。

虽说在传统中国的不同历史时期，出现了女性对政治权利“僭越”的现象，如吕后临朝、改朝换代的武则天、晚清权倾一时的西太后慈禧，但并不能认为这是女性的自我觉醒，她们并非是以一个女性身份来统治男性，只是一个出类拔萃的政治家在尊重父权文化的前提下君临天下而已。

综上所述，在整个传统中国社会，尽管不乏女性阅读的身影，也出现了一些诗文满腹的才女和君临天下的女政治家，但这些只是男权社会的一些点缀罢了，并不能说明女性通过阅读获得了个体的独立意识和独立的生存空间。女性被局限在家庭领域，而家庭角色使女性疏离了人的社会本质，限制了女性阅读的视角，使她们无法正确了解外部客观世界的运行，也就不能把自身行为与外部世界联系起来，从而限制了女性的自我发展。

二、中国当代社会女性阅读视角与女性自我发展

当代社会，女性阅读逐步从争取阅读权利和提高阅读能力向拓展阅读的广度与深度转化，并且日益成为全社会重视的现象。在提倡全民阅读、打造书香中国的今天，女性阅读的现状如何？“她”阅读的角度对自我的发展有何影响？可以通过

中国新闻出版研究院发布的“第九次全国国民阅读调查”中首次公布的女性阅读数据来做一探讨。此次调查时间为 2011 年 9 月至 2012 年 2 月，并增加了对电子书、电子报纸和电子期刊阅读情况的调查，执行样本城市为 49 个，共收集 0—70 周岁有效样本量 18881 个，其中 18—70 周岁女性识字样本为 7642 个，占总样本的 40%（见表 6-1）。

表 6-1 成年男性与女性的阅读率比较

	综合阅读率	图书阅读率	报纸阅读率	期刊阅读率	数字化阅读方式接触率
男	81.5%	57.0%	67.9%	39.4%	41.2%
女	73.3%	50.5%	57.6%	43.4%	35.7%
全国	77.6%	53.9%	63.1%	41.3%	38.6%

（数据来源：《中国妇女报》2012-06-05，下同）

从表 6-1 中可以看出，女性的综合阅读率、图书阅读率、报纸阅读率以及数字化阅读方式接触率均低于男性，也低于全国综合阅读率，只有期刊阅读率女性高于男性 4 个百分点，为 43.4%。与阅读率相对应的是阅读量，调查显示，我国 18—70 周岁国民人均阅读图书、报纸、期刊和电子书分别为 4.35 本、100.70 期（份）、6.67 期（份）、1.42 本。成年男女的图书阅读量均未达到全国平均值，但男性阅读量均高于女性阅读量，高于全国平均值。虽然女性的期刊阅读率高于男性，但阅读量依然低于男性。对此，中国新闻出版研究院研究员刘志永表示，这组反差数据从侧面表示出女性的阅读面不如男性广泛。

我国女性无论是阅读率、阅读量还是阅读面都不及男性，这是有深层次原因的。虽然近代以来到社会主义制度确立的一百多年历史中，制约女性发展的传统性别制度遭遇毁灭性的打击，女性的生存处境和生活方式发生了根本性的转变，但是传统的性别等级并没有根除，仍在社会生活中延续下来，女性要以家庭为重，是家务劳动的主要承担者，这是传统的“因循”。此外，性别制度以新的形式出现，主要表现为性别视角的缺失，使女性在社会生活中被忽略了独特的权利和要求，以男性的标准来衡量职业女性，加重了妇女双重角色的紧张，这是性别制度的“再生”。这些都成为女性发展中的“玻璃天花板”，看似能挡风遮雨，其实阻碍了女性人生价值的实现。

从图 6-1 可以看出，“增加知识，开阔眼界”是男女阅读的主要原因，但购买目的还是有很大差异，男性多为掌握“实用技能”、满足“工作学习需要”，而女性阅读却以“生活知识”为先导、以“增加谈资”为动机，这也从侧面反映出隐形性别制度的潜在运作。虽然男女平等是国家政府所倡导的主流话语，但妇女的家庭角色从来没有受到质疑，“站在男人背后”的贤妻良母的角色模式仍然被社会认同和倡导。我国成年男女的阅读模式也反映出当代社会“男主外女主内”的家庭分工模式仍占主流地位。

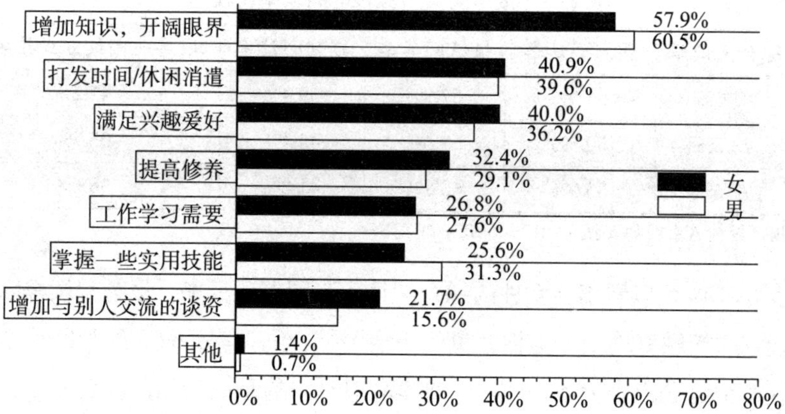

图 6–1　男女购书目的

调查结果还显示，五成以上（56.6%）的女性从不购买图书。究其深层次的原因还在于女性贫困和女性教育。城市中下岗女工就业难和女大学生就业难都是一个突出问题，同工不同酬、行业分隔等都是造成城市女性贫困的原因。对于农村妇女来说，虽然承担了许多耗时耗力的劳动，但是商品作物的生产和收益一般都由男子掌握，而且中国的贫困人口大都集中在农村，农村女性成为贫困的最深重承受者。当女性的经济能力只能保障最基本的生活需求时，购书只能是一种奢求。此外，我国女性的文盲率远远高于男性，而且女性高文盲率在边缘贫穷省份及农村地区更是惊人，这也是导致女性购书率低下的原因。

在当代中国，女性阅读虽然已成为一种普遍现象，但由于中国传统性别文化的长期影响和束缚，我国女性在心理上形成了安于现状、因循守旧、依赖依附性强、成功期望偏低、缺乏创造卓越成就的激情和动力等弱点，使女性阅读的视角呈现出轻阅读、快阅读和生活化阅读。这种阅读从表面上看有很强的个人化和情趣化，但深处还是隐伏着深刻的社会问题和中国的普遍问题。女性的素质影响到民族的素质，女性的发展水平影响到一个国家的综合国力，改变当代中国女性的阅读视角，让女性在不断的阅读中自我超越，已刻不容缓。

三、图书馆积极应对“她”阅读时代的来临

1. 设置女性阅读专区，通过阅读唤醒女性正确的自我意识

阅读是女性认识社会与自己的最重要的路径之一，通过阅读唤醒女性正确的自我意识，就是让女性在阅读中排除来自男性中心性别话语对自身辨认的干扰，不要去追求一些外在的东西，忽略内心的荒芜。图书馆应为女性设置阅读专区，专门陈列诸如优秀女性人物传记、女学者论著、女作家作品等，将崭新的女性世界、女性理想展示在读者面前，为女性寻找全面发展之路。让女性通过阅读获得自主意识，果敢地履行自己的历史使命、社会责任、人生义务，并清醒认识自身的特点，以独特的方式参与社会生活改造，肯定和实现自己的需要和价值。

2. 搭建女性沟通平台，拓展女性阅读的深度和广度

如今国民的阅读方式呈现出多元化、个性化和数字化趋势，然而城乡差异和地区差异巨大。与欧美等发达国家相比，我国国民的阅读，尤其是女性阅读现状堪忧。图书馆在阅读推广、培养国民良好的阅读习惯以及引导网络的深层阅读中应有担当。虽说女性（她）阅读时代已来临，但女性的阅读倾向需要引导，图书馆应从多个角度思考、研究女性阅读心理和阅读兴趣，掌握不同类型女性读者的阅读需求，积极开展各种形式的导读工作，为女性阅读搭建一个拓展视野、相互沟通的平台，让女性从单一烦琐的工作、家庭生活中抽出一部分时间，寻找自我的价值。如成立女性读者协会，组织女性读者沙龙，邀请来自社会各界的女性读者现场交流读书心得，通过各抒己见、酣畅探讨，提高阅读的深度，启发思考，而且在自由交流过程中培养起来的相互尊重与倾听和基于理性认知态度的辩论，对培养女性的平等意识、尊重他人、语言思维等方面有着极为重要的作用。

3. 发挥女性馆员作用，成为女性阅读的带路人

在“她”阅读时代，应充分发挥女性馆员的作用。女性馆员是图书馆工作人员的主体。最新数据显示，图书馆男性馆员占 35.3%，女性馆员占 64.7%。女性馆员在引领女性阅读的潮流中充分利用自身优势，展示女性的性别自信，要拓展视野，提高自己的思想水平与知识素养，成为女性读物的揭示者、女性理想的发现者、女性智慧的提炼者、女性阅读的组织者与带路人。女性馆员还应积极参与到如“救助贫困母亲”“帮助失学女童重返校园”等社会慈善和公益事业中，让阅读消除她们精神和文化上的贫困，让她们懂得自己需要什么，让她们在扶贫决策中拥有发言权，

而不被男性所代言，让她们走一条自己选择的发展之路。

4. 图书馆空间规划以人为本，关注女性需求

图书馆的空间规划应考虑到性别差异，应多从女性使用者的角度规划环境，满足多元化的需求。许多公共图书馆都设置了亲子阅读角，高校图书馆也应借鉴这一做法，不能只考虑为学生服务，而忽视了广大妈妈级读者的需求。在图书馆的规划、发展过程中应渗透性别视角，多吸收一些女性读者和馆员的想法与建议，关注女性需求，才能使图书馆更好地应对女性（她）阅读时代的来临。

参考文献

[1] 李伯重 . 问题与希望：有感于中国妇女史研究现状 [J]. 历史研究，2002（6）：154–157.

[2] 陈秀钦 . 唐代女性阅读活动浅析 [J]. 兰台世界，2011（9）：68–69.

[3] 铁爱花 . 宋代女性阅读活动初探 [J]. 史学月刊，2005（10）：35–40.

[4] 韩淑举 . 明清女性阅读活动探析 [J]. 图书馆工作与研究，2009（1）：63–68.

[5] 刘霞 . 全民阅读场景中的“她”阅读——首份全国女性阅读调查数据发布 [N]. 中国妇女报，2012–06–05（B02）.

[6] 肖军飞，刘大伟 . 社会资本视角下的高校女性图书馆员成长实证分析 [J]. 图书馆论坛，2012，32（5）：166–171.

本文发表于《图书馆理论与实践》2014 年，第 8 期

作者简介：马桂花，女，副研究馆员，任职于泉州师范学院图书馆。

当代大学生的阅读需求与导读策略

泉州师范学院图书馆 高丽芳

摘　要 本文以提高高校图书馆的服务质量为目的，通过调查研究，阐述了当前大学生读者的阅读需求，指出在新形势下加强导读工作的重要性，并提出了相应的导读策略，以期更好地发挥高校图书馆教书育人的作用。

关键词 图书馆；阅读需求；导读

提高教育教学质量，造就社会主义现代化建设各方面工作需要的合格人才，是大学图书馆在当前高等院校的教育教学工作中承担的极其重要的任务。就当前高校教育教学情况看，一个合格大学生的学识培养、道德培养，仅仅靠课堂教学是不可能达到预期的培养目标的。换言之，任何一所高校的任何一位教师，他的学识、道德都是不全面的，即使是优异的课堂教学也只能是学生学识培养、道德培养的一个环节。高校学生要获取更多的科学文化知识，实现社会主义道德情操和完整人格的塑造，必须在教师的言传身教引导下，通过对人类文明的广泛接受和对社会生活的切身体验去完成。高校图书馆贮存着人类物质文明与精神文明的精华，凝结着千百年来积淀下来的人类非凡的创造力，其拥有的知识体系是完整的，蕴藏的社会道德规范是完善的。因此，高校图书馆在培养社会主义社会的合格人才、社会主义现代化的优秀人才方面，毫无疑问地具有其他教育平台所不可替代的作用。如何使学生在大量的自学时间里，更多地获取知识，更好地完善自己的人格，更快地提高自己的创新能力，高校图书馆在当前高校的教育环境下，搞好阅读需求分析，有针对性地提高优质阅读服务，就显得更加重要了。

一、大学生阅读需求分析

要搞好对学生的优质阅读服务，首先要了解当前大学生的阅读需求。由于社会的变革，新的就业形势的压力，据调查，当前大学生的阅读需求，主要有以下几个方面。

1. 求专业知识的扩充

“术业有专攻”。大学专业分科，就意味着大学生必须有自己的专业方向，而专业知识的学习就成为大学生在校期间的首要任务。就目前的课堂教学情况来说，教师的课堂讲授与教材的涉及范围不可能满足学生对专业知识的获取。也就是说，课堂教学中教师的讲授只能对学生的学习起到一个引导作用，配套的教科书也只能为学生专业知识的学习奠定一定的基础。 这是因为教师本身的知识面与业务能力以及相应教材的知识是有一定限度的，都不可能全面展示某一专业知识的全部内容。学生要扩充自己的专业知识，最大可能地使专业知识更全面、更丰富，就必须通过大量的课外阅读来实现。

这类读者的阅读兴趣比较专一，他们往往局限于某一学科或某一方面，就所学专业来扩充阅读领域，选择与专业相关的理论知识、发展动态与科研成果进行探讨，从而获取课堂教学与教材知识之外的更多内容。因此，这类学生对图书的需求面较窄，通常只选择与本专业相关的书籍来阅读，对馆藏图书的专业广度与理论深度有较高的要求。

2. 求应用能力的提高

培养应用型人才是当前高校教育教学改革的一项重要任务。应用型人才指的是具有较强的处理问题和解决问题的能力，能够把所学的科学文化知识运用到工作实践当中去的人才。目前各高校都在强调实践性教学的重要性，都在加大实践性教学的力度，突显出了当前高校对于学生应用能力培养的重视程度。事实上，从某种意义上讲，能力比知识更重要，尤其是当前社会工作的需求和就业条件的限定。目前高校的大学生已经感觉到能力培养对自己未来发展的重要性。于是，越来越多的大学生在校学习期间，希望能够通过应用类图书的学习间接地增加自己的实践经验。

基于上述原因，这类读者对应用类图书的能力指导作用有着很高的需求。这类图书虽然仍不免为纸上谈兵，但其中所展示的处理问题的思路、科学操作的方法以及具体实验的步骤等，无疑对在校大学生现在可能做的和将来必须做的具体能力实践有一定的帮助，对于知识向能力的转化也具有现实的指导作用。

3. 求文化视野的拓展

这类读者对文献需求面非常广，其特点是博览群书、全面吸收。他们不仅阅读本专业的文献，而且大量阅读相关专业、非相关专业的文献，内容往往涉及政治、经济、文化等领域，尤其对二、三次文献，如文献书目、文献提要、文献综述以及各专业学科述评、人物传记等有着特殊的需求，力求从总体上去把握某学科专业的学术动向、知识结构等，希望用较少的时间获取较多、较系统的信息和知识。

这部分学生读者大致可以分为三种类型：第一类是刚入学的学生，他们希望通过广泛的阅读，探求到入学的门径；第二类是学有所成，在专业学习中有了一定的根基，希望通过广泛的浏览获取更为丰富的知识，并使其与自己所学专业融会贯通；第三类是学习目的比较盲目，还不明确自己到底要主攻哪个方向，于是在书海中漫无目的地徘徊。

4. 求创新信息的获取

这类读者具有较高的专业理论水平和一定的学术研究能力。阅读的目的是创造新知识，开拓新领域；阅读的方向具有较强的选择性和针对性。他们借助图书馆把握所研究课题在国内外的进展情况、发展趋势、研究成果等。他们阅读的文献数量大，所涉及的知识比较专业。通过文章的结构分析研究，能够抛弃无用的内容，采撷有用的精华，去充实主观知识结构体系，或为客观知识创作收集准备“原材料”。

这类读者很注意文献的时效性，对新出版的图书杂志兴趣浓厚，反应敏锐，尤其是与自己研究领域相关的一些新观点、新理论一经出现，立刻就会成为他们关注的焦点。

5. 求各类考试的应对

专业课程的考试，是检验学生在校期间的学习成果的一种手段，这本来不是大学生学习生活的负担，但目前在校大学生所面临的考试是多种多样的：专业课的考查、考试是学生必须在每学期末定时进行的，其他如外语过级考试、计算机过级考试、公务员招聘考试、硕士研究生入学考试等，给学生的学习生活造成很大的压力。

为了应对名目繁多的各种考试，这一类学生到图书馆阅读或借阅的目的性非常强，他们所需求的往往都是各类应考的参考书，希望通过这些书的学习，找到考题的类型与答案，获得考试的能力与技巧。在应试教育还十分盛行、题海战术还颇能奏效的今天，这类图书有时确实能够给予学生极大的帮助，因此，也格外受到参加各类考试的学生的青睐。

6. 求心绪的调剂与排遣

这部分读者到图书馆阅读或借阅的目的是为了调剂心情。他们大致可以分为两种类型：一种是平时学习很忙，精神比较疲劳的学生，他们到图书馆阅读，通过兴趣的转移，使自己的疲劳情绪得以放松。因此，这类读者的阅读内容往往是一些趣味性较强的书籍杂志等。另一种是在大学学习目的不很明确，整天无所事事、百无聊赖的学生，他们也到图书馆里来，但往往带着许多茫然，也借阅一些书，但阅读目的不明确，对专业文献比较盲目，往往浏览一些趣味性较强的书籍杂志等。当然他们也可以从中学习到一些相关的知识，受到一些美的熏陶，至少也可以排遣一下无聊的心绪。

以上阅读需求的分析仅仅是粗线条的，各类情况也不能截然分开。对于学生来讲，随着学习能力的逐步提高和专业学习的阶段性要求，其阅读需求也在不断地调整变化。但不管是一般需求还是针对图书馆某种服务提出的个别需求，图书馆都必须积极加以应对，从而更好地发挥高校图书馆教书育人的作用。

二、高校图书馆优质服务的导读策略

导读是图书馆为读者提供的符合甚至超出其阅读期望的深度服务。它可以为读者提供阅读信息，指导阅读方向，把握阅读内容，节省检索时间，是被实践证明了的既重要又必要的图书馆服务工作。高校图书馆面对的是广大师生，而其中学生是服务的主要对象。为高校学生读者提供满意的服务，并由满足期望需求发展为满足潜在需求，这就需要图书馆工作人员在充分研究、了解大学生读者的阅读需求的基础上，采取相应的导读策略，不断提高为读者服务的质量。

1. 学科分类下的书目导读

这种导读方式比较适合于刚入学的学生。对于刚入学的学生来说，他们对本学科或专业的了解还不是很明确，要学好本专业需要读一些什么书也不是很清楚。在这种情况下，图书馆可以根据不同的专业特点，有针对性地为他们开列一些书目。著名史学家陈垣 16 岁时就学会按照目录买自己需要的书看，《四库全书总目提要》他读过好几遍。他说："从目录学入手，可以知道各书的大概情况。"著名文学家郑振铎在为孔令境辑录的《中国小说史料》的序中说："'版本''目录'的研究，虽不就是'学问'的本身，却是弄'学问'的门径。未有升堂入室而不由门径者。也未有研究某种学问而不明了关于某种学问的书籍之'目录''版本'的。而于初学者，这种'版本''目录'，尤为导路之南针，照迷之明灯。"事实证明，分专业进行综合性的书目导读，对于刚入学的大学生来说，可以使他们强烈的求知欲得到正确的引导，可以使他们在今后的专业学习中少走很多弯路，可以使他们更快地了解自己该读什么书以及怎样去读书。书目导读这一环节，过去一般由教师在专业教学中进行。随着图书馆功能的扩大，对学生阅读需求的了解的增加，由图书馆从事版本、目录学研究的专业人员进行导读，可以达到一般教师所不能达到的效果。

2. 阅读需求下的专题导读

我国的书籍浩如烟海，究竟有多少，目前还没有一个准确的数字。仅就古籍来说，有人估计七八万种，有人估计有十五万种左右。这么多的书籍，我们不可能全部利用，就是本学科本专业的书籍，学生也不可能全部去阅读。因此，根据不同学生的阅读需求，有针对性地就某一方面内容的书刊进行专题导读就显得十分必要了。尤其是对一些术业有专攻的学生，由于他们的阅读兴趣比较专一，往往局限于某一学科或某一方面，希望就所学专业了解最新、最核心的知识。如果我们能够结合当前某一专业的学术动态，结合本馆馆藏现状，结合网络图书信息，就某些专题进行导读，无疑会对学生专业素质、学识水平、科研能力等多方面的提高有极大的帮助。

当然，进行专题导读，对于图书馆大多数工作人员来说是难以胜任的，因为他们不可能对众多学科的专业知识需求全都有专业性的精深研究。因此，我们可以请校内外相关专业的专家、学者定期不定期地开一些专题导读讲座，发挥他们的才智来协助图书馆实现更好的导读服务；也可以将一些比较有导读价值的书评类文章定期推荐给学生，满足学生预期的阅读需求，以减少他们对需求文献盲目查找、难辨良莠的苦恼。

3. 网络环境下的文献导读

随着现代科技的迅速普及，高校图书馆的网络建设有了突飞猛进的发展。正在启动和实施的中国高等教育文献保障体系（CALIS）通过网络把全国高校图书馆联结成一个整体。大力开发网络信息资源，建立建全馆际网络联系，全面开展网上信息检索与咨询，成为当前高校图书馆一项全力推进的工作。由于网络信息具有开放性的特点，读者的阅读需求也随之更加广泛和深入，对于导读的要求也就更高。有效地利用网络优势和计算机技术、通信技术、数字化技术、多媒体技术等搞好文献导读工作，也就随之摆到一个十分重要的位置上来。高校图书馆网络环境下的文献导读，可以从专业书目、科研课题、文献综述、专书书评以及新产品的设计与开发、科技成果的评介等全方位地进行。

网络导读的推进工作有一定的难度，需要图书馆导读人员具有比较广博的文献目录学知识和比较专业的网络技术水平，需要校内外相关专家学者的协作。只要我们以主动的姿态和超前的意识认真对待这项工作，就可以使不同阅读需求的读者通过计算机终端得到自己所需要的信息，更加快捷、有效地实现他们的求知需求。

4. 读书活动中的交流与互动

青年学生渴望彼此之间的交流，希望对共同感兴趣的问题展开对话，互相启发，互相学习。高校图书馆应该根据青年学生的这一特点，积极开展相应的读书活动，通过学生的读书活动来交流读书心得，推荐主题书目，通报新书内容，传达科研信息，让学生在自由互动的阅读讨论中达到图书互相导读的目的。还可以在图书馆的网站上设立读书论坛，开展网上读书活动，请相关专业的教师在论坛上与读者交流，指导学生的专业课学习，引导学生读好书、读有用的书、读与自己阅读需求密切相关的书。

高校图书馆导读工作是以提高读者阅读意识、端正读者阅读目的、辅导读者阅读内容和培养读者治学方法为宗旨的职能性工作，导读工作的好坏、导读水平的高低是衡量高校图书馆服务质量和服务层次的重要标准。深入了解高校学生读者的阅读需求，有针对性地对不同读者进行阅读指导，从而使高校图书馆真正成为高校教育教学的强大支柱。

参考文献

[1] 陈垣 . 与毕业同学谈谈我的一些读书经验 [J]. 中国青年，1961（16）：19.
[2] 方厚枢 . 从目录学入手 [N] . 光明日报，1962-03-06（4）.
[3] 杨殿珣 . 谈谈古籍与古籍分类 [J]. 北图通讯，1979（1）：22.

本文发表于《泉州师范学院学报》2007年，第4期

作者简介：高丽芳，女，副研究馆员，曾任职于泉州师范学院图书馆，现已退休。

深化阅读推广与提升全民文化素养的措施摭探

南安市仓苍中学图书馆 吴忠蝶

摘 要 图书馆对阅读活动与阅读服务的推广能够促进社会思想文化广泛传播，切实履行公共服务设施应有的关键社会职能，为学习型社会的建立创造有利条件，为人民提供接受文化素养再教育的机会。文章分析深化阅读推广、普及阅读技巧的必要性及图书馆现有经营模式的可改进之处，提出鼓励全民参与阅读、提高知识储备与文化素质的有效策略。

关键词 图书馆服务；阅读推广；全民阅读；全民文化素养；社会宣传

面向全民进行阅读推广活动，有助于建设终身学习型社会，提高全民人文素质与知识技能水平，能够为知识经济进一步发展提供不竭动力。人们阅读习惯的培养可在某种程度上拓宽文化传播交流渠道，改变社会行为风气与各级学校整体学习环境。图书馆在党和国家所领导的全民阅读推广活动中应负起责任，为大众提供低成本的易获取阅读资源，降低普通民众进行深度文化学习的难度，利用网络或线下社团传播优质电子化或纸质阅读资源,还可借助政府与社会组织力量进行广泛宣传，为全民阅读活动造势，提高图书馆社会影响力，使阅读成为人们的习惯。

一、深化推广全民阅读的必要性与社会效益

为满足新时代信息社会对生产劳动力文化素质的高要求，提早完成“中国制造 2025”伟大科研发展计划，迎接科技革命与新知识经济的挑战，图书馆必须坚持深化推广全民阅读，提高人们的人文艺术理解力和专业技能水平，使需要接受二次文化教育的人民获得参与集体学习的机遇。社会平均阅读量和知识储备量的提升，有助于提高全民族的文化创造力与科学素养，使越来越多的人接受新的学术思想和流行文化理念，提高高校学生学习效率，以此为高新科技研究活动供应高素质的优

秀技术人才。推广全民阅读能够缩小不同年龄段国民之间的知识代沟，有利于统一国民的文化观念和思考方式，为民族特色文化的发展建设创造有利学习环境。全民阅读可促进思想解放与自由讨论，使不同群体的人民交换意见，增加交流频率，建立处理社会事务共识，能够将不同单位、不同阶层、不同职业的国民联系到一起，共同推进国家文化教育建设与科学知识普及。

二、现阶段我国人民群众参与阅读活动的基本概况

（1）公共阅读资源分配不均，各地区存在不均等现象。虽然我国国民探索科学文化领域的需求只增不减，然而公共图书馆的可供阅读的资源与服务却无法满足大众的阅读需求。部分地方各级政府和企事业单位不太支持图书馆发挥公共服务功能，对馆内阅读资源的升级更新活动没有提供必要的资金和人力支持。我国人均拥有图书馆藏书量较低，无法与欧美发达国家相比。个别经济发达地区的图书馆资金雄厚、社会力量强大，有充足资源开展馆藏翻新与设备更新活动，但是经济欠发达地区因政府财政拨款较少，图书馆无力为大规模公共阅读活动提供服务，图书种类匮乏，数字化图书资源较少，基础设施老旧失效，不利于全民阅读活动的推广。

（2）读者偏向实用性、功利性阅读，不重视对深层次文化的理解与体会。信息社会中各行业知识技能的更新速度较快，普通民众为达到职业目标，所参与的阅读活动带有较强目的性和指向性，无法汲取书籍中的深层次文化养分。虽然有策略的选择性阅读能够使读者快速了解某一领域的基本情况，然而对读者建立系统性的思想结构不利。功利性的读者对专业领域的基本理论缺乏兴趣，以获取表层的浅薄知识为目标，无法提高自身文化素养与理论水平。缺乏完整计划和长远打算的阅读是没有意义的，只会使读者过分偏向几个单调的学科应用领域，无法形成纵观全局的思想境界。

（3）读者对文化意蕴深厚、有一定思想深度的书籍缺少兴趣。部分读者喜爱语言通俗、思想浅陋的娱乐性读物，对传统文化典籍与经典文学著作不感兴趣。部分读者习惯于阅读与自身行业、日常生活有关联的作品，对距离现实生活较远、理论性较强的学科研究专著没有足够的理解力，难以阅读具备较强专业性的学术著作。图书馆中大量蕴含中华民族传统文化精华的书籍无人问津，只有少数人有能力对此类书籍进行深度阅读 。长此以往，社会大众将会失去解读人类文化精华的能力。

三、推广深度阅读，提高群众文化素养的措施

要想推广深度阅读，图书馆必须以自身为核心，集结社会组织、民间志愿者、政府机关、企事业单位、图书出版业、网络运营商等各方面的力量，形成全方位合力，为群众提供多种学习知识、提高文化素养的途径，将纸质图书资源整理编辑为其他形式的可阅读资料。图书馆可以此为基础，针对不同年龄段和文化水平的读者推出全新的阅读服务。

（1）开发网络阅读平台，制作电子书资源支持民众开展数字化阅读。为加速文化传播和公共阅读资源流动，图书馆应与图书出版方和作者协商，斥资买断部分经典书籍的社会发行权，在宣传回归纸质阅读的同时在网上搭建无门槛、无限制的数字化阅读资源平台，并做好网站查询与信息公示规划，以便读者快速搜寻各类书籍和资料数据。数字化借阅与网上阅读能节约读者的时间，提高图书资料的分类科学性，减少设备维护与书籍翻新的相关开支。图书馆可以无薪聘用社会志愿者参与数字阅读资源管理工作，利用网络社区或聊天群组宣传网上图书馆的特色图书与优质服务。图书馆管理者应投资开发云服务器和移动阅读客户端，提高管理人员的反应速度，为读者设计完善的阅读流程，为其带来沉浸式的个性化阅读体验。这样做，能够解决不同经济地域的基础设施建设不均衡带来的阅读困难问题，使老少边穷地区的人民能够获得优质的数字化文化资源。

（2）图书馆工作人员应对阅读领域过于单一的读者提供指导。图书馆工作人员应关注读者的阅读方向，对其借阅记录进行全面的数据分析，找到读者的阅读盲点，并以电子邮件、个人交谈、短信等形式与其进行启发式对话，为有不同需求、不同阅读目的的读者提供服务。工作人员可以根据读者的知识储备量和思维分析能力推荐适当的书籍，为读者开具个性化阅读书单，使之找准学习文化的进阶方向和策略。很多读者对我国古典文化了解较少，具备深厚传统文化素养的图书馆管理人员应主动组织读书会和线上研讨小组，对读者在阅读过程中遇到的问题进行答疑，帮助读者掌握阅读技能，提高低端产业劳动者对传统文化的解读研究能力。

（3）图书馆应指引读者改变读书习惯和目标，使民众接触经典文化。为了让民众习惯于深度阅读，图书馆管理者应调整对外宣传策略，以趣味活动吸引民众的注意力，转变其阅读理念。例如，图书馆可以举办线上写作比赛和文史知识问答活动，对优胜者进行赠书奖励，并与周边学校和党政机关合作，使学生和机关单位工

作人员都参与进来。为使深化阅读推广与提升全民文化素养效果更优，图书馆在引导读者调整阅读目标时需遵循可适性原则、人文性原则、兴趣性原则，在此基础上设定普适性目标。活动应以引领读者树立阅读意识，端正读书态度，掌握阅读方法，指引民众接触经典、学习经典、应用经典并提升素养为目的。以“互联网+”平台为依托开展线上读者引领活动更加适应时代发展潮流，符合新时代读者阅读习惯。同时，热烈积极的线下互动与阅读竞赛活动能够督促群众认真研读文化典籍，将中华民族优秀传统化内化为自身的精神理念与思想品质。

四、结语

总之，现代图书馆应找好自身定位，确立服务人民群众、传播和谐文化的长远发展战略，利用信息技术设备，借助政府机关的支持，改变传统的运营策略与服务态度，全心全意为读者的文化学习考虑。图书馆应成为社会文化汇聚的中心，也应逐步转变为提供免费阅读资源与服务的社会化公共教育学校，尽一切可能让馆藏的文化知识发挥应有的教育价值。

参考文献

[1] 冯木维. 公共图书馆阅读推广助力文化精准扶贫的路径 [J]. 图书馆学刊，2019（02）.

[2] 徐浪，张四连. 论阅读推广与图书馆公共文化服务均等化及其实现 [J]. 图书馆，2015（06）.

[3] 韩秋. 公共图书馆服务效能提升与全民阅读推广 [J]. 河南图书馆学刊，2019（06）.

本文发表于《成才之路》2020年，第26期

作者简介：吴忠蝶，男，副研究馆员，南安市仑苍中学图书馆馆长。

第七章

参考咨询服务

论知识经济时代图书馆的创新与情报信息传播

华侨大学图书馆　廖明光

摘　要　知识经济时代的到来，促使图书馆必须在人员知识结构和服务创新方面有较大的突破，真正起到情报信息传播组织者的作用。

关键词　知识经济；图书馆；创新；情报信息；传播

知识经济时代对图书馆提出了更高更新的要求，图书馆想要获得生存与发展，一方面对图书馆的人才素质有新的要求，另一方面图书馆的服务要有更大的突破。

一、知识经济时代对图书馆工作人员素质要求

知识经济的重要标志之一是劳动力市场对科技人员和高度熟练人员的需求日益增长。对于图书馆而言，学习就成为图书馆工作人员和图书馆事业发展的有效工具。尤其是作为情报信息中心的高校图书馆，一方面信息和知识成为影响科研成果转化为生产力、竞争力和本地区经济发展的决定因素；另一方面，读者对信息和知识的获取，越来越追求高效、准确、灵活和便捷的服务方式。如果图书馆仍停留在以往的传统服务水准上，必将会被其他更具竞争力的某种形式的情报信息机构所取代。所以，图书馆想要获得更广阔的生存发展空间，必须有更具开拓精神的人才，才能适应时代的要求。

1. 知识广博性人才

当今社会是处在信息时代的知识经济社会，知识经济作为有别于工业经济的形态，对人才素质的要求也必然有所不同。所以，图书馆工作人员除了要掌握传统的图书馆学、情报学和外语外，对时事、政治也要有清醒的头脑，善于把握时代趋势；能够运用诸如计算机编目、标引和建立数据库等，以提供数字化的情报信息服务；要能够熟练掌握诸如光盘检索、国际联机检索及互联网的应用等现代化文献信

息处理的理论和技术，不断提高情报信息的鉴别能力和综合概述能力，真正成为知识经济时代所需要的称职的图书馆工作人员。

2. 才能随机性人才

知识经济需要创新知识的人，而创新需要多方面知识的交叉与聚合。所以知识经济时代对图书馆工作人员提出了较高的要求，一般都应具有通才观念、管理才能、总体策划的能力，具有灵活适度、善于发展预测等特点，这样才能做到在图书馆的实际工作中不断提高自己的想象力、观察力、判断力、创造力，从而在浩瀚的情报文献资料中，根据科研和社会用户的需求，随时对情报信息进行由此及彼、由表及里、去粗取精、去伪存真的提炼加工，提供有价值的情报信息。

3. 气度过人性人才

在科学技术迅速发展的今天，情报信息传递的时间性很强，某段时间内的情报信息，过了这一段时间就成为历史了。所以，高校图书馆要在知识经济时代求得发展，就必须采取有效积极而稳妥的措施，更新观念，除了为本校师生提供情报信息外，还应面向社会各科研机构和企业的读者，使情报信息更好地发挥它的作用。当然，服务面拓宽后，读者群自然变得复杂，这就要求图书馆工作人员必须具备大无畏的精神，有高度的责任心，无私奉献、团结协作和创新精神。具备了这些气质，才能使我们的服务质量得以提高，树立起良好的图书馆形象。

4. 思维创造性人才

知识经济的灵魂是创新，创新就是要最大限度地发挥个人的才能。而图书馆除了具有收藏、重整、活化、传播和利用知识的功能外，它应该还是知识流动过程中的一个驿站和媒体，图书馆在知识创新方面负有不可推卸的责任，要求图书馆工作人员必须具备独特、动态、变化和超越综合的特点，对所服务的重点课题的分析要具有逻辑性、敏感性、开发性和预见性。因为，科学技术的发展一日千里，谁创造出新的满足社会需要的知识产品，谁就掌握了竞争的优势，谁就会拥有财富。图书馆同样需要创新，通过现代化的检索手段，创新性地收集、加工诸如相关的科技发展状况和动态等知识信息，并及时将这些知识信息传递给有关人员，使他们创造出社会所急需而又适用的知识产品。当然，有创造能力并不等于能创新，只有符合读者需求的创造，才能称之为创新。所以，所提供的知识信息的利用率的高低，完全可以用来衡量一个图书馆服务质量的好坏，而这也是图书馆未来生存与发展的基础之一。

二、图书馆工作人员应做情报信息的传播组织者

创新不仅需要科学发现者和技术发明者，而且也需要为他们的发现或发明提供线索和启迪的图书馆工作人员，甚至需要敢于将新的理论和技术成果引入经济市场中的企业家，这中间就是一个科学技术的传播环节，或者说是一个过程。而人又是创造、传播和运用知识的主体，具有知识的人力资源才是知识经济中最重要的资源。图书馆要在知识经济时代生存，就必须是一个具有竞争实力的复合型人才的群体，也就是说要建立有战略眼光和创新能力的人员队伍。在知识经济时代，图书馆竞争成败的决定因素，并不是它拥有多少馆藏，而是它的服务水平和服务质量在教学科研人员心目中的分量，即能否通过开发情报信息资源来帮助他们开阔眼界、了解或掌握更多科技知识，尤其是科技创新的最新动态。所以，在知识激增的今天，能否建立一个有效的图书馆知识传播网络和科技传播系统，使教学科研人员能及时地获取最新的科技情报信息，已经成为图书馆影响学校的科研质量和效率的重要因素。

随着科学技术的迅猛发展，为了满足教学科研的需求，图书馆每年都订购相当数量的科技期刊和图书，就我馆而言，每年花在期刊上的费用是 60 万元左右，花在图书上近 50 万元，除此之外，还有价值数百万元的海外侨胞捐赠图书。虽然图书馆工作人员不停地想方设法开发这些情报信息资源，但是他们所开发的情报信息也只不过是沧海一粟，仍有相当数量的情报信息没有被开发出来，即使被开发出来的那部分也很少有人问津，被束之高阁，其原因有诸多方面，但最主要的因素还是由于缺乏广泛的传播。当然这与图书馆长期以来没有重视情报信息传播系统的建设，管理上缺乏有效的措施和办法有着极大的关系，导致了图书馆工作人员不知道利用什么渠道将其开发的情报信息传播到需要它的地方，同样教学科研人员也不知道该从何处才能获得他们所需要的有价值的情报信息。所以，一个图书馆如果不重视情报信息的传播，它就不可能得到充分的发展，没有什么竞争力，也就不可能充满创新和发展的动力。图书馆必须大力推动情报信息传播手段的研究和应用，通过各种传播手段和途径，将相应的情报信息传播到各个层次的教学科研人员的手中，使他们能方便地利用图书馆所传播的情报信息研究出知识产品，即科研成果。只有有了情报信息的有效传播，才能建立起图书馆与教学科研人员之间的协作关系，通过互补，实现知识的创新，共同推动人类科学技术的发展，使图书馆真正起到情报

信息传播组织者的作用。

三、知识经济时代图书馆工作人员的创新意识

知识经济时代的到来，对图书馆的改革与发展既是机遇，也是严峻的挑战。知识经济讲究创新，图书馆需要创新，为此必须高度重视创新人才和高素质人才的培养，让他们在知识再创造的过程中，充分利用丰富的馆藏情报信息资源和先进的技术手段，建立多功能、全方位的创新服务体系。

1. 图书馆服务内容的创新

无论是在高校的教学科研工作中，还是在企业的新产品开发和生产过程中，都需要有实质性的能解决问题的情报信息。这就要求图书馆人员必须掌握各种先进的现代科学技术，开展深层次的便捷服务。为此，我馆采取以下措施：一是通过全员解聘竞争上岗，合理设置全馆岗位和津贴，充分发挥图书馆工作人员的特长和积极性；二是在传统的图书馆服务中，注入新技术的内容和方法，尽量使读者体会到图书馆的创新所带来的方便和快捷之处；三是建立起情报信息服务与科研的协作关系，在互补互促的原则下，共同探讨有效的切入点和突破口，使科研人员从中得到启发，研究出社会所需要的新技术、新材料或新发明。

2. 图书馆服务角度的创新

当今，各学科的相互交叉已成为新发明和新创造的源泉，不仅学生需要从图书馆获取科学知识和技能，教学科研人员也需要通过图书馆所提供的科学知识来更新自己的知识结构，从而掌握知识经济时代所需要的新知识和新技能，因此，图书馆工作人员应该针对不同层次读者的需要来传递情报信息，尤其是高校的教学科研人员，更要利用馆藏检索工具和现代化网络技术，检索出交叉学科的动态和最新进展。若有条件，最好能撰写成综述文章客观地加以介绍，这样必将会引起他们的高度重视。这种服务角度的创新还会引起教学科研人员的联想思考，从而创造出新的知识。

3. 图书馆服务手段的创新

长期以来，图书馆对服务态度强调得比较多，很少涉及服务手段。而在知识经济时代，图书馆不仅要尽量满足读者的需求，还要强调服务手段，也就是说图书馆应尽其所能，用读者最容易接受而又最方便的手段为他们服务，要在服务手段上有所创新、有所突破，就必须主动上门服务，参与科研，不断与科研人员沟通，了

解他们的情报信息需求以及对服务手段的要求。多渠道、多途径、多方式采集并提供所需情报信息，使他们了解最新最快的相关学科动态，尽可能从静态的服务状态中解脱出来，把眼光从原来的方位扫射到展览会、交易会、座谈会、发布会、研讨会、交流会以及各种动态的情报源中，并将此作为提高服务效率的工具和手段加以应用，促进服务手段的创新。

4. 图书馆服务水平的创新

多年来，图书馆一直存在着墨守成规的求稳心态，这成为图书馆工作改革的障碍，致使图书馆的工作没有突破传统的模式，从而导致一些人认为图书馆的存在与不存在没有两样。在知识经济来临之际，必须打破这种心态，进行全面的创新，将图书馆传统的服务与现代化技术相结合，建立既有较高的搜集、加工、管理情报文献的水平，又有现代化服务手段和方式的情报信息系统和传播系统，使之朝着有利于学校教学科研乃至整个社会对情报信息的开发与利用方面进行调整，使收集的情报信息对调整教学内容和科研方向起到积极的作用，使学校的教学科研单位、社会其他学术机构与图书馆达到多元化共振的最佳状态，形成不断发展的良性循环。

参考文献

[1] 李海蜻 . 知识经济与图书馆 [J]. 图书馆理论与实践，1999（1）.

[2] 陈沈珍 . 论知识经济与图书馆信息服务 [J]. 福建图书馆学刊，2000（2）.

[3] 武艳华 . 知识经济与图书馆发展 [J]. 情报探索，1999（4）.

本文发表于《图书馆建设》2001 年，第 3 期

作者简介：廖明光，男，副研究馆员，曾任华侨大学图书馆采访部主任，现已退休。

网络环境下图书馆信息服务的发展趋势及思考

华侨大学图书馆 陈秀丽

摘 要 信息资源网络化给图书馆的生存和发展带来了巨大的冲击。本文对信息服务工作的现状及问题展开论述，并提出相应的对策。

关键词 网络环境；图书馆；信息服务

一、网络环境图书馆信息服务的现状与发展趋势

网络的飞速发展极大改变了人类利用、传播、存贮信息的方式，大多数信息服务已由手工操作转向自动化和网络化信息服务为主。其服务率也比原来提高了很多倍。如今在家中、办公室、移动交通工具或在图书馆只要拥有一台与网络相连的计算机，无论何时何地都能从网上快速而及时地获取想要的各种信息。网络信息的不断发展已使图书馆大大减少了原有的文献优势。 各类图书馆几乎都建立了光盘网络系统，也开始了网络化检索。图书馆信息服务的竞争主体体现在网络信息的获取能力和原始文献获取上。无论大馆小馆没有哪个图书馆能够把世界上所有的文献收藏齐全，尤其是在发展数字图书馆上，单个图书馆不可能收集所有的数字化文献信息，尤其是图书价格的暴涨，图书馆面临资金缺乏、图书资料来源短缺等问题。为此，部分地区图书馆和大部分高校图书馆通过网络联合起来，随时可与各个兄弟院校实行“互利”“互惠”“互知”的馆际互借、资源共享，同时还应邀参加一些国际协作组织，如 CALIS 馆际互借组，更大范围内实现资源共享，使这些单位向用户提供文献信息的服务水平得到提高。

随着科学技术的发展，信息环境的改善和信息需求的不断增长，人们已完全认识到信息的重要性。在网络环境下，用户由传统的印刷型文献为主的需求转向多层次、多元化的信息需求，对非文献需求的比例在逐步增加。信息情报用户对信息

量及信息质量的要求越来越高。图书馆作为传播知识信息和再生信息的基地，其信息服务工作由被动的信息服务转为主动姿态和超前意识向用户提供多维、动态的高水平信息服务。从利用馆内资源信息服务的发展趋势看，图书馆的馆藏结构和内容发生了很大变化。图书馆的文献优势、专业优势、技术优势（如电子阅览室、智能化查阅、检索系统、 数字化信息，通常可由设计合理周到、界面友好的主页直接链接到多个数据库），以及用户直接通过图书馆主页到互联网上查询，使得开展起来的深层次信息服务始终占主导地位。图书馆的馆藏实际资源不仅是印刷型书刊资料，还包含各种电子出版物、电子文献（磁带、软盘、光盘、数据库等），图书馆馆藏资源还包括虚拟馆藏部分。虚拟馆藏突破传统服务的框框，实现图书馆信息服务与现代化信息技术的优势互补。它的“馆藏”是专业人员将从网络中挖掘到的学术信息资源通过链接、下载，镜像和重组而成。用户在虚拟图书馆中获取信息，将不再是庞大、杂乱和无针对性信息。如何充分开发网上虚拟馆藏资源用于情报信息服务，已成为大多数图书馆扩展情报信息服务工作的出发点之一。虚拟化的发展，将让图书馆为用户提供主动的、全天候的交互式的信息服务成为可能。

就目前图书馆信息服务来说，尽管网络上的信息资源图书馆有着信息量大、便于查阅的优点，但也不能完全取代传统图书馆。因为如果没有传统图书馆的选择、收集、加工文献信息，网络资源就会匮乏。相反，如果没有网络图书馆提供新的信息环境，传统的图书馆也不可能突破原有的工作局限，有限的馆藏和服务就难以充分满足用户的要求。因此，传统图书馆与网络图书馆之间不存在替代关系而是相互信赖、相互促进、相辅相成的关系。随着互联网的发展和技术的不断更新，图书馆应及时调整服务策略、服务模式及服务手段，充分利用网络信息和馆藏文献信息资源，展开全方位的信息服务。

二、网络环境图书馆信息服务存在的问题

1. 文献资源保障率低，开发深度不够

近年来，由于书价暴涨，高校图书馆面临着经费拮据的窘境，致使文献保障远远不能满足教学和科研的需要，且大多数图书馆的信息服务仍在浅层文献信息的开发上，如编制二、三次文献、提供资源代查和复印等产品。面对用户急需的专深信息不能满足，这很大程度上说明图书馆的书目文献共享系统、计算机辅助教学软件库共享系统等多项服务功能尚未增强，面对社会各阶层的信息需求，图书馆专业

人员显得力不从心，难以应付。

2. 人员素质有待提高

知识经济时代是以人为本的时代，具有知识的人力资源是经济最重要的资源，对图书馆来说，高素质的图书馆员已成为现代图书馆最重要的财富，是信息资源与用户之间的桥梁和纽带。现有的图书馆员对现代化的信息服务一知半解，有的已不了解馆藏的信息资源数字库，对用户提出的需求一问三不知，这严重影响了信息服务质量的提高。

3. 重硬件设施的建设，忽视了信息能力的培养和宣传

电子时代、网络时代，图书馆进入了数字化、网络化的信息时代。图书馆的功能向多元化方向发展，传统图书馆服务方式主要以手工为主，为读者提供文献借阅等服务。信息时代图书馆主要通过计算机、网络等现代化设备为用户提供文献信息借阅、预阅、信息咨询以及用户培养教育和培训。图书馆对硬件设施建设给予足够重视，但对于服务对象的信息能力缺乏培养，据某一高校的一项调查显示，文科学生中 89.4% 学生不会使用全国报刊索引，95% 的学生不懂阅读《化学文摘》，90% 的学生不了解图书馆信息部是一个什么部门，作用是什么，内容有哪些。由此可见，要使图书馆一改过去的被动服务，仅在提高服务质量上下功夫还不够，还需要让读者和用户掌握一定的信息能力，包括掌握各类文献的查询方法、各类工具书的使用方法、信息网络基本知识和机检的基本操作，以及了解电子文献、电子出版物等。培养服务对象的信息能力，是图书馆读者服务工作不可忽视的重要环节。

三、网络环境图书馆信息服务的对策

1. 加强特色馆藏数据库的建设

馆藏信息网络化是提供信息服务的前提，在享用网上丰富的信息服务资源的同时，图书馆首先应建立或完善书刊和书目的数据库和馆藏信息，按照统一著录标准将馆藏文献数字化并提供网上检索服务。

多年的办学历史使各高校图书馆形成了各自的馆藏体系，拥有大量的印刷型特色文献信息资源。各馆应根据本校的重点学科、重点专业，将需求量较大的专业参考资料、重点学科图书等馆藏特色文献进行数字化处理，并提供网上查询，从而从根本上解决复本量少而读者需求量大的矛盾，实现馆藏特色资源的数字化、网络化。目前各图书馆因为受经费限制，不可能将文献信息数字库建得大而全，每个图

书馆在网络环境下都是网络信息资源中的一个有机组成部分,但不能拥有全部信息。联合建库是一个可取和有效的方式。根据“统一规划，标准一致，分散加工，集中处理”原则，建立一批高质量、大规模、综合性、全文型的特色数据库。图书馆要根据本馆服务的重点项目和服务对象，设立若干专题，使分散、零乱的特色文献资源有序化、系统化。在文献资源的收集内容上应有重点收藏积累，使重点藏书和核心期刊形成配套，电子文献与印刷型文献互相补充。要重视“用大于藏”的原则。在探索适应社会主义市场经济体制的图书情报发展路上，为图书情报向市场逐步拓宽渠道，图书馆不仅要强化信息服务意识，而且要树立社会意识和效益意识，才能使文献信息和网络的信息资源最大化地发挥作用，重视市场经济及本校具有发展前景的专业课题方面文献资源的收集,进而形成具有馆藏特色的较为完整的资料体系。图书馆的馆藏特色优势不仅能满足重点学科信息用户的特定需求，还可加强各馆之间的馆际协作、馆藏共建和资源共享,丰富图书馆信息资源,为竞争创造有利的条件。

2. 做好信息用户的培训工作

信息检索和网络利用都是实践性很强的实用技术，上机上网实习是学好信息检索工作的重要途径，为此，要建立一个满足用户文献检索课教学实习需要，能适用于光盘检索、联机检索和网络利用教学需要的实习室。要注意引导用户根据自己的阅读兴趣和需要，围绕自选课有针对性地深入利用各类工具、计算机系统检索与课题有关的文献。目前图书馆信息用户培训的首要目标，应该是对大学生普及网络知识，指导涉及网络者学习检索方法，其主要内容应以基础理论为主，从最简单的计算机的桌面讲起，介绍多媒体光盘、网络基本知识，以及如何利用主页、如何利用搜索引擎和专业检索引擎，掌握各种数据库、光盘等资源特点及其不同的检索方法，如何收发电子邮件、FTP 等，以及网上一些较重要的免费数据库资源的检索方法和如何从网上获取免费全文资源等。培训方法应是强化与实践相结合，主要以实际操作为主，并随时加以辅导，同时在图书馆主页上设立用户反馈信箱，对培训后有需求的用户及时给予技术支持。用户信息能力的培养，是一个长期的教育过程，这是因为信息能力存在着层次积累性。

3. 提高专业人员素质，培养信息服务能力

情报信息人员作为信息服务的主体，他们的整体素质、知识水平及技术能力直接影响着用户的信息需求量和对图书馆信息服务的信任度，如果没有高素质的人员来驾驭网络技术，再先进的网络也难以发挥应有的作用。现在各类信息来源五花

八门，如果信息人员在庞大的信息面前束手无策，又如何为用户提供优质的情报信息呢？因此，工作人员必须不断学习新技术，随时关注新发展、新变化，尝试使用每一个主要检索工具（数据库、光盘等），要勇于创新且不怕失败，在实践中总结经验提高水平。图书馆应注重对信息服务人员的培养，采用岗位培训、学历教育、学术讲座、参观学习等形式，培养和造就一支从事信息服务工作的骨干队伍。

参考文献

[1] 李盛福，强化高校图书馆信息服务功能的思考 [J] . 图书与情报，2001（3）.

[2] 任岩，网络环境下图书馆信息服务的探讨 [J] . 情报科学，2003（1）.

[3] 赵燕玲，网络环境下高校图书馆提高信息服务的策略 [J]. 图书馆论坛，2001（12）.

[4] 彭前卫，新世纪图书馆信息服务的发展策略 [J]. 图书馆论坛，2003（1）.

本文发表于《情报探索》2004 年，第 4 期

作者简介：陈秀丽，女，副研究馆员，曾任华侨大学图书馆流通部主任，现已退休。

高校图书馆参考咨询服务的发展趋势

华侨大学图书馆　庄秀秀

摘　要　本文阐述了信息技术高速发展时期，参考咨询服务已成为图书馆的主流服务方式，高校图书馆应利用丰富的信息资源及各种数据库，为教学科研人员提供更为有效的信息咨询服务。同时，进一步探讨了图书馆参考咨询服务的发展趋势。

关键词　参考咨询服务；网络服务；发展趋势

一、丰富并具特色的信息资源为参考咨询服务职能的扩展和深化提供了保障

图书馆参考咨询服务是一个复杂的高技术含量的系统工程，也是图书馆的发展方向。而信息资源则是参考咨询服务顺利开展的根本保证，也是图书馆赖以生存和发展的源泉。随着因特网的快速发展和广泛应用，以及以网络为中心的计算机技术、网络技术、通信技术、信息数字化技术和多媒体技术的出现，图书馆发生了深刻的变化，图书馆的所有信息资源扩大到了整个网络，这不仅为图书馆提供了现实网络信息环境和丰富的电子信息资源以及先进的信息服务平台，也使参考咨询源从一馆馆藏拓宽到全球，客观上为图书馆的参考咨询服务营造了一个良好的外部环境，为图书馆的参考咨询服务有效地与教学科研融为一体创造了条件，从而使其能够在一个更广阔的空间里充分发挥效能。

随着现代科技的应用，电子版参考工具书、各类全文或书目数据库和丰富的网络资源扩大了参考咨询工作的基础，极大地拓展了参考咨询服务的空间。当然，如果从参考咨询信息资源的种类和广大教学科研人员需求的角度来看，各高校图书馆应针对现有馆藏基础，结合本校的特点，以重点学科为中心有计划、有目的地构建各种具有特色的数据库，例如建立集馆藏书目数据库、馆藏特色数据库、光盘数据库、重点学科数据库以及网络数据库资源为一体的参考咨询信息资源，并保持其完整性和连续性。这样，一方面可以弥补网上数据库的不足，另一方面也为参考咨

询服务提供一种有序、有层次的服务框架，使参考咨询服务可以利用的信息资源发展为整个开放的信息网络。以我馆为例，几年来，我馆不仅建立了各种数据库，如港台书目数据库、本校本科毕业生论文数据库、本校研究生论文数据库等，还根据本校学科特色，购买了10余种中外文数据库，为参考咨询服务提供了更加强大的资源保障体系。而现代图书馆的参考咨询服务正是围绕这些信息资源而运作。同时，这些数据库在参考咨询服务中起到了相辅相成、相互促进的作用，由此而建立的具有本校学科特色的参考咨询数据源，使参考咨询馆员能够方便、快捷、全面、准确获取所需要的信息，从而大大提高了参考咨询服务的效率和质量，同时也为图书馆参考咨询服务职能的扩展和深化提供了坚实的基础。

二、先进的技术手段为参考咨询服务职能的扩展和深化创造了条件

计算机技术、通信技术及网络技术的飞速发展，使文献信息资源类型与检索手段发生了质的变化。而数字格式存储的网络信息资源迅速崛起，又使计算机检索技术也从联机检索、光盘检索发展到因特网信息检索，从而使参考咨询服务的职能得到了较大的加强，与传统参考咨询服务相比，有着明显的不可比拟的优势。主要体现在：其一，从文献信息资源类型来看，网络不仅提供目录、索引、全文等文献信息资源，而且还有声音、影视、图像等多媒体文献信息资源。其二，从检索手段来看，从过去单一检索点的线性检索，发展到了可以进行多元、多检索点的布尔逻辑组配检索；从文本检索到超文本检索，各种功能强大、灵活方便，实用性较强。其三，从服务手段来看，发生了一系列引人注目的新突破和新发展，传统参考咨询服务以手工为主，而网络则更加自动化和电子化，超越了时空的局限。

网络参考咨询服务，其信息资源数量巨大、类型多样、形式丰富、内容广泛、远程可取、利用方便等特点，都极大地开拓了图书馆参考咨询服务的途径。虽然它是在传统参考咨询基础上发展起来，在本质上都是相同的，但在内容上却十分丰富，如网上图书馆介绍、网络目录咨询服务、网络专题咨询服务、用户培训服务、提供镜像数据库服务、教学科研人员选择和使用数据库服务、远程检索服务以及网络检索工具介绍与评估、咨询数据库建设、网络信息提供等，而且在服务的手段与方法、服务的深度和广度等方面也表现出了许多传统参考咨询服务所无法比拟的优越性。在服务方式方面，参考咨询馆员只要根据本校科研课题的需要，以各种文献信息资源、数字化信息资源、电子信息资源及网络信息资源为参考信息源，在充分了解课

题信息需求的基础上，利用计算机技术、光盘检索技术、多媒体技术，特别是网络信息传输技术，便可有目的地对大量原始信息进行分析、评价、选择、加工、整理、重组和创新，它不仅可以获得显性信息，更主要的是注重于获得隐性信息。可以说网络参考咨询服务是智力主导型新型的信息服务。可见，技术的发展为图书馆的参考咨询服务职能的扩展和深化创造了条件。

三、参考咨询服务的发展趋势及服务策略

随着信息技术的不断发展和网络技术的完善，参考咨询馆员可凭借馆藏信息资源和各种电子信息资源，选择和构建检索方法，建立强大的检索功能，拓宽参考咨询服务的内容与范围，使其信息服务的质量无论是从广度还是从深度上都得到极大的提高。图书馆参考咨询服务的方向将有如下发展趋势。

1. 多样化的参考咨询服务

传统的参考咨询服务只是进行简单的文献信息提供，其作用也只是表面的，并未涉及实质性内容。而在网络环境下，凭借诸如智能搜索引擎、智能浏览器、智能代理等先进的网络信息技术，其检索既可以进行单一途径检索，又可以进行多途径复合检索，既可以进行精确检索，也可以进行模糊检索，已完全成为一种智能化、多途径、多功能、全方位的信息检索，为参考咨询馆员与教学科研人员实现联系智能化创造条件。

2. 超越时空的参考咨询服务

信息传输技术的发展改变了图书馆信息服务的实质，实现了参考咨询服务方式的超时空性，也就是说教学科研人员不必再到图书馆与参考咨询馆员面对面直接交流，也不受时间和空间的限制，而是直接在网上进行交互式问答或通过电子邮件、BBS 或 Group 等方式进行参考咨询服务，有效地克服了地域障碍，缩短了参考咨询馆员与教学科研人员的距离，使二者的交流更加方便、及时。在网络环境下，通过网络可查寻国内外各种文献数据库和事实数据库，检索各类图书和声像资料，了解世界各学科专业信息，可较好地保证参考咨询服务的质量，为教学科研人员提供快速、准确、及时的参考咨询服务。

3. 实时网上参考咨询服务

实时网上参考咨询服务将成为图书馆参考咨询服务的一种新的发展趋势，也是一种切实可行的服务方式。实时网上参考咨询服务有多种形式，例如 Web、

QICQ 或可视白板等。而在实际工作中采用较多的是可视交谈白板，参考咨询人员借助它，利用摄像机、话筒及交谈软件和商务软件，通过下载安装插件便能使教学科研人员与参考咨询馆员在网上面对面进行可视同步交流，并显示出图像和文字，同时伴有声音，可以达到教学科研人员不出门便与参考咨询馆员当面交谈的效果。这种服务有效地解决了不见面就难以把握教学科研人员真实需求的问题以及相互之间语言、表达能力等方面的障碍。它不仅极大地方便了教学科研人员，而且随时都可以与参考咨询馆员进行实时音频视频交流，获得所需信息咨询服务。美国多所大学的图书馆对这项服务进行了广泛的实验，已证明具有相当的实用性。在我国，这项服务尚处于起步阶段，近两年已有图书馆迈出了探索的步伐。国内开展网上即时视像参考咨询服务的高校有北京大学、清华大学、中山大学和上海交通大学，不过也仅限于校园网使用。

4. 数字化参考咨询服务

数字化参考咨询服务的产生缘于计算机技术、通信技术、多媒体技术和高密度存储技术等现代信息技术的发展。由于文献、索引、期刊论文、学位论文、会议论文、技术报告以及部分工具书和学术专著等的信息源逐步数字化，并形成了一个较完善的数字化信息空间，各种电子期刊、电子图书、光盘数据库、网络数据库以及各种专业数据库越来越多，为开展数字化参考咨询服务奠定了坚实的基础。由于能够比较方便地通过网络跨时空地获取相关文献信息，致使数字化参考咨询服务已成为一种必然发展趋势。它是一种利用因特网或虚拟空间，可以更快更好地开展和完成包括传统参考咨询服务在内的所有各种参考咨询服务。这种服务在我国虽然起步较迟，但已形成快速发展之势，如有的图书馆开展了在线咨询及 ILL 服务，有的图书馆利用聊天室开展 24 小时不间断交互式服务，等等，为图书馆开创了数字化参考咨询服务的先河。

5. 超前性参考咨询服务

由于网络环境的变化，致使图书馆参考咨询服务中各要素也发生了变化，特别是教学科研人员对信息的需求发生了巨大的变化，由原来对文献的需求转向对信息的需求；他们衡量图书馆的服务不再以信息资源的“占有量”的多少为基础，而是更加注重于信息的实际效用。图书馆应从提供简单的科技文献、专利、标准等的原文和静态的数据转向提供经过加工的二次文献、动态的信息以及范围稳定的有序化信息和带有预测性、超前意识的信息，使信息在科研活动中充分发挥作用。这样的服务不仅有广度，而且还有深度。当然，这还需要参考咨询馆员深入教学科研人员的课题中去，掌握教学科研人员对信息需求的兴奋点，承担课题的部分研究工作，对其进行多角度的分析和研究，获取准确的与课题有关的信息，使教学科研人员以较快的速度了解本领域国际前沿的研究动向和发展趋势，例如科研进展情况，哪些是有待研究的，有什么实用价值，以及未来可能出现的情况等，从而保证课题的新颖性和成果的价值，同时也大大提高参考咨询服务的时效性和针对性。

四、结束语

总之，图书馆应根据学校专业特点和教学科研人员的需求，通过网络对信息进行搜索和重组，编制研究性的网络信息导航数据库，提高参考咨询服务的科学性和可操作性，以达到友好、实用、及时和到位的参考咨询服务，使参考咨询馆员的角色从配角升为主角，成为教学科研人员的助手和智囊，使信息服务工作进一步达到切实、高效的目的。

参考文献

[1] 曾伟中，马松庭 . 图书馆数字参考咨询服务的发展历程及趋势 [J]. 科技情报开发与经济，2004（1）.

[2] 王慧 . 参考咨询服务 [J]. 情报探索，2004（1）.

[3] 张峻亭 . 现代科技对高校图书馆参考咨询服务的影响 [J]. 河北科技图苑，2003（2）.

[4] 肖时占 . 论现代图书馆参考咨询工作的发展 [J]. 图书情报知识，2002（4）.

[5] 袁芳 . 图书馆数字化参考咨询的发展与对策 [J]. 情报杂志，2004（7）.

本文发表于《情报探索》2007 年，第 1 期

作者简介：庄秀秀，女，副研究馆员，任职于华侨大学图书馆。

政府信息公开视域下公共图书馆信息服务探讨

晋江市图书馆　蔡艺洪

摘　要　本文在论述政府信息公开内涵及公共图书馆在助力政府信息公开优势的基础上，从信息资源全面化、服务模式人性化、外部支持多元化、服务方式网络化等方面阐述了公共图书馆信息服务在政府信息公开中所能采用的策略与发展方向。

关键词　信息公开；公共图书馆

信息技术的高速发展使得不同的组织、公民和法人有了一种期望，这种期望就是政府相关信息能够被自己依法获取，在这种信息获取的基础上，相关的公共服务和决策可以被充分的享受和知晓，作为另一方主体，为了工作，各个政府部门之间对彼此信息资源的需求也逐渐上升。

2008 年 5 月 1 日，《中华人民共和国政府信息公开条例》正式生效施行。该条例第十六条明确规定："各级人民政府应当在国家档案馆、公共图书馆设置政府信息查阅场所，并配备相应的设施、设备，为公民、法人或其他组织获取政府信息提供便利。行政机关应当及时向国家档案馆、公共图书馆提供主动公开的政府信息。"本条例以明确公开的立法形式确立了公共图书馆在政府信息公开方面承担的具体职责。可以说公共图书馆是一种最便利、最有效的政府信息公开途径和方法，故要充分发挥其重要和突出的作用。

一、政府信息公开概论

在我国，大量重要的、权威性的公共信息基本上掌握在各级政府手中，随着公民的权利意识的觉醒，人们越发渴望参与到公共事务中来，因此在当前这个信息化的时代，各级政府负有的一项重要的职责就是及时向公民发布非保密性的公共信息，保护并实现公民最基本的信息知情权。自 1994 年起，我国就在设立政府信息机构（信息产业部）的基础上，制定了发展规划，从而全面地管理公共信息，保证了信息公开化的顺利。尽管如此，在中国仍然没有一个常规性的通道可以使得公众获得大量重要的公共信息，比如现实中“公共预算公开”仍是一条漫长而曲折的道路。曾有个别地方政府试图垄断信息，付出了公信力下降的沉重代价。现在仍有一些人在互联网上滥用信息权，压制不同声音。这样做早晚会失信于社会，但在这之前，公众不得不代为他们的偏执埋单。另外，当前我国政府的上网工程比较落后的现状对公众信息资源的需求也是一种极大的制约，在某种程度上造成了信息资源的浪费、资源配置失调、活动成本增加、滋生腐败等其他问题。其原因主要为有缺陷的信息公开手段。当前政府信息公开的主要途径有电视台、报刊、文件、电台、网络等。

二、公共图书馆的功能

我国公共图书馆由国家设立，以服务大众为目的，受各级政府文化部门领导，按行政区划设置。

公共性是公共图书馆的重要特征，该特征表现在政府的集中管理和服务对象等方面。公共图书馆制度是适应人类社会文明进步的需要而产生的公益制度，它由初期的公益活动发展为当今国家为保障公民文化权利实现的重要公益制度，充分体现社会效率和公平正义的价值；公共借阅权制度是维护版权人个人利益的制度；对于公权力而言，如果在公共资源无法同时从公共图书馆制度的公益和公共借阅权制度上满足个人利益，应优先维护公共图书馆制度的公共利益。总结以上方面，可以得出公共图书馆的灵魂和核心是其公共性。

三、公共图书馆在信息公开工作方面所具有的重要优势

1. 公共服务

在信息公开服务方面，公共性是公共图书馆拥有的最大优势，这一优势保证了相关信息服务的低成本和长期性。因为公共图书馆由政府出资开办，故可实现免费服务大众，因公共图书馆受财政支持，在进行硬件改造和文献购买方面具有资金上的优势。

2. 广泛分布

图书馆分布于各行各业，这些图书馆了解所在行业的背景，遵循所在行业的

规程，同所在环境和系统紧密联系，通晓所在行业的专业知识，能够分析各自不同服务对象的需求提供相应服务。多种类型的公共图书馆使得广大普通社会人群和部分特殊群体都可以享受到不同的服务，比如单独为盲人和儿童而开设的图书馆等，这些多样化类别的图书馆在全国范围内的广泛分布照顾到了特殊人群的文化需求。

3. 资源的优质属性

图书馆的另外一个重要优势就是丰富的资源。信息公开工作对图书馆自己而言，也是展示和充分发挥自身资源优势的主要表示。信息技术的大规模发展对数字图书馆的发展而言，效应更是重大：一方面使得藏书规模扩大化；另一方面也可满足不同文献载体的独特需求，比如网络、缩微设备、计算机、视听系统等。近年，高学历人才的引进更加提高了图书馆从业队伍的素质，在基本的文献收集、整理工作完成后，也能实现对特殊社会需求产品的开发。

四、建立公共图书馆的服务体系

1. 全面化信息资源

专门、集中的政府文件资料源应当在公共图书馆内建立，通过相应文件的不断收集、整理、录入工作使得这些资料源可以让用户阅读、检索。这一工作可以拓宽公共图书馆的服务范围。再加上多种存在形式的文件，比如纸质和电子文件，更加便于相关信息文献的管理。公共图书馆作为政府信息公开的重要场所，按《中华人民共和国政府信息公开条例》“各级行政机关特别是国务院各部门（单位）、各省（区、市）人民政府及其部门（单位）要建立健全政府信息主动公开机制，增强工作的主动性和实效性。要充分利用政府网站、政府公报等各种便于公众知晓的方式，及时公开政府信息，并逐步完善政府信息公开目录及网上查询功能，为公众提供优质服务”的规定，公共图书馆应增设政府信息公开阅览室，方便社会公众查询或者阅读政府相关信息。近年来，信息技术的快速发展，加上图书馆自身定位的清晰化，促使图书馆尤其是国外诸多的图书馆加强了自己在政府信息公开服务方面的职责。比如，设置政府信息公开阅览室，增多社会公众了解政府信息的窗口，等等。政府信息保存的完整性是政府信息公开有效实施的前提。故而需要对政府信息公开阅览室进行高素质、高水平的工作人员的配置，在高水平的解答社会公众对信息解读遇到的困惑和问题的基础之上，展现出图书馆管理人员所具有的较高的政策理论水平。政府信息的最主要来源就是政府行政机关，为完善图书馆的资源收集和整理，行政机关应及时向图书馆提供相关政府公开信息，图书馆也应发挥主动性，积极进行信息的收集、整理和完善工作。作为长期接收和储存政府信息文件的公共场所，公共图书馆还应能够主动深入相关行政机构，通过旁听会议、了解工作计划和总结的方式为整理、收集相关政府信息做好准备。

2. 人性化的服务

“为人民服务”的精神实质是“无私奉献”。在以利他主义为主旨的图书馆事业中，如果“为人民服务”是其一贯传统的话，那么，以人为本的“人文关怀”就是其现代诠释。“一切从人民的利益”出发的服务精神与“一切为了读者”的人文关怀，其思想脉络和精神实质别无二致。衡量评价图书馆及馆员的标准，就是“视其对人的态度，对人的服务，对人的贡献”，视其是否“真正体现‘全心全意为人民服务’的宗旨”。所以，富有鲜明时代内涵和实践意义的“为人民服务”理念必然成为图书馆人完成历史重任和实现人生价值的精神动力和永恒追求。这种理念应该成为每一个图书馆工作人员的工作心态认知，在进行现场或者通过网络解答问题的时候，应该合理、礼貌、热情地提供相关服务，并鼓励图书馆使用者合理高效地使用图书馆已有的各种信息资源，对于不懂网络技术的利用者，应该给予耐心的解答，可以具体到必需的步骤。同时在日常的服务过程中，要做到“一视同仁、平等服务”，即使对于普通的大众用户，也要能够以平等的心态去面对，将为大众提供信息和服务当作自己最基本的责任和义务，不能认为这些信息的提供是自己对对方的一种施舍。以“公平、公正”作为指导自己工作的最基本的原则和方针，在这样的工作理念的指导下，扩大资料的外部使用效率，公正化公共图书馆所提供的各种服务。在工作中通过自我约束、自我激励、自我提高，营造新的服务面貌和服务样态，创新各种服务方法和服务思路。多样化的服务方式就要求图书馆逐步地走向市场、走向开放，改变以往单一的、传统的、封闭的服务方式，让社会大众在轻松生活中享受知识的乐趣，让公共图书馆真正发挥自己的公共效应，让公共图书馆成为老百姓心中一个重要的休闲娱乐场所。其实，在市场经济面前，图书馆走向市场并取得成功的事例甚多。他们的成功经验也许有千万条，但归根结底只有一条，那就是敢于把图书馆引向市场，在市场经济的大海中学会游泳，通过整合图书资源，为市民借阅图书提供良好服务，从而为国家、为社会做贡献。

网络技术的快速发展以及全社会范围内的普及，普遍化了诸多信息资源。尽管如此，对于老人和部分特殊人群来说，网络服务并不能给他们带来便捷，甚至在他们与普通人群之间形成了一道“数字鸿沟”。一方面是因为这些人群自身缺乏网络利用的技术与经济能力，另一方面是社会本身提供的服务具有局限性，这二者的结合使得这部分特殊的人群不能自由地利用网络、享受网络所带来的信息上的优势。如何保障这部分弱势群体的利益和权利，对于当前的公共图书馆的信息服务而言，也是一个挑战，是需要认真考虑的。这个问题的解决需要全社会的关注，在硬件上提供特殊器材，在软件上给予其特殊的服务。

3. 多元化的外部支持

长期以来，图书馆的经费基本上依赖于政府的财政支持，尤其是作为一个公益性机构的定位，更使得人们错误地认为图书馆就应当由政府来扶持和支援，这也使图书馆的经费来源单一化和局限化。评估图书馆的发展前景，有如下考量：一是政府有限的支持使得图书馆需要获得广大民众的支持改善自身；二是图书馆提高自身的功效获得政府更多的关注和支持；三是图书馆抓住机遇最大限度地发展自己。

总而言之，作为一个公益性机构，在信息公开的背景下，图书馆应该抓住这一有利契机，通过信息公开积极主动地宣传并推动自身在政府信息公开建设中的作用，通过参与信息公开的各个阶段的进程，积极融入社会的各个方面，拓展图书馆的发展空间，提高自身的业务能力和服务水平，提升自己在社会上的地位，改变普通大众和各级政府对图书馆的认识，完善硬件设施，改造软件环境。

角色的调整是图书馆应该关注的另外一个方面，作为政府信息资源的服务阵地，图书馆应该加强对相关信息资源的建设，帮助政府实施网上信息工程，参与政府信息资源网的建设，积极协作，与政府建立各种协作关系，作为政府信息资源建设的重要支持者，而非外部旁观者，最终实现图书馆和政府的共同发展。

4. 网络化的服务方式

信息技术的不断高速发展，推动了众多大型公共图书馆网上服务平台的全面建立。这一设施充分发挥了网络快速传播、实时有效的特点和优越性，各公共图书馆可以考虑在网站上建立一个专区，方便网络用户查询政府信息，如条件具备，还可提供在线问答。如有需要，还可设立热线电话，回答用户关心的热点问题。提高网络信息服务的水平，牵涉较广，涉及范围较大，需要高水平的人力资源与信息资源的结合支持。特别是目前各馆基本都有政府各部门送来的文件，供读者阅览。因此，作为图书馆的专业服务人员，一定的情报分析和研判能力也是需要具备的，并在特定的领域具有专门的研究和经验，此外，专业人员应与时俱进，加强对政府信息的把握，为公众提供更高水平的服务，从而使图书馆在政府信息公开方面更好地发挥作用。

参考文献

[1] 对信息失真做一次集体反思 [N]. 环球时报，2011-03-11.
[2] 王晓军 . 论公共图书馆制度公共利益优先原则 [J]. 图书情报知识，2008（4）.
[3] 图书馆也要走向市场 [N]. 闽西日报，2005-12-05.

本文发表于《兰台世界》2011 年，第 30 期
作者简介：蔡艺洪，女，副研究馆员，任职于晋江市图书馆。

论网络信息时代图书馆的参考咨询服务

泉州第一中学图书馆　叶金娣

摘　要　本文介绍了参考咨询的起源与发展，分析了网络信息时代图书馆参考咨询服务的特征，阐述了网络信息时代图书馆参考咨询服务的内容，提出了加强和深化图书馆参考咨询工作的策略。

关键词　网络信息时代；参考咨询；信息服务

一、图书馆参考咨询的起源与发展历程

参考咨询服务是图书馆服务工作的灵魂，参考咨询服务水平的高低是衡量现代图书馆工作质量的重要标志。美国图书馆事业对世界图书馆最具影响的贡献之一就是参考咨询服务。

1. 图书馆参考咨询的起源

图书馆参考咨询服务理念起源于19世纪。1876年10月5日在美国费城召开了著名的图书馆员100周年纪念大会，这个大会催生了美国图书馆协会的成立。大会上，马萨诸塞州武斯特公共图书馆（Worcester Public Library）的馆长塞缪尔·S. 格林（Samuel S.Green）宣读了他的第一篇论文《值得建立的公共图书馆与读者之间的交流和人际关系》。格林的这篇论文称得上是图书馆参考咨询服务理念起源的经典文献。1891年美国图书馆学会会刊《图书馆杂志》开始正式使用“参考咨询工作”这个专业术语，后来流行到世界各地，沿用至今。自19世纪90年代起，美国的一些大型图书馆纷纷建立独立的参考咨询部门。如今，从图书馆参考咨询工作历年的发展历程看，世界各国，尤其是发达国家的各类图书馆对于各种层次的参考咨询服务较为重视。

2. 图书馆参考咨询的发展历程

图书馆参考咨询的发展经历了四个阶段：萌芽期（19世纪下半叶），参考咨询工作开始启动，提出了“参考咨询工作”专业术语；形成期（20世纪初），设

立参考咨询部门或参考咨询台，配备专门的参考咨询馆员；发展期（20世纪30年代），理论研究正式出版了专著，“参考咨询工作”的概念升华为“参考咨询服务”；巩固发展期（20世纪60年代至80年代），参考咨询服务工作更加规范，服务途径和方式有所拓展，20世纪60年代开始，参考咨询服务已发展为一个成熟的职业领域。

我国目前图书馆服务工作正呈现出两大趋势：首先，图书馆的工作重心从服务第二线（采购、编目等）向服务第一线转移；其次，服务工作中心从一般服务向参考咨询转移。近年来许多图书馆为适应服务工作的发展趋势，提高服务工作层次，首先就是加强和拓展参考咨询工作，图书馆的参考咨询集中体现了现代图书馆的职能和特色，也是现代图书馆更新发展的关键因素，必须认真对待，转变观念，研究其发展规律和内容，这关系到网络信息时代能否更好地发挥图书馆作用。

二、网络信息时代图书馆参考咨询服务的特征

1.服务内容的多样化

传统参考咨询内容包括书目参考工作与解答咨询工作两个方面，内容一般仅限于本馆的纸张型书刊，参考咨询馆员帮助读者利用馆藏文献及参考工具书和检索工具书进行查询，解决用户的一般问题，服务内容较为单一。而网络信息时代的用户已不满足于从图书馆得知“答案在哪里”，而且更希望方便快捷地知道“答案是什么”。网络信息咨询将参考咨询的内容都搬上了网络，还增加了许多新的内容。包括网上图书馆介绍、图书馆知识性服务、网络目录咨询服务、网络专题咨询服务、用户培训服务、提供镜像数据库服务、网络咨询协作系统建设、帮助读者选择和使用数据库、OPAC业务培训、联机实时帮助、运程检索服务、电子邮件服务、LISTSERVS服务系列（含LIBRDF-L参考馆员邮件和STUMPERS-L挑战性咨询问题邮件服务等）、网络检索工具介绍与评估、咨询数据库建设和网络信息提供服务等。

2.服务手段的提高

传统参考咨询以手工检索为主要工作手段，即参考馆员通过手翻、眼看参考工具书与文献资料和心想来解决用户咨询问题，然后用手抄整理形成咨询档案。参考工作人员不但辛苦，而且大量宝贵的时间都浪费在琐碎的细节上，难以发挥出其智力优势。

由于现代信息技术在图书馆信息咨询中的应用，咨询服务手段发生了一系列引人注目的新突破和新发展，开始由手工操作向计算机自动化和网络化操作转变。在网络环境下，图书馆咨询服务的信息源变得更宽了，不仅包含传统的手工式检索工具，而且包含 CD-ROM 光盘数据库、镜像站数据库、国际联机数据库以及各种网络数据库等，还可以通过因特网进行资源的信息检索。相应的检索方式已从过去单一检索点的线性检索，发展到可以进行多个检索点的布尔逻辑组配检索；从文本检索发展到超文本检索；提供的信息不仅包括目录、索引、全文等文本性信息，还包括图像、声音等多媒体信息。且这种咨询服务有着快、准、全和新的特点，能更好地满足用户的需求。同时网络条件下的参考咨询工作则是借助主页内容上网，主动向用户提供各种文献资源和服务信息，从而有效地提高了参考咨询服务的质量和效率。

3. 服务方式的转变

传统参考咨询的服务方式大多数是单个、重复、被动、琐碎的，比较简单和单一，通常是以读者到馆咨询提问为主要形式，偶尔以信函和电话咨询方式为补充。

网络信息咨询的服务方式以远程、虚拟为主要特征。形式多种多样，不拘一格。网络信息的服务方式主要有：电子邮件（馆员和用户可以利用电子邮件异时异地交流信息，简捷及时方便，成本低廉）；网络电话（馆员和用户通过网络电子交谈，实时高效，费用远远低于普通电话）；图文信息电视广播（国外使用较多，主要用于用户教育和培训，向用户集中解答一些普遍性的问题）；Web 主页（图书馆可在 Web 主页开设咨询栏或留言簿，定时解答用户的咨询提问）；咨询讨论组（让用户参加特定的咨询问题讨论组，参与讨论或直接获取信息）；建立网上咨询新闻组（又称 FAQ，将常见问题及解答存入图书馆信息咨询主页）、“Stumpers”（利用网上的“Stumpers”解答咨询疑难）；联机咨询（类似热线电话，在特定时间内用户可就咨询问题直接与咨询馆员在线交谈）；计算机专家咨询系统（将常见的咨询问题组织成咨询数据库，联入图书馆主页，向用户提供 24 小时全天候服务）；远程电视会议咨询和视频会议咨询讨论组（国外已开始实验利用远程电视会议和视频会议技术在图书馆中开展信息咨询）；网络合作咨询（将复杂的研究性咨询问题提交给加入网络协作咨询系统的图书馆共同解答）；将来还会出现虚拟现实技术在图书馆信息咨询中的利用。如此众多的网络信息咨询服务方式真是令馆员和用户们兴奋不已，尽管有些服务方式还很不完善或正在实验中，但这只是时间问题。即使如此，瑕不掩瑜，馆员和用户已从中大获裨益。

三、网络信息时代图书馆参考咨询服务内容的改进

1. 传统参考咨询服务的主要内容

（1）简单咨询服务：与读者进行对话，弄清读者的需求后，有针对性地提供个别帮助，满足读者要求。

（2）普遍性咨询解答：这项工作内容就是提供大众参考咨询，回答诸如经贸、科技、教育、交通、气象、婚姻家庭、消费、法律等各种咨询。

（3）二、三次文献加工：除了编制书目、索引、文摘等二次文献以外，还要对文献进行专题研究，在分析研究的基础上整序成综述、述评、研究报告、手册、年鉴等。

网络环境下的参考咨询服务则更加注意以下几个方面：①介绍各种检索软件的性能、功能与用途，并对各种搜索引擎的性能进行评估，根据参考馆员自身的心得体会编制相关的使用说明；②对各种检索系统要着重研究其数据库的结构、内容、价格及运行指令；③在对利用因特网开展参考服务的研究时，既要对因特网上可用于参考服务的各种信息检索传递工具进行详细的介绍，又要对因特网上可开展的咨询服务项目从不同的角度进行全面系统的探讨；④建立专题数据库，开展网络跟踪定题服务，并通过电子邮件及时将信息发给信息用户；⑤通过“共享白板”直接与远程信息用户进行讨论和解答；⑥要针对不同用户区别对待，通过不定期举办有关方面的讲座和短小精悍的培训班，介绍网络搜索信息的方式、方法以及经验和技巧，可以通过电子论坛、参考咨询网页，数据广播、语音信箱、共享白板等方式，满足不同用户的需求。

2. 提高咨询服务队伍的综合素质

网络条件下的参考咨询服务是一项复杂而具有创造性的高智力的服务工作，参考咨询需要跨学科的复合型人才，客观上要求参考咨询馆员必须具有良好的综合素质。咨询馆员应该能够及时调整和改造自身，不断充实现代科学技术知识，努力超越现有水平，提高综合素质，以适应网络时代参考咨询服务的要求。除了拥有图书馆学专业知识、外语知识、相关专业知识外，还必须具备多学科文化素质。要自觉地接受现代信息技术方面的继续教育，掌握计算机技术、网络技术、通信技术、多媒体技术和现代信息检索技术等，同时注意不断提高信息意识，分析判断能力，

选择整理出用户最需要的、最有价值的信息来满足用户的需求。

四、加强和深化图书馆参考咨询工作的策略

1. 完善虚拟咨询台建设，开展网络咨询服务

网络环境下，随着我国因特网用户数的增多，图书馆的虚拟用户量迅速增大。他们常常到网上获取相关信息。因此，参考咨询人员可通过因特网设立“虚拟咨询台”，为读者开展专题检索、资料提供、科技成果查新、国际国内商情调研、文献定题服务等，并可根据网上信息的特点开展新类型的服务项目。

虚拟咨询台是参考咨询服务在网络信息时代的新形式，它是跨时空的。用户无论在家中还是在实验室，无论在白天还是夜晚，无论资源在馆内还是在馆外，都可以通过虚拟咨询台找到答案。图书馆应努力加强虚拟咨询台的建设和完善，参考馆员要从网上广泛收集信息，通过全面的评价和比较后将其推荐给用户。有条件的图书馆还可以将印刷版的工具书重点常用部分做成数字化馆藏，满足用户需求。

2. 拓宽参考咨询服务范围

近年来，随着网络的发展和普及，商业化的信息机构大量涌入信息产业，介入信息服务。商业性的信息机构凭借资金、设备、人才优势和完善的信息网络，为社会用户提供信息服务。用户对他们的信任和依赖越来越强，其市场越来越大，这种情况对传统的图书馆参考咨询服务构成了威胁，迫使我们去思考参考咨询服务业的生存和发展问题。加强对社会用户提供信息服务，既可以充分发挥资源的利用率，又可用通过对社会的服务获得一定的社会效益与经济效益回报。可以采用定题咨询、跟踪咨询、查新咨询以及与社会上各种情报机构、信息中心进行合作等方式共同参与和繁荣信息市场服务与竞争。

3. 参考咨询服务个性化

个性化服务（customized service）包含了三方面的内容：一是服务时间的个性化，在用户希望的时间和希望的地点得到服务；二是服务方式的个性化，能根据读者个人的需求、爱好或特点来开展服务，把最新最好的信息用最快的方式送到读者手中；三是服务内容个性化，所提供的服务不再是千篇一律，而是各取所需，各得其所。在用户对信息需求发生变化的情况下，参考咨询馆员能否提供特色的咨询服务关系到未来图书馆的生存和发展。网络参考咨询服务将成为现代信息网络环境下用户工作的主导服务项目，参考咨询个性化服务和网络化服务是当前大势所趋，

也是将来发展的必然趋势。

图书馆员作为信息社会中的知识导航者，充分利用图书馆丰富的信息资源和自己的专业知识，针对特定的用户开展个性化的信息服务，在这种服务模式中，读者是整个服务过程的主体，他们可以随时根据信息需求的满足和自己的喜好对服务过程进行控制，从而使自身的信息需求得到最大限度的满足。

参考咨询工作起着联系信息与用户的桥梁纽带作用，网络信息时代的图书馆只有不断探索、创新和加强参考咨询工作，才能更加充分地发挥图书馆的知识传播作用，为信息市场的繁荣，为推动人类文明的进步做出新的更大贡献。

总之，在网络环境下参考咨询服务具有无限的生命力和市场前景，同时也是图书馆对读者提供信息服务的重要组成部分。人类社会的发展离不开图书馆，图书馆的发展也离不开参考咨询工作。相信参考咨询工作将顺应时代的发展，不断发挥自己的重要作用。

参考文献

[1] 莫少强，谭志超 . 数字图书馆参考咨询服务的实践与研究 [J]. 图书馆论坛，2002（5）.

[2] 饶蕴 . 网络环境下数字图书馆参考咨询服务 [J]. 现代情报，2003（7）.

[3] 黄燕君 . 网络环境下图书馆参考咨询服务工作的思与变 [J]. 图书馆论坛，2002（3）.

[4] 肖焕忠，蔡冰 . 论网络环境下的参考咨询服务 [J]. 图书情报论坛，1999（2）.

[5] 蔡艳青 . 浅谈参考服务及其发展趋势 [J]. 山西图书馆学报，1995（2）.

[6] 初景利 . 网络环境下文献信息服务的若干创新点 [J]. 图书情报工作，2002（2）.

本文发表于《农业图书情报学刊》2007 年，第 5 期

作者简介：叶金娣，女，副研究馆员，泉州第一中学图书馆馆长。

预测性情报信息的先导作用及其开发构想

华侨大学图书馆 季叶克

摘　要 本文阐述了高校图书馆加大情报信息资源的开发力度，开展预测性情报信息服务，有助于科研人员对预测对象进行准确决策，提高科研效率，加速科研进度，起到先导和启迪的作用，同时也由此而增强图书馆的服务功能，并探讨了预测服务的整个构想。

关键词 情报信息开发；科研；预测；高校图书馆

一、预测性情报信息对科研的先导作用

人类预测实践活动的历史由来已久，但在社会经济科技各个领域中的应用是在进入 20 世纪之后。随着社会的发展，竞争越来越激烈，人们日益感到预测未来的重要性。所谓预测，就是对已知预测对象进行深入的分析，并在此基础上对未知或未来进行估计和推测。情报信息预测对于科研人员显得尤其重要，因为有效的情报信息是决策的基础，高效的工作来自准确的情报信息预测。

1. 预测性情报信息是科研人员对其选题决策科学化的前提和基础

选题是预测性情报信息服务工作的起点。选题不仅关系到研究方向和研究成果，而且要具有一定的前沿性，为社会发展所需要，并符合科研人员自身的和外部的科研条件。这就要求情报信息人员加大情报信息服务的力度，即开展预测性情报信息服务，通过预测服务，为科研人员对所选课题的正确决策提供科学依据。而决策之所以寻求情报信息作为依据是因为它们能够充分体现出所选课题的整体概况及所要达到的目标，帮助科研人员决定预测对象的重要性，并且还能够减少决策中的不确定性，提高预期的决策效果。而预测性情报信息的质量又对决策的成败产生直接的重要影响。科研人员的决策是否正确，关键在于情报信息人员能否及时准确地提供足够的与课题相关的情报信息资源。可以说离开了情报信息，便脱离了客观实际，也就失去了正确决策的基础。预测性情报信息服务工作是一项实用性很强的工

作，在实际工作中，情报信息人员既要进行横的比较，也要进行纵的分析，所需要考虑的问题有时远远超过科研人员对课题本身的分析，带有强烈的综合性。所以对于科研人员所提出的课题，情报信息人员应首先在充分而细致的调研基础上，围绕课题展开调查，收集情报信息资源，对其进行形式上的整理归纳和粗略的分析研究，以使课题明确化，如初步明确其目的、意义、要求、内容、难度等，通常还包括预期目标、研究方法和手段。这样不仅使科研人员对其所选课题的决策更准，而且也可使其了解所选课题是否具有先进性与新颖性，应用前景及潜在效益如何。可见情报信息的准确占有是科研人员制定决策方案的依据，也是制定方针和实施步骤的依据。往往情报信息越全面、越准确，所预测的课题就越有竞争力，成功的把握性就越大。

2. 预测性情报信息有助于推动科研工作的开展

情报信息，既是科研的对象，又是科研的工具，它渗透到科研活动的每一个要素中，并作用于科研过程的每一个环节。在科研活动中，它发挥着多功能、多学科、综合性的优势，对科研起着举足轻重的作用，而且越来越体现出重要价值。科研活动能否顺利进行，能否取得高质量的科研成果，在很大程度上，受制于对有关情报信息资源的收集、掌握和利用上。所以科研人员一直把图书馆的情报信息的工作看成是自身发展的一个重要条件，因为任何的新发明、新发现主要都来源于准确的情报信息。据国外统计，一项新技术或新发明中约有 90% 的内容可以通过情报信息的渠道或途径来获得，真正独创性的工作仅有 10%。所以作为高校图书馆的情报信息人员，应更新情报信息观念，强化情报信息意识，深入科研活动中，了解科研人员对情报信息的需求，有目的、有重点、有针对性地为科研开展预测服务，在对各种情报信息资源认知的基础上，运用创造性思维，准确地辨别、筛选出对科研人员有实用价值的预测性情报信息。高层次、高深度、高技术含量、全方位的预测性情报信息服务往往能开阔科研人员的思路，启迪科研人员的思维，激发科研人员的灵感和创造力。特别是当科研人员在科研活动中取得某一项科研成果时，若这一成果属于所在学科的前沿、热点或关键问题，那么它有可能既是科研的终点，又是新的科研的起点，也就是说，一项科研完成后，再深入而细致地对其进行情报信息分析与研究，很可能又可以在此基础上找到新的生长点或突破口。可见情报信息工作与科研的关系非常密切，它们既相互独立，又密切相联，既独具功能，又互补互促，两者之间呈双向作用，所以预测性情报信息工作的开展，一方面可以促进情报信息事业的发展，另一方面也可不断地推动科研活动良性循环发展。

二、开展预测性情报信息服务是增强高校图书馆服务功能的有效途径

随着现代科学技术的发展和竞争机制的完善，人们已完全意识到情报信息的重要作用，对情报信息的需求越来越大，并呈多层次、多元化方向发展的趋势，而且对情报信息质量要求也越来越高。因此高校图书馆作为情报信息传播和再生的基地，要使其有所发展，就必须突破原有的情报信息服务格局，依托馆藏优势、专业优势、技术优势以及网络优势，开展对科研人员具有实用价值的预测性情报信息服务，有效地提高服务质量，使之在竞争中立于不败之地。所以高校图书馆在进行情报信息资源建设的同时，应不断提高情报信息服务的力度，使其在科研活动中对科研人员起到启迪和导向作用，这样不仅会使高校图书馆增加一种造血功能，也可充分发挥高校图书馆独特的作用。

预测性情报信息服务工作的开展是高校图书馆处于新的情报信息需求环境下的必然选择。尤其是在互联网快速发展的今天，每个图书馆都不是情报信息孤岛，而是网络连接起来的情报信息体系的一部分。网络情报信息资源的丰富性和复杂性，使科研人员对图书馆的情报信息需求也发生了巨大的变化，由原来对文献的需求转向对情报信息的需求。他们衡量图书馆的情报信息服务，也不再以情报信息资源“占有量”的多少为基础，而是更加注重情报信息的效用，追求情报信息的时效性和针对性。预测性情报信息服务正是以此目的开展起来的，它与传统的情报信息服务完全不同，其侧重点并不是总结过去，也不是说明现在，而主要是展示未来，为科研人员和决策者提供把握未来的情报信息资源。高校图书馆这一服务职能的深化，是图书馆进入新的情报信息服务的发展阶段的重要标志，它的整体发展趋势是在原有服务职能的基础上，向更高层次、更具实用价值的信息化方向发展，这是图书馆发展的必由之路，也是图书馆本身赖以发展的基础。作为高校图书馆应全力重视这项服务的开展，它的成败直接影响到科研能否成功。

现代科学的发展，必然促使图书馆对情报信息服务的开展，并形成情报信息优势，成为情报信息资源的中心枢纽。图书馆必须通过对所收集的静态的情报信息资源和多维的动态情报信息资源进行分析、综合、整理，分辨出高质量、高速度、高适用率的情报信息，而且要有预见性，有超前意识，就必须对情报信息进行超前研究，通过概括和综合，推测出带有预测性的情报信息，从而使科研人员及时了解

本学科领域的最新研究成果和研究动态，以及本学科的发展方向、前景、今后的预测。预测性情报信息服务的有效开展，能够促使科研人员对图书馆有更大的依赖性，进而充分体现图书馆存在的真正价值，这也是增强图书馆服务功能的有效途径。

三、预测性情报信息服务开展之构想

预测性情报信息服务的开展虽然有一定难度，但已成为科研人员在科研活动中不可缺少的内容，也是高校图书馆情报信息服务的必然发展之路。开展预测性情报信息服务的依据，往往是根据某一预测对象，昨天和今天的情报信息推断明天的状况，即所谓由已知推断未知，这种思路在一定程度上是科学合理的。因为明天与今天和昨天有着必然的联系，而明天的状况正是在昨天和今天的基础上发展起来的。所以对任何预测对象的研究都不是孤立静止的，都具有其科学的继承性，不仅与本学科而且同其他学科有着千丝万缕的联系，因此欲对其研究有所突破，都必须善于分析前人的研究成果，以前人或他人的研究工作为基础，不断开拓创新，在难点和热点中寻找具有重要科学价值的突破口，当然要做到使科研人员准确判断，其关键在于情报信息人员对其准确预测。而预测的准确性尽管在很大程度上取决于情报信息人员在研究对象中找出动态发展变化的真实内在联系，但预测方法的选择是否科学、恰当，也是能否得出准确预测值的关键。预测方法多种多样，各种预测方法各有其预测应用范围。不同的专业领域，预测的基本原理和程序是相同的，只是预测的方法不同而已。即使同一领域也会有不同的预测方法，如何合理、有效、恰当地选用预测方法是一个非常关键的问题。所以这要从预测对象的内容及特点出发，根据预测的目的、要求、内容，以及占有情报信息资源的状况等因素进行综合考虑，选择一些可靠的指标，并在制定一些适宜的定量标准的基础上，准确地对预测对象今后的发展状况以及与相关领域的发展状况（主要指预测对象与相关的其他领域的历史演化、当前所取得的重大发现、发展的趋势、存在的问题、可能应用的领域等）做出符合客观和准确合理的预测。换句话说，就是通过定量情报信息分析和文献计量法，对预测对象领域的大量文献资料进行整理分析，从相关文献量的起落和统计数据，来估计预测对象在总体中与各个部分之间的相互联系，并确定两种以上文献变量之间的数学关系，然后对各个变量关系中的各个参数进行估计，通过对数据整理、加工分析和推理，便可得出一定的结果；在此基础上再对所得到的结果进行分析、综合、推导、联想、引申，最后所得到的有价值和有启发性的情报信息资源，基本上能够客观而真实地反映出预测对象的发展趋势和未来可能的发展趋势。

综上所述，预测性情报信息服务的开展不仅对科研活动起着推波助澜的作用，而且也为高校图书馆的发展开辟了一条新的道路，其发展前景是不容置疑的。作为情报信息人员应重视情报信息资源的分析及预测方法的研究，预测方法是否准确，是否科学，直接关系到预测的成败，同时对高校图书馆在激烈的竞争中能否得到更大的发展有着很大的影响。

参考文献

[1] 彭前卫 . 新世纪图书馆信息服务的发展策略 [J]. 图书馆论坛，2003，（1）：92–94.

[2] 富平 . 国家图书馆信息开发的思考 [J]. 国家图书馆学刊，2001（4）：9–11，15.

[3] 王立诚 . 市场信息分析与预测 [J]. 科技情报开发与经济，2001，11（3）：94–95.

[4] 潘得利 . 预测性信息资源的开发方法 [J]. 中国图书馆学报，2001（3）：94–95.

本文发表于《现代情报》2004 年，第 11 期

作者简介：季叶克，男，副研究馆员，曾任职于华侨大学图书馆，现已退休。

福建省高校图书馆读者利用信息资源的研究

泉州师范学院图书馆　**周清华**

摘　要　本文从读者利用文献信息资源的调查统计入手，分析了读者获取文献信息的能力，读者获取信息的能力令人担忧，并就产生这种状况的原因进行剖析，提出了合并、专升本后的师院图书馆培养读者信息能力的重要性，并就培养读者信息能力的途径提出几点建议。

关键词　问卷调查；高校图书馆；读者分析；信息能力

一、师院读者获取文献信息的现状

1. 调查情况概述

2002 年 6 月，由福建省读者工作研究会组织开展了一次由各本科院校参加的、全省范围内关于读者利用文献信息情况的大调查，本次调查于 2003 年申报福建省社科十五规划（第二期）项目，并获得批准，课题名称为“福建省高校图书馆读者利用文献信息资源研究”，课题号为 2003B094。本次调查采取问卷调查法，全省共发出问卷 5219 份，回收 4399 份。我院共发出问卷 380 份，回收 312 份，回收率为 82.11%，调查对象涉及全院 8 个二级学院、新旧两个校区，基本上代表了我院读者情况。本次调查是为迎接本科院校合格评估工作而开展的，对于领导层的决策及以后馆藏的采购方针、调整馆藏结构都具有指导意义。

2. 调查结果分析

读者获取信息的能力分析。由表 7-1、表 7-2 可知：①读者获取信息的来源，主要还是传统的印刷型文献（图书和报刊），两者占 80%，而新型的电子信息资源（电子图书、网上数据库、光盘数据库）利用率低，只占 20% 左右，有些人甚至不知道有这些信息资源。图书是课堂教学及学生完成学习任务必不可少的第一文献源，但图书的出版周期长，不能及时反映学科最新的前沿信息；期刊具有内容广泛、知识新颖、信息量大、传递情报快等特点，尤其是网络电子期刊更是备受读者的青睐；

而电子图书、光盘、网络数据库等网络电子文献则有着信息量大、不受时空限制、实时在线、更新快、信息新、占用空间少等特点，在网络环境下得到了迅猛的发展。②读者获取信息的手段、途径原始，获取信息具有较大的盲目性。靠查阅卡片和书架上无目的地查找的比例竟占 87.46%，而快捷方便的书目数据库检索使用率却很低，只占 11.22% ，靠工作人员帮助获得信息的也很少，占 12.18%。③读者获取文献检索知识的渠道狭窄，通过文献检索课懂得这方面的知识只占 31.41%，而“靠自己摸索”的占 87.18%，“尚无该方面的知识”还占 10.26%。④需要课题查新服务的读者不多，只占 33.65%，不知道这项服务的高达 57.05%。⑤读者对外文文献的利用率低，对外文文献的重视不足，认为重要的只占 49.03%。综上所述，可看出读者获取信息的来源还是传统的图书、期刊，读者获取信息的手段落后、途径单一，读者具备的文献信息检索知识很少。总之，读者获取信息的能力令人担忧（见表 7-1、表 7-2）。

表 7-1 读者获取信息能力的统计（1）

	需要馆际互借			需要课题查新			获取外文资料的途径			对外文教材的态度		
	需要	不需要	不知道	需要	不知道	不需要	图书	报刊	电子文献	重要	一般	无所谓
人数	311	0	1	105	178	29	200	75	37	153	95	64
所占%	99.68	0	0.32	33.65	57.05	9.30	70.19	24.03	11.85	49.03	30.44	20.51

表 7-2 读者获取信息能力的统计（2）

	从哪里获取信息			借图书时的途径				获取文检知识的途径			
	图书	报刊	电子资源	查卡片	馆员指导	检索书目	架上查找	文检课	馆员指导	自己搜索	无该方面知识
人数	159	89	64	31	38	35	208	98	4	178	32
所占 %	50.96	28.52	20.52	9.94	12.18	11.22	66.67	31.41	1.28	57.05	10.26

3. 原因分析

1）角色转变未到位

我院是 1998 年底由原三校合并而成的，并于 2000 年 6 月升格为多科性本科院校。2004 年即将迎来本科教学评估。本科教育与专科教育是两个不同层次的高等教育，无论是培养目标、教学内容还是办学模式等方面都存在着较大的差异。而专升本后从领导、教师到学生都没有意识到变化与差异，服务方式、思维方式还没有从长期运行的专科模式调整过来。就教师而言，他们除了必须不断更新知识，满足本科教学的要求，还必须重视科研工作；就学生而言，他们除了学好专业课，还必须广泛阅读，提高自身的综合素质，培养自学、科研、创新的能力。因此师生要尽快认清两种教育的本质区别，完成角色转变，解放思想，牢固树立本科意识，加强服务观念。

2）图书馆宣传的力度不够

图书馆有着丰富的电子信息资源，但利用率却不高，究其原因与图书馆的宣传不力有很大的关系。图书馆要采取多种灵活方式，利用网上与网下相结合、现实与虚拟相结合的方式，运用各种途径广泛传播，提高电子信息资源的利用率。

3）读者的信息意识薄弱

专科学校多为地方管理的学校，主要为本地区的经济文化建设培养人才，专业性较强，因此专科学校的读者对图书馆的需求表现为地方性、实用性。而且学生在两三年学习中基本不要求写学术论文、毕业论文等学术性强的文章。而本科教育将改变以往课堂灌输为主的教学模式，提倡学生自学，强调培养学生的学习能力和科研能力，仅靠课堂教学已满足不了本科人才的培养要求。本科教学要求学生从事大量的课外阅读，他们的阅读能力与自学能力比专科生要强，他们在所学的领域进行专业研究或通过广泛的阅读来提高自身的综合素质。因此，在本科院校，读者对图书馆的需求有新的特点：读者的需求呈现多元化、全方位的趋势。本科院校的学生一般都有学年论文、毕业论文的要求，而且鼓励学生参与科研活动；对教师的要求也相应上了一个新台阶，需要教学、科研并重。而图书馆是师生完成科研任务不可或缺的场所。

4）读者的思想观念相对滞后

随着传统文献向数字化文献发展速度的加快，电子图书、电子期刊、光盘数据库等已成为数字化图书馆文献资源建设的重点。但调查显示读者对电子文献、数据库及其他网络资源的利用率不高，只占 20%—30% 左右。原因有二：其一是长期以来，读者受传统观念的影响，习惯于从传统的图书、报刊中获取学习、科研所需的资料，而对于新兴的数字化文献，由于技术上的落后和缺少相关的运用知识，存在着一种畏惧的心理；其二是语言障碍。近几十年来，英语作为先导语言的地位越来越突出，在因特网上的信息有 90% 以上是用英文传播的，而中文信息在网络上只占 1%，这就意味着不掌握英语就很难充分利用网络信息。

二、培养读者信息能力的意义

1. 适应信息时代的要求

21 世纪，人类已进入信息时代。在信息社会，知识和信息是指导社会生活、经济发展的核心动力，它是以知识和信息的生产、分配和使用为基础的经济，是较资本、设备、劳动力、土地更为重要的资源，信息已成为政治、经济、军事、教育以及社会一切资源的基础。

2. 适应网络信息的特点

在网络时代，由于新兴技术的广泛应用，信息的存贮、传播、服务和利用方式都发生了很大的变化，形成了纵横交错的信息网络。而且信息的更新速度更快，生成量与所需时间成反比。英国专家詹姆斯・马丁的测算结果表明了此趋势：人类的知识在 19 世纪是 50 年增长一倍，20 世纪初是 10 年增长一倍，70 年代是 5 年增长一倍，80 年代则是每 3 年增长一倍，90 年代互联网出现以后，预计未来 30 年，人类科技知识的总量将再增加 100 倍。有关研究还指出，当今世界每秒钟就有一篇论文发表，每分钟就有一部图书出版。面对瞬息万变的信息社会，如不具备信息能力，将会晕头转向，一事无成。而且由于网络信息具有数量大、类型多、增长快、非规范、多媒体、多话种、跨时空、分散性、无序性、更新快、质量参差不齐、选择存贮困难等特点，信息交叉重复，呈无序状态分布，加之网络的开放性、民主性，使每个人都可以随时上传、下载信息，导致了信息垃圾充斥整个网络，在信息良莠不齐的情况下，如果不具备基本的信息能力，就无法使用网络信息为我们的工作和生活服务。

3. 适应素质教育的要求

21 世纪需要的是具有较强的自学能力、研究能力和创新能力的人才。而这三种能力的培养都离不开对文献信息的检索与利用，离不开善于捕捉和组织各种信息的能力。在网络环境下，人们不仅需要多种知识，更需要探究知识的技能，并能把不同的知识融会贯通，实际应用，因此培养学生的信息能力已成为教学的首要问题，高校必须把信息能力的培养作为教学的立足点。1999 年 6 月召开的全国第三次教育工作会议发布的《关于深化教育改革，全面推进素质教育的决定》明确指出：培养学生的收集处理信息的能力、获取新知识的能力、分析问题和解决问题的能力，激发学生独立思考和创新的意识。我院明确提出了“厚基础、宽口径、重实践、能创新、适应性强”的人才观。培养学生的信息能力，正是素质教育的生动体现。

4. 适应个人提高素质及发展的要求

掌握计算机基本知识，熟练地操作计算机获取知识是 21 世纪对人们的要求。网络知识丰富多彩，但重复交叉严重，虽有信息指南，但各类指南的分类标准不同，组织结构也不一样，不经过教育培训想要轻而易举地获取信息是不可能的。在信息社会要成为出色的未来劳动者与终生学习者，并能在工作中不断创新，超越前人的成就，就必须有超越前人的信息能力，这是未来从业者必须具备的素养，也是适应信息社会生活的必备技能。

5. 适应图书馆自身发展的要求

随着网络信息技术的发展，一方面图书馆顺应时代的发展购买了大量的信息产品，为用户提供了广阔的获取信息的空间；另一方面又对读者的信息能力提出了新的挑战。图书馆是高校的信息中心，具备了较为完善的网络系统，但大多数读者对它很陌生，利用率非常低。这说明读者的信息能力跟不上发展的需要。随着数字化图书馆、在线图书馆及专业信息机构的竞争，图书馆的生存受到了严重的挑战。图书馆要想在信息社会的竞争中获得一席之地，必须加强对读者信息能力的教育，最大限度地争取读者。

三、培养读者信息能力的途径

1. 加强对读者信息检索知识的培训和教育

在信息社会，电子文献、数据库、网络信息已成为主要的信息源，使用计算机、利用现代信息技术来获取、处理、交流、利用信息的能力已成为衡量一个人信息能力的重要指标。因此，加强以计算机技术为主体的现代化信息检索知识的培训，是当前信息检索课程不可缺少的一项重要内容。通过培训，使读者掌握利用现代化信息技术获取信息资源的知识和技巧。

2. 通过理论与实践的结合，培养读者的信息能力

网络信息检索课是一门实践性很强的课程，它需要不断的实践。图书馆可利用功能完备的电子阅览室、分批分层次对读者进行上机实践，并结合读者的专业课设置一些实习内容，让他们写出所使用的检索方法、检索途径及查找的相关资料，或者把上机实践同毕业论文联系起来，通过实际操作，通过手检、机检等查找论文写作中所需的资料。

3. 开展现代信息检索远程教育

网络信息检索远程教学是培养学生信息能力的主要途径。它利用基于 Web 的多媒体课件，学习者在软件的引导下，可以自主选择学习内容、学习时间、检测学习的效果，这种自主式的学习软件能为学习者提供图文并茂的人机交互界面，从而达到良好的学习效果。

4. 营造良好的校园信息环境

一个良好的校园信息环境，对读者信息能力的培养有着非常重要的作用。目前，各院校都有一个功能完备的校园局域网，校园网信号畅通，学生在宿舍就可以上网，教师坐在家里就可以享受到校园网的服务，师生可以便利地互相交流和学习。图书馆有一支经验丰富的专业队伍和装备精良的设备，能够对网络资源进行开发利用，利用网络进行信息发布、在图书馆网页上建立学科导航等,已成为高校图书馆的发展方向。

5. 开展新生利用图书馆教育

刚踏进大学校园的新生对图书馆十分陌生，对新生的入馆教育则是帮助新生在最短的时间里学会利用图书馆的有关知识，因此显得相当重要。入馆教育主要包括：介绍相关的规章制度及注意事项；“中图法”的基本分类方法，让新生懂得如何根据“中图法”找到所需文献资料在书架上的位置；如何利用本馆的联机检索系统检索本馆的文献资料。为使新生对图书馆有更深的了解，可采取考试的办法，考试合格者发给借阅证。

6. 开好文检课

1984 年开始高校开设文检课，为读者传授文献检索基础知识和基本原理，为培养读者的信息能力起到了重要作用。文检课主要是讲授文献与文献检索的基本知识，主要检索工具书的内容、作用及使用方法等。从本次的调查来看，福建省的文检课开课情况不很理想，有的院校仍未开课，有的开为选修课，因此应该尽快建设一支高素质的文检师资队伍，加强文检课的普及率。网络环境下的文检课应该侧重于对因特网基本知识、各种检索工具及检索系统的介绍。

7. 参与图书馆信息工作，提高读者的信息能力

专升本后图书馆的发展，需要各方面有识之士的参与和支持。如果吸收一些对图书馆工作较感兴趣，又有初步的科研能力的读者来参与网络信息的开发，为教师、学生的科研课题查找资料、收集信息，或者进行科技论文查新等工作，对学生的信息能力的提高将有很大的帮助。

参考文献

[1] 周清华 . 福建省高校读者阅读与利用文献信息调查统计分析 [J]. 文献信息论坛，2002（4）.

[2] 梁彦平 . 专升本后的高校图书馆读者服务工作的改进 [J]. 滁州师专学报 .2001（3）.

[3] 张灵霞 . 论专升本后的高校图书馆工作 [J]. 河南图书馆学刊，2006（6）.

[4] 李方安 . 论教师的信息能力及其培系 . 曲阜师范大学硕士学位论文，2002-03-10.

[5] 赵明臻 . 现代信息环境下大学生信息能力的培养 [J]. 图书与情报，2001（3）.

[6] 王征清 . 网络时代的信息素养培养 [J]. 情报科学，2002（5）.

本文发表于《图书馆学刊》 2004 年，第 2 期

作者简介：周清华，女，副研究馆员，任职于泉州师范学院图书馆。

戴志骞时期清华学校图书馆参考服务研究

泉州师范学院图书馆 郑锦怀

江南大学图书馆 顾烨青

摘 要 戴志骞是一位接受过美国图书馆学专业教育的我国现代图书馆业先驱。在其领导下，清华学校图书馆率先设立参考部以开展参考服务。文章通过梳理中英文史料，考察了戴志骞对参考服务的认识过程，辨析了清华学校图书馆参考部的设置时间及其名称与职能的演变情况，详细介绍了其开展参考服务的举措，包括积极扩充参考资料、向读者提供阅读指导、与其他图书馆联合开展馆际互借服务等。在当时极其有限的条件下，清华学校图书馆积极开展参考服务，引领并推动了我国图书馆界参考服务发展，其历史功绩值得铭记。

关键词 戴志骞；参考服务；清华学校图书馆；图书馆史研究

参考服务（Reference work）之谓，源于美国。另有参考咨询、参考工作等类似名词，名称虽异，而本质大致相同。一般认为，我国图书馆界真正意义上的参考服务始于20世纪20年代，而清华学校图书馆则是我国第一家设置参考部以专门开展参考服务的图书馆。比如，《中国大百科全书·图书馆学、情报学、档案学》所收“参考咨询”词条就称：“20世纪20年代初参考咨询理论传入中国，清华大学图书馆首先成立参考部。”而且学界公认，清华学校图书馆参考部的设置跟留美归来的现代图书馆先驱戴超（字志骞，常以字行；英文名多作 Tse-chien Tai，简写为 T. C. Tai）有着直接的关系。比如，詹德优称：“戴志骞，自美国学习图书馆归来，乃改弦更张，把清华学校图书馆办成学校参考图书馆。馆长和副馆长下设六个部：参考部，职员一人，由副馆长兼理……”不过，2012年李凡提出：“清华学校图书馆参考部虽然名为‘参考’，却没有真正开展参考工作中答复咨询这一核心业务，更多地是履行着保存和管理参考书的职责。”他以此否认了清华学校图书馆参考部是我国第一个专门开展参考服务的机构。

那么，戴志骞缘何会率先在清华学校图书馆设置参考部？其职能是什么？它到底有没有开展过参考服务？是否取得过什么成绩？有何影响？这些都需要广采史料，深入探究。

一、戴志骞对参考服务的认识过程

戴志骞之所以在清华学校图书馆率先设置参考部，跟他第一次赴美留学的经历有着很大关系。

戴志骞于 1917 年 8 月乘船赴美，入纽约州立图书馆学校（New York State Library School）攻读图书馆学学士学位。根据纽约州立图书馆学校于 1917 年刊印的《信息公告 1917—1918》（*Circular of Information 1917-18*），该校计划于 1917—1918 学年为低年级（Junior Year）开设参考服务（Reference work）、图书选择（Selection of books）、主题标目（Subject headings）等课程；为高年级（Senior Year）开设图书选择、主题书目（Subject bibliography）等课程，以及参考服务实践（Reference practice work）等实习课程。这些课程都跟参考服务关系密切。戴志骞直接进入高年级，在一年之内就完成了一般学生通常需要两年才能完成的课程，而且各门课程成绩都相当优异。比如，其参考服务课成绩为 89.6 分，图书选择课成绩为 89.5 分，主题标目课成绩也有 76.5 分。这表明，通过一年的专业学习，戴志骞初步掌握了当时美国最为先进的参考服务理论与方法。

毕业之后，戴志骞并未立即回国。他先是利用暑假去美国各地图书馆参观考察。他发现，在美国高校图书馆中，参考服务与研究工作要比流通工作更加重要（the circulation is subordinate to reference and research work），而图书馆一般都会为学生提供书籍利用与图书馆组织等方面的指导，以便提高他们利用图书馆资源的能力。他还发现，欧美地区的图书馆为了适应读者的需要，要么在图书馆内设参考部、儿童部、工程学部、历史部等专门部门，要么设立专门图书馆。1918 年 10 月至 1919 年 6 月，他还到纽约厄普顿军营图书馆（Camp Upton Library）工作了将近一年，从而获取了一定的参考服务实践经验。

大约在 1919 年 7 月底，带着留美期间收获的专业知识、直观认识与实践经验，戴志骞回到中国。在上海等地休整一段时间后，他回到清华学校继续执掌图书馆。此后多年间，他致力于对新图书馆思想的宣传与实践，不时阐述自己对参考服务的认识与思考。

1920年8月2日至31日，北京高师举办暑期图书馆讲习会，戴志骞应邀授课，其讲义后来以《图书馆学术讲稿》为题载于《教育丛刊》第三卷第六集。讲义第二章“图书馆管理法”提到大图书馆可以下设“管理部”“顾问部”，管理部下设图书馆馆长，馆长之下再设参考主任等12个职位，而顾问部下设参考科馆员等职位。此处的参考主任与参考科馆员即为专门从事参考服务之人。可惜这份讲义过于简略，我们无法从中了解戴志骞对于参考服务的具体认识。

1923年11月，戴志骞在《新教育》第七卷第四期发表《图书馆学简说》一文，提道：“应用图书馆者既如是之多，图书馆若无完善之参考部，实不足应其要求。学校图书馆之设参考部，所以供学生及各教授之研究者也。通俗图书馆设有职业参考部，亦所以供研究职业教育之参考者也。”可见，戴志骞坚信参考部是图书馆的重要组成部分，参考部的设立与参考服务的提供都是以服务读者为根本宗旨，意在促进学术研究。

离开图书馆界以后，戴志骞还在1931年9月《文华图书科季刊》第三卷第三期上发表了《图书馆员职业之研究》一文，归纳了合格图书馆员所应具有的7种品质，其中“有丰富之常识”“能具有为人服务之热诚”“宜以和蔼可亲之面目引人入胜”三种品质似乎就是专门针对参考馆员（reference librarian）提出的，叙述颇详，颇有启发。

二、清华学校图书馆参考部设置时间辨析

《清华周刊》于1914年3月创刊，至1937年5月停刊，总共出版676期。该刊登载了大量“图书馆”“志图书馆”“图书馆汇志”“图书馆消息”“图书馆新闻”“图书馆纪事”之类的短小消息，及时地记录了清华学校图书馆的发展历程，较为可信。

1921年3月11日，《清华周刊》第211期所载《图书馆纪事》提道：“扩充参考部：本校图书馆对于专门参考书籍素称缺乏，兹拟于馆内组织一参考部，以收纳此项书籍。闻已订购德法最新百科全书及各项专门书籍多种，下学期开始，均可到校云。”这是我们在《清华周刊》上所能找到的涉及“参考部”的最早记载。不过，这条消息中“扩充参考部”与“拟于馆内组织一参考部”两种表述相互矛盾：前者表明参考部早已成立，而后者表明参考部还有待设置。那么，在1921年3月，清华学校图书馆参考部是否已经存在，还是仍有待设置？对此，我们找到了另外三

条可以互相对照的间接史料。

其一，李希泌与张椒华合编的《中国古代藏书与近代图书馆史料（春秋至五四前后）》收有的《清华学校图书馆概略》指出，清华学校图书馆的性质被确定为参考图书馆，馆中设置了参考部、购置部、编目部、出纳部、登录部与装订部六个部门，其中参考部仅有职员一人，由副主任兼理。可惜的是，该文的撰写与发表时间不详，文中也没有明确指出该馆设置参考部的具体时间。不过，文中所附“历年藏书一览”记录了从民国“元年”到“十年四月止”历年间清华学校图书馆的“西文书册数”“中文书册数”“中西书籍总数”。由此推断，清华学校图书馆参考部至迟在 1921 年 5 月之前就已经成立。

其二，1922 年 1 月，清华学校学生刘聪强在《新教育》第四卷第一期上发表《清华图书馆》一文，内附“图书馆现在的组织方法”图一份。据之可知，当时清华学校图书馆下设六个部门，即庶务部、装订部、杂志部、购置部、借书部、目录部与参考部。此外，文末标有“五，二八，二十”字样，即该文写于 1920 年 5 月 28 日。由此，我们可以将清华学校图书馆参考部的设置时间提前到 1920 年 5 月以前。

其三，1931 年 5 月，时任国立清华大学图书馆主任洪有丰在《国立清华大学二十周年纪念刊》上发表《二十年之清华图书馆》一文，回顾了清华学校图书馆自创建之后 20 年间的发展情况，并且附上该馆最新的组织关系图，其中包括参考股。

前引三种史料均未明确说明清华学校图书馆参考部的成立时间。但综合分析、仔细揣摩“迨八年秋，主任戴志骞先生自美国习得图书馆学归来，乃改弦更张”“一九一九年秋，戴志骞先生由美回国，复任图书馆馆长，对于管理上，大加振顿……”与“民国八年秋，前主任戴志骞先生，乃改弦更张，厘订组织”三句话的文字与语气，可以判断：1919 年秋季开学后，戴志骞当即根据其留美期间所学，对清华学校图书馆的组织与管理进行改革，其中就包括设置参考部。显然，《清华周刊》第 211 期所载《图书馆纪事》一文中“扩充参考部”与“拟于馆内组织一参考部”两处文字的矛盾当是周刊记者粗心大意导致的表述错误。事实是，清华学校图书馆早就设有参考部，而到了 1921 年 3 月，参考部亟须扩充，以适应图书馆发展的现实需要。

有必要指出，在参考部成立之前，清华学校图书馆就已经开展参考服务了。1919 年 2 月，戴志骞在美国《公共图书馆》第 24 卷第 2 期（“学校图书馆号”）（*Public Libraries*，Vol. 24 No. 2[School Library Number]）上发表《中国图书馆现状》（*Present Library Conditions in China*）一文。在介绍清华学校图书馆时，戴志骞提道："由于学校的快速发展与师生参考咨询数量的急剧增加，该馆曾经是，过去一直是，现在仍然、总是，对新书无比热望。"（On account of the rapid needs of the college and the amount of reference work done by the faculty and students, the library was, has been, and is always in thirst of new books.）可见，在 1919 年 2 月之前，甚至可以说，在 1917 年 8 月戴志骞第一次留美以前，清华学校图书馆就已经为学校教师与学生的咨询与求助提供帮助，即在事实上开展了参考服务。

三、清华学校图书馆参考部名称与职能的演变

如上所述，清华学校图书馆于 1919 年秋设置参考部。自那以后，其名称与职能发生过几次变化。

关于参考部诞生之初的职能问题，未见明确记载。不过，1921 年 2 月，戴志骞在日本《跨越太平洋》杂志（*The Trans-Pacific*）发表《图书馆助力中国教育事业》（*Libraries Aid in Educating China*）一文，在介绍清华学校图书馆时指出："该馆不仅为师生提供参考便利，还回答京津各校教师及散处各地的清华校友提出的许多参考问题。"（The library not only provides reference facility for the faculty and students but also answers many reference questions from teachers of various schools in Peking and Tientsin as well as from the scattered alumni of the college.）尽管戴志骞没有明确说明，但我们从中可以看出，为读者提供参考便利与回答读者的参考问题就是清华学校图书馆参考部的职能之一；而且该馆十分开放，不但对本校师生提供服务，也乐于为北京与天津各所学校的教师及散处各地的清华学校校友提供服务。此外，如前所示，《清华周刊》第 211 期所载《图书馆纪事》提道："本校图书馆对于专门参考书籍素称缺乏，兹拟于馆内组织一参考部，以收纳此项书籍。"可见，参考部亦负责参考书籍的管理工作。

1925 年 6 月，吴汉章在《清华周刊》第 11 次增刊上发表的《图书馆概况》一文指出，清华学校图书馆下设总务、参考、购置、登录、编目、杂志及新闻纸、装订七部。其中，参考部的职责如下："为参考书籍者解答各种疑问，兼监察阅览室及书库之布置。新到书籍与教员指定参考书，随时由本部揭晓于布告板。（借书处附于此部之下。）"可见此时参考部的职能增为四种，即提供参考服务、监察阅

览室与书库布置、发布新书到馆消息、图书出纳。

1926 年 1 月，戴志骞在《图书馆学季刊》第一卷第一期上发表《清华学校图书馆概况》一文，内附“清华学校图书馆管理之组织”表。据之可知，当时该馆下设参考股、西文编目股、中文编目股与管理股四个部门。综合该文与吴汉章文，可以推断，该馆应当是在1926年秋季开学后进行内部机构改革，将参考部改为参考股。但颇为奇怪的是，戴志骞仅列出了参考股的三种职责，即“整理杂志及书库”“书籍之出纳”“管理教员指定参考书及普通参考书”，却未将其实际提供的参考服务列入其中。

1927年4月29日，戴志骞在《清华周刊》第27卷第11期（总第408期）发表《清华学校图书馆之过去，现在，及将来》一文。此时，清华学校图书馆已将参考股改为“参考出纳股”，其职能包括四种：整理书库及佳本书籍室、管理杂志报告及各种图表、书籍之出纳、管理教师指定参考书及普通参考书，但仍然未将参考服务列入其中。

此后，大概是在清华学校升格为清华大学而戴志骞被迫辞职离校之后，清华大学图书馆将“参考出纳股”改回为“参考股”。洪有丰在其《二十年之清华图书馆》中指出，该馆参考股主要履行五种职责，排在首位的是“参考指导”，随后为“典藏”“借阅杂志”“借阅图书”“搜集参考资料”。

在此有必要指出以下两点：

其一，当前可资利用的清华学校（大学）校史资料很少提及图书馆职员的岗位分工与职责。比如，1921 年《清华年报》（*The Tsinghuapper*）收录了一张当时清华学校图书馆职员的合影，并列出了职员的姓名与职务，却未指明他们的具体职责。1924 年 9 月，清华学校图书馆“新聘顾子刚先生管理参考部一切事务”。1928年9月，清华学校刚刚升格为清华大学，戴志骞就被迫离开，顾子刚与曾宪三、徐家麟、孔敏中、柳哲铭、马文珍、吴钰祥等人也先后离开，而他留下的参考员职位则由沈学植继任。目前尚不清楚在顾子刚之前究竟有谁曾在参考部提供专职服务，而我们也很难深入考察参考部的职能活动。

其二，尽管清华学校图书馆特地设置参考部（参考股、参考咨询股）来负责参考服务，但其专职参考馆员极其有限，有时甚至仅有一人，因而很难将所有范畴的参考服务都承担过去。事实上，任何图书馆的参考服务都不仅仅局限于少数几个参考馆员提供的服务，其他部门馆员提供的相关服务也都应包括进去。因此，下文将从整体上把握清华学校图书馆在发展参考服务方面采取的举措。

四、清华学校图书馆开展参考服务的举措

清华学校图书馆参考部的设置，被后世学者誉为“当时国内学校图书馆最进步的一项措施”。起初，其工作重心并非参考服务本身，反倒是参考书管理、书刊管理、图书出纳之类，以至于戴志骞与洪有丰的介绍文章都对其有所忽略，而李凡也据此认为清华学校图书馆参考部名不副实。但是，如前所述，参考服务其实一直都是清华学校图书馆参考部的重要职能之一。自其成立以后，清华学校图书馆参考部一直致力于为读者提供更为优质的参考服务，“供学生及各教授之研究”。只是受经费不足、馆藏不多、人才缺乏、资源有限等现实因素的影响，参考服务无法全面开展起来。不过，根据当前掌握的资料，清华学校图书馆在提供参考服务方面其实还是取得了不俗的成绩。主要如下。

1. 参考资料的扩充与管理方面

丰富而全面的参考资料是任何一家图书馆得以提供优质参考服务的物质基础。没有充足的参考资料，参考服务就成了无米之炊，参考馆员根本就无法为读者答疑解惑，提供帮助。对此，李小缘指出，参考部应“购置多种参考书籍如字典，辞典，年鉴，百科全书，手册，电话簿，索引，杂志索引……或报纸剪裁之新闻，凡可助解问题者，莫不搜集而珍惜之”。

尽管“搜集参考资料”直到洪有丰时期才被列为该馆参考股的五大职责之一，但在戴志骞掌馆初期，该馆就在购置参考资料方面下了苦功。这主要是因为清华学堂（学校）是留美预备学校，多数课程均使用英文教材，教师通常都要求学生预先阅读指定参考书。受此影响，清华图书馆十分重视教学参考书的购置与管理，包括普通参考书（如百科全书、辞源、字典）和教师指定参考书等，以便为学校的教学活动提供有力支撑。该馆甚至在每年的购书经费中专门辟出一部分来购买教学参考书。比如，1923—1924 学年，该馆可用的购书预算共计 12000 元，“将用以购中文书及杂志，教科应用书及普通参考书三项”。又如，1924—1925 学年，该馆购书经费共计 12000 元，其中专门用于购买教学参考书的经费多达 3100 元，占比超过四分之一，其中包括“各科教员指定购买之课本及参考书之费，占去三千一百元；……普通参考书费，占去一千元”。

在正常经费之余，清华图书馆还积极向学校当局申请专项资金，以购买各类

极具学术价值的大部头丛书、典籍等，以便读者参考。比如，1923 年戴志骞特地向校长申请约 600 元，以购买商务印书馆影印的日本《续藏经》，因为它“内容宏富，包含宗教，哲学，心理，及古昔中印风俗等等，为东方文化极有价值之参考书”。

清华图书馆还重视参考资料购置的连续性、系统性。比如，戴志骞掌馆期间，尤其重视购置与我国相关的西文图书，并且一直扩充不懈。1917 年 6 月 16 日，《清华周刊》第三次临时增刊指出：“该馆现方极力汇集西文书籍之有关中国事务者，已托上海及英美书坊代办此项书籍矣。又该馆近搜得西文书籍之有关于中国日本者，六十有五种。”1920—1921 学年，该馆在购书预算中辟出 500 元用于购买“关于中国的西文书”。1921 年 3 月，该馆积极求购已故英国驻华使馆律师阿兰的私人藏书，因为对方“所遗关于中国文化参考书及批评之外国本国书籍极多”，此外还专门“函致外国各大书局，购求关于中国之书籍，以便参考之用”。

在扩充之余，清华图书馆十分重视参考资料的管理。这表现为三大方面。其一，集中放置，专人管理。前文已经指出，清华图书馆参考部从一开始就负有教师指定参考书与普通参考书的管理之责。该馆还专门辟有“参考室”“参考书架”，将相关参考图书集中放置，以方便师生读者取阅。比如，1923 年 10 月 5 日《清华周刊》第 288 期就提道：“本学期中文教员应用课本参考书及指定学生之参考书，除少数因一时不及购备外，均已排列于书库第二层右边之第一排钢架上。闻其中如赵瑞侯先生所指定民国史之参考资料如《申报》《东方杂志》及《民国新法令》等书，均罗列其间云。”其二，改进管理方法。比如，1923 年 6 月，《清华周刊》第九次增刊提道：“教员指定参考书用者较前亦见增多，参考部已制定参考书管理方法以免一切弊病。”可见，该馆会根据现实情况的变化，不时改进方法，提高管理水平。其三，编制参考书书目。刘国钧曾在 1931 年将编制参考书目列为参考部的三大任务之一，可见其意义之大。随着时间推移，清华图书馆馆藏参考书逐渐变得多而杂，不利于读者的查找与利用。于是，在 1924 年 1 月 9 日，该馆议决尽快编定一本“中文参考书目”，以方便读者据之查阅参考书，节时省力。

2. 提供阅读指导方面

为读者提供阅读指导是最为普通的参考服务项目之一。在这一方面，清华图书馆当时采取的举措至少包括以下几方面。

1）积极撰写书评，向读者推荐书刊

这一工作主要是以《清华周刊》为依托。1922 年 3 月，在戴志骞的允许与支持下，

《清华周刊》决定“将新到及旧有书籍之有特别价值者，介绍于同学，每周在本刊发表”。1923年3月该刊创办《书报介绍副刊》，前后延续两年半（至1925年5月为止），共出版17期、700多页，登载书报评介文章384篇、近40万字，共评介图书231种、刊物79种、论文342篇。从一开始，清华图书馆的几位工作人员，包括戴志骞、毕树棠、余光宗、吴汉章等，都积极参与该副刊的编撰工作，并亲自撰写书评，向读者介绍最新图书、报刊与文章。比如，在《书报介绍副刊》第一期中，“序言”与“征求校友意见”除外，正文包括四部分，即“介绍几种中文的定期刊物”（景）、“中文书报介绍”（毕树棠）、“英文杂志介绍”（[戴]志骞、[余]光宗）、“西文书籍介绍”（[戴]志骞、[余]光宗），而后三个部分的三位供稿者均为清华图书馆工作人员。其后几期中，清华图书馆工作人员仍然是《书报介绍副刊》供稿主力，为这份副刊的存续提供了重要助力，也为清华师生了解馆藏文献提供了一条便利途径。

此外，在袁同礼代理馆务期间，清华学校图书馆还曾在《清华周刊》发布代售图书的广告，向读者推荐中西文图书。1917年10月4日，《清华周刊》第114期向读者推荐《人类历史》《心身试验》《科学本源》《兽思》《兽智》《人类对于商业之能力》六本西文图书，而负责接洽者居然是袁同礼本人。1918年2月14日，《清华周刊》第128期向读者推荐宋春舫所著法文版《海外劫灰记》。1918年2月21日，《清华周刊》第129期向读者推荐胡适的《近世欧洲名剧选刊》。这些图书都以特价出售，质优价廉，对于经济拮据的学生来说颇为实惠。

2）发布新书通报，编撰书目索引

早在1916年，戴志骞就将所购新书分类制表，以供读者据之查阅。他还将馆内订购杂志的篇目列成表格，即制成简易索引，方便读者据之检索。1923年5月起，清华图书馆每月刊印“分类新书单”两次，供读者查阅，颇为便利，以至于其他学校图书馆前来索取参考。

在戴志骞领导下，经过多年努力，查修等人终于编成《清华学校图书馆中文书籍目录》，戴罗瑜丽（戴志骞夫人，原名Julie Rummelhoff）也编就《清华学校图书馆西文分类目录》（*Classified Catalog of the Tsing Hua College Library*），均于1927年刊印，为清华图书馆的馆员与读者提供了极大便利，意义重大。

3）图书馆利用指导

早在1922年3月，戴志骞就为各级学生讲演《应用参考书之方法》，以提高学生对图书馆的利用水平。1925年11月，戴志骞为清华学校大学普通科讲演《如何利用图书馆》，主要介绍清华图书馆的发展历史，下属各部门概况，重要工具书的内容与使用方法，以及索引的编撰与使用方法等。此外，我们相信戴志骞等人还曾开展其他指导活动，以提高读者利用图书馆的水平与能力，可惜未见载于史料。

3. 对外提供参考帮助与开展馆际互借方面

经过戴志骞等人的多年努力，清华学校图书馆在馆藏建设方面取得了重大进展，其馆藏数量与质量在当时我国乃至亚洲图书馆界都是首屈一指，尤其是西文藏书很多，参考书籍齐全。因此，清华学校图书馆渐渐开始对外开放，为各地清华校友、他校人员乃至政府部门等提供参考帮助。比如，戴志骞在1924年提道："财政部调查各国统计到我们清华图书馆来请问，结果都查得了，而他处则无法可想。其次为北京各大学校的学员也到我们这里来查参考资料。"再后，清华学校图书馆还开创性地与其他图书馆进行合作，开展馆际互借。而这恰恰这是当前中外图书馆界开展的最为重要的一种参考服务。

1925年11月6日，《清华周刊》第24卷第9期（总第358期）刊登《与图书馆主任谈话记》。戴志骞在接受访谈时指出外国图书馆开展馆际合作的益处："外国图书馆，多是专门性质，管理与组织，无大困难，且外国互相邻近之图书馆，皆互通声气，互相利用，此馆所有，则彼馆可缺，彼馆所有，则此馆可缺，至为方便。"受此启发，清华学校图书馆当时积极"与北京大学，燕京大学，协和医学校等商酌互用图书馆事"。尽管戴志骞并未细述，但此处的"互用图书馆"无疑是指图书馆对其他高校师生开放服务、提供馆际互借与文献传递等。戴志骞还进一步提出北京高校图书馆协调一致、分别采购某类重点图书、共享使用的设想，"大概将来北大采买中国文献的书籍，燕京采购讲中国事情之西文书，协和采买医学书籍，清华采买各国文参考书，此事若成，则北京教育界，受益不浅矣"。这一设想在当时无疑具有高度的前瞻性，即便到了今天，也依然具有很强的现实指导意义。

在其实际开展过程中，不仅是清华学校图书馆、北平协和医学院图书馆等高校图书馆，连北京图书馆（先后改名为北平北海图书馆、国立北平图书馆）这种公共图书馆，及中国政治学会图书馆这种社团图书馆都参与了进来。对此，北京图书馆（北平北海图书馆、国立北平图书馆）的馆务报告中多有提及。1927年出版的《北京图书馆第一年度报告（十五年七月至十六年六月）》中未见载有与馆际互借相关的文字。但到了1928年，《北京图书馆第二年度报告（十六年七月至十七年六月）》

就提道："本馆为专门学者谋便利起见，与其他图书馆相约施行图书馆间互贷办法，如专门学者有所需而为馆所未藏者，得由本馆向他馆借出供应之，他馆遇有此等需要时亦由本馆贷之。"1929年，《北平北海图书馆第三年度报告（十七年七月至十八年九月）》有载："图书馆间互相借贷图书之法颇收功效，本馆常借得他馆书以饷阅者，多称便利。而本馆贷与他馆者亦甚频繁。"1931年，《国立北平图书馆馆务报告（十九年七月至二十年六月）》也指出："北平各图书馆间互借书籍本年度日渐进展。各图书馆向本馆借书者几于无日无之，而本馆亦屡向协和清华政治学会图书馆借阅书籍，兹谨在本报告内特对于上列各图书馆表示谢意焉。"

北洋政府教育部在1919年5月2日核准通过《京师图书馆与分馆交换阅览图书简则》《阅览互借图书暂行规则》，1921年9月15日又核准中央公园图书阅览所援照《京师图书馆与分馆阅览互借图书暂行规则》互借图书。但直到1929年1月28日至2月1日召开的中华图书馆协会第一次年会上，李继先与曹祖彬才分别提出"规定图书馆互借法条例案"和"各图书馆互借书籍法案"，并被议决通过，汇并为第106条"各图书馆互借书籍法案"，拟由协会制定标准条例，由全国各图书馆视情况酌量实行。可惜的是，这条提案其实并未全面转化为图书馆界的广泛行动。据沈祖荣所见，直到1933年秋，除北平各馆以外，竟然只有金陵大学与金陵女子大学之间订立了馆藏互借办法。由此可以看出，戴志骞领导下的清华学校图书馆在开展参考服务方面勇于开拓进取，颇有一种敢为天下先的魄力，值得图书馆界同人学习。

五、结语

在美国学习与工作两年之后，戴志骞对参考服务的理论与方法有了较深的理解，并且收获了一定的实践经验。他认识到参考服务对于图书馆乃至教育事业的重要性，于是在归国重掌清华学校图书馆之后，迅即在馆内设置参考部。可惜的是，受各种因素影响，清华学校图书馆参考部没能将参考服务当成工作重心真正开展起来，以至于各种史料中都少有记载。这其实也是民国时期其他高校图书馆参考部的真实写照。比如，金陵大学图书馆在1925年就尝试设置参考部，不久撤销，1929年复办，后又停办，1948年再次计划复办，一直未能做出什么成绩来。这种坎坷命运既反映了民国时期高校图书馆开展参考服务之不易，也从侧面凸显了戴志骞领导下的清华学校图书馆的难能可贵。毕竟该馆率先在中国设置了参考部，并且确确实实面向校内外读者开展了参考服务。其参考服务实践，尤其是与其他图书馆联合开展的馆际互借服务，对我国现代图书馆界起到了较大的引导与示范作用，在我国现代图书馆事业史上意义重大。

参考文献

[1] 中国大百科全书出版社编辑部．中国大百科全书·图书馆学、情报学、档案学 [M]. 北京：中国大百科全书出版社，1993：23.

[2] 詹德优．20 世纪中国参考咨询服务：发展历程、成就与局限 [J]. 高校图书馆工作，2000（1）：1.

[3][32] 李凡．我国图书馆参考工作起源及相关问题考辨 [J]. 图书情报工作，2012（23）：38–39.

[4]New York State Library School. Circular of Information 1917–18[M]. Albany，NY： New York State Library School，1917：20–22.

[5] 郑丽芬．民国时期的图书馆学教育研究 [D]. 北京：北京大学，2015：93.

[6]Tai，T. C. The Immediate Need of Librarian in China[J]. The Chinese Students' Christian Journal，1919，6（2）：67–72.

[7] 戴志骞．图书馆学简说 [J]. 新教育，1923，7（4）：228–229.

[8] 戴志骞．图书馆学术讲稿 [J]. 教育丛刊，1923，3（6）：6–7.

[9] 戴超．图书馆员职业之研究 [J]. 文华图书科季刊，1931，3（3）：300–301.

[10] 图书馆纪事 [J]. 清华周刊，1921（211）：23.

[11] 李希泌，张椒华．中国古代藏书与近代图书馆史料（春秋至五四前后）[M]. 北京：中华书局，1982：357–361.

[12] 刘聪强．清华图书馆 [J]. 新教育，1922，4（1）：123–124.

[13] 洪有丰．二十年之清华图书馆 [G]// 清华大学校史研究室．清华大学史料选编：第一卷（1911–1928）. 北京：清华大学出版社，1991：451–452.

[14]Tai, T. C. Present Library Conditions in China[J].Public Libraries，1919，24（2）： 38.

[15]Tai, T. C. Libraries Aid in Educating China[J].The Trans–Pacific，1921，4（2）：66.

[16] 吴汉章．图书馆概况 [J]. 清华周刊，1925（S11）：77.

[17] 戴志骞．清华学校图书馆概况 [J]. 图书馆学季刊，1926，1（1）：94–95.

[18] 戴志骞．清华学校图书馆之过去，现在，及将来 [J]. 清华周刊，1927（408）：550–551.

[19]《百年清华图书馆》编写委员会．百年清华图书馆 [M]. 北京：清华大学出

版社，2012：24–25.

[20] 图书馆 [J]. 清华周刊，1924（319）：14–15.

[21] 韦庆媛．民国时期清华图书馆员的大动荡及启示 [J]. 河南图书馆学刊，2010（5）：136–139.

[22] 韦庆媛．洪有丰与国立清华大学图书馆 [J]. 图书情报工作，2010（11）：144–148.

[23] 苏云峰．清华学校图书馆：中国大学图书馆现代化的先驱 [G]// 王振鹄教授七秩荣庆祝寿论文集编辑小组．当代图书馆事业论集——庆祝王振鹄教授七秩荣庆论文集．台北：正中书局，1994：84.

[24] 李小缘．图书馆之意义 [G]// 马先阵，倪波．李小缘纪念文集．南京：南京大学出版社，1988：80–81.

[25] 胡冉．清华图书馆历史上的教学参考资料工作 [J]. 图书馆，2013（3）：141–143.

[26] 图书馆 [J]. 清华周刊，1923（295）：30.

[27] 图书馆新书 [J]. 清华周刊，1923（274）：20.

[28] 记图书馆 [J]. 清华周刊，1917（S3）：9–10.

[29] 图书馆 [J]. 清华周刊，1920（S6）：20.

[30] 图书馆纪事 [J]. 清华周刊，1921（213）：25.

[31] 图书馆 [J]. 清华周刊，1922（252）：19.

[32] 图书馆 [J]. 清华周刊，1922（255）：12–13.

[33] 图书馆 [J]. 清华周刊，1924（303）：49–50.

[34] 图书馆 [J]. 清华周刊，1926（372）：297.

[35] 图书馆 [J]. 清华周刊，1923（288）：9–10.

[36] 图书馆 [J]. 清华周刊，1923（S9）：33–34.

[37] 刘国钧．图书馆内之参考事业 [G]// 刘国钧．刘国钧图书馆学论文选集．北京：书目文献出版社，1983：65.

[38] 周刊 [J]. 清华周刊，1922（242）：25.

[39] 任勇胜．“清华园里好读书”——《清华周刊》的“书评”概述 [J]. 中国图书评论，2006（7）：92–96.

[40] 出售书籍 [J]. 清华周刊，1917（114）：19.

[41] 名著出售 [J]. 清华周刊，1918（128）：3.

[42] 名著出售 [J]. 清华周刊，1918（129）：6.

[43] 图书汇志 [J]. 清华周刊，1916（86）：20.

[44] 图书室报告 [J]. 清华周刊，1916（90）：21-22.

[45] 图书室阅书新法 [J]. 清华周刊，1916（88）：17.

[46] 图书馆 [J]. 清华周刊，1923（281）：16.

[47] 图书馆 [J]. 清华周刊，1922（239）：16.

[48] 大学普通科 [J]. 清华周刊，1925（361）：18-19.

[49] 戴志骞讲，毕树棠记 . 图书馆学 [J]. 清华周刊，1924（305）：42-50.

[50] 北京图书馆 . 北京图书馆第二年度报告（十六年七月至十七年六月）[M]. 北京：北京图书馆，1928：23.

[51] 北平北海图书馆 . 北平北海图书馆第三年度报告（十七年七月至十八年九月）[M]. 北平：北平北海图书馆，1929：29.

[52] 国立北平图书馆 . 国立北平图书馆馆务报告（十九年七月至二十年六月）[M]. 北平：国立北平图书馆，1931：35.

[53] 李致忠 . 中国国家图书馆百年纪事（1909-2009）[M]. 北京：国家图书馆出版社，2009：5-8.

[54] 中华图书馆协会执行委员会 . 中华图书馆协会第一次年会报告 [M]. 北平：中华图书馆协会事务所，1929：88-89.

[55] 沈祖荣 . 中国图书馆及图书馆教育调查报告 [G]// 丁道凡 . 中国图书馆界先驱沈祖荣先生文集 . 杭州：杭州大学出版社，1991：176.

[56] 陈长伟 . 金陵大学图书馆 [G]//《南大百年实录》编辑组 . 南大百年实录（中卷）：金陵大学史料选 . 南京：南京大学出版社，2002：335.

[57] 金陵大学图书馆 . 金陵大学图书馆概况 [M]. 南京：金陵大学图书馆，1929：21.

[58] 金陵大学 . 金陵大学六十周年纪念册 [M]. 南京：金陵大学，1948：62.

本文发表于《图书馆论坛》2017 年，第 10 期

作者简介：郑锦怀，男，硕士，副研究馆员，任职于泉州师范学院图书馆；顾烨青，男，硕士，副研究馆员，江南大学图书馆副馆长。

第三篇

管理

第八章

资源组织

编目展望

泉州师范学院图书馆 刘瑞芳

摘 要 网络信息时代，传统的手工编目工作日益弱化。本文通过对编目工作现状的分析，提出了现代信息社会环境下编目工作的工作重点以及如何开辟新的研究工作范围，以使其适应网络时代编目工作的新需求。

关键词 编目；规范控制；元数据；联合编目

信息时代的发展，不断地冲击着各行各业的原有秩序。纵观图书馆编目的发展历史，就可见一斑。从手工编目发展到现在的计算机网络编目，编目无论是在形式、流程还是在内容上都随着时代的发展而改变着。编目作为图书馆信息文献得以提供服务的基础工作，应如何顺应时代的发展，调整、充实工作内容，是编目工作面临的极具挑战性的一个艰巨任务。

一、目前我国编目工作普遍的现状

1. 编目压力减轻

与传统的手工编目相比，目前，在计算机、网络环境下，编目数据由于可以从多种渠道取得，只要对其稍事加工，加上各馆的某些字段就可采用，因此，对以文献实体的客观著录为原则的编目工作显得更为轻松，这样做既避免了重复编目，又减轻了工作人员的压力。

1）联合编目中心的成立，使大量编目数据得以利用

较早成立的全国图书馆联合编目中心，其成员馆遍布全国各地，并建有分中心；设在北京大学的全国高等教育文献保障体系（CALIS）项目，其成员馆也近 80 家，而且还在逐步地扩大成员馆范围。这些加入联合编目的成员馆在为数据中心上传数据的同时，也可同时下载中心的数据，同时，联合编目经过几年的合作编目，也产生了相当规模的数据库，这样就为编目数据来源提供了一条极为便捷的途径。同时，

由于这些成员馆的科研力量也相对较强，因此，编目数据质量的规范化、标准化程度也较能得到保证。

2）CIP 数据的逐步规范、完善

我国自 1993 年开始图书在版编目试点以来，历经十余年的发展时间，在遵守《图书在版编目数据》及《图书书名页》两项国家标准的前提下，逐步形成了一套完善的工作流程和工作制度，其编目数据更为规范、标准，可信度也逐渐增强，成为许多图书馆编目的依据之一。

3）出版商随书数据日益规范化

其他一些出版商联合制作的数据，在国家有关部门的干预、领导下，制作的数据质量也有了很大的提高，其随书数据也可作为编目数据的引用或参考。

2. 面临的境况

尽管目前我国编目工作人员在数据的选取上有了较多的可选余地，但是由于多种方面的原因，还存在着数据质量上的不标准、不规范的情况。另一方面，随着数字图书馆的日益发展，图书馆所拥有的除传统的馆藏文献外，网上信息资源越来越多地进入我们的视野。目前，我国对网络信息资源存取、利用还处在刚刚起步阶段，还没有一个统一的描述网络数据的格式。

二、编目趋势

网络环境下，图书馆编目工作有了新的机遇，也面临新的挑战。改变传统的编目工作流程，开拓视野，开辟新技术新方法，以适应网络时代编目的要求正日益成为编目人员的头等大事。

1. 重视数据的规范控制——取得编目数据的规范化、标准化

规范控制（Authority Control），又称权威控制，是为了确保标目在检索款目及书目系统的唯一性和稳定性，而建立、维护、使用规范款目和规范文档的工作过程。规范控制是贯穿整个编目过程中一个非常重要的环节。建立较为完善的规范控制档，才能实现编目数据的规范化、标准化。比起手工编目时代它显得更为重要。规范化的书目数据是实现地区间、专业内部的数据信息传输、交流的基础，是实行联合编目，实现数据共享必不可少的条件。随着全球计算机信息化、网络化的不断发展，全球范围内的网络资源的共享的需要，规范控制在近 20 年来得到长足发展。我国自 1983 年颁布了新中国成立以来第一个文献著录工作国家标准《文献著录总

则》（GB3792.1-83），又陆续颁布了一系列的标准，对于各馆规范控制工作的开展起到了依据、指导的作用。虽然目前我国的图书馆编目工作在规范化方面取得了一些成就，尤其是最近几年，但由于地域的差异、条件的不同，所采用的系统的不一致、认识上的差异等原因，我国的规范控制的工作总的来说还只是处于刚起步的状态，这在很大程度上影响了网上编目工作的开展。

目前，我国规范控制工作还只限于一些少数大馆。在研究实行中，国家图书馆编制了一套中文名称规范数据库，它包括《中文图书名称规范数据款目著录规则》和《中文图书主题规范数据款目著录规则》，收有规范数据33多万条，并可供全国其他各图书馆使用，但由于大部分的图书馆所采用的系统没有书目数据与规范控制的连接，因此，这项工作目前尚未普及。目前，大多数的图书馆在名称的采用方面，尤其在对国外著作、著者译名的标目的取法上没有一个统一的标准，无法达成数据上的标准化、规范化。这不仅影响了书目数据的查全率与查准率，同时也给网络环境下，联机编目的数据的规范、共享带来问题。因此，把规范控制纳入编目工作的内容，以提高全国范围内编目数据的规范化、标准化，共同促进网络资源的共享，是今后编目工作人员的任务之一。

2. 拓展编目的工作领域——网络信息资源的编目工作

网络正日益走进我们的生活，成为我们生活中的一部分。海量的信息资源，借助于网络、数字化技术的发展，正如梭般出现。互联网上存在着许多值得我们去编目的有用的和较为稳定性的信息资源，因此，如何有效、快捷地筛选、提取信息，如何给网络信息资源进行科学合理的编目，给编目工作提出了新的工作问题。

与传统的载体信息相比，网络的无极限，决定了网络信息资源在内容上显得庞大与杂乱，信息价值不一，变化快且极不稳定，而且在存储方式上多样化。网络信息资源的这些独特的特征，给网络信息资源的编目带来了较大的困难。目前，对网络信息资源的编目虽然在国外一些信息发达的国家已经进行了尝试，并取得了一定的经验和成果，但总的来说还只是处于起步、探索阶段。对网络信息资源的编目所使用的规则、标准还处在各自为政的阶段。

目前，对网络信息编目的研究主要是MARC及元数据两种方式。美国OCLC经过对MARC进行改进，增加字段以适用于网络信息编目，但由于网络信息资源其固有的动态性的特征，要维护、更新以MARC格式的信息的编目需要花费太高的成本，在网络信息资源的组织和整理文献方面有一定的局限性。MARC格式作为一种发展较为完善的数据描述格式，其严密的字段格式及繁杂的头标区的著录，更适用于专业编目人员的使用。

1995 年由美国 OCLC 和 NCSA（国家超级计算中心）共同研制的 Dubin Core，是基于元数据基础上的描述网络信息格式，DC 元素是包含有 15 个基本元素和 44 个限定词的元素数据集，在元素的选择上是可选、可重复的，其简单、实用的特点，可使更多的非专业人员也能了解和使用这种描述方法，从而更有效地描述和检索网上资源。目前，世界上已有许多国家以 DC 元数据为基础，结合本国所需进行修订后，作为网络信息资源的组织、编目标准。但是，DC 元数据在整理网络信息资源也存在着局限性。它不能对所搜集到的信息资源做出更多限制，所搜集的结果取决于搜寻者所选取的元数据，而且不会对信息资源做更深层次揭示，因此也会产生选中、选准率的问题。

因此，对网络信息资源的编目标准做进一步的研究，在国外元数据研究的基础上，寻求开发一个适应中文环境的基于元数据的统一格式，从而更有效地、大范围地研究网络信息资源的搜寻、存取，实现编目工作上的突破是编目工作今后面临的一项艰巨任务。

3. 走联合编目工作之路

以网络的发展为基点，应用户的需求，图书馆编目共建共享，走联合编目之路是顺应时代的要求。与手工时代的编目相比，联机联合编目具有更大的工作效能与优越性：避免了重复劳动，节省了人力物力，一次编目，可多次使用，一馆编目，多馆引用；避免了分散编目造成的各自为政的局面，提高了编目数据的质量，大大加强了数据的标准化、规范化建设；实现数据的区域性共享，为最终达到数据的全球共享打下良好基础。

目前，我国已在全国范围内建立了各种区域性的联合联机编目机构，如 1997 年 10 月开始启动的国家图书馆联合编目中心，以实现网上目录信息资源共建共享为宗旨，其成员馆遍布全国各地，其书目数据成为很多图书馆编目的依据。2000 年开始的 CAUS 联机编目系统，已吸纳了全国 100 多个高校图书馆，建立了一系列国内外文献数据库，规模较大的有广东省文献编目中心、地方版文献联合采编协作网（CRINET）等。这些区域性的联合编目中心，各成规模，各有特色，形成区域性一定规模的信息资源的共建共享，并产生了一批大型的书目数据库，极大地便利了图书馆的图书文献编目工作。

目前，我国联机联合编目之间存在的最大问题是：由于各地区经济发展的不平衡，不同地域、不同系统自动化水平不一致，导致全国范围内手工编目、计算机编目、联机编目共存的状态；同时，纵观不同区域内的联合联机编目，我们不难发现其发展的不平衡：高校及科研机构，东部及沿海地区发展优先于公共馆及中西部地区，而大型的跨地区、跨系统的联合编目较少，这种情况给未来的编目发展带来很大的不平衡，严重地影响了我国文献资源的共建共享进程。再者，我国编目所依据的标准、规则的颁布、修订也严重滞后，各区域性的联合编目也存在着使用不同标准的情况，不利于编目数据的标准化、规范化。因此，在未来的编目道路发展过程中，应依据政府的支持，增加投入，建立国家权威领导机构，统一统筹、宏观领导，走联合联机编目之路，遵循统一的编目规则，遵守联合编目馆的协议，采用统一的标准，增强编目数据的标准化规范化力度；同时，吸收国外先进的技术与经验，在馆际之间开展多种形式的服务，发挥大型图书馆的中心作用，以区域带动全局，带动、吸引更多的馆加入，逐渐形成不同区域、不同系统网络之间的互通互连，最后达成全国范围内的联机联合编目，从而实现资源的共享。

参考文献

[1] 孙更新．我国文献信息编目工作标准化发展述略——纪念《文献著录总则》颁布 20 周年 [J]. 图书馆杂志，2003（8）：2-5.

[2] 邱湫良．我国图书在版编目的发展历程和取得的成就 [J]. 图书馆工作与研究，2003（1）：21-22.

[3] 武永娜．中国文献编目规范控制现状分析及发展对策 [J], 图书馆工作与研究，2003（3）：27-29.

[4] 黄晓芳．论网络信息资源编目的实现 [J]. 图书馆论坛，2003（1）：82-84.

本文发表于《现代情报》2004 年，第 8 期

作者简介：刘瑞芳，女，副研究馆员，任职于泉州师范学院图书馆。

浅谈未来纯数字出版及其反盗版举措

中共泉州市委党校图书馆　**江璇娥**

摘　要　本文提出编写、制作、发行、购买与阅读，完全在电子化中完成，不产生任何诸如光盘等的实物的未来纯数字出版的概念及其存在与发展。探讨纯数字出版的反盗版措施，展望纯数字出版未来之景。

关键词　纯数字出版；电子纸；反盗版

一、纯数字出版之概念

数字出版是一个较宽泛的概念，统指采用数字技术（而非传统的纸张和采用模拟技术的音像）出版和发行的行为。在数字出版中，所有的信息都以统一的二进制数字化的形式存储于光、电、磁等介质中，信息的处理与传递借助于计算机来完成，实现了文字、图形、图像、声音、动画、视频等多媒体信息的集成。数字信息彻底摆脱了纸张的局限，能够永久存储、毫不磨损，瞬间即可传播到全球每一角落，检索数十亿页内容最快只需数秒时间。数字化技术在为传统的出版业带来深刻的变革。

但在图书出版的实际运作中，由于种种原因，现有的数字出版依然没能摆脱传统纸质图书出版模式的束缚。数字图书或者以光盘等实物为载体，与纸质图书几乎没有任何区别地发行，或者只是纸质图书的电子化，甚至只是纸质图书的图像扫描版。数字图书作为纸质图书的一个附属和辅助，完全没有发挥出“数字”的强大优势。

以数字图书馆为例，由于数字图书的易传播性，数字图书馆从技术上来说只要有一家包括全部图书的总馆就能满足要求，全球任何一个地方的读者只要通过网络连接总馆就能进行图书的借阅或者购买，但由于当今数字图书只是纸质图书的一个附属，因此基本上每个高校图书馆和公共图书馆都需要建立自己的数字图书馆，截至2006年，我国数字图书馆超过2000家，造成了巨大的浪费。

理想的数字出版应该是图书从作者到读者的整个过程中，包括编写、制作、发行、购买与阅读，完全在电子化中完成，不产生任何诸如光盘等的实物，为了区别于现有的数字出版，我们不妨将其称为纯数字出版。

二、纯数字出版之萌芽

在传统的出版行业中由于盗版等种种原因，几乎不存在真正意义的纯数字出版。但如果我们把眼光放到出版行业以外，却能发现另一种模式——网络原创文学出版。起点中文网(http：//www.qidian.com)是全球最大的中文网络原创文学网站。据起点中文网 2007 年 2 月 14 日的公告，起点中文的注册用户数已经接近 800 万(其中 VIP 付费用户超过 50 万），拥有 80000 名原创作者和 90000 余本原创小说（其中 VIP 付费小说约 2000 本），最高日 PV 1.3 亿次。

起点依靠连载文学作品的付费阅读盈利，读者在起点可以免费阅读大部分的免费作品和收费的 VIP 作品的前文，只有 VIP 作品的最新连载章节（一般是一个月或者 5 万字以内）需要读者付费，价格为 2 ~ 3 分 / 千字，作者根据作品的热门程度，能拿到读者付费的 50% ~ 70% 不等。

小说在章节与章节之间的黏性很好地培养了正版的购买。起点自 2003 年 10 月份开始运行 VIP 作品付费阅读以来，发展速度相当快。2003 年 10 月，起点当月稿酬发放 5000 元，2004 年 10 月超过 20 万元，2005 年 7 月超过 100 万元，2005 年最高月份接近 200 万元，2006 年起点共为作者支付了超过 2000 万元的写作稿酬。

对于网络原创作者而言，起点的 V1P 模式比传统出版更方便、更自主、更快捷，目前起点每个月都新增近十位作者单章订阅突破 6000 人次，他们所获得的电子出版稿酬收入就等于繁体出版 3000 册以上或者简体出版 20000 册以上销量的稿酬收入。根据起点中文网 2007 年 1 月 15 日的最新公告，月收入过万元的作者逾 70 位，其中最高者月收入超过 10 万元。

作为一家数字出版企业，阅文集团通过起点中文网直接在网络销售原创作品，开创了一种全新的出版模式——纯数字出版。纯数字出版的每一个环节都在电子化中完成：作者通过起点的在线系统提交电子版的作品，读者通过访问网站方式阅读作品，并通过网上银行付款。因此纯数字出版中间环节的成本相当低，在传统的出版模式中，作者只能拿到读者购书支出的 8% 左右，而在纯数字出版模式中由于中间环节的减少，作者能拿到读者购书支出的50%～70%，并且纯数字出版能极大地节约浪费在纸张、印刷、运输、销售上的社会财富。

数字化的阅读方式能提供传统的阅读方式所无法提供的功能，现在很多人读书少并不是买不起书，也不是因为没时间看书，而是找不到好书。从浩如烟海的出版书籍中找出自己喜欢的好书实在是费时费力的事情。而在数字化阅读中，读者能方便地通过"浏览同好者"功能找到和自己阅读相同书籍的同好者所阅读的其他书籍，或者通过点击排行榜、收藏排行榜、推荐排行榜等多种排序方式筛选书籍。

起点中文的成功也说明了国内数字出版业的成功，说明中国的数字出版已经进入一个全面发展的高速增长阶段。并且以起点为代表的一大批网络企业已经开始崭露头角，成为数字出版领域的一个重要组成力量。

三、纯数字出版之盗版

以起点中文为例。2005年7月，起点月稿酬发放超过100万元时，起点在《祝贺起点中文网2005年7月当月稿酬发放突破100万元》中曾乐观地估计2005年10月稿酬发放将突破150万元，2006年全年起点将突破1亿元稿酬发放，实现月稿酬发放1000万元。

实际上2005年起点月稿酬发放最高接近200万元，符合之前的预测。2006年起点用户和阅读量亦继续高速增长，但2006年起点支付稿酬仅为2000万元左右，远低于之前1亿元的预测。造成这种情况的原因是复杂多样的。2006年起点VIP章节盗版（一般称为"盗贴"）的大量出现是其中的一个重要因素。

打开百度等搜索引擎，键入起点中的任何一本VIP付费小说的书名，我们基本上都能在几分钟内找到付费VIP章节的截图或者文字盗贴，盗贴一般出现在专门盗版起点小说的站点或者论坛中。对于读者而言，一边是免费的，很方便就能获得的盗版，一边是付费的，要经过充值购买等步骤才能得到的，有一定阅读环境限制的正版，大多数读者作何选择，结果不言而喻，

盗贴对正版购买的打击是致命的，例如《佣兵天下》是起点最热门的小说之一，截至2007年3月5日，其总点击量为1310.6万，总收藏量为13.4万，但也正因为热门，其VIP付费章节一般在1小时内就会出现盗贴。根据论坛的读者调查，如果不存在盗贴，75%收藏此书的作者将购买正版章节，但在实际中由于盗贴的猖獗，仅有5%左右收藏此书的作者购买了正版章节。

对于日益猖獗的盗版，起点进行了一定程度的打击。2006 年起点特别加派人手收集相关证据及拟定相应防治方法，并积极配合版权局等相关政府部门取缔并查封了部分盗贴网站，2007 年 2 月 8 日国务院新闻办召开了“打击网络侵权盗版专项行动”新闻发布会，并由国家版权局公布了 2006 年十大网络侵权盗版典型案件，其中有一件就是涅盘中文网盗版起点侵权案。

然而极具讽刺意义的是，截至 2007 年 3 月 10 日，南派中文（http：//www.npzw.com）依然能够正常访问，其盗版行为并未停止。这也从另一方面反映了由被侵权的商业公司所发起的反盗版行动的苍白无力。

四、纯数字出版之反盗版措施

1. 主动性反盗版措施

一方面，互联网有其自由度极高、容量巨大的一面，这对打击网络盗版极其不利；另一方面，互联网有着高度的集中性，几乎所有的互联网访问都需要通过极少数的骨干路由器、国家级网关和服务器，因此控制少数的关键节点就能控制大范围的互联网访问，例如在我国，在国家防火墙中通过对以上关键节点的过滤完美地封锁了国外非法网站。

DNS 域名解析是互联网访问中最脆弱也是最容易控制的一环。要访问全球任何一个网站，都必须先通过 DNS 解析将网站域名解析为 IP 地址，才能对网站进行访问。而所有的 DNS 解析都必须通过全球仅有的 13 台域名根服务器（root server）及其镜像才能够进行。也就是说，只需要控制少数几台域名服务器的解析，就能够控制对任何一个网站的访问。这一特性往往被黑客用于域名劫持攻击，但也同样可以用于打击盗版网站。

由此，可通过如下步骤打击盗版网站：

（1）寻找盗版网站。

这一步由商业性的网络出版公司完成，商业公司可通过搜索引擎等各种方式寻找网络上存在的盗版网站和论坛，并上报政府网络反盗版部门。

（2）封锁盗版网站。

政府网络反盗版部门在收到盗版网站的举报后，根据法律赋予的权限，更改中国境内域名服务器对盗版网站的 DNS 解析，DNS 解析更改一般可在数分钟内生效，届时将无法通过域名访问盗版网站（此时仍可通过 IP 地址访问盗版网站）。

如果盗版内容是由个人发表于合法网站和论坛之内，反盗版部门则可要求其管理者限期删除盗版内容，在期限内未能删除者将同样更改其 DNS 解析。反盗版部门同时可要求搜索引擎删除对盗版内容的搜索结果，以阻止对盗版内容的访问。

（3）查处盗版网站。

获得盗版网站的 IP 地址后，通过电信部门的 IP 数据库，反盗版部门可以在几秒之内查获其详细地理位置，并定位其位于当地电信部门机房的某台服务器内，之后即可彻底停止并删除盗版网站，追查相关责任人。若盗版网站的服务器位于国外，则可将其加入国家防火墙国外非法网站的过滤列表中，阻止国内网络对其的访问。

由于互联网的集中性，清剿数字图书盗版远比清剿纸质图书盗版简单。以上的措施在技术和成本上不存在问题，缺少的只是政府的立法及其授予的权限。通过以上措施，虽然网络上还是必然会存在盗版内容，但却能使盗版内容的搜索和获得变得相当困难。一般读者花在搜寻盗版上的时间有限，而反盗版人员却能持续地在网上搜索并封杀盗版内容，因此对读者而言寻找盗版的时间和成本甚至会超过购买正版，由此促使读者选择正版。

2. 被动性反盗版措施

被动性的反盗版措施极为困难，虽然当前业界已经开发出诸如数字水印等诸多安全技术来防止盗版，但从某种意义上来说这些安全技术形同虚设，它们只能保证数字图书在传输过程中不被盗版，数字图书一旦在计算机屏幕上显示，盗版者就可轻易地将其盗取，例如通过屏幕截图，再使用 OCR 软件将截图转化为文本，等等。任何安全技术都不能保护数字图书在屏幕上显示后不被盗取。

数字图书容易被盗版的一个重要原因是其平台是开放的 PC。PC 是一个开放而兼容的流行平台，在 PC 上各种技术和标准都是公开且已知的，PC 上的破解组织也是最为强大的，在 PC 上进行破解盗版就如同在一幢有着详细结构图的大厦内进行盗窃。例如作为 IT 业技术力量最为雄厚的企业之一的微软，其耗时 5 年推出的操作系统 Windows Vista 在不到 24 小时内就被破解。

而在一个封闭未知的并带有硬件加密的系统内进行破解盗版，其难度无异于在一座黑屋子里寻找黑猫，例如索尼的掌上游戏机 PSP 推出已有两年有余，P2P 超过千万的玩家群体使得大量的破解组织试图对其进行破解，然而都未能完全破解 PSP。每当破解组织取得一定进展时，控制着 PSP 整个软硬件系统的索尼都能通过升级来补上 PSP 的漏洞。

3. 数字图书反盗版的需要——封闭式平台

同时，我们考虑到数字图书阅读的需要——电子纸，这让我们很自然地产生将两者组合的想法——专用电子纸阅读器。

专用电子纸阅读器根据读者的需要将有大型桌面式和小型手持式等细分。以手持式电子纸阅读器为例，其展开后的阅读面积大概同一本书，外观和手感亦尽量接近于传统纸质图书（例如像打开的笔记本），而折叠或卷起后体积与手机类似。

在电子纸阅读器上，读者通过网络向出版商购买并下载数字图书，读者购买的数字图书只能在可控的电子纸阅读器上阅读，不能复制到不可控的PC等终端上阅读。

电子纸阅读器使用嵌入式的专用操作系统，并进行硬件加密，盗版者将无法像在PC上一样通过截屏等方式从中取得电子化的盗版。由于电子纸阅读器需要连接出版者网站后方可更新内容，因此一旦电子纸阅读器出现可被破解利用的漏洞，出版者就可强制要求其升级补上漏洞。

通过封闭式系统对抗盗版仅为数字图书发展初始阶段的权宜之计，但却能有效地保护数字图书在婴儿阶段的成长。

五、纯数字出版之展望

如前所述，纯数字出版的最大障碍是盗版，这也使得纯数字出版仅仅局限于适于网络销售的原创文学连载。一旦政府能以积极的态度主动打击网络盗版，虽然不能彻底消灭盗版，但至少能在一定程度上抑制其对正版的危害，促使纯数字出版正版购买量的大幅增长，从而吸引越来越多的作者和出版社选择纯数字出版，丰富纯数字出版内容，增加出版类别（目前仅限于文学类），最终形成出版与销售的良性循环。

对于出版行业而言，数字出版以往是出版社所主导和控制的“改革”，由于既得利益与旧有体制的束缚，虽然有着北大方正、书生公司、超星、中文在线四大数字图书出版商的极力推动，但没有控制上游产业链的出版社的动力，数字出版发展速度远远落后于数字技术的发展。

如今由于起点等外来力量介入，“改革”突然间成了由外部力量发动的“革命”，起点等原创文学网站拥有的庞大读者和作者资源和极高的发展速度，开始对传统出版行业形成威胁。

电子纸对纯数字出版亦起到相当大的促进作用，借助于以电子纸为基础的阅读屏幕或手持式阅读器，数字图书在阅读体验上毫不逊色于纸质图书，但在信息检索、成本、存储、传输等方面却有着纸质图书所不可能拥有的优势。电子纸使得纯数字出版最终能侵入传统出版行业的势力范围——纸质图书，终究会给整个出版业和社会带来巨大的影响。

参考文献

[1] 方勇 . 数字出版及其对图书馆的影响 [J]. 皖西学院学报，2006（5）：149-150.

[2] 继“云霄阁”案之后，起点打击网络侵权盗版新成果 [DB/OL]. http：//book2.cmfu.com/bbs/group_readarticle.asp？ id=5&aid=91663，2007-03-10.

本文发表于《农业图书情报学刊》2007 年，第 9 期

作者简介：江璇娥，女，副研究馆员，曾任中共泉州市委党校图书馆副馆长，已退休。

网络信息资源组织的元数据标准研究分析

晋江市图书馆 颜达红

摘 要 文章通过文献调研，对 MARC、DC、RDF 研究现状逐一进行分析，以提供现阶段我国有关网络信息资源组织的元数据标准研究概况。

关键词 元数据；MARC；DC；RDF

随着网络的发展和信息时代的到来，人们对因特网上的信息需求量越来越大；同时，人们对信息的查找和检索变得越来越困难。为此，相关专家和学者在网络信息资源的组织中付出大量的努力。从 Gopher 和 Archie 到主题指南和搜索引擎，再到利用元数据，网络信息资源的组织经历了不同的发展阶段。人们期望制定与发展一套标准的资料描述格式，用以准确、清晰地描述网络信息资源，这正是元数据日渐受到重视的原因，使用元数据正成为组织网络信息资源的重要手段。

元数据即关于数据的数据。目前，网络界和数字图书馆界都颇为关注的元数据主要有：机读目录格式（MARC）、都柏林核心（DC，Dublin Core）、资源描述框架（RDF）。本文拟通过文献调查法对图书馆学和情报学杂志上及网上发表的相关文献进行调研并逐一分析，以提供现阶段我国有关网络信息资源组织的元数据标准研究概况。

一、对目前最成熟的元数据格式——MARC 的研究

MARC 是图书情报领域广泛应用的标准格式，也是世界范围内各国图书馆中的馆藏资源的主要表示格式。它遵循 ISO 2709-1981 规定，可以说是系统最完善、类目最复杂、标准最严密的元数据格式。国际通用的 MARC 标准为 USMARC 和 UNIMARC 标准。我国的 MARC 标准（即 CNMARC）是在 UNIMARC 标准的基础上加以补充规定形成的。由于 MARC 元数据格式的专用性，读者必须依靠专用的客户端和图书馆系统所提供的检索工具进行资源搜索，因此，它并不适合对一般网络信息资源的描述。但经过不断发展，MARC 已被图书馆用来描述和存取电子

信息资源。

这方面的研究焦点是：网络信息资源编目应遵循什么原则？传统的编目格式是否完全适用？MARC应如何调整？MARC数据转换的可行性研究。

徐彦玲、朱慧认为：对网络信息资源的编目，在没有专门著录标准出台以前，《英美编目条例》第2版1993年的修订本（即AACR2R-93）和《国际标准书目著录（电子资源）》[即ISBD（ER），1997年修订出版]仍是应当遵循的总原则。刘嘉在《元数据之研究》（博士学位论文）中，深入探讨并说明了机读目录格式仍然可以用于网络信息资源的组织，并进一步首次完整地介绍国际已行之有效的使用机读目录格式，为网络资源编目的条例和规则。有的学者则在文中提出：21世纪图书馆编目标准是Dublin Core与MARC并存。

而作为目前世界上使用范围最广的机读目录通讯格式USMARC，根据AACR2R-93第9章的相关规定和说明，通过新增加753、856字段，分别提供给读者,对该资源进行检索所必备的计算机环境的技术要求和获得资源的方法及地点，描述了网络化电子资源（包括网页、电子期刊、telnet系统、FTP站点等）的特征、连接方式和提取要求，实现对网络信息资源较为圆满的编目处理。正如苏广利、姜翠景在《机读目录格式与元数据格式用于网络资源组织的比较研究》文中指出：856字段的设立开创了编目的新时代，它被称为连接因特网资源和图书馆OPAC书目的一座桥梁，通过它可实现从目录与网络信息资源的链接，有助于用户方便、快捷地获取网上资源。

此外，都柏林核心元素集与标准的机读目录之间的转换的理论研究，也取得了重大突破。这不仅使已大量存在的机读目录可转换为都柏林核心的元素集，从而实现网络存取，而且也为机读目录的发展提供了理论和实践的空间。刘嘉在《元数据导论》一书中对DC与机读目录数据的转换对照进行了仔细、深入的研究，并在前人的基础上有所突破。书中首先介绍从DC到UNIMARC的映射，继而介绍从DC到USMARC的映射；并结合中国机读目录格式的特性，首次提出DC到CN-MARC的映射。书后还附有“USMARC记录、DCHTML和DCRDF记录对照实例”。

二、对国际范围内通用的metadata标准——DC的研究

网络信息资源的组织与整理工作，已不是单由图书馆界就能完成的，更不是单纯地利用图书馆传统的编目理论就能胜任的。1995年，为寻求一套简洁有弹性，

且非专业图书馆人员也可轻易掌握和使用的信息资源著录格式，以提高网络信息资源的开发利用率，DC 元数据应运而生。DC 元数据是解决网络信息资源无序化问题的一次有效的尝试和研究，特别是由 OCLC 牵头组织则意义更是重大深远。

都柏林核心元数据研讨会与相关技术实际应用，不断促进都柏林核心向日益成熟的阶段发展。在对 DC 元数据概念及基本元素已取得研究共识的基础上，人们对 DC 的研究热点，多集中在元数据标准体系中 DC 的地位、对几种元数据的比较、DC 自身的不足等方面。

刘嘉在其书中提出："鉴于网络信息资源的飞速增长和不稳定等特性，采用都柏林核心作为描述网络信息资源的元数据标准应为可取之道。"还有人认为，Dublin Core 虽然只是一个很简单的资料描述格式，但它所立下的原则和典范正是未来信息描述的趋势之一。

越来越多的迹象表明都柏林核心元素集已成为一个事实上的标准。如 DC 元数据从产生到 1999 年年初为止，在 10 多个国家和地区已有 50 多个主要的与 DC 相关的项目，分布于各学科各领域。如澳大利亚政府定位器服务宣布采用 DC 元数据格式，作为其电子政府文献的信息著录标准；丹麦国家图书馆将 DC 作为元数据的标准，已成为一项国家政策。其他的还包括：澳大利亚教育网络、瑞典 Enviro Net、德国教育资源服务器、美国指导管理系统、苏格兰文化资源检索网等项目。上海图书馆数字化工作部一直在跟踪研究 DC 元数据，1998 年 6 月 15 日在网上公布了"元数据方案实施意见"草案，以此来影响和推动我国图书馆界对 DC 元数据的研究。中国数字图书馆工程及上海数字图书馆的元数据解决方案，也均基于都柏林核心元素集。DC 元数据应用的全球化和多学科化趋势，无疑进一步增加了它作为未来网络资源元数据标准的希望。

在 DC 与其他元数据的比较研究方面，赵光林在《MARC 与 Dublin Core 之比较研究》一文中简述 MARC 与 Dublin Core 两种元数据的结构、特点，对二者进行比较，并分析二者在数字资源著录上存在的问题。苏广利、姜翠景则认为：用机读目录格式与元数据格式来组织网络资源，各有其优势，又都有不足之处；二者不能相互取代，在不断改进并完善元数据与机读目录的同时，对于普通的网络资源用元数据格式来组织，而用机读目录格式来组织重要的信息，共存互补。如 OCLC 发起 CORC（即联合在线资源目录）就同时用 USMARC 和 DC 进行编目。有的学者则认为，Dublin Core 与 XML 结合是网上资源有效检索的重要措施。

但对于图书馆界普遍推崇的 DC，其自身还存在一些问题。苏广利、姜翠景在文中也指出 DC 元素数据的可靠性低于编目数据的可靠性，DC 所达到的组织程度还远远不能满足针对学术性资源等专业性较强的深度信息的需求；在标引时对元素的取舍会在一致性和控制性上出现混乱，使通用的标引格式与扩展格式间的互通性降低，造成跨系统的解读力和资料运用的精确性下降等。刘嘉也认为有必要妥善解决异构数据库并存和互用等问题。

三、对 RDF 的研究

当前，为了满足各个不同领域的要求，世界上有许多组织创建了自己的元数据格式。随着元数据格式的不断增多，越来越多的特殊科目和格式的元数据标准的出现，元数据的互操作问题日益突出，已成为业内人士关注的重点。由于没有一个统一的标准，局面比较混乱，这给元数据的发展带来消极的影响。为此，国际互联网联盟（W3C）于 1999 年颁布一个因特网建议，决定发展一种通用的元数据结构，以满足所有领域的使用要求，这就是资源描述框架 RDF（Resource Description Framework）。RDF 的提出，为元数据的发展提供了一个规范化的框架，促进了不同的结构化元数据的统一编码及其相互之间的转换。

人们对 RDF 的基本模型、语法、功能研究基本取得共识，现阶段研究多集中在对元数据标准体系中 RDF 的地位、应用前景等方面。

众多研究者不约而同地都对元数据的新贵——RDF 在元数据标准体系中的地位及应用前景给予了热情评价。他们认为：鉴于 W3C 的影响力，RDF 极有可能成为未来元数据的标准架构，值得人们密切关注；虽然 RDF 规范还没有成为因特网标准，描述它的文档也随时可能更改，但是，毫无疑问，它有着广泛的应用前景。随着 Web 技术从 HTML 时代走向 XML 时代，RDF 将成为最终的 metadata 规范，其他的 metadata 规范将成为 RDF 应用的一个部分。

可以说，RDF 在元数据标准体系中的地位及其广泛的应用前景，与它是以 XML 为其宿主语言这一情况密不可分。RDF 使用 XML 作为交换和加工元数据的通用语法。XML 为可扩展标记语言，是国际标准的 SGML 的一个子集。它是 W3C 开发的用于网络环境下网页设计和数据交换、管理的新技术。1998 年 12 月在美国 SGML/XML 国际会议上，XML1.0 版本被 W3C 批准为标准，被认为是第二代因特网信息组织的标准，能够更大范围地满足网络上的日益增长的对多元化信息描述的需求，比 HTML 更具有通用性，具有很好的应用和发展前景。使用 RDF/XML 命名域的概念，在创建一个元数据格式时，借用其他元数据集的某些元素，可以减少重复劳动并增强元数据格式间语义互通性，方便互操作的实现。

同时，RDF 也吸收都柏林核心研究成果。研究都柏林核心的一些专业人士参与了 RDF 这项工程，也为都柏林核心的发展创造了广阔空间。考虑到 W3C 在 Web 方面的权威性，都柏林核心决定使用 RDF 作为其元数据格式的语法，一些都柏林核心的网页已经采用了 RDF 来表示元数据，例如，都柏林核心的主页。

2000 年 3 月，《RDF 模式规范》1.0 作为万维网协会的提案在网上出版。但有关资源描述框架模式的精确细节，目前 W3C 所属的资源描述框架模式工作组还在讨论之中。

四、小结

（1）作为一种元数据格式，MARC 格式是长期制定和控制良好的标准，是目前最为成熟的元数据格式；而为了跟随信息技术的不断发展，MARC 格式一直处在不断的升级过程中，它仍然可以用于网络信息资源的组织，这在 OCLC 主持的一系列网络信息资源编目的项目中得到了充分的证明。

（2）都柏林核心是目前世界上使用最广泛的元数据格式之一，DC 元数据应用的全球化和多学科化趋势，无疑进一步增加了它作为未来网络资源元数据标准的希望。

（3）资源描述框架的提出，为元数据的发展提供了一个规范化的框架，促进了不同的结构化元数据的统一编码及其相互之间的转换。随着 Web 技术从 HTML 时代走向 XML 时代，RDF 将成为最终的 metadata 规范。

（4）MARC 格式是其他更新的元数据格式重要的参考依据，如都柏林核心被称为“MARC 格式的网络缩微版”；DC 元数据是在充分吸收了图书馆界所具有的编目、分类、文摘等经验的基础上，同时积极利用了计算机、网络界的自动搜索、编目、索引、检索等研究理论与成果所发展起来的；RDF 吸收了都柏林核心研究成果；一些都柏林核心的网页已经采用了 RDF 来表示元数据，例如，都柏林核心的主页。

总之，元数据是数字图书馆建设的关键技术之一，随着数字图书馆的发展，元数据研究必将进一步深入。

参考文献

[1] 徐彦玲，朱慧 . 谈网络信息资源的编目 [J]. 中国图书馆学报，2002（3）：87−89.

[2] 刘嘉 . 元数据导论 [M]. 北京：华艺出版社 .2002.

[3] 苏广利，姜翠景 . 机读目录格式与元数据格式用于网络资源组织的比较研究 [J]. 图书馆杂志，2002（1）：19−22.

本文发表于《中共福建省委党校学报》2004年，第12期

作者简介：颜达红，女，副研究馆员、硕士，曾任晋江市图书副馆长，已退休。

基于学术信息需求的高校图书馆信息服务平台研究

闽南科技学院图书馆 杨福进
北京邮电大学图书馆 陈嘉勇
北京师范大学政府管理学院 肖 明

摘 要 高校科研工作者的客观学术信息需求隐藏在文献数据中。本文提出了从海量文献数据中挖掘学术信息需求的新思路，为高校图书馆信息服务平台的建设提出了设计方案。信息服务平台分为文献计量系统、专家推荐系统、期刊推荐系统、会议推荐系统和信息服务推送系统，旨在动态展示高校全景和细节的科研成果情况，为科研工作者提供便捷的学术实体导航检索功能，并及时地推送学术信息服务。

关键词 高校图书馆；学术信息需求；文献计量学

一、引言

信息技术的高速发展推动了图书馆行业的巨变，在互联网的大环境下，很多数字图书馆应运而生，为文献检索和利用提供了极大便利。但是，从模式角度而言，数字图书馆仍然是传统图书馆的延伸，具体表现在：依赖传统的文献类信息产品，而不是依赖信息内容来提供服务。如果仅仅做到将已有文献数字化、电子化，那么，与互联网所提供的海量知识相比，数字图书馆中的资源仍然显得十分局限和不足。作为高校学术信息服务机构，高校图书馆不仅需要着眼于文献资源的数字化、丰富已有的电子资源，更需要主动发掘高校科研工作者的学术信息需求，通过有效整合电子资源来为用户提供个性化的学术信息服务，从而引领高校的学术导向，更好地辅助教学科研工作。

Web of Science、EI 等权威的科学评价数据库收录了高校科研工作者发表在国际认可的核心期刊或会议上的科技文献，这些数据库中的文献在很大程度上代表了科研发展方向，并被高校视为重要的研究成果。然而，这些数据库的目标用户太广，无法满足某高校自身的学术信息需求，而且没有提供以文献和实体关系为基础的便捷的检索和分析功能、针对某高校或机构的全景和细节的个性化分析展示功能，以及学术信息服务的推送功能。因此，高校图书馆应该针对高校的特定需求，以信息服务平台为载体，将本校科研成果的科技文献数据进行本地化整合，从文献数据的计量分析中提炼出有价值的学术信息，为科研工作者提供便捷的检索功能，并及时地推送学术信息服务。

2003 年 Garfield 博士开发的 HistCite 工具能很好地结构化展示和分析 SCI 等数据库中的题录格式，近年来高校图书馆的机构知识库建设也与本文提出的信息服务平台有着类似的思路，机构知识库与信息服务平台可以使用相同的数据基础，机构知识库是文献数据的典藏库，而信息服务平台则需要从客观的文献数据中挖掘出学术信息需求。本文将基于文献计量的方法，探讨高校图书馆建设信息服务平台的新思路。

二、学术信息的需求挖掘

与传统的问卷调查、访谈方式相比，蕴藏在科学评价数据库中的文献数据可以更为直接客观地反映高校科研工作者学术信息需求，文献数据的可计量性也为学术信息需求的系统挖掘提供了便利条件。

文献数据包含丰富的内容，除了科研成果本身的文献信息外，还可存储作者、关键词、期刊、会议、项目、参考文献等有价值的学术实体信息，以及文献和学术实体之间的关系，具体如图 8-1 所示。

基于科学数据库中的文献数据，我们可从高校历年科研成果中挖掘出相关的学术实体信息，进而发现高校科研工作者的学术信息需求。本文对高校科研工作者的学术信息需求提出以下前提假设：

- 科技文献是体现高校科研工作者科研成果的重要形式；
- Web of Science、EI 等权威科学评价数据库收录的文献可作为高校科研工作者的重要研究成果，并能在一定程度上代表高校科研发展方向；
- 高校倾向于关注全校的科研工作者或学术机构在关键词、期刊、会议、基金项目等方面的整体发展情况；
- 高校的科研工作者倾向于关注与他经常使用的关键词相关的同行科研成果、

经常合作的作者和学术机构的科研进展、经常投稿的期刊的最新收录论文、经常参加的会议最新会议情况、经常参与的基金项目的最新情况。

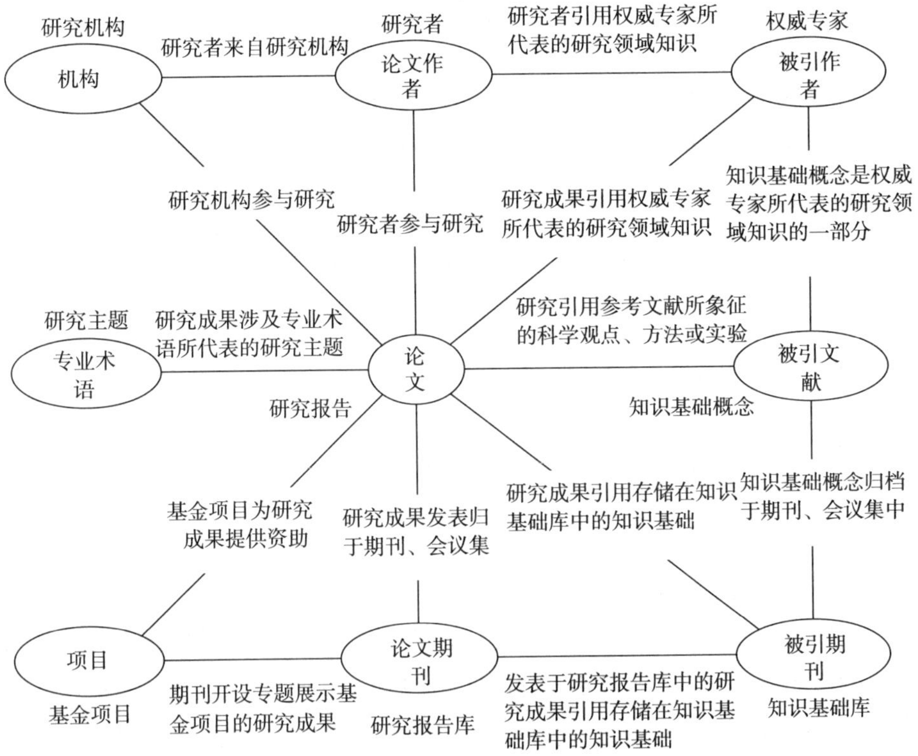

图 8-1 文献与学术实体关系图

基于以上需求假设，高校的科研工作者都会致力于将自己最新的科研成果为 Web of Science、EI 等数据库所收录，并且倾向于追踪和研究这些数据库中收录的同行发表的研究成果。高校图书馆应分析挖掘高校科研工作者的文献数据，提炼出他们的学术信息需求，有针对性地为他们提供学术信息服务。

接下来，本章将分别从高校管理者和科研工作者视角出发，论述图书馆信息服务平台不同层次的应用及价值。

1. 高校管理者视角

高校管理者需要从全景视角去掌握高校的科研成果，了解历年来各学院、实验室科研方向的变化，从而就进一步的科研发展做出决策。

根据文献和学术实体的直接关系，高校管理者可以从高校的文献数据中计量出高校的高频科研工作者、学术机构、参与的基金项目、参加的会议、投稿的期刊、论文所属学科类别等学术实体，从全景视角了解高校的科研成果情况，如表 8-1 所示。

表 8-1　文献与学术实体常见的直接关系列表

学术实体	文献与学术实体的直接关系	关系的意义	计量结果
作者	某篇文献由若干作者完成	研究者参与研究	高产的作者
学术机构	某篇文献由若干学术机构完成	学术机构参与研究	高产的学术机构
关键词	某篇文献由若干关键词组成	研究成果涉及专业术语所代表的研究主题	高频使用的关键词
期刊	某篇文献在某期刊中发表	研究成果归档于期刊	高频投稿的期刊
会议	某篇文献在某会议上发表	研究成果归档于会议集	高频参加的会议
基金资助	某篇文献由若干基金资助	基金项目为研究成果提供资助	高频申报的基金项目
参考文献	某篇文献引用了若干参考文献	研究引用参考文献所象征的科学观点、方法或实验	高频引用的参考文献
学科类别	某篇文献属于若干学科类别	研究使用学科类别的知识	高频涉及的学科领域

2. 科研工作者视角

学生是潜在的科研人员，在通过基础知识的学习之后，需要了解实验室、导师的研究方向及研究成果，从而发掘自己感兴趣的研究方向，选择理想的院系实验室进一步开展研究。具体来说，这类学术信息需求可定位于从高校的文献数据中计量高校中某位科研工作者或学术机构的研究由哪些高频的关键词、学科类别、参考文献组成。

高校教师在开展科研、教学活动的同时，也需要了解各院系、实验室的科研情况，这不仅能为寻找科研合作者提供途径，同时还能了解同行的研究成果，对于开阔教师们的教学、科研思路大有裨益。具体来说，科研工作者在寻找领域专家进行咨询或合作时，可以用关键词、期刊或学科类别查询出高频的作者；在选择期刊投稿时，可以从用关键词或学科类别查询出的高频期刊中选择合适的期刊；在查找经典文献时，可以用关键词、期刊或学科类别查询出高频的参考文献。

根据文献和学术实体的间接关系，我们可以从科研工作者视角了解上述某个学术实体的科研成果情况，如表 8-2 所示。

表 8-2 文献与学术实体常见的间接关系列表

主实体	关联实体	学术实体间的间接关系	关系的意义	计量结果
关键词	作者	某位作者的研究由若干关键词组成	作者的研究成果涉及专业术语所代表的研究主题	作者的高频关键词
作者	关键词	若干位作者涉及某个关键词的研究	专业术语所代表的研究主题由作者参与研究	关键词的高频作者
参考文献	关键词	某个关键词引用的若干参考文献	专业术语所代表的研究主题引用参考文献所象征的科学观点、方法或实验	关键词的高频参考文献
作者	学科类别	若干作者属于某个学科类别	作者参与研究学科领域的知识	学科类别的高频作者
期刊	学科类别	某个学科类别包含若干期刊	学科领域的知识在期刊论文中讨论	学科类别的高频期刊
关键词	期刊	期刊由若干关键词组成	期刊论文涉及专业术语所代表的研究主题	期刊的高频关键词
期刊	关键词	若干期刊使用过某个关键词	专业术语所代表的研究主题发表于期刊中	关键词的高频期刊
作者	作者	某位作者的所有合作者	研究者与同行参与研究	作者的高频研究者
关键词	关键词	与某个关键词相关的所有关键词	专业术语所代表的研究主题的相关专业术语	关键词的高频相关关键词

三、信息服务平台的分析与设计

为了从文献数据中提炼出科研工作者的学术信息需求，并为他们提供个性化的学术信息服务，高校图书馆的信息服务平台可分为文献计量系统、专家推荐系统、期刊推荐系统、会议推荐系统和信息服务推送系统，如图 8-2 所示。

由图可知，高校科研成果的各层次信息都蕴藏在文献数据中，而信息服务平台可针对高校的特定需求整合文献数据，通过文献与学术实体的直接和间接关系，为高校管理者和科研工作者提供不同层次的科研成果信息，实现文献计量、导航检索、信息服务推送等功能。

1. 文献计量系统

文献计量系统是文献数据存储和计量方法实施的平台，同时也是信息服务平台的基础，信息服务平台下的其他系统都要依赖文献计量系统的计量结果来提供学术信息服务。

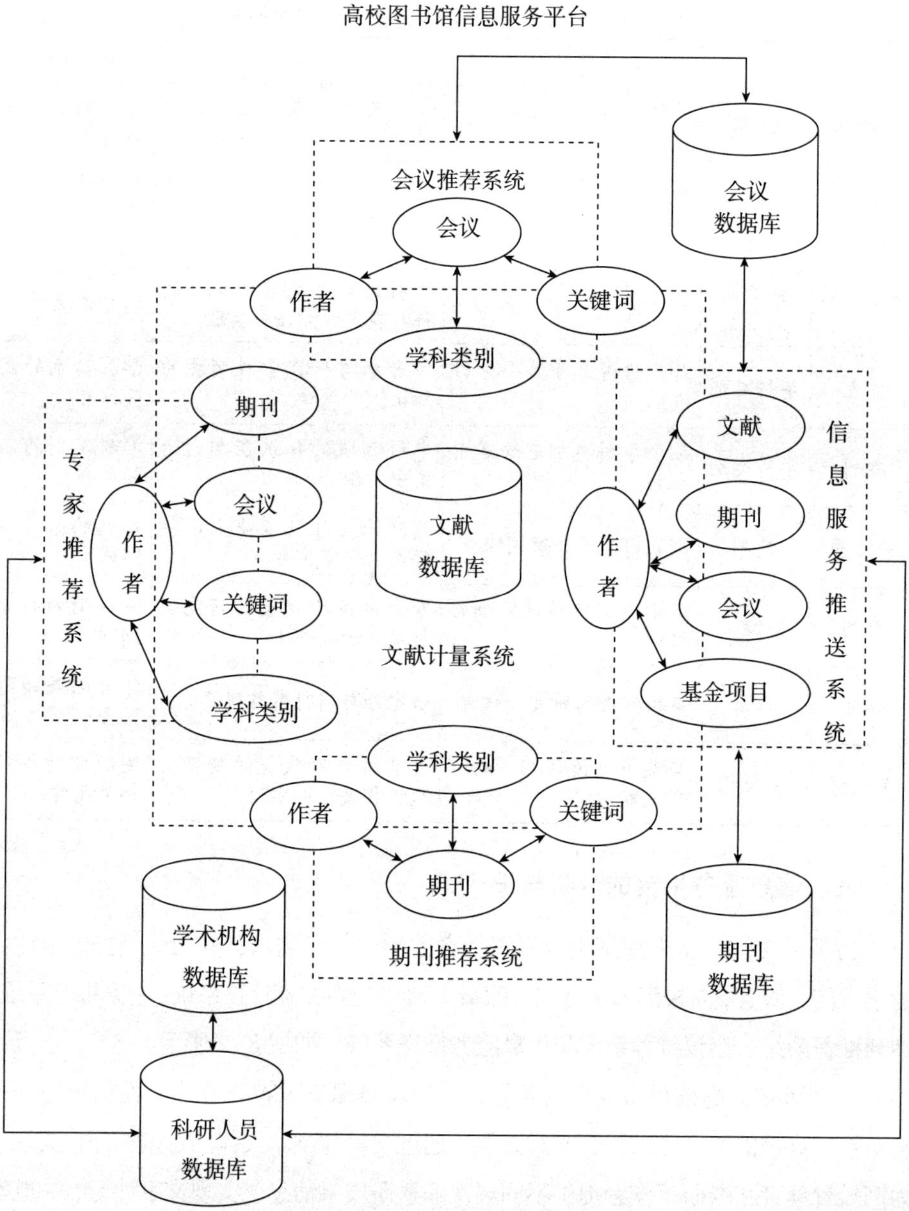

图 8-2　高校图书馆信息服务平台的系统设计

高校科研人员发表的论文、被录用的期刊、所属的学术机构、参加的会议、参与的基金项目都记录在文献数据中，文献为这些相关学术实体架起了桥梁。通过桥梁，文献与学术实体的直接关系、学术实体与学术实体的间接关系，以及隐藏在文献和学术实体中的深层次的网络关系都可以从文献数据中提取出来，并且应用在文献—实体关系模型中，为信息服务平台奠定数据基础，如图 8-3 所示。

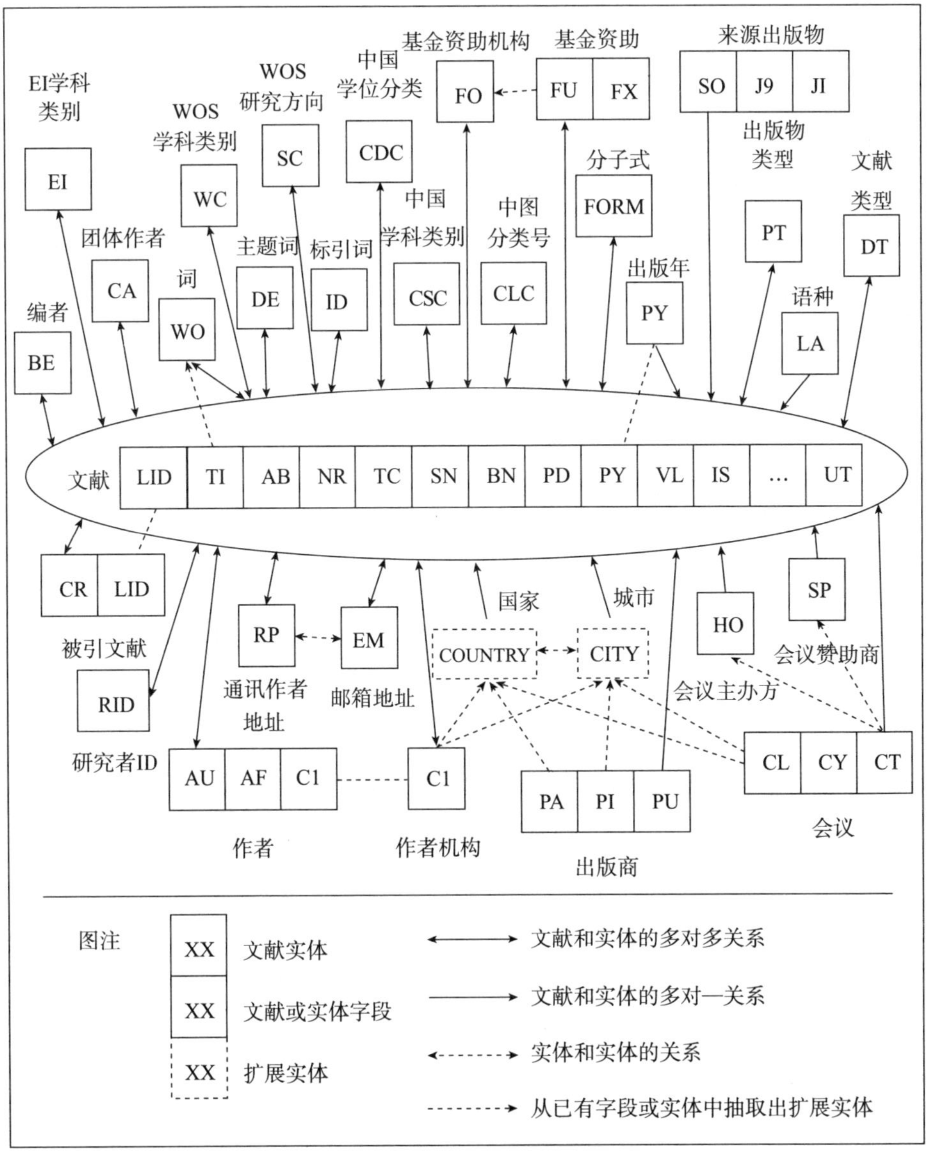

图 8-3 文献—实体关系模型

文献计量系统使用的文献—实体关系模型将半结构化的纯文本文献数据转换成结构化关系的数据库格式，文献和学术实体的直接和间接关系都能在文献计量系统中展示出来。文献计量系统提供文献和学术实体的导航检索功能，用户可以快速定位到所需文献记录相关的学术实体，并且能在各学术实体之间快捷地转换浏览，从而获取高校科研情况的全景信息；此外还能通过学术实体之间的间接关系查询与某学术实体相关的另一学术实体的文献信息高频列表，了解学术实体的科研情况。随着时间的推移，新的文献数据会继续被导入文献计量系统中，文献计量系统将会动态展示高校科研成果的全景图以及各院系、实验室、老师和学生科研成果各维度的分析。

2. 专家推荐系统

专家推荐系统可有效地帮助高校教师及学生选择科研合作伙伴及指导老师。高校中的专家学者在各自领域都享有一定声誉，然而客观的文献数据分析结果却更具参考价值。

在文献计量系统的基础上，用户可以在专家推荐系统中通过学科类别、关键词、期刊或会议等学术实体查询出涉及过某个学科领域的研究、使用过某个关键词、在某个期刊发表过文献或参加某个会议频次较高的专家推荐列表，从而查询推荐专家的详细信息以及以往的科研成果等。

3. 期刊推荐系统

与许多高校图书馆的期刊导航系统不同，期刊推荐系统基于文献计量结果，可以智能地为高校科研工作者推荐合适的期刊。

在文献计量系统的基础上，用户可以在期刊推荐系统中通过学科类别、关键词或作者等学术实体查询出涉及过某个学科类别的研究、使用过某个关键词或收录过某位作者的文章频次较高的期刊推荐列表，从而查询期刊信息和收录的文章列表，为进一步的科研或投稿做准备。

4. 会议推荐系统

会议推荐系统和期刊推荐系统类似，可以智能地为高校科研工作者推荐合适的会议。

在文献计量系统的基础上，用户可以在会议推荐系统中通过学科类别、关键词或作者等学术实体查询出涉及过某个学科类别的研究、使用过某个关键词或收录过某位作者的文章频次较高的会议推荐列表，从而查询会议信息以及收录的文章列表，为进一步的科研或投稿做准备。

5. 信息服务推送系统

专家推荐系统、期刊推荐系统和会议推荐系统主要是以检索出与某学术实体最相关的信息为目的，信息服务推送系统同样也要以文献计量系统为基础，主动向高校的每位订阅学术信息服务的科研工作者定期推送与其相关的学术信息。

信息服务推送系统定期以邮件营销的方式将学术信息服务推送给科研工作者，推送的内容包括其被 Web of Science 等数据库收录的最新文章，与其科研相关性较强的同行科研成果，与其最相关的学术期刊、学术会议、基金项目相关的实时学术信息，以及高校图书馆可以进一步为其提供的咨询服务。可以说，信息服务推送系统是一个极具个性的人性化学术服务系统，它基于科研工作者的历史文献数据，提供为其量身打造的学术信息服务，为其科研工作的进一步开展提供了极大便利。

四、结论

信息服务平台是高校图书馆在信息社会环境下的转型尝试，旨在计量分析高校科研成果在科学评价数据库中收录的文献数据，提炼出高校科研工作者客观的学术信息需求，进而为科研工作者提供个性化的学术信息服务，引领高校的学术导向。

通过信息服务平台，高校管理者和科研工作者可以快捷地从不同视角动态地导航检索文献和学术实体的研究情况，获得的结果将更符合用户的需求。信息服务平台主动推送的信息服务将进一步拉近图书馆和高校师生间的距离，高校图书馆邮件营销、内容营销时代即将到来。

参考文献

[1] 张晓林．颠覆数字图书馆的大趋势 [J]. 中国图书馆学报，2011（5）：4-12.

[2] 李莉．学术公共领域：高校图书馆不可缺失的角色 [J]. 图书馆论坛，2011（3）：10-12.

[3] Garfield E.HistCite：A software tool for informetric analysis of citation linkage[J]. Information Wissenschaft und Praxis, 2006, 57(8): 391-400.

[4] Crow R. The case for institutional repositories: a SPARC position paper[J]. ARL Bimonthly Report 223, 2002.

[5] Lynch C A. Institutional repositories： essential infrastructure for scholarship in the digital age[J]. Portal: Libraries and the Academy, 2003, 3(2): 327-336.

[6] Morris SA, Van der Veer Martens B. Mapping research specialties[J]. Annual Review of Information Science and Technology, 2008, 42(1): 213-295.

[7] 肖明，陈嘉勇，李国俊．文献计量系统的文献实体关系通用模型研究 [J]. 图书情报工作，2012，22：129-134.

本文发表于《图书馆理论与实践》2015 年，第 8 期

作者简介：杨福进，男，副研究馆员，闽南科技学院图书馆馆长；
陈嘉勇，男，副研究馆员，任职于北京邮电大学图书馆；
肖明，男，教授，任职于北京师范大学政府管理学院。

数字图书馆的信息组织方式研究

泉州市图书馆 王菲菲

摘 要 信息组织是数字图书馆建设的重点，数字图书馆资源建设的主要方式是共建共享。要从实际出发，建设有特色的数字图书馆。元数据是数字图书馆建设的关键技术之一，是数字图书馆用于进行知识组织和资源发现的工具。

关键词 数字图书馆；信息组织；元数据；对象数据；方式研究

当前，数字图书馆正处于发展之中，国内外对数字图书馆还没有一个明确、完整的定义。但一般认为，数字图书馆建设是以统一的标准和规范为基础，以数字化的各种信息为底层，以分布式海量资源库群为支撑，以智能检索技术为手段，以电子商务为管理方式，以宽带高速网络为传输通道，将丰富多彩的多媒体信息传递到千家万户。它不是个别图书馆所能完成的任务，需要全国范围内的图书馆、博物馆、美术馆、档案馆和有关情报信息提供单位等携手共同完成。目前，各国都在这方面加快了步伐。

一、传统图书馆是数字图书馆的主要信息集散地

传统图书馆的馆藏汇集了人类数千年来的知识、经验和研究成果，是人类文明的精华。它对信息的采集，既全面又有高度的选择性，更多的则是由其服务对象的信息需求决定的。大部分的信息集藏地对于“什么是自己的特色”十分清楚，有些集藏地对资源已进行了数字化准备，有条件的正在进行着规模化的数据加工。面对传统图书馆这一主要信息集散地，我们要进行宏观规划，就是要按照社会需求选题，然后采取统一规划、分步实施、先易后难、协同发展的原则组织建设资源库。各个系统、各个层次的图书馆的信息种类不同，这使得全国数字图书馆信息资源的组织又具有很强的互补性，这是共同组织信息资源的良好条件。

数字图书馆的主要功能也就是要将信息按照某一个主题进行有序的组织，而

这个组织可能是在多个信息集藏地之间进行的，所以对于每一个主题，要用什么资源、要如何编写、要反映什么主题、要达到什么目的、如何进行等，需要信息集藏地进行有序的组织、协调，只有这样才能避免重复建设资源库，才能保证资源库达到高质量。

二、数字图书馆信息组织之定位

数字图书馆在信息组织中要以图书馆系统为牵头单位，主动参与有关部门和地区重点信息机构的资料数字化进程，扩大信息资源的领域和范围，促进国内协助与国际交流。结合我国国情，数字图书馆建设应对多形式、多语种和多文本的信息资源进行再加工，以适应不同层次、不同民族、不同手段用户的不同需要，实现有效性、普及性和公益性。同时在信息组织中切不可急功近利，匆匆上马，草草定题，结果造成内容“撞车”重复，或是数据不规范、不统一，无法共享。比如现在有些图书馆的数字化工作进入一个误区，重量不重质，单纯地录入或扫描文献，文献资源只是从印刷型的盒子里放到了计算机的抽屉里，没有附加价值的产生，因而图书馆员导航的价值毫无显现。因此数字图书馆在信息组织中要注意信息价值的提升，还要在坚持系统性原则的基础上，兼顾独特性原则。选题的系统性表现在所选专题内容之间必须有机联系，从而最终形成一个大系统，在网上体现出来的效果是整体的，数字化的内容是有序的、充实的。信息整序也是图书馆最基本的功能之一，是图书馆的优势所在。

数字化图书馆的信息组织在坚持系统性原则，树立数字化全局观念的基础上，还要因地制宜，因材施用，坚持数字化信息组织时内容的与众不同，使其具有特色和独特价值。但是对各种特色资源的采集，应力求保持系统、连贯和完整。系统性是信息组织的重要条件，时断时续、支离破碎、不成系统会大大降低知识信息的实用价值。因此数字图书馆在选题上，首先要确定主题内容，然后将其主题内容与要求送到网上发布，进行资源内容的调研，了解国内该项资源的分布情况和资源拥有者的情况，吸引相关资源的拥有者共同合作开发，最后确定合作伙伴。合作者可以按要求将拥有的资源内容向组织者介绍，如果得到认可，就可以签订合同。对于同一资源内容范畴，可能有若干个合作者，当然他们的资源内容应是相互补充的。开发者则要按照统一的标准开发自己的特色资源，并将元数据交给数字图书馆中心，供用户网上阅览。例如，我们要开发中华文明史资源库，可以将开发内容提纲送到网上，各图书馆、博物馆以及拥有相关资源的单位都可以申请立项，组织者可根据开发单位的实力和拥有资源的情况，决定合作者，并将结果送上网，以避免其他单位的重复建设。

由于数字图书馆的资源具有国际性，所以我国的信息资源建设的重点应是宣传中国自己的特色，在科研、教育领域也要避免与国外数字图书馆重复建设。选择地方文献进行数字化，就是一个很好的选题。地方文献因其鲜明的地域性、强烈的实践性、内容的广博性和时代性而被许多图书馆列为首选。当然，这里有一个问题要注意把握好，不可走极端，即数字图书馆在信息组织时不可单纯为了“特色”而“特色”，还应考虑到信息内容的需求原则和可持续发展原则。目前各图书馆组织进行数字化的信息重点对象是历史文献，特别是各地的地方文献中大部分是历史文献。历史文献数字化从保护文物、限制文献实物的使用角度讲是十分可取的。但历史文献数字化是个总结性的项目，对于学习研究很有裨益，对于普通大众来说，并不实用，是封闭的资源，不具备长期的发展性。

面向社会需求的数字化决策，应该是服务社会的，是实用的、开放的、与时俱进的。社会需求是图书馆，特别是数字图书馆赖以生存和发展的基础，离开了这一点，再好的数字化信息组织也不会有使用价值。例如，中国数字图书馆所开发的数据库，就是大部分以读者的兴趣为出发点，适合不同的需求，利用自己的馆藏优势，已开发的数据库，包括“军事百科”“百年敦煌”“中国名人”等，深受用户的喜欢。所以要保证数字化信息组织的结果产生效益，在选题上必须面向用户，面向市场、面向社会需要。

同时，要建立利益共享的市场机制，从数字图书馆工程开始建设起，就应该紧紧地围绕市场经济，与有市场能力的机构互助互利，共同投资，共同建设，利益共享。只有这样，才能够有效地利用各种力量，很好地围绕市场需要，建设好数字图书馆，服务于最大的用户群体，形成良性循环，推动数字图书馆工程的逐步建立和完善。而选题应从两方面体现市场效益：一是方便信息查找，从而节约读者的时间、劳动与金钱；二是读者乐于接受的信息，又便于有偿服务，馆藏文献数字化后，可通过网络提供远程检索服务，又可推出电子产品，如光盘等，使数字化成果商品化。有资料介绍：10 余年来，国家投入 10 亿元，制作了近千个数据库，但真正有市场价值的只有百余个，数字化内容缺乏社会实用性和经济效益。能提供商品服务的数据库不到 10%，大多数是靠财政的不断输血来维持。馆藏资源数字化如果不能服务社会，结果只能是国家人、财、物的巨大浪费。所以这个问题必须引起足够的重视。

三、数字图书馆信息资源的组织与再制作

知识信息是浩瀚的海洋，人们必须有选择地利用，因此，需要有人来提炼信息，把精品展现出来，提供给用户。数字图书馆这一知识宝库，同样需要对其信息资源进行组织与制作。

1. 元数据与对象数据在信息组织中的运作及意义

数字图书馆资源组织制作中的重要角色有元数据和对象数据。元数据的产生为网络信息资源的组织提供了重要手段，其技术日新月异。例如，北京世纪超星公司就创建了数字图书馆元数据格式——“数字式中文全文文献通用格式”，还研制出适合大多数图书馆开展大规模文献数字化的“超星 PDG 文档扫描存储系统”，创建了数字图书馆超海量信息的数据组织模型和资源调度方法等。

所谓元数据，是用来标识、描述和定位网络电子资源的数据，是面向某种特定应用的机器可识别、可理解的信息。它去掉了 MARC 格式的烦琐和复杂，以结构化的字段检索弥补搜索引擎的不足，是介于 MARC 与搜索引擎之间的一种新型的数据格式。查询系统针对元数据的集合，知识产权保护针对对象数据集合。我们要根据数字图书馆的元数据和对象数据的标准，将原始数据如书、刊、报、光盘、磁带、录像带、缩微胶卷等文献进行加工制作，使其成为数字图书馆可使用的数据。在信息组织加工中要求镜像元数据资源中心，要与国家中心的元数据资源保持一致。要逐步扩大分布式计算机系统，来满足逐步发展的元数据库。通过建立一个地域对象数据调度系统，向上与全国中心调度系统呼应，向下与本地资源中心连接。根据每一个用户查询元数据定义的调度码，转向相应地域的调度系统，再指向目标系统。也就是将数字图书馆资源库中提取的元数据共享到数字图书馆国家中心和各个数字图书馆分中心，供用户检索使用。而将对象数据存放在各个资源中心，根据用户需要，通过调度系统，将对象数据传输给真正的用户。

数字图书馆在信息资源的组织中还要注意做好协调工作，避免重复建设和资源浪费。将有限的资金用于利用率最高的资源库的建设，逐步形成数字图书馆资源建设的良性循环。

数字图书馆由于信息的海量，在组织信息上采用何种方法是能否实现数字图书馆资源共享的关键问题。目前世界上无论哪个国家在数字图书馆的研究中对于这

个问题的认识都是相同的。目前有两种信息组织的方法：①将信息分为元数据和对象数据，利用元数据的共享，使得各种查询工具可以充分发挥作用；②将查询条件发给所有的统一资源地址或统一资源名称，再将查询结果发给用户。第一种方法的好处，是能通过对信息的分类和特征的描述来构造某些有关信息特征的数据，这些数据也就是“元数据”，然后共享这些元数据，查询系统在元数据库中寻找满足用户要求的信息，可以实现更多元数据的共享。如果全国的元数据在一些大的区域中得到共享，供检索使用，就可以有效地解决全国资源利用的关键问题，即让用户知道谁有什么对象数据，从而有效地利用这些数据。在采用了元数据进行查询和共享以后，每天将会有大量的读者对其进行使用。计算机系统必须在极短的时间里查找到用户所需的结果，再将这些结果传输到用户那里去，但是这些结果占的字节数与对象数据相比是很小的。所以，大的区域中心的计算机和网络系统的处理能力将是并发大、传输量小的状况。

数字图书馆的对象数据也是海量的，并要使用海量的存储空间。当用户通过元数据查询后需要检索对象数据时，对象数据系统只有在确认了各自的权利和义务以后，才会在受控条件下将对象数据传送给用户。所以，电子商务和各种版权的处理是数字图书馆对象系统的核心技术之一。对象数据必须分散在各个地方，才能够有效地利用计算机和网络系统。对于大型的资源中心，由于用户找到自己的问题答案时，一定会大量地使用对象数据系统，那么这些对象系统的并发点击次数也是非常大的。因此，对于数字图书馆的对象数据系统，计算机和网络系统将面临的是大的并发和大的传输量。将查询条件发给所有的 URL 或 URN，再将查询结果反馈给用户，这种方法是将问题简单化。只要解决不同的系统之间检索条件的共享，就能实现数据共享。但是这种方法的解决方案是要求所有的资源系统，都要统一查询方式，否则无法实现查询条件共享。因此，某个资源系统如何知道有多少个 URL 或 URN 具有这些查询能力就成为关键问题了。例如，用户向 A 资源中心检索某个关键词，A 资源中心将这个检索条件发给自己的同时，要发给已知的全部的 URL 或 URN，等到这些 URL 或 URN 用这个检索条件检索各自的资源库以后，再将结果发给 A 资源中心的用户，供用户选择。当有 100 个资源中心且有 100 万个用户到资源中心查找某些关键词时，网络中将有 1 亿次查询条件在网络中转移、传输，这将是一个巨大的数字。所以，要解决的关键问题是计算机、网络系统对于查询面临的是大并发、小传输。而计算机、网络系统对于资源传输面临的则是大并发、大传输。采用元数据和对象数据的制作标准以后，就相当于大家都用 HTML 语言一样简单，无论什么检索系统都可以对元数据进行检索了。但由于对象系统是分布式的，所以，如何调度对象数据供用户使用是数字图书馆工程中另一个关键的问题。就像每一个计算机在互联网上有唯一标识一样，每一个对象数据在数字图书馆系统中应具有唯一的一个调度码，根据调度码定位 URL 或 URN 中唯一的文献位置。组织全国数字图书馆工程调度系统是数字图书馆工程中必须解决的一个问题。所以，要建设好全国数字图书馆资源调度系统、对象数据系统，明确元数据与对象数据的相关性，制定严格的电子商务机制。数字图书馆工程是一个全国性的工程，在网络建设方面还要充分利用电信、广电，以及其他一切可以利用的公共网络系统，将数字图书馆国家中心和分中心连接起来，利用电话线、有线电视、宽带 IP 网络将这些中心与千家万户连接起来，真正做到中国数字图书馆是一个最大的、中文的、快速传输的信息中心，把优质的服务奉献给全国、全世界需要信息资源的用户。

2. 资源库的信息组织建设

数字图书馆通过信息的再制作产生信息资源库。其资源库的信息组织建设大致分为下面几个步骤。

1）编写脚本

（1）合作者首先要确定需要数字化的的资源对象。搜集、整理进入数字图书馆的资源应是既实用又具有较高价值的素材。例如，国家图书馆在中华文明史资源库的建设中，可以将现藏古籍善本中有价值的藏品整理出来，按类目列出清单，清单包括资源的内容和它的载体形式。

（2）素材的编辑要优先采取用户易于接受的多媒体表现形式，这也是数字图书馆的特色之一。为成功地建造资源库，需要很好地对所选素材进行编辑，包括整编相关素材，编写解说词，认真比较筛选图片、影像，等等。

（3）确定元数据的格式，提出数据结构要求，供软件人员设计文献类型定义（DTD）。元数据分描述性数据、管理性数据和结构性数据。它包含了定位标识出书目记录、再制作品的结构化文件头等内容。

2）信息资源内容的再制作

根据不同需求，数字图书馆的文本、图片和影像等一些原件通常要制作成几种类型。选用哪种类型要根据用户访问的便捷、使用的效果、制作的费用、使用的标准，以及占取的空间、档案的管理等综合因素来决定。对于书刊、手册、手稿等文献资料的数字化采集，一般首先进行图像扫描。而用户的使用主要通过主题、关键词和分类进行查找，还可将图像用 OCR 识别转成电子文本，但这样做会加大加工成本。所以，究竟用哪一种方式，应视情况而定。我们认为两种情况可以兼顾使用，以方便读者查询、减少存储空间以及降低成本等。

对于图片的处理，一般分为预览图像（略图）、服务图像、参考图像和档案图像。预览图像是很小的，它可以随条目记录呈现，用户可根据需求选择、调用高质量图像。服务图像比预览图像分辨率高，兼顾了传输速度，经过压缩比档案图像分辨率低。参考图像是为研究人员提供的高质量图像。档案图像则是留作存档用的未经压缩的原图，可以提供给出版部门使用，也可以在更新图像格式时供重新格式化使用。

由于声音和影像的动态文件很大，目前，国际上还没有很成熟的文件格式，通常采用的是“可下载”文件和“流式”文件。“可下载”文件在播放前必须下载到用户本地，处理起来既耗时间又浪费存储空间。相比之下，“流式”文件采取的是边传输边播放，节省了传输时间和存储空间。但在并发用户量增大时，在保真度或分辨率上“流式文件”有明显损失。数字图书馆内容的再制作常常依靠在这方面有经验的专业公司和图书馆等单位共同完成。国家图书馆为此专门成立了文献数字化中心，对馆藏文献进行扫描、OCR 识别等。

3）对资源内容进行标引

经过再制作的数字文件，要由标引人员进行标引。包括分析内容，给出主题词和分类号，并使用基于 SGML/XML 开发的资源加工系统软件对资源内容进行置标。SGML 标准包含三个部分：SGML 声明、文献类型定义（DTD）和被置标的文件。

4）质量检查

加工后的文件还要进行质量检查，包括对资源再制作的效果，如声音质量、图像大小、图像质量，以及标引的正确性等进行检查。不合格的加工产品还要返工。

5）归档

当信息资源加工后，要将全部数字化文件归档，存入资源库。

6）元数据抽取

元数据抽取如果用人工来做，是十分麻烦的，要争取由资源加工子系统的软件自动完成，以求圆满完成数字化资源库的信息组织建设。

综上所述，数字图书馆的根基在于实实在在、持续不断的资源建设。利用现代智能技术对知识进行提取和组织等智能化处理，将产生不可估量的效果与效率，是实现智能化信息服务的重要途径。

参考文献

[1] 刘晓白，孙卫，镇锡惠 . 中国数字图书馆系统工程的宏观分析 [J]. 计算机世界，1999.

[2] 高芹，许绥文 . 中国数字图书馆的资源建设 [J]. 计算机世界，1999.

[3] 邱均平，岳亚，颜金莲 . 论数字图书馆信息资源的知识产权管理 [M]. 北京：北京图书馆出版社，2000.

[4] 卢共干 . 数字图书馆信息的体系结构 [J]. 中国图书馆学报，2002（1）:52–53.

[5] 曹学柱，秦莲霞，猛遂珍 . 国外数字图书馆发展概况 [J]. 中国图书馆学报，2002（1）:67–68.

[6] 纪蔚蔚，潘有能 . 文献数据库质量控制系统的实现 [J]. 中国图书馆学报，2002（3）:45–47.

[7] 陈光祚，夏立新 . 我国网络图书现状分析与发展对策研究 [J]. 中国图书馆学报，2002（2）:23–27.

[8] 赵洗尘 . 论数字图书馆专题资源库的建设 [J]. 中国图书馆学报，2002（2）:54–56.

[9] 李红辉，葛正义 . 中国数字图书馆示范系统 [J]. 情报资料工作，2001(4):22–24.

[10] 齐兴辉 . 试论网络环境下图书馆信息服务产业的发展 [J]. 图书馆学研究，1999（4）:41–42.

本文发表于《图书馆学研究》2004 年，第 10 期

作者简介：王菲菲，女，副研究馆员，硕士，泉州市图书馆采编部主任。

数据挖掘及其在高校图书馆期刊管理中的应用

华侨大学图书馆　李继宏

摘　要　数据挖掘是当前数据库和信息决策领域的研究热点。本文首先介绍了数据挖掘的基本含义和处理过程，然后分析了数据挖掘的功能和主要方法与技术，最后探讨了数据挖掘技术在高校图书馆期刊管理与信息服务工作中的具体应用。

关键词　期刊管理；数据挖掘；信息服务

随着计算机技术和网络技术的迅速发展，人们迎来了一个以信息和知识为主要特征的网络新时代。人们接触的信息特别是数字化信息呈超指数爆炸式增长。信息量持续的强劲增势带给人们的不仅仅是方便，更多的是严峻的挑战。因为信息的剧增使得信息供给与信息消费之间的动态平衡被打破，二者差距越来越大。在堆积如山的信息库中包含着许多待提取的有用知识，这些知识如同成熟的庄稼，如不及时地收割便会浪费。那么，如何从信息海洋中"及时地收割成熟的庄稼"？人们迫切需要新一代的技术方法和工具来帮助开采信息山中蕴藏的宝藏，并加以提炼，使之成为有用的知识。于是，一个新的研究领域——数据挖掘（DM）和知识发现（DMKD）应运而生。

一、数据挖掘的概念

所谓数据挖掘（DM，Data Mining），就是从已经积累起来的、不完全的、模糊随机的大量历史数据和信息中，通过各种技术和方法抽取出或识别出隐含在其中的、人们事先未知的、但又确实存在、具有潜在价值的新知识和新信息的过程。其目的是帮助分析人员寻找数据间潜在的关联，发现忽略的要素，提供预测与决策的信息。这个定义包括几层含义：数据是数据挖掘的"源"，它们来自数据库、数据仓库、某些非数据库系统以及网络数据。数据源必须是真实的、大量的；数据挖掘的结果是用户感兴趣的、概念化的知识；而发现的知识需要可接受、可理解、可运用，并支持特定的问题发现。

数据挖掘是一个逐渐演变进化的过程。从数据库的角度看，它是一个从数据库的数据中识别出有效的、新颖的、具有潜在效用的并最终可理解的信息（如规则、约束等）的非平凡过程。非平凡是一个数学概念，即数据挖掘既不是把数据全部抽取，也不是一点儿也不抽取，而是抽取出隐含的、未知的、可能有用的信息。从决策支持的角度看，数据挖掘是一种决策支持过程，主要基于人工智能、机器学习、统计学和数据库技术等多种技术，能高度自动地分析数据源，进行归纳推理，从中挖掘出潜在的模式，预测客户的行为，帮助企业的决策者调整行为策略，从而减少风险，辅助做出正确的决策。它是提高商业和科学决策过程质量和效率的一种新方法。

与传统的数据分析（如查询、报表、联机应用分析）相比，数据挖掘最大的区别在于数据挖掘是在没有明确假设的前提下去挖掘信息、发现知识；数据挖掘所得到的信息应具有先未知、有效和实用三个特征。

二、数据挖掘的功能

数据挖掘是通过预测未来趋势及行为做出基于知识的、具有前瞻性的决策。就期刊管理工作而言，数据挖掘主要是针对期刊管理与服务数据库中的大量数据进行信息抽取、转换、分析和其他模型化处理，从中获取决策服务的关键性数据。数据挖掘主要有以下几类功能。

1. 自动预测趋势和行为

数据挖掘自动在大型数据中寻找预测性信息，以往需要进行大量手工分析的问题如今可以迅速直接由数据本身得出结论。一个典型的例子是市场预测问题，数据挖掘使用过去有关促销的数据来寻找未来投资中回报最大的用户。

2. 关联分析

数据关联是数据库中存在的一类重要的可被发现的知识。若两个或多个变量的取值之间存在某种规律性，就称为关联。关联可分为简单关联、时序关联、因果关联。关联分析的目的是找出数据库中隐藏的关联网。有时并不知道数据库中数据的关联函数，即使知道也是不确定的，因此关联分析生成的规则带有可信度。

3. 聚类分析

数据库中的数据可划分为一系列有意义的子集，即聚类。聚类增强了人们对客观现实的认识，是概念描述和偏差分析的先决条件。聚类技术主要包括传统的模式识别方法和分类学。其中概念聚类技术就是在划分对象时不仅考虑对象之间的距离，还要求划分出的类具有某种内涵描述，从而避免了传统技术的某些片面性。

4. 概念描述

概念描述就是对某对象的内涵进行描述，并概括这类对象的有关特征。概念描述分为特征性描述和区别性描述，前者描述某类对象的共同特征，后者描述不同类对象之间的区别。生成一个类的特征性描述只涉及该类对象中所有对象的共性。生成区别性描述的方法很多，如决策树方法、遗传算法等。

5. 偏差检测

数据库中的数据常有一些异常记录，从数据库中检测这些偏差很有意义。偏差包括很多潜在的知识，如分类中的反常实例、不满足规则的特例、观测结果与模型预测值的偏差、量值随时间的变化等。偏差检测的基本方法是寻找观测结果与参照值之间有意义的差别。

三、数据挖掘的主要方法和技术

经过 10 多年的发展，国际上典型数据挖掘的方法和技术主要形成了 6 大类：这些技术和方法来自相关学科和技术领域。

1. 归纳学习法，包括信息方法（决策树方法）、集合论方法

决策树方法是用属性结构来表示决策集合，这些决策集合通过对数据集的分类产生规则。典型的决策树方法是分类回归树（CART），典型的应用是分类规则的挖掘。决策树方法上要用于数据分类。一般分成两个阶段：树的构造和树的修剪。首先利用训练数据生成一个测试函数，根据不同取值建立树的分支；在每个分支子集中重复建立下层结点和分支，从而生成一棵决策树；然后对决策树进行剪枝处理；最后把决策树转化为规则，利用这些规则可以对新事例进行分类。基于决策树的分类方法与其他分类方法比较起来，具有速度较快、较易转化成简单且容易理解的分类规则、较易转换成数据库查询语句等优点，尤其在问题维数高的领域可以得到很好的分类结果。

粗集理论是一种处理含糊和不确定问题的新型数学工具，它具有较强的数学基础、方法简单、较强的针对性和计算量小等优点。利用粗集理论可以处理的问题包括数据简化、数据相关性发现、数据意义的评估、数据的近似分析等。

2. 仿生物技术法，包括神经网络方法、遗传算法等

人工神经网络，它从结构上模仿生物神经网络，是一种通过训练来学习的非线性预测模型，可以完成分类、聚类、特征提取等多种数据挖掘任务。人工神经网络在结构上模仿生物神经网络，是一种通过训练来学习的非线性预测模型，在数据挖掘中可用来进行分类、聚类、特征采掘等操作。

遗传算法是一种优化技术，它利用生物进化的一系列概念进行问题的搜索，最终达到优化的目的。在遗传算法的实施中，首先要对求解的问题进行编码（称为染色体），产生初始群体；然后计算个体的适应度；再进行染色体的复制、交换、突变等操作，产生新个体。重复这个操作，直到求得最佳或较佳个体。在数据挖掘中，往往把数据挖掘任务表达为一种搜索问题，使用遗传算法强大的搜索能力，找到最优解。

3. 公式发现，包括物理定律发现系统 BACON、经验公式发现系统 FDD

通过 K 个最与之相近的历史纪录的组合来辨别新的纪录，这种技术可以用作聚类、偏差分析等挖掘任务。

4. 统计分析方法

统计分析方法旨在从抽样分析中提取未知的数学模型。 在数据挖掘中常常会涉及一定的统计过程，如数据抽样和建模、判断假设以及误差控制等。

5. 模糊数学方法

模糊逻辑是模糊集合与布尔逻辑的融合。一个公式的真值，可在 [0, 1] 区间任意取值。在数据挖掘和 KDD 中，常用来进行证据合成、置信度计算等。

6. 可视化技术

采用直观的图形方式将信息模式、数据的关联趋势呈现给决策者，决策者可以通过可视化技术交互地进行数据分析。

一般说来，不存在一个普遍适用的数据挖掘方法。一个方法或算法在某个领域非常有效，但在另一个领域却可能不太适合。因此，在实际应用中，需要针对特定的领域，精心选择有效的数据挖掘模型与挖掘算法。

四、数据挖掘在期刊管理工作中的应用

目前，很多领域都留下了数据挖掘技术的应用倩影，取得了很好的成就，尤其是在市场营销、银行、保险、税收、交通服务等行业，数据挖掘取得了越来越广

泛的应用。以营销为例，现在的市场营销者不仅知道搜集顾客数据的重要性，而且意识到真正的挑战在于演绎出一门能够针对顾客提出智能的、前瞻性的营销方案的知识体系。数据挖掘技术、构造基于数据的识别和追踪模型的技巧，却能有效地帮助营销工作者透过外在的、杂乱无关联的顾客数据层，发现信息（数据）之间的内在有意义的联系，从而不仅能对顾客需求做出及时反应，还能对顾客需求进行有效的预测。通过对大量的服务群体消费数据的分析，可知被服务者的消费倾向和群体分布，从而分析顾客带来的效益分布状况和细分市场的特征，并在此基础上制订有效的、低成本的服务计划，最终取得更多更好的效应。

高校图书馆期刊管理工作不仅有管理，更多的是服务。其重点是服务，即信息服务。服务的对象是高校的学科建设以及在校的师生员工。因此，数据挖掘技术在高校图书馆期刊管理工作中也是可以大显身手的。若把学校的师生员工和学科建设看成是顾客，把信息服务看作是一种信息服务市场的顾客营销，那么，通过收集、加工和处理涉及信息消费者消费行为的大量信息,确定特定消费群体或个体的兴趣、消费习惯、消费倾向和消费需求，进而判断出相应消费群体或个体下一步的消费行为，然后以此为基础，对所识别出来的消费群体进行特定内容的定向服务，这与传统的期刊管理工作被动式服务相比，不仅能使当前用户满意而且能使更多的潜在用户转化为当前用户，有利于图书馆期刊管理的进一步发展。具体地说，表现在以下几个方面。

1. 应用挖掘结果指导期刊订阅与采购，使期刊资源的层次与结构科学化、合理化

高校图书馆每年的期刊购置费是十分有限的，各门学科之间如何恰当分配、各种文献载体形式如何均衡才能使这些经费最好地发挥效益,是一件令人头疼的事。通过对图书馆期刊借阅、流通状况及馆藏刊的分析、挖掘，这一问题便可得到缓解。此外，利用数据挖掘技术对因特网上无序的、非结构的数据进行采集、分类，可使图书馆期刊的信息资源更加丰富。

2. 洞察用户的信息需求，主动提供个性化特色服务

高校是科研课题的大户，在传统的期刊服务过程中，一般是用户提出信息服务请求，然后由图书馆员做出解答，后来出现了定制式服务，由图书馆员定期向用户提供与其所从事的课题有关的信息资料。显然，这二者都是由客户首先提出服务需求，然后才得到相应的服务。利用数据挖掘技术，我们完全可以根据用户借阅、

查阅的历史资料以及正在从事的课题研究进行数据挖掘，从而了解用户所需，确定个性化服务内容，主动将相关资料发送到他们手中。

另外，通过总结各类用户的特征，将那些以前从未发出过信息请求的潜在用户归类，先免费提供给他们可能感兴趣的信息资料，将他们转化为当前用户。

3. 挖掘读者流量、借阅状况信息，优化期刊馆藏布局

传统期刊分为现刊与过刊。过刊数量一般是现刊的数倍，甚至是几十倍，入藏时它需要占用更多的空间，查找与借阅也显得相对费时费力。现刊借阅人多，过刊借阅较少。在同为现刊中，也有的借得多，有的借得相对较少。为最大限度地方便读者借阅，如节省查找时间、减轻期刊上下架强度，在进行馆藏布局时就要考虑上述因素。从读者流量与借阅状况数据信息中进行数据挖掘，挖掘结果不仅对期刊的订阅与采购有一定的指导作用，同时也有利于期刊馆藏的合理布局。

4. 面向学生，提供第二课堂服务

大学生的第二课堂是大学生专业学习的重要补充，也是专业素质与实践能力培养的重要环节。高校里的学生第二课堂活动形式多样，内容繁多，如全国大学生“挑战杯”赛、我校每年举办的大学生创业大赛等。这些活动深受师生们的欢迎，各项活动办得有声有色，但是要办出特色和个性，取得好的成绩，则不仅要有专业的指导，更要拥有前沿的资料和详尽的信息。图书馆期刊信息的专题挖掘正好服务于此，既服务了师生，又提高了自己。

5. 面向企业，为当地的经济建设发展服务

高校图书馆一般地处城市区域和经济中心，周围企业较多。如我校地处名城泉州，其间的乡镇企业、民营或私营的中小企业较多，它们对技术资料和经营信息的需求都比较迫切，经过挖掘的期刊信息恰好能满足它们的需要。做好这项工作不仅能满足企业的信息需求，服务于当地经济与社会，而且期刊管理工作本身也可得到锻炼与发展。

参考文献

[1] 赵宏波，孟雅玲 . 数据挖掘在电信客户关系管理中的应用 [J]. 电信技术，2001（12）：9–12.

[2] 李朝葵，凌云 . 数据挖掘及其在图书馆中的应用 [J]. 情报杂志，2002（6）：33–34.

[3] 李继宏，谭观音 . 信息时代高校图书馆期刊管理工作创新浅议 [J]. 图书馆建设，2001（3）：64-65.

[4] 赵丹群 . 数据挖掘：原理、方法及其应用 [J]. 现代图书情报技术，2000（6）：41-44.

[5]U.M Fayyad etc. Advances in Knowledge Discovery and DataMining [M]. Cambridge: The MIT Press, 1996.

[6] 谭观音，李继宏 . 高校图书馆期刊选订的模糊决策 [J]. 现代情报，2003（9）：149-151.

本文发表于《现代情报》2004 年，第 7 期

作者简介：李继宏，男，副研究馆员，华侨大学图书馆学科服务部主任。

第九章

质量管理

21世纪的图书馆应树立全面质量管理的新理念

华侨大学图书馆　吴润珍

摘　要　21世纪的图书馆要生存、发展和繁荣，面临着服务观念的改变和管理思想的转变。本文就此论述了图书馆实施全面质量管理的必要性、原则及实施途径，倡导实施全面质量管理，改进服务质量，满足用户日益增长的需求和提供增值信息服务。

关键词　图书馆；质量管理；管理理论

随着图书馆信息化进程的发展，图书馆面临的最大问题不是现代化设施、信息技术的应用，而是管理机制和信息技术应用后带来的服务观念的改变和管理思想的转变。而全面质量管理所带来的文化的转变、观念的更新，正是当前图书馆管理改革所需要的。

图书馆全面质量管理是指图书馆为保证和提高信息服务质量，动员图书馆的各个部门的全体员工，综合运用管理技术、专业技术、思想教育、经济手段和科学方法，建立健全服务质量保证体系，对服务的全过程实行有效控制，从而经济地开发、设计、生产和提供用户满意的信息产品与信息服务，做到最高质量、最低消耗、最优生产和最佳服务，最终实现不断提高服务质量的目标。

一、图书馆实施全面质量管理的必要性和可行性

1. 我国图书馆管理现状及图书馆自身发展的需要

以前，人们普遍认为，要提高服务质量就必须有更多的投入，消耗更多的资源，购置更多的书刊，雇佣更多的工作人员，等等，但这些途径的作用现在已不那么明显了。为合理组织文献资源，最大限度地发挥图书馆的作用，达到最佳的服务效果，长期以来，我国图书馆界一直在孜孜不倦地探索图书馆管理的新理念、新方法。为

此曾做了许多有益的尝试，如建立专门管理机构、实行岗位责任制、试行目标管理等，这些方法的应用对提高图书馆管理水平起到了积极的作用，也取得了一些成功的经验，但从整体上说，我国图书馆管理仍处在较低水平，实行的是一种封闭式管理。这种管理方式在管理体制、组织结构、人事管理及管理文化等方面都制约着图书馆自身的发展，没有能从根本上解决图书馆工作质量管理方面的问题。

随着图书馆文献数字化、管理自动化及网络的迅速普及，图书馆管理的理念、目标与手段均发生了很大的变化。面对越来越大的竞争压力，图书馆工作尤其是图书馆管理工作，如何做出相应调整以适应新的信息环境，适应 21 世纪发展的需要，将直接决定图书馆的命运。“21 世纪图书馆的管理是以服务质量为核心的管理，是强调以人为本的管理。”全面质量管理正是一个以了解用户需要、提高用户的服务质量和满意度为中心，对服务质量的全面承诺的系统工程。服务质量的保证对图书馆各项业务、公共关系、用户服务部门的效率、服务人员的态度都具有重要的意义，并且强调持续改进，而不仅仅是停留在符合某些特定的标准。全面质量管理作为信息环境下新的管理思想模式是达到“图书馆一直努力地改进服务和更好地满足顾客需求这两个目标的有效手段”。全面质量管理在本质上与图书馆的宗旨是一致的，图书馆全面质量管理提倡的质量保证与用户满意是对图书馆学家阮冈纳赞的“图书馆学五定律”最好的诠释。

2. 社会信息化呼唤图书馆实施全面质量管理

21 世纪，社会信息化程度越来越高，信息技术以更快的速度向前发展，图书馆将面对更加充满竞争和压力的信息环境。用户将对图书馆服务提出越来越高的要求，他们对文献信息的需求呈现出多元化、多层次的特点，他们渴望图书馆能提供高效、高质量的服务。图书馆只有对这种不断变化的需求做出反应，借鉴其他行业的质量管理方法，不断改进服务质量，以质量求生存，以质量求发展，才能使自身得到更大的发展空间，获得更多用户的满意和认可。

读者是图书馆产生、存在和发展的根本。可以说，没有读者，就不会有图书馆，读者是图书馆的最终评价者。从发展的角度看，图书馆的竞争是不可避免的，图书馆竞争的关键在于对读者的竞争，在于服务质量的竞争。对于某一读者的某些需求而言，图书馆的服务是一次性的，或者说是不可挽回的，这就要求图书馆员必须一次性服务成功，否则，会使读者对图书馆产生不信任感，从而放弃使用图书馆。如何确保馆员能一次性服务成功，实施全面质量管理，建立质量管理体系便是重要的保证措施之一。

二、图书馆全面质量管理的原则

1. 面向用户，追求用户完全满意

德鲁克指出：“图书馆是为它所服务的那些人，即用户而存在的，而不是为在图书馆工作的员工存在的。”一切为了用户，追求用户完全满意是图书馆全面质量管理的目标。用户的愿望和满意程度是衡量质量的标准。因此，图书馆的工作不仅仅是完成上级下达的各项指标，也不仅仅是看图书馆所用的服务手段如何先进或图书馆所能提供的信息量有多少，而应把用户的要求作为最高标准。

2. 持续改进，防患于未然

著名质量管理专家戴明和朱兰都认为，产品或服务中存在的大多数问题是由于生产产品和提供服务的流程不完善造成的，而不是人造成的。因此，要对工作流程进行控制，使其不断趋于完善，好了还要更好，永无止境地追求更高质量。同时要把管理工作的重点从“事后把关”转移到“事先预防”，从管结果变为管因素，实行预防为主、防患于未然的方针，把质量的隐患消除在服务质量的形成过程中，把服务质量的全过程的各个环节全面地管起来，形成一个综合性的质量管理工作体系，做到以防为主，防检结合，重在提高。实行全过程管理，要求各个工作环节都必须树立“下道工序就是用户”“努力为下道工序服务”的思想。对图书馆而言，用户是读者，也是内部其他部门，如编目是采访的用户，流通是编目的用户。任何一项生产活动都是一个连续过程，图书馆最终能向顾客提供所需服务同样需要一个部的多个人员、多个部门的共同配合才能完成。

3. 用事实与数据说话

全面质量管理以数理统计为主要手段，在分析质量问题时应坚持实事求是、科学分析，一切用事实和数据说话，应纠正过去那种“大概”“差不多”的凭感觉、凭经验的工作方法。要通过对读者进行调查，了解读者的需求和对图书馆的满意程度，调查时一定要有一套量化的评价标准，不能简单地使用“满意”或“不满意”来衡量。同时还必须运用图书馆统计学方面的知识，从质和量方面对所做的工作做出评估。如统计出图书馆机读数据库被检索的次数，采访部所采购的各专业图书种类、数量，各专业图书的实际使用情况，等等。通过对用户调查、效率测量和审计，树立科学的分析、控制质量波动规律的工作作风。

4. 全员参与

全面质量管理绝不是少数管理人员的事，只有调动图书馆全体员工的积极性和创造性，树立起“用户第一、质量第一”的服务观念，以用户满意为原则，站在用户立场上考虑和解决问题，使“用户第一、质量第一”的观念深深扎根于所有员工的心中，并通过具体的工作表现出来，在图书馆内部树立“服务质量、人人有责”的服务意识，把提供高质量的产品和服务作为自己的职责，才能营造出一个人人关心服务质量、人人为服务质量负责的良好环境。

三、图书馆全面质量管理的实施

1. 制定图书馆质量管理计划

计划是全面质量管理得以实施的核心，图书馆在制定质量管理计划之前，首先要评估用户需求，通过各种方式对用户尤其是本馆核心用户的需求进行充分的调查分析，了解用户的具体需要和对本馆服务的各项要求。根据用户需求以及本馆的服务对象、经济状况、馆舍条件、国家政策等实际情况，制定出图书馆若干年的发展总体规划以及近期的目标，确定服务质量的标准、方针和目标，并制定相应的具体实施措施。

图书馆的计划是一个连续不断的过程，必须不断地进行改进。它需要图书馆的每个工作人员的积极配合和参与，当然也需要读者的参与，这样制定出来的措施才能是切实可行的，行之有效的。

2. 对服务全过程进行质量控制

图书馆制定出改进服务、提高服务质量的计划后，就必须按计划将任务分解，组织各部门切实实施，应避免流于形式或虎头蛇尾。对服务的全过程进行质量控制，分析服务各环节的质量职能，确定质量职责和权限，做到人人有责，人人尽责，最大限度地调动广大员工的积极性，使之充分发挥潜力和聪明才智。质量控制应充分利用管理工具、绩效测度工具和统计工具，绘制出反映工作情况的图表，从中发现问题，及时予以改进。领导者要积极听取员工对质量改进的建议，并尽快付诸实施。

3. 评估用户满意度，完善反馈机制

测定与分析读者满意度就是要分析和掌握读者与本馆的所有接触点，并针对每一接触点来设定问题，尤其要设定那些读者认为最重要的问题，然后制定读者满意度测定计划，对读者进行调查、统计、分析和评估，具体掌握读者对服务满意与否的所有要素。由于读者信息需求受个体、社会及自然等多方面因素影响，其信息需求常处于变化之中，所以对读者满意度的测定，须定期系统地实施，并与以前要求的结果进行阶段性比较，了解用户不满意之处或对图书馆服务质量的要求，根据用户需求重新制定改进项目，并予以实施。

在实施质量改进期间，图书馆应把科技、资本、人才三个资源要素与整个图书馆战略计划组合起来，将科技与人才要素组合构成有利于确保质量、培养全面质量管理行为的新文化机制；将资本与人才要素组合构成员工工作任务标准化、规范化及制度化的制度机制；将科技与资本要素组合成能根据变化着的环境重新设计和整合工作程序的效益机制，用以保证对实施改进项目的全过程进行有效控制。“与用户需求相一致”是质量改进成功的标志。

持续改进，精益求精，永无止境地追求更高质量，这就是图书馆全面质量管理的精髓。

参考文献

[1] 董颖 . 图书馆应否建立“质量管理”体系 [J]. 图书情报工作，2000（4）:67-69.
[2] 张玉凤 . 论图书馆全面质量管理 [J]. 图书馆工作与研究，2001（2）:19-22.
[3] 罗曼 . 图书情报机构全面质量管理的含义 [J]. 晋图学刊，1998（1）:9-17.
[4] 桂世功，马克贤 . 质量管理与质量认证 [M]. 北京：机械工业出版社，2000.

本文发表于《图书馆理论与实践》2002 年，第 5 期

作者简介：吴润珍，女，副研究馆员，华侨大学图书馆采编部主任。

对第四次县级图书馆评估标准的理解与思考

南安市图书馆　**黄诗南**

摘　要　通过对第三、四次县级图书馆评估标准的比较可以看出，县级图书馆还需拓宽基础业务建设范围，加强人才队伍建设，加快现代化建设步伐，增强为弱势群体服务意识，加强文化共享工程建设。第四次县级图书馆评估标准在办馆条件、基础业务建设、读者服务工作等方面有待完善和改进，同时还应注重地区差异和读者参与。

关键词　县级图书馆；图书馆评估；评估标准

1994—2009 年，文化部先后组织开展了 4 次公共图书馆评估定级工作，有效地推动了我国公共图书馆事业发展，为图书馆事业可持续发展打下了坚实的基础。本文通过对第四次县级图书馆评估标准的认真思考与深刻理解，探讨了第四次评估标准的变化及其对县级图书馆发展的启示，并对评估标准中有待完善之处提出一些想法和建议，敬请同人批评指正。

一、第三、四次县级图书馆评估标准总体比较

本文主要从一级指标设立相应指标分数、具体指标数量、分值档次，对第三次县级图书馆评估标准（2004 年发布，以下简称 2004 年标准）与第四次县级图书馆评估标准（2009 年发布，以下简称 2009 年标准）进行了比较研究，结果见表 1。

表 9-1　第三、四次县级图书馆评估标准比较结果

序号	一级指标	指标分数 / 分		具体指标数量 / 个		设定分值档次 / 项	
		2004 年标准	2009 年标准	2004 年标准	2009 年标准	2004 年标准	2009 年标准
1	办馆条件	270	240	15	16	64	65
2	基础业务建设	255	255	20	23	60	66
3	读者服务工作	265	260	16	17	50	47

续表

序号	一级指标	指标分数 / 分		具体指标数量 / 个		设定分值档次 / 项	
		2004 年标准	2009 年标准	2004 年标准	2009 年标准	2004 年标准	2009 年标准
4	业务研究、辅导、协作协调	95	90	6	6	13	10
5	文化共享工程建设	0	50	0	4	0	8
6	管理	95	85	8	7	16	15
7	表彰、奖励	20	20	1	1	1	1
8	总 计	1 000	1 000	66	74	204	212

从表 9-1 中可得到 2009 年标准的信息导向：（1）首次在一级指标中增设“文化共享工程建设”指标，反映了目前图书馆工作的热点，为县级图书馆指明了今后的工作重点和发展方向——实现文化信息资源共建共享，广泛服务民众。（2）因新增“文化共享工程建设”指标，所以在总分值不变的情况下，除了“基础业务建设”和“表彰、奖励”外，其他一级指标分数较 2004 年标准都有不同程度的下降。“办馆条件”下降 30 分，“管理”下降 10 分，“读者服务工作”和“业务研究、辅导、协作协调”各下降 5 分。其中，“读者服务”和“业务研究、辅导、协作协调”的降幅最低，这表明对县级图书馆“软件”的评估仍是整个评估的重点内容。（3）增设具体指标数量和分值档次。2009 年标准的具体指标数量较 2004 年标准增加了 8 个，增幅 12%；2009 年标准的分值档次较 2004 年增加了 8 个，增幅 4%。这表明 2009 年标准对评估内容要求更多，分解更细化，这有利于全面、客观地体现县级图书馆的发展现状，又能指导和调控现实。（4）“基础业务建设”指标分数保持不变，表明 2009 年标准重视基础业务建设，旨在进一步拓宽县级图书馆基础业务建设范围。（5）“表彰、奖励”指标分数保持不变，有利于评价图书馆开展读者服务工作的效果，激发馆员的积极性，体现图书馆内部的凝聚力。

二、第四次县级图书馆评估标准对县级图书馆发展的启示

1. 拓宽基础业务建设范围

2009 年标准中，“基础业务建设”指标分数虽与 2004 年标准保持一致，但其在一级指标分数排名中的位置更为靠前（从第三位升到第二位），具体指标数及分值档次增多，新增的“26 数据库建设”（其中数字表示该指标的序号，以下各指标项中数字同样表示序号）、“253 图书馆网站”“254 参加地区联网服务”等

具体指标能够反映县级图书馆利用计算机开展基础业务建设的程度，体现拓宽基础业务建设范围、打破馆际界限、实现资源共享的办馆方向。

2. 加强人才队伍建设

2009 年标准中，“14人员”指标共 70 分，占“办馆条件”指标总分的 29%，是办馆条件下设 5 个二级指标中总分最高的。这是评估图书馆是否具有一支高水平的专业人才队伍、实现图书馆发展目标的关键。因此，图书馆要把提高人的素质放在第一位，善于发挥现有图书馆员的作用，积极地培养、调动他们的积极性；科学地制定和实施人才战略，加大培训力度，有针对性地进行各种形式的业务培训，特别是要加强对馆员进行计算机知识和技术、数字信息技术等内容的培训。同时，图书馆的人员结构应该是多类型、多层次的。这要求图书馆按专业技术知识结构合理配置人力资源，采取积极措施调整人员、部门结构，实现结构优化；通过各种渠道引进有能力的专业人才，以满足实际需要。

3. 加快现代化建设步伐

2009 年标准提高了对现代化技术设备及现代化建设、管理标准的要求。在县级图书馆定级必备的 8 个条件中，有 3 条与自动化、网络化建设相关，如“331 年外借册次（以计算机统计数字为准）评估得分不低于 10 万册次”“现代化技术装备和自动化网络化建设评估两项评估得分不低于 50 分”“文化共享工程建设评估得分不低于 35 分”。新增的“123 网络对外接口”“26 数据库建设”“253 图书馆网站”“254 参加地区联网服务”等二、三级指标明确了图书馆的网络化建设应达到的目标，也体现了计算机在现代化图书馆的重要地位。2009 年标准重视数据库建设特别是地方文献数据库建设，对馆藏机读数据不再按照 MARC 记录的数量来计分，而是按照所占馆藏文献量的比例计算，这样能科学地反映图书馆数据库建设的进程和质量。以计算机和远程通信设备为代表的现代化设施成为推动图书馆现代化发展的重要因素，它们及其所运用的技术不但改变了图书馆传统工作方式，而且优化了馆员的知识结构和专业技能。

4. 增强为弱势群体服务的意识

伴随着构建和谐社会理念的倡行，以人为本、走近平民、关心弱者已逐渐成为图书馆人的共识。2009 年标准增设了“337 为特殊群体、弱势人群服务”“343 为社会大众提供信息服务”等具体指标，这要求县级图书馆在服务与管理上体现人文关怀，消除弱势群体利用图书馆、获取知识和信息的障碍。

5. 加强文化共享工程的建设

2009 年标准中增设了“文化共享工程建设”一级指标，其中下设 4 个二级指标。“全国文化信息资源共享工程”（简称“文化共享工程”）是党和国家实施的一项重大文化惠民工程，是一项繁荣社会先进文化的创新工程，对于打破落后地区信息闭塞的状况、缩小“数字鸿沟”、提高广大人民群众的科学文化素质、推进社会主义新农村建设和构建和谐社会具有重要意义。县级图书馆作为当地的信息文化中心，应在推动“文化共享工程”的数字资源建设、网络信息服务等方面发挥重要的作用，做好支中心建设，指导基层点建设，开展技术培训，面向社会服务。

三、第四次县级图书馆评估标准中有待完善之处

1. 办馆条件方面

“111 馆舍建筑面积”只是数量上的指标，为反映出对图书馆建筑内在功能区域的划分及各功能区域占全馆的比例。笔者建议，建筑面积应具体考察“馆舍实用面积”，即真正用于图书馆业务的面积。

“13 经费”“131 补助经费”指标都是以 2008 年或 2009 年的财政拨款数据为判断依据，忽视了长期的图书馆购书经费变动情况，不利于图书馆的可持续发展。

“14 人员”指标中对“人员素质条件”仅做出学历要求，缺少对职业资格及年龄结构的要求，这显然是不全面的。图书馆人才队伍建设应考虑年龄结构特征，以保证图书馆事业快速、平稳的发展。尽管“领导班子状况”指标对学历、职称、专业等方面做出要求，但未对于年龄结构做说明和要求。为此，建议在“14 人员”指标项下增设“年龄结构”指标，以保证图书馆的队伍梯次建设。同时，应对男女性别结构比例做出要求，这样有利于实现男女职工和不同年龄职工的优势互补。另外，指标仅对“领导班子状况”做出要求，不涉及部室中层领导干部结构，而实际上，中层领导干部是图书馆的中流砥柱，起着承上启下的作用，不应被忽略。

2. 基础业务建设方面

评估标准应对文献利用率提出要求，如“211 图书年入藏数量”“212 报刊年入藏数量”和“214 视听文献年入藏数量”都只是要求馆藏数量达到一定标准，重藏轻用。公共图书馆收藏文献资源是为了最大限度地为社会服务，而藏书是否符合读者的要求可通过利用率加以反映，因为利用率能较直观地反映出一个馆的社会效益和经济效益。将书刊利用率纳入评估指标体系，有利于对图书馆做出定性分析、

优化馆藏结构。

“234 目录管理”指标下应增加目录组织规则要求。县级图书馆的目录组织较为混乱，不仅管理不到位，而且没有规范的目录组织规则，这种现象在其上级图书馆业务辅导力量薄弱的县级馆表现得尤为突出。

3. 读者服务工作方面

“331 年外借册次”和“332 年流通总人次”指标没有较为准确的计算方法，即使利用计算机统计，也只能得到一个粗略的数字。“353 年读者活动人次”指标只是单纯地对参加活动的人数做出要求，忽视了活动质量，缺乏严谨性。

对于“32 读者满意率”指标，可以通过发放读者调查表的方式进行大致了解，但这种调查方式取得的结果无法具体反映出图书馆日常服务过程中读者的感受和读者对图书馆的意见。可见，这种调查方法是片面的、缺乏科学性的，很难对图书馆服务起到实质的改善作用。笔者建议，对于“32 读者满意率”指标，图书馆应采用多种调查和评估方法，如参考读者意见簿、电子意见箱、服务日志、新闻媒体报道等有关材料，综合检评图书馆是否及时反馈和处理读者所提意见、建议与所反映的问题以及图书馆的改进措施和执行情况如何。

“335 每周开馆时间”指标设置较模糊。通常图书馆开馆时间最长的是服务窗口,但如果开馆时间最长的不是提供外借或阅览服务的窗口而是展览室或自修场所，那所谓的开馆时间就不是真正意义上的开馆服务时间。因此，建议将该指标细化为外借或阅览服务应达到的时间。

4. 评估标准未能体现地区差异

目前，2009 年标准采用全国统一标准，但我国各地社会经济条件、人文环境差别较大，东部与西部地区、沿海地区与内陆地区及同一地区的不同地市县的发展水平不同，相应地，图书馆在馆舍建设、经费划拨、现代化水平等方面存在很大的差距。如果全国采取统一标准，那么评估结果必然是中西部地区尤其是经济欠发达地区的办馆办件远不如东部沿海地区和其他经济较发达地区，容易挫伤经济欠发达地区的图书馆的积极性。鉴于评估定级是全国统一标准，笔者建议将评估标准中的不可比因素转化为可比因素，将评估数据指标的“绝对数量单位”改为相对的“人均数值单位”，提高评估标准的公正性和合理性，使其更易于被不同地区的图书馆所接受。

5. 评估标准忽视了读者参与

在 2009 年标准中，“读者服务工作”共 260 分，不到评估指标体系总分值的 1/3，关于读者参与评估的指标是“32 读者满意率”，指标分数为 20 分。显然，以用户（读者）为主体的评估理念在现行的评估体系中还没有着重体现出来。目前县级图书馆评估主体基本上由上级主管部门和图书馆专家构成，读者参与的程度不高。由于缺少读者评价、监督，图书馆主要考虑如何使领导和专家满意，而忽视读者满意率。目前县级图书馆普遍存在向上负责而非向下负责的现象，这与评估中读者声音微弱不无关系。罗曼博士在《21 世纪图书馆管理展望》中指出：“用户决定服务质量。图书馆服务质量的高低要由用户来评判。用户满意的服务就是高质量的服务,用户不认可的服务无论是否达到某种既定的专业标准都将被认为是劣质的。图书馆长久以来就宣称以服务为导向，但传统意义上，服务的好坏是由图书馆根据自己的知识基础和操作经验来界定的。”可见，读者对图书馆的服务有着最直接的体验和感受，读者对图书馆服务的评价有着重要的参考价值，应受到图书馆特别的重视。因此，应增加评估标准中读者参与评估的内容及指标，并提高相应分值，在评估标准中强化读者作为评估主体的作用，从而促进图书馆改善服务，为读者提供更优质、便捷的服务。

参考文献

[1] 金盛勇，周文超 . 面向用户评估的公共图书馆评估指标体系构建 [J]. 图书馆工作与研究，2010（2）：11–16.

[2] 李坤仑，王佳 . 对第四次省级图书馆评估标准的思考 [J]. 图书馆学研究，2010（6）:27–30.

[3] 文化部社会文化图书馆司 . 县级图书馆评估标准 [S]. 出版地不详：出版者不详，2009.

[4] 邱轶 . 关于第四次省级公共图书馆评估标准的探讨及建议 [J]. 贵图学刊，2010（1）：1–3.

[5] 杨红 . 公共图书馆评估标准对图书馆服务工作的启示和影响 [J]. 图书馆学刊，2009（11）：47–49.

[6] 傅文奇 . 公共图书馆评估标准评析 [J]. 江西图书馆学刊，2004（3）：20–21.

[7] 中国图书馆学会 . 以人为本 服务创新 [M]. 北京：北京图书馆出版社，2005：513–523.

[8] 赵伯纯 . 论加强图书馆的为弱势群体服务 [J]. 图书馆，2005（3）：22−24.

[9] 陈瑛 . 对全国公共图书馆评估定级工作的思考 [EB/OL]. [2010−06−26]. http：//www.sinolib.com/papers/2009/07−29/31.html.

[10] 孙怀亮 . 全国县级以上公共图书馆评估工作刍议 [J]. 福建图书馆理论与实践，2008（2）：42−44.

[11] 石德万，韦江 . 地县级图书馆《评估标准》《评估细则》指标内容之不足 [J]. 图书馆建设，2005（4）：62−64.

[12] 蓝海波 . 关于完善公共图书馆评估标准的建议案 [J]. 图书与情报，2008（5）：38−40.

本文发表于《图书馆建设》2011 年，第 2 期

作者简介：黄诗南，男，副研究馆员，南安市图书馆阅览室主任。

城镇化视角下的我国公共图书馆*发展水平评价研究

泉州经贸职业技术学院图书馆　刘巧婷
福建师范大学社会历史学院　傅文奇

摘　要　对省域公共图书馆发展水平的科学评价，分析其区域差异与影响因素，可为促进我国公共图书馆的协调发展提供参考。文章基于城镇化的人均效益与集聚规模视角，首先分别从城镇人口人均发展水平和图书馆机构馆均发展水平两个角度构建评价指标体系进行评价，然后采用乘积法进行综合评价，最后对我国公共图书馆发展水平的区域差异、空间分异、相对优劣势以及省际差异的城镇化影响因素进行分析。研究表明我国公共图书馆人均发展水平省际差异较小，馆均发展水平省际差异较大，东部地区整体发展水平大大优于中西部地区。依据评价结果划分的四种公共图书馆发展类型在空间分布上存在明显的地域分异格局，公共图书馆馆均发展水平及综合发展水平与区域人口分布、城镇化水平、经济状况等城镇化因素密切相关。

关键词　公共图书馆；发展水平；指标体系；城镇化

一、引言

公共图书馆作为社会公共文化服务体系的重要组成部分，在传播知识信息、活跃文化生活、开展社会教育等方面承担着重要的社会服务功能，在保障公民权利、维护信息公平、推动和谐发展等方面起着重要的社会保障作用。由于我国幅员辽阔，各地区社会经济和文化教育发展很不均衡，导致各地公共图书馆的资金投入和发展水平存在较大差异，不同省份公共图书馆发展不均衡的问题较为突出。通过构建科学评价指标体系对我国各省公共图书馆发展现状进行评价，对其区域差异进行比较研究，并探究其产生原因和存在问题，有助于发挥各省区优势和弥补薄弱环节，促进省际公共图书馆资源均衡配置和区域间协调发展，并可为政府制定公共图书馆发展规划提供参考。

从国内外研究情况来看，已有许多学者涉及对公共图书馆发展、绩效、资源、服务等方面的评价和研究，其中国外学者结合他国国情在评价范畴、标准、方法等方面较早地开展了相关研究。其中比较典型的如美国公共图书馆等级评价排名系统（HAPLR）和美国星级图书馆评价系统（LJ 指数），这两大评价系统的指标设置简单直观，受到国内图书馆界的高度关注，但是比较适用于发达地区。国内许多学者采用了不同评价方法对我国公共图书馆发展现状或服务水平进行实证研究，例如主成分分析法、因子分析法、美国公共图书馆等级评价法、相对差距综合指数法、灰色关联综合评价分析法、熵权 TOPSIS 法、偏最小二乘结构方程法、泰尔指数法、投影寻踪模型法等，部分学者同时对我国公共图书馆发展的区域差异和空间格局进行了定量研究。由于国内对公共图书馆发展水平的评价主要基于统计年鉴数据，因此评价指标体系构建大同小异，研究的差别主要体现在评价方法上，总的来看研究角度比较单一，鲜有立足于我国国情发展的现实视角和基于社会经济环境的系统研究。2017 年开展的第六次全国公共图书馆评估，其指标框架分为服务效能、业务建设和保障条件三个部分，评估指标比较详尽和全面、注重公共服务和创新导向、强化保障和信息时代特征，同时鉴于区域经济发展差距，划分为东、中、西部三套不同的评估标准。第六次全国公共图书馆评估具有很强的指导性和导向性，其指标繁多不易操作但值得借鉴参考，评估进行了区域划分有待进一步细化，并结合地区社会经济发展水平进行深入研究。

由于我国城乡社会经济发展以及城乡居民文化教育水平的差距较大，加之公共图书馆机构基本布局在各级行政中心所在城市或城镇，公共图书馆实际受益主体和服务对象基本上是面向城镇居民，因此，以城镇居民人数为基数来衡量我国公共图书馆人均发展水平更加合乎我国国情和现有城镇化进程。我国公共图书馆机构的设置大体与各地行政区划相匹配，各省区公共图书馆机构数相对固定，但由于所处城市级别、人口经济密度等的差异，不同区域公共图书馆的建设规模差距较大。鉴于公共图书馆具有文化服务的共享性，在一定程度上存在规模效益的特点，尤其是省级和地市级公共图书馆的集聚服务功能更加明显。因此，有必要从馆均发展水平的角度来衡量我国公共图书馆发展水平，更加科学地反映公共图书馆的公益性和共享性特点。由此基于城镇化的人均效益与集聚规模视角，笔者试图从城镇人口人均发展水平和图书馆机构馆均发展水平两个角度进行综合评价，依据评价结果对我国公共图书馆发展水平的区域差异、空间分异、相对优劣势以及省际差异的城镇化影响因素进行定量分析，以期直观地呈现我国公共图书馆发展不均衡的现状和存在的主要问题，并据此提出一些对策和建议。

二、公共图书馆发展水平评价指标体系的构建

公共图书馆发展水平评价指标体系的构建，须从公共图书馆的发展需求和服务水平出发，结合我国公共图书馆的发展现状和运作规律，尽可能全面涵盖公共图书馆的主要特性和关联因素。笔者在借鉴已有研究成果的基础上，参考《中国文化文物统计年鉴》可提供的统计数据，考虑指标体系的系统性、全面性、代表性和可获得性等原则，从基础设施、馆藏资源、人才配备、资源利用、公众受益、财政支出6个方面，每个准则层选取3项衡量指标共计18项指标。基于城镇化视角，从城镇人口人均发展水平和图书馆机构馆均发展水平两个角度分别建立评价指标，构建我国公共图书馆发展水平评价指标体系，见表9-1所示。

表9-1 公共图书馆发展水平评价指标体系

目标层	准则层	人均发展水平评价指标层	馆均发展水平评价指标层
公共图书馆发展水平评价	基础设施	人均实际使用公用房屋建筑面积	馆均实际使用公用房屋建筑面积
		人均阅览室座席个数	馆均阅览室座席个数
		人均供读者使用电子阅览室终端个数	馆均供读者使用电子阅览室终端个数
	馆藏资源	人均总藏量册数	馆均总藏量册数
		人均开架书刊册数	馆均开架书刊册数
		人均书架单层总长度	馆均书架单层总长度
	人才配备	人均从业人员人数	馆均从业人员人数
		人均专业技术人才人数	馆均专业技术人才人数
		人均中高级职称人数	馆均中高级职称人数
	资源利用	人均有效借书证书个数	馆均有效借书证书个数
		人均总流通人次	馆均总流通人次
		人均书刊文献外借册次	馆均书刊文献外借册次
	公众受益	人均各类讲座参加人次	馆均各类讲座参加人次
		人均各类展览参加人次	馆均各类展览参加人次
		人均培训班培训人次	馆均培训班培训人次
	财政支出	人均年度财政补贴拨款金额	馆均年度财政补贴拨款金额
		人均年度支出合计金额	馆均年度支出合计金额
		人均新增藏量与数字资源购置费	馆均新增藏量与数字资源购置费

三、公共图书馆发展水平评价方法

1. 数据来源与处理

数据来源于《中国文化文物统计年鉴 2016》和《中国统计年鉴 2016》，以列入统计的 2015 年我国 31 个省区公共图书馆的 18 项指标统计数据为样本。基于省域城镇人口数和图书馆机构数，分别计算各省区 18 项指标的人均指标值和馆均指标值。由于所有指标数值与公共图书馆发展水平呈正向关系，采用极差法对各人均指标和馆均指标数据进行无量纲化处理，为了使指标数据更为直观简洁，将变换后的数据扩大 10 倍，使所有指标数据值介于 0 至 10。

2. 评价方法

为了便于对公共图书馆的人均发展水平和馆均发展水平进行比较分析，对公共图书馆发展水平评价指标体系分 2 个层级，采用算术平均法逐级向上加和平均，即各准则层对应的评价指标权重为 1/3，评价目标各准则层的权重为 1/6，由此计算得到的人均发展水平和馆均发展水平评价得分及其各准则层得分均介于 0 至 10。

借鉴经济学的规模效益原理，对于公共图书馆发展水平的综合测度，人均效益与馆均规模两个维度都类似具有倍增乘积效应，因此采用乘积法计算各省区公共图书馆发展水平综合评价得分，即人均发展水平评价得分和馆均发展水平评价得分两者的乘积。乘积法同样适用于公共图书馆各准则层的综合评价，计算得到的各省区公共图书馆发展水平综合评价得分和各准则层综合评价得分均介于 0 至 100。

四、实证研究

1. 公共图书馆发展水平评价结果

我国 31 个省区公共图书馆发展水平评价得分及排名见表 9-2 所示。从综合评价结果来看，东部地区整体发展水平处在全国前列，上海、浙江、北京、广东、天津、江苏等 6 个省区以及西部地区的宁夏，公共图书馆发展水平明显高于其他省区，综合评价得分高于全国平均值 5.65。其次是西部地区的重庆、中部地区的吉林与湖北、东部地区的辽宁与福建，其公共图书馆发展水平处于全国中上游水平。除此之外，东部地区的山东、海南、河北以及中西部地区的大部分省区公共图书馆发展处于全国中下游水平，其发展潜力有待进一步挖掘。安徽、贵州、河南、河北、西藏的综合评价得分排在全国后 5 位，其公共图书馆发展水平与全国其他省区存在较大差距。

总体上看，我国公共图书馆人均发展水平省际差异相对较小，馆均发展水平省际差异相对较大。

表 9–2 公共图书馆发展水平评价得分及排名

地区	人均评价得分	排名	馆均评价得分	排名	综合评价得分	排名	所属地区
上海	5.17	3	9.53	1	49.30	1	东部
浙江	5.42	2	4.75	3	25.74	2	东部
北京	2.11	16	5.24	2	11.08	3	东部
广东	2.39	13	3.98	4	9.49	4	东部
天津	2.61	11	3.22	6	8.41	5	东部
江苏	2.37	14	3.37	5	7.97	6	东部
宁夏	4.72	4	1.66	12	7.85	7	西部
重庆	1.83	19	2.95	7	5.39	8	西部
吉林	2.67	10	1.75	10	4.69	9	中部
辽宁	2.51	12	1.62	13	4.08	10	东部
福建	2.00	17	1.74	11	3.48	11	东部
湖北	1.79	20	1.85	9	3.31	12	中部
内蒙古	2.98	7	1.03	24	3.07	13	西部
广西	2.22	15	1.38	15	3.07	14	西部
云南	2.88	9	1.07	23	3.07	15	西部
新疆	3.13	6	0.90	26	2.80	16	西部
甘肃	2.91	8	0.82	29	2.39	17	西部
四川	1.88	18	1.19	19	2.23	18	西部
山东	1.12	28	1.90	8	2.13	19	东部
海南	1.41	25	1.41	14	1.99	20	东部
湖南	1.39	26	1.38	16	1.91	21	中部
黑龙江	1.47	23	1.16	21	1.70	22	中部
陕西	1.57	21	1.07	22	1.69	23	西部
江西	1.30	27	1.16	20	1.51	24	中部
青海	3.25	5	0.46	30	1.49	25	西部
山西	1.57	22	0.94	25	1.46	26	中部
安徽	1.06	29	1.32	17	1.40	27	中部
贵州	1.43	24	0.85	27	1.22	28	西部
河南	0.64	30	1.25	18	0.80	29	中部
河北	0.51	31	0.85	28	0.43	30	东部
西藏	5.84	1	0.00	31	0.01	31	西部

2. 公共图书馆发展水平的空间分异

笔者分别依据公共图书馆人均发展水平和馆均发展水平评价得分，将排名前16位的省区定义为高水平区（H），排名后15位的省区定义为低水平区（L），从服务效益与规模集聚的角度进行组合分类，将我国31个省区分为高效高聚型（HH）、低效高聚型（LH）、高效低聚型（HL）、低效低聚型（LL）等4种发展类型，见表9-3所示。HH型共10个省区，其中东部7个、中部1个、西部2个，综合评价得分排名均在全国前14位以内，其馆均评价得分和综合评价平均得分远高于其他类型区。LH型共6个省区，其中东部3个、中部1个、西部2个，综合评价得分排名处于全国中上游水平，其综合评价平均得分高于HL型。HL型共6个省区，全部地处西部地区，综合评价得分排名处于全国中下游水平。LL型共9个省区，其中东部1个、中部5个、西部3个，综合评价得分排名均在全国后14位以内，其综合评价平均得分在4个类型中最低。

从省均城镇人口数和省均城镇人口比重来看，其排名顺序都是HH>LH>LL>HL，而公共图书馆的馆均评价和综合评价平均得分排名顺序都是HH>LH>>HL>LL。究其原因，HL型的6个省区为我国西部偏远省区，其省均城镇人口数仅为1032万人，而其他3种类型区均为2800多万人，因而公共图书馆人均评价得分反而高于其他3种类型区。可见，从人口城镇化和公共图书馆服务对象的角度，有助于发现和解释区域公共图书馆发展水平的差异原因。

表9-3 公共图书馆发展水平评价分类

类型区	地区	东部地区数量	中部地区数量	西部地区数量	人均评价平均得分	馆均评价平均得分	综合评价平均得分	省均城镇人口（万人）	省均城镇人口比重(%)
HH	上海、浙江、北京、广东、天津、江苏、宁夏、吉林、辽宁、广西	7	1	2	3.22	3.65	13.17	2878	68.27
LH	重庆、福建、湖北、山东、海南、湖南	3	2	1	1.59	1.87	3.03	2856	57.23
HL	内蒙古、云南、新疆、甘肃、青海、西藏			6	3.50	0.71	2.14	1032	45.37
LL	四川、黑龙江、陕西、江西、山西、安徽、贵州、河南、河北	1	5	3	1.27	1.09	1.38	2823	50.86

由此可见，东部地区除河北以外，主要为HH类型（7个省区），其次是LH

类型（3 个省区）；中部地区除吉林、湖北、湖南以外，其余 5 个省区均为 LL 类型；西部地区的 12 个省区相对分化，主要为 HL 类型（6 个省区），其次是 LL 类型（3 个省区）。可见，我国 31 个省区公共图书馆发展水平评价类型在空间分布上，存在明显的地域分异格局，东部与中西部地区的公共图书馆发展水平空间差异比较明显。

3. 公共图书馆发展水平的差异分析

从上述 4 种类型区的公共图书馆发展水平各准则层综合评价平均得分来看，公共图书馆各方面发展水平也存在明显差异，见表 9-4 所示。HH 类型区公共图书馆在各方面的发展水平都优于其他类型区，尤其是在馆藏资源、资源利用、财政支出等方面具有绝对优势，除基础设施以外的其他方面平均得分均大于 10 分，今后可进一步加强基础设施方面的建设。LH 类型区公共图书馆仅在公共受益方面平均得分大于 10 分，今后重点应在人才配备、资源利用、财政支出等薄弱方面加强建设。HL 类型区和 LL 类型区公共图书馆各方面发展水平明显较低且很不均衡，其中 HL 类型区在基础设施、人才配备方面平均得分相对较高，今后应在馆藏资源、资源利用、财政支出等方面加强建设；LL 类型区除公众受益方面平均得分相对较高，其他方面的发展建设亟待加强。从全国平均水平来看，基础设施、资源利用、财政支出等方面平均得分比较低，是我国公共图书馆建设需要努力提升的主要方向。

表 9-4 公共图书馆综合发展水平准则层评价平均得分差异

平均得分	基础设施	馆藏资源	人才配备	资源利用	公众受益	财政支出
HH	6.96	17.19	15.63	13.56	18.37	11.63
LH	3.10	3.18	2.39	1.19	10.51	0.86
HL	3.61	1.43	7.21	0.15	3.69	0.58
LL	1.95	1.51	2.44	0.30	4.05	0.18
全国	4.11	6.87	7.61	4.72	9.85	4.08

4. 公共图书馆发展水平的城镇化因素分析

为了分析影响我国各省区公共图书馆发展水平的外部相关因素，笔者采用线性相关系数 r 测定所选影响因素指标与公共图书馆发展水平评价得分之间的相关程度。线性相关系数 r 值介于 −1 至 1，其绝对值大小反映了两个变量间相关性强弱，通常当 $0.5 \leqslant |r| < 0.8$ 时为中度相关，$|r| \geqslant 0.8$ 时为高度相关。由于我国公共图书馆发展主要依靠地方政府财政投入，因此公共图书馆的发展水平与当地社会

经济发展水平息息相关。笔者选取了人口密度、城镇人口比重、人均 GDP、城镇居民消费水平等代表性指标，采用线性相关系数 r 测定我国 31 个省区公共图书馆发展水平评价得分与上述影响因素指标之间的相关程度见表 9-5 所示。

表 9-5　公共图书馆发展水平影响因素相关系数表

线性相关系数 r	人口密度	城镇人口比重	人均 GDP	城镇居民消费水平
人均评价得分	0.22	0.10	0.26	0.33
馆均评价得分	0.91	0.82	0.79	0.92
综合评价得分	0.84	0.65	0.64	0.79

由于我国公共图书馆人均发展水平省际差异相对较小，人均发展水平评价得分与 4 个影响因素指标之间的相关程度不明显（$r < 0.5$）。公共图书馆馆均发展水平评价得分与人口密度、城镇人口比重、城镇居民消费水平均呈高度正相关（$r > 0.8$），而与人均 GDP 均呈中度正相关。公共图书馆综合发展水平评价得分与人口密度呈高度正相关（$r > 0.8$），而与城镇人口比重、人均 GDP、城镇居民消费水平均呈中度正相关。可见，我国公共图书馆馆均发展水平及综合发展水平与区域人口分布及经济状况密切相关。人口越密集、城镇居民消费水平越高的省区，公共图书馆综合发展水平明显越高；城镇化水平越高、经济越发达的省区，公共图书馆综合发展水平一般越高。

五、结论与建议

针对我国公共图书馆发展现状和服务特点，笔者从基础设施、馆藏资源、人才配备、资源利用、公众受益、财政支出 6 个方面构建公共图书馆发展水平评价指标体系，基于城镇化视角下的城镇人口人均发展水平和图书馆机构馆均发展水平两个角度，采用算术平均法和乘积法对我国 31 个省区公共图书馆发展水平进行评价分析，客观地揭示了我国公共图书馆发展水平的区域差异程度和空间分异格局。主要得出以下研究结论：首先，我国公共图书馆人均发展水平省际差异相对较小，馆均发展水平省际差异相对较大。其次，综合评价结果表明我国东部地区公共图书馆整体发展水平处在全国领先地位，中西部地区的大部分省区公共图书馆发展水平处于全国中下游水平。最后，依据评价结果可将我国公共图书馆划分为 HH、LH、HL、LL 四种发展类型，在空间分布上存在明显的地域分异格局，从人口城镇化和公共图书馆服务对象的角度，有助于发现和解释区域公共图书馆发展水平的差异原因。此外，通过对四种发展类型的准则层评价结果比较分析，揭示了各类型区公共图书馆发展的相对优劣势。

通过对影响公共图书馆发展水平的城镇化因素进行线性相关分析，比较一致地反映了我国公共图书馆馆均发展水平及综合发展水平与区域人口分布、城镇化水平、经济状况等城镇化因素密切相关。因此，公共图书馆的规划建设和发展繁荣应立足于当地及周边区域的社会经济现实状况和发展阶段，力求与当地社会经济发展和人民群众需求相协调一致。针对我国省域公共图书馆地区发展不平衡、资源服务不均衡的现状及其区域分异特征，各级政府应加强对公共图书馆发展的科学规划和统筹管理，适时调整相关财政投入方向和地区倾斜政策，积极创造公平合理的公共图书馆发展环境，推进各地区公共图书馆资源服务的共享和流动，促进各省区公共图书馆事业与当地社会经济和城镇化的协调发展，不断缩小我国公共图书馆发展水平的省际差异。HH 类型区（尤其是上海、浙江、北京、广东、天津、江苏等省区）要加快公共图书馆管理制度和服务方式的创新，提高其规模集聚与辐射共享能力，带动周边省区乃至全国的公共图书馆事业发展。其他地区公共图书馆发展水平相对落后，应在基础设施、馆藏资源、资源利用等方面加大财政投入，借鉴东部发达地区的公共图书馆建设管理经验，结合区域发展特色和公众需求，探索利用网络化、数字化等交流共享机制，拓展图书馆资源利用渠道，提高图书馆公众服务水平。LH 类型区公共图书馆应增强资源、人才、信息等方面建设，力争达到与区域城镇化水平相匹配的公共图书馆人均发展水平。HL 和 LL 类型区公共图书馆馆均发展水平较低，可通过重点建设省区级和地市级公共图书馆作为集聚中心，提升中心公共图书馆的馆均发展规模和吸引服务能力，以辐射带动本地区各公共图书馆的同步发展。

本研究仅对我国公共图书馆发展水平进行了初步评价和横向差异比较研究，对形成其区域差异的诸多内在原因和影响因素，有待今后进一步深入探讨。对于公共图书馆信息化、数字化、智能化等方面的建设和服务，今后需要将更多相关指标纳入到评价体系当中，获得更为完善、合乎发展趋势的评价结果。此外，由于区域城镇化和公共图书馆建设都是一个动态发展的过程，今后可采用时间系列数据对其进行纵向测度和跟踪研究，从而更为科学而有效地指导我国公共图书馆的规划建设和可持续发展。

参考文献

[1] 吴慰慈 . 公共图书馆在构建和谐社会中的作用 [J]. 图书馆，2006(1): 1−2+10.

[2] 刘巧婷 . 基于熵值法的公共图书馆发展评价及灰色关联分析——以厦门市为例 [J]. 河北科技图苑，2015（6）：22−25.

[3] F.W. Lancaster. If You Want to Evaluate Your Library[M]. London： Library Association Publishing，1993.

[4] Beverly P. Lynch，Wenxiang Yang. Evaluation of Public Libraries： The 2001 IFLA Standards and the 2003 Standards for Provincial Libraries in China[J]. Libri，2004，54（3）：179−189.

[5] Tahere Jowkar，Narjes Vara，Neda Zeraatka. Where We Stand： Evaluation of Public Libraries in Fars Province of Iran[J]. Libri，2014，64（1）：28−39.

[6] 李丹 . 美国两类主要公共图书馆等级评价活动研究 [J]. 中国图书馆学报，2018（2）：97−112.

[7] 郑京华 . 我国公共图书馆发展的区域差异分析 [J]. 图书馆杂志，2006（5）：36−40+43.

[8] 牛勇平，王立成 . 基于因子分析的公共图书馆地区差异评价 [J]. 图书馆建设，2011（8）：6−9.

[9] 吴正荆，孙颀，吕少妮 . 美国公共图书馆评价方法在我国区域图书馆评价中的应用 [J]. 中国图书馆学报，2013（4）：74−82.

[10] 吴正荆，孙成江，袁艺 . 基于信息公平的东中西部公共图书馆公平服务评价研究 [J]. 图书情报工作，2014（2）：27−31.

[11] 廉超，何小贞 . 我国各地区公共图书馆服务水平的灰色关联评价 [J]. 图书馆学研究，2014（8）：67−71+66.

[12] 王佩 . 我国公共图书馆服务能力区域差异研究 [J]. 图书馆理论与实践，2015（6）：79−82.

[13] 程慧平，万莉，张熠 . 基于偏最小二乘结构方程的我国区域公共图书馆发展水平研究 [J]. 图书情报工作，2015（12）：19−23.

[14] 胡弢 . 我国公共图书馆服务均等化测度及空间格局分析 [J]. 图书情报工作，2015（7）：83−90.

[15] 曾群，王麟麟，曹梦凡 . 基于投影寻踪模型的省域公共图书馆发展水平空间分异研究 [J]. 图书馆建设，2017（1）：33−39.

[16] 柯平，宫平．全国公共图书馆第六次评估的意义和特点 [J]. 图书馆建设，2016（12）：4-7+14.

[17] 中华人民共和国文化部．中国文化文物统计年鉴 2016[M]. 北京：国家图书馆出版社，2016.

[18] 中华人民共和国国家统计局．中国统计年鉴 2016[M]. 北京：中国统计出版社，2016.

[19] 徐建华．现代地理学中的数学方法 [M]. 北京：高等教育出版社，2002.

本文发表于《中国图书馆学会年会论文集：2019 年卷》

作者简介：刘巧婷，女，副研究馆员，任职于泉州经贸职业技术学院图书馆；傅文奇，男，教授、硕士生导师，任职于福建师范大学社会历史学院。

论图书馆的科学发展指数

——基于图书馆社会化的视角

泉州师范学院图书馆 **吴力群**

摘　要　根据目前社会发展的状况，本文指出了图书馆与整个社会发展的密切关系，以及图书馆科学发展特别是图书馆社会化的重要意义。鉴于以往图书馆评估及其指标体系的局限性，本文提出建立基于图书馆社会化的科学发展指数体系的必要性，并提出相应的具体指标及其测度公式。

关键词　图书馆社会化；科学发展；定量分析；评价

一、以科学发展观确立图书馆发展战略

科学发展观本质上是一种新的价值观、社会观、业绩观，它不同于以往那种单维的发展观，而是以社会协调发展以及人的全面发展为导向的综合发展观。当前，在资源环境以及社会协调面临重大挑战的情况下，科学发展观日益成为人们的共识。图书馆作为社会的一部分，尤其是作为其“千里眼”“顺风耳”与知识库，理所当然应高度重视整个社会的科学发展，更应当以自身的科学发展适应与推动社会的科学发展。唯有如此，图书馆才能在规范化、现代化之后持续发展，才能在社会转变发展模式与注重协调性、统筹性的情况下，满足其复杂的服务需求。

1. 建立开放型图书馆

由于长期自成一体，图书馆的各种活动大多局限于某一范围之内，较少参与社会活动。这种习惯严重挤压了图书馆的生存与发展空间。笔者认为，图书馆不应只是“经营”本馆的读者及其阅读活动，不应只是管理本馆可利用的各种资源（如信息、设施、人员等），不应只是制定和有效执行本馆的各种制度和工作计划，而应具有社会的大视野，实时反映社会动态，主动参与本地区的科学发展特别是人的发展、文化的发展，积极参与社会环境优化的规划、设计与“经营”，调节本地区社会的知识流、精神流，提高本地区的文化品位和软实力、吸引力，从宏观上管理

本地区终身学习、社会学习、创新性学习的过程与氛围，并与本地区各种社会活动相协调。

2. 建立图书馆科学发展指标体系的意义

在当前我国国情下，图书馆评估指标体系对图书馆的发展具有决定性、长远性的影响，其科学性、合理性、实效性值得深入研究、反复推敲。在沿海地区和内地大中城市各类图书馆已基本实现现代化的情况下，在信息渠道多元化、竞争白热化的形势下，图书馆应当融入当地社会，加强自主发展，其动力来源应由上级评估、检查推动的“被动力”转为图书馆力求实现自我价值并立足于信息社会的“主动力”。为此，图书馆应当从粗放式、同质化发展模式转向科学发展、本地化发展、个性化发展模式，相应地评估指标的重点应从“图书馆有什么？图书馆做了多少上级规定的事？”转向“图书馆对社会有什么作用？产生了什么具体效益？公众的感受、看法与行为如何？图书馆随社会变化而改进的速度如何？可持续发展能力如何？”至于在实现图书馆理想与自主发挥其社会功能中的资源配置与运作方式，可由各馆创造性地开展工作，释放每个馆、每个人的聪明才智和全部能量。

目前，图书馆评估的指标体系主要集中于服务和管理方面，专业性、细节性过强，大多集中于办馆条件、基础业务建设、信息共享、读者服务、业务研究等方面，是一种以图书馆业务为本的评估体系。为了便于横向比较，以往评估体系的微观性、孤立性、静态性较强，宏观性、整体性、发展性不足，特别是对各种实际社会功能的发挥情况的评估不足（功能是整体合力的结果，各个部分最优并不能保证功能的有效发挥），因而难以准确、全面和动态地反映图书馆与社会、图书馆与读者的关系和科学发展的全面情况及深层次的问题。不可否认，以往的图书馆评估指标，曾经在图书馆事业的快速恢复和发展中起到引导、激励、规范等巨大作用，促使我国图书馆在很多地区基本上实现了现代化、规模化和标准化。但同时我们也应当看到，它另一方面带来了追求形式化和突击性高投入的问题，不少投入所发挥的效益并不高，不少忙碌沦为做表面文章。一些图书馆为了达到规定的指标，削足适履，放下本来根据当地实际情况应当做而且能够做好的非指标性工作，集中力量做应评证据、材料。

为此，笔者认为，我国社会发展和图书馆事业已经到达一个新的历史起点，应超越评估的局限性和定级的功利性，避免应评的被动性、突击性、表面性，探索建立能够随着时代的前进而变化并适应本地区实际情况的参考性指标体系，加强常规性的自我评估、局部评估和变化评估，特别是主动地有针对性地开展自我服务创新评估、项目效果评估、图书馆的社会作用与影响评估特别是社会公众评估。即使是上级组织的统一的全面评估，也应既有严密的“规定动作”的评估，又有丰富的“自选动作”的评估，鼓励百花争艳，而不是造成发展模式与结果的趋同（即千馆一面）。

二、图书馆社会化视角的科学发展指标体系

1. 读者的社会分布指数

该指数反映图书馆的读者在社会各行各业、各个年龄段、各种人群的分布均衡程度。只有了解读者的分布情况，才能确定图书馆事业发展是否科学、合理，社会化是否充分，图书馆的信息资源建设及信息服务是否适当。如果读者分布不均，甚至在一些行业中根本没有图书馆的读者，那么，图书馆的各种读者调查、统计数据及据此制定的工作规划都可能建立在沙滩上。读者的社会分布指数由读者所在行业齐全指数、读者行业分布均衡指数、读者年龄分布指数、特殊人群读者分布指数等分指数组成：

读者所在行业齐全指数 = 全体读者所在行业的类别数 / 本地行业类别总数

注：当该指数为 1，说明每个行业都有图书馆的读者；若该指数较低，说明有很多行业还没有图书馆的读者。图书馆应加紧调查研究，在尚无读者的行业开展活动，主动发展读者。

读者行业分布均衡指数 $=\{[\sum(X_i-X)^2]/n\}^{1/2}$

注：式中 $\sum$ 为求和符号，X_i 为某行业中图书馆读者所占的比例，X 为该行业人数占就业总人数的比例，n 为行业总数。该指数越大，说明各行业读者所占的比例与各行业人数占就业总人数的比例两者偏差越大,即各行业读者的比例越不均衡，应注意在读者比例低的行业中发展读者。

读者年龄分布指数 $=\{[\sum(X_i-X)^2]/4\}^{1/2}$

注：式中 $\sum$ 为求和符号，X_i 为某年龄段读者所占的比例，X 为该年龄段人口占居民总数的比例。该指数反映少年儿童、青年、中年、老年 4 个年龄段的读者比例的均衡程度。该指数越大，说明各年龄段读者的比例越不均衡。

特殊人群读者分布指数 = 特殊人群中的读者数量 / 特殊人群的人员总数

该指数反映了图书馆对特殊人群的关怀程度，也在某种意义上反映了图书馆人本化程度。之所以将该指数单独列出来，是因为特殊人群往往是图书馆容易忽略

的人群。特殊人群包括外来人员、外出人员、残疾人、病人、高山与海岛居民、独立工作人员（如管、线、轨道巡视工及养路工、清洁工）、服刑人员等人群。外来人员既有外来工，也有外来研发人员与投资者、管理人员，他们都需要了解自己所在行业的发展动态，以及居留地自然环境、风土人情、优惠政策、办事指南、公共设施、社会保障、科学技术、文化教育、精神特质、发展历史、主导产业、就业情况等。但由于人地生疏，他们难以及时获取有关信息，经常处于迷茫疑惑、不知所措之中，图书馆如果能够及时将他们发展为读者，并向其提供相关信息与知识，就能够使其安居乐业，人尽其才，为本地经济社会做出较大贡献。据笔者所知，外来科技人员、管理人员等人才最担心的是居留地信息闭塞，不能及时“充电”，居留一段时间后自己知识老化和“身价贬值”，被时代所淘汰。为此，图书馆对外来人员的服务情况，已经成为本地投资、聚才环境甚至吸引力、竞争力的重要组成部分。外出人员包括本地外出经商、工作、学习、旅居等人员，他们在陌生地方往往一时难以找到适当的信息渠道，他们通常惯用家乡的图书馆，熟悉其信息资源及利用方法，此外，他们对家乡不无牵挂与依恋，为此，他们非常关心家乡的发展，总是让心灵时常回到温暖的精神家园。图书馆有责任利用现代信息技术为本地外出人员提供所需信息，满足其知识与精神的双重需求，成为其永恒的心灵故乡。图书馆还可以通过提供家乡有关信息，协助外出人员为家乡经济社会发展做出特殊贡献。残疾人、病人、高山与海岛居民、独立工作人员由于特殊的处境，通常孤独心理较为严重，比常人更需要精神食粮，更渴望关怀。他们行动受限、信息不灵，图书馆应给予特别的关注，加强调查研究并采取有效措施，使其充分享受社会发展的成果，避免成为“被遗忘的角落”。服刑人员处于人生低谷，易对未来悲观失望，急需心灵滋养与掌握谋生知识，图书馆应给他们带来“及时雨”，使监狱变成学校，为提高社会文明程度、维护社会稳定做出重要贡献。

注：以上 4 个分指数应进行处理后求和，可得出读者分布指数，以下情况相似者其计算方式亦相似，不再赘述。

2. 图书馆在地化指数

该指数反映图书馆与本地关系的紧密程度，以及各种资源配置、服务工作与所在地公众、组织需求的匹配程度。图书馆具有明显的社会性、基础性与公共性，不能闭门造车与孤立发展，更不能“衙门化生存”，而必须与所在地社会气息相通、血脉相连。

1）图书馆治理结构指数

该指数反映社会各有关方面参与图书馆管理的程度。通常图书馆作为行政的附属部门，由上级主管及所任命的馆长进行管理。这种管理模式的特点是向上负责，实行指令性管理，其管理信息通道单一，容易造成资源建设与信息服务的简单化、主观化、形式化。为此，应在现行体制下改进图书馆的治理结构，吸收劳动者、企业家、读者、人大代表与政协委员、社会组织、社区知名人士等参与管理，并形成制度，如建立图书馆指导委员会，定期召开咨询会议，举办重大项目听证会、服务项目推介会、总结汇报会、新闻发布会、意见征求会等。该指数由以下分指数组成：

治理结构合理化指数 = 参与管理的社会人士的界别数 / 本地公众的界别总数

社会参与管理频度指数 = 社会人士参与管理次数 / 年

社会参与管理强度指数 = 社会人士参与管理的项目数量 / 图书馆管理与服务项目总数

社会参与管理效度指数 = 社会人士所提意见与建议落实数量 / 社会人士所提意见与建议总数

2）图书馆领导在地化指数

该指数反映馆领导班子对图书馆所在地经济、政治、文化及社情民意、可利用资源调查研究的深度与社会联系的广度，而非馆领导籍贯在本地的比例。馆领导除了应掌握图书馆管理知识与有关专业知识，还应当深入所在地各行业、各阶层感受时代跳动的脉搏，探索各界的运作模式，考察各类人群的工作与生活方式，了解社会出现的新苗头、新事物、新问题，深谙本地社会各界所思、所乐、所忧、所盼，确定图书馆的“生态位”及服务方向、重点与方式。该指数由以下分指数组成：

馆领导知识结构在地化指数 = 馆领导所熟悉的本地主要行业的数量 / 本地主要行业的数量

馆领导公共关系在地化指数 = 馆领导所联系的社会界别数量 / 本地社会界别总数

馆领导社会资源认知指数 = 馆领导所熟悉并加以利用的本地社会资源数量 / 本地可利用的社会资源总量

注：本地主要行业的数量、本地可利用的社会资源总量可通过调查研究获得。

3）馆员在地化指数

该指数反映馆员专业知识、能力结构与本地公众、读者职业需求的匹配程度，而非馆员籍贯在本地的比例。该指数由以下分指数组成：

馆员知识覆盖指数 = 全体馆员掌握的知识所覆盖的与本地有关的专业数量 / 本地各种职业所需知识的专业数量

馆员能力匹配指数 = 全体馆员具备的能力种类数量 / 服务本地公众所需的能力种类数量

注：由于社会的多元化与公众需求的多样化，馆员所需能力的种类也在不断增加，除了传统的业务工作能力，还应具备与现代信息技术、读者经营、特色服务等有关的能力，如根据各类人群需求举办专业讲座、搜集社会情报、主持沙龙、专门辅导、网页编制、沟通互动、调查研究、统计分析、数据处理、信息定制等。

4）信息资源在地化指数

该指数反映图书馆信息资源与本地公众、读者职业需求的匹配程度。该指数由以下计算公式测度：

信息资源覆盖指数 = 全部信息资源所覆盖的与本地有关的专业数量 / 本地各种职业所需信息的专业数量

3. 图书馆社会敏感指数

该指数反映图书馆对本地社会与自然环境、新生事物、各种事件、社会隐患、社会转型及其影响因素，以及公众的社会处境、精神需求、信息需求的敏感程度。敏捷有效的行动来源于对本地环境的迅速、准确感知。只有对社会有关事物与事件高度敏感，才能迅速组织资源，开发新的服务项目，及时地为快速变化中的社会提供精确服务。该指数由以下分指数组成：

图书馆社会反应广度指数 = 图书馆做出判断与反应的社会事物数量 / 社会事物总数

图书馆社会反应速度指数 = Σ [图书馆对社会某事物做出判断与反应的时长]/n

注：Σ为求和符号，n 为图书馆做出判断与反应的事物总数。

图书馆社会反应精度指数 = 图书馆做出正确判断与反应的社会事物数量 / 图书馆做出判断与反应的社会事物数量

图书馆社会反应效度指数 = 图书馆所搜集与传递的有关当前本地社会的有效信息数量 / 图书馆所搜集与传递的有关当前本地社会的信息总量

4. 图书馆社会活动指数

该指数反映图书馆嵌入本地社会各个领域的程度。作为社会的一部分，图书馆参与社会活动（如“两会”咨询、政府决策咨询、防灾救灾、社区文体、扶贫、科普、普法、文化遗产收集整理、创建文明城镇等活动，特别是其中的知识服务），能够更充分体现图书馆的“千里眼”与“顺风耳”的作用，使公众进一步认识、关心与热爱图书馆，激发公众对信息、知识的更大需求以及利用图书馆的兴趣；另一方面，图书馆在参与社会活动过程中，将大大加深对社会各行各业动态以及公众生存状态的感知，切身感受社会经济、政治、文化活动对信息的多种实时需求，从根本上改变对社会变动无动于衷的状态。该指数由以下分指数组成：

图书馆社会活动广度指数 = 图书馆参与社会活动的项目数量 / 本地社会活动的项目总数

图书馆人员社会活动参与率指数 = 图书馆参与社会活动人数 / 图书馆人员总数

图书馆社会活动贡献度指数 = 图书馆为社会活动提供的信息数量 / 社会活动所需的信息总量

5. 图书馆社会关系指数

该指数反映图书馆与所服务区域公众、组织的关系密切程度。

1）社会对图书馆的人力支持指数

该指数反映本地公众与图书馆关系的强弱程度，反映社会各界和本地居民对图书馆的支持程度，是图书馆可持续发展的重要指标。该指数由以下分指数组成：

本地公众参与广度指数 = 志愿参与图书馆管理与服务人员数量 / 本地公众数量

本地公众参与力度指数 = 志愿参与管理与服务人员在馆总时长 / 图书馆工作人员在馆总时长

本地公众参与贡献度指数 = 志愿参与管理与服务人员的工作量之和 / 图书馆全体工作人员提供的工作量

注：自愿参与管理与服务的工作包括文献加工、借阅服务、美化环境、在线咨询、阅读辅导、网页设计与制作、文献搜集、采购与服务顾问等。本地公众包括外出经商、学习、旅居人员以及外来人员。

2）公众文献捐献指数

该指数反映本地居民对图书馆的认同、热爱程度。当居民将心爱的珍藏文献捐给图书馆，说明已将图书馆看成自己心灵的家园。该指数由以下分指数组成：

本地公众文献捐献广度指数 = 捐献文献的本地公众数量 / 本地公众数量

本地公众文献捐献力度指数 = 公众捐献文献数量 / 本地公众数量

本地公众对图书馆文献资源贡献度指数 = 公众捐献文献数量 / 馆藏文献总量

注：本地公众包括外出经商、学习、旅居人员以及外来人员。

3）公众资金捐赠指数

该指数反映居民对图书馆作用的认识程度和对图书馆未来发展的关注程度，由以下分指数组成表达：

本地公众资金捐赠广度指数 = 捐赠资金的公众数量 / 本地公众数量

本地公众资金捐赠力度指数 = 资金捐献数量 / 本地公众数量

本地公众资金贡献度指数 = 资金捐献量 / 图书馆经费总量

注：本地公众包括外出经商、学习、旅居人员以及外来人员。

以上 3 个指数同时也反映了图书馆的社会影响力、沟通力、组织力。

6. 图书馆的社会影响力指数

一所图书馆办得好不好，符合不符合公众需求，影响力大不大，谁最有发言权？当然是图书馆所服务区域的居民。如果大部分居民都没有去过图书馆甚至连图书馆在哪里、做什么、能够得到什么服务、如何得到服务都不知道，我们就很难说这所图书馆办得好，即使它有宽敞的阅览室、丰富的馆藏、高级的设备、优秀的人才，也不能算是一所现代意义上的图书馆。反之，如果一所图书馆成为大家常来常往的“老地方”，成为居民精神和知识的乐园，成为公众心目中恋恋不舍的“芳草地”，那么，即使它较为简陋，也称得上一所优质的图书馆。因此，对一所图书馆的评估，首先要评估它的理想、情怀、意趣及影响力。仅仅考察图书馆“做了多少规定的事情”是很难有效评估其真实作用的，这需要通过对图书馆所实际发挥的社会功能和社会各界的反应的检测，才能如实反映出来。社会对图书馆的反应指数由图书馆的媒体影响力指数、图书馆知名度指数、图书馆信息影响力指数、图书馆知识贡献指数、图书馆功能延伸指数组成。

1）图书馆的媒体影响力指数

该指数反映图书馆在各种媒体上出现的比例。该指数与图书馆的社会影响力、现代传播意识、吸引力有关，用以下式子表达：

图书馆的媒体影响力指数 = 媒体对图书馆的报道次数 / 媒体对本地区各种文化团体的报道总次数

2）图书馆知名度指数

该指数反映了解图书馆的本地公众所占的比例。该指数与图书馆竞争意识、服务理念、服务水平、形象设计、宣传力度有关。用以下式子表达：

图书馆知名度指数 = 了解图书馆的本地人数 / 本地公众数量

注：可通过抽样调查获得相关数据。

3）图书馆信息影响力指数

该指数反映公众遇到信息不足的情况时首先想到图书馆及其网站查询的比例，反映图书馆的服务声誉及图书馆在居民心目中的“信息地位”。当前，“信息民生”已经成为民生的重要组成部分，由于当代社会的高度复杂化、技术化、信息化，民众不仅在生产中需要大量的信息与知识，在生活中也需要大量的信息与知识，例如，各种现代化的家用设备、交通与通信工具的使用与维护，以及保健、旅游、社交、娱乐、防止被侵权与被骗等，都需要掌握前所未有的信息与知识。如果说，生产工具与生产知识在生产力中起着举足轻重的作用，那么，“生活工具”与生活知识在公众“生活力”与幸福能力中，也起着难以估量的作用。图书馆应牢牢抓住当前科技与社会发展日新月异的难得机遇，加紧规划与运作，在“信息民生”这个广阔天地施展自己的才能，抢占制高点，让图书馆的信息影响力上一个新台阶。图书馆信息影响力指数由以下分指数组成：

图书馆信息优先指数 = 遇到信息不足首先想到图书馆查询的居民数量 / 被调查的居民数量

图书馆知识贡献指数 = 居民通过图书馆服务所获得的知识量 / 居民通过各种渠道获得的知识总量

注：由于图书馆可以通过网络、电视、广播、报刊、短信、微博等渠道发布信息，非正式读者也可以获得图书馆的服务，因此，式中用更广泛的“居民”代替“读者”。可通过抽样调查得到相关数据。

以上各个指数之间存在着一定的关系，例如，图书馆的媒体影响力指数较高，则图书馆知名度指数也相应较高；如果图书馆知名度指数较高，而图书馆信息优先指数不高，说明图书馆的宣传工作搞得较好，但服务态度与服务质量跟不上去；如果图书馆信息优先指数较高，而图书馆知识贡献指数较低，说明图书馆的服务质量与知识影响力较强，而信息收集、传递工作有待加强。

4）图书馆社会功能延伸指数

该指数反映公众并非为了阅读而到馆的比率，反映公众对图书馆的亲近程度。近年来，为了缓解心理压力，放松身心，到图书馆来交流沟通、休闲娱乐、开展社会活动的读者有增多的趋势，图书馆应根据社会的变迁，在某些设施和服务上做出相应变化，增加艺术氛围，美化环境，设置音乐厅、咖啡厅、俱乐部、商务活动中心等活动空间，以便形成“书香社会”环境。当图书馆成为社会互动中心、社会资源消息中心、社会“能量”聚集地与社会“气象”晴雨表，便能发挥促进社会进化的作用，使服务渗透到生产生活乃至上层建筑的各种活动中，在社会中发挥多种隐性的作用，而不只是发挥单纯的单向的教育、情报等显性功能。该指数由以下分指数组成：

图书馆社会功能延伸广度指数 = 非阅读的到馆公众的界别数量 / 本地公众界别总数

图书馆社会功能延伸效度指数 = 非阅读的到馆公众数量 / 公众总数

非阅读公众互动指数 = 参与互动的非阅读公众人数 / 到馆的非阅读公众人数

非阅读公众活动强度指数 = 参与互动的非阅读公众所获信息量 / 到馆的非阅读公众人数

注：可通过抽样调查获取相关数据。

图书馆的读者流、信息流在一定程度上反映了经济、政治、社会生活运行的目标、方式、协调性和环境的变化，图书馆应充分利用自己的特殊作用，及时进行统计与分析，为决策机构及社会各界提供有关公众情绪、思想、活动等动态信息。可用以下指数测度图书馆对社会的决策支持程度：

公众动态信息传递指数 = 图书馆向决策机构及社会各界提供的公众动态信息量 / 决策机构及社会各界所需的公众动态信息量

三、结语

综上所述，图书馆社会化是突破图书馆发展瓶颈、发挥潜在功能、实现科学发展的有效方式。为此，有必要拓展战略思维，从图书馆社会化的角度探索图书馆的科学发展指数。

参考文献

[1] 计俭 文化休闲娱乐：图书馆服务功能的延伸[J]. 山东图书馆学刊，2006(1)：12-15.

本文发表于《图书馆理论与实践》2014 年，第 11 期

作者简介：吴力群，男，研究馆员，曾任职于泉州师范学院图书馆，现已退休。

加入 WTO 对我国图书馆的影响与对策

华侨大学图书馆　**谢淑端**

摘　要　文章论述了加入 WTO 后我国图书馆面临的挑战与机遇。在这种环境下，图书馆应及时更新观念，制定适应 WTO 要求的法律、法规，建立灵活的运行机制；配置和利用合理的信息资源；强化图书馆的信息服务功能；引进文化经营观念，适应市场经济需求；树立正确的竞争态度。

关键词　WTO 图书馆；发展；对策

2001 年 12 月 11 日，中国正式加入世界贸易组织（WTO），终于成为世界贸易组织的成员之一。那么，入世后图书馆作为一种社会现象的存在，作为培养人才、提供文献资源的保障力量，作为一个为社会的政治、经济全方位服务的文化事业单位，应如何迎接入世的挑战，成为每一个图书馆工作人员面临的新问题。本文就此做些初步探讨。

一、“入世”给图书馆带来的影响

加入 WTO 后，我国将享受成员方拥有的无条件的多边最惠国待遇，尤其是对发展中国家的更优惠待遇，从而为我国图书馆信息产品、信息服务的出口和参与国际竞争创造了非常有利的外部环境，促使中国的信息服务走向国际舞台，参与国际资源的优化配置，积极开展国际间的交流与合作。同时，利用外资、引进技术将变得更加容易，这将加快我国图书馆事业的发展步伐。

“入世”后，经有关机构调查研究急需以下种类人才：信息业人才，信息咨询员，精通商务谈判的人才，有经验的管理人才、律师和会计师，物业管理人员，心理专家，保险专业人员，双语教师，高素质的旅游代理人员和导游，人力资源专家。因而，需要加强对我国人才的知识教育、素质教育、技能教育、管理教育。图书馆是没有围墙的大学，是传播文化的中心。图书馆藏书的连续性使得图书馆教育具有长期性和稳定性。这是图书馆教育功能的特点和优越性，受教育者可长期自由地利用图书馆文献资源进行学习，在这所社会大学里接受继续教育、在职教育和终身教育。这些独特的功能与作用，使图书馆成为高素质创新人才的培养基地，成为我国科技创新体系中最活跃的组成部分，成为推动高新技术产业化的中坚力量，成为社会主义精神文明的动力源。因此，图书馆事业的发展在“入世”后显得更为重要。

二、加入 WTO 对我国图书馆的挑战

近年来，全球经济发展呈现出一种全新的态势，传统的农业经济、工业经济正被一种崭新的经济形态——知识经济所取代，世界已进入经济全球化、一体化的时代。各国只有融入世界经济，参与国际竞争，发挥自己的相对优势，才能在竞争中得以充实和发展。我国加入 WTO，对图书馆工作也产生强大的冲击。图书馆作为一种社会现象，是为一定社会的经济、政治和文化服务的。它是一种产业，是一种潜在的生产力，为教育服务，也为发展生产力服务，为经济和社会发展服务。目前，我国的文化管理模式和国际上许多发达国家相比存在着一定的差距。国外大型的信息服务机构拥有先进的技术、雄厚的资金、优秀的人才、高质量的信息产品和信息服务以及先进的营销手段，这些方面的优势造成我国图书馆在竞争中往往难以与之抗衡。同时，随着我国改革的全面铺开，文化事业面临着体制的转轨问题。在这一转型时期，我国的文化经济领域出现了一些发展中的问题：文化经营单位的事业性管理与企业性管理并存、激励机制强化与约束机制软化、财产权利与义务不平等、文化基础设施需要改革调整、文化经济行政化管理与文化企业市场经济的矛盾等，这些问题都制约了当前文化产业的发展。这些在文化单位普遍存在的矛盾，同样影响着图书馆事业的发展。另外，加入 WTO 后，在我国将对外开放的领域中，文化产业是其中之一。文化产业与国际接轨必然涉及信息产业和图书馆。可以说信息服务业是一个国家经济实力强弱的标志，因而面对越来越国际化的社会格局，图书馆应责无旁贷地迎接 WTO 的挑战。在 WTO 的法制体系下，凡涉及知识产权部分，要借鉴 WTO 成员国的图书馆规定；要合理制定我国图书馆法，促进国际间交流，以发展眼光提高图书馆的信息服务功能；要从图书馆的功能、地位和作用上实现质的飞跃。

三、“入世”后图书馆应采取的对策

1. 制定适应 WTO 要求的法律、法规

WTO 作为当今世界规范国际经贸秩序的最大的多边组织，其制定和实施的一整套多边贸易规则涵盖非常广泛并具有法律效力。中国加入 WTO，就必须遵循这些规则。因此，我国图书馆要尽快熟悉 WTO 的有关知识和规则，加强对《服务贸易总协定》以及与 WTO 有关信息服务条款原则的研究，利用其游戏规则保护自身利益。防止由于不了解规则而带来的不必要纠纷，避免不应有的经济损失。同时，尽快建立健全与 WTO 规则相衔接的行业法规、条例，重视信息产品国际技术标准的制定、实施，形成可操作的政策体系。长期以来，我国图书馆人为的、行政性的条块分割严重，图书馆间缺乏有效的交流与合作，没有形成规模产业实力，因而很难适应加入 WTO 后日益加剧的国际竞争环境。为此，我国图书馆要通过多种形式的联合和协作，实现优势互补，形成业务关联、互惠互利的利益集合体，以提高市场竞争的能力。

2. 实现资源的合理配置和利用

有史以来，图书馆以存贮和利用书本式的文献信息为主要任务。随着知识经济时代的到来，人们获取知识和信息的途径已从单一的阅读书本资料向利用多媒体资料发展。录音、电视、计算机、缩微技术、网络体系等多媒体的知识传播成为图书馆服务的重要内容。在这种情况下多种媒体的信息载体，也就成为图书馆收藏和利用的必不可少的重要文献资源。特别是 WTO 组织对知识产权的保护条例，将会影响我国的出版业。届时，外文影印资料将不复存在，而外文原版资料的高价位，将影响我国各大中型图书馆的馆藏资源。在我国加入 WTO 后，这一系列的矛盾和变化会变得越发突出。所以，调整图书馆的馆藏信息媒体结构，加大网上信息资源的开发力度，是目前图书馆应着重解决的问题。

3. 强化图书馆信息服务功能

图书馆信息服务的最大优势在于拥有其他信息机构无法比拟的大量信息源。加入 WTO 后，成员国之间多边的永久性最惠国待遇将同样适用于中国。图书馆必须发挥自己信息组织和检索方面的长处。随着全球信息一体化进程的加快，图书馆作为信息服务的前沿阵地，不仅要保留传统的提供目录、借阅书籍等信息传播方式，而且要充分利用现代信息技术，广泛应用国际互联网、光盘数据库、联机检索等现

代信息传播手段，提高图书馆的信息服务水平。开发网上、网外急需的检索数据库，如各类索引库、目录库、全文库，同时推出图书馆的特色数据库。图书馆界要以此为契机，努力实现信息咨询的国际化、全球化，积极创造条件，创造需求，参与国际信息咨询市场竞争，拓展涉外信息。同时，要重视咨询业务、信息安全保障、用户研究与教育、馆际业务合作等方面的功能服务，开拓网络市场，赢得广大用户。

4. 引进文化经营理念

在知识经济社会条件下，知识本身就富有价值。图书馆工作人员从事的是传播知识的工作，其工作本身具有价值。因此，引进文化经营理念，图书馆就可以根据市场经济需求，加大文献信息开发力度，利用多种信息传播媒体，不断提高我国在国际市场的文献信息竞争力。WTO 这一国际组织倡导的知识产权保护，使知识和信息真正成为经济财富。所以，我们必须加快文献信息市场化进程，主动与市场、信息产业部门接轨，利用占有文献资源的优越条件，实行全国范围内的各大系统图书馆联网，以获得世界范围内的竞争力。

5. 树立正确的竞争态度

网络化建设的全面开展，为图书馆在信息资源、服务软件、服务手段等方面提供了平等的机会。各级图书馆应充分认识到自己与其他信息服务机构在各方面的竞争劣势，同时充分发挥自己的长处，积极应对竞争。不能坐等国家政策的支持和保护，应该充分认识到发展的最终动力在于自身。要跟踪和研究国内外服务方向的发展趋势，积极探索，吸收先进的管理经验和技能，取人之长，补己之短。同时，要加强内部管理机制，在采用先进技术设备提高硬件水平的同时，制定完善的激励机制，吸引和留住人才。

总之，WTO 与图书馆有关，“入世”为图书馆提供了跨越式发展的机会。我们必须加强认识，明确任务，从现在起，积极开展一系列的准备工作，以期待在世界经济全球化的进程中，我国的图书馆事业得到持续和稳定的发展。

参考文献

[1] 周庆平 . 图书馆与 WTO[J]. 大学图书情报学刊，2001（1）:11−12+15.

[2] 章云兰，金中仁 .“入世”对我国图书馆可持续发展的影响及对策分析 [J]. 中国图书馆学报，2001（3）:37−39.

[3] 周玉芝 . 加入 WTO 对我国农业高校图书馆的影响与对策 [J]. 现代情报，

2001（2）:18–21.

[4] 沈函荣 . 加入 WTO 图书馆的社会定位 [J]. 图书馆工作与研究，2001（4）:11–12.

本文发表于《图书馆学刊》2002 年，第 6 期

作者简介：谢淑端，女，副研究馆员，华侨大学图书馆技术部主任。

行为科学与图书馆的科学管理

华侨大学图书馆 黄自强

摘 要 实践证明，对图书馆事业起决定性作用的是人而不是设备。本文通过对行为科学在图书馆管理中的应用，阐明它的成果对于图书馆的科学管理有着现实的指导意义。

关键词 行为科学；公共图书馆

图书馆管理的实践证明，对图书馆事业起决定性作用的是人而不是设备。行为科学是应用心理学、社会学、人类学及其他相关学科的成果，来研究人的行为和人与人之间关系的一门新兴的科学。它的研究成果对于图书馆的科学管理工作有着现实的指导意义。

本文从行为科学的动机论、激励论、群体论、权力论原理的角度入手，谈谈图书馆管理者可以从中得到哪些启发。

一、要善于抓住主导动机

行为科学动机论的观点认为："动机是行为的本源。""动机的产生不外乎两个方面的原因：一为内在条件，称为需要；一为外在条件，称为刺激。"图书馆员从事图书馆工作，首先是出自需要。他们必须通过从事本职工作，用劳动成果获得工资、奖金及其他福利，以保证物质生活的需要。然而在今天，图书馆员的温饱问题已经基本上得到满足，精神上的需要就对他们从事本职工作具有更大的影响力。一般来说，图书馆员都希望在自己的工作中做出一些成绩。对于事业心和责任感强的图书馆员来说，追求事业上的目标就可能成为他的主导动机，并由此产生极大的工作热情。图书馆的领导应该善于抓住这一主导动机，因势利导，帮助馆员在工作中得到实现自我愿望的满足，坚定自己的奋斗目标。主导动机对行为起着支配的决定作用，会对自己的职业和前途产生决定性影响。

二、要善于运用激励因素

行为科学十分重视对激励理论的研究。因为它对管理工作有不少可资借鉴的地方。行为科学激励论的观点认为："激励的实质和作用就是强化人的动机，改进人的行为，使之朝着达成组织目标的方向发展。"图书馆领导要强化人的动机，调动职工积极性，就应该考虑如何运用激励因素才能奏效的问题。

激励因素通常指：

（1）职业上的成长与发展（包括发挥个人专长，有进修、提高和出国的机会等）；

（2）负有较大的工作责任；

（3）工作成绩得到认可；

（4）职务、职称得到晋升；

（5）工资、待遇得到提高；

（6）来自社会的赞赏、尊重和授予荣誉。假如各种激励因素运用不当（有些单位搞平均主义，实际上奖金成了按人头分配的生活补贴费），不但会失去应有的激励作用，还将引起各种不良的后果。

因此，行为科学的创始人之一的道格拉斯·麦克雷戈把激励因素分为外附激励与内滋激励两类。前者是管理者作用于员工的激励因素，后者则是员工自觉的发自内心的激励力量。

从图书馆具体情况出发，我认为下面几种外附激励方式是行之有效的：

（1）赞扬。图书馆负责人对有成绩的职工当面称赞，当众夸奖，通报表扬，让馆员感受到自己的工作得到肯定。

（2）奖励。可以是物资奖励，也可以是精神奖励。形式越隆重，激励作用越大。

（3）参与。领导遇事多征求馆员的意见，邀请馆员参加某种必要的会议，让馆员参与管理，能给人以尊重感、信任感，从而调动积极性。

（4）评定职称。被授予专业技术职称，是许多人为之奋斗的目标，如果评定合理，则可产生不可低估的激励作用。

内滋激励发自内心，它的激励效果和作用是外附激励所不及的。一个工人，只有认识到自己是工厂的主人，才会爱厂如家；一个战士，只有确信自己从事的是正义战争，才会英勇杀敌；一个科学家，只有明确自己的研究是探索真理，造福人类，才会废寝忘食。同样，一个图书馆工作人员，只有确信自己的工作是服务于教学、科研的有意义的工作，才会自觉、愉快地在工作岗位上履行义务，乐于献身图书馆事业，这种内滋激励产生的自觉的精神动力，在工作中会呈现出高昂的积极态度，迸发出顽强的克服能力，工作即使再苦再累也会在所不辞。

三、要善于协调人际关系

行为科学群体论的观点认为："一旦两个或两个以上的人在一起，就产生一种复杂的人与人之间的关系，这种关系就确定了他们的行为。"图书馆的工作人员少则几人或几十人，多则几百人或上千人，其中领导与职工的关系、职工与职工的关系是错综复杂的。现代心理学的研究已经证明，人际关系总是在某些情感基础上产生和形成的。图书馆领导如能经常深入馆员中间，沟通信息，交流思想，就有利于联络感情，增进友谊，改善关系。采取下列策略，是协调馆内人际关系的有效方法：

（1）增强内部相互依赖关系，强调团结合作的重要性，反对各自为政，各行其事；

（2）阐明馆内各业务部门之间、馆员之间、馆员与全馆之间利害的一致性，强调个人、局部利益服从整体利益；

（3）组织一些协调性的活动，增进友谊，消除成见，形成合作共事的气氛；

（4）建立必要的规章制度，明确工作关系，防止因越级或跨业务部门干预工作带来的人际关系紧张。

实践证明，人际关系融洽的图书馆，管理效率就高；反之，如果把人际关系庸俗化，利用职权拉关系、走后门、搞不正之风，就会引起职工的不满，导致离心离德。

四、要善于行使领导权力

从行为科学的角度看，领导应具备两种权力：一种是位置权力，即职权；另一种是个人权力，即权威、威望。行为科学权力论的观点认为："所谓领导的影响力，就是由这两种权力产生的。由位置权力所产生的强制性影响力，由个人权力所造成的自然性影响力。"图书馆的领导者科学行使领导权力，关键就是要把强制性影响力和自然性影响力有机地结合起来，正确行使自己的领导职责。

强制性影响力是由法定职权决定的。心理学研究成果表明，一般人对领导者都有不同程度的敬畏感和顺从感，这是因为领导者享有本职范围内的权力。在图书馆的现代化管理中，图书馆领导者施加强制性影响力无疑是重要的，它能使受影响者敬服。然而，一旦某个领导者的位置权力丧失，这种强制性影响力也就化为乌有了。

自然性影响力是由领导者自身因素形成的，主要包括：

（1）品德。一个具有平等待人、办事公允、宽宏大量、坦率诚实的品德的图书馆领导者，肯定会赢得图书馆职工的拥护。

（2）才学。才能和学识是构成领导者威望的重要因素，现在尊重知识、尊重人才已被历史地提到应有的地位，拥有相关专业知识的图书馆领导会比外行的同僚威望要高。

（3）资历。资历深的领导者，往往会在部属中产生一种尊重感和敬佩感。领导者施加自然性影响力，主要是通过潜移默化的形式影响其下属的心理与行为，使馆员信服，并自觉服从和仿效。这种领导效果比强制性影响力要深远、持久得多。所以，对图书馆领导者来说，增强自然性影响力是行使领导权力时应予特别重视的。

总而言之，图书馆的管理者在图书馆科学管理中，可以从行为科学的研究成果里，找到更多的有说服力的科学依据和某些行之有效的生动活泼的方式和方法，把理论和实践有机结合起来，改进自己的领导方式和管理技巧，以促进图书馆事业之繁荣。

参考文献

[1] 唐子畏 . 行为科学概论 [M]. 长沙：湖南大学出版社，1986.

[2] 冬青，阎世瑾 . 管理与行为科学 [M]. 北京：科学普及出版社，1985.

本文发表于《图书馆学研究》1990 年，第 4 期

作者简介：黄自强，男，副研究馆员，曾任华侨大学图书馆副馆长，退休后聘任洛江区图书馆馆长。

图书馆业务外包的利弊分析和对策

黎明职业大学图书馆 连萍萍

摘 要 本文阐述了图书馆业务外包的发展趋势、意义以及业务外包的种类，并通过本馆业务外包的事例，分析了业务外包的利弊，提出业务外包的实施策略和建议。

关键词 图书馆；业务外包；实施；建议

一、图书馆实行业务外包已成为发展的必然趋势

20 世纪 90 年代，图书馆业务外包在欧美兴起，美国许多图书馆就开始实行把图书馆业务外包，以达到充分利用社会资源、降低管理成本、提高效率的目标。受之影响，我国图书馆近几年也悄然兴起了业务外包之风。首先是把诸如保洁、装订、图书加工等非专业性业务外包；进而发展至将图书馆采编、数据库建设等专业性的业务外包给专业图书公司去完成。图书馆集中馆内的人力资源让其主要为读者提供有效信息服务之上，这充分体现了图书馆高效、低耗、优质的管理目标。我省高校图工委于 2004 年 12 月在华侨大学召开采访工作专题研讨会，会上厦门大学等多家图书馆的采访人员就采编业务外包进行研讨，大家谈了外包的经验和体会，探讨了外包的可行性和必要性，通过探讨基本达成共识，即采编业务外包将成为今后图书馆发展的必然趋势。

二、图书馆业务外包的意义

图书馆业务外包，又称“外委”，即图书馆以合约的方式委托书商提供图书馆所需的部分业务功能。图书馆业务外包出于两方面的考虑：一是图书馆机构组织基于高效率调整及馆员岗位重组的需求，将重点逐步集中到“做好读者服务”的核心工作；二是为减轻因资金紧张而带来的运作压力，图书馆开始考虑成本核算。图书馆业务外包的意义在于它可以在不影响图书馆基本服务工作的前提下，充分利用

外部企业资源和管理效率的优势达到降低成本、节约时间、缩短新书加工周期、提高工作效率的目的，使图书馆更好地集中馆内有限的力量更有效地完成以读者服务为中心的各项工作。

三、图书馆业务外包的种类

图书馆业务外包一般分为非专业性业务外包和专业性业务外包两大类。

1. 非专业性业务外包

所谓非专业性业务，主要是指图书馆的馆舍、书刊架的保洁工作及报刊的装订、图书加工等一些手工操作工作。

对于这些非专业性业务，大多数图书馆已陆续外包出去。（1）高校图书馆为了保持良好的卫生环境，同时保证馆员把精力放在做好日常的业务工作和开展深层次的信息服务工作上，一般聘请专职的清洁工来搞保洁工作。（2）对高校图书馆来说，每年的报刊装订是一项繁重的任务。自20世纪80年代起，我国多数图书馆的报刊装订就陆续外包给专业的装订厂。我馆聘请勤工俭学学生装订，这样可适当解决贫困学生的生活费。（3）图书加工主要指在每一本书上加盖馆藏章、贴磁针、条形码、书标等机械性的手工操作工序。这些工序最早由图书馆人员完成，后来逐步由临时工或勤工俭学学生来完成。前几年，我馆也一直由勤工俭学学生来做，2006年起外包给书商。（4）图书的上架是一项繁重的工作，为了解决这一问题，我馆聘请数名勤工俭学学生，通过培训后让他们专门负责图书的上架工作。

2. 专业性业务外包

专业性业务主要是指图书的采访、编目、数据库建设等专业性工作。

1）采访

采访业务外包，一般可分为部分外包和完全外包两种。部分外包是现阶段我国图书馆界普遍采用的基本模式。

部分外包，主要是指图书馆将采访业务中的订购前的查重、订单核实以及提交采访数据等非核心的工作外包给书商。在这种外包模式中，馆藏发展及选书等采访的核心工作仍由图书馆控制。

完全外包，主要是指图书馆将包括选书在内的所有采访业务都外包给书商。一揽子订购是图书馆采访完全外包的典型，图书馆与书商签订协议，对图书馆所提供类别的图书，只要一出版书商就立即送到图书馆，图书馆将全部买下，不得退还。

采用这种方式的一般是新建图书馆或公用图书馆。

2）编目

编目外包有多种方式，常见的方式是大型的图书公司利用知名的联机编目数据源，经过简单加工后，提供给图书馆。这一模式在图书馆界已得到较为普遍的采用。国外最有名的编目数据是 OCLC，国内较知名的有国家图书馆、CALIS 和 JALIS 等编目数据源，这些数据源规范性、专业性较强，标准程度高。

3）数据库建设

馆藏的回溯建库、学位论文、科研成果等特色数据库的建设，为了节约时间、人力和物力，保证图书馆其他工作的正常运行，多数图书馆会采用将这些项目外包给图书公司去完成。

四、业务外包的利弊分析

1. 有利因素

1）可以节省经费

业务外包最大的优势就是能够节省经费。外包书商往往具有规模经营及专业性较强和高度效率化的特点，通过他们提供服务，可以享有较大的折扣优惠并可节约庞大的人事费用。以我馆为例：（1）采访业务外包。自从接受书商免费为我们提供采访数据后，解决了我们以往自己一条条输入订购的采访数据的繁重任务。如果按每年采购 5 万册、平均 2.5 万种的工作任务计算，须配采访人员 2 名，其中一名专门负责输入采访数据。实行部分外包后，只需一名采访人员就够了，节省了一名编制，仅按初级职称的年工资计算，学校一年起码节省支付工资 2 万元。（2）编目业务外包。未外包前，每年的新书编目任务必须 4 名专业人员才能够完成。自从该项工作外包后，只要由 2 名专业人员就能完成，每年可节省几万元人员经费。

2）可以节省人员

大多数图书馆都存在着人力不足和缺乏合适的专业人员等问题，业务外包有效地解决了这些问题。以我馆编目为例：没有外包前，我馆每年购买图书 5 万册，需要 4 名馆员才能完成编目任务（每人每天平均完成约 70 册，35 种）。自从编目外包后，因为到馆新书只需进行检错和验收，馆员一天可以完成 60 种，约 120 册，工作效率提高了近一倍，只需要 2 名馆员就能完成每年 5 万册的编目加工任务。编目岗节省了 2 名专业人员，他们可以去拓展我馆的核心业务，把精力转向信息服务和知识导航的服务领域。

3）可以提升图书馆的服务水平

要提高图书馆的服务水平关键在于采用先进的技术和使用高素质的专业人才。业务外包使图书馆可以充分利用外部的优质资源来增强图书馆服务的能力。同时，可以把图书馆本身的优质资源集中投入到读者服务的第一线岗位中。图书馆往往在文献的采编、计算机软硬件的维护等二线岗位中，集中了大多数较高专业素质的人才，在读者服务的一线岗位人员素质普遍偏低，这直接影响了图书馆读者服务的质量和水平，提高读者服务人员队伍刻不容缓。业务外包使得二线的一些专业人员能够腾出身来，增强到读者服务的队伍中来，从而真正使图书馆业务重心从以馆藏为中心向读者服务转移，使图书馆的读者服务质量和水平得到迅速提升。

2. 业务外包存在的问题

1）图书馆员难以适应角色的转换

由于业务外包的迅猛发展，图书馆原有的事务性工作逐步向专业性的工作推进，图书馆员原来从事的采访、编目等专业性、技术性的工作，是他们引以自豪的资本，如今受到了冲击，因为外包将这些工作从他们身上移走，他们一下子适应不了新角色的转换，这可能会造成他们在工作上缺乏热情，工作质量有所下降，适应新的角色，需要有一个转换的过程。

2）业务外包的尺度把握不当，将导致图书馆的性质、功能、服务观念发生根本的改变

图书馆应根据自身的特点，合理控制业务外包的范围，避免不切实际盲目追赶潮流将业务外包，使业务外包走向极端，而导致图书馆的性质和功能的丧失，极端化的突出表现就是整馆外包。如美国发生的 1995 年总部设在芝加哥的 Baker&Mckenize 法律事务所的图书馆人员全体被公司裁撤而转向外包的事件。一旦图书馆整馆外包后，就可能改变图书馆的性质，将会引起馆员服务观念从“读者至上”向“金钱至上”的根本改变，同时将使图书馆的教育职能也随之消失。

3）业务外包的尺度把握不当，将丧失图书馆的创新能力和构建核心能力的机会

图书馆业务外包确实能获得一定的效益，降低了一定的成本。图书馆业务外包一般定位的是非核心业务，但并不是所有的非核心业务都可以外包出去，否则将对图书馆本身的核心能力产生不利影响，会失去获得专业技能和构建未来核心能力的机会。如将图书馆数字化开发、图书馆自动化系统的维护和网络建设等承包给一

些专业的计算机公司，虽然弥补了专业技术人员不足的弱势，但同时也让图书馆专业人员过分依赖外包商家，从而令他们不求上进，不去钻研业务，使图书馆在业务外包过程中丧失创新能力和构建未来核心能力的机会，这对图书馆事业的发展是极其不利的。

4）编目、加工业务外包的质量不高

我国书商对图书馆的配套服务是近几年才发展起来的，许多方面有待于进一步完善，具体表现在普遍存在的书目信息覆盖面小，编目数据和技术加工的层次偏低，有一定的差错率等方面。下面笔者将我馆分别经 A、B 两家书商编目、加工的几批到馆图书的验收情况列表，见表 9-6 所示。

表 9-6 A、B 两家图书馆在为我馆提供的编目数据，加工服务中出错情况统计

A 图书商编目数据、加工（共 1460 种）图书出错情况分析

项 目	错误类型
1. 分类号错误（115 种）	①未加复分号（10 种）
	②分类号有错或与我馆分类规则不符（57 种）
	③未加国别区分（11 种）
	④传记类未按时代区分（18 种）
	⑤外国小说未按体裁分（19 种）
2. 输入错误（26 种）	①书名、副书名、普列书名（8 种）
	②责任者（4 种）
	③页码（2 种）
	④版次（2 种）
	⑤附注项（4 种）
	⑥语种（1 种）
	⑦开本（1 种）
	⑧丛书（4 种）
3. 漏录入（27 种）	① 307 字段（7 种）
	② 300 字段（2 种）
	③书名、副书名（6 种）
	④附注项（4 种）
	⑤责任者（4 种）
	⑥ @4（2 种）
	⑦开本（1 种）
	⑧ 512 字段（1 种）

B 图书商编目数据、加工（共 535 种）图书出错情况分析

项 目	错误类型
1. 分类号错误（48 种）	①传记类未按时代区分（5 种）
	②分类号有错或与我馆分类规则不符（25 种）
	③未加复分号（6 种）
	④外国小说未按体裁分（8 种）
	⑤未加国别区分（4 种）
2. 输入错误（56 种）	①整批书的条码错乱
	②馆藏号（5 种）
	③书名、副书名（6 种 +7 种）
	④附注项（4 种）
	⑤丛书项（1 种）
	⑥主题词（1 种）
	⑦著者（3 种）
	⑧ 905 字段（1 种，重复录入）
	⑨语种（1 种）
3. 漏录入（13 种）	①附注项（2 种）
	②书名（2 种）
	③丛书名（2 种）
	④著者（3 种）
	⑤馆藏（1 种）
	⑥丛编（1 种）
	⑦页码（1 种）
	⑧ 307 字段（1 种）
4. 其他（7 种）	①未加盖馆藏章（1 种）
	②配错书（5 种）
	③缺光盘（1 种）

造成这些差错的原因：一是书商的员工专业素质不够高；二是书商追求工作效率，忽视对工作质量的严格监控；三是书商的员工对每个图书馆的图书分类历史沿革缺乏了解，导致外包的混乱、矛盾及断层，造成了有些类目的取号与图书馆原来的取号发生偏差；四是书商的少数员工工作责任心不够强，工作不够细心。

五、业务外包的实施策略及建议

1. 慎重选择外包书商

选择外包书商是图书馆在业务外包中的一个至关重要的环节，它将直接关系到业务外包能否顺利开展，关系到所有外包的业务项目质量的好与坏。因此，在选择外包书商时，应着重从外包书商的经济实力、技术实力、服务和信誉保证等几方面综合考虑，不能只考虑谁报价低就选择谁。如果只考虑选择报价低的书商，在招投标时，书商为了拿到业务，可能会恶性竞标，图书的质量，图书加工、编目数据的质量，服务质量等都难以得到保证，这样一来反而给我们的业务工作带来更多的麻烦和损失。为了防止选择外包书商时失误，最好选择诚信度、知名度高的大型图书公司。

2. 合理确定外包项目

实行图书馆业务外包旨在促进图书馆的发展，各种外包措施都应该有利于图书馆核心业务的开展、核心职能的发挥、核心能力的提高、核心竞争力的增强，而不是削弱图书馆的职能，淡化图书馆的作用。因此，合理确定外包项目至关重要，外包的那部分只能是非核心业务，不能把图书馆的核心业务外包。在外包的同时要加强核心业务、发展核心能力和核心竞争力，依靠图书馆自身全面履行自己的职能，图书馆的核心业务是信息服务和知识服务。因此，较深层次的知识服务是不宜外包出去的，业务外包绝不是对自身职责的放弃，不应造成核心业务的外流。一般来说，图书馆可考虑外包的业务通常是采访、编目、图书加工、图书上架排架、馆舍卫生、报刊装订等这些非核心业务。

3. 制定周详的外包协议

外包协议是图书馆和外包书商合作的基础，也是维持双方合作关系的可靠凭证，它直接关系到业务外包的成败。因此，制定详细周密的外包协议尤显重要，外包协议要详细说明双方的职责范围及最后的工作成果、评估指标等。

4. 制定业务外包项目工作细则

图书馆在确定了外包的业务项目后，为了保证其外包项目能按期保质保量完成，必须制定相应的工作规则，并提供给外包书商。以编目外包为例，为了避免和克服编目外包可能出现的问题，应该向外包书商提供详细的编目工作规则和图书加工标准，特别要提供本馆对有关类目的取号规则，使外包书商能明白该项目的指标和成效目的。

5. 加强沟通，提高外包业务工作质量

除了制定周密详细的外包协议等外，加强业务外包双方的沟通与协调也是十分必要的，这是外包书商服务水平提升和技术革新的源泉。书商在从事业务活动中，由于对各图书馆的历史和现状不是很了解，对图书馆业务的一些具体做法了解甚微。因此，在实际操作中，虽然有图书馆提供的协议和工作细则参照，如果双方没有多进行交流、沟通，达成共识，工作不一定能顺利开展，并可能造成服务质量不高，所以双方多交流、沟通是提高服务质量的保证。

6. 实施业务外包全程质量监控

外包业务在实施过程中，图书馆不可不闻不问，应密切关注书商的工作情况，随时进行监控和评估，避免失控，要随时和外包书商联系、及时交换意见。良好的外包书商在面对特殊细节问题时，能够主动和图书馆沟通，减少差错和失误；而信誉较差的外包书商，遇到一些特殊问题，可能会擅自随便处理，不会主动和图书馆联系，这样将造成较高的差错率，给图书馆的业务工作造成更大的麻烦，更别说提高工作效率了。因此对外包书商实施全程质量监控是非常必要的，也是业务外包的重中之重。

7. 加强验收、检查环节

编目业务外包，使编目人员从繁重的编目、加工工作中解脱出来，但并不等于他们就没事可做了，而是把他们的工作重心转移到验收、检查的环节上。图书馆应要求编目人员仔细认真检查核对每一条编目数据和到馆图书，对所出现的差错逐一进行登记，并及时把差错情况反馈给外包书商，让他们避免类似错误再次发生。验收记录也将作为对外包书商阶段性工作测评的依据，对屡次出现较严重差错的外包书商，将依据外包协议减少或终止其供货商资格，这是监控书商保质保量做好外包业务较为有效的手段之一。

参考文献

[1] 冯彩芬 . 采访业务外包——图书馆与书商关系的选择 [J]. 图书情报工作，2006（1）：10−13.

[2] 程焕文 . 谈图书馆采编业务外包 [J]. 图书情报工作，2006（1）：6−9.

[3] 冯东 . 图书馆业务外包的实践与思考——中山大学东校区图书馆业务外包体验 [J]. 图书情报工作，2006（1）：14−17.

[4] 杨勇 . 图书馆业务外包初探 [J]. 图书馆学研究，2000（4）：23−26.

[5] 唐定海 . 论图书馆业务外包的范围和对象 [J]. 现代情报，2004（11）：142−143+184.

[6] 雷蕾，李紫萍 . 图书馆业务外包的现状及发展趋势 [J]. 情报杂志，2002（12）：82−83.

本文发表于《现代情报》2007年，第6期

作者简介：连萍萍，女，副研究馆员，曾任泉州黎明职业大学图书馆馆长，现已退休。

浅谈图书馆内部管理体制改革

华侨大学图书馆 庄淑针

摘 要 文章介绍了华侨大学进行图书馆内部管理体制改革的情况。该馆通过实行全员聘任制，形成能上能下、能进能出的用人机制。这一机制改变了员工的思想观念，充分调动员工的积极性，促进了图书馆队伍建设。

关键词 图书馆管理；聘任制；改革

21世纪是一个充满变革、机遇和挑战的时代，高校图书馆要在激烈竞争环境中求得生存和发展，就要建设一支高素质的队伍。高校图书馆是学校的文献信息中心，是为教学和科研服务的机构，是知识创新、技术创新的重要力量。在图书馆深化改革的活动中，起决定作用的是图书馆员，他们是图书馆最宝贵的财富，应该有广博的知识、顽强拼搏的精神、强烈的竞争意识和善于团结合作的风格，唯有此他们才能胜任新时代图书馆的工作。要建设好图书馆队伍，就要进行图书馆内部管理体制的改革，特别是用人制度的改革，要充分调动员工的积极性，形成吸引人才、人尽其才的良好环境。华侨大学图书馆学习了兄弟院校的经验，进行图书馆管理体制改革，建立双向选择、择优上岗的竞争激励机制，实行全员聘任制，促进图书馆人力资源的合理配置和队伍结构的优化。

一、聘任制改革的具体做法

1. 聘任原则

图书馆员工的聘任工作坚持“按需设岗、公开招聘、平等竞争、择优聘任、严格考核、合同管理”的总原则，进行定编、定岗、定责，根据岗位职责的要求，明确受聘人的工作任务，保证工作量饱满。根据岗位要求，平等竞争，择优选拔，按人岗相宜、人尽其才的原则聘任上岗。

2. 合理设置岗位

传统的图书馆正在向电子化、数字化、网络化图书馆发展。图书馆的资源形式不再仅仅是印刷型的纸质文献，馆藏资源的物质形态日趋多元化，馆藏的电子出版物所占的比重日渐上升，网络信息资源也成为图书馆可利用的资源。传统图书馆的藏书管理逐渐被数字化、虚拟化的信息资源管理所代替。为了适应这一变化，我馆在管理体制改革中加强了信息咨询部，增加了从事信息资源管理的工作人员。2000年，我馆在华侨大学图书馆东侧建了“捷中资讯大楼”作为图书馆数字分馆的馆舍，现正加紧进行馆内设备的配置，待建成后还要进一步配备人员。

图书馆设馆长一人，副馆长一人，根据工作需要，将图书馆岗位分为一级岗、二级岗和三级岗。一级岗是部主任，共设部主任、副主任共7个岗位，二级岗是班组长，其余是三级岗。图书馆对每一个岗位实行合理定员，严格从工作实际出发，根据工作范围及工作任务量设岗定员，不因人设岗。

在合理设置岗位之后，要明确岗位职责及岗位任务，通过制定岗位责任制对每个岗位的职责范围、工作任务、工作标准做严格的规定。如规定流通部主任要负责本部门业务和行政工作，做好职工的思想政治、业务学习工作，制定部门规章制度、工作细则和业务规范，做好各项业务统计、参与馆藏服务布局的规划和调整，负责读者研究，制定服务读者、业务管理等方面的条例，不断提高服务水平，改善服务态度等。规定信息咨询部主任要负责本部门业务和行政工作，做好职工思想政治、业务学习工作，负责读者检索、辅导与文献检索教育的组织和开展，负责参考咨询，课题查新和信息分析工作的组织和开展，自建信息数据库，文献导航库建设工作，等等。

3. 聘任程序

（1）公布岗位设置，岗位职责和各岗位对业务知识、工作能力、学历和任职资格要求的基本条件；

（2）面向全校教职工公开招聘，就聘人员以书面形式向学校人事处报名，每个人允许申请两个岗位；

（3）由图书馆馆长和部分院、系分管图书资料工作的领导共同组成图书馆聘任工作领导小组，对竞争一级岗位（部主任）的人选进行面试答辩，将初步人选向全校公示，征求意见再行聘任；

（4）由图书馆馆长和各部主任组成评委会对二级岗位和三级岗位的人选进行竞争上岗工作，应聘人员同样要面试答辩，由评委会评定后公示；

（5）经聘任程序聘任上岗的人员，与图书馆签订聘用合同，落选人员送学校人才交流中心。

二、改革使思想观念发生变化

1. 增强竞争意识

图书馆面向全校教职员工公开招聘，竞争上岗，这大大增强了图书馆员的竞争意识，打破了“铁饭碗”，破除职务“终身制”。一些平时工作表现不好的人落选送交人才交流中心，一些职称较高的人低聘到三级岗位，而一些原馆外人员被聘到图书馆岗位工作，这种竞争机制促进了人员的流动，增加了馆员的“危机感”。馆员发挥自己的实力，通过竞争走上适合的岗位，将更加珍惜自己的工作岗位。在竞争上岗时允许馆员根据自己的业务水平和工作能力，竞争自己申报的岗位，这样可以激发馆员的活力，发挥个人最大的潜能，充分调动馆员的工作积极性。

2. 加强了责任感

图书馆各岗位采用聘任制，明确了岗位职责和岗位任务，加强了平时对工作情况的考核，图书馆各类人员的聘任期限为一年，年度考核结果作为续聘、解聘、增资、晋级、奖惩的依据。馆员注意履行岗位职责，加强了责任感。对事业心强、敬业精神好的馆员的成绩及时给予肯定和表扬，对工作责任心不强、不求上进的馆员加强教育和鞭策，从竞争上岗时落选的事例中汲取教训，如果工作不努力，下一年度考核不合格，就不能续聘。这样形成能进能出、能上能下的机制，改变“干多干少一个样，干好干坏无所谓”的观点，用人制度的改革使图书馆形成认真负责、积极进取的良好风气。

3. 改善服务态度

我馆在管理体制改革中，重新修订规章制度，建立“读者第一、服务至上”的运行机制。在各岗位的岗位职责中都明确规定要改善服务态度，提高为师生服务的质量。通过校长信箱、馆长信箱征求师生的意见，及时在图书馆服务工作中加以改进。明确规定馆员在任何情况下都不能与读者争吵，有什么问题上报给馆领导解决。全体馆员也改变了思想观念，树立全心全意为读者服务的宗旨，把为师生服务的质量作为工作成绩的重要标准，态度亲切和蔼，语言文明礼貌，服务热情周到，图书馆的面貌有了很大的改变，读者多次写信给校领导表扬图书馆的服务态度。

三、改革促进了图书馆队伍建设

知识经济时代强调以人为本，把人才视为最重要的资本，因此图书馆队伍建设是图书馆事业成败的关键。当前图书馆队伍在学历水平、知识结构和业务能力等方面都与发展需要不相适应，图书馆除了大力引进人才之外，还要加强现有人力资源的管理。用人制度的改革促进了人才的流动，图书馆通过双向选择、择优上岗，使人力资源配置更为合理，一批具有图书馆学知识，又掌握现代信息技术的年轻人走上了重要岗位，得到施展才华的机会，可见，用人制度的改革有利于人才的开发与成长。通过改革，全馆形成浓厚的学习气氛，一些学历较低的员工积极参加夜大专科或专升本的学习，一些本科毕业的馆员也参加学校在职研究生班的学习。大家都看到，为了适应图书馆现代化的要求，必须不断提高自己的知识和业务水平，成为既掌握图书馆学专业知识，又掌握计算机和网络技术的复合型人才，为教学科研提供全方位的信息服务。如果不努力学习，就可能在下一次竞争上岗时被淘汰。除了提高学历水平的学习外，图书馆还加强了对在岗工作人员的继续教育和培训，提高全体员工的综合素质，优化其知识结构，努力建设一支具有良好的思想品德和现代化知识技能的图书馆队伍。通过改革，全馆形成了团结协作、奋发向上的工作氛围，形成能上能下、能进能出的用人机制，全体员工的积极性被激发起来了，大家爱岗敬业，努力做好本职工作，人尽其才，各自发挥自己的优势，图书馆内树立了正气，弘扬了新风，形成了吸引人才、凝聚人才的良好环境，促进了图书馆队伍建设，促进了图书馆各项工作的开展，图书馆得到全校师生的好评，兄弟院校图书馆也派人到我馆参观交流。在赞扬声中，我们将保持谦虚谨慎、不骄不躁的作风，继续努力深化图书馆的各项改革。

参考文献

[1] 杨卫东，黄银萍，李冰 . 面向知识经济时代的图书馆管理改革与创新 [J]. 图书馆杂志，2000（5）:11–13.

[2] 王伟琦 . 重塑大学图书馆的新形象——浅读上海交大图书馆人员机制改革新思路 [J]. 图书馆杂志，2000（2）:49–51.

本文发表于《图书馆论坛》2001 年，第 5 期

作者简介：庄淑针，女，副研究馆员，曾任职于华侨大学图书馆，现已离世。

图书馆人本管理研究进展

泉州医学高等专科学校图书馆 朱建彬

摘 要 通过总结近年（1999—2008 年）来图书馆人本管理研究成果，阐述了人本管理的具体内涵，指出图书馆人本管理研究层次有限、深入不足的现状。同时分析了人本管理理念在图书馆管理机制、人员规划、服务理念、人文关怀及激励机制方面的实践情况，并简要说明图书馆人本管理的意义。

关键词 图书馆；人本管理；研究现状

随着知识管理的兴起，图书馆界也引进了相关理念和实践，这推动了图书馆学的不断发展。在知识管理的前期研究和实践中，关注的焦点是如何借助信息技术促进知识的共享，较多地延续了信息管理的技术范式。第二代知识管理则提出，要加强对于知识生产和知识需求的分析，关注人在其中所发挥的重要作用，即人本管理。近十几年来，社会对于人才重要性的认识不断提高，人本管理理念发展迅速，积累相当丰富的研究成果。本文选取一些较具代表性的文章进行分析总结，以期把握 1999 年至 2008 年图书馆人本管理的研究进展。

一、图书馆人本管理的具体内涵及研究现状

1. 图书馆人本管理的具体内涵

人本管理就是以“人”为本，尊重人、重视人、发展人。图书馆的人本管理包括两层含义：对内部员工的柔性管理，对外部读者的人性化管理。其内容主要包括以下三个方面：一是强调以“人”为核心的管理，即肯定人的价值，把人视为一切管理活动的最高目的，注重其文化和情感因素的作用，本质在于激励人的积极性，开发人的潜能，发挥人的创造性，引导人们去实现预定的目标；二是以“能力”为核心的管理，即最大限度地发挥人的知识、技能、智能和实践创新能力，依靠能力的作用来发展组织，从而实现组织的创新；三是主张尊重人格独立与个人尊严，注

重采用非强制方式，激发人的主人公责任感、主观能动性和创造精神，从而把组织意识变为人们的自觉行为，即人性化管理或柔性管理。

2. 图书馆人本管理的研究现状

尽管“以人为本”一直为社会所倡导，但图书馆人本管理的近年文献显示，人本管理思想在组织领域依然较难以实施，尤其是图书馆这种公益性服务机构，普遍缺乏竞争机制，且存在人浮于事、缺乏行业忧患意识（如依赖国家财政支持、不担心失业等）、效率低下等问题。笔者统计了1999年至2008年发表在国内正式刊物上的有关图书馆人本管理方面的文章，总计近600篇，见表9-7所示。

表9-7 1999—2008年国内刊物图书馆人本管理文章统计

年份	数量	核心刊物上的数量
1999	10	4
2000	39	15
2001	28	10
2002	23	1
2003	41	12
2004	118	36
2005	82	20
2006	98	18
2007	79	14
2008	51	2

（资料来源：《全国报刊资料索引》及维普中文科技期刊数据库）

由表9-7可知，图书馆界对人本管理的研究呈上升趋势且发展迅速。研究发现，近10年相关文章的选题主要集中在两个方面：第一，以探索性的研究为主，如李小梅等的《图书馆人本管理：内涵与特征》、张建明的《图书馆人本管理探微》、蒋永福等的《图书馆人本管理：含义与原则》、武继山的《关于图书馆人本管理的思考》等。第二，以高校图书馆为主，研究的内容包括组织文化、人力资源管理、一般性理论研究等。但发表在核心期刊上的文章相对较少，且从文章内容上看，研究深度不够。如2007年，纯粹关于图书馆人本管理概念的研究中，核心期刊有4篇，关于图书馆人本管理模式、管理思想等的文章有6篇。具有一定研究深度及较高价值的文章有赵东的《用激励管理和人本管理克服图书馆员的职业倦怠》、兰孝慈的《在实践中体验人本管理——以东北林业大学图书馆实施的“一站式服务”为例》、郑章飞等的《21世纪图书馆员职业理念与图书馆人本管理理念的关系》等。

总体而言，目前图书馆界对于人本管理的研究深度不够且重复性研究较多。

但从最新的研究成果中，可以发现研究的内容已开始回避单纯的概念之争，转向实务性的操作，如关于人本管理机制、经验总结和推广、评估模型、心理研究等的研究，人本管理在图书馆界的研究正走向新的发展阶段。

二、图书馆人本管理的具体实践

遵循“依靠人—关心人—培养人—提高人”的人本管理定位，图书馆界在管理机制、人员规划、服务理念等方面取得了诸多值得借鉴的研究成果。

1. 管理机制方面

图书馆界的传统管理多是以“书本位”为指导思想，把人视为与资金、物资设备等同等重要的资源，忽视了人的主体地位。近年来，多数学者认识到了人本价值观念在图书馆职业中的核心地位，提出要实现“人本位”，把人当作组织中最重要的资源，尊重人、理解人、关心人、培养人，使其享有参与管理，得到尊重，获得荣誉，施展才华与实现抱负的自我实现感。

（1）实施情感管理、民主管理、自由管理、人才管理、文化管理5个管理层次。其中，情感管理是基础层次的管理，提倡互相关心、互相帮助等；民主管理就是职工当家做主、参加管理；自由管理是现代管理的新型模式，在图书馆主要是指职工根据图书馆情报事业发展的战略目标，自主制定机制，实现对目标的管理；人才管理的任务是发现人才、培养人才和合理使用人才；文化管理是人本管理的最高层次，通过对图书馆员工的培训，形成全体职工的共同价值观念。

（2）实行竞争机制的制度创新，实行“能本管理”的组织创新，分配原则上按“能绩分配”的管理创新，增强行业素质的文化创新及实现事业蓬勃壮大的“发展创新”等。竞争机制要求放权管理，奖罚有度，权责利一体化，通过竞争使馆员收入、工作分配趋于合理化；实施“能本管理”策略，则是建立“能者上，平者让，庸者下”的用人机制；文化创新要求建立宽松、和谐的良好氛围；发展创新要求图书馆政策要保持连贯，具有战略眼光，保持可持续发展。

（3）实行包括保障机制、约束机制、激励机制、自由流动机制等在内的人本管理机制。保障机制包括法律和社会保障体系的保证；约束机制可分为有形和无形两种，它使馆员的行为遵循制度规范和伦理道德规范；激励机制是通过图书馆一整套的物质激励和精神激励制度，满足馆员的物质需求、情感需求、发展需求，从而实现其人生价值，并调动其积极性；自由流动机制则讲求知人善任，要把聘任者安排在合适的岗位，充分发挥馆员的主观能动性，让其有施展才华的机会。

2. 人员规划方面

图书馆界对馆员的认识层次有了较大的提高，认为图书馆员是图书馆事业的灵魂。观点主要有：（1）依靠馆员、尊重馆员，以凝聚馆员的合力创建员工激励新机制作为管理的基本手段。（2）坚持遵循德才兼备、知人善用、量才用人、合理组配的原则，实行“能者有其位”“能者有其岗”“能者有其资”“能者有其享”。因人而异实施管理，制定相应的职业发展规划，抓好岗位培训和继续教育工作，使馆员向知识化、专业化发展，提高馆员的整体素质。

3. 服务理念方面

中国图书馆的初期读者服务工作源于 20 世纪初，经历了一个从低级向高级、从被动向主动、从以藏书建设为主逐步发展到以读者为中心的历史发展过程，图书馆读者服务人文化趋势逐渐明显，以人为本的理念指导协调着图书馆的各项工作，正逐步走向成熟。于采惠认为图书馆的一切工作都应围绕满足读者的需求进行，认真分析读者的意愿和要求，尊重读者，满足读者；实行开放式服务、多元化服务。周带娣亦强调图书馆服务过程中要有一种高度的责任感和使命感，有高远的世界观，有一种公仆意识，有一种创新意识，以方便的理念引导服务，以强烈的开放意识解读服务，以读者的满意深化服务。郑爱琳则提出应该延伸读者服务内涵，如远程服务、多维服务、在线服务、研究型服务、定题服务。同时在此基础上深化读者服务工作，加强特色服务、超前服务等，进而实行全面质量管理，加强用户教育和管理，加强专业人员培训。

4. 人文关怀方面

图书馆学家谢拉曾指出：“图书馆在其技术和服务方面日趋向社会科学和自然科学靠近，但我们要提醒自己记住，图书馆学始于人文主义。”图书馆应营造人性化的、民主平等的阅读环境，并为读者提供舒适、优美的环境，还应处处以方便读者利用文献信息和进行交流活动为出发点和归宿，给读者以亲切关怀，保证每个人都能平等地享受各种服务。图书馆更应无条件地向社会公众开放，提供有价值的休闲机会，从而成为人类的精神家园。

5. 有效激励方面

激励是激发人的动机的心理过程，是管理的核心环节。图书馆管理激励，就是图书馆管理者根据图书馆工作人员的需要和动机，运用相应的激励方法，调动他们的积极性。激励的方法有经济激励、事业激励、肯定激励、竞争激励、关怀激励、知识激励、奖励激励、价值激励等，对馆员进行公正、及时的激励，从而实现图书馆的最佳效益。有学者认为激励机制的形成，是目前图书馆现实情况下提高管理效能的一种有效手段，它可以起到以下 3 个作用：一是发掘图书馆人员的潜能；二是提高图书馆人员的工作效率；三是提高图书馆人员的素质。

三、图书馆人本管理的意义

近 10 年来，多数文献从宏观上探讨了人本管理对图书馆事业的发展作用及促进意义等，为人本管理的发展做出了职业上的呼吁。如蒋永福等指出图书馆界坚持人本管理，可以加强创新管理与服务，调动和激发图书馆人的工作积极性与创造性，培养图书馆人的职业信念与理想，拉近图书馆与读者之间的心理与情感距离，树立图书馆在人们心目中的良好形象。人本管理是图书馆生存发展，提高服务质量及确立新机制的根本，运用它可以促使图书馆学人文研究与图书馆实践工作紧密结合，将图书馆学的人文研究化为实实在在的人文关怀。

四、小结

近 10 年来，图书馆的人本管理研究从追求“读者第一”到倡导“以馆员为中心”，再到全面地论及作为服务目的的用户管理与作为服务手段的馆员管理的有机结合，这是一个理论认识的深化过程；从单纯的概念思考到与图书馆各项具体工作相结合，这是一个理论认识的实践过程；将传统人文精神、现代人本思想及哲学范畴内的人的探讨等相结合，在环境建设、服务流程、管理细节、激励策略等方面充分肯定了人的作用，这是一个实践的系统化过程。虽然其间不免存在着重复、脱节、繁杂，但有争鸣才有进展，有分歧才有开拓。在积沉 10 年研究成果基础上的再创新，将使图书馆的人本管理进入一个新的发展时期。

参考文献

[1] 刘焕成．论高校图书馆人本管理与组织文化 [J]. 中国成人教育，2007（24）：39–40.

[2] 余勤．人本管理与高校图书馆的崛起——试论高校图书馆人力资源管理 [J].

图书情报工作，2005（S1）：88−91+87.

[3] 陆文 . 高校图书馆实施人本管理的探索 [J]. 北京档案，2006（6）：36−37.

[4] 刘秀华 . 图书馆可将人本管理提升为使命管理 [J]. 情报资料工作，2007（5）：66−69.

[5] 秦越 . 浅谈图书馆人本管理机制的建立 [J]. 管理观察 . 2008（22）：179−180.

[6] 温树凡 . 以人为本 快乐工作——佛山市图书馆人本管理实践探索 [J]. 图书馆建设，2008（6）：4−6.

[7] 张俞，杨朔亚 . 图书馆人本管理的三维评估模型 [J]. 嘉兴学院学报，2008（2）：132−134.

[8] 马远良 . 试论以书为本与以人为本 [J]. 图书馆杂志，1999（1）：8 −9.

[9] 毛浓江 . 论图书馆的人本管理 [J]. 十堰大学学报，1997（4）：54−56.

[10] 蒋永福，陈丽君 . 图书馆人本管理：含义与原则 [J]. 图书馆建设，2003（4）：3−4.

[11] 张建明 . 图书馆人本管理探微 [J]. 图书与情报，2003（4）：82−83.

[12] 李小英 . 人本管理与馆员职业倦怠的抑制 [J]. 河南图书馆学刊，2002（6）：59−61.

[13] 王菁哲，戈柔 . 能本管理——学校管理新理念 [J]. 苏州城市建设环境保护学院学报，2001（2）：32−34.

[14] 周凝，韦劲 . 论新时期图书馆现代化建设中的人本管理 [J]. 河北科技图苑，2002（1）：45−46+70.

[15] 岳志强 . 近几年图书馆人员管理研究综述 [J]. 文献信息论坛，2002（2）：14−19.

[16] 肖希明 . 图书馆呼唤科学精神与人文精神的融合 [J]. 图书馆，2000（1）：14−15.

[17] 于采惠 ."人本管理思想" 在图书馆管理中的实践探讨 [J]. 四川图书馆学报，2000（4）：6−10.

[18] 周带娣 . 图书馆读者服务呼唤人文精神 [J]. 图书馆，2003（4）：40−43.

[19] 郑爱琳 . 深化图书馆服务工作浅见 [J]. 图书馆论坛，2003（4）：107−108+97.

本文发表于《黎明职业大学学报》2009 年，第 1 期

作者简介：朱建彬，男，副研究馆员，泉州医学高等专科学校图书馆副馆长。

第十章

人力资源管理

借鉴·思考·对策

——我国图书馆员继续教育问题

华侨大学图书馆　卫　红

摘　要　图书馆员的继续教育是一件十分重要的事，要培养一支现代化的图书馆人才队伍，就必须全面推行图书馆员的继续教育。

关键词　图书馆员；继续教育

一、英美国家推行图书馆员继续教育之概况

英美国家全面实施图书馆员继续教育计划起步较早，并已形成制度，有许多值得我们借鉴的地方。

20 世纪 70 年代初，美国国家图书馆与情报科学委员会（National Commission on Library and Information Science，NCLIS）在全国举办了一系列的调查听证，多次提出图书馆员接受继续教育的需求，建议成立一个全国性的图书馆员继续教育组织，以期引起图书情报界对继续教育的重视和参与。1975 年，在美国高等教育法案的支助下，图书馆继续教育组织网络（Continuing Library Education-Network and Exchange，CLENE）正式成立，网络的基本任务是：

（1）提供给图书馆员同等的继续教育机会，以提高图书情报科学人员及组织增强服务质量之能力。

（2）促进图书情报科学人员对继续教育的认识，以适应社会及科技发展的需要。

该网络成立后，举办了很多专门活动并编有 4 种出版物，介绍图书情报界继续教育的动态、计划、课题，以及其他领域继续教育的情况等。进行全国性的网络协调，制定并实施继续教育规划，对美国图书情报人员实行高度浓缩的在职教育。

美国图书馆协会（ALA）也制定了有关图书馆员继续教育的规定和指导方针。1970 年美国图书馆协会在其制定的“人力发展”（图书馆教育和职员的使用）政策中，就继续教育问题阐明：

（1）继续教育是为了使图书馆员维护现有水平并为向上发展做准备，这对全体图书馆员（包括专门人员和辅助人员）来说都是不可缺少的。继续教育应包括正规的图书馆学的学习和选择其他学科的自由学习，并不限于同图书馆学有关的课程或图书馆学校的讲座。

（2）如果是为使职员晋升为专门馆员或为提级而开展的继续教育，只要所受的教育对从事的工作有好处，可以是任何形式的。

（3）图书馆管理者必须承担起给图书馆员创造接受继续教育条件的责任。

美国一些大的专门图书馆非常重视对自己工作人员的继续教育。美国国会图书馆自 1979 年以来加强了职员训练和发展办公室的职能，负责馆内外的进修、人才的开发和培养，以及制定全面的职员继续教育计划。从 20 世纪 70 年代中后期开始，美国西南部图书馆协会，以及其他各州的图书馆协会也都相继支持或提供继续教育的机会，随后继续教育推广普及至各州立图书馆及大学图书馆。

英国图书馆界同期也积极开展继续教育活动，英国图书馆协会成立了继续教育小组委员会（Subcommittee on Continuing Education，SCE），并和各大学图书馆学系合作开设继续教育的短期课程，供图书馆员选修。英国谢菲尔德工艺学院（Sheffield Polytechnic）图书馆联合其他大学图书馆、图书馆学系，以及公共图书馆成立了图书馆训练与教育合作委员会，共同发展图书馆员的继续教育计划。英国各大学图书馆都在其年度报告或通讯中详细列出下一年度或下一阶段继续教育的项目，包括研讨会、研究项目、学术出版计划、参观访问、人员交流、短期培训等计划。

总的来说，英美图书馆员的继续教育活动呈现以下特点：（1）强调图书馆员必须接受继续教育；（2）强调有关机构有负责向图书馆员提供继续教育机会的任务；（3）强调各教育机构间的多方合作协调，共同促进；（4）建立全国性的组织协调机构；（5）政府教育部门的支持、资助；（6）制定全国性的实施规划；（7）对继续教育的资格给以承认；（8）重视继续教育的发展研究。

二、我国图书馆员继续教育的现状及存在的问题

我国的图书馆员继续教育工作水平，与国外先进国家相比差距较大，与我国科学文化事业的发展需要相比，也存在一定的差距。我国对图书馆员的继续教育主要是分三方面进行的：一是学校教育中的进修和函授；二是短期培训，各系统、各省区根据各自的目标进行培训；三是业余教育。目前，我国图书馆员的继续教育

有这样一些类型：

（1）由国家行政部门组织的培训班、提高班。主要是文化部图书馆司、全国高校图书情报工作委员会和中科院情报所等机构组织的培训。

（2）由各级图书馆学会组织的各种教育活动。

（3）由各系统中心图书馆和一些规模较大的历史悠久的大型图书馆所组织或举办的教育活动。

（4）高等学校图书情报学系举办的进修教育。

（5）职业教育中的职校、夜大的图书馆学成人教育。

由于我国图书馆员的继续教育起步较晚，与国外先进国家相比，还存在着经验不足、思路不清等问题，具体表现在：

（1）缺少理论探索，教育目标模糊，没有很好地开展有关问题的专题研究。

（2）缺乏对继续教育工作的统筹规划，存在着一定的盲目性，常常重视眼前效果，忽视了中长期的目标发展。

（3）管理体制分散，缺乏良好的协作协调，资源浪费严重，没有形成合理的继续教育体系。

（4）缺乏政府的宏观调控，法规政策不健全，没有对继续教育资格的统一认定，继续教育还未能形成制度化。

继续教育的培养层次不清，现行标准不高，内容不够充实和全面，缺乏较高层次的深入研究，不能满足各个层面人员的要求，在开展继续教育活动中，过多地考虑和强调工作人员职称评定的要求。

三、体制改革给图书馆事业带来的深刻影响

图书馆当前的改革必须依赖于一个与现代化要求相适应的图书馆人才队伍，这就要建立一个培养人才、使用人才的良好的发展环境，在加强图书馆队伍建设方面，推行全面的图书馆员继续教育就变得十分重要和迫切。笔者认为，要推动我国图书馆员继续教育的发展，必须从以下几个方面给以保证。

1. 成立全国性的图书馆继续教育协调委员会

目前我国图书情报体制缺乏一种横向协调机制，表现在图书馆员继续教育上就形成了各施其政、各司其职的现象。必须依靠一个权威性的图书馆员继续教育机构加以宏观控制，进行全国性的系统协调，加强各自间横向合作，形成合理高效的

继续教育体系和网络。

2. 制定翔实的继续教育政策、法规

对图书馆员的继续教育，国家应从政策法规上做出统一的规定，提供指导性政策，对继续教育在权利、要求、经费时间及资格等方面给以明确的解释，使继续教育走入正规化的轨道。

3. 加强图书馆员继续教育的理论研究

围绕继续教育中遇到的有关问题，进行方法论的探讨，以理论研究成果指导实践。

4. 大学图书情报系科应在继续教育中发挥更大的作用

大学图书馆学系，其教育规划的系统性、教学手段的科学性和办学条件的先进性明显优于其他机构。所以，大学图书馆学系不仅应该担负向图书馆提供新鲜血液的任务，也应在继续教育中发挥应有的作用。图书馆学系应充实图书馆学教育大纲，增加实用性、技术性、研究性课题的比例，以满足在职人员继续教育的要求。加强和充实承担继续教育教学的师资力量，以带动整个教育活动水平的提高。一方面要把正规教育放在首位，以正规教育带动继续教育；另一方面以继续教育补充正规教育。

5. 图书馆馆长应负起领导与组织图书馆员参加继续教育的责任

图书馆馆长对继续教育的认识和理解是十分重要的，应有长远眼光。在制定工作计划时应充分考虑到工作人员的实际要求和业务发展的需要，有目的有计划地安排工作人员的继续教育。同时图书馆馆长应组织制定有关的规章制度，辅以一定的奖励手段，将每个工作人员接受继续教育的学时和成绩等作为考核、晋升等的依据之一。

参考文献

[1] 徐引篪 . 图书馆干部的在职教育 .2000 年的中国研究资料（第 18 集）[M]. 中国科协 2000 年的中国研究办公室，1984. 7.

[2] 王东方，杨达，胡军等 . 第三世界图书馆员继续教育：2000 年展望 [J]. 中国图书馆学报，1995（6）:12-16.

[3] 赵凤廉，胡乃志 . 略论图书馆馆员的继续教育 [J]. 图书馆建设，1995（1）:24-26.

本文发表于《图书馆建设》1997 年，第 3 期

作者简介：卫红，男，副研究馆员，曾任华侨大学图书馆馆长。

高校图书馆办公室主任角色定位及其实现

华侨大学图书馆　黄美英

摘　要　高校图书馆办公室主任在高校图书馆的运作中起着承上启下、上传下达的重要作用，扮演着服务、管理、协调、参谋、指导、创新、公关等角色。文章探讨了高校图书馆办公室主任的角色定位及其实现的途径。

关键词　高校图书馆；办公室主任；角色定位

高校图书馆办公室主任工作在图书馆运作中具有特殊的地位和作用。正确认识和把握好办公室主任的角色定位及其实现途径，是新时期做好高校图书馆办公室主任工作的关键。

一、高校图书馆办公室主任角色定位的重要性

所谓角色，是指与人们某种社会地位、身份相一致的一整套权利、义务的规范与行为模式，一定程度上体现了人们对特定身份的个体的行为期待。高校图书馆办公室主任能否对自身角色进行准确的定位，并恰当地扮演好这种角色，直接影响到高校图书馆各项工作的开展。

高校图书馆办公室主任既是图书馆的组织管理者，又是具体工作执行者；既是馆长的参谋、助手，又是联系上下级的桥梁和纽带；既起着承上启下、上传下达的重要作用，又起着馆内各部门的内部协调和沟通馆内外之间联系的作用。与此同时，办公室主任还是图书馆的代言人，其政治理论素养、行政管理水平、工作能力和处理人际关系能力折射出图书馆的形象。一名称职的办公室主任，必须具有强烈的事业心和责任感，既精通管理，又能与各个部门有效合作，使图书馆全体员工上下一心，努力为全体师生员工和学校的各项事业服务。

由于图书馆办公室主任是图书馆实行科学管理、发挥带头作用和参谋作用的重要管理人员，因此对其角色定位务必准确而客观。如果办公室主任的角色定位过

高，一方面容易使担任这一职务的人员产生畏难心理，久而久之就会失去对办公室工作的信心和兴趣；另一方面，如果定位过低，任何人都能轻而易举地胜任，容易使之养成骄傲自满心理，影响工作任务的完成。因此，在新时期高校图书馆不断改革和发展的背景下，对办公室主任的角色定位进行深入探讨，不仅具有理论意义，更具有实践意义。

二、高校图书馆办公室主任的角色定位

随着高校图书馆体制改革的深入，如何加强图书馆内部的科学管理，是图书馆各级领导尤其是办公室主任所面临的一个新课题。对图书馆办公室主任的角色进行准确的定位，直接关系到图书馆管理水平和服务质量的提高。

1. 服务角色

高校图书馆是学校教学、科研和科技开发的重要资源保障，最大的特点是服务性。图书馆办公室除了和各业务部门一样都是为了做好文献信息资源保障工作外，办公室主任还必须当好馆长的参谋和助手，为图书馆全体工作人员和业务科室服务，完成后勤保障任务。

2. 管理角色

高校图书馆接待的读者既有教师也有学生，学生读者又有不同层次，面对这种复杂的读者群体的管理，不可能让馆长事事亲力亲为。此外，对图书馆工作人员的业绩考核、量化考评、职称晋升等一系列问题的管理也不可能由馆长一人承担，这就要求图书馆办公室全体工作人员在主任带领下分担相应的管理任务。

3. 参谋角色

参谋角色体现在图书馆办公室主任应成为馆长的参谋和助手，在馆长决策前，要主动献计献策，提出实施方案或进行可行性论证；决策做出后，要积极贯彻落实，布置给有关部门实施。平时要注意配合馆长工作，不计名利，甘当配角，帮助馆长从烦琐的事务性工作中解脱出来，集中精力抓好图书馆的宏观管理工作。

4. 指导角色

图书馆办公室作为图书馆的管理部门，还担负着向广大图书馆员和读者传达上级精神，布置学习有关文件，帮助解决馆员在工作、学习和生活中的问题与困难，还包括组织图书馆各项业务学习、图书馆员的定期培训与自学等。在指导学生了解图书馆服务、帮助学生树立爱书爱馆意识等方面，图书馆办公室的指导作用也不可

或缺。近几年，我馆办公室加强了这方面的工作，专门布置展厅将那些破损、撕割、污损涂画的图书及图片展示给读者，同时，将“善待图书，文明借阅”倡议书在图书馆主页、公示栏、宣传橱窗、公告牌等处广为宣传，收到了较好的效果。

5. 创新角色

图书馆是学术性与服务性并重的机构，它的学术性体现在图书馆员也必须开展图书情报科研，不断创新服务，如指导读者利用图书馆资源、开展网络知识导航、传授文献信息检索知识等。一个在全国甚至全世界都有影响力的高校图书馆，它的服务一定是一流的，与此同时，它的学术创新能力一定也是一流的。只有有了勇于创新的团队和勇于创新的带头人，图书馆才能始终立于不败之地。

6. 公关角色

图书馆和谐发展的标准应当是内求团结、外求发展，这也是公共关系学在图书馆运用的具体要求。图书馆办公室一个重要角色就是公关角色，因为图书馆在运转过程中，不同部门之间、个人与集体之间常常会出现矛盾，需要办公室去综合协调。同时，图书馆因发展和资源共享的需要，馆与馆之间、馆与社会之间的联系和协作也在日益加强，高校图书馆社会化的要求也越来越迫切。因此图书馆办公室主任不仅要学好公共关系理论知识，而且要充分运用公关技巧，展示公关才能，促进馆际交流和馆际协作。

三、高校图书馆办公室主任角色定位的实现途径

图书馆办公室主任在认清自身角色定位的基础上，寻找一条实现自身角色的途径，对于带领办公室全体工作人员在图书馆建设中发挥更积极的作用具有重要的意义。

1. 营造和谐工作氛围是实现自身角色定位的基础

图书馆办公室主任起承上启下、上传下达的作用，不仅是把馆长的决策或工作任务及时落实下去，把大家的不同意见如实反馈给馆长，更重要的是协调馆内各部门之间的关系、各部门与馆长之间的关系。

办公室工作虽然有明确的分工，但许多临时性事务又需要大家的通力合作。作为办公室带头人的主任，在工作头绪多、事务繁杂的环境中，要有耐心，要心平气和地去工作，要懂得体谅他人的难处，站在他人的位置考虑问题。

一个优秀的办公室主任，不仅要了解本科室同志的实际情况，更要清楚各部

室主任的职责以及各部门工作。办公室主任应通过勤勤恳恳、富有成效的工作，努力获得馆领导和各部门同事的信任、支持，要有大局观念，能站在领导的角度分析问题和处理问题，与领导的思路及意图合拍、同步，同时，对读者要扮演好图书馆代言人的角色，处处维护图书馆的声誉。通过在方方面面营造良好的氛围，为各项工作的开展打下良好基础。

2. 提高组织能力和协调能力是实现自身角色定位的保障

在高校图书馆，真正落实图书馆发展规划和日常事务管理的是图书馆办公室主任。办公室是图书馆工作信息汇集中心，办公室主任要正确掌握上级的各种指示精神，密切关注馆内所属各部门的动态。因此，组织能力和协调能力是对办公室主任实现自身角色定位的一项基本要求，这就要求办公室主任在日常工作中不断培养提高自身的工作能力。

首先，办公室的工作繁杂琐碎、头绪多，不仅要照顾到各方面，而且时效性强，哪一方面没有安排好随时都可能出问题。因此，办公室主任对日常工作要安排有序，做好计划，临时性工作要安排合理，分轻重缓急，加强责任心，才能保证工作的顺利开展。

其次，在实际工作中领导不可能对所有事情事必躬亲。办公室主任作为领导的参谋、助手，经常要做一些协调工作，解决各种问题，将重要情况及时汇报给领导，协助领导妥善安排各方面工作，并及时与有关部门联系，使得整个工作系统协同一致地运转。

最后，办公室主任是执行馆长决策，协调与组织各部门工作的管理者。一方面要深入各部门，了解工作中出现的问题及原因；另一方面应及时向馆长如实反映情况，并协助馆领导处理好疑难问题。

3. 创新是实现自身角色定位的灵魂

创新是进步的灵魂，任何一项工作的活力与生机都来自创新。办公室工作如何顺应图书馆工作现代化、信息化的要求，怎样开创图书馆工作新局面，使工作跃上新台阶，这也是办公室主任要思考的。

一方面，办公室主任应较系统地掌握图书馆学和相关专业基础理论知识，具有独立工作能力，熟练掌握与本职工作有关的业务。要善于在工作和学习中积累经验，自觉进行知识更新，掌握图书馆新知识新技术，只有这样才能掌握工作的主动性，适应时代的发展。

另一方面，办公室主任要从转变思想观念入手，以管理方式、服务形式为突破口，树立新观念，确定新思路。要对馆内各部室的业务范围、工作状况、工作特点有充分了解，经常和各部门主任接触，经常和读者接触，掌握图书馆工作的第一手信息资料，在分析研究的基础上，向馆长提出改进的意见和方法。

4. 提高信息沟通能力是实现自身角色定位的关键

图书馆办公室是高校图书馆的神经中枢，而办公室主任的职责是以参谋和助手身份参与图书馆各项工作，适时正确地做好与各方面的信息沟通是搞好工作的关键。一方面，办公室主任通过与馆内各业务部门的沟通，收集各种信息，从中了解各部门的实际情况，包括困难和要求，了解职工对馆内各项工作的意见和建议以及读者需求，使馆领导在决策前占有大量信息，经过综合分析，做出正确决策。同时，办公室主任也要把馆领导的决策及时准确地通报给全馆员工，使各项决策变成具体的行动。另一方面，办公室主任还要经常与学校各职能部门联系，取得他们的理解和支持。同时还要与其他高校图书馆保持沟通，做到互相支持，取长补短，通过学术交流、参观互访、联谊会等形式，沟通感情，密切关系，更好地开展馆际交流与协作。

参考文献

[1] 钟庞和，苏有准 . 高校图书馆办公室主任的角色定位及其素质要求 [J]. 中华医学图书情报杂志，2004（6）：24−25.

[2] 吕明 . 论高校图书馆办公室主任的角色地位 [J]. 大学图书情报学刊，2005(2):30−31.

[3] 戚俊湘 . 怎样做一名称职的图书馆办公室主任 [J]. 前沿，2002（8）：134−135.

[4] 董新华 . 也谈高校图书馆办公室主任的角色意识 [J]. 华中农业大学学报（社会科学版），2005（Z1）：257−258.

[5] 杨彩娥 . 高校国书馆办公室多元化角色定位问题剖析 [J]. 图书馆论坛，2006（5）：277−279.

本文发表于《福建省图书馆学会2009年学术年会论文集》，2009年

作者简介：黄美英，女，副研究员，华侨大学图书馆办公室主任。

知识经济时代的知识服务与图书馆员的创新

泉州师范学院图书馆 欧健清

摘 要 文章简述知识经济时代的知识服务，提出知识服务对馆员新的素质要求，以及知识服务对图书馆机制创新的要求。结合馆情，探索构建馆员创新的途径，探讨图书馆如何在用人、培养、激励机制的创新上提供制度保障，促进创新人才的成长，从而推动图书馆服务迈上新的台阶。

关键词 知识服务；机制；创新

我们已经跨入了一个以知识经济为主导的时代。知识经济时代，创新决定着一个国家和民族的综合实力和竞争力。江泽民同志曾在全国科技大会上说：创新是一个民族进步的灵魂，是国家兴旺发达的不竭动力。由此可见，创新是时代的呼唤，是时代的需求；同样，也是图书馆谋生存、求发展的必由之路。过去，图书馆工作人员总认为馆员不过扮演着“为人作嫁衣”的角色，只要按部就班搞好本职工作就行，这也正是社会对图书馆员评价不高的原因所在。而在知识经济时代，合格的馆员应该定位在知识导航员的角色上。在信息量剧增时代，信息无处不在，面对大量的鱼龙混杂的信息，人们无所适从。作为最大信息存储和信息传播机构之一的图书馆，其馆员必须具备创新意识和创新能力，进行创造性劳动，开发、传递有用信息，甄别冗余信息。只有这样才能争取到更多的用户，实现馆员自身的价值。

一、知识经济时代的知识服务

1. 知识经济时代要求图书馆有与之相适应的知识服务

所谓图书馆的知识服务，是指图书馆利用自己生产的知识信息、拥有的知识资源和设备，在特定的时间内满足社会和广大用户知识需求的服务活动。这种服务将会促进知识信息的传播、利用及再生产能力，使用户掌握知识并利用知识创新来转化为技术，成为作用于经济和社会的生产力。

2. 知识服务的宗旨是帮助用户成功解决问题

传统图书馆以馆藏为中心开展服务，其服务内容是提供用户所需的文献资料。随着信息资源和用户需求的多样化和复杂化，图书馆必须更新服务内容，以信息知识的搜寻、组织、分析和重组为基础，将指导思想由满足用户需求转变为把知识服务贯穿于帮助用户解决问题的始终。

3. 知识服务在方式上强调参与性

知识服务是一种基于内容专业化的针对性服务。它要求馆员具有学科专业参考咨询工作专长，在服务中参与用户的研究过程，融于用户之中，根据用户的需求，动态地、连续地提供服务。由于知识服务强调馆员利用自己的知识和能力来帮助用户解决问题，对馆员的素质要求较高。目前，不少高校图书馆所推行的为各学科、各类课题的定点跟踪服务，即属于知识服务。

二、知识服务对馆员创新素养的要求

1. 要有敢于创新的精神

所谓创新精神，就是一种不满足于现状，不断破旧立新的精神，就是一种不断探索、从无到有的创造精神。鲁迅先生曾说过："世上本没有路，走的人多了，也就成了路。"一名具有创新能力的馆员，不应循规蹈矩，不应照搬照抄，而应该敢想敢干，最大限度发挥思维主体的主动性，力求从新的角度、用新的方法找到新的结论，构建与时代相吻合的独特的知识服务新体系，在帮助各类用户成功解决问题的过程中，敢于说"我能行"；另外，作为一名新时代的馆员还要具有风险和机遇并存、失望与希望同在、失败与成功相伴的意识，要经得起挫折与失败。正如马克思所说：在科学上没有平坦的大道，只有不畏劳苦沿着陡峭山路攀登的人，才有希望达到光辉的顶点。

2. 要有善于创新的思维

所谓创新思维，就是一种能够发现或有利于发现新思想、新观点、新技术、新方法的思维方式和思维方法。创新思维包括三方面的内容：（1）创新性想象，即善于运用联想、类比等方法来拓宽思路、举一反三，从而发现别人尚未发现的知识增长点；（2）积极的求异思维，即善于超常思维且还要用批判的眼光去审视现存的一切观点；（3）敏锐的观察力，即善于捕捉新信息、新思想，对实践过程中发现的问题迅速做出反映。作为一名具有创新思维的馆员，要解放思想，不盲从，在工作中应打破落后的服务模式，尝试新科学的知识服务模式。

3. 要有不断学习的进取精神

创新思维不会从天而降。机会总是给予那些有准备的、有进取精神的人。当前，科学知识迅猛增长，学科交叉渗透与学科研究综合化成为高新科技的发展趋势。一个合格的图书馆员，必须具有自然科学、哲学、法律学、信息学等方面的知识，只有这样才能开阔视野，提高分析问题、解决问题的能力，在大量的文献中，去粗取精、去伪存真，为读者提供有价值的知识服务。正是基于这样的要求，馆员要与时俱进，不断加强学习，不断给自己充电，不断调整自己的知识体系。否则，馆员要想创新就是一句空话。当前，图书馆正从传统的服务转化为利用现代化通信技术进行的知识服务。因此，图书馆员应该掌握计算机基础知识、常用软件知识、网络技术知识，应对各个工作系统程序的编制、运行、维护有一定的了解，也应该具有排除计算机操作过程中出现的常见故障的能力。现代化图书馆的另一个重要标志是利用计算机技术和通信技术，实现全球信息共享，这就要求图书馆员还应具有较高的外语水平，这样才有助于获取新知识、交流信息等为教学和科研服务。

三、知识服务对馆员创新的机制要求

机制对社会各要素及社会的运行有着重要的制约和保障作用，因而机制创新对其他创新具有决定性的作用。没有机制创新，其他的一切创新就难以进行。知识服务呼唤馆员的创新精神。然而，现行图书馆员创新的机制要求明显存在着制度不完善甚至空白的缺陷。故而，要在机制创新上不断探索，为创新人才的脱颖而出提供制度保障。

1. 用人机制创新

用人机制不当成为当前制约人才创新开发的重要因素。用人机制需要引进公平、公正、公开的自由法则，打破论资排辈和唯文凭、职称为主的教条。要大胆突破常规，按照效率优先、兼顾公平的利益分配原则，实行聘任制、竞争制、淘汰制等新机制。在这方面，国外发达国家图书馆的用人机制值得我们借鉴。

2. 培养机制创新

要加大专业教育的力度，加快培养技术创新人才，提升现有人才的素质，倡导和加强馆员终身教育。要建立中长期培训制度，以馆内培训与馆外培训相结合的形式，来加强图书馆队伍建设。如英国纽卡斯尔大学图书馆就制定了馆员发展与培训政策，以馆内培养形式对馆员进行培训，使其适应现代化发展的需求，为读者提供知识服务。

3. 激励机制创新

人的需求大抵可分为两类：一为保证因素，如工资水平合理、安全有保障等；二为激励因素，如成就感、名誉、晋升等能起到激励的作用。激励机制能否达到预期效果，取决于激励措施是否得当、是否公正合理。图书馆在激励机制的制定和实施的过程中，必须做到公正合理，既不搞平均主义，又尽力避免可能产生的不合理因素。制定完善、科学的考核制度，并根据考核结果调整激励机制，从而真正调动馆员的创造性和积极性。

四、创造良好的环境，促进创新人才成长

一个具有较高创新潜能的人，由于他所在环境不利于他的创新潜能的发挥，即使他自己很努力，也可能受困于条条框框之中不能脱颖而出。可见，建立良好的环境对人们创造行为的产生有着重要的影响。图书馆要创设有利于创新人才成长的环境，应从以下几个方面着手。

1. 浓厚的学术气氛和支持创新的领导

一个良好适宜的学术气氛，能使人的智力处于最佳状态，焕发出创新的激情。图书馆要营造一个“处处是创造之地，天天是创造之时，人人是创造之人”的氛围。要开展各种知识服务，领导就必须支持馆员的创新活动，大力开展关于创新服务理念的讨论，形成一种你争我赶的良好氛围。作为图书馆管理层，自身心胸要豁达，能听取不同的意见，团结不同的人，对有思想、有见解、有创造才能的馆员要倍加珍惜和重视，为人才的创新提供宽松的氛围。

2. 和谐的人际关系和合理的岗位流动

人际关系处理得好坏，对身心健康、工作效率、创新能力都有很大的影响。人与人之间感情融洽、相互谅解、体贴关心，工作上相互配合、协调，有利于发挥积极性、挖掘创造性。图书馆工作是一个整体，各个图书馆员之间、各个业务部门之间存在着有机的联系，要使之有序的、高效率的运转，就必须发扬团结、合作、协调的精神。每个图书馆员都要主动把自己融入集体的知识服务中。同时，图书馆管理者也要打破“一个萝卜一个坑”的传统用人模式，大胆推行岗位流动。心理学研究表明：一个人长期固定在某一岗位上，容易产生思维惰性，不利于开拓思路，难以跟上知

识服务的要求。而人才合理的流动有利于人的创造意识与创新能力之培养。

3. 创新人才的选拔和创新模范的塑造

图书馆创新人才的选拔首要标准是知识，即现代科技知识、计算机知识、现代管理方法和外语知识等,这些知识的普及与应用将大大提高创新人才的群体能力，一旦出现了名牌创新馆员，就要大力宣传。因为模范馆员在知识服务过程中表现出来的优秀品行是创新文化的最好展示。

4. 创新人才的流失与防范

当前，因自身的价值与特性在图书馆中得不到认可、待遇不高，创新型馆员很容易流失。有人提出以事业留人、以感情留人、以待遇留人的“三留”政策。有人提出要从硬环境和软环境的建设上双管齐下，加强敬业精神的教育，引导馆员爱岗成才，在良好的服务中提升自身的价值。笔者认为，管理者还应充分了解他们的心理，知道他们在想什么，尽可能“对症下药”，要创造条件让他们有广阔的施展才华的舞台，鼓励他们搞科研，加大对科研的扶持力度。馆领导在考虑工作安排时，可大胆试用那些敢冒尖的人，使英雄有用武之地。

总之，没有创新就没有图书馆的持续发展。馆员创新能力提高了，社会地位自然随之提高。而社会评价之提高，又有利于激发馆员的创新精神，吸引创新人才流向图书馆，从而推动图书馆事业迈向新的台阶。

参考文献

[1] 颜水发 . 创新是实践“三个代表”的重要途径 [J]. 泉州师范学院学报，2003（5）：87-89.

[2] 袁春玲 . 信息服务与知识服务 [J]. 图书馆学刊，2002（2）：32-33.

[3] 蒋玲玲 . 图书馆知识管理与知识服务 [J]. 现代情报，2003（7）：111-112.

[4] 朱冬英 . 文化素质与创新能力的相关性 [J]. 江苏高教，2002（4）：61-63.

[5] 刘勇 . 略论图书馆员创新能力的培养 [J]. 图书情报知识，2000（4）：29-30.

[6] 尹桂秀 . 论图书馆创新人才的培养 [J]. 图书馆，2002（1）：54-56.

本文发表于《泉州师范学院学报》2006 年，第 2 期

作者简介：欧健清，男，副研究馆员，任职于泉州师范学院图书馆。

创新基层图书馆馆员教育培训工作刍议

南安市图书馆　黄　文

摘　要　本文针对目前基层图书馆员教育培训中存在的问题，提出加强和改进教育培训的对策。

关键词　图书馆馆员；继续教育

建设小康社会，促进社会和谐，加快中华民族发展，新的形势对基层图书馆服务和基层图书馆馆员的素质提出了新的要求。因此，要创新基层图书馆馆员的教育培训工作，因地制宜，改变单一呆板的培训方式，使教育培训真正发挥作用。

一、当前基层馆员教育培训中存在的主要问题

培训是对图书馆员工实施继续教育的一种形式，是建设图书馆专业队伍的重要举措，也是图书馆员工自我发展的一种手段。但目前教育培训情况并不容乐观，还有很多工作不尽如人意。

1. 宣传、组织管理不到位

宣传教育的不到位，使不少人对培训目的不明确，对培训的意义认识不足，对教育培训产生抵触情绪，导致对培训敷衍应付。而有的培训承办单位组织管理不到位，使教育培训这项严肃的工作流于形式。

2. 培训方式陈旧

很多培训承办单位采用传统的上大课方式，方法陈旧，手段单一。这种集中培训的方式，馆员必须在指定的时间和地点统一地接受来自培训者的信息，培训也多以讲授为主体，这种方式对于培训者来说较简便易行，却无法让被培训的馆员产生共鸣，馆员的内在驱动力往往难以有效发挥，培训的实际效果也就可想而知。

3. 培训内容缺少吸引力

教育培训的承办单位，在培训内容的设置上，有的没有做好调查研究，有的

根据自己的喜好来安排，在计划性、系统性、针对性等方面不能统筹兼顾，对解决实际问题帮助不大，没有吸引力，效果不理想。

4. 师资力量不强

有的承办单位，由于经费投入不够，师资力量不足，培训时才临时请人来讲课，流于形式，随意性大，学用脱节，久之让人反感。

5. 收费较高

现在很多单位都是经费包干，一个人培训一次，包括培训费、资料费、住宿费、车旅费等，就是一笔不小的开支。有的培训承办单位在具体的操作中带有商业色彩，收费较高，使很多的单位负担不起，不敢派人参训。

6. 工学时间安排矛盾

大多数培训要求在统一时间到指定的地点进行，没有选择的余地。而基层图书馆受经费、编制等限制，很多是定人定岗，不可能根据自己的时间安排自行选择培训。

二、创新和改进基层馆员教育培训工作的对策

1. 加强组织领导

馆员培训，关系到图书馆事业的持续发展，是一项长期的连续性的系统工程。图书馆领导应高度重视，做好宣传发动工作，让每个人都明白教育培训的目的意义，懂得教育培训是一个人工作生涯中不可或缺的一部分，要在今后的竞争中处于有利地位，唯一正确的办法就是不断接受继续教育，完善和提高自己的专业技能水平的道理。图书馆应创造各种有利条件，制订馆员培训计划，协调工作安排，提供必要的培训经费，确实解决培训中的一些实际问题，使教育培训工作得以顺利开展。同时各级文化主管部门也要制订切实可行的教育培训计划，提出培训的目标要求，加强对各培训承办单位的管理，增加资金投入，加强师资队伍建设，完善教育教学设施，防止商业操作和流于形式，使教育培训取得较好的效果。

2. 创新培训形式

1）优化集中讲授形式

集中讲授虽然单位时间内信息传输量大，但它形式过于呆板，难以调动受训者的学习兴趣和主观能动性，从而影响业务培训的绩效。应充分利用计算机，借助现代技术手段，将要讲解的内容制作成课件，例如，由常州市文化局主办，常州市

图书馆学会承办的“2006 年图书资料专业技术人员继续教育专业培训班”，培训采用系列讲座方式进行，由常州市图书馆正副馆长、华东师范大学教授、河海大学教授主讲了“图书馆‘十一五’发展规划探讨”“图书馆专业队伍素质特征”“图书馆习惯——图书馆学研究领域的新课题”“图书馆的人文精神与核心能力”“图书馆数字资源建设若干问题的探讨”等。由知名专家学者主讲的这一系列讲座，具有较强的针对性和前瞻性，讲座内容均制作成课件，这样案例生动，内容丰富，师生互动，调动起受训者的听课兴趣，取得较好的培训效果。

2）抓好对馆长的培训

各级文化主管部门在抓馆员的培训时，要首先抓好对馆长的培训。因为只有提高馆长的综合素质，使馆长的发展思路和管理水平上一个新的层次，才能使整个馆的发展上水平上层次，在未来的竞争中立于不败之地。中国图书馆学会在加大对基层馆长培训方面，迈出可喜的第一步，组织和协调全国图书馆界的资源和力量，启动了基层图书馆长培训志愿者行动，这是一项在我国图书馆事业发展史上具有战略意义、创新意义和重大历史意义的活动。在对志愿参加活动的专家进行了精心遴选，对培训地区进行了认真选择后，2006 年 8 月 5 日，在中国图书馆学会 2006 年年会上举行了授旗仪式，来自全国各地的 26 位专家分别奔赴陕西省榆林市、湖南省衡阳市和黑龙江省牡丹江市开展公共图书馆馆长培训班培训活动。培训既给基层馆长带来新观念、新知识、新信息，又有可供基层图书馆借鉴的实际经验和典型范例，内容丰富，方式生动，深入浅出，具有前瞻性、针对性、务实性，使基层馆长们热情高涨，受益匪浅。这种培训针对性强、时间短、效率高，经济实惠，培训效果好。

3）分专题培训

事先进行调研，根据需求举办专题培训。例如 2007 年，福建省图书馆举办的“图书馆基础业务知识培训班”“图书馆机读目录专题培训班”“地方文献工作研讨班”等多个专题班，都取得了不俗的效果。培训班总结了以往培训的经验教训，改进了教学工作，根据专题特点，突出课程的应知应会部分，加强了动手能力的练习，使学员们学得进、用得上、花费低，切合各馆实际，得到学员和各单位的充分肯定。

4）分层次培训

根据馆员文化程度和接受能力，分层次培训。对图情专业毕业的人员，主要是使之对新知识、新理论、新技能进行补充，提高工作能力；对非图情专业毕业的大专以上人员，要让他们学习图书馆的基本理论，掌握图书馆工作的基本规律和方法，具备一定的图书情报学功底和实际操作能力；对没有受过高等教育的人员，应通过培训使他们掌握图书馆的一般知识，具备独立上岗的业务技能。这样的培训，学以致用，效果显著。

5）岗位培训

由于现在知识更新速度快，这种专题短训能让受训者及时获取所需信息和知识，了解相关学科发展动态，更新观念，充实学科知识内容，及时解决工作中的问题和困难。如 2007 年 4 月，福建省图书馆在事先对全省图书馆界需培训人员的情况进行摸底调查的基础上，举办了“全省图书馆业务基础知识培训班”。培训班学员来自全省各地的学校、公共和其他系统图书馆，学习的课程有图书馆工作和图书馆学导引、文献标引、读者服务工作、文献采访及管理、地方文献工作、计算机基础知识、文献信息检索等，由资深专家授课，学员们掌握了图书馆各工作环节的内容和一些基本技术。学员反映：“这样系统的培训，不但新进人员需要，而且不少没有受过系统培训的老同志也需要。经过培训，我们掌握了图书馆基础业务知识，能更快地熟悉图书馆工作环境。”

6）抓好网络教育培训

网络教育培训，不受人数、时间、地理区域等的限制，基层馆员可自己选择符合工作需要的学习内容，自己掌握学习进度，自主学习。由于我国地区发展的不平衡，师资力量分布不均，一些发达地区的优秀资源不能得到共享，而网络教育培训很好地解决了这个问题，使基层馆员也享有与大城市馆员同等的学习机会。加大网络教育培训，就能很好地解决目前教育培训中存在的师资力量不强、费用高、工学时间安排矛盾等方面的问题。

7）组织参观学习

组织参观学习，可进一步开阔图书情报工作者的眼界，学习借鉴发达地区图书馆的先进管理经验和方法，开拓发展思路，提高馆长的管理水平。如甘肃省图书馆 2005 年全省图书馆馆长研讨班，来自全省各地区、各系统的近 70 位馆长参加研讨。研讨班结束后，又组织部分馆长赴广东和港澳地区，先后参观考察了多个有特色的图书馆。所到各馆，先进的办馆思路，以人为本的服务理念，现代化的服务设施，丰富多彩的读者活动，方便高效的服务效率，以及完善的读者服务方式和彬彬有礼的图书馆员都给参观者留下了深刻的印象，增强了馆长们图书馆工作的事业心、使命感和自信心，许多馆长纷纷表示，收获很大，不虚此行，并建议今后要多组织这样的活动。

8）其他方式

培训可以结合业务知识竞赛或岗位技术比武、举办学术研讨会等形式开展，这样的培训形式生动、活泼，既能够将理论联系实际，又具有一定的竞争性，能激发广大馆员学习兴趣，在实践中提高培训效果的活动。此外，如岗位轮换，让馆员在培训中工作，在工作中培训，如跨部门跨岗位的工作交流会、经验介绍会，如在岗自学、撰写学术论文等方式和办法，只要因地制宜，大胆创新，就能取得好的培训效果。

总之，面对新的要求，各级文化主管部门要从基层的实际状况出发，创新培训形式，制订切实可行的教育培训计划和学习要求，在教学内容设置、时间安排、培训形式等方面充分考虑基层的工作实际，以最有效的方式达到最佳的培训效果。

参考文献

[1] 朱颂莲 . 网络时代呼唤新型馆员 [J]. 福建图书馆理论与实践，2005（1）.

[2] 徐家坤 . 提高图书馆业务培训工作绩效之我见 [J]. 图书馆建设，2004（6）:68-69.

[3] 秦幼芸 . 西部公共馆在信息社会中的生存与发展初探 [J]. 中图学会工作通，2006（3）.

[4] 费东明 . 图书馆培训工作的发展与改革 [J]. 图书馆研究与工作，2003（1）:20-21.

[5] 盛芳芳 . 图书馆员继续教育的有效形式：业务培训 [J]. 四川图书馆学报，2005（3）:59-61.

本文发表于《福建省图书馆学会 2007 年学术年会论文集》，2007 年

作者简介：黄文，男，副研究馆员，曾任南安市图书馆馆长，现已退休。

管理模式转型后的一线馆员的职业心理调适

泉州师范学院图书馆 陈 莺

摘 要 文章以泉州师院新馆为例，分析当前图书馆从管理理念、管理模式到服务环境发生的重大改变，以及对一线馆员的心理带来的冲击与挑战，指出一线馆员应及时进行职业心理的调适，树立新的服务理念，提高职业道德修养与专业知识水平，以适应新环境、新角色的变化。图书馆管理者则应从外部环境入手，实施人本管理，创建和谐宽松的工作环境，以帮助一线馆员排除职业心理的困扰。

关键词 一线馆员；读者服务；流通阅览；心理调适

当前，随着信息技术和人性化管理方式的普及，图书馆的服务理念、管理模式、服务手段都发生了许多改变。馆员面临着一个全新的服务环境，普遍感到不适应，尤其一线馆员对自身职业角色、身份、工作性质不认同，对个人前途、职业前景产生迷惘与困惑：一方面轻视本职工作，另一方面缺乏胜任本职工作所需的素质与修养，这就使新的管理模式不能发挥应有的作用，并直接或间接影响读者，降低互动质量，导致服务水平和读者满意度下降。本文拟针对这一现象，结合泉州师院新馆的情况，谈谈图书馆转型后一线馆员职业心理调适的问题。

一、图书馆管理模式的转型

1. 藏、借、阅、咨一体化全开放管理模式的实施

2004 年 8 月，泉州师院东海校区图书馆全面落成，本着以服务为宗旨，“以人为本、读者至上”为指导思想，新馆高起点、高标准建设，采用现代化的一体化、一站式、全开放管理模式：全馆各室均按藏、借、阅、咨一体化布局；同一学科或相关学科的各类型载体文献资料集中在同一区域，提供“一站式”文献服务；全部实行大开间、少间隔的全开放管理，读者凭校园“一卡通”刷卡，通过门禁系统后可自由出入馆内各室，随意浏览和自由阅读。这些举措彻底摆脱了传统“以藏为主”

的思想束缚，充分体现“藏以致用”“读者第一，服务至上”的原则，切实方便了读者。但同时一体化、一站式、全开放的管理模式是对传统管理模式的极大突破与挑战，尤其对一线书库管理者来说，其服务范围、内容、方式与手段等都发生巨大变化，对一线馆员所带来的心理冲击是不言而喻的。

2. 业务重组与人力资源的重新配置

在现有人员不膨胀的前提下，新馆首先通过将传统业务外包的方式，减少了内部业务人员，将更多高学历、高职称馆员充实到一线，为提高图书馆的服务水平与服务层次提供了足够的人力资源，并在此基础上进行了业务重组：合并采访部与编目部，组成采编部；取消期刊部，将报刊的采编归至采编部；将报刊的流通阅览分至流通阅览部；取消电子阅览室，多媒体视听室，实行社会化管理，64 台文献检索机则直接放置在读者阅览区内，文献的检索与利用工作由阅览部馆员兼管。接着，对全馆人力资源进行重新配置：馆领导与办公室人员 5 人，采编部 3 人，技术部 3 人，其余人员全部从事读者服务工作，其中流通阅览一线人员 30 人，读者信息开发与服务 3 人，这 33 名馆员中，高、中级职称 18 人，皆为图书馆学本科学历或各学科本科以上学历人员，可谓人才济济。重新配置后可以说是把工作重心从内部业务部门转向对外服务工作，适应了图书馆加强读者服务工作的需要。但同时应当看到，业务外包与重组后对图书馆高、中级人才的冲击无疑是巨大的，目前我馆业务外包的范围主要有采访、编目与新书加工、专业数据库建设等，这些专业性较强、技术含量较高的岗位随着业务量的减少，不少长期从事采编的馆员不得不离开熟悉的岗位，分流到流通阅览一线，这部分专业人员的士气受到一定的影响和打击。

3. 流通阅览部门实行岗位责任制

新馆从管理制度入手，在岗位评价的基础上实施科学设岗。流通阅览部的人员实行严格的岗位责任制，将书架与相应的读者阅览区域进行划片包干，架位责任到人，工作区域不设工作台，工作人员以架区为工作区，一线馆员必须走到读者中间，坚守在所负责的服务区域内，随时上架、整架、巡架，随时提供咨询服务。并根据需要设置一、二、三级岗位，制定相应的职责要求，责、权、利结合，各司其职，各负其责。实行岗位责任制后，对习惯于几个人一间屋，充当“守门员”“管理员”角色的一线馆员来说，普遍感到工作难度增强、责任增加、压力增大了。在动辄数千平米的个人管理区域内，如何处理好全开放模式带来的乱架、乱区域、乱层等现象，如何面对读者的各种借阅“失范”行为，如何应对读者随时随地的各种问询，这是每个一线馆员都必须面对与思考的。

二、一线馆员职业心理调适的方法与途径

面对新的管理理念、管理模式、服务环境对一线馆员的心理冲击与挑战，一线馆员普遍感到不适应，特别是在思想观念上无法一下子接受，普遍产生职业倦怠心理、自卑心理，对个人前途、职业前景失去信心，觉得日复一日重复单调简单、技术含量低的体力劳动，成了上架、整架的机器，专业前途何在？自我价值如何体现？这些都容易导致一线馆员专业思想不坚固，情绪不稳定，工作消积应付，缺乏热情与创造性。因此，如何调整落差，正视现实，及时调适职业心理，是摆在一线馆员面前的当务之急。

1. 树立服务理念，强化服务意识

一线馆员面对新的挑战，要认清形势、准确定位、更新观念，这是开拓服务工作的前提。

一方面，要认识到图书馆工作的实质是服务。图书馆是因读者而产生，也因读者而发展，读者的需求是图书馆赖以生存和发展的生命线。于鸣镝先生指出："图书馆人干的是服务，想的是服务，探索的仍是服务规律。总而言之，离开服务，就没有图书馆。"社会越是进步，技术越是发达，人们越是需要图书馆服务。一线馆员要永远牢记阮冈纳赞的一句话："你的责任是提供图书馆服务，服务是你的天职。"图书馆人应从图书的管理者，走向读者的服务者，要牢固树立"读者第一，用户至上"的服务理念。

另一方面，要认识到一线馆员的素质高层次化，是图书馆事业发展的趋势与必然。流通阅览部门是为读者服务的窗口，是开展读者服务工作的前沿阵地，一线馆员的工作态度、业务水平给读者留下最直观最深刻的印象，因此高素质人才进入读者服务第一线，以参考咨询服务工作为核心，是图书馆事业发展的趋势，是体现图书馆"读者第一，服务至上"理念的实践。一线馆员只有解放思想，牢固树立服务的理念，用正确的专业思想与科学的职业精神指引日常工作，才能改变以往图书馆员服务意识淡薄、服务工作滞后的局面。

2. 正确认识职业角色的转变

当今高校图书馆处在转型期，即从信息的拥有者转变为信息检索入口，图书馆的一线读者服务已经完全突破过去"守摊子、看门子、换牌子"的传统服务模式，

那种认为一线馆员每天只是借借还还、复印打印、上书整架，做着临时工也能干的简单劳动的看法，是对读者服务工作、流通阅览工作的片面理解与落后想法。让这么多高素质馆员从幕后走到台前，走到读者服务的第一线，除了借书还书、上书整架等一线馆员的日常性基础服务工作外，更重要的是为了加强馆员与读者的沟通，以便第一时间解答问询，指导阅读，为读者排忧解难。

传统图书馆咨询服务工作由专人负责，现代化图书馆则要求每个馆员都要积极承担起参考咨询服务的职责，特别是直接面对读者的一线馆员对读者随时随地提出的问题必须给予清楚、准确的解答。因此一线馆员应做到服务的综合化：集书库管理、指导阅读、参考咨询于一体，同时提供流通、阅览，咨询、技术等服务，特别是要有咨询服务的习惯与眼光，把读者服务工作的重心转移到为读者提供针对性强的导读服务、指导文献检索方法与技巧、帮助读者实现自助服务等内容上。

3. 倡导无私奉献、爱岗敬业的职业精神

我们倡导干一行爱一行的理念，要增强馆员对职业的使命感、自豪感、荣誉感。沈祖荣先生曾就图书馆的基本精神做了这样的概括：“图书馆需要服务的精神，奉献的精神。”一名合格的图书馆员要能立足本职，淡泊名利，热诚服务，甘于奉献，在平凡的岗位上发挥自己的光和热。

一线馆员的工作是平凡的也是艰辛的，管理的区域面积动辄数千平米，还要随时提供各种咨询与技术服务，劳动强度相当大，没有奉献精神是不行的。因此，一线馆员要有“把一切方便让给读者，把一切麻烦留给自己”的准备与胸怀。如面对管理区域架位的“时整时乱”现象，要做到“时乱时整”，随时给读者一个整洁有序的借阅环境；面对读者各种形式的问询要热情耐心、有问必答、百问不厌。应积极服务，主动服务，热忱服务，急读者之所急，想读者之所想，在平凡的工作中，在服务理念的引导下，将自己的智慧与爱心无私奉献给读者。

4. 培养良好的职业道德修养

要有效改变读者长期以来形成的对一线馆员素质低、形象差的成见，提高一线馆员的职业形象，靠的不是对读者的思想道德教育，而是一线馆员自身的努力。提高职业道德修养是一种途径，它不仅有利于开展工作也有助于消除自卑感，增强个人魅力。图书馆的服务工作还具有服务育人的特质，一线馆员良好的职业道德修养能对读者起到良好示范作用。

因此，从事一线服务的图书馆员，要敬业乐业、尊重读者、文明服务、微笑服务，要有自控能力，及时疏导自己的不良消极情绪，做到凡事心平气和，以良好师表形象、热情友好的人际环境影响和吸引更多的读者，要增强与读者的沟通、协调的意识与能力，与读者接触要平等相待、一视同仁，遇到分歧要尽量减少摩擦、避免对抗情绪的产生，提倡多主动引导、及时纠正，少批评指责、事后发难。而一旦冲突不可避免时，以何种方式、口吻进行劝导与说服，效果是不一样的。是盛气凌人、粗暴严厉还是心平气和、真诚友善？是居高临下还是学会换位思考？处理得好，有助于树立一线服务工作者的良好形象，起到服务育人的目的，并可有效减少职业挫败感，处理得不好，则无异于自毁形象。

5. 提高专业技能，增强综合知识水平

要想服务水平上档次，仅靠微笑服务，靠热情与经验还远远不够，现代化图书馆评价一个服务人员的工作水平和效能，不仅要看他提供了多少次服务，而且还要看他解决了多少问题。

首先，图书馆业务知识是图书馆从业者的工具性知识，流通阅览中的咨询多为导读和入馆咨询，读者提出的较多的是事实性和方法性咨询，这要求一线馆员要非常熟悉馆藏文献布局，对自己所负责区域的文献资料了如指掌，还要能善于利用各种馆藏目录、文献检索工具及各种工具书为读者服务；其次，图书馆是百科知识的总汇，这一职业要求馆员知识面必须宽广，要有丰富的科学文化素养，最好能是个杂家，能尽可能地了解不同领域的知识，至少或多或少地有所了解，这样有利于一线馆员读者服务质量的提高；最后，一线馆员还应该有自己的专长，如果能精通某个专业或熟知某个研究领域，或擅长某方面的技术，其咨询服务工作必能做得深入到位。

因此一线馆员要有与时俱进的精神，坚持学习，善于学习，通过学习开拓视野，扩大知识领域，不断补充新知识，发现新问题，进而提高创造性服务的能力。只有知识渊博、专业技术过硬，一线馆员工作起来才能得心应手、心情舒畅、情绪稳定，并油然而生职业的自豪感与成就感，也才能让读者真正感受到和蔼的态度和丰富的学识一个都不少的优质服务。

6. 积极拓展、深化自己的专业服务领域

任何一种职业对人的学历、职称只有最低要求，没有最高要求，何况对读者的服务工作是永远没有止境的。高素质人才进入服务第一线并没有失掉身份，也不是英雄无用武之地，看似一样的工作，不同的个人修养、专业素质、文化层次提供的服务是不可同日而语的。高素质一线馆员要积极拓展自己的专业空间，尤其在读者调查研究、引导阅读方面大有可为。为此，希望有所作为的一线馆员应利用自身与读者朝夕相处的便利，注意观察读者在馆内的各种活动，通过耳闻目睹、采访调查、交流讨论等方式，摸清其阅读兴趣、阅读层次、知识准备、条件限制、心理状态、热点难点等，发现不同的阅读群体及其“意见领袖”，弄清读者请求背后的真实原因，并采取主动介入、导向式、互动式服务手段引导阅读。此外还可积极参与诸如新生培训与辅导、读书座谈与研讨、新书宣传与推介、课题检索与咨询等较高层次的、具有挑战性的读者服务工作，将自己的知识储备发挥到淋漓尽致。高素质馆员的服务一旦上了档次，与自身学历、职称相匹配，不愁得不到广大读者的认同，同时还能在服务中充分体现自我价值，感受职业的成就感与自豪感，那么原先的委屈与失落将在高涨的工作热情中烟消云散。

三、图书馆管理者应对一线馆员实施人本管理

面对一线馆员的心理困扰与摆脱困境的努力，图书馆管理者应从外部环境入手，实施人本管理，创建和谐、宽松的工作氛围，以帮助他们更快度过徘徊期，缩短适应期，加快进入新角色、担负新工作的速度。

第一，做好一线馆员的思想安抚工作。馆领导应把自己置于“后勤部长”的地位，真心实意地给予一线馆员尽可能多的关心和服务，对一线馆员的思想困扰、情绪波动进行及时的疏导，解开他们的心结。此外，还应理解他们的合理需求，充分挖掘他们的潜能，帮助他们实现个人价值，并以此为契机，建立兴馆振业的共同志向，发挥群体优势，推动图书馆事业的向前发展。

第二，注重一线馆员的岗位培训与继续教育。如今许多先进图书馆凝聚着更多的高科技、新理念，应创造条件让一线馆员多走出去，通过考察交流，提高他们的认识水平与思想觉悟。馆内交流与学习同样很重要，馆员之间经常进行情感交流、思想沟通，可有效缓解心理压力，经常开展业务学习与研讨，可创造一个互帮互学、和谐友爱的集体空间，增强他们的集体归宿感。

第三，实行岗位轮换制。以馆方需求为依据，馆员兴趣为前提，人才为本位，实行岗位轮换制。流动到新的岗位所带来的挑战性和新鲜感，能有效减轻一线馆员的职业倦怠心理，激发工作热情，保持对工作的敏感性与创造力，并能给一线馆员提供更多的发展机会和施展才能的空间。

第四，量人适用，人尽其才。结合馆员个人兴趣与学科特点、专长，进行合理的书库架位区域的分配，使工作对他们更有吸引力，亦能发挥他们的专长和潜能，形成对工作的长期满意度。

第五，奖优罚劣，健全激励机制。这种方法可使一线馆员亲身体验到优质服务带来的良好效应，从而把为读者的优质服务变为个人的自觉行为，并在馆内形成一种人人争先、努力奋进的积极向上的氛围。

参考文献

[1] 陈莺 . 我校新馆一线馆员的读者服务工作 [J]. 文献信息论坛，2006（1）：45-47.

[2] 张为华 . 图书馆整体信息咨询服务探讨 [J]. 图书馆论坛，2004（5）：162-164.

[3] 颜惠 . 图书馆业务外包的理性思考 [J]. 图书馆建设，2004（5）：93-95.

[4] 李智敏，马竹英 . 图书馆员职业精神的三种境界 [J]. 图书馆理论与实践，2006（4）.26-27+67.

[5] 王子舟 . 图书馆工作特性的几点感知 [J]. 图书与情报，2005（3）：2-6.

[6] 廖仁光，张白影 . 论“服务兴馆”的知和行 [J]. 图书馆论坛，2004（4）：5-7.

本文发表于《科技创新导报》2007 年，第 33 期

作者简介：陈莺，女，副研究馆员，任职于泉州师范学院图书馆。

实施职业资格制度　强化图书馆专业队伍

德化县图书馆　赖华敏

摘　要　文章介绍了一些国家对图书馆员任职资格的要求，论述了实施图书馆职业资格制度对提高图书馆员专业水平的意义，提出了图书馆员任职资格应有的要求。
关键词　职业资格；图书馆员；专业队伍建设

人员的管理是图书馆管理的核心，也是图书馆事业成败兴衰的决定性因素。而现实中的公共图书馆专业队伍，尤其是基础图书馆工作人员的素质与工作需要存在相当大的差距。这与图书馆人事管理中没有“门槛”有着直接的关系。这种现象不应再存在下去了。为了使图书馆适应现代化的社会，必须推行行业准入，实施职业资格制度。

一、国外图书馆对专业人员的要求

早在 19 世纪二三十年代，德国图书馆学家 F.A. 艾伯特在《图书馆教育》一书中就指出：图书馆员要有综合性的知识，广泛的外语和历史知识，还应了解文学史、目录学、古籍知识和百科词典。为了保证图书馆的质量，许多国家出台了考试政策。如 19 世纪 80 年代普鲁士文化部的 F.T. 阿尔特霍夫局长认为，图书馆员应通过国家考试取得相应的资格。在他的努力下，1893 年普鲁士政府颁布法令，规定通过国家考试者才能取得高级馆员的称号。 1909 年又发布了中级馆员的考试条例。英国图书馆学会从 1885 年起受政府委托，有权授予图书馆工作者“协会准会员”和“协会正式会员”资格。前者需通过初步考试和中间考试。准会员工作 5 年后方可参加最终考试，合格者才取得“协会正式会员”的资格，即必须经过考试才能取得职业资格。1897 年，法国开始实施图书馆员的国家考试制度。苏联在 1934 年颁布法令，规定未受过图书馆教育者，必须参加国家考试，合格后才能成为图书馆员。美国图书馆实行的是职级制度。美国图书馆协会规定图书馆业务工作人员分为职员（辅助人员）和专业人员。职业分为三级：管理员须职业学校毕业，技术助理员须大学专科毕业，助理馆员须获得学士学位。专业人员分为二级：馆员和高级馆员，须获得硕士以上学位。在美国，图书馆学的基本课程已经不设在大学本科，而是设在研究生院。经过研究生（硕士）课程培训并获得职业资格的人，才能在图书馆专业岗位上工作。可见，对图书馆员专业水平的要求是很高的。实施职业资格制度来保证图书馆员的业务素质，已是许多国家的共同做法。

二、实行任职资格制度是社会发展的要求

知识经济给图书馆事业带来全新的发展环境，知识化、信息化、数字化、网络化的特征给现代图书馆带来载体多样化、服务网络化、加工数字化、格式标准化的发展前景。这就对图书馆员的素质和专业水平提出了更高的要求。图书馆员是图书馆现代化的主体，人的现代化是图书馆现代化的关键。多年来，我国图书馆行业在提高队伍素质方面做了大量的工作，但各地的发展不平衡，系统性也不够，成效不容乐观。这些都是应当关注和改进的问题。

我国已对会计、律师、教师等许多行业实行了统一的资格考试制度，取得了良好的社会效果。图书馆行业也必须进行这种探索和改革。欲从根本上解决图书馆员队伍素质不高的问题，建立全国统一的图书馆员资格考试制度是非常有必要的。政府部门授权图书馆行业机构，对全国的图书馆工作者实施资格考试，合格者取得相应的任职资格，作为从事图书馆工作的资格，是有现实的意义的。这表现在：有利于图书馆员的作用走上科学化、规范化和法制化的轨道，依法管理图书馆员队伍，把住图书馆队伍入口关，从根本上提高图书馆队伍整体素质；有利于为社会人员从事图书馆工作开辟一条渠道，吸引人才，形成高质量的图书储备队伍，成为开放式图书馆员培训体系的重要环节和制度保障；有利于推动图书馆人事改革，推动聘任制，调整图书馆员队伍，解决不合格馆员问题；有利于调动在岗图书馆员参加继续教育的积极性，提高图书馆员的专业素质；有利于体现图书馆行业的专业性，提高图书馆员的社会地位和待遇，使图书馆员的社会地位、队伍素质和服务质量形成良性循环。

三、图书馆员任职资格的应有要求

我国正在进行图书馆立法工作。笔者建议在《图书馆法》中明确对图书馆员

的任职资格要求，对学历、基本素质和基本能力提出如下具体要求。

1. 职业道德要求

由于图书馆是一种集社会性、服务性、教育性、学术性于一身的职业，所以每一个工作人员必须具备一定的职业道德，主要是强烈的事业心和稳定的专业思想，严格细致、一丝不苟的工作作风，强烈的信息意识以及资源共享的开阔胸怀和协作精神。

2. 相应的学历要求

按图书馆的等级分，取得区、县级图书馆员任职资格，应当具备图书馆学专科或其他大学专科以上学历；取得地（市）、省和高校图书馆员任职资格，应当具备图书馆学本科或其他大学本科毕业以上学历。

3. 基本素质和专业技能的要求

1）语言文字修养的要求

在汉语知识上，必须具备准确流畅的汉语表达能力和过硬的文字功底。新世纪图书馆服务重心将由一般服务转向参考咨询服务。图书馆的中高级人员将从第二级向第一线转移，将直接面对更多的读者，须与读者做更多的语言交流。所以，语言表达能力显得很重要。另外，识别图书、整理文献、宣传馆藏、指导阅读、编制二次或三次文献、撰写研究成果等，每一项都离不开扎实的文字功底。

在外语知识方面，要能管理、翻译外文资料，能用外语检索文献信息，能在互联网上与世界各地自由地交流和传递信息，从网上识别下载外文资料。

2）专业知识和技能要求

一方面，图书馆学、目录学、情报学的知识和技能，应该成为图书馆员的专业特长，也是图书馆员为读者服务的基础。馆员不但要掌握传统的图书馆学理论和技术，如分类、编目、一般性咨询、手工情报检索等，还要懂计算机编目标引、数据库建设、光盘检索、国际联机及互联网应用等现代化文献信息处理的理论和技术，掌握国际上先进的情报检索语言和应用技术，以及开展情报服务的理论和方法。

另一方面，要求具有某一学科扎实的专业知识背景。在图书馆的文献信息服务中，只有具备相关学科专业知识和判断力，才能深入文献的内容中去，成为某学科专业文献信息和相应专业读者之间的纽带，为读者提供广、快、精、准的优质的信息服务。

4. 计算机和网络技术的要求

现代图书馆的职能、工作方式和范围正在发生深刻的变化，文献信息工作将扩大到数字化领域，互联网将成为提供和获取文献信息的主要场所，这就要求图书馆员能整合网上资源和馆藏资源，要有比一般读者更高水平的计算机和网络操作技能，对信息具有高水平的反应能力、搜集能力、提取能力、存贮能力和利用能力。

网络环境和数字化技术为现代图书馆的发展创造了前所未有的良好条件，也使图书馆服务中专业性和学术性更为凸显。只有实施职业资格制度，才能使我国的图书馆专业队伍出现生机勃勃的新气象，从而让我国的图书馆事业在新世纪取得更大的成绩，为社会做出更大的贡献。

参考文献

[1] 吴建中 . 战略思考——图书馆发展十大热门话题 [M]. 上海：上海科技大学出版社，2002.

[2] 王永桦，汤立峰 . 谈世纪之交的馆员素质 [J]. 中国图书馆学报，1998（4）:88-90.

[3] 刘棋，范郁林 . 论现代图书馆文献信息服务专业人员业务素质 [J]. 图书馆工作与研究，1997（5）:7-10.

本文发表于《图书馆研究》（曾用刊名《江西图书馆学刊》），2004 年，第 3 期

作者简介：赖华敏，男，副研究馆员，曾任德化县图书馆馆长，现已退休。

第四篇

图书馆文化

不变的宗旨　不懈的追求

——泉州师院图书馆的发展与创新

泉州师范学院图书馆　苏黎明

摘　要　读者状况已经发生和正在发生的重大变化，要求我校图书馆在发展的进程中不断创新，以适应新形势下读者需求的变化。过去，图书馆在发展中有所创新；目前，图书馆的发展需要进一步创新；未来，全面的创新将与图书馆的发展相伴相随。

关键词　图书馆建设；发展；创新

一、昨天：发展中有所创新

世纪之交，我校发生了历史性的变迁，先是三校合并，紧接着又升格为本科院校，图书馆因此也被带入一种新的境地，规模变大了，规格也相应提高了。对于图书馆而言，这种剧变固然面临一种前所未有的发展机遇，但同时也带来新的严峻的挑战。挑战或许比机遇更为重要，因为当图书馆处于一个更高起点的时候，经过长期努力所形成的比较适应学校教学科研需要的局面，实际上已经又被打破。建设一个名副其实的本科院校图书馆是图书馆义不容辞的职责，又是一个崭新的课题，需要认真加以探索。

在新的环境之下，图书馆需要改变的东西太多，需要思考并做出抉择的问题不少。但是，我们清醒地认识到，尽管学校情况发生了很大变化，尽管时代背景也已不同，然而图书馆的性质并没有改变，地位并没有改变，基本宗旨也没有改变。一切为了读者，依然是图书馆的基本宗旨；最大限度地满足读者的基本需求，依然是图书馆一切工作的出发点和归宿点；图书馆的一切发展和创新，仍然都必须紧紧围绕基本宗旨来考虑。这就是问题的核心，就是图书馆建设的灵魂所在。抓住了这个关键，图书馆建设的目标与路向就会更为明确，免于迷失方向步入歧途；各种举措也会更为有效，不致成为不切实际的瞎折腾。

学校升格后，读者对图书馆的需求发生了重大变化，至少表现在四个方面：一是数量激增。学校规模迅速扩大，读者数量在短短时间内成倍增长，要求图书馆能够提供更大的阅读空间，更多的文献信息资源。二是需求层次提升。昔日的基本读者，属于专科甚至中专层次，现在本科层次的读者居主体地位，文献信息需求的层次相应提高了。三是需求范围更广。此前图书馆面对的基本上是师范类读者，升格以后，除师范类读者外，非师范类读者占有越来越大的比例，对文献信息需求的范畴大幅度扩大。四是科研信息需求增加。升格前学校基本属于教学型的学校，读者从事科研不多，升格后科研被提高到一个重要的位置，不仅教师科研活动大大增加，学生也开始进行一定的科研活动，对科研方面的信息需求也随之迅速增加。所有这些变化，对图书馆提出了新的更高的要求。图书馆要真正起到为教学与科研提供文献信息保障的作用，就必须紧紧围绕这些需求变化，采取相应的对策。

图书馆针对上述状况，结合本馆的具体实际，经过深入的分析与思考，提出了一系列应对措施，并在学校领导和各有关部门的大力支持下，逐一付诸实施。这些措施主要包括：一是馆舍总体布局重新规划与调整。根据读者布局改变的需要，对原各校图书馆馆舍重新规划。原泉州师专图书馆保留作为主体；原教育学院图书馆及原泉州师范图书馆最初各保留了一个阅览室，随后又根据读者流向的变化予以撤消；原南安师范图书馆改为高职学院分馆；在各个二级学院增设资料室。二是内部布局调整。根据读者分布及需求的变化，内部布局进行较大幅度的调整，增设了几个借阅室，扩大一些阅览室，同时合并、撤消了一些借阅室。例如，高职学院分馆增设电子阅览室。三是东海校区临时图书馆的建设。在新校区图书馆楼尚未建成的情况下，根据学校提供的近 4000 平方米场所，建设了一个拥有图书外借处、期刊阅览室、过刊阅览室、图书阅览室、电子阅览室等各部分组成的临时图书馆，保证了新校区读者使用图书馆的基本需要。四是扩大和改善馆藏。在校领导的高度重视下，较大幅度增加文献资料采购经费，新购置了十几万册图书，增订了 500 多种学术期刊，引进了几个大型数据库，同时启动电子图书馆的建设，增加了 50 万册电子图书。这不仅扩大了馆藏数量，而且有效地改善了馆藏结构，缓解了结构不合理的状况。五是提高服务质量。全馆各个书库及阅览室全部实行开架式管理，实行计算机管理，增加开放时间，加强读者参考咨询工作，强化读者利用图书馆教育，为教师提供科研课题的信息查新服务，建立读者意见反馈渠道。六是强化管理。重新调整部室机构，科学设置各部室岗位，并把全部岗位分为 4 个不同等级，明确各级岗位的职责，在此基础上实行竞聘上岗，并制定相应的考勤制度和奖惩制度，形成既有压力又有动力的激励机制。与此同时，完善馆内各种规章管理制度，强化制度管理。七是加强现代化建设。以电子图书馆的建设为龙头，加强现代化建设，增添了一批现代化设备，包括计算机、打印机等，尤其是新建了一个容量达到 10000 G 的磁盘阵列，用于电子图书和各种电子出版物的存储。八是提高人员素质。主要包括提高进入图书馆人员的学历门槛，加强业务培训，安排了近 30 人次外出参加各种培训进修，鼓励在职或脱产攻读图书馆专业的研究生学位课程。

上述举措，既是图书馆在新时期发展的突出表现，也包含着一些创新的内容。这些举措的实施，取得了良好的效果，大大缓解了图书馆的服务水平与读者需求之间的矛盾，在相当程度上满足了读者的基本要求，也为学校的快速发展提供了较好的文献信息保障。

二、今天：发展中呼唤创新

经过几年的努力，我校图书馆的建设获得了前所未有的进展，面貌发生了较大的变化。这种变化既表现在硬件方面，也表现在软件方面；既表现在服务方面，也表现在管理方面。学校升格三年半来图书馆一些基本指标变化的情况，见表 1 所示。

表 1　泉州师范学院图书馆近年发展状况一览表

项目名称	2000 年 3 月	2003 年 10 月	备注
馆舍面积 /m^2	7000	11000	含崇福、东海、诗山校区
外借书库 / 个	2	3	
阅览室 / 个	5	9	
阅览座位 / 位	1400	2000	
电子阅览座位 / 位	140	200	
馆藏纸质图书 / 册	560000	720000	
馆藏电子图书 / 册		500000	
纸质期刊 / 种	800	1500	其中外文期刊 80 种
电子期刊 / 种	3000	8000	
数据库 / 个	5	12	包括同方、万方、维普等
计算机 / 台	80	150	
磁盘阵列 / 个	1	2	容量从 500G 增至 10000G
年外借图书 / 册	80000	230000	
年接待读者 / 人次	200000	600000	

续表

项目名称	2000年3月	2003年10月	备注
工作人员数／人	40	47	高级职称由1人增至6人
图书资料费／万元	50	250	
年新增图书／册	10000	50000	

表上的各组数据，从不同侧面反映出图书馆近年迅速发展的事实。但是，倘若与学校的发展对图书馆提出的要求比较，图书馆的发展还比较缓慢，创新力度也不够大，主要表现如下：

一是思想观念滞后。目前图书馆面临一种需要新观念又缺乏新观念的两难局面。一方面，如何建设一个体现时代进步特点的图书馆，一个基本能够适应不断增长的读者需求的图书馆，需要一套崭新的理念。另一方面，由于外部环境变化太快，图书馆思想准备严重不足，基本处于一种被动应对的状态；也由于长期的管理方式和服务方式形成的思维定式，具有极大的惯性作用，对各种新理念反映不灵敏。因此，对于新环境下究竟应当如何发展与创新，缺乏主动的深入的思考，缺乏转变观念的自觉性，仍然固守着不少传统的陈旧的观念。例如，重馆藏轻利用的观念，重数量轻质量的观念，重馆舍轻资源的观念，重硬件轻软件的观念，重管理轻服务的观念，等等。这些不适应时代要求的观念，制约着图书馆的发展与创新。

二是馆藏结构不合理。由于升格前图书馆一直属于师范类，故馆藏均以适应师范类读者所需的文献为主，其他方面的文献很少；由于升格前图书馆面对的基本上是大专甚至中专层次的读者，馆藏建设也与此相对应，故相当部分在升格后已不适用；此前图书馆经费长期投入不足，而近几年书刊价格猛涨，每年新增加的文献资料数量极为有限；由于升格后的图书馆是由同类型的4个馆合并而成，故重叠的馆藏占有相当大的比例；学校升格后各种新专业大量增加，而相应的馆藏基本上处于空白状态。因此，近年虽加大经费投入力度，馆藏数量迅速增加，结构也有所改善，但未能从根本上改变结构不合理的局面。目前馆藏的突出问题在两方面：一是学科比例不合理。文史哲等传统师范专业的较多，而新型学科、边缘学科及交叉学科的较少，如生物、环境保护、信息工程等，工科应用技术方面如电子、化工等方面的也不多。此外，反映学校特色的馆藏，尤其是地方特色的馆藏，数量非常有限。二是中文与外文书刊比例不合理，外文书刊不多，尤其是外文期刊，因为价格昂贵，仅订购80多种，一些读者比较需要的刊物，因经费不足而无法订购。

三是服务水平较低。应当承认，升格以来图书馆的整体服务水平有一定提高，但是尚不能很好地满足各类读者的各种不同层次的需求。客观方面的原因主要在于场所不足，经费投入不够，现代化建设相对滞后，限制了服务水平的进一步提高；主观方面的原因则是主动服务意识较差，创新服务的意识不强，对于如何不断改进服务，缺乏强烈的追求意识。服务水平有待提高表现在：服务范围拓展不够，内容仍然较为狭窄；服务方式较为单调，相当程度上仍停留于借阅服务；服务层次不高，缺乏诸如对文献信息的二、三次开发这种较深层次的服务；服务手段较为落后，未能充分运用现代信息技术提供服务；服务组织依然呈松散状态，未能实现网络化的服务；个性化服务很少，基本上停留于共性服务；文献信息咨询服务力度不够，未能为读者提供更好的导读；读者辅导工作开展不多，未能更好地指导读者利用馆藏文献资源和网络资源。

四是管理水平不高。管理的内容很广，涉及文献资料和信息资源的管理、馆舍设备的管理、经费人员的管理和读者的管理等。概括起来就是人、财、物三大管理。馆舍较为分散及传统管理模式的惯性作用，造成了图书馆管理上的某些困难，设备不足影响了图书馆管理的现代化进程。由于图书馆对如何进行创新管理探索不够，因此，近年采取的一些措施虽有一定效果，但如何更为科学化、制度化和规范化管理，问题依然不少。突出表现在：管理模式较为僵化，承袭了传统的以管理者为中心的模式，而不是一种以用户为中心的模式，这种模式的服务功能被人为地弱化；管理方式陈旧，且带有较大的主观随意性，虽不乏制度与规范，却未能与时俱进更为科学化；管理手段较为落后，未能充分运用先进的管理手段进行有序与高效的管理，充分利用网络环境构建全馆层面的一级网络平台，充分发挥系统的功能实现资源共享机制的建设与管理；管理机制自我调节功能不强，缺乏生机与活力，因而效率不高，人们的积极性与主动性未能得到充分调动，各种设备的使用价值受到抑制，各种文献信息资源未能发挥其效用。

五是人员素质偏低。现有人员数量不足，无法满足岗位设置的需要，固然是一个问题，但更为重要的问题，则是结构不合理，导致整体素质偏低。主要表现在：从学历结构看，大专及大专以上学历者虽占总数的70%以上，但高学历的业务人员甚少，仅有1人具有硕士学位，双学历者更是空白；从专业结构看，非图书馆情报专业毕业所占比例达60%，有相当部分人员未受过图书情报专业的系统培训，计算机人员、外语人员比例偏低；从职称结构看，高级职称比例仍然偏低，仅占总数约15 %，而无专业技术职称者却占总数的20%；从知识结构看，由于原来所学专业的局限，也由于目前知识更新的速度太快，因而大部分人员不仅知识面较为狭窄，且存在着知识老化的突出问题。此外，还存在馆员敬业精神不够，实际服务与管理能力不高等问题。这些情况表明，提高人员素质任重道远。

上述问题，虽然不少是历史积淀下来的问题，亦非一朝一夕可以解决，但是，这些问题不解决，势必制约图书馆事业的发展。

三、明天：发展中突出创新

目前，我校近 20000 平方米的新图书馆楼正在紧张建设之中，可望于明年秋季投入使用。届时，图书馆将有更大的空间，更多的现代化设备，因而将有更为有利的发展条件。但是，针对目前存在的问题，综观国内外图书馆的发展态势，新的图书馆将更加注重创新。

一是开阔灵活的馆舍结构。传统的高校图书馆，阅览部的书不准外借，只供阅览，流通部的书只供外借，不便阅览，图书、期刊、机读文献资料分室阅览，中外文献资料分室阅览，教师学生分室阅览。适应这种功能细分，馆舍建筑普遍形成“多间隔，小开间”的内部结构。新的图书馆，适应开架和借阅藏一体化的需要，建筑布局将采用“少间隔，大开间”的框架结构，以大空间为主体，内部采用活动式隔断以体现调整的灵活。除特藏文献外，其他文献一般不再单独设立阅览室。尽管还有一些面积不大的独立空间，但大部分独立空间的面积将比过去大得多，以便于“统仓管理方式”的推行。文献资料尽量集中，按一个索书号系统排列，读者可以在整个馆内随意浏览和自由取书。

二是简化高效的组织机构。传统图书馆有 3 个主要功能，即资料的搜集、整理和传播利用。为实现这 3 个功能，于是就有相应的部门：采访部实现资料的搜集功能，编目部实现资料的组织功能，而资料的传播功能则由多个服务部门共同实现，因而一般都设有流通部、期刊部、阅览部、参考部、特藏部、技术部等。功能划分过细，造成了部门设置的繁复。新的图书馆，随着编目工作的逐步社会化，采访部和编目部将合而为一，人员也将大量减少，主要履行数据修改和维护职能。外借与阅览部门分开设立的不合理状况将会改变，因为不仅读者深感不便，且造成人财物的浪费。声像资料和机读资料目前的独立也是被迫的，随着这些资料大量增加，也就没有集中的必要，服务工作不必从读者服务中分离出来，实行特殊管理。信息咨询与信息开发的功能将强化，并有相应的部门设置。

三是虚实兼备的馆藏。传统的图书馆基本上是单一的实体馆藏，即信息资源，以印刷品形态存在。随着信息的载体和媒体的多样化，新图书馆的馆藏结构也将发生重大变化。一方面，实体馆藏呈现多样化，除纸质文献外，光盘、磁盘等先进的大容量存储文献的载体，将成为馆藏的重要载体，这些载体在馆藏中的比例将不断增大。随着科学技术的发展，还可能有新的载体出现。另一方面，随着互联网的迅速发展，网上信息资源极为丰富，图书馆随时可以从这一地球上最大的图书馆取得信息资源。因此，馆藏又将是虚实兼备，即将知识信息的实体馆藏同虚拟的文献结合起来，形成一个博大精深的信息系统，可以更好地满足读者学习研究的需要。

四是网络化的运行方式。传统图书馆运行方式的最基本特点是孤立性。馆内分为众多不同的职能部门，彼此之间互不统属，独立运作，缺乏有机的联系。馆与馆之间也没有什么关联，各自按自己的逻辑孤立地运作。新的图书馆，随着计算机和网络技术的普遍应用，随着社会主要的信息资源将通过网络进行传递，图书馆的运行也将网络化。一个馆就是一个局域网，馆内各部门都是这个网上的点，彼此之间随时可以串通。图书馆不仅是校园网的重要组成部分，也是整个社会网络中的一员。馆与馆之间的交流将越来越多，从联合采访到集中编目，从信息检索到馆际互助，图书馆的基本业务将从馆内局域网进一步扩大到社会网络来完成。

五是开放型的管理模式。传统的图书馆由于重馆藏轻利用、重管理轻服务的思想作祟，实行的是封闭式管理，集中表现就是闭架借阅，设立保存本书库，借阅分开。新的图书馆将本着“利用第一、效益第一”的观念，摒弃封闭，走向开放。在馆内，除特藏外，所有文献都对读者开架；只能阅不能借的“样本书库”将被取消；阅览室与书库的界限将被打破，阅览桌与计算机将安置于书库，实行藏阅借一体化，使图书馆资金、馆舍、馆藏、设备、人员的使用合理化、高效化、优质化，实现人、财、物配置最优化。而且，逐步面向社会开放，为本地区各类型读者所利用，从文献壁垒走向信息资源共享。

六是多维互连的服务手段。图书馆传统的服务基本围绕线性文献展开，因而形式较为单调，且带有静态性、被动性和分散性的特点。它虽然也提供二次文献的信息服务，但主要是提供静态的一次性文献；它“以藏为中心”不能不使“用”服从于“藏”；它所提供的信息是分散的，无法互相串联。新的图书馆，除纸质文献外，电子文献、网络信息也是服务的重要内容。在服务方式上，“拥有”将变为“获取”，充分发挥馆藏的利用率；静态将变为动态，通过对网上收集的信息进行加工，及时提供给读者；分散将变为整体，散布于不同载体的同一类型的信息，经过整序将有机地串联起来；被动将走向主动，图书馆员将兼有“信息专家”的角色，帮助读者从庞杂的信息系统中准确而又迅速地找到所需的信息。

七是更为有效的激励机制。新图书馆的激励机制将更为有效。这里至少包括四个方面：一是目标激励。根据本馆实际情况，制定出近期和长期的奋斗目标，使馆员可从为集体目标奋斗中看到个人利益和影响的实现，从而认同目标并为此主动付出。二是竞争激励。进一步改革用人机制，完善竞聘上岗制度，在科学设置岗位的基础上，实行双向选择，竞聘上岗，优胜劣汰，优化组合，使其潜能得到充分发挥。三是民主参与管理激励。加强馆员参与民主管理工作，不仅可以集思广益，而且可增强其主人翁的责任感，群策群力为图书馆的发展做贡献。四是关怀激励。通过改善工作环境与条件，关心馆员的工作与生活，激发其最大限度地发挥主观能动性。

还有其他方面将发生变化，这里不再赘述。仅从上述即可看出变化将是全方位的，又是深刻的。我们可以相信，一个新型的、充满生机和魅力的图书馆，将会展现于读者的面前。

参考文献

[1] 吴绮云．论新世纪高校图书馆的建设[J]．闽南师范大学学报（哲学社会电子版），2001（2）：114–117.

[2] 尹虹娟．高校图书馆完善激励机制的原则及着力点[J]．现代情报，2002（6）：85–86.

[3] 许仁兰．创办世界一流大学图书馆的条件分析[J]．图书情报知识，2002（1）：79–81.

本文发表于《泉州师范学院学报》2003 年，第 6 期

作者简介：苏黎明，男，教授，曾任泉州师范学院图书馆馆长，现已退休。

创建学习型图书馆探微

南安市图书馆　黄钢水

摘　要　文章对如何运用学习型组织理念和方法创建学习型图书馆进行初探与构想，力求说明创建学习型图书馆的意义和必要性，并对如何创建学习型图书馆提出了自己的看法。

关键词　图书馆学习型组织；学习型图书馆

一、学习型图书馆的理论基础及内涵

学习型图书馆是建立在学习型组织理论基础上的。学习型组织是美国当代最杰出的管理大师麻省理工学院博士彼得·圣吉（P.Senge）首先提出来的，其理论精髓体现在《第五项修炼——学习型组织的艺术与实务》一书中。所谓学习型组织的五项修炼是指：（A）自我超越；（B）改善心智模式；（C）建立共同愿景；（D）团队学习；（E）系统思考。

何谓学习型组织？学习型组织是指组织能透过各种有效的途径与个体措施，促使其成员养成终身学习的习惯，从学习过程中激发个人生命潜能，提高人生价值，充分实现自我，进而带动组织的创新、进步与发展，从而形成良好的组织氛围与组织文化，达成组织顺应形势变化与持续发展的目的。

不同学者从不同角度分析了学习型组织的理论基础，我国学者提出学习型组织的六大要素：（A）拥有终身学习的理念和机制；（B）建有多元回馈和开放的学习系统；（C）形成学习共享与互动的组织氛围；（D）具有实现共同愿望的不断增长的学习力；（E）工作学习化使成员活出生命意义；（F）学习工作化使组织不断创新发展。大家都认识到“学习型组织是未来组织成功的模式”，它也将成为图书馆管理者必然的选择。

图书馆应该借用学习型组织理论这一先进的科学管理理念，把其引入图书馆的建设发展中来，结合新形式下图书馆的自身特点，构建学习型图书馆。这种学习型图书馆可以理解为：一个在不断变化发展的环境中，能够迅速吸收新观念、新知识、新技术，并在实践中应用、改善和提高，解决无先例可循的实际问题，使个人和组织为了共同理想、共同目标，共同学习、共同发展的图书馆。它包括两个层面和两个方面的含义。两个层面：基本层面是指传统意义上的馆员队伍建设，包括学历结构、文化素质、业务水平、职业道德；高级层面则是指一种学习能力与工作实践的有机结合，个人发展和组织目标的有机结合。两个方面，即图书馆的个体与整体：个体方面，图书馆每个馆员都必须有学习愿望、学习目标、学习计划和学习能力，并付诸行动；整体方面，全馆必须有一种良好的学习氛围和健全的学习机制（组织、制度和管理），有整体的学习规划和明确的学习目的。

二、建立学习型图书馆的必要性

1. 时代发展的需要

人类社会的进步、时代的发展，需要创新，需要与时俱进。创新与发展，需要学习，学习是获取生存与发展的基本条件，是谋求发展的第一要务。况且 21 世纪是知识经济时代、网络信息时代。处于这样一个时代，学习的创造性和灵活性在知识经济中越来越重要，而经验和传统的作用都在降低。学习不论对于个人还是整个组织机构，甚至整个国家来说都是至关重要的。因此，推进全民终身学习、创建学习型社会，是当今世界的一种教育思潮，是 21 世纪人类进步的共同要求，有其顺应历史发展的必然趋势，它是进入知识经济信息时代的必然选择，也是保持个人、社会和经济可持续发展的不竭动力。

“形成全民学习、终身学习的学习型社会，促进人的全面发展”，这是党中央向全党和全国人民提出的 21 世纪前 20 年全面建设小康社会的一项重要内容和奋斗目标。图书馆作为人民的终身学校、大众终身学习中心、知识资源交流中心、文献信息集散中心，是人们终身学习、获取知识的主要基地和保障体系，在全民学习、终身学习、创建学习型社会中有重要的不可替代的作用。倾力创建符合时代前进要求、具有行业特色的学习型图书馆，是网络时代图书馆的首要任务和历史使命。

2. 提高图书馆管理水平、增强竞争力的需要

知识经济时代的竞争是知识创新的竞争。图书馆的核心竞争能力就是持续不断地开发、更新、创新知识，并迅速地转为信息产品的服务能力。

目前，各类图书馆尤其公共馆普遍存在一些问题：学历层次偏低、文化素质差、

业务水平低、职业素养不高、学习气氛不浓；中老年馆员学习愿望不高、学习能力有限；年轻馆员虽有学习愿望，却都是为了捞学历、混文凭或脱离本职工作，盯着馆外的诱人风景。这样的图书馆无法适应知识经济时代信息加工、知识再生产的图书馆新任务，使其持续发展受到很大制约。图书馆过去所承担的信息传递和服务中介作用正在弱化，图书馆正受到其他信息服务提供者的严峻挑战。这明显地体现在图书馆不再是信息资源的唯一提供者。而网络成为信息存贮和传递的重要媒介，任何人都可以利用网络直接存取信息或进行信息交流，从而减少了人们对图书馆的依赖。在这种情况下，唯有对图书馆进行改革，改变传统的图书馆组织结构，因此，创建学习型图书馆就显得尤为重要。只有这样，才能不断提高图书馆人员素质，提高管理水平，使图书馆更具竞争力，以应对环境的变迁与科技进步的考验，使图书馆可持续长远发展。

3. 有助于建设学习型社会

学习型社会必须依托全社会学习型组织的普遍建立才能逐渐形成，学习型组织是学习型社会的基础，是随着各类学习型机构不断形成和壮大而建成的。学习型图书馆是学习型社会的根基，是最重要、最有效的学习型组织，建立学习型图书馆在我国具有基础性、战略性、决定性意义。图书馆是人类知识的宝库，是搜集、整理、开发、利用文献信息资源，为政治、经济、文化、教育、科研服务的重要场所，是传播和交流知识信息的中心，是重要的思想文化阵地，是国民进行学习、获取知识的主要基地与保障体系，是对所有人开放、提供永久服务的文化教育机构。这里环境优雅、清新肃穆，有着深厚的文化氛围，弥漫着学习气氛。图书馆文献资源藏量丰富、品种多样（书、报、刊、电子文献、视听文献等）、载体各异（印刷型、非印刷型、缩微型、视听型、电子型、计算机阅读型等），可对人们的思想道德、文化修养、职业技能等各方面进行全方位教育。随着信息技术、计算机技术、通信技术和网络技术的发展，图书馆正在用这些现代化的技术手段武装自己，并朝着电子化、数字化、网络化的方向发展。图书馆所从事的工作就是对信息知识的管理，使杂乱无章的知识信息经过整序、分类、编目，成为有规律可循、便于查找、能够使用的文献信息，还有各种有效的知识竞赛、读书活动的组织和开展及指导等。这些优势无疑让学习型组织的形成与发展如虎添翼。因此，图书馆的终身教育职能对于社会的贡献将是不可估量的。图书馆界应该充分认识到这一点，善于抓住机遇，在创建学习型社会中，发挥自己的独特优势，把自己建成学习型图书馆，公民终身学习的学校、终身教育中心，大力推进学习型社会建设，使我国成为世界上最大的全民学习和终身学习的学习型社会。

三、建立学习型图书馆的措施

1. 更新学习观念，改变传统学习方法、内容、目的

图书馆以往的学习，多是政治学习、学历教育和岗位培训，学习内容较陈旧，针对性不强，对个人及整个图书馆都缺乏实际指导。创建学习型图书馆与传统的图书馆的政治学习及业务学习有着共同性的一面，但更有本质性的区别：它不能单纯靠行政命令来推行，也不是每周专门安排一个单元时间就了事，它需要图书馆领导及每位馆员都必须充分理解学习型图书馆的真谛，认识到不改变旧的观念已不能适应时代的变革和发展。因此学习内容要以整个图书馆的长期发展为导向，以个人的事业发展为依据，以工作的实际需要为核心，按需要设置学习内容，做到学以致用，用而择学。

2. 确立图书馆的共同愿景与发展目标

明确地制定图书馆的共同愿景与发展目标是建立学习型图书馆的首要任务。我们可通过各种会议、各部门会议、制作问卷等方式，鼓励图书馆员不断地认清自己内心深处的个人愿景及对组织的愿景。馆领导应彻底了解所有馆员的愿景及组织愿景的异同处，再将馆员个人对组织的愿景做一整合，并参考读者对图书馆的期望和环境现状，共同协调制定一个务实的且为大家所认同所接受的共同愿景与组织发展目标，使之成为馆员共同的价值观和使命，以创造力作为实现愿景目标的强大支撑。

3. 把图书馆打造成为一个学习的团队

馆员是图书馆最主要的决定因素，通过终身教育，把图书馆营造成为一个学习的团队，充分发挥团队精神，培养馆员系统思考与超越自我之精神，把馆员自身潜在的各种创造能力充分发掘出来，并使之逐渐扩展和完善，从而为图书馆事业的持续发展不断注入新的力量，这也是创造学习型图书馆的一个重要方式。因此，图书馆必须充分认识终身教育的重要性，在图书馆内部系统建立一个完备的终身教育机制，使图书馆所有的馆员都拥有公平的机会去学习，确保图书馆的领导者及其上级单位不可剥夺馆员的学习机会。除了主动积极地提供给馆员更多的各种形式的学习课程和相关资源及更优质的学习环境之外，还应该设法建立一套完整的馆员进修、学习制度，支持和鼓励馆员接受新知识和继续教育以及钻研精神，形成一个全馆积

极学习，互帮互学、生动有趣的学习氛围。如组织学术讨论会、知识竞赛、读书会等，使图书馆在个人学习、部门学习和组织学习三个层面上，都能安心学习，乐于学习，培育竞争向上的学习环境和氛围，从而营造一个注重学习的图书馆团队，培养馆员系统思考的团队精神和超越自我的创新精神，更好地发挥馆员的主观能动性和团队精神。

4. 图书馆领导者率先垂范

想要成功地建立一个学习型图书馆，领导是最关键的，是灵魂人物。只有思想敏锐、有事业心、有决心、有魅力的领导者，才能带动整个团队朝着图书馆共同的愿景努力。因此所有的图书馆领导者，不妨以开阔的胸襟，尝试接受新的观念，积极学习新知识，努力缔造宏观的共同愿景，并以身作则地影响部属们，如此才能促进图书馆的进步与发展。

5. 赋予图书馆员与读者相应的权利

图书馆领导者应该适度地让馆员非正式或正式地参与决策与管理，让员工有机会表达自己的意见，这并非给员工特权，而是让员工感到领导对他们的依赖与尊重，并视他们为伙伴。如此才能尽量发挥其潜能，并让全体员工为实现组织目标而共同奋斗。馆员为了给领导者提供更多更具建设性的优质建议，必定会不断地努力学习并充实自我，这样有助于学习型图书馆的发展。此外，现今的读者，自我意识渐高，甚至极想替图书馆来选择服务的项目与程度，针对这样的情形，图书馆人员应以较积极的态度去面对，读者意见愈多，表示其愈关注图书馆的发展。因此，应加强与读者的沟通，及时获取反馈信息，从而形成良性的互动关系，并提供给读者更满意的服务，使图书馆成为良好的学习场所，这样有助于学习型社会的形成。

6. 落实绩效评估制度

建立岗位责任制和考评奖罚制度，按照公平、公正、公开的原则，实行量化考评评估，做到多劳多得、奖罚分明，对于馆员各方面的表现给予适当的奖励与惩罚，有助于调动其积极性。对于长期致力学习与发表研究成果和工作勤奋的馆员，给予公开表扬和物质奖励，借以激励馆内其他成员；相反地，对于不努力学习和工作敷衍了事、马虎应付的馆员，给予适度压力与责任，必要时给予批评或处罚，以减少不良习气对图书馆学习气氛与工作热情的消极影响。

参考文献

[1] 林波 . 论学习型城市中的公共图书馆建设 [J]，图书馆学刊，2003（3）：13−14.

[2] 郭雷 . 图书馆如何成为学习型组织 [J]，图书馆学刊，2003（4）：12−13.

[3] 薄红 . 论学习型社会中的图书馆 [J]，图书馆学刊，2003（6）：9−10.

本文发表于《图书馆学刊》2004 年 ，第 4 期

作者简介：黄钢水，男，副研究馆员，曾任南安市图书馆馆长，现已退休。

高校图书馆应紧扣高等教育来实践人文精神

泉州师范学院图书馆　庄珍珠

摘　要　文章介绍了高校图书馆人文精神的现状，提出了紧扣高等教育实践人文精神的具体思路。

关键词　高校图书馆；高等教育；人文精神

人文精神所倡导的以人为本的精神内核是为人所共知的，但实践人文精神的具体方法、方式则应根据实践所在领域的情况、实践对象的特点而定，唯有此才能展现真正意义上的人文精神。众所周知，高校具有人才培养、科学研究和服务社会三大社会功能，而作为高校三大支柱之一的高校图书馆在实践人文精神时，只有紧密围绕并积极参与高校这三大社会功能的实践才能真正体现以人为本、以读者为中心的人文精神。为此，笔者针对高校图书馆人文精神的现状，提出高校图书馆应紧扣高等教育来实践人文精神这一观点，并谈谈其实践的具体思路。

一、高校图书馆人文精神方面的现状

1. 混淆了人文知识与人文精神这两个概念

涂又光先生指出，人文知识并不等于人文精神，人文知识是“知道”，人文精神是“体道”。人文知识，体之行之，才成为人文精神；人文精神，说之写之，就成了人文知识。

在高校图书馆的日常工作中，馆员在人文知识与人文精神关系的处理上，存在着两种现象：一是认识与实践的脱离。应该说，广大馆员对高校图书馆读者第一、服务育人的宗旨及最大限度地满足读者的需求，为学校的教学、科研提供切实有效的文献信息保障的根本任务是知晓的，可惜在实践中却是另行一套、“各显本色”，致使广大师生读者对高校图书馆的服务颇有微词，广大读者的呼声也迟迟得不到回应。比如新书少、新书上架慢、新学科没有辅导书、网速太慢、过刊装订时间太长等，广大读者普遍关注、经常反映的问题最后都只好化作耐心继续期待。二是认识的浅显导致实践的不到位与局限性。比如馆员对以人为本、以读者为中心的服务理念的理解，大多仅停留在你问我答、你借我给的守摊、被动服务的层面，顶多是心情好时再配上微笑服务，从而导致在日常服务工作中呈现出一种本室有相关资源便服务，没有便一律不知的简单化服务，而不是采取心理换位的方法，站在读者的立场，想读者之所想、急读者之所急，并以整个图书馆的资源为依托，有针对性地为读者提供典藏于各室的文献信息资源，使读者通过一个窗口便能获得全方位、多层面的增值服务。

2. 实践人文精神的对象及目的性不够明确

高校图书馆实践人文精神的对象是广大师生读者和科研人员，其目的是为了更好地满足读者的各种需求，通过适当的引导与教育，让读者充分利用各类资源，并用出成效。但在具体的实践中却存在很大的偏差，主要体现在：一是只关心手段的采取，不注重目的的落实。当前各高校图书馆都在花巨资加大数字图书馆的建设步伐，比如连接因特网、建立镜像站点、购买电子书刊及各类数据库、加入高等教育保障体系等，从而构建了颇为丰厚的网上虚拟资源。但是，由于高校图书馆忽视对馆藏资源尤其是网上虚拟资源的广泛宣传以及在用户教育费用支出上的严重不足，加上又缺乏持续、深入的用户教育，使大部分读者在网上虚拟资源面前无所适从、障碍重重，只能望“源”兴叹，从而导致网上虚拟资源利用率低、利用主体的范围小，呈现物无所值、形同虚设的状况。二是只关心表面数据，而忽视引导、教育职能。比如在外借工作上，只重视借阅量，而不注重分析、掌握读者的借阅方向、借阅规律，并加以正确引导及作为下一轮采访策略调整的基本依据；在阅览工作上，也只关心每天接待读者的人次，而不关心读者到阅览室是自修、消遣，还是在查阅资料以及在查阅什么资料，该如何对其阅览行为进行引导等，致使读者在利用图书馆上完全是因兴趣而定或仅为完成老师布置的作业而来，而没有站在如何利用图书馆来提高自身各方面素质、促进自身更好成才的高度来看，从而呈现出一种不利用或短期性利用图书馆的状况，导致收效甚微。

3. 实践人文精神的主体离高等教育的要求还有一定的距离

馆员队伍是高校图书馆实践人文精神的主体。由于历史和现实的原因，馆员队伍离高等教育的要求还有一定的距离，其集中体现在以下三点：一是馆员队伍的整体素质较低。长期以来，高校图书馆是人事处安置家属工的首选去处。现实中，高校图书馆内部缺乏全员培训、信息素质教育的机制，加上人手紧缺，还聘有相当数量的临时工，致使高校图书馆的整体服务水平上不去，服务质量不高。二是缺乏参与育人的意识与素质。以服务育人为宗旨的高校图书馆也肩负着参与高等教育培育高素质、负责任的人才重任，但是由于高校图书馆馆员队伍的整体素质偏低，许多馆员不具备育人的文化素质和信息素养等条件，又缺乏育人的方法和方式，更为关键的是不注重在实践中提升自身的素质、提高自身的服务水平，致使在服务中难以履行引导育人、教育育人和管理育人的职责。 三是欠缺深入服务各专业、学科的学科馆员。当前各高校图书馆大力凸显的是服务性，在学术性上一般都显得比较薄弱，广大馆员也因为缺乏学术研究的外部氛围，而不注重提高自身的学术素养，也缺少对相关学科领域进行深入学习、钻研的积极性。高校图书馆目前普遍缺乏的是既有学术潜质、掌握相关学科知识，又熟悉图情专业、计算机专业知识的学科馆员。

二、紧扣高等教育实践人文精神的具体思路

1. 增强育人意识与凭借自身优势抓好育人工作

读者第一、服务育人是高校图书馆的服务宗旨，高校图书馆可以凭借丰厚的馆藏资源、广泛接触大学生和优良的人文氛围这三个独到的优势来抓好以下三方面的育人工作：第一，抓好用户教育，提高大学生利用图书馆的技能。高校图书馆应根据本馆不同阶段的发展状况及服务项目的拓展情况，切实有效、持续深入地开展用户教育，从而把开启知识宝库的钥匙交给每个大学生，让大学生可以根据自身的需要、喜好去开启知识宝库，去寻找自己所需的知识宝藏。一旦大学生因会用图书馆而牢固树立起利用图书馆的意识，那么，高校图书馆的馆藏实体资源和网络虚拟资源便成为大学生增长知识和提高能力的源泉，进而逐渐内化为大学生的素质，促使大学生在掌握某个领域专业才能的同时，又具备宽厚广博的文化修养，切实提高自身的综合素质。第二，因势利导，促进大学生走好成才之路。一般来说，大学生在利用图书馆上都呈现出短期性、易变性及因自身兴趣、爱好而定的特点，所以馆员在服务中应抓住这一规律，利用与大学生频繁接触的机会，采用个别谈心的方式因势利导，引导大学生在利用图书馆时与各自的专业、特长结合起来，走向有针对性、稳定性地利用图书馆的高层次，注重把自身培养成为一专多能的复合型人才，从而走好成才之路。第三，营造优良的文化氛围，培养大学生的人文精神。1998 年 10 月联合国教科文组织在巴黎召开的首届世界高等教育大会所制定的《宣言》中明确

提出，高等教育是培养高素质的毕业生与负责任的公民，即要培育出对社会高度负责的高层次人才。在科学技术这把“双刃剑”极度锋利的今天，是否拥有“求善”之心和富有人文关怀的人文精神是对大学生的本质要求，所以高校图书馆在育人过程中应特别注重营造优良的文化氛围，培养大学生的人文精神。比如，通过制定完善的规章制度来培养大学生与人为善、遵章守纪的良好行为习惯；通过悬挂名人画像、名言警句来激励、培养大学生向上的心态，进取、拼搏的精神；尤其应通过富有知识性、思想性的文献信息资源的传递来陶冶大学生的情操、铸造大学生的灵魂、培养大学生的社会责任感与历史使命感。总之，馆员在服务工作中应注重大学生人文精神的培养，督促其自觉以公民基本道德规范要求自身，正确对待及处理各种关系，把自身成才与报效祖国、造福社会、造福全人类紧密结合起来。

2. 增强学术性以提高服务各学科的能力

高校图书馆是为教学和科学研究服务的学术性机构，学术性和服务性都是高校图书馆的根本特性。但长期以来，高校图书馆普遍缺乏学术研究的氛围，以致对各学科专深服务的能力差，不能充分发挥导航员的作用，高校图书馆也因此难以成为高校科研的前沿阵地。鉴于此，可以从以下两方面来切实增强高校图书馆的学术性，提高服务各学科的能力：一方面，在全馆倡导学术研究，树立服务与科研相结合的意识。高校图书馆应在全馆倡导“以服务带科研，以科研促服务”的思想与做法，要求馆员在掌握图情专业知识、发展信息素质的同时，应结合自身的条件、兴趣选择一个学科方向加以发展，深入学习、了解、掌握该学科的相关知识，以切实提高对该学科进行深层次服务的能力。况且，由于长期对某一学科提供专深服务，也为馆员进一步学习相关学科知识、掌握科研动态、触及研究前沿创造了条件，馆员的文化素养、学术水平和科研能力势必也会随着服务的不断深入而得到相应的提升，从而在服务与科研上形成良性互动的关系。另一方面，培养学科馆员、学科专家，打造服务品牌和精品。高校图书馆可以根据本校学科建设及发展趋势，重点培养有学术潜质、学术素养并掌握相应学科知识的馆员，使之成为学科馆员、学科专家；或者可以通过引进、聘任立志于图书馆工作的具有学科专长的专业人员，使之在图情专业知识、丰厚的文献信息资源的辅佐下成为高层次的学科专家，以提升高校图书馆服务工作的学术性含量，从而更好地服务于学科的建设与发展。

3. 扩大服务范围以强化服务社会的功能

《普通高等学校图书馆规程（修订）》第 21 条明确提出：有条件的高等学校

图书馆应尽可能向社会读者和社区读者开放。可见，高校图书馆应不断扩大服务范围，自觉为地方经济和社区居民的文化生活服务，以满足学习型社会里人们日益增长的文化和精神生活方面的需求。那么，当前应如何强化高校图书馆服务社会的功能呢？对此，应着重抓好以下两点：第一，给社会读者办理借阅证，为其提供文献信息服务。即向有借阅需求的社会各界读者办理借阅证，允许他们到高校图书馆借阅图书、查阅资料及利用馆藏虚拟资源，在技术、设备等方面条件允许的情况下，也可以向社会读者提供网上图书预约、续借服务，网上检索高校图书馆馆藏虚拟资源及网上文献传递的服务。第二，为社会读者、企业提供咨询及决策服务。这是属于面向社会提供高层次的文献信息服务。对此，不仅要求高校图书馆要有较强的开发、利用文献信息资源的能力，也要有较强的社会调研及掌控、分析社会信息的能力，从而能直接参与社会读者课题的研究、企业决策的制定，并为其提供丰富、翔实、富有参考价值或实际操作意义的第一手资料，以帮助其深入研究或做出正确决策。

综上所述，高校图书馆只有紧扣高等教育，积极参与并紧紧围绕高校人才培养、科学研究、服务社会三大社会功能的实现来实践自身的价值，高校图书馆的价值才得以充分体现，也才能充分展现高校图书馆的人文精神。

参考文献

[1] 涂又光 . 论人文精神 [J]. 中国哲学史，1997（1）：6-10.

[2] 杨叔子 . 现代高等教育：绿色、科学、人文 [J]. 高等教育研究，2002（1）：18-24.

[3] 邓彦 . 略论高校图书馆的学术性 [J]. 图书馆论坛，2001（6）：86-87.

本文发表于《图书情报导刊》（曾用刊名：《科技情报开发与经济》）2008 年，第 1 期

作者简介：庄珍珠，女，副研究馆员，曾任职于泉州师范学院图书馆，已离世。

以素质教育为契机 把图书馆办成终身教育的基地

泉州市图书馆 丁雅霜

摘　要 本文提出应充分发挥图书馆这座社会大学的优势，使其成为青少年终身受教育的基地。

关键词 图书馆；素质教育；青少年；教育基地

党的十五大提出了跨世纪社会主义现代化建设的宏伟目标与任务，对落实科教兴国战略做出了全面部署。在改革开放和现代化建设新时期，邓小平同志反复强调，实现社会主义现代化，科技是关键，教育是基础。“跨世纪素质教育工程”正是针对科教兴国这一目标和任务提出的。在教育转轨之际，图书馆这一读书育人之地，应当努力适应新时期变化，以素质教育为契机，坚持把图书馆办成青少年终身受教育的牢固基地。

一、图书馆的优势

1. 丰富的文献资源

图书馆是知识的海洋，是智力资源的宝库，它蕴藏着人类社会的文明成果。图书馆丰富的文献信息资源是少年儿童接受全面系统的素质教育所吮吸不尽的营养源泉。这种独特的物质优势，是任何其他场所无法代替的。

2. 拥有一流的现代化服务设施

图书馆拥有较完备的现代化物质设备条件等，可以任意将各类不同的资料排列组合，使其达到图文并茂、生动形象逼真的效果，这不仅极大增加了读者的阅读兴趣，而且可以提高总体信息获取量，从中还易于发现前所未有的关联与启示，因而受到新一代在计算机环境中成长起来的越来越多的青少年读者的欢迎。

3. 便于开展丰富多彩的文化活动

图书馆是文化传播的重要场所，也是社会文化活动阵地之一，开展内容丰富、新颖多样、动静结合、富有教育意义的读书活动，能对读者起到潜移默化的教育作用。各种各样的读书活动，让少儿通过读、讲、写、编等活动，培养创造性的思维和能力，调动广大青少年的读书积极性，因此，作为社会文化活动的重要场所——图书馆，便是素质教育不可缺少的要素。

4. 爱国主义教育的基地

结合时事对学生进行爱国主义教育，如北约炸我驻南联盟使馆，通过这一事实，向学生讲述有关霸权主义的含义，阐述我国维护和平的正义行动，同时让学生意识到只有国家强盛，国防强大，才是维护和平、维护主权的根本保证，从而激发学生的爱国热情及民族尊严，促使学生更加发奋学习，为国家富强贡献自己的一份力量。

5. 人类灵魂的工程师——图书馆员

随着社会日新月异变化，尤其是信息社会的到来，图书馆员在社会中的地位将越来越高，作用越来越大，当然，不是优秀的馆员是无法胜任这一艰巨的任务的。高素质的图书馆员是开展素质教育有力的人员保障。

6. 人才辈出的摇篮

图书馆是培养学生阅读能力和学习能力的学校。历史上许多有作为的专家学者，都经常出入图书馆，并善于利用图书馆的书刊资料。伟大的导师马克思所著的《资本论》这一论著，便是在图书馆中写出来的。毛泽东早期也曾在图书馆工作学习过。诸如此类，举不胜举，所以说图书馆是培养人才的摇篮，求知者的大学校。

二、时代的要求

21世纪是瞬息万变的时代，是竞争的世纪，要立足于21世纪，必须有过硬的本领，不但有适应社会的能力，而且要有创新本领。要使新一代立足于社会，并成为社会的栋梁，图书馆责无旁贷。

1. 面对现实

我国是一个发展中国家，不可能在短时间内普及高等教育。每年都有数百万接受中等教育的毕业生直接进入社会，从事各行各业的工作。他们在工作中要不断提高和更新科学文化知识，进行改革创新，解决难题，这一切都离不开对文献资源的依赖，也就离不开对图书馆的利用。因此在中学对学生进行信息教育，开设图书情报教育课程，显得尤为重要，只有这样，学生在学习中遇到疑难时，才知道如何查找所需的文献资料来解决问题，使学生从中学开始就具有获取和利用文献信息的意识和能力。这对他们今后一生的学习、工作和科研将产生深远的影响。

2. 培养学生实际操作能力

美国的小学毕业生能够熟练地在图书馆利用计算机和缩微胶片系统查找自己所需的各种文字和图像资料，这与平时多进行实际操作是分不开的。我国在进行文献检索理论教育的同时，应注重学生操作练习，理论联系实际，使学生切实掌握各类文献的查询方法和各类工具书的使用方法。中小学生年龄偏小，文化层次和理论水平相应不高，更应该侧重对其操作技能的培训。图书馆咨询部门应密切配合教学，帮助学生完成实际操作训练。没有实习条件的学校可请其他部门的图书馆协助，在其他课程的教学中，教师也应该配合文献检索教学，布置有关作业，督促和指导学生去图书馆参加检索文献，完成练习，培养和提高学生的实际操作能力。

3. 提高学生外语水平和计算机运用水平

随着科学技术的发展，外语水平和计算机运用能力已成为人们工作中不可缺少的工具，信息能力的提高更加依附外语水平。充分利用现代化教学手段，切实加强计算机、外语以及其他各种能力的培养，是提高学生现代信息技能的基本保证。

4. 培养“社会型”的人

今天，人类的智慧和创造力已经把社会推到一个前所未有的时代。青少年所面临的是一个充满知识、充满变化、充满发展的社会，所以“一劳永逸”地获取知识已成为过去。青少年需要做的是终身学习。如何去适应一个不断演进的知识体系，如何去适应不断变化的社会，是摆在青少年面前的一个现实问题，图书馆的职责在于引导青少年树立不断学习的态度，培养不断学习的能力，以及积极适应社会生活的态度和能力。

5. 培养锐意进取的意志力

社会进步了，科技发展了，在学习工作中遇到的问题，也复杂多了。各个问题中存在着相互关联的关系，一个问题要解决，同时带出好几个相关问题，它需要青少年具有丰富的知识和解决问题的能力，有承受心理压力的能力，能直面人生，在困难面前勇闯智闯，直至凯旋。

6. 培养增强科技意识

及时向青少年一代传递世界上最新最先进的科研成果，让这一代人了解社会发展动向，培养他们的科技创新意识，同时认识到我国的差距与不足，有种危机感，从而在学习中有选择地充实自己，有目标地发挥自己的优势。让他们在社会中既能立足，又能加以发展，进而成为栋梁之材。以上都是时代对图书馆的要求，也是图书馆培养青少年一代的责任。

三、改变服务方式，增强图书馆功能的辐射力

1. 调整开馆时间

根据季节和青少年需求安排开馆时间。青少年一般都在校求学，如按正常开馆时间，中小学放学了，我们也闭馆了，这样不利于在校学生利用图书馆。为了方便读者，图书馆应重新调整开馆时间，即中午不休息。夏季整天开放（即早 8 点至晚 9 点全天开放），并坚持常年开馆，日日服务，少儿阅览室常年坚持把书送到学校，为少儿创造更多的读书机会，为广大青少年创造良好的读书环境和获取知识的机会。

2. 改善阅读条件

在馆内挂名人名言，种植花草，实行开架借阅，以及创办集学习、娱乐于一体的电子阅览室，使青少年走进图书馆便有愉悦的心情和健康向上的学习氛围。

3. 采取一套行之有效的阅读辅导方式

对于电子阅览，有的读者不懂操作，因此需要配备专人给予分别指导和开展培训活动。结合少儿读书特点，组织一支由图书馆工作人员、学校老师、少儿代表组成的辅导队。即让少儿代表把学生的学习体会心得、信息收集起来，反馈到老师或工作人员处，由老师配合我馆工作人员进行解释、讲解，这样既有利于学生学习的提高，也随时可以加强图书馆在工作中的薄弱环节，这样，图书馆在青少年的心中便深深扎根，提高了图书馆外在形象和内在凝聚力。同时，推动图书馆各项工作的开展。

参考文献

[1] 周新学 . 试论少儿读者科技意识的培养 [J]. 图书馆工作与研究，1999（6）：65–66.
[2] 果红 . 知识经济时代大学图书馆教育职能的拓展 [J]. 图书馆建设，1999（5）：54–55.
[3] 王海芳 . 中学开设图书情报教育课的必要性与可行性 [J]. 图书馆建设 .1999（2）：67–68.

本文发表于《图书馆工作与研究》2000 年，第 5 期

作者简介：丁雅霜，女，副研究馆员，曾任泉州市图书馆特藏部主任。

浅谈如何加强公共图书馆的宣传工作

德化县图书馆　陈　丰

摘　要　公共图书馆历来对宣传工作重视不够，本文通过分析原因，阐述如何利用各种途径来加强图书馆宣传工作的力度。

关键词　公共图书馆；宣传工作

公共图书馆是保存、积累、传递人类智慧及文化成果的专门机构，是大众终身免费学习和受教育的场所，历来被世人誉为“没有围墙的大学”。近些年，公共图书馆对提高劳动者素质、推动社会进步发挥了很大作用。但从总体来说，我国的图书馆事业发展步伐还是缓慢的，尤其是基层公共图书馆。造成这种状况的原因是多方面的，但有一点是不容忽视的，那就是我们对图书馆的宣传工作重视不够。我国图书馆虽然有着悠久的历史，但由于过去长期处于封闭状态，现在虽已进入网络时代，但公众对图书馆仍旧缺乏应有的了解，图书馆在公众心目中的地位仍不高。图书馆的发展缺乏社会动力。因此，图书馆事业要发展，就必须加强图书馆的宣传工作。

一、公众对图书馆的意识淡薄

在基层公共图书馆工作的人员，经常会碰到这样的情况：有人跑进图书馆说要买书，把图书馆当作书店；有学生家长问你们文化馆平常都举办什么班，把图书馆当作文化馆；更有人问你们图书馆平常工作到底是做什么的，也听到有人说政府建图书馆不知有什么作用。据中国社会调查事务所在北京、上海、广州、天津进行的问卷调查，取有效问卷 674 份进行分析，在对公众“对各级图书馆的具体职能认识”的调查中，其中有 44.5% 的公众表示“不了解图书馆的情况”，因此不少读者对自己去图书馆的具体目的并不清楚，抱有一种去百货商场逛逛的心理，总认为那里的货多，品种齐全，挑选余地大。在调查中，公众对图书馆反映比较强烈的两个问题之一是开展学术及相关活动少,其中包括呼吁介绍图书馆资料的使用方法。1994年，当深圳南山区委政府决定斥巨资修建图书馆时，社会上许多人，都不知图书馆为何物，社会对图书馆意识之淡薄可见一斑。

通过这些现象我们可以看出：许多公众对图书馆的性质、功能、服务、发展程度等知之甚少，从而产生图书馆文献资源、读者服务功能使用率低下，这很大程度上源于宣传工作的滞后，使图书馆与读者之间缺乏认识和了解。因此，影响了图书馆效益的发挥，阻碍了图书馆工作的发展。

二、图书馆宣传工作力度不够的原因

1. 图书馆宣传的误区

图书馆宣传存在着很多误区。没有钱宣传恐怕是许多图书馆共有的理由。在当前的形势下，图书馆这种财政拨款的事业单位，不可能有更多的经费去进行广告宣传，不可能花更多的钱去美化环境，宣传工作自然不被重视或心有余而力不足，这是一种无能为力的叹息。对此，还有一种效益无关论，认为宣传的好坏与图书馆的工作效益关系不大，不像企业，广告宣传搞得好效益就会与之剧增。费用加入成本，就会得到更多的利润回报；而图书馆效益是隐形效益，是软效益，宣传的显形费用需由产生的隐形效益来回收。特别是现行体制，图书馆即使工作有起色，效益有提高，也很难增加经费。因为现行经费与效益关系不是太大，图书馆自然感到宣传不宣传也就无所谓了，不如省钱省事了之。

2. 被动宣传

许多图书馆只注重被动宣传，如编制各种目录、图书馆简介和读者指南等，它既为读者指导查阅，又宣传了馆藏，但这些只对进馆的读者和有明确需求的读者起作用，对尚未进馆的社会公众和广大有潜在需求的读者不能产生任何作用。现在我们已进入信息时代，但社会上尚有不少人不了解图书馆工作的内涵和价值，这部分人图书馆意识缺乏，工作和生活中遇到各种难题从来不知道找图书馆，也不知道图书馆是为谁服务。

三、做好图书馆宣传工作的对策

1. 提高认识

图书馆是文化教育和传播知识的场所。人们除了接受正规的教育（如从小学到大学到研究生）和正常的工作、生活外，可以到图书馆享受终生教育。作为图书馆工作者和管理者，首先要在思想上明白我们是为国家的繁荣富强，为创造和谐社会进行知识积累和信息的传递，这是有利于全民族文化素质和科技水平提高的有意义的工作；一定要站在读者的角度和立场上，来考虑怎样通过各种宣传途径，让他们了解图书馆的功能、性质、意义，图书馆有哪些文献、文献有什么特色、服务有哪些内容等等，从而提高图书馆的利用率和发挥图书馆的职能作用。

2. 加大投入

这里笔者所讲的投入，首先应是思想上的投入。当然，有了思想认识，还需要投入人力、物力和财力，诸如在人员方面可由一名馆领导专门负责宣传工作，并配备 1—2 名专职人员，要求既熟悉全馆的信息动态和发展变化，又有一定的策划能力和才艺，并能坚持正确的舆论导向，最好是一专多能的多面手。在物力和财力方面，作为馆长在财力上要合理安排，摆正奉献与报酬的位置，把宣传工作的具体措施落到实处。

3. 注重实效

我国目前一些行业宣传往往是走马观花，重形式而轻实效；重表面上的宣传而轻有的放矢；重形象宣传而轻连续性的信息提供。目的性不强，措施一般，难有明显的效果。图书馆应吸取其他行业在宣传中的经验和教训，结合图书馆宣传的实际，努力提高宣传效果。

四、加强图书馆宣传工作的措施

1. 采用各种传统手段宣传

传统的服务方式乃是先进的计算机所无法代替的。图书馆可以利用宣传栏、告示栏、小手册等传统服务方式来宣传、介绍图书馆的历史沿革，发展变化情况，以及本馆的藏书结构、藏书特色、设施布局、服务项目、目录体系、规章制度等具体内容，使读者一进图书馆就能对图书馆有个大概的认识了解。宣传栏、告示栏应该设置在进馆主要通道的醒目位置上，以编排活泼醒目、内容新颖来吸引读者。同时，充分挖掘馆藏的资料编印《每周要闻》《读者参考》等，向读者提供针对性强，又具有时效性的信息资料，来扩大图书馆的影响。

2. 充分发挥新闻媒介的宣传作用

广播、电视、报刊等新闻媒介已成为人们日常生活中不可缺少的组成部分。

图书馆可以采取一切可以采取的宣传措施和有关新闻单位联合；在广播、电视、报纸、互联网上像某些商业广告一样“轰炸式”地宣传图书馆的性质、意义、功能、服务项目、馆藏情况、最新动态等；运用广告艺术，通过语言、色彩、动态等视听因素来增强人们对图书馆公共服务的注意力，形成明显的“眼球效应”。图书馆有什么新的动态、举措、服务项目出台，要做好前期宣传工作，可以通过网站和新闻媒体发布信息预告，以引起读者的兴趣和注意。

3. 利用“名人效应”宣传图书馆

常言道：“榜样的力量是无穷的。”古今中外许多知名人士的成功都得益于图书馆。通过对成才与图书馆有关的名人进行宣传，最好是结合自己当地的名人，来提高图书馆的影响。在人类社会发展进步的过程中，图书馆与当地名人的关系，既是非常密切的，也是相互促进的。如我县走出去的蔡尚思教授就是一个非常典型的宣传对象。蔡老是复旦大学原副校长，现代著名的思想家、哲学家、史学家，24岁就担任复旦大学教授。28岁那年为了撰著《中国思想史》一书，到江苏国学图书馆住读，每天从早到晚，最长达18小时，最少也有16小时，整整连续坚持三年略阅和翻阅图书数万卷，搜集了资料数百万字。多年来为了家乡图书馆的事业捐献了几千本图书。图书馆专门设立了一个“蔡老专室”。如果利用他与图书馆有关的感人事迹，展开一系列形式多样的宣传活动，如专题报道、专题讲座、读书演讲会、爱我家乡报告会、“我与图书馆”征文活动、为家乡建设出谋献策活动等，同时，与全县各个学校配合，组织中小学生前来参观，让他们写观后感，并举行评奖活动等，必将在全县的广大读者中产生很大的影响。

4. 开辟新的宣传渠道，突出重点服务

作为一个公益性服务行业的图书馆在开展服务方面，既要面向社会为一般读者服务，又要对重点读者实行重点服务。可以根据当地经济发展的需求采取灵活多样的宣传服务手段为社会服务，来扩大图书馆的地位和声誉。如我县是全国三大瓷都之一，尤以象牙瓷、瓷雕驰名中外。一个仅30万人口的县，就有1000多个瓷厂，一年创汇近20亿元，占全县财政收入的一半以上，是全县经济的总命脉。县里还有一所陶瓷学院，在这种情况下，有关陶瓷美术方面的书籍，如陶瓷雕塑、工艺美术、配方造型、色彩颜料、素描速写等，就成为厂家学校迫切需要的“精神食粮”。许多厂家、学校常常为买不到这方面的书而犯愁，因为有时一本有参考价值的书往往可以给厂家带来一笔可观的利润。图书馆可考虑开辟一个“陶瓷美术专室”，利用这方面的书籍收集整理有关资料信息，提供给各个厂家、学校。这方面的服务工作若做得好，反过来还能得到广大厂家的支持，让他们捐款为图书馆事业献一份爱心。

5. 重视网络宣传

随着网络建设步伐的加快，图书馆信息服务手段已发生了根本性的变革，由传统的文献信息服务转变为网络化信息服务，出现了以数据库、电子出版物、电子邮件、电子数据交换等形式的多种服务手段，读者的咨询除了现在通常使用的面对面、信函、电话等方式外，还可以利用终端机通过网络进行信息远程查询，在网上进行交互式问答，通过电子邮件进行服务，服务模式逐步实现馆际互借、电子函件、文件信息传递、网络化信息查询、远程登陆、电子图书馆等资源共享的方式，提供网络查询服务将是图书馆服务的一个主窗口。

目前，许多图书馆已广泛应用缩微复制、静电复印、声像电子计算机、光盘等新技术，个别馆还推行个性化信息服务，大体有：词表导航、推送服务、智能代理、信息传播服务及各种各样的中介信息服务。可见，当今信息社会，图书馆的服务方式、服务内容、服务手段、服务范围、服务意识、服务模式等都发生了深刻的变化。这些变化，社会知否？所有的读者知否？

图书馆要举办网络知识培训班，宣传印发网上资源查询指南等方式，教会用户正确使用网上资源的方法和技巧，引导更多的用户使用网络，提高网上的查准率、查全率和利用率。同时，图书馆应充分利用网上的优势开展宣传，依靠强大的网络组织扩大影响。诸如倡导良好的社会风尚、提倡环保、宣传禁毒、关注人口老龄化、关注外来工生活状况、关注国内各种重大突发事件等方面发挥其无可比拟的作用。还可以在主页的联机公共书目上，介绍馆藏数据库、地方志目录、地方法规、缩微目录、古籍检索和馆藏服务内容、特色服务等。

6. 加大宣传力度，广泛争取社会的认可和援助

财政拨款是公共图书馆经费来源的主要渠道，同时也要加大宣传力度，与社会有关团体联合，开展一些有影响的大型活动，如与学校联合举办书评、征文、知识竞赛，与民政、团委、工会联合开展对外来工的就业培训，与科委、科协联合举办科技讲座，与当地政府配合，在每年的“文化下乡”活动中，为农民送图书报刊、信息资料并举办科技讲座、法律讲座，与文体局、摄影协会联合在“五一”“国庆”期间，举办摄影展，宣传当地旅游风光等。利用图书馆丰富的馆藏资源和各种专业人才，有声有色地开展好各种服务于社会的活动，必将提高图书馆的知名度，产生

深远的社会影响，增加公众的图书馆意识，赢得社会各界的关注和支持。

五、服务是一种品牌，用品牌宣传图书馆形象

什么是图书馆的品牌？如果一个图书馆能通过自己的某种独特性，或一定的馆藏规模，或某一信息产品，或某一特色服务，在本行业中形成差别优势，那么，这种优势就是品牌。

麦当劳的炸薯条和汉堡包举世闻名，黄色的大写“M”总是使人联想到它那严格的食品制作标准、统一的布局、规范的着装，然而麦当劳人士则认为自己卖的是服务。因为他们清楚，即使他们有充分的理由炫耀其在世界上任何一个角落销售的汉堡包底部的厚度基本相同，也无法保证其不同雇员在不同时间提供的服务质量始终如一，只有出色的服务才是它和竞争对手的区别所在，为此各种个性化服务才能层出不穷。

同样，图书馆也是一种品牌。图书馆完善的服务包括：热情、周到、开放、亲切的借阅服务，准确、迅速的咨询服务，积极、主动推介图书和图书馆利用的指导性服务，接受顾客各种申斥、意见和要求的即时服务。但作为一种品牌，仅有这些还不够，服务的极致在于给人以惊喜，即服务已超出读者的想象和预期的结果，读者因受到超值的服务而喜出望外，这是一种超附加值的劳动，其核心是“高效+优质+个性内涵”。什么是个性化服务？就是在不违反法规和道德的前提下，让读者获得“满意加惊喜”。如2000年春节第一天，国家图书馆的全体领导列队迎接前来看书的读者，并赠送贺年卡，读者好评如潮。上海图书馆的“上图讲座”、首都图书馆的“北京历史文化系列讲座”、深圳南山区图书馆推出的“博士与您谈系列讲座”，双休日的迎宾礼仪等都收到了很好的“口碑效应”。

读者本身也是图书馆的宣传员。通过他们，可起到一传十、十传百的宣传效果。周全、系统、优质的服务，可起到正面的宣传效果。反之，对图书馆则会带来负面影响。西方人很注意制造疯狂顾客。在那里流行这么一句话：“一旦你赢得某个顾客的口碑，他更会急切地义务为你向7个以上的人广为宣传；反过来说，倘若你不幸触怒了某一位顾客，他便会连续不断地向28个以上的人愤怒地投诉你。”相对28而言，7这个数字固然是小了一点，但是精明的商家还是应该想方设法去追求并实现7的乘数效应。在广告因为虚假和造势而日益失去人们信任的今天，口碑和信誉是世界上最好、最省钱的宣传广告，也是一种资源。

要充分利用好读者这一庞大的宣传优势，图书馆首先应在服务工作上下功夫，寓宣传于具体、优质的服务之中。图书馆必须建立一整套文明服务规范，包括服务理念、服务用语、服务礼仪、服务规范、服务公约等，争取将其转变为一种理念，打造一种服务品牌。

在构建和谐社会的今天，图书馆必须肩负起新的历史使命，牢牢树立“读者第一”的服务思想，在当前特别要关注、关爱社会特殊群体、弱势群体的服务工作，来扩大图书馆的影响力，以优质的服务树立品牌来赢得更广泛的读者群。优质的服务形象，良好的口碑本身就是一种很好的宣传，这是潜移默化的作用。

总之，图书馆的宣传工作不但不可忽视，还应常抓不懈，决不可只是一场“雷阵雨”——宣传面不宽，宣传力度不够，搞形式反而有损图书馆形象。只有把宣传工作当作馆里一项重要任务，搞社会调查，根据广大读者的需求，列入每年的工作计划，持之以恒，通过广泛的、采取多种形式的宣传，来增进人们对图书馆的地位和作用的了解，尤其是在创造和谐社会中的地位和作用的了解，以便使更多的人走进图书馆、利用图书馆，从而为图书馆事业的发展打下更广泛的社会基础，使之更上一层楼。

参考文献

[1] 程亚男 . 书海听涛 [M]. 北京：国家图书馆出版社，2001.

[2] 郑建民，罗庭芝 . 浅谈公共图书馆的宣传工作 [J]. 图书馆，2005（3）：106−108.

[3] 谢胜敏 . 论公共图书馆的宣传工作 [J]. 河南图书馆学刊，2002（6）：18−19.

[4] 陈琼 . 新时期图书馆宣传工作 [J]. 江西图书馆学刊 .2000（3）：52−54.

本文发表于《农业图书情报学刊》2006 年，第 3 期

作者简介：陈丰，男，副研究馆员，曾任职于德化县图书馆，已退休。

信息时代公共图书馆建筑空间研究

安溪县沼涛图书馆　许子波

摘　要　人类始终是一种社会性的动物，在满足了基本的衣、食、住、行等需求之后，就开始重视对生活娱乐性和精神丰富性的追求。在学习新知识的过程中，人们不断地进行信息的接收、分析和传递，不仅提升了自身的文化需求，而且还培养了与人交流思想和感情的能力。在时代的不断变化过程中，越来越多的人开始进入公共图书馆进行知识的学习，公共图书馆作为大型的公共建筑，不仅存储着大量的文献，而且还能够促进人与人之间交流信息、传达信息的完成。对于这一时代背景下的公共图书馆建设，我们必须要重视精神性需求的植入，对其建筑空间和环境设计做出技术和艺术的完美结合。

关键词　信息时代；精神性需求；公共图书馆；建筑空间；环境塑造

一、前言

现如今我国的信息技术和科学技术发展已经进入了一个全盛的时期，各行各业的发展也都已经变得更为先进。对于图书馆这种大型公共建筑来说，信息技术的存在为其建设和发展提供了较多的契机，但是也带来了相应的挑战。信息时代发展的主要特点就是将计算机技术的广泛应用，如何合理利用这种技术就成为需要重点对待的问题。如今的公共图书馆虽然还是保留着大量的纸质书籍印刷物，但是读者在使用的过程中为了能够减少搜索的时间，较快地找到所需的书籍，需要通过计算机终端来获取相应的信息，实现信息的交流和数据的应用。因此，在信息时代下的公共图书馆建筑相对于传统的图书馆来说，在空间设计和使用流线规划中也出现了较大的不同。

二、研究的目的、意义

我国的公共图书馆发展迅猛，公共图书馆的建设不断提速。近些年来，图书馆的建筑逐渐成为一个相对比较独立的话题，引起了越来越多人的关注和重视。公共图书馆属于图书馆建筑当中比较主要的类型，分布非常广泛。其服务对象为整个社会，读者类型丰富。随着信息技术的快速发展，公共图书馆与信息技术之间的关系日益紧密，公共图书馆的功能也随之发生了非常大的变化。其中，使用信息技术处理信息以及提供服务已成为公共图书馆主要功能。因此，公共图书馆的建设同样需要实施一定的调整，需要在功能形式以及组织形式上有所变化，这样才可以更好地适应新情况。在公共图书馆中充分地使用信息技术可以更好地促进其数字化的发展，数字图书馆技术可以充分证明信息流通被物质流通所替代，并且出现了一种新的信息存储介质、信息获取方法以及传输方法等。数字图书馆技术，进一步促进了图书馆的发展。数字通信网络属于数字图书馆以及信息传输轨迹的基础部分。在这种情况下，公共图书馆的培训内容和功能将会出现一定的变化。这种功能性的变化会直接对图书馆建筑的设计原则、空间组织以及平面布局等造成影响。因此，一定要在公共图书馆的预建计划以及建筑设计当中考虑如何更好地使用计算机、多媒体技术以及网络技术等。其包括非常多的方面，比如空间组织的变化以及空间区域的分配等，对这一问题的具体研究将会对我国公共图书馆的建设有非常大的帮助。

三、信息时代公共图书馆建筑面临的新要求

1. 开放性

对于公共图书馆的建设，首先要考虑的就是具备开放性。在信息时代的大背景之下，读者在公共图书馆实施阅读行为大都是为了采用比较直接的方式，可以更加快速、便捷地了解自身所需的读物，在这个过程中不通过图书馆馆员的帮助也可以达到目的。因此在建设公共图书馆的过程中，在管理和设计方面一定要具备开放性的特点，而开放性也具备另外一种含义，就是建筑空间在设计的过程中应遵守弹性化原则，把适度的秩序当作建设的基础，相应的空间组织具备灵活性的要求。纵观公共图书馆的管理过程，笔者发现其经历了一个比较复杂的过程，建筑设计也会在这个过程中出现相应的变化。对于欧洲西部地区的一些国家来讲，最早的一些公共图书馆实行开架管理藏书和充足的阅读空间是分不开的，即在一定的空间之内保障读者可以尽快地接触到读物。19 世纪中期印刷术取得了进步，读物和读者的数量都在不停地增加，为了方便管理图书馆将藏书和读书的空间分开，最终导致存在藏书、借书、阅读三个空间。公共图书馆的概念在 20 世纪以后一直在不断地发展，

并且强调读者一定要在规定的时间之内完成阅读，以减少在公共图书馆滞留的时间，防止阻碍他人阅读。可见，图书馆利用开架阅览的方法，逐渐由之前的以藏为主转向以阅为主的方向发展。通过对这样的过程的研究，我们会发现公共图书馆在使用当中是一个动态化的过程，它的需求会根据内外环境的变化而不断地变化，如阅览室的大小范围需要实时调整，开架范围的具体变化以及藏书和阅读空间的兼容设备的更新等需要进行改革创新等。这些要求使得公共图书馆的建筑空间设计需要具有一定的灵活性和开放性，否则就不能够满足读者的需求，也不能够适应今后的发展变化。

2. 社会性

信息时代的公共图书馆往往会被使用者认为是一个提供文献和参考咨询的主要信息中心，而且对于社会中人们的终身教育是非常支持的。因此公共图书馆的大众性要求图书馆在设计的过程中需与不同年龄段、不同需求、不同类型的读者相适应。对于一些残疾人，则一定要考虑到他们身体缺陷的因素来进行无障碍设计，使他们能够方便地到达图书馆各处，并且需要提供特定的通道、载人电梯或者其他的一些具体服务等，甚至需设置相应的阅读空间。而对于盲人以及视觉障碍的图书馆使用者，还需要设置专门的盲文阅览室和图书语音播放室，以更好地满足他们的需求。与此同时，由于社会逐渐进入老龄化，越来越多的老年读者开始意识到知识的重要性，他们进入公共图书馆的次数也在日益增多，图书馆作为一种终身教育的场所一定要重视“白发族”读者的具体使用情况，可以针对具体活动项目进行相应的空间设计，为其提供相应的帮助。现阶段新课标要求学生德、智、体、美、劳全面发展，学校和一些机构往往会在空闲时间或者节假日组织同学们去图书馆进行学习和交流，图书馆也应为他们提供相应的服务才能够满足信息时代大背景之下人们对公共图书馆的要求。

四、信息时代公共图书馆适用对象的具体特点

公共图书馆属于一种社会福利组织，可以为广大人民更好地服务。公共图书馆的服务对象主要有研究人员、阅读爱好者以及有学习需求的人等。不同的阅读群体对公共图书馆的阅读环境以及阅读需求又会有非常大的不同。研究人员非常喜欢小且安静的阅读环境，这样可以保障他们的研究工作顺利进行；有学习需求的人追求学习空间的广阔性，这样可以在阅读书籍的过程中获得更多的知识；阅读爱好者

重视图书馆文化氛围的具体体验，并能感受到书籍所带来的快乐。从中我们可以发现，建立一种结合文化、娱乐和学习的综合性空间体系是非常必要的。信息时代公共图书馆和传统图书馆的建设状况与规模之间存在非常大的差异。前者可以为读者提供更好的服务。一方面，来公共图书馆读书的大多数人都属于乐于读书的读者，这种类型的阅读者在图书馆中阅读的目的相对比较简单，他们一般都有充裕的业余时间，来进一步提高自己的知识水平。另一方面，公共图书馆当中存在一部分研究型和学习型读者，他们希望可以在图书馆学习更多相关的知识，也较为注重环境质量。因此，为了使公共图书馆的具体服务功能得到改善，在增加公共空间建设的过程中提供一个比较安静的小空间是非常必要的，并且可以考虑在图书馆内设置一定数量的休息椅或咖啡椅，提高服务品质。

五、信息时代公共图书馆建筑空间研究

1. 阅读空间的设置

信息时代下的公共图书馆相对于传统的公共图书馆来说有着较大的变化，首先从阅览室的分类来讲，不再单独设置传统的电子阅览室，在设计的过程中需要把具备同样功能的电子阅览室之间相结合。同时，随着科学技术的不断发展，大量的文字典籍都在扫描以及压缩的基础上完成了计算机内的储存，纸质书籍的占用面积进一步减小，而且在公共图书馆的馆藏中也不会占据较大的核心位置。对于公共图书馆功能厅设计来说，相应的信息情报大厅也就是帮助读者进行信息查阅的空间必须要使用比较核心的位置。应建立一定的休闲设施空间，并且把走道、阳台及楼梯等空间更好地利用起来，使读者更好地休息以及完成静态交流。在信息时代的大背景之下，读者的阅读需求不是非常的迫切，只有在文字、音像、声音以及视频等方面引发读者的兴趣，才可以使他们全身心地投入到书籍的阅读过程中。为了使阅读空间趋于合理化，必须要考虑到相关的问题：第一，一定要重视分区设置的重要性，保障在同一个房间实施纸质阅读和数字阅读的时候区域分开。由于数字阅读需要借助计算机和键盘以及鼠标，相应的使用过程会产生一定的声音，这对于只是进行纸质阅读的读者来说会造成一定的影响，因此在阅读空间方面一定要用书架、盆栽、通道等方式完成隔离工作。一般来讲，会在靠近墙角的位置和出口的位置设置相应的电子阅览室，这样会降低噪声，并且在其周围放置大量的植物吸收噪声。第二，需要考虑设置的混合性，这样读者的阅读会更加方便，在电子阅览室中可以把座位

打散，使之零散地分布在各个角落，使读者能够自由地进行电子书籍的阅读。第三点是要进行分室设置，将数字阅读同纸质阅读分离开建立起一个单独的电子阅览室或者类似的网络咖啡吧，这种空间的设计不必非常拘谨和安静，而应更加具有娱乐性，可以把其设置为一个比较休闲的阅读场所，比如设置吧台、长椅，放置计算机，打破传统公共图书馆中的静态要求，塑造出一种新型的阅读休闲方式，这才更符合当代年轻人的阅读追求。

2. 藏书空间的设计

公共图书馆在信息化时代的影响下所体现出的一个重要特点就是开放性，所有的功能设置都必须以读者的需求为主，因此图书馆的“开架借阅”模式成为互联网推动过程中重要的存在，从最初的藏书逐渐地转变为目前的借书，因此一定要对藏书空间实施全新的布局以及规划。第一，要设置开放式空间，这种开放式设计更能体现借书、阅读以及藏书的一体化。第二，缩小过期读物的具体储存空间，信息一直在快速发展，读者对纸质读物的阅读量会变得非常小，电子版资料的运用使搜索变得便捷、快速，与学术类书籍的价格相比，数字版的资料更加便宜，和读者的阅读需求更加匹配，因此可以适当地降低纸质藏书，相应的空间用于其他功能的设置。

3. 关于公共图书馆空间多样性的具体研究

在信息技术的大背景之下，公共图书馆的功能出现了一定的变化。其不再属于一个比较简单的信息中心，从之前传统的单一借阅功能逐渐转变为具有全面性和多样性功能。一方面，其需要设置相应的动态空间，以保障静态空间和动态空间之间的结合。除了阅览室之外，图书馆还需要建立相应的展览厅、教室、电影院等。展览厅可以实施相应的文化宣传，影视馆可以为读者提供影视资料，教室属于比较重要的文化教育场所。另一方面，其也可以为读者提供一定的交流空间。图书馆需要定期召开特殊的演讲和学术交流会议，这为读者提供了交流平台，营造了良好的文化氛围。

4. 公共图书馆的可持续性研究

信息技术的发展及应用迫使图书馆面对更多的扩展和改造等问题。目前，我国的图书馆发展规模一直在不断地扩大，馆藏的数量和种类也在逐渐增加。为了使图书馆馆藏的管理更加现代，充分利用电子信息管理功能是非常必要的，这样就可以更好地和图书馆的具体发展需要之间相适应。

六、结束语

综上所述，信息时代下的公共图书馆建设必须要考虑三点：第一点是对符合设计的思考，公共图书馆的存在不仅仅要重点关注人们获取所需信息的途径和时间，而且要考虑到人与人在安静环境下的交流有效性，才能够提升使用者的舒适度。第二点则是重点关注开放环境的设计，美好的环境给人以心旷神怡的感受，使读者能够静心阅读，不受外界干扰，沉醉在知识的海洋中。第三点要在“以人为本”的思想理念下，重视人文观念的植入，设计者需要考虑读者在公共图书馆中的交通流线、内外部环境的融合、各个空间的使用情况等。在满足了上述三点要求后，信息时代的公共图书馆建筑空间设计才会有明确的主次关系、合理的布局，最终使公共图书馆在教育、娱乐、学习等过程中实现自身存在的意义。

参考文献

[1] 张宏靖．信息化时代背景下的公共图书馆建筑室内空间设计 [J]. 城市建设理论研究（电子版），2019（15）：80.

[2] 楼隆龙．当图书馆遇上大空间——浦东图书馆大空间公共建筑研究 [J]. 建筑与文化，2019（3）：128–129.

[3] 陶涛．现代公共图书馆建筑空间功能布局探讨 [J]. 图书馆研究，2018（6）：16–21.

[4] 陆扬帆．信息时代公共图书馆泛阅览空间设计研究 [D]. 南京：南京大学，2017.

[5] 孙文波．北京某高校图书馆工程施工管理问题研究及对策分析 [J]. 中国市场，2018（4）：47–48.

[6] 于萌萌，杨念齐．基于空间句法的威海党校图书馆安全疏散优化设计 [J]. 江西建材，2017（23）：53–54.

本文发表于《兰台内外》2020 年，第 29 期

作者簡介：许子波，男，副研究馆员，安溪县沼涛图书馆馆长。

网络环境下图书馆信息服务中的知识产权问题

华侨大学图书馆　吴翠兰

摘　要　本文论述了网络环境下图书馆信息服务工作的新方式以及这些新的工作方式可能涉及的知识产权问题，并提出了图书馆可采取的对策。

关键词　知识产权；图书馆工作；信息服务

随着计算机和现代通信技术的发展，因特网得到了广泛的应用，人类正在进入信息时代。数字图书馆、电子图书馆应运而生，它们利用方便、快捷的网络技术开展各种新型的信息服务。然而，网络环境下的图书馆信息服务在为用户提供迅速、准确的信息服务时，与传统的知识产权保护发生了矛盾、产生了问题。

一、网络环境下图书馆信息服务新方式

网络环境下的图书馆工作，主要是利用计算机网络和信息检索技术帮助和引导用户使用网络上丰富的信息资源（包括联机数据库、联机馆藏目录、网上出版物、软件及娱乐游戏类、各种动态信息——如政府机构发布的消息、政策法规、论文集、研究成果等）和各种电子出版物（如光盘数据库、电子图书和期刊等）以及本馆馆藏数字化产品。具体的服务方式主要有：

（1）利用馆藏和网上信息资源开发出具有本馆特色的数据库、文摘索引库，甚至全文数据库，为用户提供信息服务。

（2）利用因特网上的联合书目信息中心、数据库代理检索中心、原文提供中心，为用户开展联机信息检索服务。

（3）收集、加工与组织网上丰富的信息资源，建立相关信息指引库或主题指南，指导和方便用户利用因特网查询相关文献信息。

（4）利用因特网的通信功能为用户提供远程服务。用户可将信息需求通过网

络发给图书馆，图书馆将查找结果从网络发回读者。

（5）提供各种电子出版物的检索、查询。

这些服务工作中所利用、涉及的网络信息、数据库、电子出版物等都是知识产权保护的客体，对它们进行使用、传播时如果不注意，随时可能受到侵权的限制与威胁。我们在开展工作时应认真注意这方面的问题。

二、知识产权保护与网络环境下的信息服务工作

知识产权（智力成果权），指法律主体对其从事智力活动创造出的智力成果依法所享有的权利，主要包括版权（即著作权）和工业产权。知识产权保护制度是调整智力劳动中人与人之间的生产关系，保护劳动者对其智力劳动成果的合法权益，鼓励人们创造性的智力活动，促进社会、科学、技术与国民经济发展的重要法律制度。

1. 知识产权保护的意义

首先，知识产权法作为一种法律规范，尊重知识、保护知识创造者的合法权益，有利于促进文献信息资源的产生，丰富文献信息服务工作的内容。其次，知识产权法在赋予知识创造者专有权的同时，也对其权利的行使进行了合理的限制，保证大量的知识成果信息通过不同渠道迅速传播到世界各地，得到充分利用，从而保护了广大公众获取知识、分享科学技术成果的权利，促进社会的进步。最后，知识产权保护制度还是国际间知识交流和信息资源共享的重要前提之一。

2. 网络环境下图书馆信息服务工作中可能涉及的知识产权问题

计算机技术和电子信息技术的提高与发展，使信息的复制、传播变得更加容易。另外，图书馆通过网络进行联机数据库检索、对网上信息进行加工组织和提供利用，以及开发各种数据库和文献信息数字化以供用户使用。这些工作都潜伏着知识产权的侵权因素，须引起图书馆工作者的高度重视，确保信息服务工作的健康进行。

1）提供联机信息检索服务方面的知识产权问题

联机检索即通过计算机网络检索网络中数据库服务商、电子网络出版物检索中心等所提供的数据信息，一般是有偿服务，可即时、方便地满足用户获取信息的需求。然而，如果检索人员为了工作方便，或者为了让更多人分享检索结果，将一次检索结果套录下来，提供给有同样信息需求的第二位，甚至更多的用户使用，或者将检索结果积累起来，存在自己的小数据库中，以便随时解答常见的检索提问，则都侵犯了数据库专有权，损害数据信息提供者的利益，是违反版权法的。一方面

这会给原作品的市场价值带来损坏；另一方面，将以前查找的结果积累成文档实际上是对原作的改编性工作。

2）利用电子出版物进行信息服务时可能遇到的版权问题

电子出版物包括各类型光盘数据库和电子图书、期刊和报纸，它们的知识产权保护主要体现为数据库的保护。在数据库使用中，如果从数据库拷贝或套录一部分内容，这种做法被认为是合理使用。而如果从一个数据库中套录内容而建立用户自己的数据库，或者用户数据库中的大部分内容是从受保护的数据库中套录的，那么这样的使用被认为是非法的。同样，未经版权所有者许可，将一部作品录入商业性的数据库中，也是不允许的。这个问题在清华大学开发中国学术期刊光盘数据库时即已受到广泛的注意。

对于数据库内容的输出，以硬拷贝（即纸张）方式输出其中一部分或全部内容，这是明显的侵权行为；将数据库内容复制到软盘或硬盘上，也被认为是非法复制。要将数据库内容从一台计算机传送到另一台计算机也必须经过版权所有人的同意。

3）在对馆藏进行数字化以及开发建立数据库或文摘索引库时涉及的版权问题

数字化指将作品或其他任何信息或数据由传统的表现形式向二进制方式转换。它只带来作品形式上的变化并没有给原作品增加新的独创性，没有产生新的作品。因此它实际上是一种复制行为。这种复制技术容易引发复制权问题。复制权是著作权中最重要的经济权利，图书馆在进行馆藏数字化时应比照复制权中的有关规定，关注数字化权的归属、内容、行使与限制各方面的规定。

建立、开发数据库和文摘索引库实为对文献的加工、处理。它们的加工对象，大部分享有著作权保护。尤其是期刊论文，享有双重著作权保护，在将其收入数据库时更容易涉及知识产权问题；而二次文献的目录、题录、文摘等，涉及著作权中的演绎权，故在建立文摘索引库及编制检索工具时，应了解有关的版权法规定，以避免侵权问题。

4）为用户提供网络信息服务时应注意的版权问题

网络上传输的作品大致可分为两类：社会公有信息和受版权法保护的作品。用户在下载、印出时应考虑相关知识产权问题。下载未发表的作品（如通过电子函件传输的某些作品），必须经过原版权人的授权，下载应在合理使用范围内，不可有商业上的目的，也不可对版权作品的潜在销售市场造成大的影响，进入他人网络软件的下载，不可擅自对网络上的加密设置解密。网上的软件资源相当丰富，且许多是公用软件，可进行复制、修改、反向工程等。但对于共享软件及免费软件的使用则应注意其知识产权。这类软件可能只是一种试用软件，它们享有著作权保护，对其下载只允许存档复制、修改、反向工程和非营利性发行，不可以盈利为目的来发行。可见知识产权保护制度在促进信息服务工作、推动图书馆事业发展的同时，也对图书馆工作形成制约。特别在网络环境下，它涉及信息服务工作的许多领域，信息服务工作随时会受到侵权的限制与威胁，我们应对之高度重视。

三、图书馆可采取的对策

知识产权保护问题已日益成为当今图书情报工作一个亟待研究和解决的问题。为了保证图书馆事业的健康发展，我们应从多方面工作入手，才能在实际工作中做好知识产权保护工作。

1. 加强知识产权保护意识，提高图书馆员知识产权素质

开展知识产权教育、增强法律意识、提高图书馆员知识产权素质，是图书馆做好知识产权保护工作的前提和基础。良好的知识产权素质是图书馆员综合素质中不可缺少的重要组成部分。图书馆应重视对图书馆员知识产权知识的教育、普及和运用，使之熟练掌握著作权保护对象、内容、期限、地域、范围及侵犯著作权应承担的法律责任等，较好地适应知识产权保护的法律环境，敏锐地感知、发现和认真探讨新出现的知识产权问题，并采取符合法律规范的解决方法，使图书馆工作在法制轨道中更有效地发挥作用。

2. 在充分利用合理使用权利和图书馆特权的同时，把握好尺度

版权法赋予图书馆对受知识产权保护的信息资源的合理使用的权利。合理使用，亦称一定范围的适当引用。从图书馆角度来讲，是指为了社会公众的利益而使用信息资源，不以盈利为目的，可以不用事先征求著作权人的同意，也无须支付费用。这种原则是目前各国版权法中普遍承认的。它为图书馆使用各类信息资源提供了法律上的依据和保障。图书馆在充分享受这项权利时，也应把握好尺度，遵循合理使用范围、权限。

版权法除赋予图书馆合理使用的权利外，还赋予了图书馆特权：图书馆和档案管理机构在复制和陈列作品方面的一些特有权利。与合理使用原则一样，图书馆亦可充分利用这项权利，同时又须把握好尺度，不可超越其规定权利范围。

3. 关注国内外有关信息资源知识产权保护的立法动态，随时遵循、适应相关法律环境

随着图书情报事业的发展，新的问题也将随时发生，信息法会不断完善，对新问题会展开新的立法工作。图书馆应密切关注知识产权法的立法动态，随时调整工作方式，避免侵权行为的发生。

通过以上对网络环境下图书馆信息服务的知识产权问题的探讨，我们可以清楚地看到，知识产权保护在给图书馆工作带来有力影响的同时，也对图书馆事业构成挑战。图书馆要努力培养一种尊重知识产权的环境，澄清教学及服务中使用的各项资源的知识产权问题，为用户提供充分适当的信息资源，开展好各项信息服务工作。

参考文献

[1] 谢新洲，曾蕾 . 电子出版物及其制作 [M]. 北京：东方出版社，1996.

[2] 谢寿玲 . 知识产权保护与图书情报工作 [J]. 高校图书馆工作，1999（1）：40−44.

[3] 郑燕华，杨宗英 . 数字图书馆的知识产权保护初探 [J]. 现代图书情报技术，1993（3）：13−16+30.

[4] 柳晓春，方平 . 版权保护与图书馆的合理使用 [J]. 图书情报工作，1997（2）：39−41+47.

本文发表于《图书馆论坛》2001 年，第 1 期

作者简介：吴翠兰，女，副研究馆员，任职于华侨大学图书馆。

全球化视阈下的公共借阅权制度建构研究

泉州市图书馆 苏清闽

摘 要 文章解析了“公共借阅权”一词的词语来源及其概念定义，分析了公共借阅权制度的内核关键及其存衍的社会基石，梳理了欧盟 92/100 指令背景下公共借阅权制度递嬗之脉络，概述了全球化视阈下公共借阅权制度发展之现状，阐释了有关我国公共借阅权制度框架建构及具体实施方案的几点思考。指出公共借阅权以其权利自身存在的社会公平合理性及其在平衡、调和社会公众与作品权利人二者之间关系所能发挥的独特作用，使得与之相关制度的确立在我国只是社会发展何时需要和相互适应的问题。

关键词 公共借阅权；文化政策；公共图书馆；利益平衡；著作权

公共借阅权（Public Lending Right，简称 PLR），又称公共出借权，是指版权人和邻接权人因其版权作品和版权制品在公共图书馆被免费出借或以其他方式利用而获得报酬的权利。20 世纪 40 年代中后期起，PLR 制度首先在北欧地区国家出现，并呈现快速发展之态势。丹麦于 1946 年针对 PLR 立法，是世界上第一个确立 PLR 制度的国家，挪威于 1947 年、瑞典于 1954 年都紧随其后相继通过了 PLR 法案。

一、“公共借阅权”词语溯源及其发展的主要影响因素

1959 年，英国的 Alan Herbert 爵士最早提出了这一提法。“公共借阅权”观念的传播在过去的几十年间有了长足的发展，尤其在欧洲发达国家和地区，逐渐为社会大众所接受与思考。影响公共借阅权发展、内涵逐步丰富的事件与活动很多，Thomas Stave 在其《Public Lending Right：A History of the Idea》一文中归结出如下几个主要的变化重点：（1）出借图书馆的发展（尤其是公共图书馆）；（2）著作权保护的增扩；（3）政府由国家基金提供资金来支持文化事业发展的愿望不断

增强；（4）本土（含本地区、本民族）语言文化保护观念的增强；（5）具有同一经济利益的著作权利人由单一个体诉求走向集体联合行动的趋势日渐显著。

二、PLR 制度内核关键及其存衍的社会基石之解析

PLR 鼓励公众通过到公共图书馆借阅图书，而不必一定要购买图书来实现对著作权利人作品的充分使用，这有效地降低了社会公众在工作、学习及创作过程中因使用版权作品所需的成本支出,极大地鼓励了人们对版权作品的合理及合法使用。同时，为照顾著作权人的关切，弥补其可能因作品在公共图书馆被借阅使用而导致的市场销量下降所带来的损失，转而由政府专门设立的 PLR 补偿金给予一定的补偿和支持，这在一定程度上激发了作者的创作热情，有利于丰富社会文化创意产品的总供给量，进而促进该国文化创意上下游产业的繁荣。PLR 政策的关键之处在于其有效地平衡了社会公众和著作权人群体二者之间的利益关系，既保障了前者合理使用、借鉴社会文化创意产品的合法权利，保障了社会公众获取及使用信息的自由权，又兼顾了著作权人获取作品收益的合理诉求，保护了其创作的积极性和主动性，这为社会有源源不断作品的产生提供了一定程度上的制度性保障机制。

三、欧盟 92/100 指令背景下 PLR 制度递嬗之脉络梳理

欧盟最高立法机构——欧盟理事会（Concil of the European Union）于 1992 年 11 月 19 日颁布了名为《知识产权领域中的出租权、出借权及某些邻接权的指令》的第 92/100 号指令，简称为 EC92/100，该指令要求欧盟的各个成员国对版权作品所涉及的出租权、出借权及某些邻接权确立或者调整实施统一的法律制度。欧盟各成员国在根据 EC92/100 指令精神并把它具体转化为国内立法的过程中，主要采取的立法模式有两种：其一是，调整其国内原有的 PLR 制度，在版权法条目中增设“出借权”条文，非图书类作品在公共图书馆被借阅时，必须事先征得著作权利人的同意且向其支付版权使用费或者是向版权集体管理机构缴纳版权使用费，而关于图书类作品的借阅，则对图书馆适用法定许可的办法来支付版权使用费，这种立法模式以英国等为代表；其二是，把公共图书馆的版权作品借阅活动纳入“出借权”范畴，这种立法模式以德国、意大利等为代表。在欧盟 92/100 指令出台后的大背景下，从 1994 年起，先后有瑞典、希腊、比利时、法国、意大利、英国、西班牙、爱尔兰、塞浦路斯、立陶宛、匈牙利、斯洛文尼亚、马耳他、波兰、斯洛

伐克、拉脱维亚、爱沙尼亚、捷克等国调整修订了“出借权”相关法案或确立了PLR法律制度。至2004年，欧盟25个成员国皆已确立了PLR制度。EC92/100指令的颁布、实施有力地推动了PLR制度的发展和覆盖区域的扩延。

四、全球视野下PLR制度发展现状

目前，世界上至少有58个国家和地区在其版权法或类似版权法的有关法律体系中写入了PLR相关条款，其中的35个国家和地区以单列法律或法案的形式确立了PLR制度，它们是澳大利亚（1974）、奥地利（1977）、比利时（2006）、加拿大（1986）、克罗地亚（2003）、塞浦路斯（2001）、捷克（2006）、丹麦（1946）、爱沙尼亚（2004）、法罗群岛（1988）、芬兰（1961）、法国（2006）、德国（1972）、格陵兰岛（1993）、匈牙利（2008）、冰岛（1968）、爱尔兰（2007）、以色列（1986）、意大利（2006）、拉脱维亚（2004）、列支敦士登（2006）、立陶宛（2002）、卢森堡（2007）、马耳他（2000）、荷兰（1971）、新西兰（1973）、挪威（1947）、波兰（1998）、斯洛伐克（2006）、斯洛文尼亚（1995）、西班牙（2007）、瑞典（1954）、英国（1979）、日本（1984）、毛里求斯（1999）。全球范围内PLR立法活动的迅猛发展，引起了国内学界和业界的广泛重视。

五、对我国公共借阅权制度建构的几点思考

1. 关于PLR的权利主体

英国古典经济学派的亚当·斯密在其《An Inquiry into the Nature and Causes of the Wealth of Nations》（亦简称《国富论》）一书中指出：“每一个人在其劳动中拥有的财产，正如它是所有其他财产的最初根源一样，是神圣的不可侵犯的。”作品包含了人的智力劳动，自然是作者通过劳动所获得且应当拥有的财产，财产的拥有者则应当享有与作品相关的财产权利。PLR的权利主体指的是依照法律可享有和处置PLR补偿金的作品版权人及邻接权人。权利主体享有PLR补偿金的前提是依照法律的规定，所以权利主体的范围是由所在国PLR相关法规来明文确定的。国际上PLR的立法模式主要有三种，即“文化政策”模式、“准版权”模式和“版权”模式，从维护公共利益的角度来看，按上述排序，三者所起的作用和效果是依次递减的；但从保护作品权利人权益力度的视角来看，则是逐次增强的。2005年4月，国际图书馆协会联合会（International Federation of Library

Associations and Institutions，IFLA，简称“国际图联”）在其官方文献《关于公共借阅权的立场》中发出倡议：“如果要引进PLR制度，它应当作为一种文化支持计划实施，或者在著作权制度以外以‘报酬补偿权’的形式单独立法。”所以如果发展中国家要进行PLR立法，应更多地从公共利益保护的思维视角出发，考虑将“文化政策”立法模式作为最优先的选择来对待。沈仁干先生认为：“我国仍是一个中等发展水平的发展中国家，这种局面并未从根本上改变。著作权法的修改应当有利于这种局面的改变，而不是维持和延缓这种局面。”中国是最大的发展中国家，PLR立法应以保护公共利益为重点之一，由此，PLR权利主体的范围不宜过大，应主要考虑纯文学作品的作者（包括自由创作者和按作品字数获取报酬的出版机构签约作家等），这类作者相较于对作品拥有公开表演权的电影（视听作品）、音乐（录音制品）作品作者的收入要低得多，比有固定岗位工作的科研人员、文化机构编创人员、高校教师的收入也要低，根据公共借阅权的立法初衷之保护文化创意作品权利人的合法权益、提高其（尤其是当中低收入群体）待遇和激发更广泛作者的创作热情等原则，我国目前PLR立法尝试的权利主体可暂考虑限定为纯文学作品权利人（包括作品改编者、插图画家和翻译家），此处的“权利人”应以具有中国国籍或长期在中国居住为前提。此外，依照我国当前的实际情况，权利人应单指作者本人而不包括法律意义“财产权”上的权利继受者，也不包括纯文学作品的邻接权人，即不包括出版商企、报刊杂志、广播电台和录音制作者等在内的传播者。

2. 关于PLR的权利客体

PLR的权利客体是指PLR法案所保护的各种作品。世界上已建立PLR制度或确立PLR相关法律条款的各国、各地区从本国国情和具体需要出发，对PLR的权利客体作了不同范围和种类的详细及清晰界定。有关PLR的相关立法实践在我国尚属于起步探索阶段，因此欧洲大陆早期建立PLR制度国家的立法经验及推进步序很值得我们借鉴。PLR的立法目的之一是弥补著作权利人因作品在公共图书馆被免费借阅而导致的其图书在市场上销量下降所带来的经济损失，所以PLR最初的立法实践是将权利客体限定为图书。对于图书是否具有PLR权利客体的资格，不同时期不同的国家也有不同的做法，有的甚至是截然相反的。如拉脱维亚PLR立法规定其权利客体仅指以本国文字创作的图书，而与之同为欧盟成员国的捷克在其于1994年通过的有关PLR的法律条文中规定，该国PLR的权利客体仅指音乐作品，在此后的修正案中增加了视听作品，但未涉及在公共图书馆流通提供给社会公众借阅的图书。有些国家对享有PLR权利客体资格的图书所需具备的条件做出了明确的限制性规定。如 Brophy B 在其《A Guide to Public Lending Right》一书中对新西兰、澳大利亚和英国在这方面的措施进行了详细的罗列说明和比较分析，可藉之作为我国PLR立法初期阶段的参鉴，见表1所示。

表1 新西兰、澳大利亚、英国三国关于作为本国PLR法案权利客体图书资格条件的限制之比较

所需排除的类别	所涉及的国家		
1. 未经出版的图书	NZ		GB
2. 未装订成册的；乐谱			GB
3. 提供给社会公众的非卖品			GB
4. 已过版权保护期限的图书	NZ		
5. 连续出版物（如杂志、报纸等）	NZ	A	GB
6. 未能在国家书目中检索到的图书	NZ	A	
7. 多于一个作者的百科全书及字典等		A	GB
8. 图书著作者为法人组织		A	GB
9. 属于皇室版权的图书	NZ	A	GB
10. 无法确定作者身份的图书		A	
11. 图书首次出版距离PLR实施时间超过五十年，除非图书作者仍在世		A	
12. 学校采用的课本	NZ		
13. 乐谱、地图、表格等资料汇编	NZ		
14. 在国外出版的地方版本图书	NZ		
15. 把作品或作品片段通过选择、排列、顺序或删节而成的汇编作品	NZ		
16. 著作者赠送给图书馆的图书	NZ		
17. 雇员受雇期间为完成本职工作或是雇主所交给的任务而创作的作品	NZ		

注：表中以字母"NZ"代表新西兰，字母"A"代表澳大利亚，字母"GB"代表英国

结合我国当前PLR立法的社会基础和现实客观实际以及借鉴他国立法的实践经验，笔者认为，我国PLR立法所限定的权利客体应为用我国语言文字创作的纯文学作品图书，同时应排除以下几种情况：（1）未正式出版的；（2）未装订成册的；（3）乐谱；（4）连续出版物（如期刊、杂志、报纸等）；（5）未按规定依循"呈缴本制度"的；（6）多于1个作者的百科全书及字典等工具书；（7）属于法人作品的；（8）政府出版物；（9）准确作者无法确定的；（10）被用以学校课堂教学的；（11）乐谱、地图、表格等的资料汇编；（12）已超过我国版权保护期限的；（13）在我国境外出版的；（14）将作品删节、选择、重新排列顺序而成的汇编作品；（15）著作权利人赠送给图书馆的；（16）属于职务作品的；（17）页

数少于或等于48的图书及诗歌；（18）页数少于24的剧本；（19）作者多于或等于4人的合著或者合作编著的图书；（20）我国法律法规规定的其他应予以排除在外的作品；（21）存在知识产权争议的作品。

3.PLR制度的义务主体责任之角色担当

20世纪80年代初期，挪威国家PLR行政管理机构成员Helge M.Sonneland提出："随着图书馆电子作品的增长和互联网使用的深入，公共借阅权必然将显得更加重要。"从PLR的发展趋势上看，它先从经济发达的欧洲国家和地区发端，再逐步向更大范围的区域拓展。上述全球视野下PLR制度的发展过程清晰地展现了PLR的概念和意义逐渐为更多国家和地区的人们所接受和了解的立法嬗变现象。地处北美洲的美国虽然没有正式确立PLR制度，但在其版权法中写入了PLR的有关规定。从全世界范围来看，确立PLR制度的地区涉及欧洲、亚洲、非洲、北美洲、大洋洲等，经济发展水平上包含发达经济体以及发展中经济体。尽管目前确立PLR的国家和地区数量有限，但在欧盟的影响与带动下，已有更多的国家开启了有关PLR制度立法推进的相关讨论。随着经济和社会的发展，尤其是在世界各国愈加重视推动文化创意产业成为新经济增长点的大背景下，保护创意、促进创新，尤其是对本土语言文化艺术发展的保护和推动，成为各国文化产业政策的重心，而PLR制度在激发创作热情、繁荣创意产业领域所起的显著作用，使得PLR立法很有可能成为下一个国际间的立法共识。我国当前正处于"大众创业、万众创新"的"人人创新"时期，每天新增数万个小微企业，这得益于政府对创业、创新的保护和鼓励、引导和支持，有效的"政策"在这里起到了最关键的推动作用。其一，政府是政策制定的主体，而PLR制度关系到文化创意产业的发展，政府的任务是订立有效的行业法规、制定有效的产业政策来促进相关经济面的繁荣，因此政府应当承担起PLR制度的义务主体责任；其二，从已确立PLR制度国家的立法实践来看，它所涉及的图书馆主要是公立的，包括公共图书馆和学术图书馆等，而这些图书馆的经费一般都是来自于政府的财政拨款，公立性质的图书馆本身并无法实现有效的创收，从这个角度而言，政府应是PLR制度实施的义务主体；其三，社会广大民众向政府缴纳税收，支付给相关权利主体的PLR补偿金可以视作"在全社会范围内培养与市场经济相适应的技术和文化创新能力所必须付出的成本"，该"成本"既然因全社会民众能力培养之需所支出，则应由政府的财政拨款来支付，担负税收征收与分配、使用职责的政府应是PLR制度的义务履行主体。

4.PLR 补偿金管理机构的建立

让每位著作权利人单独申请 PLR 补偿金，对权利人个人而言，手续烦琐复杂，而对补偿金分配之整体工作而言则效率低下、成本偏高且可能导致人为因素的不公平，因此设立 PLR 补偿金集体管理机构很有必要。这方面可以借鉴我国业已建立的著作权集体管理组织——中国音乐著作权协会、中国文字著作权协会、中国音像著作权集体管理协会和中国摄影著作权协会这些机构的建立、管理与运作。可设立 PLR 管理委员会，由该机构负责著作权利人登记注册、审核 PLR 权利主体和客体的资格、向政府报送 PLR 年度预算及相关统计数据、接收及管理补偿金、制定补偿金计算与分配方案及其具体实施、PLR 计划的修改、社会公众有关反馈意见的收集与整理、向政府提出 PLR 管理改革及优化建议、起草 PLR 相关法案修改草案等。英国在该领域的成功实践很值得借鉴。

5. 关于 PLR 补偿金的计算与分配

“一个国家如果要给公众创造无偿借阅的机会，那么它就必须给所有为公共图书馆有效运作做出贡献的人支付报酬，其中当然应包括那些做出了创造性贡献的作家、艺术家等人。”PLR 制度的建立和 PLR 补偿金的计算与分配正体现了这一原则。国际上被有关各国采用的 PLR 补偿金计算方式概括起来主要包括四种，即按文献公共借阅率、馆藏复本数、多因素组合式、按一定的文献购置经费比例。目前在已确立 PLR 制度的国家中有超过 60% 的占比是采用第一种方法来计算的。基于我国当前实际，参鉴他国做法和经验，笔者认为可比照瑞典的多因素组合式计算方法，再加以完善，使之更适合我国现阶段 PLR 实施的条件基础。首先应建立抽样公共图书馆数据库，这方面英国的做法值得借鉴，具体实施时抽样图书馆的样本数量规模、每年更换的比例及各种类型公共图书馆担任 PLR 相关统计工作的法人职务年限可广泛征求意见讨论。英国最早确定的抽样图书馆是 16 家，后增加为 30 家，每年更换其中 50% 的图书馆（即 15 家），大型图书馆每三年更换一次，中型及小型图书馆每两年更换一次。其次，从这些抽样图书馆所统计的数据中分析、获取具备 PLR 权利客体资格图书文献的公共借阅率。再次，根据作品的学术价值、页数、社会影响力、公众评价、质量等要素确定各类文献相对应的补偿金率阶梯档次划分表，再将各著作权利人作品区分归类。最后，将作品的公共借阅率乘以该作品所对应的补偿金率即可计算出作品权利人可获得的 PLR 补偿金数额。而对于那些不被允许借出图书馆的或是更多地被读者在馆内使用的工具书（或具有工具书性质的图书）

及百科全书等，则应根据所抽样公共图书馆的馆藏复本数来确定其权利人可获得的 PLR 补偿金数额。获得年度 PLR 补偿金总额财政拨款后，在扣除补偿金管理机构相关运行费用（包括行政办公费用、人员工资、会务培训支出、统计调查支出和公务差旅费用等）的基础上，再依照一定的分配方案支付给相关作品权利人。

6. 关于 PLR 的权利限制

图书馆既是搜集、整理、存储、传播与利用文献并提供给广大民众利用的科研机构，也是进行广泛教育，普及社会科学文化知识，为广大群众提供精神食粮的场所，其发挥着保存文化遗产、开展社会教育、传递科学情报、开发智力资源、提供文化娱乐的多重作用，具有很强的公益性。由此，在公益性很强的公共图书馆发生的权利人作品公共借阅行为理应得到法理上的支持，所以应当对 PLR 做出适当、合理及适度的权利限制，包括对权利人的国籍（地域）、权利行使的条件及期限等，最终体现在对其本质属性——版权法体系当中的一项作品权利人经济权利的财产性制约上。这也是 PLR 制度建立的基石之一，即平衡、调和社会公众和作品权利人二者之间关系所要体现的公平原则及价值依托。

六、结语及研究展望

需要指出的是，PLR 在我国仍是一个有待社会公众更为熟知的概念，关于它的立法尚属于探索和初步实践的阶段，可以考虑经济及社会发展水平差异等因素采取分地区先行试点，待积累经验之后再向全国推开。随着我国国情及 PLR 制度实施基础的变化，有关 PLR 的立法计划与安排也不是一成不变的（包括 PLR 权利的主体和客体都可能发生内涵及外延的扩展等），需要根据经济及社会的发展变化与需要，适时做出有效的调整与回应。孟德斯鸠在《论法的精神》一书中指出：法律应该和政制所能容忍的自由程度有关系，和居民的宗教、性癖、财富、人口、贸易、风俗、习惯相适应。未来应该摸索出一条具有中国特色、符合中国国情的 PLR 制度发展与建构之路。此外，包括数字环境下公共图书馆版权“海量授权”等在内新问题的解决，也可能是我国未来 PLR 制度能够发挥作用的重要领域。

参考文献

[1] 江向东 . 版权制度下的数字信息公共传播 [M]. 北京：北京图书馆出版社，2005：146-151.

[2] Stave T. Public Lending Right：A History of the Idea[J]. Library Trends，1981(4)：469–582.

[3] PLR Schemes In Development[EB/OL].(2016–08–01)[2017–02–15]. http: //www.PLRinternational.com/indevelopment/indevelopment.htm.

[4] Established PLR Schemes[EB/OL].(2016–08–01)[2017–02–15]. http: //www.PLRinternational.com/ established/ established.htm.

[5] （英）亚当・斯密 . 国民财富的性质和原因的研究 [M]. 北京：商务印书馆，1974.

[6] The IFLA position on public lending right[EB/OL]. (2016–08–15)[2017–02–15]. http: //www. ifla.org/en/publications/the–ifla–position–on–public–lending–right–2016.

[7] 沈仁干 . 谈我国著作权法的修改 [J]. 知识产权，2001（6）：3–6.

[8] Brophy B.A Guide to Public Lending Right[M].Aldershot，Hampshire：Gower，1983：35.

[9] H.Cohen Jehoram.Public lending right：Reports of an alai symposium and additional materials[M].Boston：Kluwer Law and Taxation Publishers，1983.

[10] 苗圩：中国创业成效明显 每天新增约 3 万个企业 [EB/OL]. (2016–03–21)[2017–02–15]. http: //business.sohu.com/20160321/n441330102.shtml.

[11] 陈信勇，董忠波 . 对公共借阅权制度的法律思考 [J]. 图书情报工作，2005(9)：36–39.

[12] 王晓军 . 论公共图书馆制度的公共利益优先原则——以与公共借阅权制度相比较为视角 [J]. 图书情报知识，2008（4）：41–48.

[13] Anne H，et al.Statistical Analysis of Public Lending Right Loans[J].Journal of the Royal Statistical Society.Series A（Statistics in Society），1991，154（2）：191–222.

[14] 周培源 . 中国图书馆事业十年 [M]. 长沙：湖南大学出版社，1989：140.

[15] 孟德斯鸠 . 论法的精神 [M]. 张雁深，译 . 北京：商务印书馆，1959：8.

本文发表于《兰台世界》2017 年，第 4 期

作者简介：苏清闽，男，副研究馆员，泉州市图书馆古籍部主任。

农村留守儿童的现状与图书馆的文化关怀

泉州市图书馆　**杨文东**

摘　要　留守儿童问题是当前备受社会各界共同关注的热点问题。他们虽有父母，却从小就生活在父母不伴左右的处境中；他们虽有父爱母爱，却无法时刻享受，他们生活在一个“爱似乎很近却很遥远”的世界里。本文就农村留守儿童的生存现状以及他们对文化的需求进行分析，论述图书馆的社会责任感和使命感以及如何对留守儿童开展文化扶贫和关怀。

关键词　留守儿童；图书馆；文化关怀

农村留守儿童是指父母双方或一方因外出务工流动到其他地区，孩子留在户籍所在地并因此而不能和父母双方共同生活在一起的儿童。这些留在家乡的儿童年龄都在 16 岁以下，他们主要由隔代长辈抚养，或寄养在亲戚家，长期与父母分离，亲情缺失，给留守孩子的学习、生活、心理甚至安全都带来了一些负面影响。图书馆作为社会公共文化事业的组成部分，负有与其他社会力量一道去改善农村留守儿童生存与发展的文化环境，促使他们健康成长的社会责任。

一、农村留守儿童的现状考察

根据有关资料显示，我国农村留守儿童是一个相当大的群体。目前，我国共有 2 亿农民工，其中外出农民工数量为 1.2 亿左右。外出务工的农民工与其未成年留守子女的分离，由此而形成了高达 2200 万的农村留守儿童群体，在一些农村劳动力输出大省，留守儿童在当地未成年人总数中所占比例高达 18% 至 22%，他们的父母能够在 1 至 2 年内回家的仅占 38%，2 至 3 年内回家的占 36%，而 3 年以上的达到 26%。这些农村留守儿童，多数是与老人生活在一起，有 4.9% 的孩子甚至是独自一人生活，14 周岁以下的未成年人占 86.5%，按全国 3.6 亿儿童计算，每 18 个孩子就有一个不能和父母共同生活，平均每 4 个农村儿童中就有一个是留守儿童。

相对于安徽、四川、河南等劳动力输出的大省，福建留守儿童所占的比例相对较低。据统计，福建义务教育阶段的农村留守儿童目前有61.2万名，其中小学阶段37.5万名，初中阶段23.7万名，他们占全省少年儿童的15%。

农村留守儿童作为一个特殊的弱势群体，他们的境况不仅涉及个人的发展和家庭的幸福，还关系到社会治安的稳定，关系到整个国家和民族的未来。但是，众多的调查表明，在留守儿童身上明显体现出四大突出问题。

1. 亲情缺失，人格发展不健全

城市化是任何国家或地区走向现代化的一个不可避免的发展过程，在这个过程中，农村劳动力大量进城成为必然趋势，乡村社会必然发生变化。调查中，除了少部分通过参军或上学读书走出村庄的人以外，大部分青壮年劳力外出打工挣钱，这些几乎成为每个农民家庭的唯一或无奈选择，同时形成了大量的农村留守儿童。如福建莆田白沙中心小学，有留守儿童700多人，占学生总数的七成多，长乐、连江等地不少家长出国打工，甚至出现了整个村大部分是留守儿童的情形。由于长期的亲子沟通中断，亲情缺乏，多数留守儿童心理存有障碍，出现了胆怯、懦弱、孤僻、任性、偏执、抑郁等不良心理现象。

2. 学校教育乏力，义务教育难保证

许多留守儿童义务教育无法保证，学龄儿童失学、辍学现象不断发生，学校往往只能做一些说服工作，而无具体的得力措施。在读学生不少也是厌学情绪日益滋生，学习成绩普遍偏差，不少学校对留守儿童的教育管理存在诸多缺陷，教育管理方式简单甚至不近“人情”，忽视了留守学生的情感和心理健康，个别老师甚至把留守儿童看成“包袱”，教育中只记得他们的缺点、错误。一名留守学生在犯罪后对检察官说：“老师就连排座位，都把我们排在最后面的边上。”

3. 家庭教育缺位，人身安全存在隐患

家庭教育是人生社会化的第一课堂，农村里的爷爷奶奶或外公外婆对小孩来说，是一种隔代教育，而农村外出打工的父母普遍都缺乏与孩子的心理沟通，也就难以完成对留守儿童正常社会化的家庭教育。更有甚者，一些留守儿童的家长外出回来后，夫妻双方闹离婚，孩子成为单亲家庭，有的甚至出现无人抚养的现象，造成留守儿童人身安全问题突出，被不法行为侵害的案件和人身意外伤亡事件屡屡发生。

4. 家庭监护不周，身心发展被扭曲

留守儿童正处于身心发展的关键时期，离不开来自父母的悉心照料和呵护，不少留守儿童不仅因基本的物质生活条件得不到满足，从小就从事与身体不相适应的体力劳动，身体状况令人怛忧，而且由于其父母长期出门在外，他们陷入父母想管管不到，而其他亲人又常常管不好甚至不愿管的状况，一些留守儿童染上打牌赌博和偷鸡摸狗等恶习，偶尔还会喝酒闹事。

上述问题伴随城市化过程中，农村青壮年劳动力大批量进城而产生，深层原因则是由于家庭教育的缺失、学校教育的无奈、国家力量的退出、后乡土秩序的转型和蜕变，使农村留守儿童的正常社会化越来越难以完成，现状及前景堪忧。

二、农村留守儿童的文化需求分析

农村留守儿童作为特殊的中国现象，无疑已成为青少年合法权益维护和青少年犯罪预防中的重点和难点。全社会都应当共同来关注留守儿童的成长，图书馆工作者也不例外，我们应当以高度的社会责任感延伸图书馆的教育职能，积极参与对农村留守儿童健康成长问题的研究。这里，仅就农村留守儿童对图书文化需求做些分析。

1. 改变落后的文化设施

近几年来，由于我国一些农村发展经济缓慢，文化基础设施欠缺，没有正规化的图书馆可供农村留守儿童进行课外学习，没有文化活动场所可供他们进行娱乐活动，电视又多是一些不适宜他们这个年龄段收看的节目，或者是一些超越他们理解范围的内容，课余文化生活显得贫乏单调，对学习不感兴趣。

留守儿童感兴趣的文化需求得不到满足时，就会通过一些不正当的渠道和途径，获取一些他们自认为属于自己所需求的文化。一些留守儿童的看管人或者代监护人说，我们只能在晚上监督小孩是否在看书，而看的具体是什么内容的书就不得而知了。就这样，一些不健康的书籍传播的不正确的思想观点就会日渐占据他们的心理，使他们难辨真伪，正误的辨别能力越来越差。因此，需要大力发展农村文化，使农村留守儿童能从正常渠道获取其文化需求，这有助于他们树立正确的人生观。

2. 情感的缺失需要文化的抚慰

由于父母亲长年在外奔波的现实，留守儿童情感的渴望无法从父母亲身边得到满足，他们则更多地想从其他渠道获得情感上的依托。留守儿童的一大特点就是缺少监管和无人监管，一些留守儿童因盲目模仿，分不清是非好坏而走上犯罪的道路。据南京市检察院和市法院调查显示，犯罪的留守儿童中，32.2% 与祖父母生活在一起，4.1% 与亲戚生活在一起，0.9% 被寄养在他人家里；留守儿童的学习成绩处于中下等；出现心理问题的占 57.14%。他们由于身份特殊，渴求从书本上获得更多的慰藉，图书馆可以引导他们从家庭情感的缺失转移到学习文化知识方向来，这是弥补他们内心情感空虚的一种有效方法。在阅读优秀图书的过程中，他们会借鉴图书中优秀同龄人的生活方式和思想观念，激发自我潜力，树立起正确的人生观、世界观、价值观和奋斗目标。

3. 培养社会主义新农村的接班人需要先进文化来武装

农村留守儿童是社会主义新农村建设的接班人，他们的素质高低将直接影响社会主义新农村的建设。同样，新农村的建设是解决留守儿童问题的关键，如果任由农村留守儿童畸形发展，社会主义新农村建设的水平就得不到提高，我国社会的综合水平也无法提高，建设和谐社会也就会成为一句空话。在加强对农村留守儿童其他方面关注的同时，文化的引导和关怀作用更为明显，更能激发其积极向上的心理。

全国人大代表尤全喜在 2007 年“两会”上发言指出：“农民外出务工，大量的农村留守儿童教育状况堪忧，辍学人数在增加。我们不能在培养新型农民的同时，由于忽略留守儿童教育，让这些孩子变成社会的‘新型文盲’，在加快培养新型农民的今天，这一群体的生活、学习、身心健康状况尤其值得关注。”农村留守儿童的问题在一定程度上已影响到我国社会主义建设，已成为当前备受社会关注的热点问题，迫切需要社会各界对它的关怀。图书馆作为社会发展有机整体的一部分，有责任和义务尽自己所能，用文化的力量来改善农村留守儿童缺乏精神文化食粮的现状，提高留守儿童的文化素质，培养出有较高素质的社会主义新农村建设的接班人。

三、图书馆关怀农村留守儿童的文化生活刻不容缓

要真正解决新时期农村留守儿童的诸多问题，必须在治标的同时治本。而留守儿童正是处于建设新农村的关键时期出现的，新农村建设的根本手段就在于提供物质性公共品供给的同时，也提供非物质公共品供给。图书馆可充当这两种角色，发挥其参与社会教育职能的作用，为留守儿童送去文化、送去知识、送去关怀、送去春天。笔者认为应采取以下办法。

1. 建立农村文化服务站

目前，全国绝大部分农村没有图书馆（室），即便有也多半如同一个空壳，匮乏的文化活动设施和场所，给留守儿童带来文化饥饿。尽管政府下大力气建设农村公共文化服务体系,但由于资金和其他一些社会原因,短期内还无法去改变。然而，为农村留守儿童提供健康的精神食粮又是刻不容缓的一件大事，图书馆应主动去承担一部分社会责任。县级以上图书馆应主动配合文化部门，在农村设立专门为农村儿童提供文化服务的文化服务站。图书馆可利用服务站（点）开展一些有特色、有针对性、有连续性的服务内容。指导他们阅读一些反映他们生活、学习的优秀书籍，教育他们学会辨别书籍的优劣，得知获取优秀书籍的途径，解答他们对不同文化的困惑。还可将留守儿童校外的生活娱乐健康化、知识化，让他们在接受各种文化的同时，积极参与留守儿童服务站的管理，体会学习和工作的乐趣。2007年6月16日，105名留守儿童在老师的带领下来到姚安县图书馆。图书馆的工作人员热情接待他们，带领他们参观了报刊阅览室、借阅部、资料查阅库、电子阅览室，还对他们进行文明健康的上网指导。通过参观学习，留守儿童开阔了眼界，增长了知识。

2. 建设青年自愿者队伍为留守儿童服务

青年志愿者的宗旨是提供志愿服务，弘扬志愿精神。通过开展青年志愿服务，推动社会主义精神文明建设，促进社会主义市场经济体制的建立和完善，提高青年整体素质，为经济社会的协调发展和全面进步做出贡献。中国图书馆学会也曾组织过志愿者行动，他们的目地也是在帮助服务基层，旨在使基层图书馆真正发挥在建设社会主义新农村和构建和谐社会中不可替代的作用。各地图书馆要联合当地团委，从大中专学生中吸纳一大批优秀志愿者参加，尽力做到在更多的地点、用不同的方式不间断地向留守儿童传播文化科学知识。公共图书馆要利用馆与馆之间的便利条件，互相传递信息，与教委、妇联、共青团等部门密切配合，有针对性地组成开展各种关爱活动，还可以考虑借助当地中小学校或村委会的力量，加大社会主义文化的宣传力度，进一步转变农民的教育观念，树立“不求人人升学，但求人人成才”的教育观。

3. 帮助农村中小学建立健全图书馆（室）

建立健全农村中小学校图书馆目的是要通过普及青少年阅读来提升学生的综合素质，促进人的全面发展。但是，占全国中小学88%的农村中小学普遍缺乏必要的图书资源和与之相应的阅读指导，图书陈旧、更新慢。又由于学校不重视，管理上疏忽松懈，图书馆的有限资源出现经常性闲置，流通率很低。老师和学生都不能阅读到自己喜欢看的好书，除了现有的几本教辅教参以外，在知识的学习扩充上几近于停滞。因此，加强农村中小学图书馆建设迫在眉睫，各地教育部门应督促农村中小学校自身建设和利用好图书馆，充实包括留守儿童在内的学生的课外生活。同时，公共图书馆也应努力帮助农村中小学校的图书馆建设，这对大中城市的公共图书馆来说并不是一件很难的事，因为他们都有过剩的图书资源，可以将有关儿童学习、娱乐性的文献资料集中于此，免费为留守儿童或当地农村儿童服务。泉州市图书馆少儿部近年来就利用扶贫对口支援，已在重庆郭家镇北斗小学建立了图书室，每年定期为当地学生寄去图书和学习文具；部分跟随父母亲进城务工的留守儿童即外来工子女，市图书馆少儿部还免费（押金和工本费）为他们办理借书证，让他们享受城里人都享受不到的待遇。

值得欣慰的是，近年来农村留守儿童问题已经引起了党中央的高度重视，政府专门成立了农村留守儿童专题工作组，城市实行教育平等，让留守儿童到父母务工的城市与城里的儿童一起学习。图书馆工作者应当树立高度的社会责任感，积极参与社会活动，为农村留守儿童奉献出我们的一片爱心。

参考文献

[1] 胡艳辉 . 农村留守儿童之现状、走向与对策探讨 [J]. 青少年犯罪问题，2007（1）：4-7+31.

[2] 叶爱香 . 论高校图书馆对农村留守儿童的文化关怀 [J]. 河北科技图苑，2007（3）：15-16+80.

[3] 郭捷 . 荣威车主关注留守儿童 [N]. 海峡都市报，2008-02-28（B3 版）.

[4] 殷学兵，帅勇 ."留守儿童"问题凸现 犯罪案件上升 [N]. 南京日报，2006-10-15（A02）.

[5] 高增双 . 尤全喜代表：莫让农村留守儿童变成"新型文盲"[EB/OL].(2007-03-09)[2010-04-15]. http: //www.gov.cn/20071h/content_546338.htm.

本文发表于《图书馆工作与研究》2010 年，第 4 期

作者简介：杨文东，男，副研究馆员，泉州市图书馆馆长助理、主任，泉州市图书馆学会秘书长。

数字图书馆：未来图书馆发展的方向

南安市图书馆　庄柳盈

摘　要　本文论述了数字图书馆的定义以及特征，并对建设数字图书馆面临的技术与非技术问题进行了探讨。

关键词　数字图书馆；特征；数字图书馆问题

随着信息时代的到来，以互联网为主的信息高速公路建设得到空前发展。以美国为首的西方国家积极研究和建设信息高速公路，使之成为全球统一的信息通道。借助于信息高速公路而发展起来的数字图书馆，近几年也得到迅猛发展。近几年我国也逐步构建图书馆的网络化、数字化工程，使数字图书馆成为图书情报学界研究的热点。“中国数字图书馆工程” 的建设，说明我国的图书馆现代化水平有了质的飞跃。如何更充分认识数字图书馆这一新兴事物，国内图书馆界一直都在不断地探索着。笔者拟就对数字图书馆的认识发表一点看法。

一、数字图书馆的定义

针对数字图书馆的定义，有几种比较流行的观点：数字图书馆是指管理大量收集的信息，提供丰富的检索工具及其他类似图书馆的信息服务系统。其收集的数据必须达到一定的量才能称其为数字图书馆；数字图书馆是指以数字形式存储的大量文献；数字图书馆是指通过多种技术将各种文献数字化并将其组织起来，在互联网上提供信息服务的信息中心或数据库；数字图书馆是计算机数据的仓库或数字化对象集合；数字图书馆指图书馆所有的工作流程都基于计算机、馆藏资源都实现数字化；数字图书馆指利用当今的数字化技术，通过诸如因特网等计算机网络，使人数众多且又处在不同地理位置的用户能够方便地利用大量的、分散在不同贮存处的电子物品的全部内容。这些电子物品包括网络化的文本、图表、地图、音频、视频、商品目录、数据集等，还包括超媒体和多媒体等，以上观点都说明了数字图书馆有别于传统意义上的图书馆。它是图书馆信息化的产物，这些观点都从不同侧面反映了目前人们的一些普通看法，说明了数字图书馆与传统图书馆的本质区别。那么，什么叫数字图书馆？笔者认为：数字图书馆就是运用多媒体技术和计算机技术存储和管理大量的以数字形式存储的文献和各种资源，并且所存储的文献和信息资源能够通过各种手段实时地被读者所用。

二、数字图书馆的特征

1. 收藏的数字化

所谓收藏的数字化，就是以计算机技术为手段，将馆藏文献的信息进行数字化处理后存贮在存贮介质上，需要时通过数字技术提供给用户。

2. 管理计算机化

数字图书馆所有信息的采集和加工、处理及传递、检索等步骤都是通过计算机完成的。利用计算机可以进行采访、编目、 检索等工作，借助于计算机文献可以实现数字化，这一方式脱离了费时、费力的手工操作，解放了广大图书馆人员，真正实现了图书馆的自动化管理。这是数字图书馆区别于传统图书馆的最大不同。

3. 存取与传递的网络化

高速宽广的数字通信网络是数字图书馆存在和发展的基础，数字图书馆依附于网络而存在，其对内的业务组织与对外的服务都必须以网络为依托。数字图书馆从一诞生开始，就以网络作为存取与传递的载体。没有互联网的发展，数字图书馆不可能有今天的发展。正是伴随着互联网技术的飞速发展，数字图书馆才得到空前的发展。

4. 开放式的管理

开放式的管理不单纯指信息资源的共享，而是数字图书馆发展的高级阶段。所谓开放式的管理，就是遵循统一的协议之后，实现资源的“联邦检索”与资源的全球共享。所有网络用户都可以索取网上信息资源，信息不再私有。所有用户只要遵循网上统一协议之后，就可以上传与下载信息。

5.“以人为本”的服务宗旨

数字图书馆是面向广大用户的公益性事业。以人为本就是以用户需求为一切工作的出发点，为用户提供尽可能完善的服务。数字图书馆因其独特性，为读者带来了全新的利用文献的概念，一是利用文献没有时间与空间的限制，二是获取的文献范围扩展到全国乃至全球，三是查询与获取文献极为方便，四是不存在拒借问题。正因如此，数字图书馆与过去传统图书馆相比，真正体现了“以人为本”的服务思想。

三、数字图书馆面临的挑战

现在的出版物类型多样，电子出版物日渐增多，网上信息发布，多媒体介质的普及，电视等大众传媒的日益丰富，为数字图书的发展提供了更大的可能性。传统意义上的图书馆已难以适应现代技术的发展。随着现代计算机技术的飞速发展，特别是网络技术的日新月异，数字图书馆的发展面临一个良好的机遇。如何抓住机遇尽快发展，建设一个高水平的可实现资源共享的真正数字图书馆，已成为越来越多人为之努力奋斗的目标，同时更是广大图书馆工作者应做好的工作。虽然数字图书馆面临着发展的良好机遇，但我们也应当看到，计算机技术的发展与普及，只有短短的几十年时间，这相对于图书馆发展史，毫无疑问是个新生事物。要使传统意义上的图书馆向数字图书馆转变，还要做的工作很多，要解决的问题很多，面临着许多新的挑战。

1. 非技术方面

1）人才问题

建设数字图书馆工程，首要解决的问题便是人才问题。没有优秀的人才，建设数字图书馆工作就只能是一句空话。只有引进人才，才能有效地开展工作。无数事实证明，人才已成为当今世界最重要的资源，谁拥有最优秀的人才，谁就占有最大的优势。因为新的人才必然带来新的思想，新的思想必然产生新的技术，必然会给图书馆带来新的措施和新的技术，也必然会给图书馆带来新的发展和突破。一方面要重视对有用人才的引入，另一方面不能忽略对原有人才的培养和提高。无论新旧人才，都存在知识老化问题，都要不断学习，不断进行知识更新。目前国内图书馆界的一大现状是人才外流，大量优秀人才纷纷跳出图书馆界，造成从事图书馆工作的人才缺乏，制约了图书馆的发展。数字图书馆是电子技术、计算机技术、网络技术、图书馆技术等方面综合的产物，所需的人才也必然是各学科的综合人才，如何引进人才、挖掘人才，关系数字图书馆建设工程的成败。只有大力培养既具备计算机知识又掌握信息处理技术的人才，数字图书馆工程才有可能建设好。我们需要的是适应数字图书馆运行、管理和服务的新型的数字图书馆员、软件开发人员和其他相关专业人员间的紧密合作。

2）信息管理问题

现在搞数字图书馆建设，缺乏的是大量的数字化资源。国内数字化信息十分匮乏，大量的信息资源仍然是以传统的纸介为载体的。能够上网服务的信息资源相当有限，这样就无法满足人们多种多样的信息要求。虽然可将传统纸介媒体转变为数字化资源,但信息的转换效益低、成本大,难以适应现在日益发展的信息膨胀问题。

2. 技术方面

1）网络速度问题

目前上网速度慢已成为制约网络发展的一个瓶颈，并且对数字图书馆建设产生消极的影响。由于数字图书馆将向人们提供包括文字、声音和图像在内的多媒体信息服务，信息流量大，要求有高宽带的网络来传输。目前的网络速度显然无法满足网络传输要求，这一问题已成为制约数字图书馆建设的一个大问题。建设一个高速度、高容量的传输网络，成为数字图书馆建设的首要问题，建设高速宽带网络依赖于计算机技术与网络技术的发展。

2）自动识别技术和信息智能检索技术问题

目前，大量的信息资源仍然采用传统的纸介载体，而以数字化形式出版的信息十分有限，充分利用纸介信息资源，就要利用自动识别技术将纸介信息转变为数字化信息。但其过程效率低，成本高。如何改善识别效率，提高识别精确度是建设数字图书馆面临的又一个挑战。

现在，随着互联网的发展，网上信息越来越多。在浩如烟海的信息中检索一个条目必然要花费大量时间，而检出的结果未必就是有用的。因此，怎样提高检索效率，是目前数字图书馆建设中面临的难题。

3）版权问题

数字图书馆中各种作品均以数字化的形式存储、传播和使用，不但使各类作品间界限模糊，而且作品复制的速度和容易程度、复制品向公众传播的速度都大幅改观，这使得版权保护问题变得棘手。这一问题能否解决，关系到高水平学术作品在网上的传播与使用，也关系到数字图书馆的高层次服务。另外，在数字图书馆还存在有许多其他有关版权问题，已引起图书馆界的高度重视。虽然英美发达国家已制定一系列保护条例和措施，但问题仍未得到解决。

此外，有关数字图书馆技术与非技术方面的问题还有很多，比如网络安全问题、信息的存储问题、计算机的普及问题等，相信在不久的将来，这一系列问题将能得到很好的解决。

参考文献

[1] 李瑾，张洁 . 简论数字图书馆的不足 [J]. 图书馆论坛，2000（3）：38-40+59.

[2] 李秀英，孟昭鹏，杨俊梁 . 迎接数字图书馆的到来 [J]. 中华医学图书馆杂志，2000（4）：20-22.

[3] 刘正伟 . 略论数字图书馆及其发展 [J]. 图书馆工作与研究，2000（4）：23-25.

[4] 汤珊红 . 数字图书馆的发展动态及相关问题研究 [J]. 图书情报知识，2000（1）：14-16.

[5] 崔媛萍 . 数字化图书馆的应用和发展 [J]. 福建图书馆学刊，1999（3）.

[6] 吴吉波，21 世纪图书馆——数字图书馆 [J]. 科技文献信息管理，2000（1）.

本文发表于《中国校外教育》2007 年，第 12 期

作者简介：庄柳盈，女，副研究馆员，南安市图书馆副馆长。

民国时期泉州地区图书馆事业发展概述

泉州市图书馆　陈文革

摘　要　文章比较系统地介绍了民国时期泉州地区图书馆事业产生发展的历史动因，泉州地区公共图书馆、学校图书馆和私家图书馆事业发展概况，以及泉州地区图书馆事业发展特质等。

关键词　民国时期；图书馆；阅书报社；特质；动因

清末民初，近现代图书馆开始在泉州萌发，在民国时期泉州地区各级各类图书馆都有不同程度的发展并具有鲜明的泉州区域特质。笔者广罗史料，希望通过本文比较系统全面地探讨民国时期泉州地区图书馆事业产生与发展的轨迹、特征，并重点介绍部分有代表性的图书馆。

一、民国时期泉州新型图书馆产生发展的动因

1. 基督教在泉州广泛传播

1840 年鸦片战争后，西方传教士大量涌入中国，传播基督教教义，自觉或不自觉地扮演了介绍或传播中西文化使者的角色，客观上对中国古代藏书楼向近代图书馆的转变起到了事实上的推动与促进的作用。咸丰六年（1856 年），英国长老公会派牧师杜嘉德从厦门至晋江县安海镇传教，基督教由此开始在泉州地区传布。同治二年（1863 年）发展至泉州城内，然后以安海、泉州为基地，逐步向晋江沿海及南安、安溪、永春、德化等地发展。到 1900 年，整个泉州地区的教会基本上都属于英国长老公会所发展和控制。教会在泉州创办了许多新式学堂，这些新式学堂成为传播西方文化思想的重要基地。

2. 国内各地掀起兴办新型图书馆的风潮

19 世纪 60 年代后期，中外交流日益频繁，驻外使节、留洋知识分子、倡导维新变法的学者、朝臣等纷纷著书立说，扬西方图书馆之利，斥中国藏书楼之弊。

在这种文化氛围下产生了我国近代图书馆。甲午战败，维新运动促使清政府推出一系列救亡图存的改革措施，在图书馆方面，清政府颁行《学堂章程》《京师及各省图书馆通行章程》等，奠定了中国近代图书馆的基础，成为中国古代藏书楼向近代图书馆蜕变的转折点。“强学书藏”、仿西式私人新型公共图书馆“古越藏书楼”、第一所官办公共图书馆“湖南图书馆”等先后建立。由于清政府为各级图书馆的建立提供了法律依据，所以在短期内公共图书馆在全国各地迅速建立起来。

3. 西方先进印刷技术在泉州得到使用与推广

从清光绪到宣统间，泉州的刻版印刷业相当活跃繁盛。光绪末期，废八股，改用经义、史论、时务策取士。泉州“郁文堂”书坊也应时趋势地刻印了若干经义、史论诸书兼及科岁试、乡试的试艺闱墨等。泉州刊印的大量《通书》及《历图》在泉州、台湾、东南亚一带盛行一时。因传道需要，基督教徒李春冰，在泉州玉犀巷口开设“圣教印书馆”，采用近代印刷术，购置铅制活字、铅板印刷机、石印机等新式印刷工具，泉州出现了近代印刷术。此外，泉州市区及所属各县纷纷办报创建新式印刷厂，公开发行的大小报纸约计 70 多家。泉州整个地区的出版印刷业呈现出一派繁荣景象。

二、民国时期泉州地区各类型图书馆事业

1. 公共图书馆事业

民国时期，泉州地区建立的公共图书馆有晋江、南安、惠安、永春、安溪、德化等县级图书馆。下面按县以设立时间为序分别加以介绍：

晋江图书馆，建于民国九年（1920 年），名为晋江县公立大众通俗图书馆，馆址在今鲤城区东街头。民国二十年（1931 年），扩建为县民众教育馆，馆内附设图书阅览室，藏书千册。民国二十九年（1940 年），在泉州东街中和宫建立晋江县图书馆，有普通图书 5000 多册，古籍 4304 册，杂志 5277 册。民国三十八年秋（1949 年）晋江县图书馆关闭。南安图书馆，创建于民国九年（1920 年），馆址在南安城内。民国二十五年（1936 年），南安县民众教育馆成立，内设有阅报所，人员 2 名，年经费 360 元，报纸 5 份，刊数十份。永春县图书馆，创建于民国二十一年（1932 年），馆址于永春县文昌庙，藏有《万有文库》1 部，计 500 本。民国二十五年图书馆与民众教育馆合并。民国二十九年县图书馆分立，馆址设在文昌庙。藏书有 2000 多册，报纸、杂志各订 10 多种。馆藏中除《万有文库》

外，还有线装书《四部备要》一部，计有2000多册。1939至1940年间，弘一法师曾书“永春县立图书馆”立匾赠永春县图书馆。永春县图书馆一直开办到1949年，藏书近万册。安溪县图书馆，民国二十三年（1934年）10月，安溪建立“民众教育馆”，附设有图书室，内收藏有“万有文库”丛书，藏书达万册以上。当时月经费150元。民国二十七年（1938年），建立县立民众书报所。民国二十九年（1940年）“民众教育馆”一度易名为“图书馆”。民国三十二年（1943年）恢复为民众教育馆。民国二十三年（1934年）冬，德化县民众教育馆（简称民教馆）成立，下设总务、图书两部。馆藏图书不多，后因经费无着，与民众教育馆合并。民国二十七年（1938年），县民教馆改为战时民众学校。民国三十年（1941年），县民众学校改为图书馆。民国三十二年（1943年）恢复民教馆，县图书馆并入民教馆，直到1949年止。惠安县图书馆，民国时期惠安县建有民众教育馆，馆内设有图书室，并庋藏有部分的古籍文献资料。1938年间，弘一法师曾在惠安县图书馆中查阅过古籍文献资料。

2. 学校图书馆事业

因为民国时期泉州社会动荡、经济凋敝开办经费有限，近现代图书馆意识仍然得不到普及，加上许多学校开办时间极为短暂，规模也不大，要配建图书馆是比较困难的。尽管如此，我们依然可以在现存文献中找到有关学校图书馆片鳞只爪的记载。总的来说，民国时期泉州学校图书馆事业处在萌芽发展阶段。

●小学图书馆事业发展状况。振兴小学创办于1911年冬天，1929年扩建校舍.建置了图书馆，添购图书（中有《万有文库》全套）、各种工具书、教学参考书和各科教学用书，计有5000多册，还订购有《新中华》《小说月报》等刊物。惠安县秀津小学兴建于1945年，内设有“勤母图书室”“优良办公室”“石利纪念堂”等，匾名为孙科等人题写。

●中学图书馆事业发展状况。泉州培元中学创办于1904年，民国十六年（1927年）培元中学校友为了纪念培元创办者英国人安礼逊，兴建了安礼逊图书馆。安礼逊图书馆的规模在当时首屈一指，代表了民国时期泉州中学图书馆的最高水准。泉州平民学校创办于民国十三年（1924年），校内配有图书室、仪器室等部门。泉州黎明高中创于民国十八年（1929年），前后整整办了五年，费去四五万元，校舍、校具、图书、仪器都很充实可观（泉州文史资料第六辑第52—53页）。泉州惠世高级护士学校创办于民国二十三年（1934年），校内设有图书室，藏书仅460余册。永春州中学堂创于1906年，民国十九年（1930年）改名为公立永春中学，图书馆藏书很可观，到 1949 年总藏书量到 9413 册（永春文史资料第二辑）。30 年代永春县桃溪学校内有菲律宾著名华人实业家周卿云（1898—1990 年）捐办的“卿云图书馆”。晋江县立初级中学创办于民国三十一年（1942 年），经费短缺，学校图书馆藏书极少，不能满足学生阅读需要，曾开展“一人一书运动”，学生自治会在开学注册时收集登记献给图书馆。据《泉州教育志》，1942 年晋江县立初级中学招收学生 180 名，由此可见藏书是相当有限的。晋江南侨中学创于民国三十五年（1946 年），开办后归侨施玉霖捐献图书两千余册。

●高等教育学校图书馆事业发展状况。国立海疆学校是民国时期泉州地区创办的唯一一所高等学校，于民国三十四年（1945 年）由仙游县迁入，建有教室两座 20 间，办公室、图书馆各 1 座。图书馆的面积藏量因文献资料不足已难以考证。

3. 私人图书馆（室）事业

由于近现代图书馆理念的逐步传播，时局变幻动荡，民国时期泉州地区的私家图书馆已经明显不同于古代藏书楼。他们兴办图书馆的初衷在于救国启民智。这一时期规模较大、管理比较规范的私人图书馆有：德化共和阅报社，民国四年（1915 年）；圳山阅书报社，创于民国八年（1919 年）冬；星光图书馆，创于民国十一年（1922 年），馆址在永春县南马路；永宁阅书报社，建于民国十六至十八年间（1927—1929 年）；崇武图书馆，创于民国十七年（1928 年），馆址于惠安县崇武镇，崇武图书馆一直开办到解放后。杜印陶图书馆．创于民国二十年（1931 年），杜印陶先生独资在惠安县城中建立；南安诗山图书馆，建于诗山公园内，1931 年春落成；起斋图书馆，民国二十四年（1935 年），陈盛明先生于泉州镇抚巷 35 号创办“起斋图书馆”，这是泉州较早出现的具有近现代性质的私家图书馆；石狮“同乐会”，创于 1941 年，由许新民发动工商界人士捐献款项创立；私立海疆学术资料馆，创于 1945 年冬，创立人陈盛明先生，馆址于泉州中山北路。1950 年，海疆学术资料馆并入厦大。

三、民国时期泉州地区图书馆事业的特征

民国时期泉州地区图书馆事业处于萌发阶段，正由旧藏书楼向新型图书馆过渡转型时期。不论是学校图书馆、私家图书馆，还是公共图书馆，它们在馆舍面积、藏书量、经费、藏书内容种类、利用普及率等方面都比较有局限性，但同时具有鲜明的泉州地域特质。

1. 华侨捐建现象比较普遍

泉州是著名侨乡，旅居海外的泉州籍华侨680万。华侨身居异域，心系故土，热心桑梓公益，他们或捐款或捐建馆舍或捐献书报。如创办于1919年冬的圳山阅书报社，就是泉州最早的侨乡图书阅览室，为旅菲华侨李连朝等人所创建；晋江县永宁阅书报社的日常开支主要由旅菲华侨资助；南安诗山图书馆颇具规模，于1930年动工，1931年春落成，亦由华侨吕渭生等人创办。一言以蔽之，这一时期泉州华侨在故乡捐建了不少的图书馆（室），这是一个比较普遍的现象，有别于同期国内其他地方。

2. 馆藏量少

公立图书馆大多数依附于民教馆，馆藏量有限。图书少的仅几百册，多者也就万册。订阅的报纸也不多，仅几份。永春县图书馆初创时仅有藏书500册，晋江县立图书馆1920年初办时藏书千册，发展到1940年，总藏量不过万册。南安县公立通俗图书馆1936年订报纸5份，刊数10份。

3. 资金投入一般非常有限，人手少

安溪县图书馆当时月经费仅有150元；南安县立图书馆年经费360元，人员2名；永春县图书馆每月150元银元作为办公费和工资（即馆长工资每月100银元，管理员每月30银元，20元作为办公费）；人员也就是一名馆长、一名管理员。

4. 开办时间普遍较短

由于社会动荡、政局变幻更迭，加上资金短缺，这时期的图书馆生存环境比较恶劣，开办时间都比较短暂。如石狮同乐会、星光图书馆、德化共和阅报社等只存在三四年而已。

5. 管理理念比较朴素粗放，管理水平相对不高

现在还没有查找到有关民国时期泉州地区图书馆管理规章制度有关史载。但是，这段时期的图书馆都是免费向公众开放，服务理念较旧藏书楼进步。崇武图书馆的办馆模式值得重视。一是藏书建设，向个人征捐书刊，发动商户、个人订赠报刊；通过众多渠道定期收集及邮回泉州、厦门等地企事业单位的旧报刊。二是图书馆招募义工管理。三是灵活经营，补充办馆经费。如节假日租赁设备，有偿放映电影，增加收入；筹资入股崇武大商行作为股金，按月领取股息；代理报社报纸的征订及分发工作，收取代理酬金。这样，崇武图书馆日常的办馆经费得以解决，图书馆一直开办到新中国成立后。

参考文献

[1] 郑炳山 . 近代基督教传入泉州史略 [J]. 泉州文史资料，1987（3）：148.

[2] 胡俊荣 . 维新派对中国古代藏书楼变革的影响 [J]. 津图学刊，2001（1）：46-48+50.

[3] 柯乔木 . 近代泉州市区印刷业 [J]. 泉州文史资料，1987（2）：118.

[4] 陈健倩，蔡长安 . 晋江市志：简本 [M]. 北京：方志出版社，2001.

[5] 郑石崇 . 永春县图书馆史 [J]. 永春文史资料，1993（13）：11.

[6] 丁 耀 . 祟武图书馆创办过程 [J]. 惠安文史资料，1985（4）：69.

[7] 陈永安 . 陈氏兄弟兴办的一所资料馆 [J]. 泉州文史资料，1991（8）：219.

本文发表于《图书馆工作与研究》2012 年，第 10 期

作者简介：陈文革，男，研究馆员，泉州市图书馆馆长，泉州市图书馆学会理事长。

泉州藏书家苏大山及其红兰馆藏书初探

泉州市图书馆　翁海珠

摘　要　文章从私人藏书角度出发，重点介绍近代对泉州地区文化事业颇有影响的藏书家苏大山及对其红兰馆藏书特色做初步分析，探讨了苏大山及其藏书的现实意义。

关键词　藏书家苏大山；红兰馆；藏书特色意义

我国是世界上的文明古国之一。数量繁多的典籍不仅记载了我们民族的文明历史，而且它本身也是这部文明史的最重要的标志之一。典籍大多数是由历史上许许多多的藏书家保存和流传下来的。可以这样说：研究和了解我国的藏书家是研究中国学术史、中国文化史，以至整个中国文明历史的重要课题之一。

我国历史上的藏书事业大致可分为两类，即官藏和私藏。我们通常所说的藏书家，是指私藏之家。私人藏书是藏书者个人经济能力、知识修养与价值观及人生追求的重要表现，也是私人藏书这一现象得以发生与长久存在的重要原因。

一、历代泉州地区的藏书状况

泉州地区的藏书家，宋代苏颂家藏万卷，多秘阁所传，清安溪李光地藏书多为宋、元、明旧版本。乾嘉以后晋江张鞠园、同安李润堂、泉州陈颂南等皆有万卷罗列。清末龚显曾也有藏书三万余卷。到了民国，藏书较多的有海疆学术资料馆等，而近现代的苏氏红兰馆藏书则是直至新中国成立后还保存较完好的私人藏书。

红兰馆藏书主人苏大山（1869—1957 年），字君藻，又字荪浦，泉州人。少时聪颖，从其母舅孝廉林资美，学稍长，善属文，舅甚器之，逾冠游伴，名噪文坛，任藤花吟馆西宾。清末（1904 年）选士，早年加入同盟会，先后在汕头、厦门主舆论，笔政纵横。曾任厦门道教育会会长，被崇实学校（后改为厦门商业学堂）推为堂长，曾获六等嘉禾勋章。

壮游燕赵齐鲁吴越及台澎。1919 年，厦门鼓浪屿菽庄开东阁延揽诗人，大山入幕，主盟坛场13年。菽庄西游瑞士，乃归舟载书回泉，倡组温陵弢社，萃郡中名宿为侣，以时会吟，风雅丕振，1945年任晋江文献委员会主任，1951年被特邀为泉州市首届人民代表大会代表，后任泉州市政协委员，福建省文史研究馆馆员，是泉州开明爱国士绅、诗人、文史学者和藏书家。

苏大山一生酷爱古籍图书，毕生致力于文教事业。为了保存地方文化遗产，他在抗日战争期间曾组织成立“晋江县文献委员会”，极力购置、抄录、征集地方文献。组织编写《晋江大事记》，编印《晋江文献丛刊》，举办晋江文物展览会等，极大地推动了地方文化事业的发展。新中国成立后，他积极倡议政府要建立泉州图书馆，为泉州人民做贡献。苏大山著述颇多，1928年刊行《红兰馆诗钞》，集60岁以前存诗979首，为其诗歌代表作。其余著作有《红兰馆文钞》《晋江私乘》《清人万首绝句》《温陵碎事》《鹿礁随笔》《东国杂事诗》《温陵诗征》《温陵文征》《红兰馆小丛书》等，均已散佚，残稿现存于泉州市图书馆。另厦门图书馆尚收藏有1935年泉州同文斋铅印出版的、有苏大山参与著录的《温陵弢社乙亥初稿》。

苏大山红兰馆位于泉州市区涂门街胭脂巷祖间苏25号，是“祖间苏民居（市级文物保护单位）”的一部分，1930年至1950年苏大山故居是地方名人聚会的场所，从其诗可看到泉州诗人盛会情况。

二、红兰馆藏书的主要特色

中国的藏书家有一个突出的特点，那就是他们大多数都具有渊博的学问知识，而且在他们搜集、整理典籍之余，还常常喜欢给自己的藏书楼起一个楼名。苏大山也不例外，他给自己的藏书屋起名为“红兰馆”，自号“红兰馆主”，藏书印为“红兰馆藏书”“红兰馆藏书章”“红兰馆”等。红兰馆藏书总计3万余卷。

精善本多。曾购得宋椠《资暇集》，为乾隆二十八年（1763年）进呈本，卷首有翰林院印章，书中有内阁中书李荟勘误20余处，系“四库全书”的底本，极为珍贵，为此他曾作诗曰：“远采遗闻图雅集，独搜古本入新储。”可惜被毁。明版书稍多一些，现在尚能见到的有明万历年间所刻《李温陵集》（又名《李氏文集》），此书现存福建省博物院。

多藏地方史籍，并与研究地方文史结合起来。这也是苏大山藏书最具特色的地方。他多方收藏经（易类、春秋类、周礼、仪礼）、史（正史类、编年类、传记类、地理类）、子（道家、兵家、法家、农家）、集（总集类、别集类、词类、曲类）

等古籍以及晋江地方名人的著作，数量达数万卷。他尤其注意收集地方藏书家身后散出的书籍。如黄宗汉“一六渊海”的藏书散失于清末。他就多方搜访、购买了一部分。陈棨仁的藏书多流入民间，他四处查询，收购到不少陈氏旧藏。其中有陈棨仁著述的手稿及部分金石古器等。他还收购到许祖涝“聊中隐斋”的部分藏书。其著作《晋江私乘人物列传稿》《温陵碎事》《红兰馆小丛书》等均为其研究成果，起了保存和弘扬乡土文献的作用。遗憾的是《红兰馆小丛书》手稿被毁，现仅存22 册、50 种。例如《召叟诗录》作者为宋朝宰相苏颂四世孙苏泂。

苏泂(1170—？)字召叟，南宋诗人、词人，在宋代文学史上有一定地位和成就。由于官位低下，宋以后渐不为人所知，著作亦多亡佚，生平事迹几至湮没。苏大山选录的《如叟诗录》，保存了其不少诗词。又有宋朝晋江人林洪（字龙发，号可山），擅诗文，对园林、饮食也颇有研究，其著述常被后人引用，《红兰馆小丛书》保存了他较少见的《文房图赞》和《茹草纪事》。祖籍同安的黄文炤（1556—1651 年，字懋显，号毓源），学问渊博，人称“聘君理学布衣”。只有苏大山的《红兰馆小丛书》保留下他的《九日山志》。

苏大山所编《红兰馆小丛书》中，还有《四库全书》未收的俞大猷(1503—1580 年)《剑经》《兵法发微》二书。俞大猷是明代抗倭名将，与戚继光齐名，世有“继光如虎，大猷如龙”的美称。《剑经》《兵法发微》二书汇集了俞大猷一生所学的精要，由于清廷“将一切拳棒禁止”的禁令，此二书《四库全书》未收，故相当珍贵。丛书还收录了晋江陈琛（1477—1545 年）的《正学编》、晋江李廷机（1541—1616 年）的《燕居录》《在官录》、惠安骆日升(1573—1623 年)的《易解》、同安苏廷玉(1783—1852 年）的《亦佳室题跋》、厦门吕世宜（1784—1855 年）的《爱吾庐题跋》、晋江陈棨仁（1837—1903 年）的《汉律辑余》等一大批罕见的乡贤著述。

把藏书与抢救地方文献的工作结合起来。补破书是旧时读书人的可贵特点。苏大山少时家贫，无力购置图书，但酷爱读书，是在母舅林资美（藏书甚丰）处读书受到教育的。以后爱书的情感始终不移，贯穿他的一生。“以书为命”“不信积书能饿子”等成为他的生活信条。苏大山年少时，晋江张鞠园先生是泉州地区乾嘉年间著名的藏书家。他家的藏书多为明刊丝茧纸本及手抄书，都是相当宝贵的。但后来都失落了。苏大山少时有见过一些，但苦于家贫，无力购买，只能望书兴叹。后来，苏大山看到一本《范文忠公诗文集》，上面刻有“张氏藏书”和“鞠园藏书”两印，知道是张鞠园先生的藏书流落在外，于是赶紧把此书购回。因为书已破旧，遂亲手为此书补缀装潢，好好地保存此书。此书现存于泉州市图书馆特藏部。苏大山也曾为自己补破书作诗几首。“纸糊嘲内阁，待缺老拾遗。才转中书令，宁惭衮职司。”“守缺抱残外，东涂西抹中。与君看妙手，不许见空空。”这些诗句充分体现了苏大山的爱书之情。

在红兰馆，苏大山同时还收藏有许多二三十年代的进步书刊，由于历史的原因，很多在“文革”期间被查抄、佚散。

三、苏大山及其红兰馆藏书的现实意义

苏大山藏书时间大约为20世纪20至40年代。准确地说，苏大山1931年从厦门归舟载书回泉州，当时已积书15000多卷。长期不懈地收集文献，不仅耗去了苏大山大量的时间和心血，也耗费了他不少钱财，但他仍然乐此不疲。回泉州后继续积书，直到1949年还用美元购置《古今图书集成》中华版全集。值得一提的是，苏大山先生并没有将他辛苦大半辈子所收集的珍贵文献自密，而是有着藏书开放的意识。1958年，泉州市图书馆成立之初，其后裔尊其遗愿，将红兰馆藏书连同存放书籍的橱柜悉数捐赠泉州市图书馆，充分体现了其藏书为公的崇高品质。富有价值的线装古籍几千余册，使泉州市图书馆所藏古籍初具规模。后经历“文革”，苏大山捐赠泉州市图书馆的古籍藏书几经辗转，保存下来的不多，令人惋惜。

苏大山最突出的贡献是保存了大量珍贵的泉州地方文史资料，为后人研究泉州地方文史提供了不可多得的第一手材料。

苏大山读书、爱书、补书对我们图书馆人乃至青年一代具有教育意义。研究苏大山及其红兰馆藏书，有利于弘扬他藏书为公的藏书精神。

参考文献

[1] 郑伟章，李万健．中国著名藏书家传略[M]．北京：书目文献出版社，1986.

[2] 泉州市老年书画研究会．泉州历代名人书法作品集[M]．北京：中国文联出版社，2006.

[3] 余章瑞．藏书故事[M]．北京：北京出版社，2001.

本文发表于《图书馆》2010年，第4期

作者简介：翁海珠，女，副研究馆员，泉州市图书馆活动部主任。

巴金与图书馆

黎明职业大学图书馆 戴莲治

摘 要 巴金毕生嗜书如命，与图书馆结下不解之缘。文章拟通过对巴金与图书馆的关系的梳理揭示名人成长与图书馆发展的正关联，以期对当代学者求学和图书馆处理与名人关系有所启迪。

关键词 巴金；图书馆；赠书

一、前言

巴金（1904—2005年），字芾甘，原名李尧棠，中国现代文学家、出版家、翻译家，被誉为“20世纪中国文学的良心”，是20世纪中国杰出的文学大师、中国当代文坛巨匠。巴金毕生嗜书如命，与图书馆结下不解之缘。图书馆作为文献收集中心，对一生著书立说的巴金来说是一个令他向往的去处，每到一个城市巴金总会去参观、使用当地图书馆，北平图书馆、原上海东方图书馆、苏联契诃夫图书馆、德国莱比锡图书馆、法国里昂图书馆、日本长崎县立图书馆、瑞典国家图书馆、波兰图书馆、上海图书馆、黄山图书室等都曾留下巴金的身影，图书馆在巴金的一生中扮演着十分重要的角色。与此同时，巴金大半生都在为图书馆事业的发展奔走出力。图书馆与巴金的关系密切，文章基于此对巴金与图书馆的关系展开探讨。

二、图书馆对巴金的影响

巴金自幼喜爱读书，年轻时有时连续几个月天天泡图书馆。他曾说：“读一百本书，写一本小书。”图书馆对巴金的文学创作，人生观、社会观、伦理观与图书馆观的形成，以及晚年生活有着重要影响。

1.巴金办刊与旧中国图书馆

20世纪30年代初，巴金在北平与朋友一起办《文学季刊》，几乎每天都去附近的北平图书馆查阅书籍。他在图书馆的目录屉中几乎找不到他要的那些法文书籍目录，就连五四时期的重要刊物如《新青年》《新潮》之类也只有残缺的几本，但图书馆却收藏着价值 1800 元的《金瓶梅词话》和类似的所谓善本书。巴金对此十分愤慨，于 1935 年 4 月在《漫画生活》第八期发表杂感《图书馆》，指出北平图书馆“只是一个点缀文化城的古董”。巴金虽没有学过图书馆学，但他清楚地知道“图书馆不是衙门，不是古迹，不是古董商店，不是养老院。北平图书馆纵然拥有价值一百数十万元的宫殿式的房屋（然而里面的大阅览室却只能容纳二百人）和价值数万元的大门，养活着几十位名流学者以至杂役听差，这个图书馆依旧是不必要的，因为它忘记了读者大众”。但文中巴金表扬了上海东方图书馆，他认为东方图书馆能给读者提供一切的便利，这才是为读者大众设的图书馆。旧中国图书馆衙门式的作风让巴金萌生了朴素的图书馆观，该观念对其往后的赠书行为有着深远影响。

2. 巴金访学与契诃夫图书馆

巴金一生出访过无数国家，参观过许多当地图书馆。在这些图书馆中，巴金对苏联的契诃夫图书馆印象最为深刻。这所朴素而美观的图书馆是为了纪念伟大作家契诃夫而建，馆内所有的藏书都是契诃夫生前赠送的。契诃夫从 16 岁开始进当时的大冈罗格图书馆，他在图书馆借到了冈察洛夫、屠格涅夫、别林斯基以及别的许多作家的著作，并从图书馆获得了很多益处，所以他离开大冈罗格以后还不断地送书给这家图书馆，不止他自己的著作还包括他买的书。后来，他还帮助大冈罗格图书馆成立了外国图书部，还为它买了不少书。巴金感怀于契诃夫对图书馆的感情和奉献，在《印象 · 感想 · 回忆》中写道：“我望着拿着笔动的很快的手，望着那些现出专心的表情的脸，我忽然想起八十年前的少年契诃夫来。”契诃夫图书馆之行，巴金被伟大作家与图书馆的深厚情缘深深感动，这种感动又化作源源不断的动力鼓舞巴金终生支持图书馆事业。

3. 巴金晚年与上海图书馆

巴金故居和上海图书馆新馆仅有 500 米左右距离，巴金晚年由于腿脚不便，并不能经常上这所新馆。然而，巴金对这所第二故乡的图书馆有着深厚的感情。1992 年 5 月 8 日，巴金曾为上海图书馆题词：“热烈祝贺上海图书馆建馆四十周年。愿上海人使用自己的图书馆，爱护自己的图书馆！”上海图书馆文化积淀深厚，服务意识超前，20 世纪 90 年代初就致力于收集名人手稿，并建立了中国名人手稿室。手稿室收藏了 5 万多件清末以来的文化名人手稿（包括日记、信函、图片、题词等），巴金等部分文化名人的手稿正被逐步数字化。巴金对上海图书馆名人手稿收藏计划十分支持,并与手稿室负责人萧斌如和上海图书馆原馆长顾廷龙保持着密切的联系。1997年5月6日，巴金抱病参观上海图书馆新馆，上海图书馆工作人员扎实的工作态度令巴金折服，巴金称赞他们的工作做得认真细致。巴金晚年对上海图书馆表现出极大的肯定和信任，在与上海图书馆的持续互动中，巴金对图书馆的职责有了更深的思索。

三、巴金的图书馆观

巴金一生与图书馆结缘，在与图书馆长达近一个世纪的互动中，巴金逐渐形成自己的图书馆观，这些观念像巴金的人一样朴素而真诚，对现实图书馆工作仍有一定借鉴作用。

1. 图书馆不是衙门，要为读者大众

从巴金对旧北平图书馆和东方图书馆迥然不同的评价，我们可以看出巴金十分重视图书馆的社会服务功能，他把是否主动服务读者大众看成是评价一所图书馆好坏的标准。在巴金看来：图书馆是文献收集中心，不是装饰品，图书馆需要的是满足一般人需求的书籍，不需要豪华的建筑。像《新青年》《新潮》等五四时期的重要刊物，日流通量大，正是那个时代大多数中国人所需的精神食粮，图书馆理应充分考虑读者需求，购买大众读者真正需要的书籍。图书馆既然是社会公共服务机构，就应主动为普通读者大众服务，不该衙门作风只为少数人服务。

2. 图书馆的书在于流通，重在使用

图书馆固然有保存人类文化遗产、收集珍稀书籍的使命，但是藏书的目的在于用，而不是炫耀馆藏，图书馆的书在于流通，重在使用，才体现它特有的文化功能和社会功能。巴金对北平图书馆收藏价值不菲的《金瓶梅词话》及类似善本书加以批判，更多是从“读者需求”和“书尽其用”的角度进行批判。在巴金看来，北平图书馆以收藏此类善本自豪，从根本上说是一种“炫富”心态，这些善本大多被图书馆束之高阁或是摆进展柜，不能进入流通，不能为读者大众使用，这些善本慢慢变成读者大众不待见的“死书”。巴金致信卢剑波曾写道：“我的藏书中有一部分只能送给图书馆，留给小孩等于白白糟蹋。”巴金在此后向图书馆赠书时一直表达一个愿望：“我的书，希望不要藏起来，要让它们给读者看。”

3. 图书馆要散布知识，散布生命

巴金晚年为上海图书馆新馆题词：“散布知识，散布生命。”这个题词既体现了巴金对图书馆的深层期待，也反映了其对图书馆职责的深入思考。巴金认为图书馆不仅是一个文献收集中心，具有散布知识的职责；更是一个生命体，具有散布生命的职责。首先，图书馆是知识的集合，而知识系统本身是一个不断代谢的生命体，图书馆散布知识就是在散布生命；再者，“生命”还指活生生的人，承担散布知识使命的图书情报工作者在图书馆这一生命体中与共同参与散布知识的广大读者一起激扬智慧，传播知识，巴金在这里强调了人的积极作用，图书馆要激活人的力量，弘扬人的精神，散布生命，散布知识。

4. 办图书馆先要书多，然后再注意特色

20 世纪 80 年代初，巴金青年时期的泉州好友盛子诒致信巴金为新创建的黎明学园图书馆出力时，巴金回信说：“办图书馆我赞成，也愿意帮助……办图书馆先要书多，然后再注意特色。”这与巴金之前的图书馆观是一致的。巴金认为办图书馆首先要考虑的是书足够多，普通书籍多了才能满足大多数读者的需求；然后再注重特色资源的收集，图书馆有自己的特色资源才能形成自己的特色，并能满足特殊人群的研究需求。巴金是这样说的，也是这样做的。从他晚年整理自己的藏书，并把它们分门别类地赠往各地图书馆便可知晓。他将鲁迅研究方面的藏书多赠给母校南京师大附中，将外文方面的书籍赠给北京图书馆和上海图书馆，手稿多赠给中国现代文学馆，而他自己的 7000 多册中文藏书分批赠予泉州黎明大学图书馆。

四、巴金对图书馆事业的支持

巴金对图书馆事业的支持是实实在在的回馈社会，奉献读者，并不注重个人虚名。嘉兴市有关部门曾想把沿用了近百年的馆名更名为“巴金图书馆”，被巴金与亲属婉言谢绝。

1. 长达 70 多年地向图书馆赠书

巴金最早为图书馆赠书可以追溯到 20 世纪 30 年代初。1932 年巴金第二次到访泉州时，与平民中学教务主任叶非英同住一室，叶非英希望他能为学校图书馆捐些书籍，巴金回到上海便寄去两箱书籍。之后，巴金还曾向北京大学“孑民图书室”和复旦大学图书馆零星赠送了一些书籍。巴金晚年把所有藏书分门别类地整理出来，分别赠予各地的图书馆。接受巴金赠书的图书馆，上至国家图书馆，下至贫困地区的县级公共图书馆，既有高校图书馆，也有中小学图书馆，甚至风景名胜区图书室。从 1981 年起至今，巴金已向中国现代文学馆、北京图书馆、上海图书馆及成都慧园和泉州的黎明大学、南京师大附中、上海档案馆、上海作协捐出了各类图书近 3 万册，期刊 1 万多册。

2000 年，病愈后的巴金从电视新闻上得知，位于落后地区的甘肃省高台县又建成了一座图书馆。巴金决定再向该馆捐赠自己仅有的几本书籍，此时他的手已经抖得无力签名了，但他特别叮嘱女儿，一定要把他的新书加盖上自己的名章再寄去。在巴金心目中，图书馆没有大小高低之分，只要是为读者服务的图书馆都是好的图书馆，图书馆需要很多书为读者大众服务，他自己正好有那么些藏书，把书赠给图书馆可以继续更好地发挥它们的价值。正如他所说："我是一个中国作家，应该为我们国家的图书馆做点贡献，我喜欢书，也收集了许多，在有生之年要将它们一批一批清理出来，陆续捐给国家。"

2. 倡导建立中国现代文学馆

1980 年，巴金率先倡议建立中国现代文学馆，并带头捐款、捐书。他曾说，"倘使我能够在北京看到这样一所资料馆，这将是我晚年的莫大幸福，我愿意尽最大的努力促成它的出现。这个工作比写五本、十本《创作回忆录》更有意义。"为了圆建立文学馆的梦，巴金让家人在今后所有旧作上面不再收取稿费，由出版社直接汇寄给文学馆。据统计，巴金捐给文学馆的稿费款项达 20 多万元。文学馆成立之后，巴金捐出了 1990 年获得的日本首届亚洲文化特别奖奖金 300 万日元支持馆内各项工作的开展。除了捐款，巴金还把自己收藏的珍贵书籍赠给了文学馆。他在病中仍亲自挑选了 8000 余册图书先后 12 次托人邮寄给文学馆。其中，有他在 20 世纪 20 年代留法时一位法国朋友积累了 20 多年的整套克鲁泡特金主编的《反抗》刊物，据有关专家认定这是现存世界上绝无仅有的一套保存最完整的刊物；还有他自己晚年撰写的《随想录》（2、3 卷）手稿。

文学馆作为我国第一个专门搜集、收藏中国现代文学资料的中心，对推动中国现代文学的研究及发展与加强国际文化交流发挥着重要作用。巴金作为其建立的倡导者和践行者，在推动现代文学发展和图书馆事业发展上做出了不可磨灭的丰功伟绩。

3. 呼吁保留徐家汇藏书楼

20 世纪 90 年代徐家汇地区建设地铁站，徐家汇藏书楼由于管理不善，建筑年久失修，加之地铁正在附近施工等原因导致地基大受影响，政府曾考虑拆除该楼。

当时报纸以《救救徐家汇藏书楼》为题发出呼吁时，巴金当即发信响应。翌日，报纸就以《珍惜前人精神财富，提高民族文化素质》为题，全文刊载了这封信“读了你们写的报道《救救徐家汇藏书楼》，我疑心是在做梦。上海这样一个有国际影响的大都市居然会出现这种情况！徐家汇藏书楼远近闻名，有一部分珍藏十分宝贵。我们要振兴中华，建设精神文明，提高整个民族的文化素质，首先就应该珍惜前人留下的精神财富，多做一些这方面的实事。你们现在正在做这样的工作，我支持你们。我相信在社会各界热心人士的关心下，藏书楼一定会很好地保存下来。”徐家汇藏书楼经由巴金等知识分子的联名呼吁得以保留下来。此前藏书楼与巴金仅有一次交集，即1968年巴金被“造反派”勒令去藏书楼查找自己在法国写的一篇刊在《平等》杂志上的文章。虽然藏书楼不曾礼待这位大作家，但是在藏书楼去留的紧要关头，巴金却毅然地选择支持图书馆事业，奋笔呼吁各界共同努力保留徐家汇藏书楼。

4. 为图书馆耗尽余力

巴金曾对妻子说：“一个人能够帮助别人，对别人有用，也是值得高兴的事。”巴金对于图书馆也是如此，只要对图书馆有用，他都是不遗余力。晚年他仍坚持翻译赫尔岑的长篇巨作《回忆录》，他这么做并不是为了自己，而是要为国家图书馆留下一部誊正的手稿，为想了解19世纪前半叶欧洲和沙俄各方面情况的后人提供参考。1996年3月上旬，住在医院的巴金仍惦记着赠书事宜，特委托其侄孙李舒清理出了他多年珍藏的4000多册外文图书准备捐给上海图书馆。上海图书馆新馆落成后，巴金坚持抱病前往参观，并成为新馆的第一名荣誉读者在签到簿上签名。2000年，巴金病重初愈，便又决定把他始终爱不释手的俄文版《托尔斯泰全集》（10卷本）捐赠给上海图书馆。

五、结语

图书馆作为文献收集中心与地区文化中心，不仅为巴金文学创作提供充足养分，更对巴金人生观、社会观、伦理观与图书馆观的形成产生重要影响。而后，巴金在自身朴素图书馆观的指引下，通过赠书、倡导建立中国现代文学馆、呼吁保留徐家汇藏书楼及为图书馆耗尽余力等形式有力地支持中国图书馆事业的发展。图书馆是巴金成长的良师益友，巴金是图书馆事业发展的支持者与践行者，两者相互影响，相互促进，形成正关联，为当代学者与图书馆之间进行良性互动提供了参考借鉴。

参考文献

[1] 尹鸿博 . 图书馆事业发展与杰出人才成长探秘 [EB/OL]. (2012-07-10)[2016-05-12]. http: //blog.sina.com.cn/s/938010173td.html，2012-07-10/.

[2] 朱守芬 . 巴金：图书馆不是衙门，要为读者大众 [J]. 津图学刊，1999（1）：150-159.

[3] 巴金 . 巴金全集　第十四卷 [M]. 北京：人民文学出版社，2000：327-328.

[4] 陆正伟 . 巴金：这二十年 [M]. 上海：上海人民出版社，2006：245，180.

[5] 梁荻 . 巴金对图书馆事业的贡献 [J]. 兰台世界，2013（10）：30-31+148.

[6] 吴建中 . 人生感悟——散布知识，散布生命 [EB/OL]. http：//www.wujianzhong.name/？ p=24，2006-11-30/2015-05-08.

[7] 周明 . 巴金：文化老人曾经的梦 [N]. 吉林日报，2014-08-07.

[8] 巴金 . 巴金全集　第二十三卷 [M]. 北京：人民文学出版社，1993：476.

本文已发表于《图书馆工作与研究》2016 年，第 5 期

作者简介：戴莲治，女，副研究馆员，曾任职于黎明职业大学图书馆，现已退休。

中国现代女性图书馆先驱冯陈祖怡研究

泉州市图书馆 **陈碧香**

摘 要 冯陈祖怡曾留学美国，并加入美国图书馆协会。归国后，她先后在多家重要图书馆工作，并做出了巨大贡献。她曾发表《图书馆教育急宜发展之理由及其计划》一文，阐述了她对图书馆之教育功能与图书馆教育之作用的理解，影响颇大。不过，在与汪长炳参加第 8 届国际图联大会之后，她就行踪不明，有待后续查考。

关键词 冯陈祖怡；生平活动；学术思想；图书馆史

考察中国现代图书馆事业，我们无法回避冯陈祖怡。她先后执掌多家重要图书馆，并在北平图书馆协会与中华图书馆协会担任要职，推动了中国现代图书馆事业的发展。她还曾与汪长炳同赴西班牙参加第八届国际图联大会，促进了中外图书馆界的交流合作。但学界对冯陈祖怡所知极少，尚无专文问世。着眼于此，我们极力搜考史料，尽量详尽地呈现其人其事。

一、冯陈祖怡的名、字、籍贯与求学经历

1. 冯陈祖怡的名、字、籍贯

冯陈祖怡，原名陈祖怡，婚后加夫姓而称“冯陈祖怡”，并以之行世。这可以由其英文姓名从“T. Y. Chen”到“T. Y. Feng-Chen”的变化得到证明。她还曾被误写为“冯陈祖贻”。多数资料称她字“振铎”，但《中法大学图书馆概况》则称她字“祖怡”。

一般认为，冯陈祖怡的籍贯为福建，有人甚至因误引文献而将其具体到“福建闽侯”。囿于史料，我们尚未确知冯陈祖怡的出生日期、家庭背景、婚姻情况等细节。

2. 冯陈祖怡的求学经历

有文献指出，冯陈祖怡曾赴美攻读图书馆学，是赴海外研读图书馆学专业的

第一位中国女性。我们没能在《中国留学生大辞典》等文献中查到佐证，但我们在冯陈祖怡自己的文章中找到“吾在美时”一句，又在 1921 与 1922 两年的《美国图书馆协会手册》（ALA Handbook）中查到她（当时称“T. Y. Chen”）是美国图书馆协会个人会员，编号为“9205”。因此，她确实曾在美国某校攻读图书馆学，并加入美国图书馆协会。

二、冯陈祖怡的工作经历

1. 在南开大学图书馆

1919 年 9 月 25 日，南开大学举行开学式，其图书馆也随之开放，并由冯陈祖怡担任该馆第一任主任。由此推断，冯陈祖怡在 1919 年以前即赴美深造，学成毕业之后回国服务。南开大学图书馆初创，几乎是由零开始，且经费短缺。仅仅数月之后，冯陈祖怡便于 1920 年春辞职了，未能一展鸿图。

2. 在北京高师图书馆

冯陈祖怡于 1920 年 12 月被北京高师图书馆新聘为主任。在此之前，先担任副主任，直至 1928 年辞职离开的大约 8 年内，冯陈祖怡为北京高师图书馆的发展立下了汗马功劳。

首先，她紧抓该馆的日常管理，提升服务水平。她主持修订了原有规章制度，建立健全了新书登录制度，并调配人力重新誊录图书登记总簿。在她的主持下，该馆编制了多种中英文事务表册，包括购书手续用片、登录手续用片、出纳用片、目录检查用片等。她还计划改用杜威十进分类法，并将原本使用的固定式书架排列法改为连属式书架排列法，以适应图书典藏的现实需求。

其次，她参与了该馆独立馆舍的规划与建设。该馆馆舍原本是由普通楼房改造而成，可用面积小，难以扩充。于是，该馆筹划建设独立馆舍，于 1921 年 10 月初正式动工，定于次年 6 月竣工。不过，直到 1922 年 10 月，这座由德国、美国、丹麦三国的 4 位建筑师与设计师设计施工的双层独立馆舍才落成。新馆面积为 1157 平方米，可同时容纳 200 多人，其宏大规模与新颖设计引得各界竞相参观，成为北京的标志性建筑。

再次，她紧抓该馆的馆藏建设。在她上任之初，该馆划归该校总务处领导，其教育职能被忽略无视。同时，该馆并无独立经费，只能从学校办公经费中提取，额度不定。这就导致该馆在订购书刊方面捉襟见肘。但在她就职期间，其馆藏建设取得了不小的进展。1922 年底，该馆共有中文书籍 3375 部 4882 册，日文书籍 2360 部 2917 册，英文书籍 4395 册，德文书籍 101 册，法文书籍 22 册。

最后，冯陈祖怡还积极参与图书馆联合团体的各种活动。1923 年 8 月，她与 30 位同事一同参加了中华教育改进社第二届年会，并被分在图书馆教育组。会上，她与洪有丰和韦棣华联合提交的“图书馆善本书籍应行酌量开放以供参考案”获得通过，而与陆秀共同提交的“呈请中华教育改进社转请各省教育厅增设图书馆学额培植师资案”则被保留。1924 年 3 月 30 日，北平图书馆协会成立，戴志骞与冯陈祖怡当选为正副会长。1924 年 7 月，冯陈祖怡参加了中华教育改进社第三届年会。1925 年，北平图书馆协会改选职员，袁同礼与冯陈祖怡当选为正副会长。1925 年 6 月 2 日，中华图书馆协会在北京举行成立仪式，冯陈祖怡被推选为执行委员。1929 年 1 月 28 日至 2 月 1 日，中华图书馆协会在金陵大学召开第一次年会，冯陈祖怡再次当选为执行委员。

3. 在春明公学女校

关于冯陈祖怡在春明公学女校的就职情况，主要有以下两种说法。

其一，李铁虎指出：“民国十四年（1925 年）十月十日，全闽春明公学中学部在西四南大酱坊胡同 14 号设立。至 1926 年改为女校。当时只有 20 名学生。校长先后为李贻燕和冯陈祖怡。1928 年 10 月，福建格致学院毕业的柳挺荣任校长。”按此，1926 至 1928 年 9 月间，冯陈祖怡担任春明公学女校校长，而她当时仍是北京高师图书馆主任。

其二，《北京宣武百科全书》（此书见载于北京宣武区官网）指出：“春明女子中学 1925 年由邓萃英、李贻燕、高鲁、张琴诸人在西四大酱坊胡同创办，初名私立春明公学，为男校。学制 4 年。1926 年改为私立春明公学女校，1928 年迁至宣武门外大街 102 号原闽学堂旧址，校长冯陈祖怡。”也就是说，冯陈祖怡 1928 年以后才开始担任春明公学女校校长。

我们未能查阅到与春明公学女校相关的一手档案资料，却发现 1926 年 8 月 25 日出版的北平《世界日报》上载有一条题为“春明公学女校报名者踊跃 主持者为冯陈祖怡”的报道。由此可知，她在之前就已经是春明公学女校校长。这间接证明李铁虎的说法正确。也就是说，在其就任北京高师图书馆主任期间，冯陈祖怡还兼任着春明公学女校校长一职，其始末时间应当是 1926 年 8 月至 1928 年 9 月。

4. 在中法大学图书馆

据《北京师范大学图书馆百年馆庆纪念册》："1928 年……我馆主任冯陈祖怡辞职南下，任上海国际图书馆分馆主任。"结合前文，冯陈祖怡应当是在 1928 年 9 月辞去北京高师图书馆主任一职。不过，冯陈祖怡不可能即刻南下担任"上海国际图书馆分馆主任"一职，因为"上海国际图书馆分馆"就是"中国国际图书馆上海之部"，或称"上海中国国际图书馆"，乃是由世界社图书馆改组而成，1933 年开始筹备，1934 年才正式成立。

事实上，在离开北京高师图书馆之后，冯陈祖怡仍然留在北京，改至中法大学图书馆服务。对此，证据有三。其一，1932 年，《中法大学月刊》第 1 卷第 3 期登载了"中华民国二十一年一月冯陈祖怡序"的《研究中日事件参考书目序》一文，并附书目。其二，1933 年编印的《中法大学图书馆概况》附有一份"本馆职员录"，其中提到"馆长 李麟玉 圣章"、"主任 王凤仪 来庭"、"副主任 冯陈祖怡 祖怡"。其三，庄文亚于"民国廿三年二月"（1934 年 2 月）对中法大学图书馆进行了调查，其中也提到"［职员］（馆长）李麟玉 （主任）王凤仪（副主任）冯陈祖怡 馆员十数人"。

可见，至少在 1932 年 1 月至 1934 年 2 月间，冯陈祖怡都在中法大学图书馆担任副主任一职。再考虑到冯陈祖怡于 1928 年 9 月辞去北京高师图书馆主任与春明公学女校校长两职，我们认为，冯陈祖怡从 1928 年 10 起就转到中法大学图书馆工作了。

5. 在上海中国国际图书馆

冯陈祖怡自编的《上海各图书馆概览》一书在介绍上海国际图书馆时指出："［职员］主席团代表李煜瀛。主任冯陈祖怡。副主任靳鸿。……"该书的出版时间为"廿三年五月一日"（1934 年 5 月 1 日），而在 1934 年 2 月，冯陈祖怡仍然担任中法大学图书馆副主任。因此，冯陈祖怡应当是在 1934 年三四月间来到上海中国国际图书馆担任主任一职。

在该馆就职期间，冯陈祖怡颇有作为。其一，实地调查并编撰《上海各图书馆概览》。她与崔竹溪一起，"自廿二年十二月一日开始至廿三年三月十一日"，对全上海总共 81 家图书馆展开实地调查，为我们了解民国时期上海图书馆发展情况提供了宝贵史料。不过，冯陈祖怡与崔竹溪开展调查的时间早于她到上海中国国际图书馆工作的时间。所以，我们猜测，此次调查最初由崔竹溪独自进行，待冯陈祖怡就职以后，则由她本人接过了这项任务，所以最后定稿的《上海各图书馆概览》只署“冯陈祖怡”之名。此外，她还主持编印了《中国国际图书馆图册》《中国国际图书馆概要》等小册子，起到了一定的宣传作用。

其二，主持筹备召开了“世界图书馆展览会”。世界图书馆展览会于1934年10月10日下午在上海中国国际图书馆开幕，共有德、英、美、法、荷、意等16个国家的56所图书馆参加，极大地推动了中外图书馆的交流合作。1934年11月1—7日，该展览会又移至北平图书馆进行。这次展览会引起了社会各界的广泛关注，产生了深远的影响。众多报刊发文加以评介，《民国二十四年上海市年鉴》也将“世界图书馆展览会开会”列为“一年来上海学艺界集会”的第一件大事。

其三，参加第八届国际图联大会。1935年，国际图联总部致函中华图书馆协会，请其派员出席第八届国际图联大会。该会执行委员会决定请正在美洲考察图书馆事业的汪长炳和因公在日内瓦出差的冯陈祖怡前往与会。1935年5月19—30日，第八届国际图联大会在西班牙马德里和巴塞罗那举行，汪长炳与冯陈祖怡两人都在大会上发了言。冯陈祖怡介绍的是中国国际图书馆日内瓦总馆和上海分馆的发展概况。

三、冯陈祖怡学术思想略考

1923年1月，冯陈祖怡在《教育丛刊》第3卷第6集发表了《图书馆教育急宜发展之理由及其计划》。该文反映了她对图书馆之教育功能与图书馆教育之作用的理解，值得关注。

1. 发展图书馆事业的重要意义

冯陈祖怡认为，教育是发展人类智能的唯一利器，而图书馆恰恰可以对学校教育力所不能及之处进行补充。她指出，不同国家或地区的社会环境差异很大，社会个体的经济状况也各有不同，这就导致人们在获取知识与提高能力方面遭遇了重大不平等。为了弥补这种缺憾，我们就需要大力发展图书馆事业，为社会各界人士提供条件，普及教育、增进文化。

冯陈祖怡还分类介绍了图书馆对于社会各阶层的重要作用，并认为这些即是我们发展图书馆事业的理由。比如，通俗图书馆既可以为劳动阶层提供通俗易懂的读物，以启发其智慧，也可以组织以其为对象的通俗演讲，以提高其道德涵养与公民意识。又如，社会上有许多儿童因为家庭贫困而失学，也有不少有幸接受教育的儿童没有良好的课外自修条件。而儿童图书馆可以将大量儿童聚于一处，向他们提供课外读物、幻灯片等，以增进其自学能力。

2. 发展图书馆事业的基本路径

冯陈祖怡认为，我们需要根据潜在读者的不同，建设各种类型图书馆。她还特地指出，学校图书馆虽然是专为学生而设于校内，但应当考虑到社会需求，对社会人士实行有限度的开放。这一想法无论是在当时，还是在现在，都具有相当的现实指导意义。

冯陈祖怡指出，学校图书馆以外的各类图书馆，应当按照人口分布情况，建在人口较多、交通方便之处，而各级政府都应当为图书馆提供一定经费，以保障其顺畅运营。

3. 发展图书馆教育的重要作用

冯陈祖怡指出，创办图书馆学校、发展图书馆教育的作用主要有如下两点。

其一，提高图书馆员的专业水准。她认为，图书馆并非单纯的藏书楼，而管理图书也不是图书馆员的唯一职责。因此，图书馆员最好接受过专业训练，并且热心于教育事业。只有这样，他们才能全身心投入于图书馆事业中来，采取正确的方法，为读者提供最好的阅览环境，充分发挥图书馆的教育功能。

其二，提高图书馆员的学术水平。她指出，中国图书馆历史较短，还有诸多问题有待解决。比如，中文旧籍的分编缺乏成熟可行的方法指导，导致各馆的处理方式混乱无序。这使得图书馆管理者感觉纷烦难奈，而读者亦是不堪其苦。冯陈祖怡认为，此类现实问题都需要学界群策群力，展开深入研究，加以解决。而这有赖于大批图书馆人才的养成和参与。她进而阐述了其图书馆人才培养计划，认为中国需要建立多层次的图书馆人才培养体系，包括创办图书馆普通科与专修科、图书馆专门学校（单科大学）、图书馆讲习会或讲习班等。她指出，中国应组织各级图书馆协会，创办图书馆学专门刊物，为图书馆员提供交流平台；同时，还应制定可行制度，遣人留洋，学习对方成熟可行的图书馆学理论、管理制度与方法等，并将其引入国内加以研究、改造、实施，推动本国图书馆事业进一步发展。

四、结语

在1935年以后的很长一段时间内，我们似未见到与冯陈祖怡相关的消息。直到1948年5月31日，《中华图书馆协会会报》第21卷第3、4期合刊（该刊最后一期）

所附“中华图书馆协会个人会员名录（中华民国三十六年十二月）”将冯陈祖怡列入身在上海市的该会会员名单当中。自那以后，冯陈祖怡就从我们的视线当中消失了，成了中国现代图书馆史上的又一位失踪者。直至今日，我们穷尽一切手段，四处搜考史料，想要弄清她在新中国成立之后的去向与命运，却一无所得。殊为遗憾！

参考文献

[1] 世界图书馆在沪展览 [J]. 青岛教育，1934，2（5）：8-10.

[2] 中法大学图书馆 . 中法大学图书馆概况 [Z]. 北平：中法大学图书馆，1933.

[3] 冯陈祖怡 . 图书馆教育急宜发展之理由及其计划 [J]. 教育丛刊，1923(6): 4-9.

[4] 南开大学图书馆 . 南开大学图书馆建馆八十周年纪念集（1919-1999）[M]. 天津：南开大学出版社，1999.

[5] 北京师范大学图书馆 . 北京师范大学图书馆百年馆庆纪念册 [M]. 北京：北京师范大学出版社，2002.

[6] 冯陈祖怡 . 北京高师图书馆沿革纪略及新图书馆 [J]. 教育丛刊，1923(6): 3-4.

[7] 新图书馆计划摘要 [J]. 教育丛刊，1921（6）：33-34.

[8] 李刚，叶继元 . 中国现代图书馆专业化的一个重要源头：中华教育改进社图书馆教育组的历史考察 [J]. 中国图书馆学报，2011（3）：79-91.

[9] 陈源蒸，张树华，毕世栋 . 中国图书馆百年纪事（1840-2000）[M]. 北京：北京图书馆出版社，2004.

[10] 邹华享，施金炎 . 中国近现代图书馆事业大事记 [M]. 长沙：湖南人民出版社，1988：53.

[11] 李铁虎 . 民国北京大中学校沿革 [M]. 北京：北京燕山出版社，2007：174.

[12] 春明女子中学 [EB/OL].[2012-11-27].http：//www.bjxw.gov.cn/XWbkqs/XWbkqsxxxs.ycs？ GUID=421560.

[13] 春明公学女校报名者踊跃 主持者为冯陈祖怡 [EB/OL]. (2012-11-27)[2014-02-28]. http：//catalog.digitalarchives.tw/item/00/06/fd/36.html.

[14] 庄文亚 . 全国文化机关一览 [Z]. 上海：世界书局，1934：70.

[15] 丘东江等 . 国际图联（IFLA）与中国图书馆事业（下）[M]. 北京：华艺出版社，2002：4-5.

本文发表于《图书馆理论与实践》2014年，第2期

作者简介：陈碧香，女，副研究馆员，任职于泉州市图书馆。

历史变迁与时代驱动：图书馆精神之考量

泉州幼儿师范高等专科学校图书馆 廖连生

摘 要 图书馆人对图书馆人文精神的研究，体现的是当代图书馆界的职业价值观取向的确立以及职业信念的成熟。通过对“穿越历史”和“时代驱动”的图书馆人文精神的分析，我们更加清楚地认识到国内外图书馆人对图书馆精神理解的异曲同工之处。如今在先进技术的支撑和多元理念的推动下，图书馆人文精神呈现出新的特点。

关键词 人文精神；图书馆精神；图书馆事业

进入21世纪以来，网络化浪潮扑面而来，先进技术使图书馆人大开眼界之时，技术和技能方面的问题得到了更多的关注，而图书馆内在动力和精神支持在一定程度上受到冷落，图书馆人的主体地位被忽视，图书馆学研究甚至出现了盲目崇拜技术的现象，在此背景下，提出弘扬人文精神是很有必要的，为此图书馆界对图书馆人文精神进行了热烈而有效的探讨。本文对人文精神的形成进行了系统分析与阐述，试图在此基础上，探求我国图书馆人文精神发展的现实意义。

一、图书馆人文精神的内涵

人文精神在21世纪已经成为世界性的课题，各国学者都在寻求对其内涵进行更新的诠释。在我国，由于缺乏终极关怀和人文理念的指引，功利主义侵蚀了社会生活的方方面面，并扰乱了我国图书馆事业的发展思路，呼唤“人性的复归”对于我们具有重要意义。在西方图书馆界，人本主义已经成为一种越来越重要的经营理念。程焕文先生认为：“全部图书馆的历史实质上是图书馆人本身的历史。无论是在图书馆学理论研究中，还是在图书馆实践活动中，人的问题始终是一个重要的问题，忽视了对人的研究，忽视了人的作用，尤其是忽视了曾有所创造的人们的作用，实质上也就是抹杀了图书馆学术和图书馆事业。”事实上也是如此，人文精神传统如同一条无形的主线，一直贯穿于图书馆学历史发展之中。德国著名社会学家马克斯·韦伯在《新教伦理与资本主义精神》一书中曾提出并验证了一个著名的假说：透过任何事业的表象，可以在其背后发现一种无形的、支撑这一事业的时代精神力量；在一定条件下这种精神力量决定着这项事业的成败。透过图书馆机械而复杂的工作表相，也存在着一股无形的力量，这就是图书馆鲜明而独特的图书馆精神，主要包括图书馆人自身的敬业精神和图书馆人在图书馆实践活动中体现出的人文精神。而在我国，在博大精深的中华传统文化背景下，图书馆学也有源远流长的人文传统。图书馆作为一种文化教育机构绵延千年亘古不断，其产生和发展自有其深刻基础和内在机理。图书馆人文精神是指在图书馆工作实践过程中所体现的以人为本的思想，以满足人的需要，实现人的价值，追求人的发展，体现人文关怀，创造美与和谐作为图书馆活动的宗旨。

二、穿越历史时空的图书馆人文精神

1. 国内对图书馆人文精神的思考

我国关于人文精神最早的论述出现在《易经》：“文明为止，人文也。观乎人文以化成天下。”“文”指“礼乐制度，美也，善也”等含义。在我国封建社会，在君主专制的环境下，人们对人的研究较少，对图书馆的研究主要表现在对其基本工作的研究，如对文献的组织研究，其目的是辩章学术，考镜源流。鸦片战争后，一些接触西方资本主义文明较早的改良主义者，强调救国必先治学，治学必创设藏书楼。他们通过声讨封建藏书楼的得失，通过介绍西方图书馆事业，倡议建立公共图书馆，并广泛宣传其社会作用，为近代图书馆的兴起起到了推动作用。1895 年，康有为、梁启超等创立维新运动的总机关——强学会最初着手的两件事就是办报纸和图书馆。强学会还设有“书藏”，所陈列的图书，主要用来“启迪民智”，开放对象不再限于帝王、官吏，而扩大为一般民众。20 世纪初，由于风气渐开，兴教育、办图书馆渐成为一种潮流，在这个潮流之先，是戊戌变法时期成立的京师大学堂，而后成立了省立浙江藏书楼、古越藏书楼、皖省藏书楼，至 1904 年，我国最早的省级公共图书馆——湖南图书馆兼教育博物馆创建，这是我国最早以图书馆命名而不是以藏书楼命名的图书馆。随后，图书馆如雨后春笋般地发展起来。

1910 年，美籍学者韦棣华女士创办了文华大学的文华公书林，其办馆始终贯穿着西方先进公共图书馆的开放思想；由被誉为“中国图书馆学教育之父”的沈祖荣于 1920 年 3 月共同创办的我国第一个图书馆学教育机构——文华图书馆学专科学校，开创了中国图书馆学教育的先河，其始终以“智慧与服务”为教学宗旨。沈祖荣先生曾将我国图书馆人文精神概括为“热爱祖国、任事忠诚、己立立人”。其后杜定友、刘国钧、李小缘、裘开明、陈誉等我国老一辈图书馆学者先后继承和发展沈祖荣先生的图书馆精神。杜定友、刘国钧等人将图书馆精神表现为书、法、人三要素，以书为目的，以诱导为方法，以养成社会上人人读书习惯为指引。随着改革开放的日益深入，我国图书馆事业经历了翻天覆地的变化，取得历史性突破，图书馆无论在建筑、设备上还是在技术上都渐渐与国际接轨。但也存在一些问题，如许多公共图书馆存在不平等现象，过于注重物质利益，缺失人文精神。为此，图书馆界展开关于图书馆人文精神与核心价值的讨论。近几年来，许多国内图书馆学核心期刊纷纷开辟了有关“图书馆精神及核心价值”讨论专栏，图书馆学研究领域的众多学者，包括范并思、程焕文、李国新、黄宗忠、刘兹恒、吴慰慈、叶继元、王子舟、陈力、柯平、肖希明、韩继章、于良芝、李超平等知名学者纷纷撰文，在图书馆学期刊上发表了一系列有影响的论文，如《公共图书馆精神的时代辩护》《实在的图书馆精神与图书馆精神的实在》《论公共图书馆精神在数字时代弘扬和延伸》《图书馆精神——体系结构与基本内容》《图书馆精神的历史缺失》等。范并思抨击了图书馆“收费”，认为“图书馆精神缺失”，应当保障“图书馆人的权利”。蒋永福则从信息自由、信息权利和制度保障的角度思考图书馆精神，认为图书馆制度是“民主国家及其政府为了保障公民的知识权利而选择的一种制度安排”。郑建明认为图书馆承担着“保存人类文化遗产，开展社会教育，传递科技情报，开发智力资源”的社会职能，这些职能使得图书馆成为知识自由制度的化身。王子舟主张图书馆应当关注“社会弱势群体：广大农村读者、城市务工人员、残疾人员、网瘾青少年”。在图书馆工作者的推动下，随着人民民主意识的不断提高，我们可以看到，如今许多公共图书馆已经实行免费开放，并且不断地修正管理理念，提升服务理念，提高服务水平，把人文与技术有机结合。

纵观我国近现代图书馆文明史，我们可以发现，图书馆人文精神与国家的经济发展、政治变革、民主进程、人民意识息息相关，从辨章学术、考镜源流到启迪民智、开放与民主，从高举爱国主义旗帜到服务于人民理念深入人心，从技术到人文，从藏书楼到制度保障，这反映了图书馆人文精神的发展过程。总的来讲，发展至今，图书馆人文精神主要表现在制度保障、信息公平、平等服务、关注弱势群体、消除信息鸿沟等方面。

2. 国外对图书馆人文精神的思考

最早体现图书馆学人文思想观念的应该是法国的图书馆学开拓者G.诺德（1600—1653年）。他在1627年发表了第一篇西方图书馆学重要学术论文《创建图书馆指南》，他认为：图书馆必须向一切研究人员开放，经营图书馆的目的决不在于提高图书馆所有者（君主、诸侯、贵族等人）的声誉。19世纪下半叶，英美两国几乎同时出现近代“公共图书馆运动”。1850年，英国议会通过英国第一部公共图书馆法。促进此事的主要人物就是英国的E.爱德华兹（1812—1886年），他因此被誉为“公共图书馆运动的精神之父”。1850年英国议会通过了世界上第一部国家颁布的公共图书馆法。西方国家19世纪兴起的公共图书馆有3个特征：（1）必须向所有居民免费开放；（2）经费来源是地方行政机构的税收；（3）公共图书馆的设立和经营必须有法律依据。进入20世纪中叶，联合国教科文组织于1949年颁布了《公共图书馆宣言》，而后国际图联颁布的《关于图书馆与知识自由的声明》和《格拉斯哥宣言》无不强调信息公平、制度公平、平等服务、关心知识贫困、面向弱势群体实施知识援助。各国图书馆组织确立图书馆精神与核心价值的活动，基本上是在1999年以后开始的。经过十多年的研究与探索，各国图书馆协会对于图书馆精神与核心价值，已经有了越来越多的共识。这种共识，使图书馆人开始考虑用科学的语言，系统地、明确地表达他们对图书馆事业的信念，共同应对图书馆所面临的挑战。2003年8月在德国柏林召开的第69届国际图书馆协会和机构联合会IFLA全体会议发布了IFLA精神与核心价值，主要有以下内容：（1）认可被包括在《人权宣言》第19条中的自由获取信息、思想、想象力作品的原则，以及表达自由的原则；（2）为了社会、教育、文化、民主和经济的健康发展，公民在社区和组织里可以普遍而平等地获取信息、思想、想象力作品；（3）提高图书馆和信息机构的服务质量，确保公民有效获取信息；（4）承诺使所有参与IFLA的成员参与并从中获益，而不论其公民身份、残疾、种族、性别、地理、语言、政治哲学、种族或宗教。之后，又在《战略规划2006—2009》中提出“认可信息、思想、作品获取自由的原则”以及“人类、社团、组织出于社会、教育、文化、民主、经济等方面的目的和需求，需要广泛和公平地获取信息、思想和作品的信仰”等。1999年，美国图书馆协会（ALA）成立了一个特别工作组，专门对图书馆精神与核心价值进行研究，并于2004年6月，确立了最新的图书馆精神与核心价值，表现为11个方面：使用、隐私权、民主、多样性、教育与终身学习、知识自由、保存、公共利益、专业能力、服务、社会责任。澳大利亚图书馆和信息协会（ALIA）在2002年发布了其目标及核心价值。ALIA核心价值：（1）通过开放存取以及创造性的工作来实现信息和思想自由的目的；（2）图书馆应作为连接人与思想的桥梁，引导人们思考问题；（3）致力于文化教育；（4）尊重人的个性及多样性；（5）保存人类文化遗产；（6）为社区提供优质服务。而后，加拿大图书馆协会（CLA）也在其网站上公布了其目标及核心价值。

从国际图联（IFLA）、美国图书馆协会（ALA）、澳大利亚图书馆和信息协会（ALIA）、加拿大图书馆协会（CLA）对图书馆精神的理解中，我们可以得出关于图书馆精神的几个关键词：个人、民主、多样性、自由、保存、责任、服务、学习。国外图书馆界对图书馆精神的理解是强调个人充分发展，尊重个人的隐私权，尊重人与社会的多样性，主张知识自由和知识共享，强调终身学习以及读者培训和教育，这些理念值得我们学习和借鉴。国内外图书馆工作者对图书馆人文精神的研究，体现的是当代图书馆界的职业价值观取向的确立以及职业信念的成熟。这一研究不仅是图书馆学基础理论研究的重大课题，更是一项在基础研究的理性前提——价值基础层次上的纵深研究。对图书馆精神的研究在图书馆学理论和人类文明史两方面都具有世界性的普适性的学术和历史价值，对于处于跨越历史阶段的复杂转型时期的中国图书馆社会实践，尤其具有重大的理论价值和现实意义。

三、时代驱动的图书馆人文精神

尽管众多专家学者都认识到技术和人文研究的内在相通性，强调人文研究与现实工作结合，但没有合适的载体，这种强调仍停留在理论呼吁或现象分析上，不能付诸实践，所以出现了理论和实践相脱节的弊病。如何把人文精神融入到图书馆工作生活中去，塑造当代中国的图书馆精神成为我们图书馆同人面临的主要问题。随着网络技术、计算机技术和通信技术的快速发展，特别是基于Web2.0的Z39.50协议、OAI-PMH协议、SFX协议的出现，本体、元数据、知识地图等数据描述工具的应用，以及网格技术、P2P技术、语义网、3G、RDIF等网络技术的广泛使用，图书馆人文精神建设也出现新的特点。

1.用户集资源使用者和创造者于一身

Web2.0的出现提供了一个融服务与技术于一体的支撑平台，使得用户不仅仅是资源的使用者，也是资源的创造者。Web2.0，是相对Web1.0（2003年以前的互联网模式）的新的一类互联网应用的统称，是一次从核心内容到外部应用的革命。近年来，由于博客服务、简易信息聚合（RSS）、社区信息资源共享服务、集体编辑服务和社会性书签服务的发展与普及，一种以用户为中心的Web现象，正在改变因特网上生成、共享和分发信息的传统概念。信息提供者和消费信息者之间的界限逐渐淡化，网络用户在网络信息的生成、共享和传播方面占有越来越重要的位置。这种新的趋势，被形象地归纳为“不仅是全民上网，而且是全民织网”。Web2.0不仅是一种技术，也是一种人文理念，体现的是以用户为核心，人人参与、资源共享的图书馆人文精神。

2.“自由、免费”人文理念

“开放存取”（Open Access，简称OA），兴起于20世纪90年代，依托网络技术，采用“发表付费，阅读免费”的形式，对任何经由同行评论的电子期刊，以免费的方式提供给读者阅读、采用、下载、复制、打印、传播、检索，使用中不存在资金、法律等问题，以此促进科学信息的广泛传播，促进学术信息的交流与出版，提升科学研究的公共利用程度，保障科学信息的长期保存。作为一种高效、公平的学术信息交流新机制，开放存取是一种学术信息共享的自由理念，在这种理念下，学术成果可以无障碍地传播，研究人员不仅可以在任何地点和任何时间不受经济状况的影响平等免费地获取和使用公众网上的学术成果，也可以利用OA，发表自己的见解，与世界各地的研究人员进行深入的交流，促进学术上的共同进步。基于开放存取运动的用户可以自由免费使用相关的资源，体现了一种开放、自由、平等、免费、公益的人文精神。

3.新的服务模式不断涌现

信息共享空间（Information Commons）作为一种新的服务模式，是一个经过特别设计的一站式服务中心和协同学习环境，综合使用方便的互联网、功能完善的计算机软硬件设施和内容丰富的知识库（包括印刷型、数字化和多媒体等各种信息资源），在技能熟练的图书馆参考咨询馆员、计算机专家、多媒体工作者和指导教师的共同支持下，为读者（包括个人、小组或学术团队）的学习、讨论和研究等活动提供一站式服务，培育读者的信息素养，促进读者学习、交流、协作和研究。信息共享空间作为一种新的服务模式整合了资源、技术、人力，也体现了一种“自由、平等、个性化”的人文精神。图书馆应不断创新服务模式，充分发挥用户的积极性、主动性、创造性，更好地体现以人为本的原则。

4.“长尾”理论对传统思维的挑战

2004年10月，美国《连线》杂志主编克里斯·安德森（Chris Anderson）在他的文章中第一次提出长尾（Long Tail）理论。所谓长尾效应就在于将所有非流行的市场累加起来就会形成一个比流行市场还大的市场，即众多小市场汇聚成可与主流大市场相匹敌的市场能量。对于图书馆这样的公益性信息服务组织，长尾理论同样具有适应性。相对传统的“二八”理论注重头部“二”的需求，“长尾”理论更注重尾部“八”的需求。我们应正确认识和理解读者队伍与资源的“长尾”现象，坚持人文理念，发扬人文精神，关注广大的“长尾”读者的需求，提供更多的“长尾”资源和服务。

四、结束语

现代化的图书馆建设对于中国而言，任重而道远。硬件的建设是“朝夕之功”。而人文精神的潜移默化和“以人为本”理念的贯彻绝非短期内能实现。所以，我们要在实践中不断地提高和改善自己的服务以体现图书馆的人文精神气息。图书馆只有为读者提供优质服务，才能够推动图书馆事业的蓬勃发展，使得图书馆能更好地传播人类文明，也使读者更好地完善自己。人文精神是图书馆文化理想的象征和追求，也是图书馆事业发展的导向和推动力，由此高扬人文精神，铸造人文品格，是当代图书馆人必须肩负的历史使命和责任，也是使图书馆精神惠及全社会的必由之路。

参考文献

[1] 程焕文. 图书馆人与图书馆精神 [J]. 中国图书馆学报，1992（2）：35-42+93.

[2] 马克斯·韦伯. 新教伦理与资本主义精神 [M]. 于晓，陈维纲等译. 北京：三联书店，1987

[3] 方勇. “人文”源流初探. [2008-4-16].http：//www.91sqs.com/670/viewspace-1059.html

[4] 范并思. 论图书馆人的权利意识 [J]. 图书馆建设，2005（2）：1-5.

[5] 蒋永福，黄丽霞. 信息自由、信息权利与公共图书馆制度 [J]. 图书情报知识，

2005（1）：20-23.

[6] 万里鹏，郑建明 . 超越传统：信息构建与图书馆服务再造 [J]. 中国图书馆学报，2006（5）：40-43+51.

[7] 王子舟，肖雪 . 弱势群体知识援助的图书馆新制度建设 [J]. 图书情报知识，2005（1）：5-11+97.

[8] 蒋建林 . 我国图书馆人文精神研究综述 [J]. 图书馆，2004（1）：30-34.

[9] 胡唐明 . 图书馆精神与核心价值的三维分析 [J]. 图书馆建设，2009（2）：15-18.

[10] 杨文祥，付鹏 . 图书馆精神研究综论与若干基本问题的思考——“图书馆精神跨学科历史思考”系列论文之一 [J]. 图书馆，2005（3）：31-37.

[12] 范并思，胡小菁 . 图书馆 2.0：构建新的图书馆服务 [J]. 大学图书馆学报，2006（1）：2-7.

本文发表于《山东图书馆学刊》2010 年，第 1 期

作者简介：廖连生，男，副研究馆员，泉州幼儿师范高等专科学校图书馆副馆长。

网络环境下高校图书馆传统功能刍议

华侨大学图书馆 蔡 勤

摘 要 本文对电子化环境下继续发挥高校图书馆的传统职能提出一些设想。对图书馆传播媒体做一些阐述，分析传统介质与电子化媒体在今后图书馆传播中的关系。强调在电子网络化的背景下，图书馆的传统职能和现代职能并不是对立的，而是同时并存的。

关键词 网络；高校图书馆；传统服务

有人把图书馆分为三代：第一代是纸介质图书馆，第二代为机械化图书馆，第三代是电子图书馆。目前电子网络化图书馆已被普遍视为21世纪世界图书馆的发展趋向。高校图书馆正处于转型时期，传统的图书馆逐渐向现代图书馆过渡，高校图书馆的网络化建设方兴未艾。重新讨论高校图书馆的功能就显得十分必要了。随着电子时代的来临，高校图书馆在整体服务环境和思想范式方面面临着科技的挑战，一些学者提出功能转型的命题，但功能转型论者却普遍忽视高校图书馆传统职能的存在意义和价值，因而带来一些负面的影响即有意无意地削弱了传统功能的发挥。笔者认为电子化网络化环境下讨论高校图书馆的功能应确立一个与现实状况相吻合的正确理念，即在强调功能调整的同时，仍给予传统职能充分的重视，在相当长时期里，高校图书馆仍处于传统职能与现代功能并存的历史阶段。

所谓传统功能是指传统图书馆对纸介质图书的采访、编目、管理、流通等方面的工作，其主要目的是利用印刷体书籍直接为高校的教学科研服务。高校图书馆的网络化建设绝不能忽视甚至削弱这种传统职能，理由主要有：（1）纸质媒体不会被电子媒体完全取代，在相当长时期印刷媒体仍然是知识传播的重要渠道和载体，或者说我们正处在电子媒体与纸质媒体同时并存的时代。按德国法兰克福学派哲人本亚明的看法，人类的知识传播经历了口头传播、印刷体传播和影像传播等阶段，但这并不意味着印刷时代的到来，口头传播就完全被淘汰了，相反这种方式至今仍是人类知识和信息交往的极普遍极重要的渠道。同样的影像和电子化传播也不能淘汰或完全取代印刷体传播方式。（2）从高校图书馆工作的现状看，传统功能的发挥还存在许多不尽如人意处，而非到达顶点了。如果我们因电子信息时代的来临而过于激进地强调功能转型，却忽视传统职能的重要性，那将是一个错误，其结果必然给高校的教学科研工作造成不良的影响。因此我们以为讲功能转型不如说功能的多元化或并存更切合实际。

确立了功能并存理念之后，我们要检讨的便是高校图书馆在网络化背景下传统功能的发挥和强化问题。传统图书馆以馆藏工作为中心，因此首先要讨论的是图书的采访工作，目前，图书采访工作面临许多难题：其一，经费短缺，在投入不足的情况下，印刷品价格大幅上涨，同时图书馆经费的一大部分转向电子化建设，因而带来经费短缺的窘境；其二，20世纪90年代以来，我国出版事业十分繁荣，印刷出版物数量极度膨胀，加上图书的商业化炒作，带来了书籍选择的难度；其三，专业研究的深入拓展，也使采编工作变得更专更广，产生了专业化难度。如何进一步改善采访工作，我们以为以下几个原则可供参考：（1）经典化原则。学术文化的经典书籍是高校教学科研的基础，这部分图书是高校图书馆必备的。（2）核心化原则。随着学术的繁荣发展，学术期刊数量急剧上升，其中国家正式确定为核心学术期刊的往往是质量高、影响大的，这部分期刊也是高校图书馆馆藏的必然对象。（3）前沿化原则。学术研究和教学工作一定要把握动态和前沿成果，因而前沿性的学术著作是采访的重要对象。但这项工作常常被忽视，尤其是新近出版的学术前沿书籍，图书馆采购不多甚至可以说很少。举例而言，中央编译出版社出版的“新世纪学术译丛”和中国社会科学出版社推出的“知识分子图书馆”丛书，在我省一些高校的藏书中就很难找到。（4）特色化原则。在图书馆资源共享强调馆际合作的条件下，采访工作更应重视特色化原则，馆藏没有特色就很难谈得上资源共享。特色化在我看来包括地方特色和高校本身特点等方面，就拿华侨大学图书馆来说，所处的泉州地区的政治经济文化历史书籍应受相当的重视，尤其是“泉州学”方面的资料应该成为馆藏的重要对象，而华侨大学又具有面向海外华侨华人的特点，根据这个特点的图书采访就很富有特色。目前华大图书馆的台港阅览室在我省高校中是非常独特的，但规模还太小，藏书数量仍不够丰富，如果能将台港澳及海外华人的书籍报刊收集齐全，则是一项极有价值的工作。（5）避免重复化原则。图书馆藏书的过度重复会造成经费的浪费，应尽量避免，单行本、选集、文集、全集有重复性，一些书籍内容上也大同小异，应精挑细选避免过度重复。

其次，流通阅览工作的改善。目前我省高校图书馆存在一些急待解决的问题：（1）开放性不够。如图书的开架阅览室很少；过刊阅览极不方便，有些高校图书馆甚至规定只有毕业班同学才可阅览，给教学工作带来诸多困难，尤其是学生做学科作业和学年论文时，因无法阅览过刊而不能掌握背景资料和问题的历史脉络，影响了论文的质量。现刊阅览也存在问题，架上往往只有当月的期刊，上月的期刊已成“过刊”，要阅览只能等一年或两年后装订成册了。我们以为图书借阅工作的改善是十分重要的，增加开架阅览室，过刊实行开架阅览，每月的现刊也应简易装订成册，这样才能提高书刊的利用效率，更好地为学校的教学科研服务。（2）服务的被动性。服务的被动性是影响图书馆传统职能发挥的一个重要因素。以读者为中心而非以馆藏为中心，这种观念转换是变被动服务为主动服务的心理基础，在此基础上高校图书馆在服务教学科研方面有许多工作可做，例如：

● 大学生书籍借阅情况调查与监控。开展这项工作很有意义，它可以最直接地把握大学生课外阅读情况，为引导大学生的阅读提供第一手信息。而高校图书馆的流通部最容易掌握这方面的准确数据，对这些数据统计分析是监控学生课外学习情况的有效手段之一。这项调研结果既可作为图书馆工作人员的科研成果，又可为学校教学部门提供学习管理和教学改革的参考依据。

● 加强导读工作。通过对大学生阅读目的、方法、倾向的积极指导，可以提高大学生的读书效率，发挥高校图书馆的教育职能，也能使图书馆的服务变被动为主动。导读工作分为两个层次：基础性导读和高级性导读。基础性导读主要是引导低年级学生了解并充分利用图书馆资源，提高学生对图书馆重要性的认识。高级性导读是针对高年级学生专业学习的深入而展开的，其目的是为他们的专业学习提供有效的指导。据教学单位的反映，本科生在做毕业论文和设计时往往还遭遇找不到资料的困难，关键原因是他们不知道如何查找自己所需的参考文献。改变这种状况一靠专业教师的指导，二也离不开图书馆的高级导读工作。图书馆可做的工作有：①利用图书馆的专业优势开设“文献检索”课程，帮助学生掌握中外文工具书的使用方法和文献检索方法。②专题导读，导读工作就像旅游业的导游工作一样，需要设计导游的线路制作导游地图。美国国会图书馆编制的“图书馆资料导引单”就很富启发意义，导引单根据各种专题类型将散落全馆的有关文献资料串在一起，制作成有趣而又实用方便的图书馆“导游地图”。这种串珠式的导读方法对大学生查阅文献资料是十分有益的，既提供了查找的方便，又直接帮助大学生把握问题的学理脉络，也能培养学生专业研习方面的整体感和系统性。③以学校的课程教学为目的和任务编制教学参考书目和课外阅读书目，引导学生更深更广地完成课程学习，更全面地提高人文素养。④依托图书馆成立各种读书会研究会，举办各种读书报告会，把高校图书馆学术中心的优势发挥出来，这样才能积极有效地引导学生的阅读兴趣，开拓学生的阅读视野。

• 主动参与学校的教学科学研究工作。高校图书馆为教学研究和科研工作做出了贡献，但我们也应看到主动参与精神仍然不充分，图书馆员和教学科研人员直接合作开展学术研究是变图书馆被动服务为主动服务的有效途径之一。这种合作既可充分发挥图书馆的情报咨询功能，又能进一步提高图书馆员的专业水平，是图书馆员走向学科专家化的专业基础训练。学科专家又称学科专业馆员或学科目录学者，是指在特定的学科领域内负责所有相关业务的图书馆员（这些业务包括馆藏发展、书目控制、读者服务等）。学科专家因而通常要求具备专门学科的良好素养和图书馆学的基本训练。图书馆员和科研人员的学术合作对科研人员的帮助也是十分巨大的，尤其是在目前学术风气有些浮躁的境况中，这种合作能有效改变一些学人忽略前期文献搜集的弊端。因此这种合作是双方都欢迎的，笔者以为只要学校有关部门组织协调实施，是能取得良好效果的。

最后，我们仍然要强调在电子网络化背景下，图书馆的传统职能和现代功能（指系统建立者与系统间的连接等）并不是对立的，而是同时并存的，事实上现代信息技术也是充分发挥传统职能的最有效工具之一。

参考文献

[1] 林素梅．高校图书馆现代化建设的若干思考 [J]. 福建图书馆学刊，1998（2）

[2] 李金荣．对未来图书馆发展方向的演绎 [J]. 图书馆建设，1998（3）：2–5+15.

[3] 徐一新，陈桂章．信息时代图书馆的发展趋势与建设 [J]. 图书情报知识，1997（1）：48–50.

本文发表于《图书馆建设》2001 年，第 2 期

作者简介：蔡勤，女，副研究馆员，任职于华侨大学图书馆。

编后语

1990年10月30日泉州市图书馆学会成立，初始会员147名。多年来，会员数量已发展到280多名。他们分布在我市公共、教育、科研与工会等系统共56个单位图书馆。市图书馆学会是中国共产党领导下的我市图书馆工作者的学术性群众团体，是福建省图书馆学会、泉州市社会科学联合会、泉州市科学技术协会的组成部分。学会成立以来，有效地组织、团结、动员了我市图书馆工作者的力量，充分调动其积极性和主动性，发挥了凝聚智慧、促进学术交流与业务探讨的作用。

本次汇编由于会员论文数量众多，限于篇幅，不能把所有论文一一收录，这是比较遗憾的。因此我们对入选论文条件做了些限定。

一、论文须是已经在国家新闻出版署（国家版权局）期刊目录内的刊物上发表过的图书馆学、情报学领域的研究性学术文章，不含增刊、年刊、特刊、专刊、专辑、电子刊等。

二、论文发表时段为1989—2022年。

三、2008年及以前的论文，必须是正式发表在国家或省有关部门批准出版刊号的学术刊物上。

四、2008年以后发表的论文，必须是发表在省级及以上CN学术刊物上或核心期刊上。《福建图书馆学刊》（原《福建图书馆理论与实践》）《文献信息论坛》视同学术期刊。

五、中国图书馆学会征文一等奖论文。

六、论文作者须具图书资料系列副研究馆员及以上或同等职称，满足以上条件的，符合本次征集要求。

本书的编排严谨合理，符合图书馆学科和图书馆工作结构体系。

本书的编辑、出版工作，得到了各级领导、专家、广大会员和图书馆同人的大力支持和帮助，在此我们表示衷心的感谢。

由于编者水平有限，书中错漏之处在所难免，敬请读者朋友、图书馆同人批评指正。

本书编委会

2022年6月7日